中国科学院研究生教学丛书

高级水生生物学

主编　刘建康

科学出版社
北京

内 容 简 介

本书是中国科学院水生生物研究所的专家教授在历年为研究生讲授水生生物学课程的基础上编著而成的,着重基础,兼及应用。全书 16 章:总论部分包括水环境、淡水生物种群、淡水生物群落、生态系统和水体生物生产力等 5 章;各论部分包括水细菌、浮游植物、浮游动物、大型水生植物、底栖动物、周丛生物和淡水鱼类等 7 章,着重于生态功能;应用水生生物学部分包括水污染生物学问题、渔业生物学问题、水生生物资源与保护,以及数学在水生生物学中的应用等 4 章。

本书可作为水生生物学博士、硕士学位研究生的教材,对大学生物系师生、环境科学工作者、水产科学工作者和生态学研究工作者也有重要参考价值。

图书在版编目(CIP)数据

高级水生生物学/刘建康主编. —北京:科学出版社,1999.3
ISBN 978-7-03-006987-0

Ⅰ. 高… Ⅱ. 刘… Ⅲ. 水生生物学 Ⅳ. Q17

中国版本图书馆 CIP 数据核字(98)第 31632 号

责任编辑:刘 丹 周 辉 李 锋/责任校对:陈玉凤
责任印制:张 伟/封面设计:陈 敬

科学出版社 出版
北京东黄城根北街 16 号
邮政编码:100717
http://www.sciencep.com

北京凌奇印刷有限责任公司印刷
科学出版社发行 各地新华书店经销

*

1999 年 3 月第 一 版　开本:787×1092 1/16
2025 年 3 月第十二次印刷　印张:25 3/4
字数:596 000

定价:138.00 元
(如有印装质量问题,我社负责调换)

《中国科学院研究生教学丛书》总编委会

主　任　　白春礼

副主任　　余翔林　师昌绪　杨　乐　汪尔康　沈允钢
　　　　　黄荣辉　叶朝辉

委　员　　朱清时　叶大年　王　水　施蕴渝　冯克勤
　　　　　冯玉琳　洪友士　王东进　龚　立　吕晓澎
　　　　　林　鹏

《中国科学院研究生教学丛书》生物学科编委会

主　编　　沈允钢

副主编　　施蕴渝

编　委　　龚岳亭　林克椿　周培瑾　周曾铨　韩兴国

《高级水生生物学》编辑委员会

主编：刘建康

编委：（按姓氏笔画为序）

    王 骥 王洪铸 刘建康 刘焕章 阮景荣

    吴清江 沈韫芬 宋立荣 陈宜瑜 倪乐意

    徐小清 黄祥飞 章宗涉 梁彦龄 蔡庆华

编务：何长才 谢大明 陈平平

绘图：郑 英

《中国科学院研究生教学丛书》序

在21世纪曙光初露，中国科技、教育面临重大改革和蓬勃发展之际，《中国科学院研究生教学丛书》——这套凝聚了中国科学院新老科学家、研究生导师们多年心血的研究生教材面世了。相信这套丛书的出版，会在一定程度上缓解研究生教材不足的困难，对提高研究生教育质量将起到积极的推动作用。

21世纪将是科学技术日新月异、迅猛发展的新世纪，科学技术将成为经济发展的最重要的资源和不竭的动力，成为经济和社会发展的首要推动力量。世界各国之间综合国力的竞争，实质上是科技实力的竞争。而一个国家科技实力的决定因素是它所拥有的科技人才的数量和质量。我国要想在21世纪顺利地实施"科教兴国"和"可持续发展"战略，实现邓小平同志规划的第三步战略目标——把我国建设成中等发达国家，关键在于培养造就一支数量宏大、素质优良、结构合理、有能力参与国际竞争与合作的科技大军。这是摆在我国高等教育面前的一项十分繁重而光荣的战略任务。

中国科学院作为我国自然科学与高新技术的综合研究与发展中心，在建院之初就明确了出成果出人才并举的办院宗旨，长期坚持走科研与教育相结合的道路，发挥了高级科技专家多、科研条件好、科研水平高的优势，结合科研工作，积极培养研究生；在出成果的同时，为国家培养了数以万计的研究生。当前，中国科学院正在按照江泽民同志关于中国科学院要努力建设好"三个基地"的指示，在建设具有国际先进水平的科学研究基地和促进高新技术产业发展基地的同时，加强研究生教育，努力建设好高级人才培养基地，在肩负起发展我国科学技术及促进高新技术产业发展重任的同时，为国家源源不断地培养、输送大批高级科技人才。

研究生的培养质量是研究生教育的生命，全面提高研究生培养质量是当前我国研究生教育的首要任务。研究生教材建设是提高研究生培养质量的一项重要的基础性工作。由于各种原因，目前我国研究生教材的建设滞后于研究生教育的发展。为了改变这种情况，中国科学院组织了一批在科学前沿工作，同时又具有相当教学经验的科学家撰写研究生教材，并以专项资金资助优秀的研究生教材的出版。希望通过数年努力，出版一套面向21世纪科技发展，体现中国科学院特色的高水平的研究生教学丛书。本丛书内容力求具有科学性、系统性和基础性，同时也兼顾前沿性，使阅读者不仅能获得相关学科的比较系统的科学基础知识，也能被引导进入当代科学研究的前沿。这套研究生教学丛书，不仅适合于在校研究生学习使用，而且也可以作为高校教师和专业研究人员工作和学习的参考书。

"桃李不言，下自成蹊。"我相信，通过中国科学院一批科学家的辛勤耕耘，《中国科学院研究生教学丛书》将成为我国研究生教育园地的一丛鲜花，也将似润物春雨，滋养莘莘学子的心田，把他们引向科学的殿堂，不仅为科学院，而且也为全国研究生教育的发展作出重要贡献。

前　　言

水生生物学（Hydrobiology）是研究水环境中生命现象和生物学过程规律的一门科学。水环境有淡水与海洋之分，所以就词义来说，水生生物学可以涵盖淡水生物学和海洋生物学这两门学科的内容；《词海》对水生生物学这一条目就是这样下定义的。国际性的水生生物学期刊"Hydrobiologia"和"Archiv für Hydrobiologie"，在征文简则里至今仍都保留海洋生物学字样。但是实际上这两种刊物以及其他诸如俄罗斯的水生生物学杂志中，绝大多数论文都是淡水或内陆水域方面的，涉及海洋生物学的仅是个别文章。根据这种情况，我们在编写这本教材时，考虑的范围仅限于淡水环境中的生物，约略相当于西方的淡水生物学（Freshwater Biology）和湖沼学（Limnology），或日本的陆水生物学教材中的生物学部分。

在界定了本书涉及的水域范围之后，还需要划定本书着重介绍的学科范围。早期的淡水生物学基本上是淡水生物的分类检索和形态特征。美国1918年出版Ward和Whipple的《淡水生物学》名著，对北美的淡水动植物区系作了比较系统的阐述。这从认识过程来看非常必要也是很自然的。但是到了1959年，Edmondson在该书的再版前言中指出："再版本保留了原版的主要功能，即基本上是一本帮助读者鉴定北美内陆水域动植物区系的工具书，而不能再作为普通生物学或湖沼学原理的教科书了"。这是因为，自从40年代Lindeman的水生生物营养动力学（Trophodynamics）理论发表以后，水生生物学就越来越跳出原来水生动物、植物和微生物分类学的圈子和分割研究的格局，而趋向于以生态系统的概念作为指导原则来研究各类水生生物在水域生态系统的结构和功能中所起的作用，也就是说越来越突出其生态学意义。1977年，前苏联水生生物学杂志在一组专栏文章里，开头第一篇的标题就是"作为生态科学的水生生物学"。文章指出："如果把水生生物学理解为关于水生生物……的任何知识的总和，就等于否定它作为独立的生态科学的存在……"基于上述情况，以及在水生生物的区系和分类学方面我国已出版了不少专著，所以本书不再详述这方面的内容，而将注意力集中于水生生物的生态学方面。

本书各章的撰写人都是多年从事水生生物学研究的专家学者，教材内容既反映了国际上这门学科的研究动态和理论进展，又展示了我国科技工作者在淡水水域的资源与环境研究领域里科学知识的长期积累，信息量大，理论与应用并重。本书适宜于用作水生生物学硕士、博士学位研究生的教材，专业教师和有关专业技术人员的参考书，所以书名在"水生生物学"之前冠以"高级"字样。

需要说明的是，关于水生生物学研究的方法论，由于不同类群的水生生物研究方法各异，而且主要类群的研究方法在国内已出版的有关类群的专著中已有介绍，所以这本书在方法论方面一般从略，只是对有了新发展的方法作扼要的说明，还配合系统生态学，专门组织了一章"数学在水生生物学中的应用"。此外，关于内陆水域的非生物控制因素，尤其是地理、水文和物理方面的有关知识，将在另一本供研究生用的教材《湖沼学》里详细讲述，本书仅作简要介绍。

本书所阐述的内容难免有疏漏、谬误之处，诚望研究生和其他读者提出宝贵意见，以便在再版时予以修订，使这本教材臻于完善。

刘建康

一九九八年二月

目 录

《中国科学院研究生教学丛书》序 ·· 路甬祥（ i ）
前言 ·· 刘建康（iii）

第一篇 总 论

第一章 水环境 ··· 徐小清（ 1 ）
第二章 种群生态 ·· 黄祥飞（ 52 ）
第三章 群落生态 ·· 梁彦龄 王洪铸（ 77 ）
第四章 生态系统 ·· 阮景荣（100）
第五章 水体生物生产力 ·· 王 骥（128）

第二篇 各 论

第六章 水细菌生态 ··· 沈韫芬（151）
第七章 浮游植物 ·· 宋立荣（176）
第八章 浮游动物 ·· 黄祥飞（199）
第九章 大型水生植物 ·· 倪乐意（224）
第十章 底栖动物 ·· 梁彦龄 王洪铸（241）
第十一章 周丛生物 ··· 沈韫芬（260）
第十二章 鱼类 ·· 陈宜瑜 刘焕章（278）

第三篇 应用水生生物学

第十三章 水污染生物学问题 ··· 沈韫芬 章宗涉（305）
第十四章 渔业生物学问题 ·· 吴清江（339）
第十五章 水生生物资源与保护 ·· 陈宜瑜 刘焕章（362）
第十六章 数学在水生生物学中的应用 ··· 蔡庆华（376）
《高级水生生物学》教材总复习题 ··（401）
后记 ··（402）

第一篇 总 论

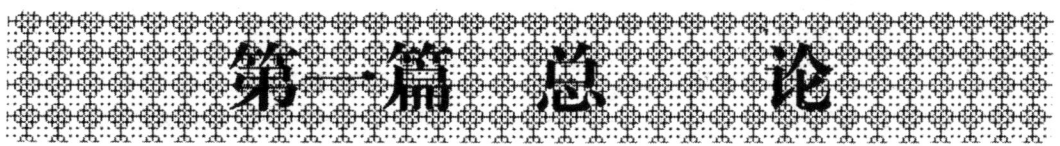

第一章 水 环 境

第一节 水的结构与性质
一、水的结构
（一）气体状态水的结构
（二）冰的结构
（三）液体水的结构
二、水的性质
（一）水的液体性
（二）水的某些热学性质
（三）水的密度
（四）水的表面张力及粘度
（五）水的介电常数及其溶解能力
（六）水的离解

第二节 水环境的特性
一、水环境中的光
（一）水环境中光的反射与折射
（二）水环境中光的吸收与散射
（三）透明度和水色
二、水环境中的热
（一）热的输入和支出
1. 辐射热流量 φ_r
2. 蒸发热流量 φ_e
3. 对流热流量 φ_c
4. 总热流量 $\varphi_0(T)$
（二）水环境中热量的分布
1. 水的温度与深度的关系
2. 水的温度与密度的关系
3. 水环境的结冰现象
三、天然水的化学特性
（一）溶解气体和氢离子浓度
（二）天然水中的主要离子
四、天然水的分类

第三节 天然水体
一、河流
（一）河流的溶解氧
（二）河流的pH
（三）河流的化学组成特征
（四）河流的化学稳定性
二、湖泊
（一）湖泊的形态
（二）湖泊的分类
（三）湖水中溶解气体及pH值
（四）湖水的变型作用
（五）盐湖

第四节 水环境的物质循环
一、有机物的生物化学氧化作用
（一）生物化学氧化中微生物的作用
1. 生物化学氧化中微生物的作用
2. 有机物的生物化学氧化的基本反应
（二）耗氧有机物的生物化学降解过程
1. 碳水化合物降解
2. 脂肪和油类的降解
3. 蛋白质的降解
二、碳的循环
（一）水环境中有机物质的种类及浓度
1. 可溶态有机物质
2. 悬浮态有机物质
3. 沉积物的有机物质
4. 水环境中有机物质的浓度

（二）水环境中有机物质的形成、变化与破坏过程
　　　　1. 水环境中有机物质的形成与补充过程
　　　　2. 水环境中有机物质的破坏与分解过程
　　　　3. 湖泊泥积物中的有机物质
　　（三）水环境中碳循环的途径
　　　　1. 湖水中生物群落间的代谢
　　　　2. 表层和底层水间的物质交换
　　　　3. 湖水-泥积物界面间的物质交换
　　　　4. 湖底泥积物中的物质交换
　三、氮的循环
　　（一）湖泊中氮的形态
　　（二）湖水中的氨
　　　　1. 氨的同化作用
　　　　2. 湖水中氨的分布
　　　　3. 湖水氨氮浓度季节变化
　　（三）湖水中的亚硝酸盐及羟胺
　　（四）湖水中的硝酸盐
　　　　1. 细菌的硝化与硝酸盐的还原
　　　　2. 湖泊中硝酸盐的分布与季节变化
　　（五）湖水中含氮有机物
　　（六）湖水中氮的循环
　四、磷的循环
　　（一）水环境中磷的形态
　　（二）水环境中磷的分布特征
　　　　1. 湖泊中磷含量的季节性周期变化
　　　　2. 湖泊磷含量的垂直分布
　　（三）湖泊中磷的循环
　　（四）铁离子在湖泊磷循环中的作用

　　环境是以人类为主体的客观物质体系。它是人类生存发展的基础，也是人类开发利用的对象。环境具有一定的特征结构和动态变化规律。在不同层次、空间和地域中，它的结构方式、组成程度、能流和物流的规模及途径以及它的稳定性都有相对的特点，即在自然与人类共同作用下，环境内部结构与外部状态始终处于不断变化的过程中。因此，环境具有整体性、区域性、变动性等最基本的特点。

　　环境按空间尺度大小可划分为不同层次，如居室环境、车间环境、城市环境、区域环境及全球环境等。按组成要素可划分为水环境、大气环境、土壤环境等。从生态学角度还可划分为陆地环境、水域环境、森林环境等。水环境主要由地表水环境和地下水环境两部分组成。地表水环境包括海洋、河流、湖泊、沼泽、池塘、冰川等。地下水环境包括泉水、浅层地下水、深层地下水等。水是构成环境最基本的要素之一，是人类社会赖以生存和发展的最重要资源，也是水生生物生存繁衍的基本条件。

第一节　水的结构与性质

　　水是我们地球上的一个非常重要的介质。它是环境中能量和物质自然循环的载体和必要条件，也是地球生命的基础。生物体中的水作为生物化学代谢的支撑点是依赖于它独有的物理和化学性质。这些性质是由水的特殊结构所决定的。

　　在地球的正常温度与压力下，水以气态、液态和固态存在于自然界中。气态水以分子状态极其广泛地存在于地球上，分子间的相互作用极小。水的固态结构与压力有关。已知水有许多不同结构的晶体，统称为冰。水为液体状态时，它的结构变得相当复杂。

一、水的结构

(一) 气体状态水的结构

解释水的许多反常的物理性质是19世纪自然科学理论研究的一个内容。气态水是以单分子形式存在的。它是由一个氧原子和两个氢原子组成,氢氧原子间的键长均为0.96Å(10^{-8}m),其键角为105°(图1.1A)。这与SP^3杂化轨道理论计算值极为一致(104.5°)。

我们可将水分子的电子云描绘成一个包含在立方体中的变形球(图1.1B)。这个球的两臂具有两个未填满电子的SP^3杂化轨道与氢原子形成共价键,成为正电荷密度大的区域。同时,由另两个填满电子的SP^3轨道形成负电荷密度大的两个臂。由于氢原子斥电子性,水分子在某种程度上趋于离子化。因此,这类分子具有显著的电偶极矩。又因氧原子与氢原子形成具有较强极性的共价键,同时本身具有两个孤电子对,水分子间可以通过形成氢键相互缔合在一起,使水具有许多反常的物理性质。正是水分子具有形成氢键的能力,在地球上才会有海洋和江河,有美丽的云彩和繁花似锦的生物世界,否则地球将是一个不堪设想的荒漠。

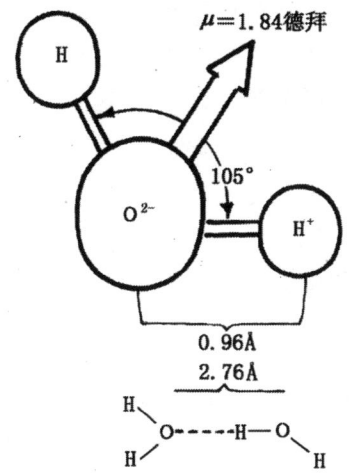
图1.1A 水分子的结构与氢键

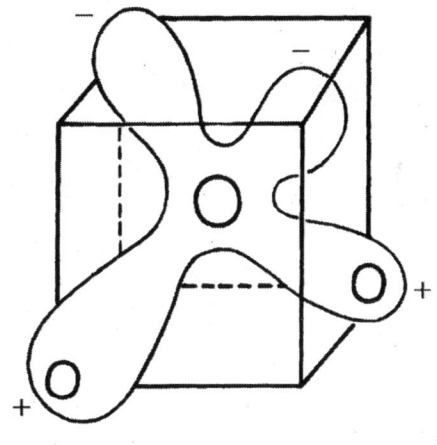
图1.1B 水分子的电子云示意图

(二) 冰 的 结 构

冰的结构与其生成条件有关。已知在大于2000kg/cm²压力下有5种形式的冰是稳定的,但这些高压冰在自然界里不存在。这里只讨论天然条件下普通冰的结构。

普通冰具有SiO_2(石英)的晶体结构(图1.2)。氧原子按正四面体排列,任何一个氧原子与位于四面体每一个顶点的氧原子结合。如果把位于正四面体中心的氧原子作为参比点,从这个参比原子中心到四面体顶点的4个氧原子中心之间的距离是2.76Å,

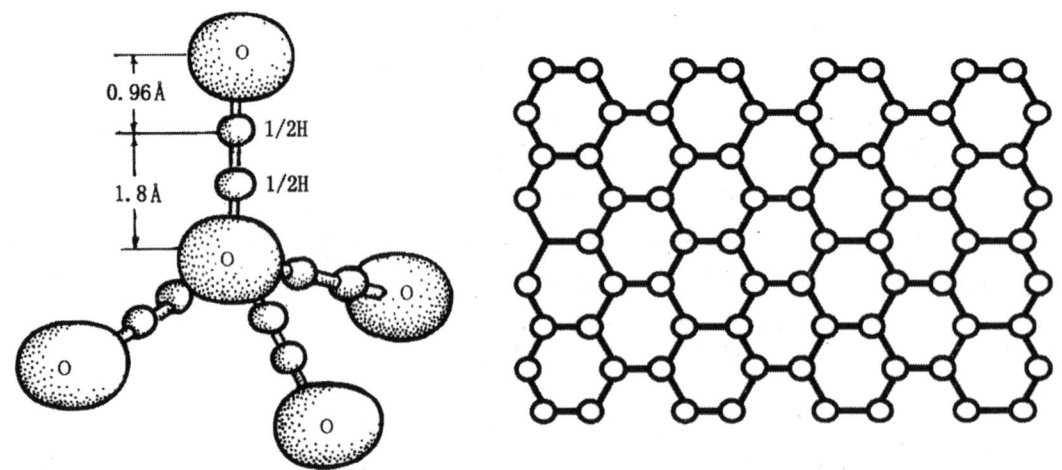

图1.2　氧原子在冰晶格中的位置　　　　　　图1.3　冰的笼式结构图

在远离参比氧原子的4.51Å处，存在着12个氧原子，即正四面体配位的4个氧原子分别与3个氧原子配位又形成4个正四面体。依此类推，由这种方法组成一个正四面体配位的开放晶体。由此，可以把普通冰的晶格示意地表示成一系列平行而又彼此相连的由六角环组成的层状结构，也称笼式模型结构（图1.3）。

在这种结构中，由于形成氢键，氢原子不在两个氧原子的中心位置，而是距一个氧原子0.96Å，距另一个为1.80Å。鲍林（1939）曾指出，对任何一个正四面体配位氧原子而论，如果每个氢原子能标记的话，就有16种可能的几何排列。按H_4O^{2+}，4个氢原子全处于0.96Å处，只有1种排列；H_3O^+有4种排列；中性水分子H_2O两个氢原子可能位于0.96Å，另两个氢原子可能位于1.80Å，这有6种可能的排列；OH^-离子有4种可能的排列；而荷双电荷的O^{2-}只有1种排列。因为氢离子和氢氧根离子比较少，双电荷离子则更少，显然在冰中几乎所有的氧原子是与两个氢原子以共价键紧密结合，而与另两个氢原子以氢键分别与两个氧原子结合。

（三）液体水的结构

早在1829年就提出用水分子缔合程度的变化解释水的反常性质的理论。以后陆续提出了水分子的聚合假设。这些假设认为液体水是由二聚体水H_4O_2和三聚体水H_6O_3组成。当接近冰点，这些聚合体的比例就越多。

现在，这些老的概念已被基于X光衍射技术发展的理论所取代。当X光通过液体水时，所产生的衍射图随温度而变化，并且显示出水具有的准晶体结构。氢原子相对氧原子是非常小的，可以把水看成是单原子组成的物质。若将此物质的X光衍射图转变成一个随参比原子距离r变化的函数时，该函数则描述半径为r的球壳上原子数目变化的状况。如果考虑的是具有冰的笼式结构的物质，那么从任一原子开始，随距离r增加，函数以整数倍给出参比原子周围紧密相连的原子数。当$r=2.76$Å时，函数上升到极大值，相连原子数目为4；当$r=4.15$Å时，函数出现第2个极大值，其原子数为12。如此类推，不过r越大其图形越复杂。

水的 X 光衍射试验结果与上述冰的笼式结构理论预计值基本一致。Morgan 与 Warren（1938）给出 15℃时径向分布函数的第 1 个极大值，相应原子间的距离为 2.90 Å；在 83℃时，在 3.05 Å 处出现第 1 个极大值，它们的配位数值分别为 4.4 和 4.9。Danford 与 Levy（1962）测定了水在 25℃时的 X 光衍射的径向分布曲线，并与笼式模型的理论值进行了比较，更加证实水是具有类似冰结构的物质。

现在，液体水结构的新理论还在不断地发展，提出了许多模型。在这些模型中，最可接受的模型认为液体水是由氢键结合成的水分子簇和游离的水分子组成的混合物。这种水分子簇或水分子聚合物被认为是随机变化的，即在一个微区域内，水分子簇既能生成又能分解，它们的半衰期为 10^{-12} 到 10^{-1} 秒。这种结构与冰相似，因此液体水具有固态的结构。

二、水 的 性 质

（一）水的液体性

除水外，自然存在于地球表面唯一的无机液体就是汞元素。在地球表面的温度及压力下，由氧、硫、硒和碲的氢化物的熔点及沸点的比较可以显示出水的液体性。从 3 个氢化物外推，水应当在 -80℃沸腾。但由于形成氢键，水的熔点和沸点明显升高。同样由元素周期表的水平方向比较，氨和氟化氢的分子间分别也能生成氢键。它们的熔点和沸点也相应升高，但比水还是低得多。因为氨分子间形成氢键的能力比水低，氟化氢由氢键结合为聚合的线性分子，并成为气相。

表1.1　元素氢化物的熔点与沸点

氢化物	H_2O	H_2S	H_2Se	H_2Te	H_4C	H_3N	HF
熔点 ℃	0	-82.9	-64	-48	-182.6	-77.7	-83
沸点 ℃	100	-59.6	-42	-2	-161.4	-33.4	19.4

（二）水的某些热学性质

水的热学性质与其氢键密切相关。冰的升华温度为 679 cal[1]/g，大约有 25% 的能量破坏固体的范德瓦尔力，余下的用于破坏氢键。冰的溶解热为 79.7 cal/g，其中约 15% 的能量在汽化时用于破坏氢键。当液体水汽化时，还需要能量破坏剩余的氢键，所以水具有较高的比热和汽化热。此外，水的热容量值在 30℃最小。由于氢键的特性，其蒸发热为 540 cal/g，地球上的水具有明显的热稳定性，要改变水温或使水发生相变都需要极大的能量。因此，水对调节空气及陆地上的温度起着重大的作用。

---

1) 1 cal = 4.187 J

（三）水 的 密 度

水的密度随温度变化，并具有反常的性质。冰在 0℃ 的密度是 0.9168 g/cm^3，但相同温度的水的密度为 0.9999 g/cm^3。这种融化收缩现象是冰的晶格破坏造成的。当把 0℃ 的水加热时，它的密度增加，在 3.94℃ 其值最大，为 1.000g/cm^3，当温度继续增加，密度则下降。在水环境研究中，这种现象是极其重要的。

水的密度随压力而变。在一定温度下，不同深度的水具有不同的密度，其变化趋势随压力增高密度加大。当水由高压处或较深地方移动到低压或浅处时，因水的体积膨胀产生绝热致冷作用。在海洋、深水湖泊或水库里，如果水由深处移到 1 大气压处，可用焦耳-汤姆逊系数描述因绝热致冷作用产生的每单位压力变化的温度改变量。这个系数在低于最大密度的温度是负值。在高于此温度时，在固定压力下，该系数随温度增加。

（四）水的表面张力及粘度

在水-空气界面上，水的表面张力在 15℃ 时为 373.5×10^{-5}N，粘度为 0.114×10^{-1} Pa·S。从直观上讲，氢键缔合的液体的表面张力和粘度要比非缔合的液体高。从粘度资料可以估计水里氧原子的配位状况，它是氢键缔合程度或液体水结构的一个很好的标志。比较多而紧密结合在一起的分子，它的粘度高，分子活动比较困难。当水的温度增加时，粘度降低，水分子簇被融化，氢键的数目减少。0℃ 时水分子簇里平均有 65 个水分子，但在 100℃ 时只有 12 个。

如果将压力加到液体水上，粘度则首先降低，然后在较高压力下开始增加。粘度降低表明水分子簇破碎，水分子簇的比容大于自由水的比容。这个过程可用下述平衡方程描述：

$$(H_2O)_n \rightleftharpoons nH_2O$$

当加压时，平衡向右移动，水分子簇分解，伴随体积减小。当进一步加压，更多的水分子簇被破坏，水分子紧密地挤在一起，活动的自由度降低，粘度复又增加。

（五）水的介电常数及其溶解能力

一般说物质的介电常数随它的偶极矩值有规律的增加。但由于存在氢键，水的介电常数比预计值高得多。在 20℃ 水的介电常数值为 80c.g.s 单位。只有过氧化氢（87 c.g.s 单位）和氟化氢（116c.g.s 单位）超过它。水的高介电常数决定它具有很强的形成离子溶液和胶体溶液的能力。在这些溶液中，大的荷电粒子完全分散在水相中。有些非电解质，如乙醇、丙酮等，能形成氢键，它们可与水分子生成氢键形成非电解质真溶液。

（六）水 的 离 解

冰和水中大部分氧原子与两个较近的氢原子和两个较远的氢原子或质子结合。此种质子可以从离氧原子较远的位置跳跃到较近的位置，当然也会发生相反的过程。伴随此过程产生与水结合的氢离子 H_3O^+、氢氧根离子 HO^-，以及数量极少的双电荷离子 H_4O^{2+}、O_2^-。氢离子和氢氧根离子常常被看作是水解的产物。但这仅仅是水生成离子的瞬间晶体结构的另一种说法。水在电解时，并不是 H_3O^+ 和 HO^- 分别朝两个电极迁移，而是由质子连续跳跃地生成这些离子。质子朝阴极方向从一个氧原子转移到另一个氧原子，同时按质子运动的方向留下孔穴。实验证明这些离子在水中都有很高的迁移系数。

按物理化学原理，用 $[H_3O^+]$ 和 $[HO^-]$ 分别表示每 1000g 水中氢离子与氢氧根离子的克分子浓度，在一定温度和压力下，水中存在如下平衡：

$$2H_2O = H_3O^+ + HO^-$$

并且 $[H_3O^+]$ 与 $[HO^-]$ 的乘积始终保持为一常数：

$$[H_3O^+] \times [HO^-] = k_w = 1.0 \times 10^{-14}$$

在水中，$[H_3O^+] = \sqrt{k_w}$，其 pH 值与水的密度有如下关系：

$$pH = -\lg(\rho \sqrt{k_w})$$

式中 ρ 为水的密度。水中氢离子与氢氧根离子的浓度随温度升高而增加。

第二节 水环境的特性

水环境是一个开放和动态的体系。在这个体系中生物与它们的非生物环境是相互关联和相互作用的。由于不断输入维持生命所需要的太阳能，体系中发生着物理、化学及生命活动的各种复杂过程，并在系统内外广泛地进行物质与能量的循环与交换，体系永远不会处于热力学的平衡状态。这些过程反映出水环境与光、热、物质，以及水的运动和水量平衡间相互作用的许多特性。而这些特性又会影响系统中各种生命活动。

一、水环境中的光

太阳辐射是水生态系统的主要能源。太阳能通过光合作用直接影响和控制水体的生产力和它的代谢作用。太阳光是由波长 1000～30 000Å 的电磁辐射组成。各波长光的能量分布中，紫外光（<3600Å）占 5%，可见光占 52%，红外光（>7600Å）占 43%。由于紫外光强烈地被臭氧与氧吸收，红外光被大气中的臭氧、水蒸气和二氧化碳吸收，进入地球表面的太阳光主要为可见光和红外光，它们的能量分布为可见光占 40%，红外光占 60%，被大气吸收的能量占总能量的 12%。当臭氧层出现空洞时，将会增加地球表面的紫外光辐射，特别是 UV-B（2800～3200Å）对生态系统的影响已引起人们的注意。

进入水体的太阳光，像在大气中一样服从折射、反射和散射定律。太阳光的能量可见光部分供作光合作用，红外光部分对水环境产生热影响。

（一）水环境中光的反射与折射

太阳光射到水面上，一部分被水面反射，另一部分折射进入水中。这种现象遵守反射定律和折射定律，即入射线、反射线和折射线在同一平面上，入射角等于反射角，入射角 i 的正弦值等于折射角 r 与折射率 n 的乘积。太阳光的反射程度与入射角的大小，水体表面的性质，周围的地形以及气象条件等有极大的关系。非偏振太阳光的直接反射强度是 Fresnel 定律的函数：

$$R = \frac{1}{2}\left[\frac{\sin^2(i-r)}{\sin^2(i+r)} - \frac{\tan^2(i-r)}{\tan^2(i+r)}\right]$$

这个函数简单地描述了反射率与太阳的高度有关。太阳高度（h）定义为射入某点的太阳光线与通过该点的水平面间的夹角。太阳高度越小，反射率则越大。天空中的散射光同样在水面反射，但受太阳高度的影响小。当波浪作用使水面受到扰动时，反射作用增加。当太阳由东方升起时，反射光的强度迅速减少，折射光的能量迅速增加。因此，深层水的照度将决定于太阳的高度。射到水面而透入不同深度的光强因太阳位置的改变，在一年和一昼夜间都在不断地变化。

（二）水环境中光的吸收与散射

太阳光射到水面经折射进入水中后，由于光被吸收和散射，其强度很快减弱。进入水中的太阳光强度可用朗格－比耳定律计算：

$$I = I_o e^{-kl}$$

k 为光的吸收系数，对一定波长的光是常数。在自然情况下，太阳光不是单色光，式中的 k 值是受天然水本身的吸收系数（k_w），水中悬浮颗粒的吸收系数（k_p），特别是溶解有色化合物吸收系数（k_c）的影响。悬浮颗粒物浓度低时对吸收的影响较小，当高浓度时影响相当明显，尤其是对可见光谱中低波长的光影响更大。

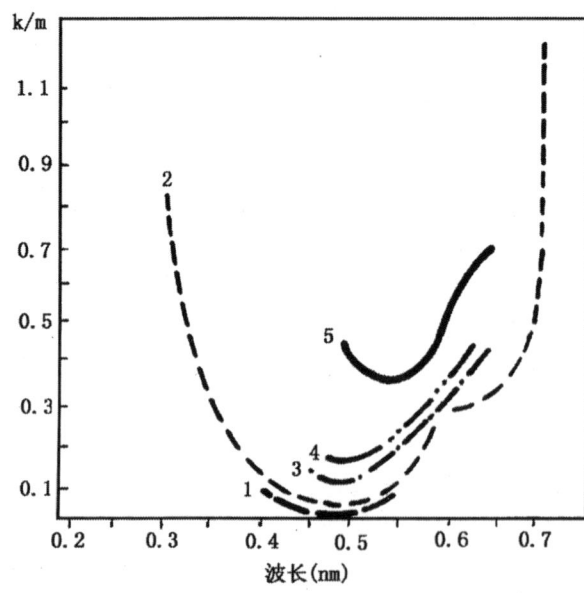

图1.4 不同海水的吸收系数与波长的关系
1. 过滤的海水 2. 蒸馏水 3. 太平洋离岸 200km 海水
4. 太平洋离岸 50km 海水 5. 太平洋近岸水

对所有物质而言，吸收系数是随波长改变的，通常是有选择的吸收。图1.4 表明不同海水的吸收系数与波长的关系。蒸馏水的吸收系数最小值在紫外光位置，近岸海水 k 的最小值在绿光位置，可见海水对紫外光和绿光的吸收最少，对红光和红外光的吸收最强。例如，在蒸馏水中波长为 5000Å 的绿光的吸收系数为0.02，在水深 1m 处绿光强度为入射光强度的 98%，绿光被蒸馏水吸收了 2%。而在同样条件下波长为 6700Å 的红光则有 26% 的光能被吸收。如果都以射到水面的光强度作基准，红光比绿光的吸收要大 13 倍。此外，水越清洁，吸收系数越小，被过滤的海水对可见光的吸收接近蒸馏水，而浅海和近海区因有大量的悬浮物,其吸收比过滤海水大得多。

光线射入水中不仅被水吸收,同时还发生散射现象,使光强减弱。其散射光强度可用下式表示:

$$I = I_o e^{-rl}$$

式中 r 为散射系数。光的散射作用还遵从雷莱定律:

$$r \propto v^4 = \frac{1}{\lambda^4}$$

即散射系数与光的频率的4次方成正比,或者是与波长的4次方成反比。短波光的散射现象比长波光强。0.03 μm 的质点散射紫外光(3200Å)比散射红外光(6400Å)的散射系数大16倍。此定律只适用于在含粒径 <0.35 μm 的不带电的无色小质点的浑浊介质中的光散射作用。对于 >0.35 μm 的质点,光的散射正比于波长的负3次方至负2次方,并随质点的增大,散射光中长波部分的比重也会增大。

当考虑光同时被水吸收与散射时,则

$$I = I_o e^{-(k+r)l}$$

若悬浮质点不特别大,可近似用雷莱公式计算:

$$I = I_o \exp\left[-\left(K + \frac{a}{\lambda^4}\right)l\right]$$

式中 $(K + a/\lambda^4)$ 为消光系数。此式指出水对光的吸收和散射使其强度迅速降低。用不同波长的光经过不同厚度的水层后,其实际光强与射达水面的光强比的测定结果很好地证明在表层10m内不同波长的光几乎全部被吸收(表1.2)。在该深度的光强仅为表面光强的18%,并且紫外光透射能力极强,红外光极容易被水吸收。

表1.2 不同波长的光在水中的吸收(%)

波长(μm)	0 cm	0.1 cm	1.0 cm	10 cm	100 cm	1000 cm
0.2~0.6	24	24	24	24	23	17
0.6~0.9	36	36	36	30	13	1
0.9~1.2	19	17	12	1		
1.2~1.5	9	6	2			
1.5~2.1	10	3				
2.1~3.0	2					
Σ	100	96	74	55	36	18

(三)透明度和水色

透明度是用直径30cm的黑白色相间的圆盘(萨克斯盘)垂直放入水中,从水面算起,直到刚分辨不出黑白颜色为止,这个深度称为透明度。它表示水的透光能力。它不是光线达到的绝对深度。湖水的透明度与影响太阳光强度的地理纬度、悬浮物浓度以及浮游生物的含量有很大的关系。位于难溶性岩石区域的大型深水湖泊,湖水的透明度最大。如西伯利亚的贝加尔湖的透明度达40m。而浮游生物生长旺盛和悬浮物含量高的湖泊,透明度一般是低的。如东湖,根据1973~1985年的实测资料,东湖Ⅰ站湖水的透明度为 30～270 cm，年均 65～118 cm；II_1 站为 45～440 cm，年均 140～193 cm；II_2 站为 36～380 cm，年均 106～183 cm；III 站为 70～364 cm，年均 86～219 cm；IV 站为 17～110 cm，年均 25～34 cm。湖水透明度的大小与入射光强、水中的悬浮物质、浮游生物，以及湖水中营养盐类的含量等因素密切相关，是水体富营养化的特征指标之一。水体透明度越低，富营养化程度越高。这是因为生长的大量藻类及其分泌物与其他有机和无机悬浮物使湖水浑浊不清。实测资料表明，透明度与悬浮物和叶绿素 a 的含量呈明显的双曲线关系（图1.5）。

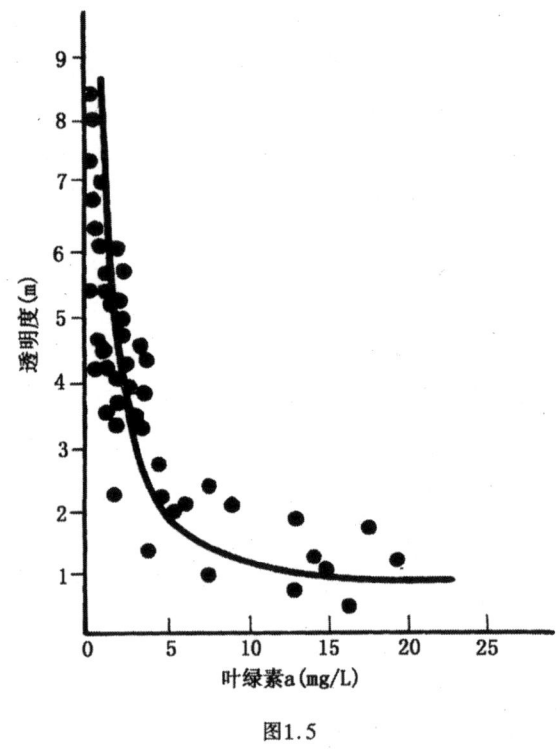

图1.5

水色是指光线从水中经水分子和悬浮颗粒物质散射和反射而达到观察者眼中的光线。它不包括水面的反射光。

水色按目视比色法原理用水色计测定。水色计由盛有不同颜色液体的玻璃管组成，其颜色由蓝到黄顺序排列，最蓝为 1 号，最黄为 21 号。号码越小，水色越蓝，也就是常说的水色越高。用水色计测量水色时，在避光的一侧将透明度板置入水深等于透明度一半处，垂直地观察透明板上的颜色，并与水色计的颜色进行比较即可获得水的色阶。由于水对光具有选择性地吸收，在清水里长波光线（如黄、红光）在水表面一薄层内就已经被水吸收，而短波光线易被水散射。因此，我们见到的水色自然是蓝色。但是，雷莱公式表明不同粒径的质点对光的散射具有不同的性质。如果质点越大，透出水面散射光中长波的比例就越多。这就是水越浑浊水色越低的原因。东湖水在 1979 年常呈绿色或黄绿色，基本属绿黄色调，受污水影响较重的筲箕渡呈褐色，其水色为 14～15 号。

表1.3　东湖各子湖的水色　（1979年）

湖泊名称	水果湖	郭郑湖	汤林湖	牛巢湖	筲箕渡
1月	10	10	12	10	14.5
4月	12	11.5	11	10	15
8月	11	11	10	11	14
10月	13	13	11		15

二、水环境中的热

水环境吸收太阳能产生的热运动明显地影响它的物理、化学过程及其生物特性。这些受太阳辐射影响的过程与特性在不同地区、不同时间，以至在整个地质时期都是呈动力学变化的。溶液吸收太阳能是随光程增加呈指数地增加,并且与水体中物质的含量有关。波长为7500Å的红外光在水表面1m的范围内有90%被吸收。由于水的比热大,吸收的光能以热的形式贮存于水体。湖泊的热量分布是不均匀的,并受许多因素,如湖盆形态、风力、水浪、水运动所做的功,以及水量平衡等因素的影响。湖泊与水库的热分层现象影响其物理的和化学的循环。这些循环又制约它的生物生产及代谢分解过程。

(一)热的输入和支出

水环境的热量输入主要靠太阳的辐射。它包括直接太阳光的辐射 Q_S、天空与云层散射光辐射 Q_H 以及大气与周围环境的长波辐射或热辐射 Q_R。与此同时湖泊还要以辐射的方式支出一部分热量。水体中热量交换首先是通过水表面进行的。为了描述水环境热量的分布与变化,首先讨论水体表面与大气间的热交换过程。大气-水界面的热量交换包括辐射热流量 φ_r、蒸发热流量 φ_e 和对流热流量 φ_c 三个主要部分。

1. 辐射热流量 φ_r

大气-水表面交换的辐射热流量 φ_r($cal \cdot m^{-2} \cdot h^{-1}$)主要包括入射的太阳辐射能 I,水面反射的太阳辐射能 R_1、大气长波辐射能 G、水面反射的大气辐射能 R_2 以及水面发射的长波辐射能 S 等5部分。可表示为:

$$\varphi_r = I - R_1 + G - R_2 - S$$

太阳辐射能 I:太阳光输入水面的热流量大小与太阳高度 h 的正弦成正比($I = I_0 \sin h$)。由于太阳高度的测量值随纬度及时间的不同而具有明显的差异,其 I 值也随时空发生变化。当太阳高度为90°时,被反射的太阳光强约为2%;当 $h = 2°$ 时,反射光强达78%。

水面反射的太阳辐射能 R_1:被水面反射的太阳辐射能,一般约为 $0.15I$。

大气长波辐射能 G:温度高于绝对零度的任何物体都要向外辐射热能。并遵守黑体辐射斯蒂芬-玻尔兹曼公式 $I = \sigma T^4$,辐射能量的大小则视物质的性质与物体的温度而定。当大气(主要是水蒸气)吸收太阳能而温度升高后,大气也要向外辐射能量,由于大气的温度较低,辐射波为红外长波,其发射的能量可由云度校正公式计算:

$$G = \rho(0.848 - 0.294 \times 10^{-0.009 E_L})(T_L + 273)^4 (1 + 0.17 W^2)$$

式中 W 为云度,ρ 为与云度有关的常数,其值为 $5.7 \times 10^{-8} W[cal/(h \cdot cm^2 \cdot K^4)]$,$E_L$ 为水面上2m处空气中水蒸气的分压(mmHg柱[1]),T_L 为水面上2m处的空气温度(℃)。

水面反射的大气辐射能 R_2:被水面反射的大气辐射能,一般约为 $0.03G$。

水面长波辐射 S:与大气长波辐射一样,水面也会向外进行长波辐射,其辐射波长在3~80μm之间,能量可按下式估算:

$$S = 0.97\rho(T + 273)^4$$

---

[1] 1mmHg柱 = 133.322Pa

2. 蒸发热流量 φ_e

水和汽是一种物质的两种形式，它们互相联系，在一定条件下它们可通过蒸发或凝聚作用互相转化。由液相变为汽相因消耗热量，蒸发作用使液体水分子平均动能减少，水温降低。水体蒸发作用的耗热量是巨大的，在蒸发作用很强的干旱区，每年从湖面上蒸发的水量超过 1000mm 的水层。

蒸发热流量可按下式计算：

$$\varphi_e = (C_1 + C_2 V_W^{C_3})(E_L - E_T)$$

式中 V_w 为水面上 2m 处的风速 m/s，C_1、C_2 和 C_3 为经验常数，可取如下数值 $C_1=0$、$C_2=2.78$ [cal/(S·mmHg 柱)]，$C_3=0.5$ 或 1。E_T 为水温等于 T 时的饱和蒸气压（mmHgh）；可用如下两式估算：

$$E_T = 0.75\exp\left[54.721 - \frac{6788.6}{273.76 + T} - 5.0016\ln(T + 273.76)\right]$$

$$E_T = \exp\left(-\frac{5411}{T + 273} + 21.32\right)$$

3. 对流热流量 φ_c

对流热流量 φ_c 系指空气-水界面上空气与水之间的热交换量。根据 Bowen 的假设，对流热流量可用下式计算：

$$\varphi_c = -\frac{C_1 + C_2 V_W^{C_3}}{C_b}$$

式中 $C_b=2.03$ K/mmHg 柱，其他符号与前述符号的物理意义相同。

4. 总热流量 $\varphi_0(T)$

在已知 I、T_L、E_L、V_w 的条件下，根据上述的计算值就可以估算水温为 T 时的水面上的总热流量：

$$\varphi_0(T) = \varphi_r + \varphi_e + \varphi_c$$

在这些计算中，对湖岸、湖底的热交换、水流带入和带出的热流量以及结冰和融冰时的热量变化，因其对总热流量的贡献较小，未考虑它们的作用。

（二）水环境中热量的分布

1. 水的温度与深度的关系

水温是水环境的一个重要参数。它的变化直接影响水环境的化学反应、生化反应、氧的溶解和水生生物的生长等一系列过程。水环境调查研究发现，在海洋、深水湖泊和水库中几乎都发生热分层现象。通常用湖泊或水库的换水系数（年径流量/蓄水量之比值）判断其是否会发生热分层现象。当蓄水量比径流量大得多时，在一年大多数时间里这些湖泊或水库的等温线是平的，只在夏末与秋季形成稳定的热分层。图1.6表示典型温带深水湖泊的水温随湖水深度变化的情况。在冬季水温在垂直方向上变化不大，或者说是等温的。在春季由于表层水温增高，其密度小于下层较冷的水，形成水温不同的两层结构。在湖上层（epilimnion），水温较高，其特点是水温随水深变化很小；在湖下层（hypolimnion），水温较低，其特点是水温随深度降低较缓；在两层之间水温随水深急剧下降，称为变温层（thermocline），也称温跃层。在夏季表层水温继续升高，变温层位置下移，水温垂直分层更为显著。到秋天，湖上层水温开始冷却，并且冷水的厚度不断增大，水的密度同时也逐渐增加。当湖上层水温比湖底层水更低时，上层水团下沉，下层水团上升，两层水团互相混合，使湖泊水温逐步恢复到冬季等温的状况。

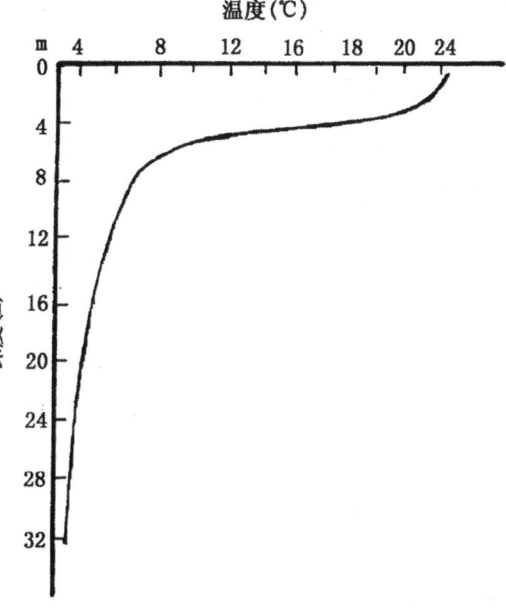

图1.6 水温随深度变化图
莫斯科州铬卢博科耶湖(1946.6.21)

2．水的温度与密度的关系

湖泊中热量传到湖水深处并产生湖泊水温分层的热学特性是与湖泊中的对流混合及涡动混合有关。对流混合是因上下水团质点的密度差而引起的水团间的垂直交换作用。涡动混合是由于风力等动力学因素引起的水团运动，也称湍流混合或摩擦混合。

对流混合作用只有在表层水温接近4℃，其密度比底层水团大的情况下才能发生。如某个湖泊的水温为3℃，当表层水增暖到4℃时，因为水团密度大而向下沉入湖泊的深处，同时深层3℃的水团密度相对比表层小而上升，这种对流混合作用一直进行到整个湖泊水温达到4℃为止。如果湖水温度高于4℃，表层水温降低到4℃时，对流混合作用将使湖泊水温变冷。此外，涡动混合也是水环境热运动的重要作用，在风力等因素的影响下，这种混合作用可使表层温暖的水团达到湖泊的底层进行热交换。

3．水环境的结冰现象

纯水的冰点为0℃。但由于天然水含有一定的矿物质，其冰点稍低于0℃。天然淡水一般含有50~200mg/L的矿物质，相应的冰点在-0.012~-0.003℃之间。如西伯利亚的贝加尔湖的湖水的冰点为-0.004℃。由于压强增加冰点降低，湖水的冰点随水深而降低。要使湖泊形成深层冰，必须使湖泊深层水处于极端过冷状态。因此，实际上湖泊只能在保证混合作用充分进行的深度内使水温达到冰点的条件下才能结冰。对于咸水湖因矿化度增加，冰点降低的缘故，湖水结冰往往比淡水湖迟。

三、天然水的化学特性

水是地球上分布最广的物质之一。地球上总共有$1.36 \times 10^9 km^3$水，约2.25×10^{12}

kg。这些水分布在地球的各个部分（表1.4）。它们在地球表面形成了海洋、江河、湖泊、沼泽和池塘。海水占地球总水量的97.21%，它覆盖71%的地球表面。内陆水体的水只占总水量的2.8%，其中全世界的淡、咸水湖与江河的水只占总水量的0.0171%。这些天然水体的水不同于化学纯水，它的成分极为复杂。

表1.4　地球水的分布及世界水量的估算

水	体积（$\times 10^3$ km^3）	占总水量的百分数（%）
淡水湖	125	0.009
盐湖及内陆海	104	0.008
河流	1.25	0.0001
土壤湿气	67	0.005
4000m深的地下水	8350	0.61
冰帽与冰川	29 200	2.14
水气	13	0.001
海洋	1 320 000	97.21
总计	1 360 000	100

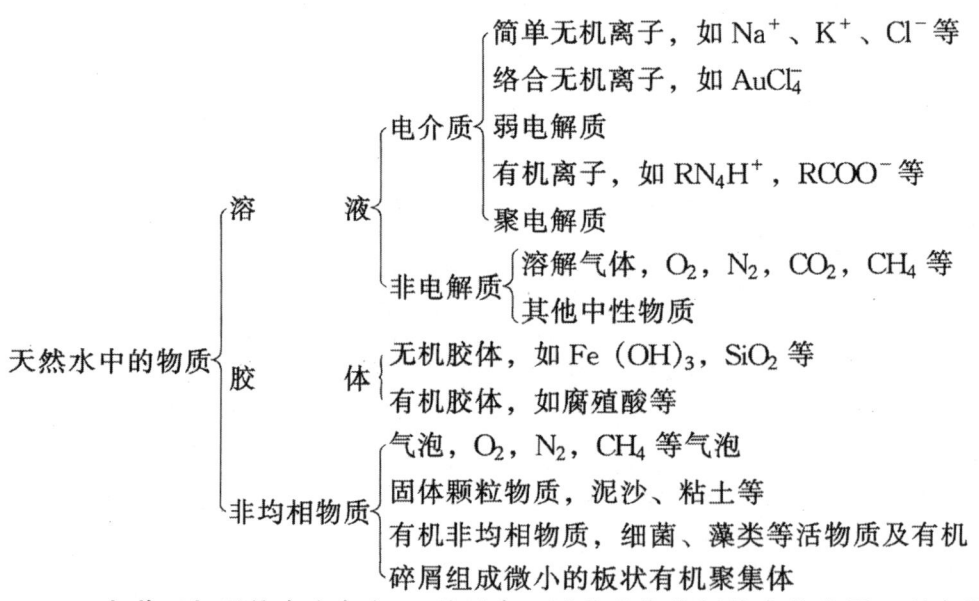

40年代已知天然水中存在45种元素。随着现代分析技术的发展，现在发现天然水中含有74种元素，它们以不同的状态存在于水中。天然水的化学成分可以分为5类：①溶解气体，如O_2、N_2、CH_4及一些微量气体；②主要离子：CO_3^{2-}、HCO_3^-、SO_4^{2-}、Cl^-、Ca^{2+}、Mg^{2+}、Na^+、K^+，它们含量的差异构成不同类型的天然水；③生物原生质或营养元素，它们与生命活动有关，主要是N、P、S、Fe、Si等元素；④微量元素，它们在天然水中含量极低，一般为0.001～0.1mg/L，最低可到1.0×10^{-10} mg/L（如Ra）；⑤有机质，它们有的是天然存在的活体，有的是动、植物的代谢产物及其死亡腐烂的碎屑。它们多半由C、H、O、N、P、S等元素组成，成分极为复杂，常以有机聚集体形式存在于水中。这里只着重介绍前两种化学组成，后三种化学成分将在后面几节详细叙述。

(一) 溶解气体和氢离子浓度

许多气体，如 O_2、H_2、N_2、CO_2、CH_4、NH_3、H_2S，以及惰性气体都能溶解在天然水中，但主要气体成分是氧气和二氧化碳。溶解氧是水环境中绝大多数生物生存的必要条件。二氧化碳是水生植物光合作用必需的重要物质。它们对水环境中发生的各种过程具有极重要的作用。增氧作用和耗氧作用是影响水体中溶解氧浓度的两个过程。增氧作用主要是大气复氧和光合作用放氧过程。天然水中氧含量服从气体溶解度定律（亨利定律），即气体在水中的溶解度与其分压成正比，它总是力图达到该温度和压强下的饱和浓度。当高于这个浓度，氧气便逸出；低于这个浓度，氧气则继续溶入水中。淡水中的溶解氧浓度随温度降低而升高。在 1 个标准大气压下，空气的氧含量为20.9%，水温在 0℃ 与 30℃ 时，氧气在淡水中的溶解度分别为14.62mg/L 和 7.63mg/L。同样水中的盐含量也影响溶解氧浓度，盐含量升高，溶解氧浓度降低。在同样温度与大气压力条件下，海水的溶解氧浓度仅为淡水的 80% 左右。

大气压力也明显影响水中溶解氧的浓度。当大气压变化时，可按下式计算水中溶解氧的含量：

$$S' = \frac{SP}{760}$$

式中 S' 为 P 大气压（mmHg 柱）下溶解氧浓度，S 为 760mmHg 柱大气压下溶解氧浓度。水体中溶解氧的测定结果常用 mg/L 表示，并可按：

$$O_2\% = \frac{10 \times 760a}{NP}$$

换算成溶解氧的相对含量。P 为测定时的大气压，N 为 760mmHg 柱大气压下溶解氧浓度，a 为实测溶解氧浓度。

清洁地表水在正常情况下溶解氧浓度接近饱和状态。在夏季水生植物生长旺盛时，由于光合作用放氧，可以使水中氧处于过饱和状态，氧的相对含量可超过100%。在夏季，水温高，光照强，光合作用也强，溶解氧也容易处于过饱和状态。

水环境中的耗氧作用主要由水生生物的呼吸和死亡有机体的分解等过程决定的。这些过程与水体增氧作用决定了水环境中的溶解氧的水平。天然水的溶解氧含量可达 14 mg/L，其影响因素较为复杂，这将在湖泊化学特征中详细叙述。

天然水中普遍都含有 CO_2，并以溶解的气体分子形式存在于水中，仅很少一部分（约 1%）与水分子形成碳酸。通常所说的游离二氧化碳或碳酸是指 CO_2 与 H_2CO_3 的总和。天然水中的 CO_2 主要来源于有机物质的氧化。这一作用直接发生在水中，也可发生在与水相作用的土壤及淤泥中。自空气中吸收 CO_2 几乎只发生在海洋上，而内陆水体从空气中吸收 CO_2 只占很少的部分。这是因为内陆水体中 CO_2 含量常常超过与空气中 CO_2 保持平衡时所应有的含量。按亨利定律，在标准条件下，纯水中 CO_2 含量为 0.59mg/L，实际内陆水体 CO_2 的含量均超过此值，天然水中 CO_2 的含量一般为几十分之一"mg/L"到几百"mg/L"。海水中 CO_2 含量最少十分之几"mg/L"，地下水的 CO_2 含量较高（15~40 mg/L），河流及湖泊的 CO_2 含量很少超过20~30 mg/L 的范围。

在天然水中,许多因素会引起CO_2的含量变化,如水生植物光合作用消耗CO_2,$CaCO_3$类物质与水中CO_2生成溶解性的酸式碳酸盐,水中CO_2过饱和时自水中逸出等都能降低水中的CO_2浓度。

溶解的CO_2是控制天然水pH的重要缓冲体系。纯水可以离解成H_3O^+和OH^-,其pH=7,水呈中性。但天然水中溶解的CO_2与水分子生成碳酸,碳酸可按下式分解:

$$H_2CO_3 \rightleftharpoons HCO_3^- + H^+ \qquad pK_1 = 6.43$$

$$HCO_3^- \rightleftharpoons CO_3^{2-} + H^+ \qquad pK_2 = 10.4$$

则水中$[H^+] = K_1[H_2CO_3]/[HCO_3^-] = K_2[HCO_3^-]/[CO_3^{2-}]$,这个关系表明,天然水中氢离子浓度与$H_2CO_3$含量成正比。当水中含有40 mg/L CO_2时,水中的pH值可按二元弱酸近似公式计算:

$$[H^+] = \sqrt{CK_1}$$

$$pH = -\frac{1}{2}(pK_1 + \lg C)$$

式中C为CO_2的含量。计算结果pH=4.74。由近似公式可看出,当水中CO_2含量增加,pH值将降低,CO_2含量减少,pH值就增加。这就可以解释当池塘中水生植物光合作用强时,CO_2消耗快,池水的pH值增加的现象。

(二) 天然水中的主要离子

天然水中有8种主要离子:Na^+、K^+、Ca^{2+}、Mg^{2+}为带正电荷离子,Cl^-、SO_4^{2-}、HCO_3^-、CO_3^{2-}为带负电荷离子。这些离子是天然水所有矿化作用生成的主要成分。它们的含量随河流、湖泊等不同类型的水体有着明显的差异,它们的组成特征是天然水化学分类的主要基础。这些元素的水迁移系数较大。它们的来源与岩石和土壤有关。由于岩石风化和土壤的淋失作用,使这些元素随地表径流进入天然水体,最终通过河流进入海洋。沉积岩中所含的氯化钠、氯化钾、碳酸钙、硫酸钙、碳酸镁,以及火成岩风化产物形成的碳酸钙、碳酸镁、碳酸氢钠及碳酸氢钾等盐类是水环境中8大离子的重要来源。干旱地区土壤中含有的硫酸钠及硫酸镁等盐类,以及火山喷发物中所含的氯也是水体主要离子的重要来源。铜、铁及其他重金属硫化物因氧化作用产生的硫酸盐是水体硫酸根的主要来源:

$$2FeS + 7O_2 + 2H_2O = 2FeSO_4 + 2H_2SO_4$$

形成的硫酸与碳酸盐类岩石作用生成硫酸钙,硫酸亚铁进一步氧化成高铁盐,然后水解生成氢氧化铁沉淀。

不同溶解度的盐类对天然水矿化度具有重要意义。它们中易溶解的盐类是$MgSO_4$(30%)、NaCl(26.4%)、KCl(25.6%)、$KHCO_3$(24.9%)、Na_2SO_4(16%)、$NaHCO_3$(8.7%)。难溶解的盐类是$CaSO_4$(0.2%)。而$CaCO_3$和$MgCO_3$非常难溶解,这两种盐类对低矿化度水(如河水)的离子成分具有较重要的意义。它们仅在含有CO_2的水中形成碳酸氢盐才溶解:

$$CaCO_3 + CO_2 + H_2O = Ca^{2+} + 2HCO_3^-$$

$$MgCO_3 + CO_2 + H_2O = Mg^{2+} + 2HCO_3^-$$

由此，天然水中 CO_2 与 HCO_3^- 之间可保持一定的比例，它们随水中的 CO_2 与重碳酸根（HCO_3^-）的含量而变。由化学平衡计算证明，pH 对总游离 CO_2、HCO_3^- 及 CO_3^{2-} 的浓度影响较大。pH<5 时，总游离 CO_2 浓度最高，pH 在 7~9 时，HCO_3^- 浓度最大，pH>9.5 时，CO_3^{2-} 浓度占主要地位。这表明碳酸盐体系对天然淡水 pH 控制起着极重要的作用。

四、天然水的分类

一般根据离子总数，按矿化度可将天然水分成如下四种类型：

淡水	<1.0 g/kg
盐化水	1~25 g/kg
具有海洋盐度的水	25~50 g/kg
咸水	>50 g/kg

矿化度是描述地下水中矿物含量的标度。在水化学中是指水里各种元素的离子、分子和化合物的总含量。通常根据一定体积的水蒸干后在 105~110℃ 下恒重所得的残渣重量，其单位可用 mg/L 或 g/kg 表示。淡水是根据人的味觉确定的，矿化度<1.0 g/kg，人感觉不出水的味道。盐化水与海水之间的界限为 25 g/kg，这是根据天然水矿化度为 24.695 g/kg 时，水的冰点与最大密度都大致相等。海水与咸水的界限是根据海水的盐度只有 34 g/kg，世界上找不到矿化度大于 50 g/kg 的海水。这种只按水的一般特征分类没有考虑水中的离子与溶解气体的特征。

天然水按化学组成的分类方法很多，前苏联学者 Алёкин 提出三级分类法。在美国应用的是经 Gorbert 等修正的 Piper 多三角形分类法。这里只着重介绍 Алёкин 法和 Gorbert-Piper 的多三角形分类法。

Алёкин 提出按天然水中主要阴离子和阳离子的类别以及离子间毫克当量比例的差异为原则进行水化学分类（图 1.7）。天然水按主要阴离子可以分成三类：重碳酸盐-碳酸盐水（$HCO_3^- + CO_3^{2-}$）、硫酸盐水（SO_4^{2-}）及氯化物水（Cl^-）。每一类水再按主要阳离子又可分成 Ca 组、Na 组及 Mg 组。每一组又根据离子间的毫克当量比例分成三型。第 I 型特点是离子毫克当量比例的顺序为 $HCO_3^- > Ca^{2+} + Mg^{2+}$，这种水含有大量的 Na^+ 和 K^+，它的矿化度不大。第 II 型水的特点是 $HCO_3^- < Ca^{2+} + Mg^{2+} < HCO_3^- + SO_4^{2-}$，绝大多数矿化作用不大的河水、湖水及地下水都属 II 型水。III 型水的特点是 $HCO_3^- + SO_4^{2-} < Ca^{2+} + Mg^{2+}$，或者说 $Cl^- > Na^+$，洋水和海水都属这一型水。第 IV 型水的特点是酸性水，HCO_3^- 的当量为零。碳酸盐类水中无 IV 型水，它仅存在于硫酸盐和氯化物两类的钙组与镁组水中。通常用相应的阴离子的英文名称的第一个字母表示水的类型，在字母上标用阳离子的元素符号表示该水属哪一组，在下标用罗马数字表示型。例如 C_{II}^{Ca} 表示此种水为重碳酸盐类钙组 II 型水。又如东湖春夏为 C_I^{Ca} 型水，秋末冬初为 C_I^{Na} 型水。

Piper 图解法是利用代表阳离子与阴离子的两个三角形和一个菱形表示天然水化学

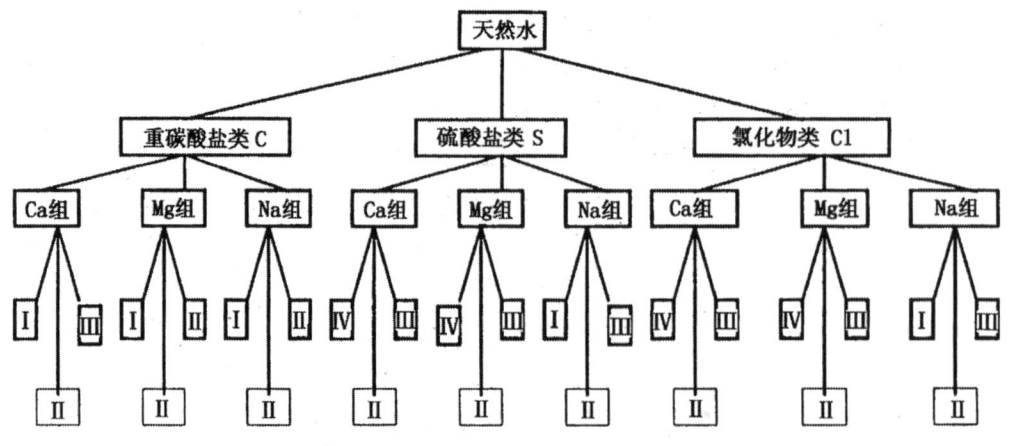

图1.7 天然水化学分类

类型，经Gorbert修改后，多三角形图解法是对左、右两个三角形分别连接每边的中点，使每个三角形等分为4个小三角形，除中间的三角形为无优势离子区外，其他三角形则代表不同水型的区域。这样根据毫克当量百分数点所在的区域，就能很容易地命名水的化学类型。如图1.8中1号水样为Na-Cl型水。如果阴离子点或阳离子点落在中间小区，表示在该水样中没有超过50%的优势阴离子或优势阳离子，其命名根据阴、阳离子点的位置及两个相对占优势的阴离子与阳离子，利用四离子命名法。如图中的2号水样为Ca-Na-HCO_3-SO_4型水。

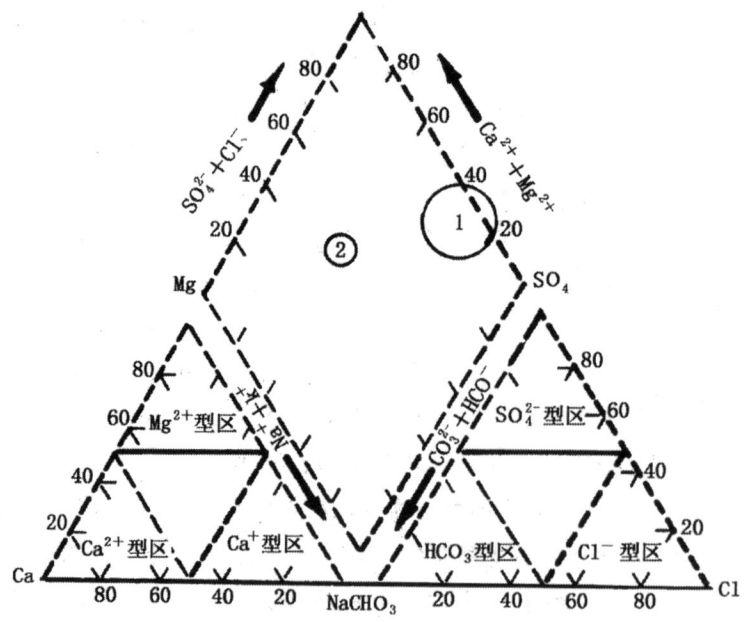

图1.8 Piper-Gorbert多三角形化学分类图

第三节 天然水体

一、河流

河流是一定区域内由地表水或地下水补给，经常或间歇地沿着地表狭长凹地流动的水流。世界河流的水量仅占地球总水量的0.0001%。它是水圈里水循环的一个重要环节。海洋的水经蒸发进入大气，一部分因降水又重新进入海洋。另一部分吹向大陆，降落在陆地上，再经地表径流汇入江河后流入大海。河流的水量可以发生较大的变化，一般雨季流量大，干旱季节流量小。如长江丰水期流量比枯水期高7~8倍，但年径流量的变差系数为0.11~0.25。

河流由于受气候和地质条件的影响，形成明显不同的区域水化学特征。河水的水化学条件不仅是其性状与功能的表征，而且也是影响水生生物的种类组成、数量及生物量的重要因素。较大的河流受水热条件、地形与海拔高度的影响，河流水温比较均匀，无明显分层现象，但水温随时空变化很大。如长江河源区主要河流年均水温低于2℃，长江干流年均水温变化趋势是从河源区向下游逐渐增加，重庆至万县江段年均水温高达15~20℃。

（一）河流的溶解氧

河流的溶解氧浓度受水温及海拔高度的影响较大。长江水系河源区在海拔4000m以上，气压较低，空气中的氧含量比低海拔的平原区少1/3，尽管气温与水温都低，河水中的溶解氧浓度相当于海面高程河水中溶解氧的78%。在金沙江以下江段，河水溶解氧处于饱和状态。河流由于水流较快，其复氧能力是比较强的，一般河流的复氧能力在1.3~3.2mg/(m^2·d)范围内变动。这使河水保持较高的氧化-还原电位。

表1.5 长江水系不同海拔的河水中溶解氧浓度

地区	海拔高程(m)	溶解氧(mg/L)	饱和程度(%)
河源区	>4000	5.8~12.2	78
金沙江上游	2000~4000	6.4~10.6	70~80
普渡河-横江	约2000	4.3~9.5	约70
金沙江下游	<2000	8.0~12.0	100

（二）河流的pH

河水的pH变化主要与地质和水热条件有关。长江水系河水的pH一般为6.7~9.0，但有一定的水系分异。在河源区pH变化范围较大，一般为7.3~9.5，主要是区域水热条件引起HCO_3^-的变化造成的。乌江和赤水水系石灰岩分布较广，受石灰岩溶解与淀积的影响而出现河水 pH 区域性的偏高，一般为 7.9~8.9，大多数稳定在 8.0 以上。鄱阳湖水系因花岗岩分布广泛及降水量较大，河水 pH 普遍较低。

表 1.6　长江干流河水 pH 沿程变化河段

河段	pH	河段	pH
楚玛尔河沿	8.4	寸滩	8.1
沱沱河沿	8.1	宜昌	8.0
直门达	9.0	武汉	7.9
石鼓	8.1	大通	7.9
渡口	8.1	南京	7.6

（三）河流的化学组成特征

河流是水圈中最活跃的部分，其特点是离子组成具有多样性及易变性。为直观地比较河水化学组成，Gibbs 曾设计了以离子总量为纵坐标，$Na^+/(Na^++Ca^{2+})$ 或 $Cl^-/(Cl^-+SO_4^{2-})$ 为横坐标绘制的半对数坐标图，描述世界河水离子组成的特征（图 1.9）。这个图指出，含盐量低的河水，具有较高的 $Na^+/(Na^++Ca^{2+})$ 与 $Cl^-/(Cl^-+SO_4^{2-})$ 比值（~1.0），含盐量较高的河流具有较低的 $Na^+/(Na^++Ca^{2+})$ 与 $Cl^-/(Cl^-+SO_4^{2-})$ 比值（≤0.5），含盐量更高的河流，$Na^+/(Na^++Ca^{2+})$ 与 $(Cl^-+SO_4^{2-})$ 比值又变得较高（~1.0）。河流的这些离子组成特征反映出形成的原因与相互之间的关系。

（四）河流的化学稳定性

河水的化学稳定性反映出河水的溶蚀性与沉积性。河水一般都属碳酸盐类型，而碳酸盐的溶解平衡是控制河水化学稳定性的主要因素。实际上河水含有过量的游离 HCO_3^- 时，$CaCO_3$ 处于不饱和状态，这种水具有溶蚀性，反之则有沉积性。河水的化学稳定性可利用实测河水的 pH 值与理论计算 pH_S 值的比较法进行判断。当 $pH < pH_S$，水稳定性指数 S 小于零，这种河水具有溶蚀性，S 值越负溶蚀性越强。与此相反则沉积性越强。水稳定性指数按下式计算：

$$S = pH + pH_S$$
$$pH_S = pk_1 + pk_S - \lg[Ca^{2+}] - \lg[碱度] + P$$
$$P = \frac{2\sqrt{I}}{1+\sqrt{I}}$$
$$I = 2.5 \times 10^{-5} C$$

式中 C 为河水的含盐量，I 为离子强度，k_1、k_s 为分别为碳酸的电离常数和碳酸盐的溶度积。

长江水系河水稳定性指数计算指出，长江河水处于碳酸盐不饱和状态，以溶蚀性为

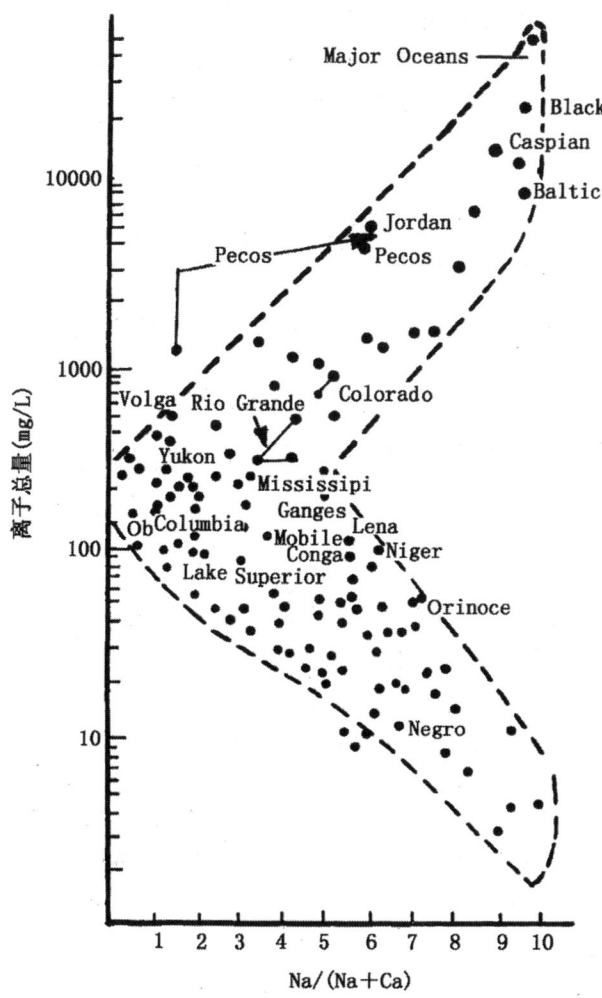

图1.9 世界主要河、湖及大洋Na/（Na+Ca）比值与可溶性固体总量的关系

主。计算结果还表明，河水化学稳定性与矿化度密切相关，并伴随有水化学类型的转化。如矿化度<100mg/L的河水，$C_Ⅰ^{Na}$与$C_Ⅰ^{Ca}$型水都为强溶蚀性水，$S<-1.5$，但以$C_Ⅰ^{Na}$为主。矿化度在100~150mg/L范围内，多为中等溶蚀性水，S为-0.5至-1.5之间，以$C_Ⅰ^{Ca}$型水为主。矿化度在150~300mg/L之间，河水为溶蚀-沉积过渡性水，大多为弱溶蚀性水，$S>-0.5$，以$C_Ⅰ^{Ca}$型水为主，部分为弱沉积性。矿化度>300mg/L的河水，都为沉积性河水，$S>0$，以$C_{Ⅱ-Ⅲ}^{Ca}$型水为主，部分为$C_Ⅰ^{Ca}$型水。

二、湖　　泊

湖泊是地表洼地积水形成的水面宽阔、流速缓慢的水体。它的特点是换流速度缓慢，不与大洋直接相通。湖泊与地球表面其他水体一样，是径流过程的一个环节。它的水量只占地球总水量的0.017%。湖泊与河流存在着显著的差别。引起河水运动的主要原因是重力梯度，而湖水的运动主要靠风力和热对流运动。当在有些情况下，湖泊也具有河流的特征，而河流在某一段也可能出现湖泊的特征。在同样的地理条件下，湖水的化学组成及矿化度不同于河流。河流在一定的水流区域中，由于强烈的混合作用，其化学组成是均匀的，而湖泊则不均匀，尤其是深水湖泊产生的分层现象，其矿化度一般比河水为高。

（一）湖泊的形态

湖盆的形态学对湖泊几乎所有的物理、化学和生物学参数有重要的作用。这里仅介绍几种常用的湖泊形态学参数。

湖岸线最远两点间湖面连线的距离称为湖泊的最大长度 L。与湖岸线最大长度垂直的最大湖面距离为湖泊的最大宽度 b。湖泊的平均宽度 $\bar{b}$ 等于湖泊最大长度 L 除以湖泊面积 A：

$$\bar{b} = \frac{A}{L}$$

湖泊的表面积与湖泊的水位有关。湖泊的面积与水深为 Z 的等高线面积最好用面积积分法测定，或者也可用精密度较差的数格子的方法分析。湖盆的体积 V 是每层面积对深度从表面到最大深度的积分，可用作图法求出。一般可用下式进行估算：

$$V = \frac{h}{3}(A_1 + A_2 + \sqrt{A_1 A_2})$$

式中 h 为水层的垂直深度，A_1 与 A_2 分别为该层的上下层表面积。

最大深度 Z_m、平均深度 Z_p 及相对深度 Z_r 是湖泊形态学的一些有用的参数。平均深度 Z_p 为表面积 A 除以体积 V：

$$Z_P = \frac{V}{A}$$

Z_r 为湖泊最大深度与其面积相应的直径的百分比：

$$Z_r = 50 Z_m \sqrt{\frac{\pi}{A_O}}$$

大多数湖泊的 $Z_r < 2\%$，而小面积的深水湖泊 $Z_r > 4\%$。

在大多数水位比较稳定的、水陆交叉带变化较小的湖泊中，湖岸线 L 几乎是恒定的，但在季节性湖泊中湖岸线是极不规则地变化，特别是对降水与排水变化比较敏感的水库更是这样。湖岸线长度可直接测量，也可由地图测出。湖岸线的发育程度 D_L 系湖岸线的长度与等于湖泊面积的圆周长之比：

$$D_L = \frac{L}{2\sqrt{\pi A}}$$

水位-面积曲线 $Z-A$ 和水位-体积曲线 $Z-V$ 是分别描述湖泊面积和体积与其深度的关系。这两类曲线在湖泊调查中是较为重要的，通过它可以了解湖盆形态与生产力间的关系。有些生物学家甚至主张利用某种形态测量指标，结合湖水的物理化学特性，以反映湖泊的营养水平和生物生产力状况，并利用某些测量的比例划分湖泊的营养类型。

（二）湖泊的分类

湖泊的分类方法很多，这里只作一般的介绍。湖盆的大小及形状对湖泊起着重要的作用。按湖盆的成因可将湖泊分成8个类型：构造湖、冰川湖、水力冲刷湖及水力沉积湖、下陷湖、火山湖、山崩湖、风成湖及次生湖。此外，还有人类发展水利构筑的人工湖。

湖泊分布于地球的不同气候带，它们各自具有不同的热学特点。根据淡水湖的热学特征可将它们分成三种类型：

①热带湖：湖水的年均温度大于4℃。除了秋季全同温期外，一直保持正分层。它的特点是湖水水温高，底层和表层间的温差小，不存在温跃层，一年有一次环流。

②温带湖：湖水全年平均温度在4℃左右，夏季正分层，冬季逆分层，春秋两季节为全同温期。

③寒带湖：湖水平均温度全年低于4℃。除春季同温期外，一直保持逆分层。一年有一次环流。

湖水主要由 HCO_3^-、CO_3^{2-}、SO_4^{2-}、Cl^-、Ca^{2+}、Mg^{2+}、Na^+、K^+ 等8大离子组成。按湖水盐类成分中主要离子的种类，可以将湖水分成氯化物型、硫酸盐型、硫酸盐-氯化物型、碳酸盐型、硫酸盐-碳酸盐型、氯化物-碳酸盐型、三成分型、硅酸盐型、硼酸盐型、硝酸盐型、磷酸盐型、酸性型等12种类型。在这些类型中，以碳酸盐型湖、硫酸盐型湖及氯化物型湖为主。此外，还可根据湖水含盐量的多寡，又可将它们分为淡水湖（盐含量为0.3%~1.0%）、半咸水湖（1.0%~24.7%）和咸水湖（大于24.7%）。

表1.7　贫营养湖与富营养湖的特点

		调节型湖泊	
营养类型		贫营养型	富营养型
湖盆		深，湖陆棚狭窄	浅，湖陆棚狭窄
形态		深水层容量比表层大	深水层容量比表层小
分布		山间湖泊	除北海道泥煤地外
		北海道平地的深湖	全国平地的湖
水的物理性质	水色	蓝色或绿色	绿-黄色
	透明度	5m以上	5m以下
	pH	接近中性	中性-弱碱性
水质	溶解氧	全层接近饱和	表层饱和或过饱和，底层少
	其他	P<0.020mg/L，N<0.20mg/L	P>0.020mg/L，N>0.20mg/L
	生产力	小，200 $mgC/(m^2·d)$ 以下	大，200 $mgC/(m^2·d)$ 以上
生物	叶绿素a	0.3~2.5 mgC/m^2，10~50 mgC/m^3	5~140 mgC/m^2，20~140 mgC/m^3
	浮游植物	贫弱，以硅藻为主	丰富，夏季蓝藻可引起水花
	浮游动物	贫弱，以贝类为主	丰富，轮虫增加
	底栖生物	种类和数量都很丰富，	种类减少，摇蚊幼虫寡毛类增加
	鱼类	鳟鱼，石斑鱼	鲤鱼、鲫鱼、鳗鱼
	沿岸植物	少，蔓延到深处	多，只在浅处生长
底质		有机物少，硅藻骸泥	骸泥-腐泥

在湖水中含有氮、磷、硅、铁等营养元素,它们对湖泊中的生物过程具有极重要的作用。根据这些元素的含量,按营养水平可将湖泊分为富营养型、贫营养型、腐殖营养型及酸性营养型。富营养化是描述一种很长时间内的不可逆的自然现象的。早在60年代这个术语就已被用来表示湖泊的生产力,并成为湖泊分类的一种类型。表1.7列出贫营养湖与富营养湖的特点。可是富营养化是近年来在水质污染有关领域内广泛使用的术语。表1.8列出美国EPA提出湖泊富营养化阶段的判断标准。

表1.8 湖泊营养型的分类标准

参数	贫营养	中营养	富营养
总磷(g/L)	<10	10~20	>20~25
叶绿素 a(g/L)	<4	4~10	>10
透明度(m)	>3.7	2.0~3.7	<2.0
深水的溶解氧量(饱和%)	>80	10~80	<10

(三)湖水中溶解气体及pH值

湖水的化学组成主要决定于它所处的地理条件,如气候、降水、径流,以及地质、土壤和植被等。湖中发生的各种物理、化学和生物过程,以及湖水交换与波浪运动,在很大程度上可以改变湖水的化学组成。湖泊的换水过程缓慢,更加促使它的矿化度和化学组成具有极大的差异。

湖水中溶解氧气、二氧化碳及pH值的时空分布与湖泊的营养类型有关。对贫营养型湖泊而言,由于生物生产力低,它的光合作用及呼吸作用的强度都较小,氧气与二氧化碳的含量主要受湖泊水温的控制,其特点是氧的最大值出现在寒冷的冬天。由于逆分层,深水中氧的含量稍有减少,二氧化碳的浓度随水深变化也小;在春季全同温期中,氧、二氧化碳及pH值不随深度而变,基本保持均匀分布。即使在夏季,在大多数贫营养型湖泊中氧随深度变化也较小,相应湖泊的表层因光合作用二氧化碳浓度降低,但在湖底层几乎不变。在秋季全同温期,湖水的氧、二氧化碳浓度及pH值是均匀分布,整个水团的氧达到饱和,并且全年水体的pH值随深度变化也较小。在矿化度高的湖泊中湖水呈碱性,在中等或低矿化度的湖泊中湖水呈中性。

在富营养型湖泊中,氧与二氧化碳主要受生物过程的控制。它的特点是在春季同温期,氧与二氧化碳及pH值随深度分布均匀,大部分湖泊接近中性。夏季,光合作用强烈,在温度正分层期间,在湖上层有相当数量的氧,而二氧化碳浓度降低,有时可能为零。在温跃层有丰富的氧,湖水的pH值仅决定于二氧化碳的含量。在冬季,光合作用较弱,氧不能透过冰层,水中氧含量降低,二氧化碳含量增加。在湖下层因有机物降解,氧含量急剧减少,二氧化碳含量增加到极大。与此同时pH值随水深度增加逐渐减小,即上层为中性,下层为酸性。在湖下层,由于呼吸作用与有机物的氧化,氧的含量迅速降低,有时甚至为零。相反地二氧化碳含量增加,并且由于耗氧作用强烈,出现缺氧现象。此时二氧化碳含量最高。因湖水pH值受二氧化碳的控制,pH值的垂直分布

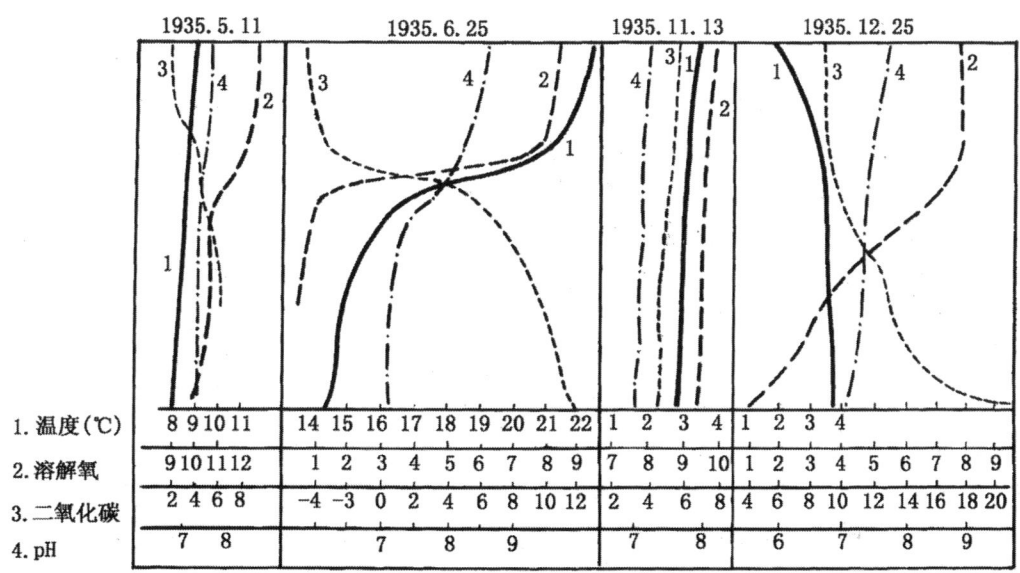

图1.10 别洛耶湖（前苏联）水温、溶解氧、二氧化碳及pH的变化
（溶解氧与二氧化碳的浓度单位为mg/L）

曲线与二氧化碳的垂直分布曲线呈反方向变化（图1.10）。在秋季全同温期，与贫营养型湖泊一样，二氧化碳、氧及pH值分布均匀，水中保持丰富的氧，湖水的pH值仅决定于二氧化碳的含量。

（四）湖水的变型作用

湖水的变型作用系指湖水的化学特点的地理变化特征。在过分潮湿的区域，湖水的盐分具有周期性的变化。在干旱区域的封闭性湖泊中，湖水盐含量通常随时间增加。盐含量增加会引起湖水的主要离子之间的比例发生变化。当湖水因蒸发盐类含量增加到一定程度，盐类成分中首先沉淀的是最难溶解的碳酸盐（主要为$CaCO_3$）。因此，湖水中的Ca∶Mg的比例发生变化。由于$MgCO_3$的溶解度比$CaCO_3$大，湖水中的Mg^{2+}浓度比Ca^{2+}大。当大部分碳酸盐沉淀后，湖水中硫酸盐含量占优势。因而湖泊由碳酸盐型转变成硫酸盐型。如果湖泊蒸发量继续增加，硫酸盐也会沉淀，湖泊中占优势的盐类是氯化物。湖泊由硫酸盐型转变成氯化物型。当雨量增加，湖水盐含量减少时，这个过程可向反方向进行。这种湖泊变型过程可表示为：

$$\text{干旱} \rightarrow$$
$$\text{碳酸盐型湖泊} \rightleftharpoons \text{硫酸盐型湖泊} \rightleftharpoons \text{氯化物型湖泊}$$
$$\leftarrow \text{潮湿}$$

这种图示反映出当潮湿气候转变为干旱大陆性气候时，湖水的盐含量增加。随着湖水中盐含量的变化，伴随发生湖水的变型作用。一般最淡的水是碳酸盐型，继而转变成硫酸盐型，最后转变成氯化物型。

(五) 盐 湖

按照水化学特点，盐湖是特殊类型的湖泊。这些湖泊主要分布在温度变化激烈和雨量很少的大陆性干旱地区。盐湖起源于海洋，也可能起源于大陆。许多盐湖的湖水都含有高浓度的盐类，有时可达到饱和并析出盐类的程度。这样的湖水称盐水，如果浓度更高，则称卤水。卤水的离子组成随时间变化，这种变化可能是经常的，也可能是周期性的或季节性的。

根据卤水的成分，盐湖可分成矿化程度弱的碳酸盐型湖、矿化程度较强的硫酸盐型湖，以及矿化程度最强的氯化物型湖。

盐湖的特点是在秋季水温为零度或低于零度时，湖水中的盐类会析出来。当浓度很大时，在夏季也会析出盐类。夏天的凝析作用在夜间进行，析出的盐类一部分在白天又溶解。析出的是随水温变化不大的盐类，如 NaCl。冬季凝析出的盐类是溶解度受温度影响较大的盐类，如 $NaNO_3$。湖泊的水位变动及太阳辐射对盐的凝析作用有很大的影响。

在盐湖中存在水团与湖底间的盐类交换作用。春汛水带有大量的钙与湖底沉积物吸附饱和的钠进行交换，使湖水的钠含量逐渐增加，增大 Na_2SO_4 与 NaCl 的浓度。到夏末秋初，由于蒸发作用，水中盐类浓度增高，同时钠的相对含量也增加，土壤中的钙又被钠所取代，在水中形成易溶解的 $MgCl_2$ 和 $CaCl_2$ 等盐类。温度升高会更促进这种交换作用。

由于盐湖含盐量大，使湖水的冰点大大降低。因此，盐湖的温度变化幅度较大，在许多盐湖中，湖水温度可在 $-20℃$ 到 $+20℃$ 范围内变化，并在 $-20℃$ 到 $-16℃$ 间结冰。

第四节 水环境的物质循环

一、有机物的生物化学氧化作用

地球上的生物主要由氧碳氢氮等元素组成（表1.9）。地球上的大部分碳都经过生

表1.9 生物圈的主要元素 (mg/kg)

元素	O	C	H	N	Ca	K	Si
	104 600	78 500	13 500	1500	754	456	241
元素	Mg	S	P	Cl	Fe	Mn	Na
	196	142	104	99	77	42	38

物体进行循环，无机环境中碳的组成很大程度上依赖于生命的循环活性。全球碳循环的通量反应始于光合作用，其总量估算为 $54\times10^{14}\ molC/a$，生物固定的碳每年有99.95%被呼吸作用氧化，只有0.05%未被氧化而埋藏于沉积物中。太阳的能量只有一小部分用于光合作用，浮游植物约将这种能量的1/6用于自身的呼吸作用，其余能量以生物化学

合成有机物质的方式贮存于体内，供异养生物消耗。光合作用与呼吸作用是水环境中物质循环的重要生物化学途径。为此，在这一节着重介绍呼吸作用。

（一）生物化学氧化中微生物的作用

自然界的有机化合物种类繁多。它们主要由 C、H、O、N、P、S 组成，并且具有能被氧化的共同特性。有机物氧化的最终产物是简单的无机分子。如碳水化合物氧化的最终产物是水和二氧化碳；含氮有机化合物的氧化产物中还有硝酸盐；含硫和磷的有机化合物的氧化产物还含有硫酸盐与磷酸盐。由于天然有机物质分子量高、结构复杂、其氧化过程与中间产物都比较复杂，是需要进一步研究的内容。

1. 生物化学氧化中微生物的作用

有机物的生物氧化主要靠异养细菌与其他微生物的作用。细菌利用有机物为食物，将其分解成较简单的化合物，从中摄取组成本身细胞的材料与所需的能量，用于细菌的生长与繁殖。以真溶液存在的简单化合物可透过细胞膜进入细菌体内。而细菌不能直接吸收大分子量的复杂有机化合物，必须在体外有酶参与的作用下水解成小而简单的化合物后，才能吸收到体内进行代谢。因此，水环境中的有机物质分解、矿化必然经过水解与体内代谢的生物化学氧化过程，而这些过程又都与细菌和微生物的作用有关。

在水体中主要依靠腐生细菌参与死亡动植物体有机物的分解过程，细菌通过呼吸作用氧化有机物质以获得能量。在不同条件下，如好气、厌气及兼性情况下，分别由好气细菌、厌气细菌及兼性细菌参与这类氧化脱氢反应分解有机物质。在有机物质降解过程中是以异养细菌为主。有机物质降解后，氨氧化为硝酸盐，硫化氢氧化为硫和硫酸盐的过程是以自养细菌为主。并且所有的反应过程都有各自的酶系统。

2. 有机物的生物化学氧化的基本反应

有机物的生物化学氧化的基本反应包括水解和氧化反应两大类。水解反应系指有机物质在水解酶的参与下与水分子起作用分解成简单化合物的反应。水解反应可以发生在细菌体外，如蔗糖分解为葡萄糖和果糖，也可以发生在细菌体内，如有机化合物的双键加水分子转化为单键，氨基酸中的肽键的脱氢作用。这些水解反应都是在酶的催化作用下完成的。

$$CH_3CHNH_2COOH + H_2O \xrightarrow{\text{肽水解酶}} CH_3CHOHCOON + NH_3$$

生物氧化反应包括脱氢作用与脱羧作用。脱氢反应一种是在酶作用下羟基氧化成酮基，如氧化成丙酮酸的反应：

$$CH_3CHOHCOO^- \xrightarrow{\text{酶}} CHCOCOO^- + 2H^+ + 2e^-$$

另一类脱氢作用是单键脱氢成为双键，如琥珀酸脱氢形成延胡索酸的反应：

$$COOCH_2CH_2COO^- \xrightarrow{\text{酶}} COOCH=CHCOO^- + 2H^+ + 2e^-$$

脱羧作用是长链脂肪酸经 β-氧化产生 CO_2 的主要过程，其反应是：

$$RCOCOOH \xrightarrow{酶} RCOH + CO_2$$

(二) 耗氧有机物的生物化学降解过程

耗氧有机物是水环境中动、植物的残体，以及所含有的碳水化合物、蛋白质及脂肪等较易降解的有机物。以下分别介绍它们在降解过程中各自的特点。

1. 碳水化合物降解

碳水化合物分为单糖、二糖及多糖3类。单糖包括戊糖（$C_5H_{10}O_5$）和己糖（$C_6H_{12}O_6$），己糖有葡萄糖、半乳糖、甘露糖及果糖。二糖（$C_{12}H_{22}O_{11}$）主要有3种：蔗糖、麦芽糖和乳糖。多糖是己糖与其他单糖的聚合物，常见的有淀粉、纤维和半纤维。

细菌和微生物转化和降解碳水化合物的第一步是水解。二糖与多糖水解后均可转化为葡萄糖。蔗糖、乳糖，半纤维的水解产物分别是果糖、半乳糖和木糖。水解后的单糖在细胞内作为能源被利用，并进一步转化为丙酮酸。丙酮酸在有氧条件下受乙酰辅酶 A 的催化作用进行三羧酸循环，最终氧化产物为 CO_2：

$$2CH_3COCOOH + 4H^+ + 6O_2 \xrightarrow{酶} 6CO_2 + 6H_2O$$

在无氧条件下，丙酮酸作为氢的受体，进行发酵作用，其产物依细菌种类与条件而变，最终产物是酸、醇、酮等。反应过程如下：

$$2CH_3COCOOH \xrightarrow[酶]{细菌} \begin{cases} 2CHCHOHCOOH \text{（乳酸发酵）} \\ CHCHCOOH + CHCOOH + HCOOH \text{（丙酸发酵）} \\ 2CHCHOH + 2CO \text{（乙酸发酵）} \end{cases}$$

2. 脂肪和油类的降解

脂肪和油类物质是 C、H、O 组成的脂肪酸与甘油生成的脂类物质。在降解过程中它们首先水解成甘油与相对应的脂肪酸：

$$CH_2(COOR_1)CH(COOR_2)CH_2(COOR_3) \rightarrow$$
$$C_3H_8(OH)_3 + R_1COOH + R_2COOH + R_3COOH$$

甘油经过复杂磷酸化中间反应，转化成丙酮酸：

$$C_3H_5(OH)_3 \rightarrow CH_3COCOOH + H^+$$

在有氧条件下，丙酮酸在细胞内进行三羧酸循环，完全氧化成二氧化碳与水。在无氧条件下则与碳水化合物降解类似，生成各种有机酸。脂肪酸通过氧化降解产生醋酸和碳链少两个碳原子的脂肪酸。这些降解产物在有氧条件下进行三羧酸循环，在无氧条件下进行酸性发酵生成各种有机酸。

3. 蛋白质的降解

在细菌体外，这类物质在蛋白质水解酶参与下首先水解，断开肽链生成分子量较小的水解产物：

$$蛋白质(朊)(分子量 > 10\,000) \rightarrow 际(\sim 5000) \rightarrow 胨(\sim 2000) \rightarrow$$
$$多肽(1000 \sim 500) \rightarrow 二肽(\sim 200) \rightarrow 氨基酸(\sim 100)$$

蛋白质水解的第二步在细胞内进行。氨基酸在有氧条件下，通过氧化还原反应脱氨基生成饱和脂肪酸、二氧化碳和氨：

$$RCHNH_2COOH + O_2 \xrightarrow[酶]{细菌} RCOOH + CO_2 + NH_3$$

或者产生相同碳原子数的羟基酸：

$$RCHNH_2COOH + H_2O \xrightarrow[酶]{细菌} RCHOHCOOH + NH_3$$

氨基酸在无氧条件下脱氨，可以在发生或不发生还原反应的条件下进行，并生成相应的饱和或不饱和的脂肪酸：

$$RCHNH_2COOH + H_2O \xrightarrow[酶]{细菌} RCHCOOH + NH_3$$
$$RCHNH_2COOH \xrightarrow[酶]{细菌} RCH=CHCOOH + NH_3$$

氨基酸分解生成的有机酸在细胞内像碳水化合物一样，在有氧条件下进行三羧酸循环，在无氧条件下则发生发酵分解。蛋白质的这种氨化作用产生的氨将会提高水的 pH，促进甲烷发酵作用。

对于含硫的胱氨酸和蛋氨酸，它们分解还会产生 H_2S。在有氧条件下进一步氧化，发生硫化作用；在还原条件下与重金属生成黑色硫化物。尿素是人和动物的排泄物，由于尿素细菌的作用，在水体中分解产生 CO_2 与 NH_3。在有氧条件下，氨可由细菌继续发生硝化作用。

(1) 硝化与硫化　　在水体中存在硝化细菌，这类细菌为自养细菌。它可以把氨经过脱氢氧化生成 NO_2^- 和 NO_3^-。其反应过程为：

第一步：$NH_3 \xrightarrow{+H_2O} NH_4OH \xrightarrow{-2H} NH_2OH \xrightarrow{-2H} HNO \xrightarrow{+H_2O} 2HN(OH)_2 \xrightarrow{-2H} HNO_2$
$$2NH_3 + O_2 \rightarrow 2HNO_2 + 2H_2O + 148\text{ kcal}$$

第二步：$HONO \xrightarrow{+H_2O} HON(OH)_2 \xrightarrow{-2H} HNO_3$
$$2HNO_2 + O_2 \rightarrow 2HNO_3 + 48\text{ kcal}$$

硫化细菌与硫细菌也是自养菌，在水环境的一定条件下，可将 H_2S 氧化成硫和硫酸盐：

$$2H_2S + O_2 \rightarrow 2H_2O + S_2 + 126\text{kcal}$$
$$S_2 + O_2 + 2HO \rightarrow H_2SO_4 + 294\text{kcal}$$

(2) 甲烷发酵　　碳水化合物，脂肪与蛋白质在无氧条件下分解产生酸、醇、酮类等化合物，并伴随 pH 降低，抑制细菌活动及生物降解过程。当条件适宜，则蛋白质分解，使 pH 增加时，有机物可继续进行厌氧发酵，产生甲烷气。其反应过程为：

$$CH_3CH_2OH + O_2 \rightarrow 2CH_3COOH + CH_4$$
$$2CH_3(CH_2)_2COOH + CO_2 + 2H_2O \rightarrow 4CH_3COOH + CH_3COOH \leftrightarrows CO_2 + CH_4$$
$$CH_3COOH \rightarrow CO_2 + CH_4$$

这些反应的实质是 CO_2 作为氢的受体的无氧氧化过程。甲烷发酵是有机物无氧降解的最终产物。

综上所述，碳水化合物、脂肪及蛋白质等有机物降解的共同规律是首先在细胞体外水解，其后在细胞内继续水解和氧化降解产生各种有机酸，在有氧条件下最终产物为CO_2，H_2O，以及NO_3和SO_4等；在缺氧条件下进行反硝化、反硫化作用及甲烷发酵等过程，其最终产物为除CO_2，H_2O外，还有NH_3，H_2S，CH_4，有机酸和醇等。

二、碳的循环

碳是构成有机物质的最基本元素，在自然界没有哪种有机体不含有碳的化合物。有机生命体中的糖类、蛋白质、脂肪和核酸等有机物质中，含量最丰富的元素是碳，约占生命体干物质的40%～50%，而且碳的代谢又是生物的能量来源。因此，生物的生命活动既需要不断地从环境中获得碳源的补充，又要经过各种代谢作用将碳复归于自然。

水环境中有机物质的来源有两种：一种是外来的有机物质，它们是流域中的岩石及生长的生物，经自然风化或分解作用及生物活动所形成的有机物质，以可溶态和悬浮态随地表径流或风力自外界挟带进入水环境中；另外更重要的一部分是自生的有机物质，它是由水环境中绿色植物利用无机状态的C、H、O、N、P及各种矿物元素经光合作用合成的各种复杂的有机化合物（如糖类、脂肪、蛋白质、木质素等）。这两个来源的有机物质在水环境中经历各种各样的变化，并成为异养生物生命活动的基础。异养生物通过食物链网直接或间接地利用这些物质，其结果使这些有机物质破坏和分解。自养生物利用它在能量交换过程中所合成的有机物质部分参加这个破坏过程。但是，有机物质的破坏、分解与矿化作用主要是由异养生物完成的。尤其是死亡的动植物的分解和矿化更依赖微生物的活动。有机物质被破坏、矿化及分解的结果，导致包含在有机体中的生物营养元素又重新变为自养生物所能同化的物质。上述这种由自养生物（主要为绿色植物）把无机物质合成为有机物质，又由微生物把有机物质分解成无机物质的不断更迭的现象就构成了水环境中的碳循环过程。

（一）水环境中有机物质的种类及浓度

按有机物质在水环境中的分布与转化的特性，水环境中的有机物质可分为可溶态有机物质、悬浮态有机物质和沉积物的有机质。

1. 可溶态有机物质

有机物质大部分是以可溶态存在于水环境中。可溶有机物质按其性质可分为：①在分解过程中不稳定的、可被微生物利用的分解中间产物，如非腐殖酸有机物，它包括糖类、脂肪酸、含蛋白质的化合物与其他低分子量有机物。由于生物对它有很高的利用率，在湖水好氧条件下，只能瞬时以低浓度存在。②不能进一步分解的有机物质，在广义上可以统称为水腐殖质。它包括腐殖酸物质、部分降解了的动植物质的芳香聚合物和木质素等，它们构成底泥和水的有机物质的基本组成部分。③人为的污染物，如洗涤剂、农药、染料及石油化工产品等。

2. 悬浮态有机物质

悬浮态有机物质包括：①活的浮游动、植物和细菌；②死亡的浮游生物和水生高等植物碎屑，随风力和地表径流带入的陆生动、植物残骸；③在微生物与物理化学作用下部分分解的有机体碎屑；④人类活动排放的废弃物。悬浮态有机物质主要由无生命的有机和无机颗粒物及微生物组成。它们以微小的板状有机聚集体的形式存在，这些颗粒物的核心是由吸附溶解性有机物的空气泡与表面吸着溶解性有机物的物质构成，可溶性有机物的分子量一般大于100 000，并且有大量的微生物。

3. 沉积物的有机物质

沉积物的有机物质的性质与悬浮有机物质相似，它包括：①有生命的活体物质，如底栖生物和微生物；②易被分解的有机碎屑的组成物质，如糖类、聚糖醛酸、某些蛋白质和脂肪等；③较难分解而稳定的物质，如腐殖质、沥青、木质素，以及其他某些部分含氮物质，它们可统称"腐殖土"。它们主要来自沿岸带的高等水生植物的残骸。

4. 水环境中有机物质的浓度

水环境中有机物质主要由C、H、O等元素组成，其化学组成极为复杂，很难直接测定。一般采用化学、物理及生物化学的间接方法检测水样的碳含量。如用$KMnO_4$或$K_2Cr_2O_7$滴定法测定水中可被氧化的有机物的化学耗氧量（COD），用生物化学法测定可生物降解的有机物耗氧量（BOD），以及用燃烧非色散红外或气相色谱法测定总有机碳含量（TOC）。它们分别用化学耗氧量（$COD_{Cr或Mn}$）、生化耗氧量（BOD_5）和总有机碳（TOC）的含量间接表示水样中不同类型有机物的浓度。

我国未污染天然水体的化学耗氧量不超过$10\sim15 mgO_2/L$范围，含腐殖质丰富的沼泽水COD_{Cr}可高达10甚至$100\ mgO_2/L$；养殖水体的COD_{Cr}一般为$30\sim45\ mgO_2/L$。武汉东湖的COD_{Cr}为$0.53\sim25.8\ mgO_2/L$。根据日本吉村信吉的资料，日本高山贫营养型湖泊的化学耗氧量（COD_{Mn}）为$0\sim10\ mgO_2/L$；平原山地营养型湖泊为$10\sim20\ mgO_2/L$；有腐殖质流入的逆温层湖泊一般大于$20\ mgO_2/L$，最高甚至达$100\ mgO_2/L$；酸性湖泊约为$10\ mgO_2/L$左右。

Birge和Juday（1926，1927）研究美国湖泊指出，湖泊表层水中悬浮态有机物质为$0.23\sim12\ mg/L$，平均为$1.36mg/L$。大多数湖泊的悬浮态有机物质含量都有较明显的季节变化。非封闭型湖泊因积聚了径流带来的大量有机物质，其悬浮有机物质含量通常比封闭型湖泊高。小型水深为$2\sim3m$的湖泊中，因有底部沉积物有机质分解产生的营养元素的补充，使浮游植物大量繁殖。根据这些作者的资料，悬浮态有机物质的垂直分布在不同湖泊中是不一样的。对深度大于18m的湖泊，表层有机质浓度最大的情况占10%，底层最大浓度的情况占34%，有54%的情况在中、下层。可溶态有机物质与悬浮态有机物质之比为5:1至22:1。Wetzel的结果是6:1至10:1。Birge和Juday采集分析的89个浮游生物样品的有机物质成分，平均含粗蛋白44.5%，粗脂肪7.5%，碳水化合物48.0%。研究可溶态有机物质的可生化性对理解水环境的碳循环有着重大意义。表1.10列出的资料指出可生化的溶解态有机物质的含量决定于水体的营养程度。

表1.10　湖水中有机物质的数量与化学成分（mg/L）（根据 Birge & Juday 1934）

总碳量	有机物质总量		去除浮游生物后的有机物质组成		
	浮游生物	可溶有机物质	蛋白质*	酯提取物(脂肪)	碳水化合物**
1.0~1.9	0.62	3.09	24.3		73.4
5.0~5.9	1.27	10.33	19.4	2.3	79.0
10.0~10.9	1.89	20.48	14.4	1.3	85.2
15.0~15.9	2.32	31.30	12.9	1.4	86.9
20.0~20.9	2.22	48.12	9.9	1.2	89.9
平均值	1.36	15.24	15.6	0.7	83.7

* 总氮量乘以系数6.23得到计算值

** 减去蛋白质和酯中的碳后，由碳含量得到的计算值

（二）水环境中有机物质的形成、变化与破坏过程

水体中所有自生的或外来的有机物质并非全都被破坏与分解，其中部分有机质以不同的形式与途径脱离水体。可溶的和悬浮的有机物质随湖泊出水径流流出；动、植物各以不同的方式离开水体（如水生昆虫羽化、捕捞鱼虾、打捞水草等）；沉积物厌气分解的产物（甲烷与二氧化碳）以气体形式进入大气；在多数水域中，未分解的部分有机物质沉积于水底，逐渐转化为具有地质化学特性的物质退出循环。

水环境中有机物质的形成和补充主要与浮游植物和高等水生植物的生长、繁殖和发展有关，其过程主要在湖泊表层水团里进行；而有机物质的破坏、分解与矿化是靠异养生物、特别是微生物来完成的，这些过程是在整个水体中进行的，其中大部分发生在水体底部沉积物中。

1. 水环境中有机物质的形成与补充过程

水环境中无机营养元素通过光合作用转化成有机物质：

$$6CO_2 + 6H_2O \rightarrow C_6H_{12}O_6 + O_2$$

$$nC_6H_{12}O_6 \rightarrow (C_6H_{12}O_6)n + nH_2O$$

光合作用将二氧化碳与水转化成糖，并释放氧气，合成的糖类再进一步脱水生成植物淀粉、纤维素等物质。光合作用合成0.93g糖，同时释放1g氧气。动、植物及微生物的一切代谢过程都要分解一定的有机物质，并释放光合作用所贮存的能量，最后这些有机物质要消耗相同数量的氧气转化成二氧化碳。这种现象在长江中、下游浅水湖泊是显而易见的。当夏季水生植物生长繁盛时，水中的溶解氧与游离二氧化碳的浓度昼夜变化很大。夜间光合作用停止进行，游离二氧化碳因有机物质分解和生物的呼吸作用而大量聚集，水中溶解氧因消耗而迅速减少，在黎明前达到最低值；白天光合作用进行强烈，水中游离二氧化碳很快减少，甚至完全消失，以致水中的碳酸氢盐分解释放二氧化碳以补充光合作用的需要：

$$Ca(HCO_3)_2 \rightarrow CaCO_3 + H_2O + CO_2$$

因此，水生植物生长旺盛时期常见碳酸钙沉淀析出，使植物叶面和水体底部覆盖一

层白色碳酸钙沉淀，同时水的 pH 值上升到 9 以上，溶解氧呈饱和状态，有时因过饱和而逸出氧气。

Г. Г. Винберг（1934）根据浮游植物生成有机物质的量与光合作用放氧量间的密切关系，提出利用黑白瓶水样中溶解氧浓度的 24 小时的变化，测定水体初级生产力的方法。其实验步骤是首先测定刚放入玻璃瓶中水样的溶解氧含量 Q，然后将玻璃瓶下沉到水体中原来取样的深度，放置一昼夜后，再测定黑瓶与白瓶水样的溶解氧含量，分别以 B 和 W 代表其测定值。并按下式计算水体的有机物质分解与呼吸作用的耗氧量 R、浮游植物光合作用的强度 P_Q 及水体昼夜间有机物质的纯产量 P_N：

$$R = Q - B$$
$$P_Q = W - B$$
$$P_N = W - Q$$

光合作用产生的有机物质的量与水环境的特点和季节密切相关。富营养型水体中光合作用的强度最大，在一般情况下 P_Q 比有机物质破坏总量大一倍。在贫营养型水体中 P_Q 最小，当这种水体外来有机物质量多时，有机物质破坏作用可以超过光合作用。图 1.11 表明东湖浮游植物初级生产力的变化状况。在这种富营养型湖泊里有机物质的初级生产量的高峰出现在 7～9 月期间。并且这些浅水湖泊与欧洲的一些湖泊的有机物质的年净产量是很可观的。欧洲的黑湖与白湖的年有机物质产量可达到 67.9～143.6 kgO_2/亩[1]，东湖高达 264.1～304.5 kgO_2/亩，并且浮游植物的生产量在表层 1m 处最大，因为在该水层湖水的光合作用最强，产生的有机物质量最多。对大多数浅水湖泊而言，浮游植物的光合作用是有机物质的主要生产过程，但水深不大，湖岸线较长的湖泊，水生高等植物也起着较大的作用。此外，自养细菌，如光合细菌和非光合细菌，也能把二氧化碳和无机营养元素转化成有机物质。但必须指出靠它们的繁殖而使水体有机物质显著增加，仅在非常特殊的条件下才能发生。

表 1.11　湖泊有机物的年度平衡（吨氧/年）

湖泊	湖泊面积(亩)	光合作用	呼吸作用	净产量
白湖	390	126.0	99.5	26.5
黑湖	39	25.8	20.2	5.6
水果湖区	2000	1460.0	851	609
郭郑湖区	16 000	10 763.0	6537	4226

2. 水环境中有机物质的破坏与分解过程

（1）死亡浮游生物的分解　　浮游生物死亡后，在沉到湖底之前要经过整个水团，并在其中遭受破坏与分解，其过程首先从死亡细胞的自体分解开始，同时释放易被同化的物质，如原生质、蛋白质、脂肪、糖类，以及氨基酸和核酸等，并经扩散作用分布于

---

[1] 1 亩 = 667m^2。

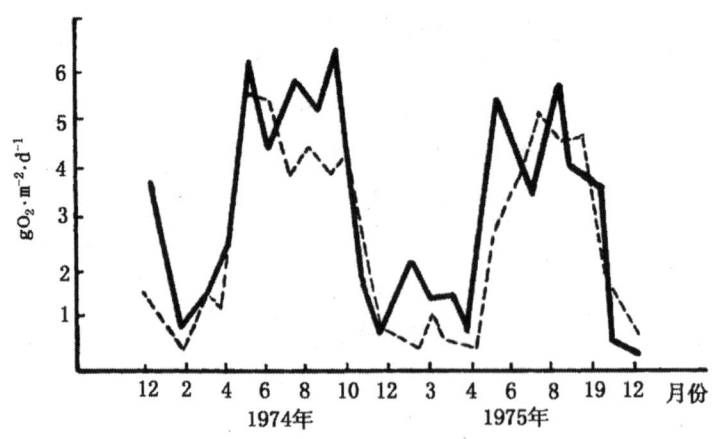

图 1.11 东湖浮游植物初级生产力的季节变化

周围水团中,有的在水微生物的作用下继续被分解和矿化;有的作为营养物被原生动物、无脊椎动物和硅藻等生物吸收;有的如叶酸和维生素 B 等还直接被鱼类吸收。有机物质在氧化分解时所形成的柠檬酸、草酸、醋酸等酸类很容易被水团中许多腐生性微生物所利用。不溶解的残余细胞壁由藻朊酸和纤维素组成,在水团的好气条件下将进一步分解。残体中最稳定的有机物质是木质素。

在水团中尚未利用和矿化的有机质将沉积到湖底形成湖泊沉积物,继续被微生物和底栖生物所利用和破坏。因此,进行浮游生物与沉积物的有机物质的对比分析就可以了解有机物质在水团中被分解的百分数。根据表1.12 的资料,当浮游生物死亡后,经过水团往下沉的过程中,有 90% 左右的有机物质被分解,半纤维素分解较为彻底,而木质素分解较慢,较为稳定。剩下未被分解的腐殖质占溶解有机物质总量的 76%~97%。

表1.12　白湖表层沉积物和浮游生物的有机物质成分(干重,%)

有机物质成分	浮游生物	表层沉积物	被分解的百分数
灰分	6.4	46.4	
蜡和沥青	14.15	6.5	93.6
半纤维素	29.7	7.1	96.7
纤维素	10.2	6.1	91.7
木质素	31.4	30.1	86.8
总氮	8.1	2.5	95.7

(2) 高等水生植物的分解　　在有大面积大型植物丛的浅水湖泊中,水生高等植物在形成湖底泥积物中也有重要的作用。大型植物在死亡后即开始分解,枝叶表面的细菌大增,在微生物的作用下,水溶性物质如半纤维素、多缩戊糖和纤维素的含量减少,腐殖质残余物比例增加。一般说,高等水生植物要到晚秋才会大批死亡,其所含有机物质参与水环境中碳循环的效率是比较低的。因此,大量繁殖水生高等植物对缓解湖泊富营养化是有一定意义的。

(3) 泥积物中有机物质的分解　　当淤泥被 5% 的硫酸水解时,进入溶液的总氮称为"易同化氮"。湖泊淤泥上层的泥积物分解特性很大程度上与"易同化氮"的绝对含量有关,也取决于"易同化"形式的氮:碳之比例。在富营养化湖泊的淤泥中通常见到很多这种易被同化的有机物质。它们在厌气条件下进一步发酵分解为甲烷和二氧化碳。而贫营养型湖泊的泥积物较少,湖底部多为好气条件,只在泥积物深处才形成厌氧状况。根据从不同层次泥积物采样分析其有机物质组成的结果(表1.13),半纤维素、纤维素和转化为苯醇提取物的成分在淤泥表层分解得最强烈。泥积物中有机碎屑的分解不仅依赖微生物的厌氧发酵作用,而且底栖生物的摄食活动加速整个分解过程。泥积物中的有机物质被分解和矿化成为可溶性营养物质,通过固-液界面的扩散、热循环对流及风力搅动等作用重新进入水团为生物利用和参与另一次循环。

表1.13　黑湖泥积物的有机物质组成(%)

泥积物深度(m)	灰分	苯醇提取物	半纤维素	纤维素	难降解的残余物
0~0.15	49.3	7.4	14.5	7.7	62.0
1	49.1	5.8	8.9	5.6	62.0
2	47.3	5.4	7.5	4.4	66.8
3	48.6	4.6	7.0	4.4	68.7
5	46.6	4.9	6.3	6.6	70.6

3. 湖泊泥积物中的有机物质

湖泊泥积物中的有机物质由三类基本物质组成:

(1) 难降解的稳定物质　这类物质对厌气分解十分稳定,主要是木质素和腐殖质,腐殖质结构非常复杂,其代表分子式为 $C_{59}H_{35}O_{17}N(COOH)_4(OH)_3(CH=COH)$。

(2) 较易降解的物质　这一部分物质或多或少地比较容易被生物分解,它们包括糖类、半纤维素、纤维素、沥青、木素腐殖质的综合物、脂肪酸、醋酸、蚁酸、酪酸、蛋白质化合物等。这些组分在厌氧发酵的作用下能产生甲烷、二氧化碳、硫化氢及氢等湖泊气体。

(3) 蛋白质类的含氮化合物　这类物质在腐生微生物的作用下,被分解成酰胺、胺和氨基酸,氨基酸脱氢转化成氨,脂肪酸再发酵产生气体。

图1.12表明在厌气条件下,泥积物有机质分解的主要过程。泥积物的有机综合物中,以糖类、半纤维素、纤维素和蛋白质分解最旺盛,并且产生二氧化碳、甲烷、氮气、氨、氢气和硫化氢等气体。沥青、木素和腐殖酸对厌气分解最稳定。泥积物的有机质分解作用到离沉积物表面1 m的深度处就减弱了。虽然深层泥积物仍具有丰富的半纤维素、纤维素和含氮有机物质,但微生物可利用的部分已经被分解了,而未分解的有机物质十分缓慢地转化成具有地质化学特性的物质,最终成为有机化石退出水环境的碳循环。

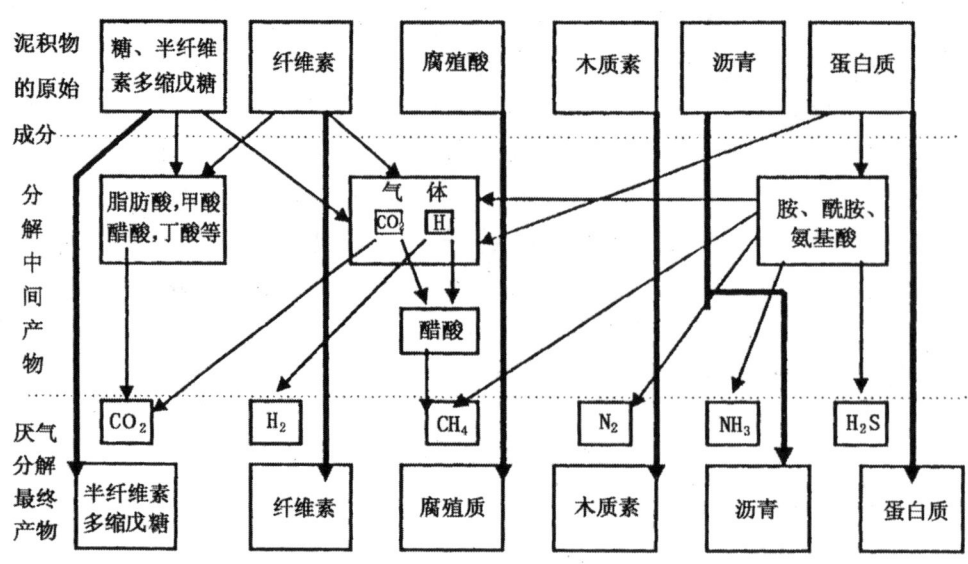

图1.12 厌氧条件下泥积物中有机物质的分解过程

（三）水环境中碳循环的途径

水环境的碳循环包括湖水中生物群落间的代谢，表层和底层水间的物质交换，和湖水-泥积物界面间的物质交换三条途径。

1. 湖水中生物群落间的代谢

水环境中绿色植物的光合作用对水体物质循环和能量转换过程起着关键作用。绿色植物通过光合作用将二氧化碳等无机物质合成为各种复杂的有机化合物，并将太阳能贮存于植物体内。积累在植物体内的这些物质和能量将为异养生物所利用。水生动物，如鱼类，以浮游生物或其他动物作为食物，在消耗过程中分解一部分有机物质以获得能量，并把植物的有机物质转化成动物有机物质。这种过程既破坏、分解现成的有机物质，又有活的有机体的再生产。这种水生动物通过食物链网的代谢作用中，破坏、分解作用超过合成作用，产生的二氧化碳又在一定程度上补充浮游植物和高等水生植物光合作用的消耗。植物合成的大部分有机物质，如纤维素、木质素等不能被水生动物利用，动物体及其排泄物也不能直接被水生植物吸收利用。它们必须在水团或底部沉积物中被微生物分解、矿化后，才能进入下一次循环中被利用。通过食物链网各个环节研究水体有机物现存量及其利用率，对于研究水体生产力和水体富营养化形成及控制机理是十分有意义的工作。

值得指出的是水团中一些低分子量的可溶有机物质，如氨基酸、叶酸和维生素B等物质，可以被一些原生动物和无脊椎动物直接吸收作为自己营养来源，这些动物可以经过自身体表的一些组织通过渗透营养途径，直接自水中吸收低分子可溶性营养物质。

2. 表层和底层水间的物质交换

溶解的无机营养元素经过水生植物的光合作用成为植物的有机物质。植物死亡后，细胞自体分解，一部分成为可溶性营养物质被分解和利用，分解后的残渣沉积于湖底形成深水层的有机物质，由微生物分解、矿化作用形成深层水中的营养物质，再经热运动和风力作用进入表层水继续被利用。

3. 湖水-泥积物界面间的物质交换

湖底沉积的贮存的大量有机物质在厌氧条件下被微生物分解，并释放到上覆水中，然后按上述途径进行交换。

4. 湖底泥积物中的物质交换

湖底沉积的泥积物在新沉积的沉淀物的覆盖下，经厌氧分解后，残余的部分被转化为具有地质化学特性的沉积物。另一部分由底栖生物摄食和排泄又转化为新的沉积物，再进行湖水与泥积物间的交换。

湖水中营养元素、生物、泥积物之间的物质循环可用吉村提出的物质循环系统（图1.13）表示，在这循环系统中有些是可逆的，有些是不可逆的。

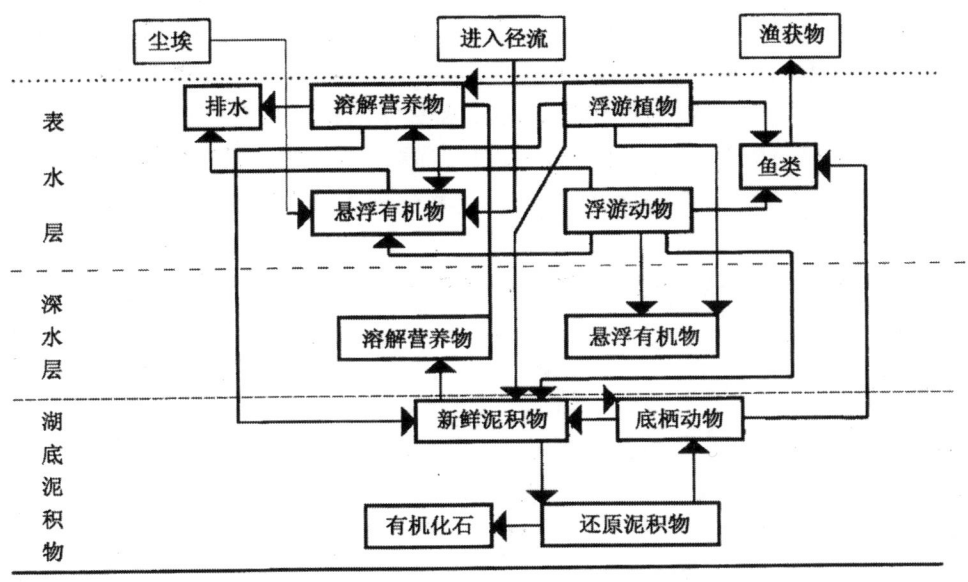

图1.13 湖泊物质循环系统图

三、氮 的 循 环

水环境中氮的主要来源是大气，很少量的氮化物从火山喷发带入生物圈。大气放电、光化学反应和生物固氮作用可将大气中惰性氮气转化为氮化物。本节只讨论氮在湖泊环境中的循环。

（一）湖泊中氮的形态

湖水中氮的形态粗略可分成5种：分子氮、氨、亚硝酸盐、硝酸盐及有机氮化物。有机氮化物包括从蛋白质到氨基酸、尿素、甲胺类等物质的分解产物。这类物质极其复杂，至今还不十分清楚。

氮是一种惰性气体。它在水中的溶解度极小，并与温度和压力有关。在春、秋季循环时整个湖水被混匀，氮在湖水中是饱和的。但在少数湖泊中湖底层的氮出现稍不饱和的状态，但有时也观察到明显的过饱和状态。这种现象的原因还不清楚，因为生物固氮作用或脱氮作用的强度不大可能会引起水中分子氮可检测的变化。

在考虑湖泊氮的动态平衡时，氮化物主要通过湖泊的支流及地下水、湖面上的降水以及湖内的固氮作用等途径进入湖泊，对于那些富营养化污染严重的湖泊，由污水引进的氮化物也是一个重要的来源。同时氮化物又经过流出湖泊的支流、湖泊表面挥发性氮化物的扩散作用、湖泊中的脱氮作用，以及形成永久性的沉积物等途径退出湖泊的氮循环。在大多数情况下，氮化物主要来源于土壤，并经地表径流流入湖泊，同时又由支流流出。有时也要考虑捕捞渔获物的支出。

用凯氏定氮法测定不同来源及各种途径支出的有机氮、无机氮和总氮，可以定量地估算湖泊氮的动态平衡。在研究湖泊氮平衡时，经常发现一定量的氮保留在湖底的沉积物中和因生物脱氮作用而损失。表1.14列出英国某些不同生产力湖泊的情况。在低生产力湖中，进水支流与出水支流的NO_3^-态氮和总氮的浓度大致相当。但在生产力高的湖中，出水支流中的浓度低于进水支流的浓度。这表明，如脱氮作用存在的话，它的速度高于固氮速度。在生产力更高的湖泊中，这种过程进行得更快。

表1.14　英国的一些湖泊进、出水支流中各种形态氮的含量（mg/L）

湖泊名称	底泥的总N干重%	$N-NO_3^-$	进水支流 有机氮	总氮	$N-NO_3^-$	出水支流 有机氮	总氮
低生产力湖泊							
Wastwater	0.45	0.10	0.13	0.23	0.11	0.10	0.21
Ennerdale	0.37	0.06	0.12	0.18	0.05	0.16	0.21
Buttermere	0.34	0.07	0.17	0.24	0.06	0.20	0.26
Cvummock	0.40	0.06	0.20	0.26	0.08	0.22	0.30
Haweswater		0.08	0.13	0.21	0.08	0.19	0.27
Thirlmeve		0.07	0.44	0.51	0.15	0.38	0.53
平均值	0.39	0.07	0.20	0.27	0.09	0.21	0.30
高生产力湖泊							
Loweswater	0.88	0.36	0.26	0.62	0.09	0.26	0.35
Esthwaite	0.85	0.29	0.87	1.16	0.19	0.55	0.74
Blelham Tarn	1.03	0.35	0.40	0.75	0.16	0.30	0.46
平均值	0.92	0.33	0.51	0.84	0.15	0.37	0.52

（二）湖水中的氨

氨是细菌分解有机氮化物的主要产物。在细菌的直接作用下，浮游生物的分解也可以产生相当数量的氨。在此过程中不产生可溶的中间产物。这已被布郎-罗基斯（1937～1942）的实验证实。他们把硅藻加到海水中，然后放到通气的暗处，并定期取样分析各种形态的氮。实验发现一个月后，藻类颗粒氮含量约降低80%，并且NH_4^+、NO_2^-及NO_3^-相继出现（图1.14）。

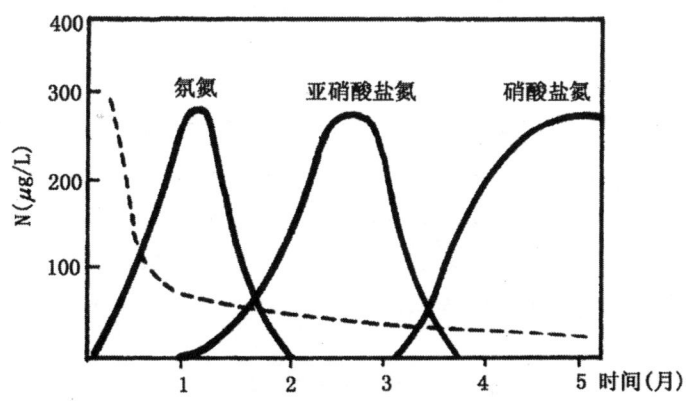

图1.14　海水中硅藻分解及氨、亚硝酸盐和硝酸盐的变化

在淡水动物中，可由胆碱和其他氧化神经碱[$(CH)_3NCH_2COO$]生成三甲基胺的氧化物，然后分解生成二甲胺及甲醛。同样，淡水藻类也可能产生这种甲胺，在细菌作用下最后分解产生氨。尿素是分布普遍的动物排泄物，在湖水中与氰酸铵保持平衡，氰酸根离子水解生成铵离子和重碳酸根离子。尽管从海水、湖水及其沉积物中分离出分解尿素的细菌，但生物圈中的尿素分解可能是纯化学反应。

湖水中的氨主要以铵离子NH_4^+和不离解的氢氧化氨NH_4OH两种形态存在。它们间的比例与湖水的pH密切相关。在水溶液中它们处于平衡：

$$NH_4OH = NH_4^+ + OH^-$$

18℃时，

$$\frac{\gamma_1[NH_4^+]}{\gamma_2[NH_4OH]} = 2.98 \times 10^{(9-pH)}$$

γ_1与γ_2分别为NH_4^+与NH_4OH的活度系数。此式可近似用浓度表示。当pH=6.0时，其比例为3000:1；pH=7.0时，其比例为300:1；pH=8.0时，其比例为30:1。

1. 氨的同化作用

浮游植物需要摄取水中的氨、亚硝酸盐及硝酸盐，通过光合作用合成细胞所需要的氨基酸等物质。虽然大多数浮游植物都能够吸收利用这三种氮源，但通常倾向吸收氨。藻类摄取氮合成蛋白质过程中，在氮尚未被合成氨基酸之前，必须首先将硝酸盐转化成氨。因此所需要氮的供给者是高能的磷酸盐。它在光合作用中促进硝酸盐还原成氨的吸热过程发生。此过程将硝酸盐经下列四个步骤还原为氨，成为藻类合成蛋白质的原料。

$$NO_3^- + 2H^+ + 2e \rightarrow NO_2^- + H_2O$$

$$2NO_2^- + 4H^+ + 4e \rightarrow N_2O_2^{2-} + 2H_2O$$

$$N_2O_2^{2-} + 6H^+ + 6e \rightarrow 2NH_2OH$$

$$NH_2OH + 2H^+ + 2e \rightarrow NH_3 + H_2O$$

2. 湖水中氨的分布

在许多湖泊的营养层的好气水中，氨浓度的变化极大。有的湖泊表层水里在热分层期间都检测不出氨。如 Juday 与 Birge 研究了 276 个湖泊的 438 个表层水样，发现有 174 个水样检测不出氨。不同湖泊营养层水里的硝酸盐与氨的比例是不相同的。Ruttner (1937) 发现在奥地利阿尔卑斯山地区的许多湖泊的营养层水里的氨氮含量范围在 0~0.030mg/L 之间，平均为 0.009 mg/L。硝酸盐态氮平均含量为 0.238 mg/L，N-NO$_3^-$：N-NH$_3$=26.5:1。Domogalla 与 Fred (1926) 测定 Yakara 流域的若干湖泊的氨及硝酸盐含量（表 1.15）。由于生活废水污染，Monona 湖水中氨浓度极高。这与我国滇池、东湖等城郊湖泊类似，受污染影响氨氮含量高达 0.09~2.8 mg/L。

表 1.15 Madison 诸湖中的氨氮与硝酸盐的含量 (mg/L)

湖泊	氨氮范围	氨氮平均值	硝酸盐氮范围	硝酸盐氮平均值	硝酸盐氮:氨氮
Mendota	0.068~0.205	0.132	0.010~0.072	0.032	0.24:1
Monona	0.268~0.544	0.407	0.048~0.103	0.086	0.21:1
Waubesa	0.049~0.325	0.158	0.022~0.126	0.064	0.34:1
Kegonsa	0.080~0.269	0.144	0.021~0.132	0.050	0.35:1
Wingra	0.052~0.192	0.091	0.039~0.175	0.090	0.99:1

3. 湖水氨氮浓度季节变化

表层湖水的氨浓度随时间而变。夏季湖中植物生长旺盛，浮游植物急剧地消耗无机氮，使表层水氨氮缺乏，湖泊营养层中氨氮含量是低的。这显然是与氨氮的生物化学利用有关，或是植物作氮源用，或是在硝化过程中被利用。夏季湖泊营养层氨氮含量降低的现象是直接或间接地与同化作用有关。这种现象在培养实验与 Monona 湖中曾经常观察到，湖水中氨氮含量突然降低，同时浮游植物极大地增长。

氨在湖泊营养层的垂直分布出现一个颇有意思的现象。Karcher (1937) 在研究 Masurian 的三个湖泊的湖水里，发现表面湖水的氨氮含量比深度 1m 处的含量大（表 1.16）。他解释这种现象是紫外线抑制了表面湖水中氨的硝化作用。但这种解释是不完全的。另一种解释是氨处在表面膜上或者是被吸附在与膜结合的小颗粒物上。

氨氮在湖泊营养分解层的季节循环粗略与营养生成层里相反。在分层开始，氨在湖泊底层较深处积累。在生产力很小的深水湖中，这种积累的现象可能不存在，或者是氨积累仅限制在底泥表面的上覆水中。但在许多小型的生产力较高的湖中，夏季湖底层大部分具有丰富的氨。在冰封湖的深水里同样可能积累大量的氨。在循环期，含有大量氨的底层水团与表层水团混合,使表层水的氨含量增加。

表1.16　Masurian 诸湖表面湖水的氨氮浓度（mg/L）

深度(m)	无机氮	Gelgahnersee 1937.05.12	Otzhosee 1937.05.10	Eupoterkesee 1937.05.09
0	$N-NH_3$	0.180	0.310	0.530
1	$N-NH_3$	0.100	0.130	0.480
	差值	+0.080	+180	+0.050
0	$N-NO_3^-$	0.021	0.012	0.008
1	$N-NO_3^-$	0.073	0.027	0.015
	差值	-0.052	-0.015	-0.007

（三）湖水中的亚硝酸盐及羟胺

长期以来,地表水中可检测出的亚硝酸盐都认为是水体污染的一种警告。但有时在好氧的地表水中也发现少量的亚硝酸盐。Juday 等人（1938）在夏季考察了 Wisconsin 东北的 307 个湖泊,采集了 504 个地表水样。他们发现大部分水样检测不出亚硝酸盐,仅极少数样品的亚硝酸盐超过0.001mg/L。

湖泊表层水中的亚硝酸盐浓度具有明显的季节变化。在 Mendota 湖,几乎总能检测出亚硝酸盐的存在。当秋季湖水中硝酸盐浓度出现极小值时,亚硝酸盐的浓度也处于极低的浓度,低于其检测极限量。在冰封的冬季,亚硝酸盐浓度最高可达到0.018mg/L。夏季湖水中的亚硝酸盐倾向于随硝酸盐的浓度而变,这可能是由于硝酸盐还原产生亚硝酸盐。当氨及硝酸盐降低时,亚硝酸盐就检测不出。

亚硝酸盐垂直分布的最显著的特点是在湖底层或湖底层上覆水出现明显的极大值。在这些地方氧浓度较低。从理论上讲,亚硝酸盐的极大值预计应位于硝酸盐丰富的好氧区与氨丰富的厌氧区之间。这种典型的分布方式在 Esthwaite Water 湖及 Schleisee 湖已得到证实,在湖水 8~9m 处亚硝酸盐极大值非常明显,9~10 m 处是高浓度的氨。1953 年 Tanaka 于 9 月在 Kizakiko 湖底部3.5 m 处发现氧浓度为 0.4~0.5 mg/L,并检测出亚硝酸盐和羟胺,因此提出湖水具有将硝酸盐还原的作用。虽然硝酸盐氮的损失量不能与还原产物亚硝酸盐氮和羟胺的量保持平衡,但他没有发现因还原作用而产生氨的证据。

除上述情况外,在少数湖泊中,亚硝酸盐的浓度可因氨氧化而增加。最典型的例子是 Masurian 地区的一些森林湖泊的研究。在 Jegodchinsee 湖曾记载过在12.2m 处,有一个窄的高亚硝酸盐分布带（0.014mg/L,$N-NO_2^-$）,氨含量是0.009 mg/L,在0.5 m 以下,亚硝酸盐就检测不出,但氨不是等当量地增加,其量为0.010 mg/L。此时的水温是6.8~6.9℃,湖水有较好的混合,10~13 m 区间溶氧含量超过 8 mg/L,并在湖水里检测不出硝酸盐。用硝酸盐被还原来解释这种现象是困难的。已提出用氨的硝化作用解释上述现象,即氨氧化成亚硝酸盐和硝酸盐。只要湖泊里有氧存就可能在水中发生这种过程。

总之，湖泊中亚硝酸盐的分布是不规则的。在湖底层产生亚硝酸盐不仅与其水化学条件有关，而且还与细菌的生长过程有关。氨的硝化作用在冬季进行得最快，硝酸盐的还原作用则相反，在夏季进行得最快。

（四）湖水中的硝酸盐

1. 细菌的硝化与硝酸盐的还原

氨按下列反应氧化：

$$NH_4^+ + OH^- + \frac{1}{2}O_2 = H^+ + NO_2^- + 2H_2O \quad \Delta F° = -59\,400\text{cal}$$

Cooper（1937）认为化学氧化可能发生在表层气泡提供的界面上。有明显的证据表明在海面上同样可存在这种光化学反应的活性。按 Rao 和 Dkar（1931）的观点，除紫外线外，一定还有某种氧化物作为光敏感体。已发现用太阳光或人造紫外光源的反应在天然海水中比人造海水或蒸馏水更容易进行。当在120℃高温灭菌后，天然海水就失去了这种性质。Cooper 提出在此温度下溶胶的胶体硅可能起着光敏感体的作用。如果这样，这种反应在湖泊的表层水里是可能存在的。但是，生物氧化在内陆水体里比可能的光化学或纯化学机制更为重要。在远离海底的"自由"海水里，细菌的硝化作用明显是困难的，因此氨氧化的非生物机制的存在显然是很有意义的。在湖泊里，细菌的硝化作用总是发生在自由水体里，至少在一年的某个季节是这样。因此，非生物机制可能在量上占的比重是不太重要的。

氨经下述中间步骤氧化成亚硝酸盐：

$$NH_3 \rightarrow NH_2OH \rightarrow H_2N_2O_2 \rightarrow HNO_2$$

亚硝酸盐进一步氧化生成硝酸盐：

$$NO_2^- + 1/2O_2(g) = NO_3^- \quad \Delta F° = -18\,000\text{cal}$$

当此反应处于平衡时，在氧分压为0.2大气压下，硝酸根离子的浓度近似是亚硝酸根离子浓度的3.1×10^{12}倍。因此，在曝气充分的水体里，硝酸根与亚硝酸根处于平衡时，亚硝酸根的浓度是极低的，用目前的分析技术很难检测出。伴随氨或亚硝酸盐氧化成硝酸盐，体系的自由能降低，即放出能量。这些反应能用作细菌生存所需要的能源。氧化释放的能量一部分用于还原 CO_2，形成生物体本身所需要的有机物质。

天然水体中的硝酸盐表观浓度与产生和破坏它的生物化学反应有关。硝化细菌的作用使氨经生物化学反应产生硝酸盐。此外还有两种生物化学反应消耗硝酸盐。一种是硝酸盐因绿色植物细胞的同化作用被还原为合成蛋白质的原料。另一种是细菌的脱氮作用。这是在厌氧条件下，细菌利用某些高氧化态的阴离子（如 NO_3^-、SO_4^{2-}）作为能源进行新陈代谢的过程。在硝酸盐的情况下，生物脱氮的生物化学反应可写成：

$$C_6H_{12}O_6 + 12NO_3^- = 12NO_2^- + 6CO_2 + 6H_2O \quad \Delta F° = -460\,000\text{cal}$$

对亚硝酸盐而言，还原为分子氮：

$$C_6H_{12}O_6 + 8NO_2^- = 4N_2 + 2CO_2 + 4CO_3^{2-} + 6H_2O \quad \Delta F° = -728\,000\text{cal}$$

这种反应自由能的变化与氧化1摩尔葡萄糖释放699 000cal 自由能相当。因此，在有机物质存在的情况下，硝酸盐还原成亚硝酸盐、亚硝酸盐还原成次硝酸盐或分子氮，都是能够给生物提供能量的过程。

2. 湖泊中硝酸盐的分布与季节变化

我们以Mendota湖为例说明硝酸盐的季节变化。在表层水里，在硝化作用与硝酸盐的还原及同化作用的两种相反的过程的净作用下，硝酸盐的浓度从1月份起一直增加，到4月中旬达到0.072mg/L的最大浓度（图1.15A）。室内实验（图1.15B）的硝化速

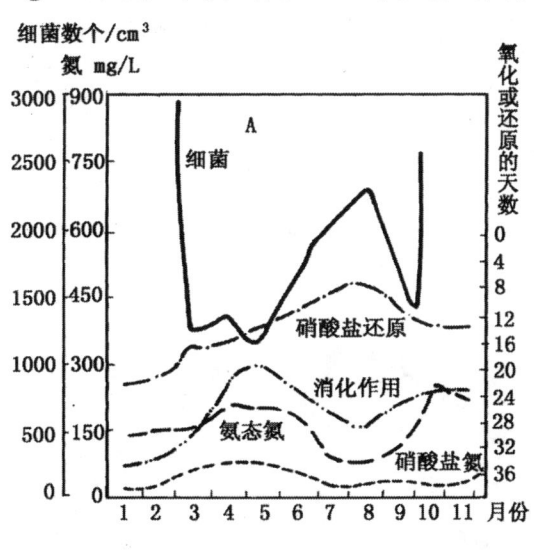

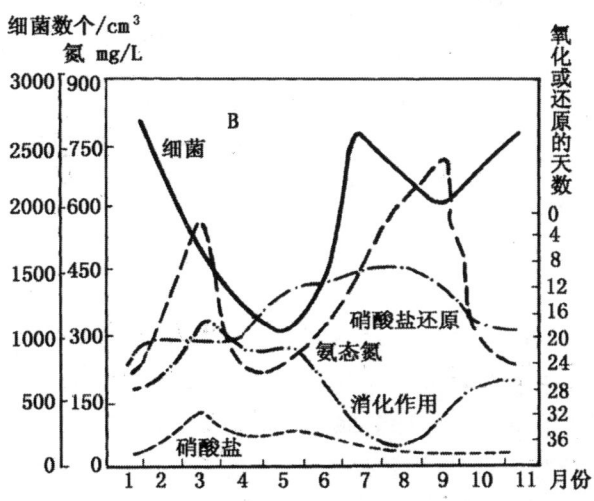

图1.15　Mendota湖细菌氨氮硝酸盐的还原与硝化速度
A. 表层水样；　　　B. 底层水样

度一直到5月初都是连续缓慢地增加。因此，春季极大值以后的硝酸盐浓度的降低现象，应归因于浮游植物对硝酸盐的同化作用。在夏季的几个月里，硝酸盐浓度保持不超过0.020 mg/L的低值，并一直延续到冬季。因为尽管硝化速度像室内实验测定的那样，在秋季增加，硝酸盐的还原速度降低，但实际除春季外，还原过程总是等于或超过氧化过程。

在某些生产力低、分层现象很少发生的湖泊中，夏季时硝酸盐一般从营养层被除去，在湖底层硝酸盐很少增加。在生产力较高的湖泊中，硝酸盐一般由营养层的同化作用和湖底附近的还原作用而被除去，在水体中部出现硝酸盐明显极大的分布。并常常发现在水体中层硝酸盐浓度极大和底层氨浓度极大之间存在着亚硝酸盐浓度极大的现象。

（五）湖水中含氮有机物

Domogalla 等人（1925）从大量水中用离心的方法分离出悬浮物，并在还原条件下蒸干，测定其无机氮的一般形态、游离氨基酸量、水解氨基酸量以及磷钨酸沉淀的氨基酸量。一般说最后组分的含量与游离和总氨基酸含量之差的数量级是相同的。图1.16表示出这些组分的季节性变化状况。

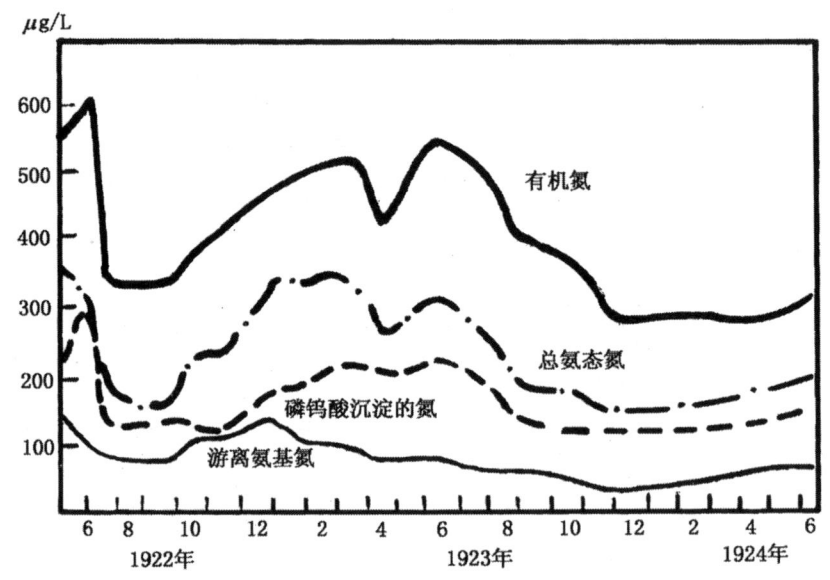

图1.16　湖泊中各种有机氮的季节变化

湖泊表层水中有机氮占总可溶氮的50%～75%左右，并且半数以上的量是以氨基基团形式存在的。在水中这种氨基氮化物约有1/3是游离氨基酸，其他2/3为各种多肽化合物。按实际的观察资料，大量非氨基氮化物是由像精氨酸、色氨酸和组氨酸这样的非氨基氮化物组成。根据表1.17的资料，用三氯乙酸沉淀湖水的蛋白质并不完全，溶液中留下大多数其他成分。钨酸钠能沉淀蛋白质和像这样高分子量蛋白质的分解产物。磷钨酸能沉淀除游离氨基酸之外的所有氨基氮化合物，被认为是较好的沉淀剂。由Mendota湖的测定数据（表1.17）表明各种氮组分的分配情况。湖水里大约有20%的氨氮或12.5%的可溶氮是以蛋白质形式存在的，大约40%的氨氮或25%的总可溶氮是游离氨基酸。

Fogg 和 Westlake（1955）测定了英国9个湖泊中的氨基酸与肽氮。氨基氮的含量范围为0.006～0.025 mg/L，超出了Wisconsin地区湖泊含量范围的下限。测定的肽氮含量为0.016～0.043 mg/L，都低于美国研究者的结果。虽然两结果由多种原因引起差异,但这些资料证实湖泊中存在氨基氮化合物。他们还发现湖水中存在多肽、大量的丝氨酸和苏氨酸,以及少量的甘氨酸、谷氨酸与色氨酸。这些有机氮化物都是柱胞鱼腥藻的分泌物。现代分析技术的发展,用气相色谱法测定海水中游离的氨基酸,其灵敏度可达 $10\mu g/L$。最近用离子交换树脂色层法测定了海水中氨基酸的含量,发现它们的分布几乎一致,含量较高的氨基酸是谷氨酸、赖氨酸、甘氨酸、天冬酸和丙氨酸。

表1.17 各种试剂沉淀的总可溶氮量

可溶氮组分	浓度 mg/L	%
总可溶氮	0.558	100
磷钨酸沉淀的可溶氮	0.207	37.1
钨酸钠沉淀的可溶氮	0.127	22.8
三氯乙酸沉淀的可溶氮	0.070	12.5

表1.18 Mendota 湖有机氮化物的分析结果（mg/L）

有机氮化物	水深0m处	水深20m处	有机氮化物	水深0m处	水深20m处
总有机氮	0.516	0.767	胱氨酸	0.002	0.006
可溶有机氮	0.324	0.357	精氨酸	0.042	0.046
游离氨氮	0.189	0.221	嘌呤	0.008	0.010
色氨酸	0.055	0.081	酰胺	0.012	0.019
酪氨酸	0.010	0.013	胺	0.014	0.016
组氨酸	0.010	0.012	氨基氮化物*	0.156	0.182
	0.006	0.0102	非氨基氮化物*	0.060	0.042

* 为成分未确定的有机氮化物

（六）湖水中氮的循环

湖水中氮的循环是一个极为复杂的过程。按照上述讨论,可把天然水中各种氮的化合物相互转化关系用氮循环图综合表示出来（图1.17）。分子氮浓缩过程中的生物化学变化包括固氮、同化以及脱氮等过程。无论是新固定的,还是以硝酸盐或氨形式同化的氮,在生物体内都是组成蛋白质或其他化合物的重要物质。当这些生物的排泄物和尸体腐败时,又会释放出包括氮化物在内的各种化合物。大多数异养菌参加这种有机化合物的氨化过程。当湖泊满足有氧存在的条件时,所生成相当部分的氨在细菌硝化作用下首先被氧化成亚硝酸盐,然后进一步氧化成硝酸盐。如果在酸性水中,氨和亚硝酸之间产生纯化学反应,释放出分子氮。这种过程可能在酸性土壤及植物细胞内进行。

氨氧化成硝酸盐的硝化过程中,伴随释放的能量是硝化细菌可资利用的能源。氨、亚硝酸盐及硝酸盐是绿色植物的氮源,这些生物摄取硝酸盐部分地阻止了生物圈里硝酸盐的积累。此外,绝大多数细菌可以利用硝酸盐或亚硝酸盐作为氢的受体取代氧,于是,如果存在足够的有机物,那么还原作用在去除生物圈中的硝酸盐同样也是重要的。

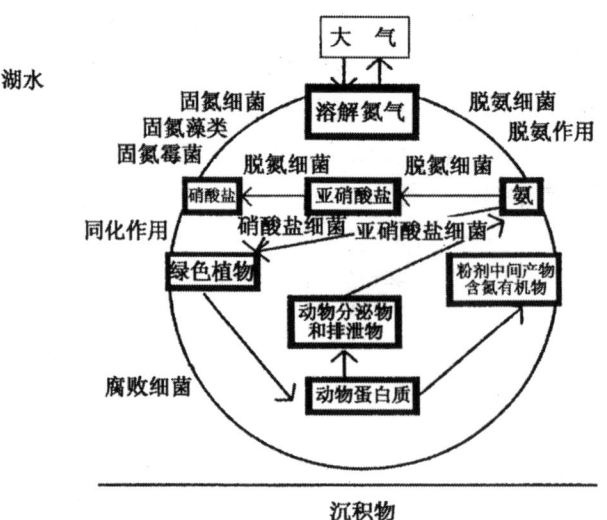

图1.17 天然水中氮的循环

这种还原过程可能因产生亚硝酸盐而停止,并伴随产生羟胺,或者可进行到生成分子氮,甚至进行到生成 N_2O_2 或氨。

四、磷的循环

磷是构成生物体的主要元素之一。在生命过程中它显得极为重要。在生物体中磷对其它元素的比例显著地大于这些元素在地壳内的比例。缺少磷,生物圈的生产力将会受到极大的限制。

在生物圈中磷几乎都是以氧化状态存在,但自然界里也发现它以还原状态存在。在被污染的泉水里曾发现过磷化氢,它可能存在于强还原条件的底层。沼泽地带的"鬼火"就是磷化氢自燃的现象。这种自燃的气体是由细菌活动产生的。焦磷酸盐在生物体内起着重要的作用,但在水里容易水解。所以水环境中磷酸盐是极其重要的。

(一) 水环境中磷的形态

磷通常以正磷酸盐存在于水环境中。由于岩石的自然风化、磷酸盐矿的溶解、土壤的淋溶和迁移,以及生物转化等过程,使磷酸盐进入天然水体。此外,人类活动如施肥、水处理、合成洗涤剂的使用、以及其他工业等活动,都可使天然水体的磷酸盐含量增加。因此,在天然水体里可以发现各种可溶形态的磷(表1.19)。

在自然界不存在聚合的无机磷酸盐。它们可存在于植物和动物体内。用正磷酸盐脱水的方法可以获得聚合的无机磷酸盐。它是合成洗涤剂中的重要成分。聚磷酸盐与偏磷酸盐是很好的软水剂。

在湖泊中,有机磷化合物是生物生长中分泌和排泄的物质。它们是复杂的有机化合物,分子量可达到 50 000,含有可提取回收的有机磷约 20%。湖泊中藻类分泌的有机磷是以胶体形式存在的。

内陆水体磷循环的研究是在磷的比色分析引入湖沼学之后才开始的。湖沼学调查表明，一般湖泊中的磷含量比正磷酸盐的含量多。因此，Juday 和 Birge 等人引入总磷与有机磷的概念。前者为样品消解氧化后比色测定所得的含磷量，后者为不经氧化测定得的磷量与总磷量的差值。样品不经氧化所测得的磷量为无机磷含量。由于无机磷和有机磷均有悬浮态与可溶态两种形式，所以通常将水体的含磷量按样品处理方法分成可溶磷酸盐态磷、酸溶悬浮态磷、可溶有机态（或胶体）磷和悬浮态有机磷四种类型。在实际工作中，总磷比各种形态的磷用得更为广泛。

表1.19　天然水体里存在的可溶态磷磷的形态

	有代表意义的化合物或离子
正磷酸盐	$H_2PO_4^-$、HPO_4^{2-}、PO_4^{3-}、$FeHPO_4$、$Ca(HPO_4)_2$
焦磷酸盐	$H_2P_2O_7^{2-}$、$HP_2O_7^{3-}$、$P_2O_7^{4-}$、$CaP_2O_7^{2-}$、$MnP_2O_7^{2-}$
三聚磷酸盐	$H_2P_3O_{10}^{3-}$、$HP_3O_{10}^{4-}$、$P_3O_{10}^{5-}$、$CaP_3O_{10}^{3-}$
三偏磷酸盐	$HP_3O_9^{2-}$、$P_3O_9^{3-}$、$CaHP_3O_9$
磷酸葡萄糖	葡萄糖-1-磷酸、腺苷酸
肌醇	肌醇磷酸
磷脂	磷酸甘油、卵磷脂、磷脂酸
磷酰胺	磷酸肌酸、磷酸精氨酸
有机缩合磷酸	三磷酸腺苷（ATP）、辅酶A
有机磷农药	对硝基硫代磷酸脂

湖泊中总磷含量极不相同，在未污染的湖泊中最高可达0.078mg/L，最低可小于0.001 mg/L。温带地区湖泊的总磷含量既低又不均匀。德国的许多湖泊可溶性磷酸盐在0.008～0.600 mg/L 范围间变动，平均含量为0.077 mg/L。比较少见的是沉积性的磷酸盐矿可以显著地增加湖水的含磷量。美国佛罗里达州8个流经磷酸盐矿的湖泊，湖水磷含量的平均值为0.290 mg/L，而未受其影响的31个湖泊的平均磷含量为0.038 mg/L。我国江苏省五里湖的磷含量为0.012～0.098 mg/L。

农田灌溉、地表径流和生活污水也会引起湖水磷含量增高。如武汉东湖，1954～1955年湖水的总磷含量在0～0.026 mg/L之间变化，平均值为0.008 mg/L。由于武汉市经济发展，人口增加，排入东湖的污水剧增，到1978～1979年，湖水总磷含量范围为0.002～0.900 mg/L，平均含量为0.220 mg/L，比50年代增加了20余倍。湖水中可溶解的正磷酸盐的含量一般变化较大，但占总磷的比例较小，总磷中的大部分存在于生物体中。可溶解的有机磷可能占总磷的30%～60%。

（二）水环境中磷的分布特征

1. 湖泊中磷含量的季节性周期变化

湖泊中磷含量的年变化与氮相似，冬季含量高，春季渐次减少，呈周期性变化。在夏季，湖泊中生物生长旺盛，磷被浮游植物利用消耗殆尽；秋季则又逐渐增高；如果在此季节浮游植物再行生长茂盛，则又将使磷含量下降。在冬季，浮游动、植物的残骸沉积湖底，经过细菌的分解，磷的含量又达到最高峰。这种季节性变化主要受浮游植物生长的影响。例如，1965~1967年，东湖湖水里总磷尽管因污染等原因夏季出现高含量的情况，但是在周年变化中仍存在冬季的高峰。这表明湖水磷含量的季节变化具有周期性。

2. 湖泊磷含量的垂直分布

不同形态的磷含量在湖水中的垂直分布情况是复杂的。在生产力低的湖泊中，磷含量随深度变化趋势一般较小，垂直分布几乎是均匀的。但在生产力高的湖泊中，湖底层的磷含量明显增加，表层水的磷的含量比底层低。湖水中总磷含量的不规则变化是由于悬浮物分布不均造成的。图1.18给出夏季湖泊分层时磷含量与温度分布的几个例子。

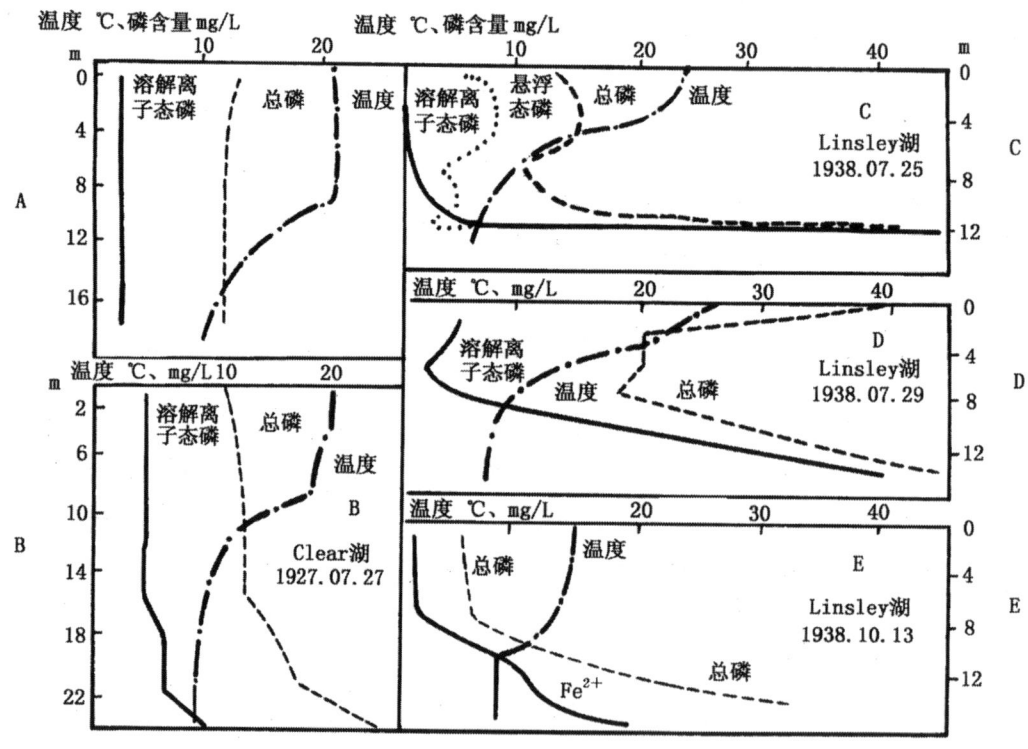

图1.18　夏季湖泊分层时磷和温度的垂直分布*

A. Crystal湖，溶解离子态磷（PS）、总磷（PT）基本显示正分布
B. Clear湖，在接近湖底层，磷含量明显增加，大部分是非离子态的
C. Linsley湖，接近湖底部，磷量急剧增加，大部分是悬浮态的磷（PST）
D. Linsley湖，在C情况的4天后，表层磷明显上升，表层的PS与PT急剧增加
E. Linsley湖，晚秋在深层的缺氧水里表现出有大量的P和Fe

* Fe^{2+}离子浓度单位为$\times 10^{-2}$mg/L

由于浮游植物的沉积作用，悬浮态磷引起总磷含量不规则变化的趋势。在分层湖泊的底部可溶态磷浓度增加是一个复杂的现象。放射性磷的实验证明，沉积的悬浮物质分

解释放出可溶态磷,使总磷含量增高。但这种解释并不完全。因为多数湖泊沉积物-水界面在还原条件下也会释放磷酸盐。在这个过程中铁和微生物起着重要作用。

(三) 湖泊中磷的循环

根据湖泊现场观察资料及用^{32}P作的实验结果,Hutchison 把湖水中磷的循环归纳成7个过程:①磷从湖岸边通过地表径流将腐烂植物带入湖水里;②湖岸边的植物和湖中的浮游植物从湖水中摄取磷;③浮游植物以可溶态有机磷形式释放磷,这种形式的磷比磷酸根难同化,并在磷酸酶的作用下缓慢地转化成磷酸根;④浮游植物与其他含磷的悬浮物沉积到湖底层;⑤在浮游植物和悬浮物到达水-沉积物界面过程中,因其有机质分解而释放磷;⑥当湖泊沉积物处于还原条件下,磷通过扩散作用从沉积物扩散到上覆水中;⑦沉积物中磷酸根与铁、铝等重金属元素作用生成难溶解的磷酸盐而贮存在沉积物中。

Phillips (1964) 总结了湖泊中磷循环的复杂性,提出了湖水中磷循环的图式及磷循环的一些主要过程。图 1.19 表示出湖泊沉积物与湖水间存在着广泛的磷交换过程,同时湖泊沉积物是磷的贮存库。当湖泊沉积物-水界面缺氧时,沉积的有机质厌氧降解,以及 Fe (Ⅲ) 还原为 Fe (Ⅱ),使得沉积物的上覆水中的磷酸盐含量增加。当湖底溶氧充分时,在沉积物-水界面上,被氧化的底泥层上保持着磷酸铁 (Ⅲ),并阻止可溶态磷酸盐的扩散作用。因此,水中磷酸根含量较低。东湖沉积物间隙水磷酸盐测定证明,间隙水中的磷酸盐主要是多聚磷酸盐,正磷酸根含量极低,有时低于钼蓝法检测极限。湖泊的磷以沉积作用为主,可溶态磷在沉积物-水界面上的分子扩散通量有随湖底层溶氧增加而降低的趋势。

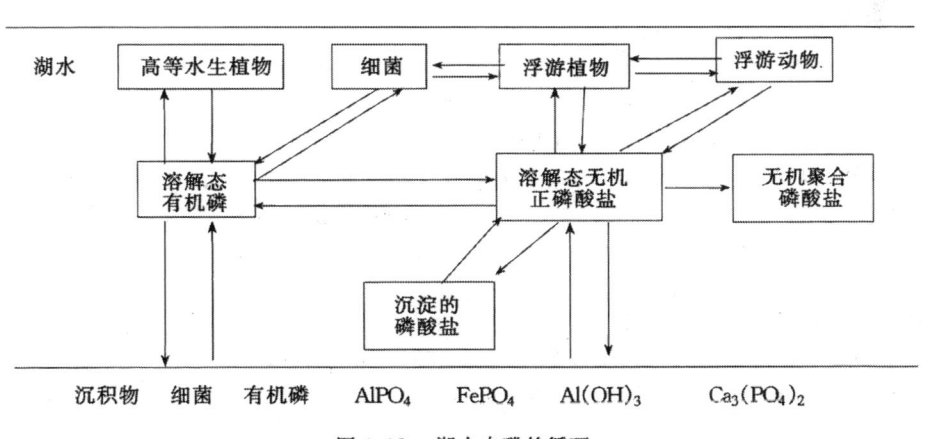

图 1.19 湖水中磷的循环

湖水中各种形态磷的停留时间在 5 分钟至 15 天之间变化。可溶磷酸盐和浮游植物间的交换只需 5 分钟;无机磷酸盐与溶解的有机磷间的交换需 8 小时;在细菌参与的水-沉积物间的交换需 3 天;非生物的沉积物-水间的交换需 5 天。由各交换过程所需时间可以解释,在周年内湖水的磷含量随浮游植物生长有季节性变化的现象。因为,浮游植物摄取磷酸盐比其释放磷的过程快。对一般正常湖泊,已经估计出在沉积物表面的交换的磷量约为$1\mu g/(m^2 \cdot d)$。

（四）铁离子在湖泊磷循环中的作用

物理过程（对流、沉积）、化学及生物过程之间的相互作用决定着水体中磷酸盐的时空分布。已观察到底层湖水里有两种机制决定厌氧底层水中磷酸盐的积累状况。这就是沉积物有机质的分解与磷酸铁的还原。

在湖泊及海洋中，浮游植物以相当恒定的比例同时利用磷酸盐与硝酸盐，并因其分解又以同样的比例释放这些元素。尽管湖水中存在磷/氮比例的变化，但还是可利用简单的反应式描述这种计量关系：

$$106CO_2 + 16NO_3^- + HPO_4^- + 122H_2O + 18H^+$$
$$+ 痕量元素 + 能量 = \{C_{106}H_{263}O_{110}N_{16}P\} + 138O_2$$

磷酸铁的溶解度在pH=5.5时最小，随着pH加大显著增加。在天然湖水中，铁含量比磷酸盐含量高，这将产生氢氧化铁与磷酸铁沉淀，沉淀中的OH^-对PO_4^{3-}的摩尔比正比于湖水中$[OH^-]/[PO_4^{3-}]$之比值，即Fe(Ⅲ)与磷酸根的结合能力在低pH时比高pH时大得多。大部分磷酸盐将被过量的铁沉淀。已经报道在湖底氧化的腐泥上，因过量亚铁氧化生成磷酸铁沉淀阻止深层底泥中磷酸盐和亚铁向上覆水中扩散。当在还原条件下，底层厌氧细菌将硫酸根还原成S^{2-}，Fe(Ⅲ)还原成Fe(Ⅱ)，并生成FeS沉淀，或者是Fe(Ⅱ)被MnO_2氧化生成Fe(Ⅲ)后，以$Fe(OH)_3$形式沉淀。此时，游离的磷酸根增加。

思 考 题

1. 简述水的反常物理性质与其结构的关系。
2. 当水库深层的水由底层下泄时，将发生什么现象，对鱼类会产生什么影响？
3. 用化学平衡理论证明CO_2气体是控制湖水pH值的主要因素。
4. 煤矿洗煤水流经的河沟里，常观察到沟底呈橘黄色，为什么？
5. 已知某湖水的主要离子含量为：pH为7.0，总离子量124mg/L，重碳酸根112mg/L，硫酸根15mg/L，氯离子3mg/L，钙离子29mg/L，镁离子8mg/L，钠离子4mg/L，钾离子1mg/L。请确定此湖水的化学类型。
6. 在夏季水塘里水生植物生长旺盛时，常常见到水生植物枝叶和塘底有白色沉淀，试解释这种现象，并判断水的pH将发生怎样的变化？
7. 在夏季养殖池塘中有时发现鱼"浮头"，严重时造成大量死鱼，此现象多发生在凌晨，请解释这种现象。
8. 滇池与东湖湖面大气均能检测出NH_3，试利用湖泊氮循环模式说明这种现象。
9. 在北温带的河流上修建大坝，水环境将发生哪些变化？当换水系数小于1时，水体的热量分布在一年中将怎样改变？
10. 简述湖泊中碳与磷循环的主要过程。

主要参考文献

[1] 刘建康主编. 东湖生态学研究（一）. 北京：科学出版社，1992
[2] 饶钦止主编. 湖泊调查基本知识. 北京：科学出版社，1960
[3] 阿列金 OA. 水文化学原理. 北京：地质出版社，1960
[4] 陈静生，邓宝山，陶澍，程承旗编著. 环境地球化学. 北京：海洋出版社，1990

[5] W. 金士博著，杨汝均，候兰杰，刘兆昌，张兰生等编纂. 水环境数学模型. 北京：中国环境科学出版社，1987
[6] 环境科学大辞典编辑委员会编. 环境科学大辞典. 北京：中国环境科学出版社，1991
[7] 南京大学地质系编. 地球化学. 北京：科学出版社，1979
[8] 沈同，王镜岩，赵邦悌. 生物化学. 北京：人民教育出版社，1980
[9] 张立城，佘中盛，章申等著. 水环境化学元素研究. 北京：中国环境科学出版社，1996
[10] 合田 健 编著，全浩等译. 水环境指标. 北京：中国环境科学出版社，1989
[11] Hutchinson G E. A Treatise on Limnology. 1957
[12] Wetzel R G. Limnology. W. B. Sauder Company, 1975
[13] Stumm W and Morcan J J. Aquatic Chemistry. John Wiley & Son, 1981
[14] Lerman A. Geochemical Processes, Water and Sediment Environment. John Wiley & Son, 1979
[15] Harrison R M. Understanding Our Environment: An Introduction to Environmental Chemistry and Pollution. The Royal Society of Chemistry, 1992
[16] Odum H T. Primary Production in Flowing Waters. Limnol. Oceanogr., 1956, 1, 102

第二章 种群生态

第一节 种群的基本特征
　一、种群的定义
　二、种群的主要特征
第二节 种群的结构
　一、种群密度
　二、种群的分布型态
　三、种群的年龄分布和性比
第三节 种群统计
　一、种群的度量
　　（一）绝对密度的测定
　　　1. 总体调查
　　　2. 抽样调查
　　（二）相对密度的测定
　二、种群的出生率和死亡率
　　（一）出生率
　　（二）死亡率
　三、生命表和内禀增长力
　　（一）生命表及其制作方法
　　　1. 动态生命表
　　　2. 特定时间生命表
　　　3. 综合生命表

　　（二）内禀增长力
第四节 种群的增长
　一、种群在无限环境中的指数式增长
　　（一）非连续生殖种群的增长模型
　　（二）连续生殖种群的增长模型
　二、种群在有限环境中的增长
　　（一）非连续生殖种群
　　（二）连续生殖种群
　三、具时滞的种群增长
　　（一）非连续生殖种群
　　（二）连续生殖种群
　　　1. 反应时滞
　　　2. 生殖时滞
　四、r选择和K选择
第五节 种群调节
　一、密度制约和非密度制约的因素
　二、气候因素
　三、种间因素
　四、食物因素
　五、种内调节

第一节 种群的基本特征

一、种群的定义

种群（population）一词源出于拉丁字"populus"意为人民，一般译为人口。种群这个术语也有译为"居群"（如陈世骧）、繁群（单国桢）、族群（郝道猛）等。方宗熙（1975）在"生物进化"一书中提到了物种、种群和群落，并给种群下了一个简单的定义："种群是由同一物种的若干个体组成的。种群是生活在同一地点，属于同一物种的一群个体。个体跟种群的关系，好比树木与森林的关系那样"。钟章成（1987）认为："种群是占据某一地区的某个种的一群个体，其占据的边界往往与包括该种在内的生物群落界限相一致……"。迈尔（Ernst Mayr, 1970）曾指出："在现代分类学和种群遗传学的影响下，一个正在生物学中散布的用法，把"种群"一词限制在局部的种群，一个规定地区的具有可能交配的个体群……"。奥德姆（E. P. Odum，1971）认为："种群，指一群在同一地区同一物种的集合体，或者其他能交换遗传信息的个体集合体，具有许多特征，最好用统计函数来表示，但它描述的是集体特有而不是个体的特征。这些特征是密度、出生率、死亡率、年龄分布、生物潜能、分散和生长型态。种群又具有遗传特征直接有关它的生态，那就是适应能力，生殖适应性和持续性，如长期遗留后代的可能率。"

若生物体属于同一种，就是单一种群（single species population），若这些物种包括有密切相关的数种，彼此或者可以混合在一起，或者根本就合并成一个，即所谓混合种群（multi-species population）。从生活的环境而言，在自然界的种群，称为自然种群（natural population），实验室内的种群，称为实验种群（laboratory population）。

种群的概念，既可以从抽象上理解，也可以从具体上去应用。当阐述种群生态理论时，这里的种群是从抽象概念上应用。也可以说一个具体的种群，如湖泊中鲢、鳙种群。当从具体意义上用种群这个概念时，无论从空间上和时间上的界限，多少是随研究工作者的方便而划分的。例如大至研究全世界的蓝鳁鲸种群，小至实验室中饲养的草履虫，也可称为实验种群。种群是同种生物在特定环境空间内的个体集群。在自然界，种群是生物种存在和进化的基本单位，是生物群落或生态系统的基本组成，同时也是生物资源开发、利用的对象。

二、种群的主要特征

种群由个体组成，但种群内各个个体不是孤立的，而是通过种内关系组成一个有机的自我约束系统。种群由个体组成，但决不等于个体简单相加，从个体到种群是一个质的飞跃。个体有体积大小，而种群则是密度或数量多少；个体有生、有死；而描述种群的生死过程则有出生率和死亡率，这是种群水平出现的新质。属于种群水平的新质还有年龄结构、性比等。所以，个体与种群的关系好比树木与森林的关系，在哲学上是部分与整体的一种表现。

一般认为自然种群有三个特征：①空间特征：种群是有一定的分布区域；②数量特征：种群的数量是随时间而变动的；③遗传特征：种群是具一定的遗传组成，种群是个演化单位，可以从表现型频率、基因型频率和基因频率加以数量化。

第二节 种群的结构

一、种群密度

种群密度（population density）是指单位面积或体积内，该种群含有的量，它可以用个体数、生物量、能量表示。同一类别的生物的种群密度，用不同的标志得出的结果可能是大不相同的。如细菌若按个体数通常很大，而生物量则很低，藻类种群若按数量常小于细菌，而生物量却高于细菌。种群的密度是本身生存的一个极重要的参数，种群中的个体的呼吸、营养、繁殖、存活率和其他功能都有赖于密度。

阿利氏原理（Allee's principle）所阐述的种群增长中两种情况，一种情况（A），当种群小时，存活率最高；另一种种群（B），在中等大小时最有利，过疏（undercrowding）和过密（overcrowding）都会起到抑制作用（图2.1）。

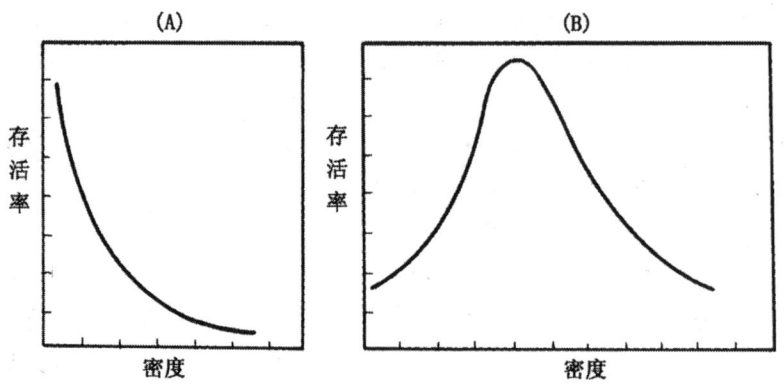

图2.1 图示阿利氏原理。在某些种群增长中，种群小时，存活力最高（A）；另一些种群，在种群中等大小时最有利（B）。在后一种情况下，过疏和过密都是有害的（仿 Odum 1971）

从实践的观点来看，密度是种群的一个重要参数，天然湖泊中鱼群密度的高低对有效利用能量方面关系极大，如鱼类数量太少，没有有效利用的能力；如果数量过多，则意味着每个个体得到的能量低，因此又降低了利用效率。

二、种群的分布型态

组成种群的个体在其生活空间中的位置状态或布局，称为种群的内分布型（internal distribution pattern）。种群一般有三种分布型态：①随机的（random）；②均匀的（uniform）；③成群的（clumped）（图2.2）。

在自然界中，种群中个体量有规则的均匀分布比较少见，在淡水水体中有些微型藻类的分布基本上是均匀的。

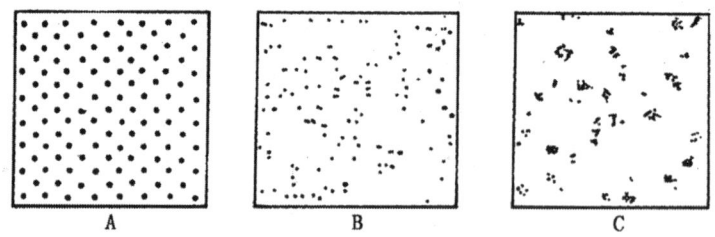

图2.2 均匀的、随机的和成群的三种内分布型或格局（仿 Smith 1980）
A. 均匀型；B. 随机型；C. 成群型

所谓随机分布，就是每一个体在种群领域中各个点上出现的机会是相等的。并且，有某一个体的存在并不影响另一个体的分布。如在潮间带泥滩上分布的蚌蛤（*Mutinia laterlis*）；而另一种小蛤（*Gemma gemma*）只有2龄的个体是随机分布的，而1龄个体和种群整体的分布则不是随机的，而是成群的（表2.1）。在自然界中很难正确地区分"随机"、"均匀"和"块状分布"。

表2.1　潮间带泥滩下两种小蛤的空间分布型（仿 Odum，1971）

种名与年龄 *Mutinia lateralis*	平均数 (m)	方差 (S^2)	方差/平均数 (S^2/m)	分布型
各种年龄	0.27	0.26	0.963	随机型
Gemma gemma				
各种年龄	5.75	11.83	2.057	成群型
1龄	4.43	7.72	1.742	成群型
2龄	1.41	1.66	1.177	随机型

由表2.1可知，其 $S^2/m \approx 0$ 则属均匀分布；$S^2/m \approx 1$ 属随机分布；S^2/m 明显地 >1 则属成群分布。

块状分布或成群是鱼类的显著特点，这在鱼类生态学上有重要意义，是种群对环境的一种适应。许多鱼类在幼小时集群，成长后分散活动。特别是淡水凶猛鱼类，分散便于觅食。在鱼类生命周期的各个环节，又常常形成临时性的群体，如产卵种群，索饵种群等。

三、种群的年龄分布和性比

种群的年龄分布，就是不同年龄组（age class）在种群内所占的比例或配置情况。它能影响种群的出生率和死亡率，并可根据种群的年龄分布预报种群的生长、兴衰。一个稳定种群的年龄分布较为均匀。

种群的出生率与种群中具有生殖能力的个体数目成正比；而死亡率则随老年个体所占的比例加大而增多。表示一个种群的年龄分布的简单方法是用金字塔。以横坐标表示分布的百分比，以纵坐标表示年龄的级数（图2.3）。

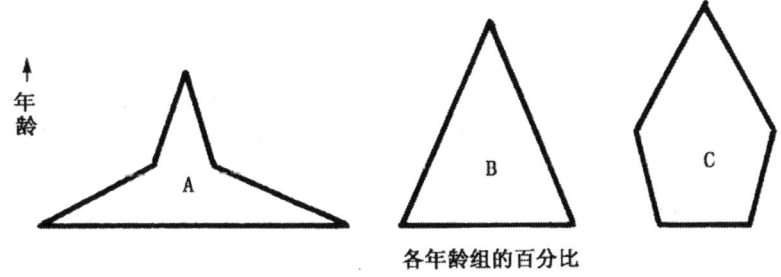

图2.3　种群的年龄金字塔（仿 Odum 1971）

三种不同的金字塔代表年轻个体在种群中所占的百分比。A图表示年轻个体占有很大的比例；B图为锥形金字塔，年轻及年老个体比例适中；C图为钟形多角形，表示年轻个体所占的百分比相对减少很多。

一种群中，若其出生率和死亡率相等时，则该种群是一个没有增长的种群，若年轻个体所占的比例较大，则表示此种群正快速地生长。反之，为老年个体所占的比例较大，则显示种群会逐渐衰落。

了解鱼类的年龄组成，掌握它们的生长规律，就可知道各种鱼类达到一定体长或体重所需要的时间，反过来又可知道在一定的时间内，会达到什么样的生长效果。在了解到一种鱼的初次性成熟年龄及其大小后，就可确定这种鱼的适当捕捞年龄和个体大小，从而进一步可以预报鱼类资源的蕴藏量和应采取的合理渔获量。

种群中具有生殖能力雌雄的比例，称为性比（sex ratio）。一般可分为以下三种：① 雌雄相当：一般高等水生动物的种群生长以此种比例最为理想。多数鱼类种群的性比接近于 1:1；② 雌多于雄：种群中以具有生殖能力的雌体为主。轮虫、枝角类一年中大部分时间只出现雌性个体，雄性仅在一段时间内出现；③ 雌少于雄：常见于营社会生活的昆虫种群。

同一种群中性比也有可能随环境条件的改变而变化。如白色大剑水蚤（*Macrocyclops albidus*）当温度从 10~20℃ 升高到 25~28℃ 时，后代中的雄体从 40.2% 增高到 64.7%。盐生钩虾（*Gammarus salinus*）当 5℃ 时后代中雄性为雌性的 5 倍，23℃ 时则雌性为雄性的 13 倍；另一种钩虾（*G. duebeni*）在其卵母细胞成熟期末，当水温低于 5℃，则后代全为雄性，7~8℃ 全为雌性。大型溞（*Daphnia magna*），当水温 27℃ 以上时，雌雄比向利于雄性方面发展；水温降到 20℃ 以下时，则有利于雌性。18℃ 出现的全是雌性个体；30℃ 出现的则全是雄性个体。

鱼类的性比，大体上接近于 1:1，多次渔获物分析常常会得到这样的结果。但在日常的实践中，发现鲫鱼群的雌体往往比雄体多得多，性比可达 10:1，有的差距甚至更大。这种现象是鲫鱼的单性生殖所造成。即雌性鲫鱼在与其他鱼类的雄性个体共同生活的条件下，就能受刺激进行发育和生殖，实际上他种雄鱼的精子并不与鲫鱼的卵相结合，这种鲫鱼都是单性生殖，而且它们的后代都是雌体，即都是母向的。河鲈和食蚊鱼也有这种现象。

具有性别转变特点的鱼类，两性比例自然较为特殊，例如黄鳝；幼年都是雌性，繁殖后多数转为雄性。按照鱼群的各个世代数量随年龄的增长而减少。那么，黄鳝鱼群的雄体数量应是小于雌体的。

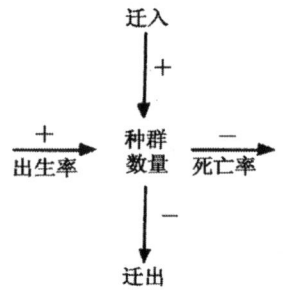

图 2.4 决定种群数量的基本过程（仿 Krebs 1978）

第三节 种群统计

种群是不停的工作单位，它的数量在不断的变动之中，当内外环境有利时，种群数量增加；条件不利时，种群数量减少，条件相对稳定时，种群的变动幅度也较小。种群的数量取决于出生与死亡，迁入和迁出两组对立的过程。出生和迁入是使种群增加的因素；死亡和迁出则是种群减少的原因（图 2.4）。

一、种群的度量

各种不同的种群,其密度相差很大,每平方米的水中,某些原生动物种群数量可达几亿个,有些甲壳动物只几十万个,而鱼类却不足 1 尾。由于种群密度的变动范围很大,因此度量方法也有很大的不同。

严格说来,密度(density)和数量是有区别的。密度是指单位面积(或空间)内的个体数。在生态学中应用数量高、数量低、种群变大、种群大小这些意义时,有时虽然没有指明其面积或空间单位,但也必然将它隐含在其中。否则,没有面积或空间单位的数量多少也就成为无意义的了。因此,在生态学文献中,种群的数量、大小、密度三个词常常指的是同一回事,而多度或称丰盛度(abundance)这一概念更概括了种群在"量"方面的特征。

(一) 绝对密度的测定

1. 总体调查

计数某水体中生活的全部个体数量。例如通过鱼群探测仪可获得水体中鱼的数量。

2. 抽样调查

在一般情况下,对总体的全部个体进行计数,往往是不可能的或者是不许可的。欲测定某水体中某种浮游动物的数量,绝不可能将水中全部个体进行计数;又如要了解鱼群中性比、年龄组成,当然不允许把全部鱼群进行检查。因此,在实际工作中只能抽样检查,由样本的规律性推断总体的规律性。因此,样本必须来自这个总体,而且必须具有代表性。

(1) 样方法(use of quadrat) 通常计算若干样方(quadrat)或分样(subsample)中全部个体数,然后取其平均值来估计总体。如对水体中水生维管束植物或底栖动物种群进行调查,就用一定体积的带网铁锹或采泥器作为样方,后将样方内的生物体加以统计。浮游生物密度的测定方法则是采集一定体积的水加以沉淀或过滤,然后再对分样进行计数、统计。

(2) 标志重捕法(mark-recapture method)或可称擒纵估计法(capture-mark recapture method) 本方法适用于统计鱼群数量。在水体中,捕捞一部分鱼将其标志,然后放回,经一定时间后进行重捕。根据重捕中标志数的比例,估计该水体中鱼的个体数。假设某水体中某种鱼的个体数为 N,其中标志鱼数为 M,再捕鱼数为 n,再捕鱼中标记鱼数为 m。根据总数中标志的比例与重捕取样中比例相同的假定,就可以估计出 N,即:

$$N : M = n : m$$
$$N = M \times n / m$$

这个估计数 N 可称作彼得逊指数(Peterson index),通常 m 越大,N 越可靠,一般规定 m 应大于 20。本法只适用于一次标志,一次重捕。但是,人们往往难以从一次重捕中获得足够的个体数，种群数量估计也不够准确。于是，又出现了应用多次标志、多次重捕的方法，如较常用的施奈贝尔法（Schnabel method）计算公式：

$$\hat{N} = \Sigma(n_i M_i^2)/\Sigma(M_i m_i)$$

n_i = 在第 i 次取样时，捕获或取样动物的总和

m_i = 在第 i 次取样的捕获物中，已标志动物的总数

u_i = 在第 i 次取样的过程中，新标志并释放动物的总数

一般说来，$n_i = m_i + u_i$ 但因为有时由于偶然发生的死亡，使新标志释放数减少。通过多次的标志重捕，我们可以得到每次开始取样前在野外种群中已标志的动物总数，即

M_i = 在 i 次取样时种群中已标志动物总数

计算公式表明，多次标志，多次重捕法的基本原理与彼得逊指数法是一样的。至于要估计 N 值的置信区间，一般要按公式先求出 $1/N$ 的方差（$S_{1/N}^2$）和标准误。

盖尔金（Gerking 1953）在印第安纳 Gordy 湖用多次标志重捕方法，调查了小脊鳞太阳鱼（*Lepomis microlophus*）的种群大小，其结果如表2.2所示。

表2.2 用多次标志重捕法估计小脊鳞太阳鱼的种群大小

（引自 Ricker 1984）

1 取样 日期	2 捕获数 n_i	3 捕获动物 中已标志 动物数 m_i	4 各次取样 加标数 （减去死亡） u_i	5 野外种群 中已标志 动物总数 M_i	6 $n_i M_i$	7 $M_i m_i$	8 $n_i M_i^2$	9 m_i^2/n_i
5月2日	10	0	10	0	0	0	0	0
3日	27	0	27	10	270	0	2 700	0
4日	17	0	17	37	629	0	23 273	0
5日	7	0	7	54	378	0	20 412	0
6日	1	0	1	61	61	0	3 721	0
7日	5	0	5	62	310	0	19 220	0
8日	6	2	4	67	402	134	26 934	0.6667
9日	15	1	14	71	1 065	71	75 615	0.0667
10日	9	5	4	85	765	425	65 025	2.7778
11日	18	5	13	89	1 602	445	142 578	1.3889
12日	16	4	10	102	1 632	408	166 464	1.0000
13日	5	2	3	112	560	224	62 720	0.8000
14日	7	2	4	115	805	230	92 575	0.5714
15日	19	3	~	119	2 261	357	269 059	0.4737
总计	162	24	119	984	10 740	2 294	970 296	7.7452

表中第2列是每次取样时捕获动物 n_i，一般说来，$n_i = m_i + u_i$，但有时由于技术原因造成偶然死亡，例如，在5月12日的取样中 $m_i + u_i = 14$，少于 $n_i = 16$，说明有两个动物死亡。第5列的 M_i，实际上是标志积累数，它由 u_i 列逐渐积累而得，表示在每次取样前，野外种群中已标志动物的总数。第6、7、8、9列数字则是计算种群大小和

标准误所需的。

有了这些参数，我们就可以按下列步骤估计种群大小、标准误以及95%的置信区间。

① 种群大小估计量（N）：
$$\hat{N} = \frac{\Sigma(n_i M_i^2)}{\Sigma(M_i m_i)} = \frac{970296}{2294} = 423$$

② $1/N$ 的方差：
$$S_{1/N}^2 = \frac{\Sigma(M_i^2/n_i) - (\Sigma m_i M_i)^2/\Sigma(n_i M_i^2)}{a-1} = \frac{7.745 - (2294)^2/970296}{14-1} = 0.17857$$

③ $1/N$ 的标准误：
$$S_{1/N} = \sqrt{\frac{S^2}{\Sigma(n_i M_i^2)}} = \sqrt{\frac{0.17851}{970296}} = 0.00042900$$

种群大小（N）的95%置信区间：

当自由度为13时，$t_{0.05} = 2.16$，因此

$1/N$ 的置信区间为

$1/N \pm 2.16 S_{1/N} = 1/423 \pm 2.16 \times 0.00042900$

得 $0.0014377 \sim 0.0032907$

取其倒数，我们即可得到 N 的95%置信区间，即 304～698。

标志重捕法只适用于封闭性种群，即假定种群大小是一个常数，标志不影响动物行为，在种群中均匀分布，有同样被捕机会，没有迁入、迁出和没有补充、死亡。因此，必须短期中进行多次标志重捕。

（二）相对密度的测定

在很多情况下难以确定种群的绝对密度，这时候，相对密度就成为很有用的指标了。相对密度测定的不是单位空间中种群密度的绝对值，而只是表示种群数量多少的丰盛度指数（index of abundance）。例如，通过渔产品收购站长期统计资料可获得该地区鱼产量变动的大致情况。在海洋中，常通过统计100小时拖网作业的捕鱼量作为鱼类种群的相对丰盛度；又如用浮游生物网在一定时间、距离内所捞到浮游生物种群的量表示为丰富、一般、贫乏的相对丰盛度指标。

当然，对于这些相对密度调查结果，我们应当持审慎态度。如果把这些相对密度调查结果与定点观察的绝对密度结合起来，可能会取得良好的效果。

二、种群的出生率和死亡率

种群是不断变化的功能单位，我们不仅关心某时间的种群数量及其组成，而且还需了解种群是怎样变化，许多重要的种群特征与"率"有关，所以率（rate）这个概念在生态学的定量研究中很重要。所谓率是两组事物之间的数值比例。在生态学中，更经常的是以时间单位来表示率，这就是以变化量除以时间。例如200个体在一年中死亡40

个,年死亡率为20%。

(一) 出生率 (natality)

这是一个广义的术语,它是泛指任何生物产生新个体的能力。不论这些新个体是通过分裂、孵化、再生等哪一种方法,都可用出生率这个术语予以概括。

在理论上,当种群数目不受其他因素限制时,每种生物都有一个最高出生率 (maximum birth rate) 或称潜在出生率 (potential natality),这是指不受任何环境因子限制的理想条件下,单位时间内种群所产生的新个体的最大数目。但是产出的卵并非全部孵化,种群内所有雌体也未必均有生殖能力,再加上种种环境因子的限制,最高出生率是不能达到的。所以一般获得的称为实际出生率 (actual birth rate) 或称生态出生率 (ecological birth rate)。出生率还可分绝对出生率 (absolute birth rate) 一般以 B 表示和相对出生率 (relative natality),以 b 表示。它们的计算公式为:

$$B = \Delta Nn / \Delta t$$
$$b = \Delta Nn / N \Delta t$$

式中,N 为种群的大小,ΔNn 为种群内新产生的个体数,Δt 为时间改变量或单位时间。

在水生无脊椎动物种群生态的研究中,更常用的是期限出生率 (finite birth rate) 和瞬时出生率 (instantaneous birth rate),通常亦以 B 和 b 表示。前者是指某一时间间隔中的平均出生率;后者则是指某一瞬间的出生率。计算公式分别为:$B = E/D$

$$b = \ln(1+B) \text{ 或 } = \ln(1+E)/D$$

E 为卵数/雌体数比率,D 为卵的发育时间(天)

B 和 b 的换算原则和条件见表2.3:

表2.3 瞬时出生率(b)和期限出生率(B)间关系

换算条件	应用方程
在 $t_1 - t_2$	$b = d$ $\quad$ $b = B$
间隔中,b,d 是	$b > d = 0$ $\quad$ $b = \ln(1+B)$
稳定的	$b \neq d > 0$ $\quad$ $b = \ln(1+E)/D$

从上表可看出:如果瞬时出生率(b)与瞬时死亡率(d)相等,则 $b = B$;如果瞬时死亡率 $d = 0$,则 $b = \ln(1+B)$

假如 $b \neq d > 0$,则 $b = \ln(1+E)/D$

要是在 $t_1 - t_2$ 的时间间隔中,b、d 是不稳定的,则上表所列的方程均是近似的。

(二) 死亡率 (mortality)

和出生率相反,死亡率是指种群在单位时间内个体死亡的数目。在理论上,每种生物也可在不受他种因素限制达到最低死亡率(minimum mortality)或称为潜在死亡率(potential mortality)。这就是指一个种群仅因单纯的衰老而死亡之数目。实际死亡率(actual mortality)或称生态死亡率(ecological mortality)，由于各种环境因素的影响，种群的大小及组成有很大的变动。所以它的值必然高于理论上的最低死亡率。死亡率也可分为：绝对死亡率(D)和相对死亡率(d)，计算公式分别为：

$$D = \Delta Nn / \Delta t$$
$$d = \Delta Nn / N\Delta t$$

公式中符号的意义与出生率相同。

在水生无脊椎动物的种群生态中也经常使用期限死亡率(finite death rate)一般以 D 表示；瞬时死亡率(instantenous death rate)以 d 表示，它们的计算公式分别为：

$$D = 1 - e^{-d}$$
$$-d = \ln(1 - D)$$

三、生命表和内禀增长力

（一）生命表及其制作方法

生命表是描述种群死亡过程的有用工具，通过它便可方便地求得种群的死亡率，这在人口统计中用得最为广泛，它首先由珀尔和派克(Pearl and Parker 1921)首先提出，一般有三种生命表：动态生命表(dynamic life table)、特定时间生命表(time-specific life table)和综合生命表(composite life table)。

1. 动态生命表

根据一个特定年龄组的生存或死亡数而制成的。如一群种子同时发芽，或一群动物同时出生，记载它们每个个体的生存时间而得到不同寿命的分析，因此，动态生命表也称为特定年龄生命表(age-specific life table)。在种群统计学中，常把同时间阶段出生的动物称为统计群(cohort)。所以，动态生命表又称为统计群生命表(cohort life table)。

2. 特定时间生命表

根据一个特定的时间范围，通常不超过一年，采取一个大样本，分析其中年龄比率，并据此估计每年龄组的死亡率。要制作这种生命表是根据三个假设：①种群的度量是静态的；②年龄组合是稳定的；③个体迁移是平衡的。

3. 综合生命表

利用各种方法得到年龄比率、死亡年龄，甚至出生率、死亡率等。

现以实验室培养的透明溞（*Daphnia hyalina*）的实验数据为例，说明生命表的编制方法（表2.4）。

表2.4 武汉东湖透明溞生命表（黄祥飞 1984）

15℃						25℃					
年龄间隔(天)	中值(x)	l_x	m_x	l_xm_x	xl_xm_x	年龄间隔(天)	中值(x)	l_x	m_x	l_xm_x	xl_xm_x
0~7	3.5	1.00	0.00	0.00	0.00	0~4	2.0	1.00	5.00	5.00	10.00
8~12	2.0	1.00	11.00	11.00	22.00	5~6	0.5	1.00	7.75	7.75	3.88
13~16	1.5	1.00	21.20	21.20	31.80	7~8	0.5	1.00	13.15	13.15	6.58
17~20	1.5	1.00	23.10	23.10	34.65	9~10	0.5	1.00	11.35	11.35	5.68
21~24	1.5	1.00	24.30	24.30	36.45	11~12	0.5	0.80	11.85	9.48	4.74
25~28	1.5	0.95	23.26	22.10	33.15	13~14	0.5	0.65	19.36	12.58	6.29
29~33	2.0	0.95	24.68	23.45	46.90	15~16	0.5	0.55	21.27	11.70	5.85
34~37	1.5	0.95	30.68	29.15	43.73	17~18	0.5	0.55	25.82	14.20	9.10
38~41	1.5	0.95	35.57	33.79	50.69	19~20	0.5	0.55	22.00	12.10	6.05
42~46	2.0	0.95	36.21	34.40	68.80	21~22	0.5	0.55	19.38	10.66	5.33
47~51	2.0	0.90	36.16	32.54	65.08	23~24	0.5	0.45	12.00	5.40	2.70
52~55	1.5	0.85	35.44	30.12	45.18	25~26	0.5	0.20	10.50	2.10	1.05
56~59	1.5	0.80	47.35	37.88	56.82	27~28	0.5	0.10	5.50	0.55	0.28
60~63	1.5	0.75	33.17	24.88	37.32	29~30	0.5	0.10	4.00	0.40	0.20
64~67	1.5	0.50	42.10	21.05	31.58	31~33	1.0	0.00	5.00	0.00	0.00
68~71	1.5	0.15	34.67	52.01	78.02						
72~75	1.5	0.10	31.00	3.10	4.65						
76~85	4.5	0.00	0.00	0.00	0.00						

生命表中有若干栏，每栏都用符号代表，这些符号在生态学中已成为习惯用法，其含义如下：

X＝按年龄的分段；

l_x＝某年龄组内生存的个体数；

m_x＝某年龄组内平均每雌体生产雌体数。

由生命表可计算出净生殖率 R_0，如表2.4，透明溞的 R_0，在15℃时为489.69，25℃时为193.93。这意味着，在15℃时，一个透明溞生产了489.69个后代。同时还通过生命表可估算出世代时间（T）和内禀增长力（r_m）。

（二）内禀增长力

按照安德列沃斯和伯奇（Andrewartha and Birch 1954）的定义，内禀增长力（intrinsic rate of increase）是：具有稳定年龄结构的种群，在食物与空间不受限制，同种其他个体的密度维持在最适水平，在环境中没有天敌，并在某一特定的温度、湿度、光照和食物性质的环境条件组配下，种群的最大瞬时增长率，一般以 r_m 代表。可见，人们只能在实验室条件下才能测定该种群的内禀增长力，由于受控环境并非最优，因此，

r_m 值就不会是固定不变的最大的增长率。正因为如此，r_m 值将随环境条件的变化而改变。增加繁殖次数（或窝数）、每窝仔数和提高每一次繁殖的年龄都能使 r_m 值上升。但在大多数情况下，缩短第一次繁殖的年龄，可能在这些因素中影响最大。

总之，种群的内禀增长力 r_m 是种群内在的一种增殖能力，故有的学者把它称为内在增长力、生物潜能（biotic potential）、生殖潜能（reproductive potential），这是一种自然现象的抽象。

第四节　种群的增长

种群的增长是指其中个体的数量由时间的进展而产生的变动，即是动态的数量（dynamic quantity）。在野外由于环境条件多变，对种群的动态研究往往是相当困难的，而在实验室中可以通过模拟野外生态条件，对许多假设进行试验。在大量实验的基础上建立模型，确定各种生物和非生物因子的地位和作用，然后加以检验，这成为生态学研究中一条重要途径。

种群的增长主要是由三个因素决定的：出生率、死亡率和迁移。迁移通常有周期性的或称回游，如果一去不复返则称为移出，也有进入后而不复出的称为移入。移出和移入在自然界中到处可见，但数量上并没有像出生和死亡对种群产生直接影响。在一般情况下都假定移入和移出是平衡的。

一、种群在无限环境中的指数式增长

（一）非连续生殖种群的增长模型

非连续生殖种群（non-continuum reproduction population）是指一年中只在某一时间发生生殖作用，在同一时间里，种群中所有个体体长基本相同，也可称为世代不重叠种群。

在讨论具体种群在现实环境中种群增长之前，我们先介绍一个理想种群，在无限环境中的增长模型。

假如有一小水坑中生活着一种水生生物，它一年只有一个繁殖季节，寿命也只有一年，因此种群增长是不连续的，又假定这个小水坑既没有移出，亦无移入，是一孤立的环境。

设在繁殖季节 t，有 N_t 个个体（为简便起见，假定该种群是孤雌生殖），其产卵量为 B，死亡量为 D，那末到第二年 $t+1$，该种群数量为：

$$N_{t+1} = N_t + B - D$$

如开始有 10 个雌体（$N_t = 10$），第二年为 200 个，$N_{t+1} = 200$，即一年增长 20 倍，如以 λ 代表两个世代的比率，$\lambda = 200/10 = 20$，并假定①在观测期间营养物质始终充足，②种群内各个个体的生长互不影响（即无拥挤效应），③出生率和死亡率保持稳定，④种群中各个个体对生态环境的反应是一样的。在上述的理想条件下，可以设想该水生生物种群在这无限环境下以 $\lambda = 20$ 的期限增长率年复一年地增长，即

$$N_0 = 10$$
$$N_1 = N_0\lambda = 10 \times 20 = 200 (= 10 \times 20)$$
$$N_2 = N_1\lambda = 200 \times 20 = 4000 (= 10 \times 20^2)$$
$$N_3 = N_2\lambda = 4000 \times 20 = 8000 (= 10 \times 20^3)$$
………
$$N_{t+1} = \lambda N_t \text{ 或 } N_t = N_0\lambda^t$$

λ 是表示种群以每年（或其他单位）为前年 20 倍的速率而增长的增长率，称为期限增长率（finite rate of increase）。这种增长形式或称为几何级数增长或指数增长。

将方程 $N_t = N_0\lambda^t$ 两侧取对数，则

$$\lg N_t = \lg N_0 + t(\lg \lambda)$$

上述具有直线方程式 $y = a + bx$ 的形式。因此，以 $\lg N_t$ 与 t 作图，就能得到一条直线。其中 $\lg N_0$ 是直线的截距，$\lg \lambda$ 是直线的斜率。

从理论上讲，λ 有四种情况，它在种群增长中的含义是：

$\lambda > 1$ 种群上升；$\lambda = 1$ 种群处于稳定状态；

$0 < \lambda < 1$ 种群下降；$\lambda = 0$ 雌体没有繁殖，种群在一代中灭亡。

（二）连续生殖种群的增长模型

连续生殖种群（continuum reproduction population）是指在任一时间内，这个种群都存在着年龄不同的个体，总有新的个体产生。具体表现为体长一体重参差不齐，既难弄清楚种群中究竟有多少个同龄子代，又无法跟踪其存活过程。一般细菌、藻类、浮游植物、浮游动物属此。由于连续生殖，世代之间彼此重叠，种群的数量以连续的方式改变，故亦称为世代重叠种群。如在一个孤立生态系统中，种群的数量（N）随时间的进展而改变，它们是出生数（B）和死亡数（D）的差数。因此，种群的增长公式为：

$$dN/dt = B + I - D - E$$

B：出生数；D：死亡数；I：移入数；E：移出数。

为简化起见，可认为移入和移出是平衡的，可省略，则上述方程改简写为：

$$dN/dt = B - D$$

由于出生数（B）和死亡数（D）与种群密度（N）成比例，所以：

$$B = bN (\text{出生数} = \text{出生率} \times \text{种群密度})$$
$$D = dN (\text{死亡数} = \text{死亡率} \times \text{种群密度})$$
$$dN/dt = B - D = bN - dN$$
$$= N(b - d)$$

其中，

$$(b - d) = r,$$

r 为内禀增长力，亦称种群的瞬时增长力

则

$$dN/dt = rN$$

上述公式说明了种群的个体数（N）随时间（t）的进程而改变，它的大小与原有种群的大小呈正比。实际上只表示了种群的瞬时增长率（r）和原有种群（N）之间的关系，并不能表现出种群密度在不同时间的变动。若对此变换成另一个公式显然就比较实际。

$$N_t = N_0 e^{rt}$$

式中：N_t = 种群在 t 时的数量

N_0 = 种群在开始时的数量

r = 种群瞬时增长力

t = 时间

非连续生殖种群的期限增长率 λ 有 4 种情况，连续生殖种群的瞬时增长率 r 同样也有 4 种情况，它们之间的关系是：

r	λ	种群变化
$r > 0$	$\lambda > 1$	种群上升
$r = 0$	$\lambda = 1$	种群稳定
$r < 0$	$0 < \lambda < 1$	种群下降
$r = -\infty$	$\lambda = 0$	雌体无生殖，种群灭亡

二、种群在有限环境中的增长

（一）非连续生殖种群

上面已介绍，差分方程 $N_{t+1} = \lambda N_t$ 描述了世代不重叠种群增长的适当模型。在这个方程中，期限增长率与密度无关。但是大多数水生生物种群的增长率随密度而改变，因此必须考虑密度改变对种群增长率的影响问题。最简单的模型是假定密度与增长率关系是线性的（如图2.5）。

期限增长率 λ 随密度增加而下降。在这假设的例子中，种群平衡密度 N_{eq} 为 100 个个体（即在此密度下 $\lambda = 1$），由此平衡密度每偏离一个个体，增长率 λ 减少或增加 2%（即0.02）。那就是说，λ 随 N 值而改变，其关系式为：

$$\lambda = 1.0 - B(N_t - N_{eq})$$

关于这个模型的行为，可以用改变参数 B 值大小的方法试验出来。

(1) 如设 $B = 0.011$，$N_{eq} = 100$，种群在初始时为 10 个个体，即 $N_0 = 10$，那么

$N_1 = [1.0 - 0.011(10 - 100)]10$

$= (1.99)(10) = 19.9$

$N_2 = [1.0 - 0.011(19.9 - 100)]19.9$

$= (1.881)(19.9) = 37.4$

同样，$N_3 = 63.1$，$N_4 = 88.7$，$N_5 = 99.7$。

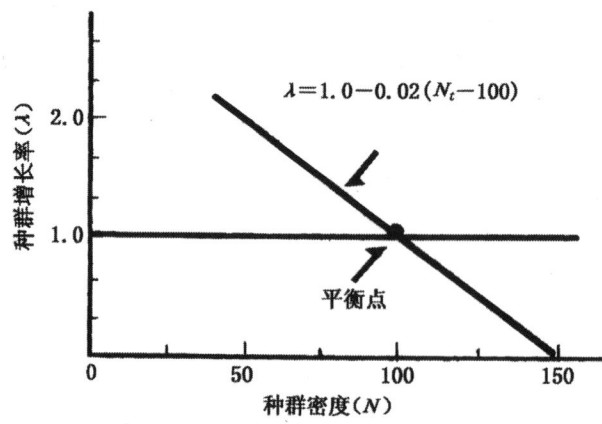

图2.5 种群的增长率 λ 是种群密度 N 的线性函数,在这个假设的情况中,平衡密度 $N_{eq}=100$,直线斜率=0.02

结果说明,种群密度平滑地趋向于平衡点100。

(2) 第二例子假定 $B=0.025$,$N_{eq}=100$,$N_0=50$,那么

$N_1=[1.0-0.025(50-100)]50=(2.23)(50)=112.5$

$N_2=[1.0-0.025(112.5-100)]112.5=(0.6875)(112.5)=77.34$

$N_3=[1.0-0.025(77.34-100)]77.34=(1.5665)(77.34)=121.15$

$N_4=57.09$,$N_5=118.33$,$N_6=64.09$,$N_7=121.63$,$N_8=55.80$

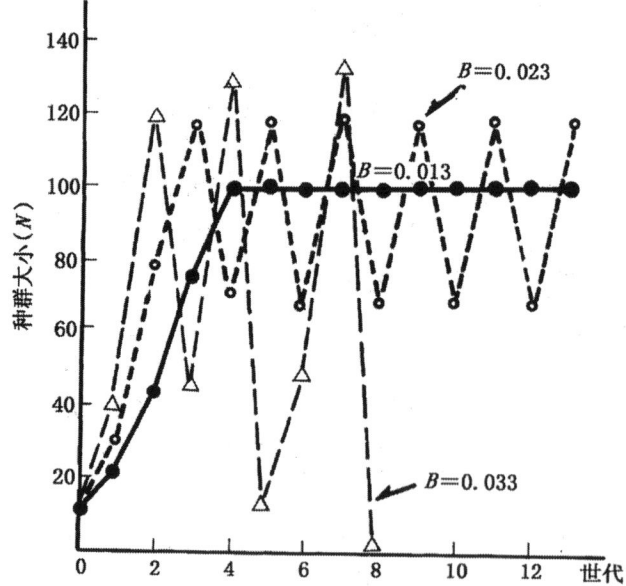

图2.6 具世代不相重叠,增长率是密度线性函数的种群的增长,初始密度 $N_0=10$,平衡密度 $N_{eq}=100$,三个例子的直线斜率不同,当 $B=0.013$ 时,种群平滑地向平衡密度上升;当 $B=0.023$ 时,种群连续地振荡,周期为两个世代;当 $B=0.033$ 时,种群表现为逐渐扩展的振荡,直到第8代灭亡

结果说明，种群稳定地振荡（oscillation）。

（3）另外还有三个例子，结果见图2.6。那是当 $N_0=10$，$N_{eq}=100$，而 B 分别为 0.013，0.023，0.033，我们从图中看到，当 $B=0.013$ 时，种群平滑地向平衡点上升，并出现稳定的种群；当 $B=0.023$ 时，种群稳定地振荡，其周期为两个世代，当 $B=0.033$ 时，种群表现出增加振幅的振荡，并于第8世代消亡。

图2.6表明，模型行为的不同取决于 B 值的大小，即种群增长率随密度增减而改变其速度。

（二）连续生殖种群

种群增长事实上是有限的，因为环境是有限的，生物本身也是有限的，所以无限的增长，即 J 字型的增长是暂时的，而有限的增长却是必然的。

如果把连续生殖种群在无限环境中的指数增长方程：$dN/dt=rN$ 再考虑一下，$r=b-d$ 是变数而不是常数。当种群密度增加到一定程度以后，因环境限制，食物缺乏，代谢产物的积累，使出生率（b）逐渐减少，而死亡率（d）有增加的倾向，于是：

$$b = b_o - K_b N \tag{1}$$

$$d = d_o - K_d N \tag{2}$$

b、d、b_o、d_o 分别为有限和无限环境中种群出生率和死亡率，K_b、K_d 分别为在有限环境中对出生率和死亡率影响的系数。

上述二个公式是由直线回归方程 $y=a+bx$ 演化而来的。

如果以 b 和 d 代入 $dN/dt=rN$，则获得

$$dN/dt = (b-d)N = [(b_o - K_b N) - (d_o + K_d N)]N \tag{3}$$

$$= [(b_o - d_o) - N(K_b + K_d)]N \tag{4}$$

假定种群数量不再增加而达到饱和，那么

$dN/dt = 0$，以(4)式代入(3)则得

$$(b_o - K_b N) - (d_o + K_d N) = 0$$

$$b_o - K_b N = d_o + K_d N$$

$$N = (b_o - d_o)/K_b + K_d \tag{5}$$

这时 N 达到饱和，即 $N=K$，K 称为环境负载量或称容纳量（environmental carrying capacity）。由于 $b_o - d_o = r$，则（5）式可变换为：

$$K = \frac{r}{K_b + K_d}$$

$$K_b + K_d = \frac{r}{K} \tag{6}$$

以(6)式代入(4)式则获得

$$\frac{dN}{dt} = \left[r - N\left(\frac{r}{K}\right)\right]N$$

$$= Nr\left(1 - \frac{N}{K}\right)$$

$$= rN\left(\frac{K-N}{K}\right) \tag{7}$$

这就是著名的逻辑斯谛方程（logistic equation），它所配合的曲线称之为逻辑斯谛曲线（logistic curve），因其形状呈"S"型故也称为 S 型曲线。

逻辑斯谛方程微分式的基本结构与指数增长方程相同，但增加了一个修正项 $\left(\frac{K-N}{K}\right)$。

指数增长方程所描述的种群增长是无界的，或可供种群不断增长的"空间"是无限大的，没有任何限制的。而修正项 $\left(\frac{K-N}{K}\right)$ 所代表的生物学含义是"剩余空间"（residual space）或称未利用的增长机会（unutilized opportunity for growth），亦即是种群尚未利用的，或为种群可利用的最大容纳量空间中还"剩余"的、可供种群继续增长的空间（或机会）。

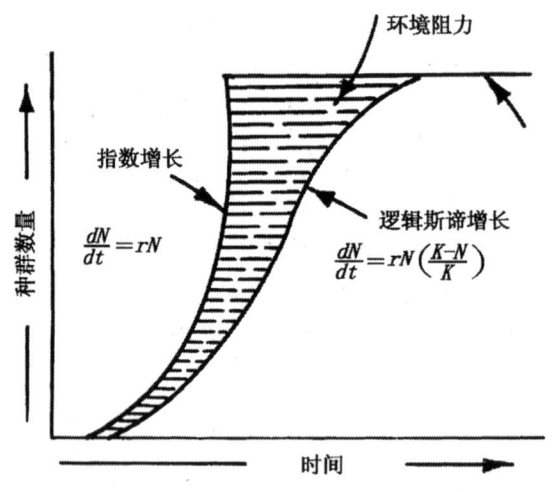

图2.7　种群增长型（仿 Kendeigh 1974）

① 如果种群数量 N 趋向于零，那么 $\left(\frac{K-N}{K}\right)$ 项就逼近于1，这表示几乎全部 K 空间尚未被利用，种群接近于指数增长，或种群潜在的最大增长能充分地实现。

② 如果种群数量 N 趋向于 K，那么 $\left(1-\frac{N}{K}\right)$ 项就逼近于零，这表示几乎全部 K 空间已被利用，种群潜在的最大增长不能实现。

③ 当种群数量 N，由零逐渐地增加到 K 值，$\left(\frac{K-N}{K}\right)$ 项则由逐渐下降到零，这表示种群增长的"剩余空间"逐渐变小，种群潜在的最大增长的可实现程度逐渐降低；并且，种群数量每增加一个个体，这种抑制性定量就是 $1/K$。因此，许多学者将这个抑制性影响称为拥挤效应（crowding effect），因为其影响之大小与拥挤程度呈正比。但也有的学者将这种拥挤效应产生的影响称为环境阻力（environmental resistance）。

由此可见，如果人们用"语言或文字模型"来表示逻辑斯谛模型的话，它就是：

种群增长率 =（种群潜在的最大增长）×（最大增长之可实现程度）

逻辑斯谛增长方程的积分式是：

$$N_t = \frac{K}{1 + e^{a-rt}}$$

式中 K、e、r、t 的定义如上。新出现的参数 a 其数值取决于 N_0，是表示曲线对原点的相对位置的。

三、具时滞的种群增长

（一）非连续生殖种群

由于种群密度增加而带来的降低种群增长率的效应，并不是始终都是立时出现的，许多情况下，往往是有时滞（time lag）的。所谓时滞，就是从给予一个刺激，或采取一项措施到获得反应或反应之间的时间延搁。例如，日常生活中从打开收音机开始到发出声音之间就存在时滞的问题。高密度对于生出率的影响往往出现在经过较长的时间以后。某些水生昆虫中，高密度对出生率的影响要延迟到成虫种群减少时才表现出来，这大约要经过 t 个世代时间。因此，在非连续生殖种群中，在考虑时滞增长模型时，可以假定 t 世代的种群增长率，不是依赖于 t 世代的密度，而是依赖于 $t-1$ 世代的密度。最简单的具有时滞的非连续生殖种群增长模型为：

$$N_{t+1} = [1 - B(N_{t-1} - N_{eq})]$$

这个方程式与第 65 页二、（一）讨论的 $N_{t+1} = [1 - B(N_{t-1} - N_{eq})]N_t$ 基本上相同。只不过其中的 $-B(N_t - N_{eq})$ 改成为 $-B(N_{t-1} - N_{eq})$。即种群前一代密度 N_{t-1} 影响了种群的增长率。

为了进行比较，我们仍用二、（一）的假设例子，即

$B = 0.011, N_{eq} = 100, N_0 = 10$，但是考虑时滞的：

$N_1 = [1.0 - 0.011(10 - 100)]10 = 19.9$

$N_2 = [1.0 - 0.011(10 - 100)]19.9 = 39.6$

$N_3 = [1.0 - 0.011(19.9 - 100)]39.6 = 74.4$

$N_4 = 123.9, N_5 = 158.7, N_6 = 117, N_7 = 41.5$

其结果如图 2.8 所示。

种群表现为多少是规律的振荡，周期为 6～7 个世代，这个结果与无时滞的（表现为平滑地趋向平衡密度）比较，说明其区别有多少大，那就是说，反馈作用上的一个世代时滞，就使稳定的种群增长型变成了有周期性的振荡或不稳定的。分析其原因如下：由于时滞的影响，使密度对于增长率的影响在时间上后延了。因此，种群动态曲线的前部更凸了一些即增长更快了一些，随后，种群数量超过平衡密度还继续上升（因为时滞作用，使抑制性影响往后延），这称为超越（overshoot）；然后种群数量骤然地下降，其下降也超过了平衡点，这称为超补偿（overcompensate），这样就形成了多少有周期性的振荡。

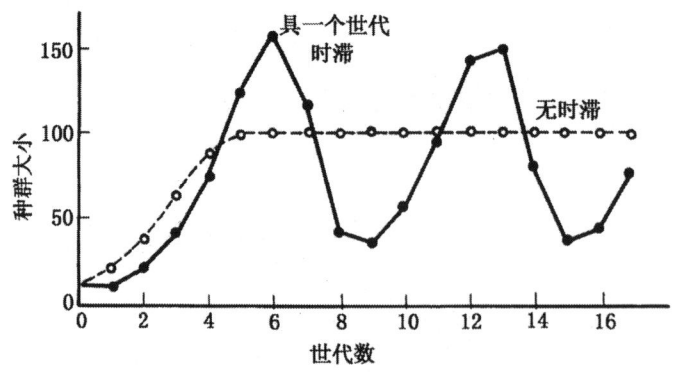

图2.8 非连续生殖种群增长率是密度的线性函数的种群,在有时滞和无时滞情况下的种群动态比较 $N_0=10$, $B=0.011$, $N_{eq}=100$
（仿 Krebs 1978）

（二）连续生殖种群

对于连续增长的逻辑斯谛方程,同样可以考虑加进时滞问题。

1. 反应时滞 (reaction time lag)

即从环境条件改变,到相应的种群增长率改变之间的时滞,这一点可以通过改变逻辑斯谛方程中 $(K-N)/K$ 项：

$$dN/dt = rN[(K-N_{t-T})/K]$$

其中 T 是反应时滞。逻辑斯谛方程在增加这种时滞以后,它们形成的增长曲线有很多变型,比较复杂,可是应用模拟计算机技术也易获得解答。

2. 生殖时滞 (reproductive time lag)

在逻辑斯谛方程中除了加进反应时滞以外,还可以加另一种时滞,即生殖时滞,在一般水生生物中可以用怀卵期或其他同等的量来度量。这样,逻辑斯谛方程就可记为：

$$dN/dt = rN_{(t-g)}[(K-N_{t-T})/K]$$

其中 $g=$ 生殖时滞, $T=$ 反应时滞,其种群增长的早期,生殖时滞对降低种群增长率有重要影响。

实验种群大型溞是一个很好地说明时滞对种群增长影响的例子, Pratt（1943）在实验室18℃、25℃恒温条件下,在 50ml 的玻璃杯中放2个孤雌生殖的雌体,以过滤的池塘水作培养液研究了大型溞的种群增长（每隔2天计数动物数并换培养液,投喂新鲜的小球藻）,实验结果表明,在25℃的培养温度下种群增长表现出一定的振荡；而18℃时却出现接近于稳定的平衡（图2.9）。25℃所出现的振荡是由于时滞缘故。因为种群密度开始受出生率上升影响而"超越"平衡密度,而后又因死亡率增加而"低于"平衡密度。值得注意的是,这种振荡是生物系统中固有的,而不受环境影响而变化。

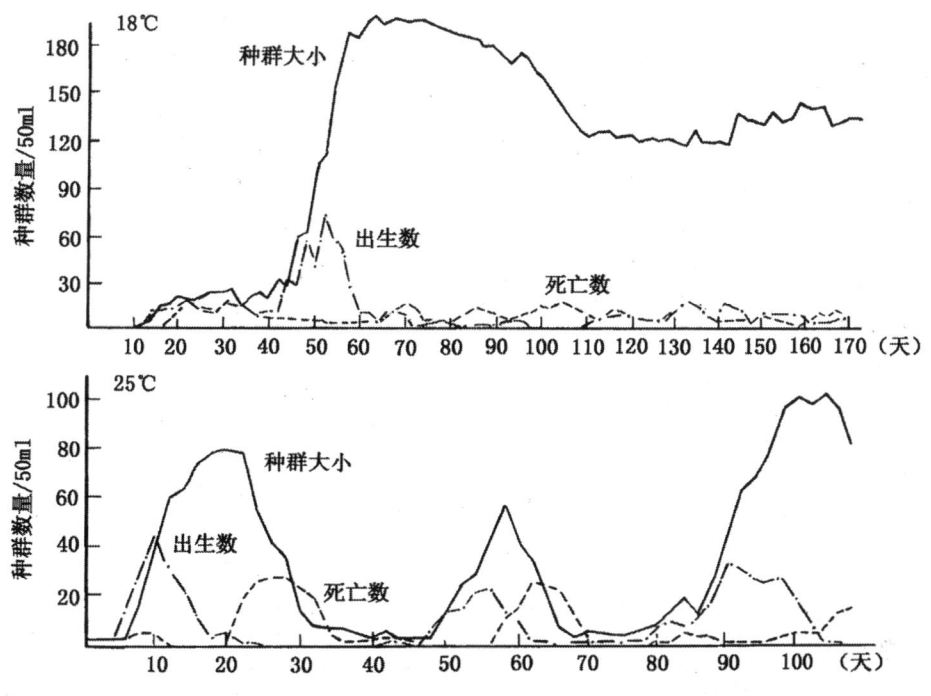

图2.9 大型溞（*D. magna*）的种群增长（仿 Krebs 1978）（图中的出生数和死亡数均加倍）

四、r 选择和 K 选择

r 选择（r-selection）和 K 选择（K-selection）是进化生态学中的一个重要问题。每一种水生生物都有其独特的出生力、寿命、大小的食物等生态特征。有的出生力高、生命短、个体小、成活率低；有的出生力低、寿命长、个体大、存活率高。这些相互关联的特征是在长期的进化过程中，生物体与环境相互作用中形成的。这些相互关连的生态特征是组成不同的种群动态类型的基础。例如，有的生物的种群很稳定，有的很不稳定，也就是说在生物进化中按种类动态类型划分，形成两类互不相同的适应，一类称为 K 选择者（K-selected），它们的种群密度比较稳定，经常处于 K 值周围（环境容纳量）。它们特点是出生力低、寿命长、个体大、具有完善的保护后代的机制，子孙死亡率低，一般具有较弱的扩散能力，它们适应稳定的栖息生境。另一类称为 r 选择者（r-selected）它们种群密度很不稳定，很少达到 K 值，大部分时间维护在 S 型曲线的上升段。它们出生力高、寿命短、个体小，常常缺乏保护后代的机制，子孙死亡率高，一般具有较大的扩散能力，它们适应多变的栖息生境。从进化论的观点讲，生活不同的栖息生境，朝这两个不同方面进化的"对策"称为生态对策。属于 K 选择的生物，可以称为 K 对策者，属于 r 选择的生物可以称为 r 对策者。当然，在两者之间有各种过渡类型。不妨这样认为，从极端的 r 选择到极端的 K 选择之间有一个连续的谱系，我们可以适当地称为 r-K 连续系统（r-K continuum）。

就大分类单位之间的生态对策加以比较，可以把脊椎动物、种子植物称为 K 选择者；而大部分无脊椎动物、孢子植物可称为 r 选择者，但是每一大类生物在进化中都是力图去占有所有可利用的生境范围，因此在每一大类生物中也能有一个从 r 选择到 K

选择的谱系。

K 对策者的栖息生境是稳定的，它们的进化方向是使种群保持在平衡密度上下和增加种间竞争的能力。因此，它们常被选择为大个体的。大个体能增加进化时间和降低 r 值，这种生态对策的优点是：它能使种群比较稳定地保持在 K 值附近，但不超过 K 值。出生率减少，必定要有相应的存活率增加，因此，属于 K 对策者动物，通常防御和保护幼体的能力是比较强的，亲代抚育现象主要出现在 K 选择者，但是，当 K 对策种群在遭受过度死亡或激烈动乱之后，种群返回平衡水平的能力是比较低的（因 r 值较小），如果确实很低，就有可能绝灭。因此，对于 K 对策者的资源保护工作比对 r 对策者更需要关心和重视。

相反，r 对策者的具有的栖息生境是多变的、不稳定的，它们的密度是经常变化的，常常突然爆发并猛烈下降，因此有的学者称它们为"机会主义者"（opportunist）。个体小和寿命短都是有利于高 r 值，用为它们占的生境常常是生态真空，所以竞争压力不强，对捕食者的防卫能力较弱，死亡率很高。高 r 值必然会导致种群的不稳定性，但是种群的不稳定性并不就是进化的不利。当种群数量很低时，高 r 值是有效的，它不受极端的 K 对策者由于恢复到平衡密度很慢而有灭绝的危险。r 对策者有迅速增殖的能力，经过少数几个世代，它们又会达到很高的密度。当种群密度很高，由于过度拥挤和把资源用尽，生境迅速恶化。但 r 选择者通常具有较大的扩散和迁移能力，迁移者离开恶化的生境，并在别的地方建立了新的种群，这就是说个别的种群虽然有遭受灭绝的可能，但是就整个物种而言，却是富有恢复能力的。r 对策的高死亡率，广运动性和连续面临新局面等特征，可能使它们成为物种形成的丰富源泉，如果说 K 对策者在生存竞争中是以"质"取胜，则 r 对策者可视为以"量"取胜。

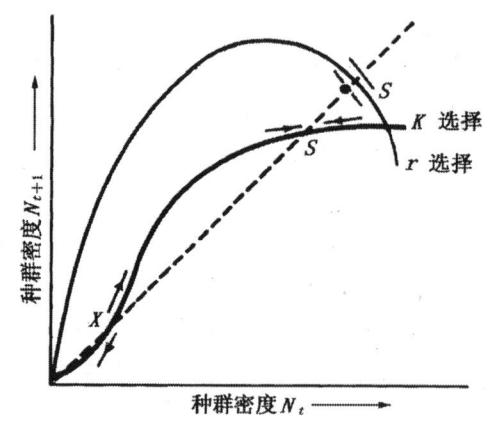

图2.10　r 对策者和 K 对策者的种群增长曲线（仿 May 1980）

1974 年，索思伍德（T. Southwood）总结了 r/K 两种对策者种群动态特征的区别，提出了以下一模式：对角线代表 N_{t+1} 与 N_t 相等，种群平衡。K 对策者曲线与对角线有两个交点，X 和 S，X 是不稳定的平衡点，可称为灭绝点；S 是稳定的，如果种群下降到 X 点以下就有灭绝的危险。相反，r 对策者由于低密度下增殖快，所以只有一个平衡点 S，种群易在 S 上下作激烈的波动（图 2.10）。这个图还说明，天敌对于这两个极端的对策者的作用都不大。对于 r 对策者，由于增殖迅速，其天敌增殖缓慢，故不易控制 r 对策者虫害的数量，待到天敌种群能发挥作用时，它们已迁出原地，在新的地方形成种群；对于 K 对策者，因为体重大，竞争力强，天敌作用也难以发挥。当然多数动物处于这两个极端之间，天敌的作用仍然是重要的。

第五节 种群调节

种群调节或称为种群大小的自然调节（natural regulation of population size），在所有的水体中都存在各种自养和异养生物，它们长期共存于一个系统中，其种群的大小显然由出生、死亡，迁入、迁出两组矛盾相互作用的结果，一般来说，在多样性指数低，受物理学压迫的生态系统中，或者对那些受到不规则和不可预测的严重干扰水体中，种群的大小一般由物理因素调节，如气候、水流、污染物等物理因素；而对那些多样性指数比较高的生态系统中，没有受到物理因素的压迫，而主要由生物学因素调节。在任何生态系统中，对任何种群而言，种群数目过多是灾难性的。所以有一强烈趋向，种群通过自然选择趋向自我调节。当然在外来胁迫（extrinsic stress）存在的条件下，这种自我调节是难达到的。

一、密度制约和非密度制约的因素

关于种群的自然调节问题，很久以来就存在着争论。达尔文已经指出，没有一个自然种群能无限制地增长，因此必须有许多使种群减少的因素，但在20世纪以前，还没有人正式地分析这些因素，最初开始进行这方面分析是研究虫害的经济昆虫学家。霍华德和菲斯克（Howard and Fiske 1911）在研究以引入寄生物来防治森林害虫舞毒蛾和棕尾毒蛾时，将引起昆虫种群死亡率的因素分为两个范畴：灾变性的（catastrophic）和兼性的（facultative——原词意是指有时发生有时不发生）。灾变性因素是不管种群密度如何，几乎总是杀死一定比例的个体，主要是气候因素。兼性因素是指种群减少的比例是随着种群密度的增加而增长的那些因素，例如寄生物，他们并且认为，自然种群的平衡只能通过兼性因素的作用才能保持，因为当害虫种群增加时，兼性因素对种群的破坏作用效果也增加。菲斯克相信，昆虫寄生是最有效的兼性因素；疾病很少起作用，只有在密度很高时才有效应；而饥饿排在最后几乎经常不起作用。因此，霍华德和菲斯克可以算为种群调节的生物学派（biotic school）的雏型。

史密斯（Smith 1935）认为霍华德和菲斯克划分为灾变性的和兼性的两类因素是正确的，并给以更加明确含义的术语，即密度制约的（density dependent）和非密度制约的（density-independent）两类死亡因素。同样，影响出生率和迁移的因素也可以按照这种方式进行划分。一般说来，天气条件、氢离子浓度（pH）、污染物等非生物因素的作用是"灾变性"的，与种群本身的密度是无关的，是非密度制约因素。而种间和种内竞争、捕食、寄生、疾病等因素作用的情况，则是随着种群本身密度而变化的，是密度制约因素。

二、气候因素

最早提出气候是调节昆虫种群密度的是以色列的博登海默（Bodenheimer 1928）。他认为天气条件通过影响昆虫的发育与存活来决定种群密度。博登海默对于昆虫的环境生理学方面的研究工作是最有影响的，他证明低温对于昆虫产卵率和发育速度的严厉影响，认为昆虫的早期死亡率有 80%～90% 是由于天气条件而引起的。有关天气条件对种群出生率、发育速度和存活率的影响的例子很多。他们强调昆虫的种群量波动与天气条件的相关，认为气候因子是种群动态的首要原因。

50 年代气候学派和生物学派两大学派之间进行激烈争论，气候学派首先反对霍华德和菲斯克划分的非生物因素和生物因素。他们说：例如食物和隐蔽条件，有时是生物的，有时是非生物，因此这样无助于对环境的划分。

其次，他们反对把环境分为密度制约和非密度制约因素，认为这是一种教条，他们认为，所有因素都是与种群密度有关系的。例如，对于严寒，大种群和小种群之间在抗寒能力上就存在着遗传性上的区别。同时，能躲避严寒的隐蔽场所，对于种群密度也有关系，种群密度大，占据更多的边缘生境，将经受更大的严寒之害。自然种群的数量可能由三条途径而受到限制：①资源的短缺，例如食物、营巢场所等；②资源的难以获得，即动物的扩散和寻觅能力达到了自然界中存在的物质资源限度；③种群增长率（r）为正值的时间过短。因此，他们反对用"平衡密度"、"稳定状态"等概念，他们的观点是"非密度制约论"。

三、种 间 因 素

种间因素包括捕食、寄生和种间竞争共同资源等影响，这些因素的作用通常是密度制约性的。主张这些生物因子对种群调节起决定作用的就是生物学派。

尼科森（Nicolson）在反对气候学派的论战中曾把种群与海洋相比较。海平面的升降与月球的位置是密切相关的，但是我们不能由此得出结论，说海洋的深度决定于月球的位置，而只能说，月球只引起海洋深度的变化。尼科森认为，气候像月球一样，只能改变种群的密度，但是决不能决定这些密度是怎样维持平衡状态的，怎样受到限制的。他的主要出发点是种群的平衡学说，他认为种群是一个自治（self-governing）系统，它们"按其自身的性质及其环境的状况调节它们的密度"。他说："为了维持平衡，当生物种群的密度很高时，调节因素的作用必需更强，当密度低时，调节的因素的作用就减弱。换言之，调节因素的作用必需受被调节种群的密度所管理。气候因素的影响是非密度制约性的，因此气候不能调节种群的密度，调节种群密度的因素只能是密度制约因素"。

根据尼科森的意见，调节种群密度的因素始终是竞争（competition），包括竞争食物，竞争生活场所和捕食者与寄生者的竞争。尼科森的学说一般被认为是生物学派的奠基石。

在气候学派和生物学派的论战中，也有学者想调和这两派的见解，提出折衷的观点，米尔恩（Milne 1957）是这方面的代表，他承认密度制约因素对种群密度的决定作用，还承认非密度制约因素也具有决定种群密度的作用。他把种群数量动态分为三个区：极高数量、普通数量和极低数量，认为种群数量不致于达到绝灭性上限是由于完全的密度制约因素的作用，而种群数量不致于降到极低数量是由于非密度制约因素的作用。在对于物种最有利的典型的环境中，密度制约因素决定种群的数量；在环境条件对于物种很不利，变动很激烈的条件下，非密度制约因素左右种群数量变动。后一种条件通常出现在物种分布区边缘，生境条件是很不稳定的。根据这种折衷的观点，认为气候学派和生物学派的争论反映了他们工作地区环境条件的不同，因此强调的重点不同。

四、食物因素

食物因素也可以归为种间因素这一类，因为动物为异养生物，主要以其他动植物为食。前苏联鱼类学家尼科里斯基（Никольский 1963）在对鱼类种群数量变动的探讨中，认为鱼类在自然界食物供应量有变化的情况下，种群具有自动调节的适应性，它是通过下列途径实现的：① 当食物变得丰富时，鱼类的生长加速，性成熟提前，首次参加繁殖的种群（进入渔捞范畴的）年龄变小，同样大小的个体的出生力提高。反之，当食物缺乏时，其生长延缓，性成熟推迟，种群的出生率下降。② 在食物条件变得丰富时，成鱼摄食本种幼鱼的比例减少。相反地，在食物缺乏时，成鱼摄食幼鱼的比例就增大，尼科里斯基认为，摄食幼鱼是减少种群数量，以适应食物缺少的一种适应性。③ 在食物丰富时，幼鱼的生命力增强，死亡率降低，在食物短缺时，幼鱼生命力降低，死亡率提高。④ 在食物丰富时，迟到产卵场所的、比较年轻的母鱼，其受精卵的质量提高，反之亦然。

尼科里斯基同时认为，这些调节种群的适应性，也只是在一定条件下才有作用，倘若遇到很不利于生长发育的环境条件，即使高的出生率也只能表现为低的幼鱼生产量。相反，遇到特别有利于生长发育的环境条件，即使是低的出生率，也能获得较高的幼鱼生产量。因此，种群数量变动是物种本身具有适应性与环境条件变化联合作用的结果。

五、种内调节

所有上面叙述的各种学说，都集中在外源性的因素上，都未涉及到种群自身的内部调节因素问题。他们的共同点就是把种群内所有的个体看作像物质的原子那样都是相同，而忽视了种群内个体间的异质性。大量的研究表明，在种群内部存在"内在变化"（intrinsic change），这种变化在自然种群调节中可起重要作用。持这种观点的学派称为自我调节学派（self-regulation school）。按其论点不同又可分为行为调节学说，内分泌调节学说和遗传调节学说三派，但它们之间也有三个共同的特点：① 自我调节学派强调种群调节的内源性因素，而其他学派（包括气候学派、生物学派和调和学派）都是强调外因的。强调外因的学派有一个共同特点，即把种群内的个体都看成是相同的，忽视种群内个体间的异质性。因此，自我调节学说在这个调节系统中，又加进一个自由度，即个体性质的变化。② 自我调节学说是建立在种群内部的负反馈理论的基础上的，只有当密度增高，并超过平均密度时，种群自身的出生率降低，死亡率增高，或加强迁出等作用，即负反馈作用，才能使种群恢复或接近原有状态。反之，当密度向低于平均密度的方向偏离时，种群自身又通过加速生长发育，提高出生率，降低死亡率等反馈途径，使种群再恢复和接近原有水平。③ 种群自我调节学派的第三个共同特点是种群的自动调节。这是各物种所具有适应性特征，这种适应性特征对于种内成员整体来说，能带来进化上的利益。因此，它将经受自然选择的考验。种群数量增加时，通过自然选择压力和遗传组成的改变，为种群数量的减少，维持新的平衡铺平了道路。

思 考 题

1. 设在0.5 ml的培养液中放5个尾草履虫（*Paramecnem caudatum*），共设10个试验组。每天计数培养液中种群数量，其后4天的结果为20.4,137.2,319.0,369.0。请用逻辑斯蒂曲线拟合，并求出其种群增长方程。
2. 是什么原因使生物种群不能无限制地增长，其变动也在一定的范围之内？
3. 请用表2.4的数据求出在15℃和25℃时透明溞的世代时间（T）和内禀增长力（r_m）。

主要参考文献

[1] 刘建康. 东湖生态学研究（一）. 北京：科学出版社，1991
[2] 孙儒泳. 动物生态学原理. 北京：北京师范大学出版社，1987
[3] 单国桢. 动物繁群生态学. 北京：科学出版社，1983
[4] Krebs C J. Ecology: The Experimental Analysis of Distribution and Abundance. Harper & Row Publishers, New York, 1978
[5] Odum E P. Fundamentals of Ecology. W. B. Saunders, Philadelphia, 1971
[6] Smith R L. Ecology and Field Biology, 3rd ed. Harper & Row Publishers, New York, 1980

第三章 群落生态

第一节 生物群落的概念
 一、群落的定义及研究简史
 二、大型群落和小型群落
 三、群落的命名
 四、群落研究的意义
第二节 群落中的种间关系
 一、积极关系
  1. 互利共生
  2. 初级合作
  3. 偏利共栖
 二、消极关系
  1. 竞争
  2. 捕食
  3. 寄生
  4. 抗生
第三节 生态位及分化
 一、生态位的概念
 二、生态位的分化
第四节 群落的物种多样性
 一、物种多样性的概念和基本方法
 二、影响多样性的因素
  1. 生产力
  2. 空间异质性
  3. 捕食
  4. 干扰

第五节 群落内的生物组合
 一、营养结构
 二、共位群
 三、优势种类与从属种类
  1. 优势种类
  2. 从属种类
第六节 群落的空间格局
 一、垂直格局
 二、平面格局
第七节 群落的时间格局
 一、群落的周期性
  1. 昼夜节律
  2. 季节节律
  3. 潮汐节律或太阴节律
 二、群落的演替
第八节 淡水生物群落的主要类型
 一、静水生物群落
  1. 沿岸带群落
  2. 敞水带群落
  3. 深水带群落
 二、流水生物群落
  1. 急流区群落
  2. 滞水区群落
  3. 河道区群落
第九节 古群落及其环境

  在上一章中，我们讨论了由一个物种的个体组成的单元即种群所具有的特点及其规律性，从本章开始，我们将进入高一级的生态学层次，即研究由多个物种的成员所构成的生态学单元。对于多个物种的研究，在过去的一些著述中，常将种类相似或习性接近的生物集合体称为群丛或社群（association），以便与那些规模大、种类多且营养层完备的生物集合体即典型的生物群落相区别。由于群丛等术语难于严格界定，故这类术语在近代生态学中已很少使用，通称生物群落。本章亦按这一原则，即不论种类多寡，规模大小，只要涉及多个种群的问题都一律纳入生物群落的范畴。

第一节 生物群落的概念

一、群落的定义及研究简史

多个物种共同生活于一定区域是自然界的普遍现象。这些种类既不是孤立存在的，也不是随便凑合的，它们的共处必须是遵循一定的生物学规律。例如在空间上有竞争和补偿，在营养上有依赖和控制，使动植物间存在不可分割的联系。这类相互依存又相互制约的现象随时间的推移而逐步调整和完善，从而形成具有一定特点的生物集合体即生物群落。所谓生物群落（biotic community）就是在一个特定的地区或生境（habitat）中由多个种群共同组成的、具有一定秩序的集合体。生物群落在德、俄等国的学术著作中常写作 biocoenosis，其含义与 community 等同。

群落的研究可追溯至上个世纪。1877 年，德国的 Möbius 发现在一定的环境条件下牡蛎种群总是与一定组成的其他动物一起生存，形成比较稳定的集合体，他称之为生物群落（biocoenosis）。丹麦植物学家 Warming（1909）将群落定义为"一定的物种所组成的天然群聚"。稍后，Shelford（1911）定义生物群落为"由不同分类成员构成统一的且外貌相对一致的生物集合体"。E. P. Odum（1957）和 Duvigneaud（1974）等对群落亦下了定义，并强调群落中的不同种群不是杂乱无章的散布，而是协调有序地生活在一起。群落的定量研究始于 Hensen（1887）对海洋浮游生物的工作，此后一段时间关于浮游生物的研究甚多，以至 Shelford 常常告诫学生不要把生态学与浮游生物研究当作同义词。群落演替的研究则是由 Cowles（1899）和 Shelford（1913）等开创的，其后的学者在研究顶极时提出了三种理论，即 Clements（1916，1936）的单顶极学说、Tansley（1939）的多顶极学说和 Whittaker（1953）的顶极-格局假说。70 年代以来群落生态学有明显的发展，有较多的定量分析（如排序）和模型模拟的研究。在淡水生物方面，早期如瑞士学者 Forel（1869）研究日内瓦湖的底栖动物群落。20 世纪以后的代表性的工作有 Birge 和 Juday（1911~1934）及 Macan（1970）关于湖泊的生物学研究，Hynes（1970）、Whitton（1975）、Barnes 和 Minshall（1983）关于流水水体的生态学研究。涉及群落的湖沼学的专著有 Welch（1935，1952）、Ruttner（1963）、Hutchinson（1957，1967，1975）和 Wetzel（1975，1983）等的著作。我国于 1953~1956 年由中国科学院水生生物研究所组织人员对长江中下游、淮河流域众多的湖泊进行了调查，从而全面开创了我国淡水生物资源和群落研究。

群落是生态系统结构的生物组分，虽然生态系统还包括非生物组分，但研究生物与环境的关系时仍以群落为基础，因此群落生态学和生态系统生态学的内容常有交叉。为避免重复，在当前的一些生态学教材中，有的只谈到群落为止（如 Begon et al. 1986），有的则将群落的内容纳入生态系统的章节中（如 Emberlin 1983）。

二、大型群落和小型群落

生物群落是一个相当灵活的术语，用以概括任何天然生物集合体。在含义上有广义和狭义之分。就广义而言，凡是由多种生物组成的，即使它只包括动物或植物，都可以叫做群落，以便和种群相区别；它既可以用来反映整个水体某区域（如沿岸带）以至整个水体的生物组合，也可以用来概括小至水草的一个叶片上的生物群。在狭义上，则是指包括所有营养层、规模较大的典型生物集合体，即后文所说的大型群落。群落概念在应用上可视研究内容而使用不同的尺度。就群落的规模和性质而言，群落可分为两大类：①大型群落（major community）：群落具有较大规模和复杂的结构，这类群落与相邻的群落之间有一定的独立性，它们包括各个营养层，因此，除接受太阳光能外，大体上能自给自足。如沿岸带群落。②小型群落（minor community）：规模有限，或缺乏某营养层，常常不是典型的独立单位，它们或多或少依赖相邻群落。如底栖动物群落。

三、群落的命名

对物种的命名有统一的国际法规，但对某一生物群落如何命名至今并无统一规定，大体可根据下列三个方面的特征：①主要结构特点如优势种、生活方式或指示生物，如聚草群落。②群落的生境，如沼泽群落和深水带群落。③功能属性，如依据该群落的代谢类型而命名。

这里要指出的是，群落的命名原则上必须表现群落明显的、稳定的特点，同时又以简单为宜。就水生态系统而论，目前多不采用优势种来命名群落，因为许多水生生物的生命周期甚短，优势种类经常改变。因此，水生群落的命名多采用生物的生活方式或生境特点，如浮游生物群落，沿岸带群落等。近年来，有些学者主张根据功能属性以命名某些水生生物群落，但直到现在，对水生群落代谢特性的研究尚少，只在 P/R 参数方面略有所得，故仍难以在群落的命名上有效应用。

四、群落研究的意义

生物群落的概念是生态学理论和应用上最重要的概念之一，它表明生物总是与其他生物共同生活，它们之间并非各自为政、一盘散沙，而是存在一定的秩序，形成有机联系的统一体。这类统一体具有共同的结构和规律，如物种多样性、优势度、营养网络、空间格局和时间序列等，这些都不是个体或种群层次所能包括或代替的。因此，群落是生物学谱系中比种群要复杂得多的高级层次。掌握群落生态学原理，对认识客观世界的现象和规律意义重大。

群落原理的应用常常是解决实际问题的有效手段，在许多领域，人们常自觉或不自觉地应用这个原理以控制或增殖某些生物对象，即按照"群落改变，生物也随之改变"的原则，所采用的手段常常不是直接针对对象本身，而是改变群落中的某一环节。例如靠控制钉螺以消灭血吸虫，用施肥提高浮游生物多度以实现渔业增产等。

群落操纵是水体管理的关键措施。由我们的祖先发展起来的四大家鱼混养（polyculture）从而获得大幅度增产是合理利用群落的最佳范例，广泛受到世界的称誉，其基本思路至今仍然有效。反之，对生物群落的不合理干预则可能造成消极的影响。数十年来对水生生物的过度利用已使一些湖泊群落出现明显的次生演替，带来物种多样性下降，经济资源衰退，水体富营养化等严重后果。要实现水体的优化管理，必须加强群落意识，掌握群落变动规律，在保护群落的基础上达到其可持续利用的目的。

第二节 群落中的种间关系

群落中的种间关系错综复杂，而研究复杂关系的简单办法就是以两个种群的关系着手，因为其他关系都是从两者关系衍生出来的。就广义而言，群落中的种间关系主要是营养关系，对于营养的获得，不同种类之间直接或间接地产生"有利"和"有害"的影响。假如用"0"表示无关，"+"表示有利，而"-"表示有害，则3个符号可组合为6种形式，即00、++、+0、--、-0和+-。除00表示中性共生（neutralism）外，++和+0为有利关系，--、-0和+-为有害关系，从而导出：

一、积极关系（positive interaction）

1. 互利共生（mutualism）

通常指两种间关系十分密切的互利关系，一方缺少另一方将难于继续生存。某些原生动物如绿草履虫体内存在绿藻是体内共生的例子。

2. 初级合作（protocooperation）

两生物间虽双方得利，但不如共生那样密切。如海洋中的蟹类与某些腔肠动物的关系。

3. 偏利共栖（commensalism）

共同生活者一方得利，但另一方所得利害并不明显。例如周丛生物附着于沉水植物的茎叶上，毛腹虫一种（*Chaetogaster limnaei*）（仙女虫科）生活于软体动物的外套腔内等等。

二、消极关系（negative interaction）

1. 竞争（competition）

是指两种生物争夺某一条件的现象。在群落中，不同种类争夺食物、空间的现象比较普遍，其结果几乎总是一方胜利，而另一方被排斥。竞争在两个食性相近的物种之间最常见到。

2. 捕食（predation）

捕食与寄生在本质上并无明显区别，都是一方破坏另一方的现象。假如破坏者明显大于被破坏者，且破坏通常在短时间完成，即通称捕食。捕食的一方叫捕食者（predator），另一方则称被捕食者（prey）。肉食动物常常是捕食者，如食鱼性鱼类，而草食性鱼类则常是捕食对象。在只有一种捕食者和一种被捕食者的简单情况下，双方的种群密度常表现出交互波动现象。

3. 寄生 (parasitism)

通常是较小型生物对相对来说较大型的生物施加有害影响的现象。有害的一方为寄生物 (parasite)，而被害的一方为寄主 (host)。寄生又可分为外寄生和内寄生，如鱼虱 (*Argulus*) 为外寄生，而绦虫 (Cestoda) 则为内寄生。

4. 抗生 (antibiosis)

抗生即一方通过释放有害化学物质来破坏另一方的现象。在淡水生物群落中，明显的例子是蓝藻常分泌出某种有毒代谢物影响其他藻类、浮游动物的生存。这类情况，在某些藻类和霉菌中容易看到。

将上述关系分为"积极"和"消极"多少是人为的。从群落的角度而言，竞争和捕食的结果降低了被捕食种群的增长率，这有利于防止该种群在群落中的过度繁殖。竞争则促进了生物的适应能力，加速了自然选择，故其作用是有利的。总之，生物之间的种种关系都是调节群落内种群密度的一种自然手段，由于这些关系，才有群落本身，并使群落内保持动态平衡。

第三节 生态位及分化

在以上各种关系中，以竞争关系最为普遍。按照竞争排斥的假说，则一个生境中难于容纳多个物种，但事实并非如此，群落中普遍存在多种生物共处的现象。主要原因是生物具有各自的生态位。

一、生态位的概念

生态位的概念最早由 Grinell (1917) 提出，用来表示对栖息地进行划分的空间单位，即相当于空间生态位 (spatial niche)。1927年，Elton 将生态位定义为物种在生物群落中的地位和"角色"，主要是指营养生态位 (trophic niche) 而言的。现在广泛被接纳并使用的是 Hutchinson (1957) 的定义，即某种生物的生态位 (ecological niche) 是由所有生物和非生物环境条件组成的 n 维空间中该生物得以继续生存的范围。如某种生物在一定的温度范围内生存、生长和繁殖，则这个温度范围就是该种生物的一维生态位。加上其他条件如水深、食物颗粒大小，这样就形成二维和三维生态位（图3.1）。假如将生物要求的几个条件都考虑进去，就构成一个抽象的 n 维空间，这个超体积 (hypovolume) 当然无法直接表示，但可以列成表格或用多角图形反映出来。此外，Hutchinson (1965) 还进一步区分为基础生态位 (fundamental niche) 和实际生态位 (realized niche)，前者指生态位在理论上的最大范围，后者则是在竞争和捕食等压力下实际拥有的范围。Hutchinson 提出的生态位内容相当完整，但要了解生物所需的全部条件是件难事，因此，在操作上，不妨以 Elton 的生态位即生物的功能地位或"职业"的观点为基础，选择生物所需条件中的几个可量因素去研究生态位的问题。有关生态位宽

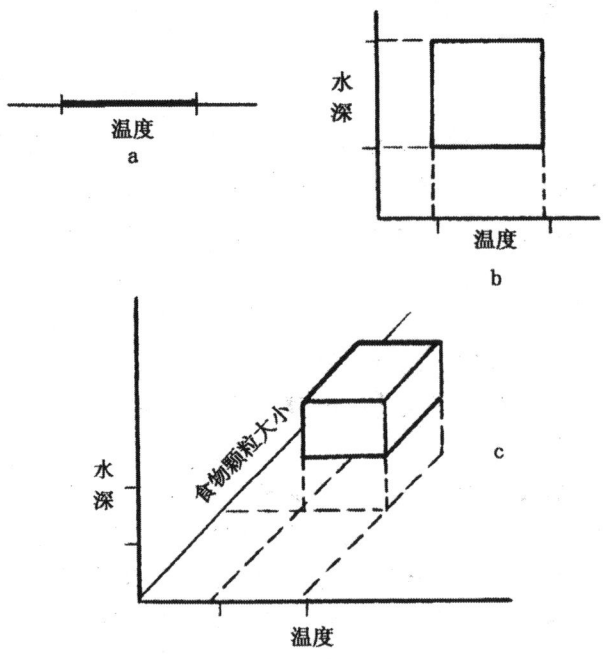

图3.1 生态位 a. 一维生态位（温度）；b. 二维生态位（温度和水深）；c. 三维生态位（温度、水深和食物颗粒大小）
（仿 Begon et al. 1986）

度和重叠度的计算方法可参考 Abrams（1980），Slobokichoff 和 Schulz（1980）。

在了解生态位的内容以后，可以进一步探讨生态位与竞争的关系。在本世纪 30 年代，Gause 用草履虫（*Paramecium*）的实验种群进行种间关系的经典研究，结果表明：两个物种不能同时占据相同的生态位，换句话说，即完全的竞争者不能共存。这就是竞争排斥原理（competitive exclusion principle）或称高斯原理（Gause's principle）。在自然界的群落中，多数物种都有自己的生态位，从而缓和了竞争压力，实现和平共处，而且在生境资源的利用上还常常有相辅相成的作用。以湖泊的"四大家鱼"为例，虽然它们都是亲缘关系比较接近的鲤科鱼类，但它们之间的食性不同，活动的水层亦有差别，具体而言，青鱼摄食软体动物，活动于水底，草鱼牧食水草，活动水层常略高于青鱼，鲢、鳙虽然都滤食浮游生物，在营养生态位上非常接近，但亦可找到一些差别（见后文），因而它们之间达到较佳的共处。我们可从这个二维生态位的例子得到启发。

二、生态位的分化

对于同处一地而生态位有些彼此接近的物种，则出现不同程度的竞争。竞争的结局有两种可能，一是劣势种类被驱逐或消灭，一是生态位分化（niche differentiation）而得以共存。生态位分化大体上又可分为两类。第一类是资源分隔（resource partitioning），即参与竞争的种类各自利用同类资源的不同部分。第二类是参与竞争的种类虽然在利用资源的方式上并无差别，但它们的利用能力因受某些条件的影响而不同。

在淡水生态学方面，关于生态位分化的研究仍然不多，但鲢、鳙食物颗粒大小的差异是资源分隔的明显例证。如前所述,鲢、鳙都是专性浮游生物过滤收集者(collector-filterer),因而生态位十分接近,但实验显示,它们的食物在颗粒大小方面有差别。鲢主要滤食 15~50μm 浮游生物,而鳙则主要滤食 40~110μm 的浮游生物,因而在食物性质上鳙获得相对较多的浮游动物,而鲢则以浮游藻类为主。

近数十年来,在分析生态位重叠和分化问题上有较多的理论研究。MacArthur 和 Levins(1967)及 May(1973)对生态位叠合程度的极限进行了数学模拟。他们假定由多个物种共同竞争连续分布的一项资源,且每个种对资源的利用呈正态分布曲线。设 d 为相邻两正态曲线峰值的距离,w 为曲线的标准差,则叠合极限大致为 $d/w=1$(图3.2)。

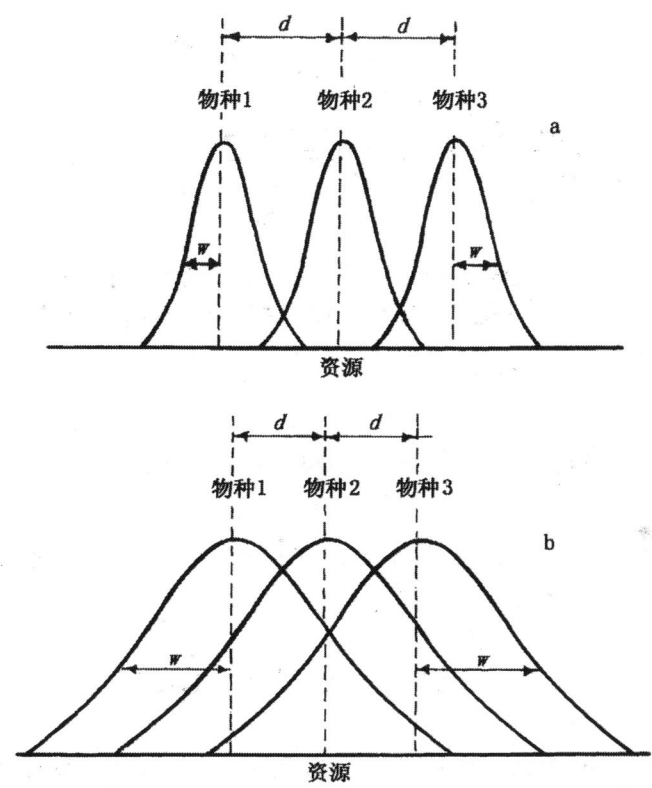

图3.2 三个共存物种对资源的利用曲线 a. 生态位窄,重叠较少,竞争较弱;b. 生态位宽,重叠较多,竞争较强
(自 Begon et al. 1986)

在回答生态位分化究竟是偶然出现的还是竞争造成的这一问题上,现在已有中性模型(neutral model)可供检验(Begon et al. 1986)。中性模型将模型群落中的一些特征进行了随机化处理后,与实际群落的情况进行比较,然后检验它们之间的差异是否达到显著水平。若显著,则认为竞争起主要作用。

关于植物的生态位分化问题由 Tilman(1982)建立了一个模型,并用该模型检验了两种硅藻对磷和硅两种资源的竞争,结果证明模型有很强的预测能力(图3.3)。

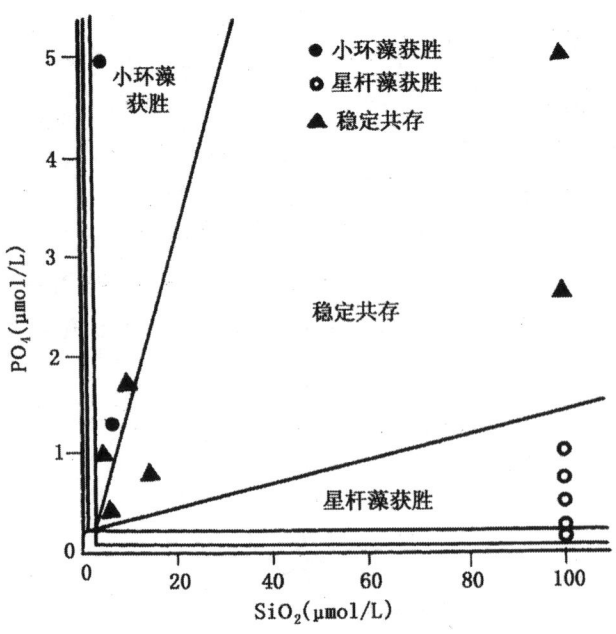

图3.3 美丽星杆藻（*Asterionella formosa*）和梅尼小环藻
（*Cyclotella meneghiniana*）竞争磷和硅两种资源的模型预测与
验证（图中各点）（自 Tilman 1982）

第四节 群落的物种多样性

多个物种共存是群落的普遍性状，不了解它们的组成情况就谈不上对群落有所了解，因此，在研究群落时通常都是从物种多样性着手。

一、物种多样性的概念和基本方法

顾名思义，物种多样性是指群落中物种数目的大小。在内陆水体群落间，物种多样性常有明显差别。多样性小的极端常见于一些超盐水体和间歇水体，不但生物种类稀少，而且常出现特殊种类如丰年虫（*Chirocephalus*）、鲎虫（*Apus*）等；淡水湖泊的生物多样性一般都较大，但也因水体面积和营养状况而有差别。因此，物种多样性是衡量群落规模和重要性的基础，也是比较不同群落的重要参数。反映淡水群落中物种多样性的最简单方法就是直接列出物种名录或归纳成表格（表3.1，表3.2）（陈宜瑜等 1995）。这个方法虽然简单，但 Mason（1981）认为它包含最大的信息量。就大多数研究而言，目前倾向于使用数学形式，即各种多样性指数，以反映物种丰富情况，主要如：

（1）Margalef 指数（Margalef's index）　　$d = (S-1)/\ln N$，式中 S 为群落中的总种数，N 为观察到的个体总数。

（2）Simpson 多样性指数（Simpson's diversity index）　　表示从无限大的群落中随机抽取两个个体为同一种的概率，即 $D = 1 - \sum_{i=1}^{S}(n_i/N)^2$，式中 n_i 为 i 种的个体数，N

为群落的总个体数，S 为总种数。$\sum_{i=1}^{S}(n_i/N)^2$（记为 C）可作为优势度指数（index of dominance）。有的学者以下列公式作为 Simpson 多样性指数：$D' = 1/\sum_{i=1}^{S}(n_i/N)^2$。若每个物种的个体数均为 $1/S$，则多样性指数最大，$D'_{max} = 1/S[(1/S)^2] = S$。据此可定义均匀度指数为：$E = D'/D'_{max} = \sum_{i=1}^{S}(n_i/N)^2/S$。

表3.1　洪湖1992～1993年不同季节原生动物和轮虫的种类数（自余育和1995）

季节	原生动物					轮虫
	植鞭毛虫	动鞭毛虫	肉足虫	纤毛虫	总种数	
春	31	6	27	32	96	56
夏	35	10	21	13	79	48
秋	37	12	25	45	119	54
冬	24	7	12	14	57	34

表3.2　长江中下游浅水湖泊枝角类和桡足类种类数的比较（自张道源1995）

湖泊	枝角类	桡足类	调查年月
武汉东湖	23	14	1962.04～1963.05
武汉东湖	26	10	1986～1987
湖北保安湖	20	7	1986～1987
江苏五里湖	32	21	1949.11～1951.10
江苏东太湖	23	13	1959.06～1959.07
湖北洪湖	36	23	1981.06～1982.05
湖北洪湖	29	15	1992.07～1993.04

（3）Shannon 多样性指数（Shannon diversity index）　信息论中熵的公式是用来表示信息的紊乱和不确定程度的，我们也可以用来描述种的个体出现的紊乱和不确定性，这就是种的多样性。Shannon 多样性指数（亦称 Shannon-Weaver 指数）即是按此原理设计的，其公式为：$H = -\sum_{i=1}^{S}(n_i/N)\log_2(n_i/N)$，式中符号的含义同上。公式中对数的底可用 2、$e$ 和 10，对应的 H 的单位分别为 bit、nat 和 decit。$H_{max} = -S[(1/S)$

表3.3　湖北省五个湖泊底栖动物 Shannon 指数和 Simpson 指数（括号）（自谢志才等1996）

湖泊	春	夏	秋	冬	年均值
扁担塘	3.89(10.86)	5.02(4.21)	2.87(5.23)	3.64(10.65)	3.85(7.74)
桥墩湖	2.92(4.80)	2.82(8.02)	3.36(1.12)	3.56(10.62)	3.17(6.14)
南青菱湖	1.41(1.95)	3.46(7.97)	2.42(4.77)	2.78(4.75)	2.52(4.86)
大黄家湖	2.18(7.28)	2.11(3.08)	1.02(1.37)	1.89(2.46)	1.54(3.55)
北青菱湖	1.92(3.57)	1.60(2.01)	0.77(1.34)	1.88(2.61)	1.80(2.38)

$\log_2(1/S)] = \log_2 S$，则均匀度指数为：

$$J = H/H_{max} = [-\sum_{i=1}^{S}(n_i/N)\log_2(n_i/N)]/\log_2 S。$$

利用上述指数反映湖泊生物多样性的例子见表3.3。

二、影响多样性的因素

影响群落物种多样性的因素很多，包括水体、生产力、时间、空间、气候、竞争、捕食和干扰等。限于篇幅，这里仅简要介绍生产力、空间异质性、捕食和干扰的影响。

1. 生产力

Brown 和 Gibson（1983）发现美国印第安纳州 14 个未受污染的湖泊中盘肠溞的种数与每年各湖的初级生产力呈正相关。当生产力从极低水平上升时，可资利用的资源增加，从而导致了物种数的增加。但当生产力达一定水平后，物种多样性往往开始下降。有越来越多的研究表明，生产力中等时物种多样性最大。马来西亚热带雨林木本植物的种数与磷、钾含量（反映土壤的肥沃度）的关系是呈钟形曲线（图3.4）亦是例证。对于这个现象目前有几种推测。一是生产力高导致种群快速增长，从而过早地完成竞争排斥过程（Huston 1979）。二是伴随着生产力的上升，其他因素亦发生变化，从而导致物种多样性下降（Abramsky and Rosenzweig 1983），例如湖泊生产力的增加往往伴随着透明度、溶氧等下降，环境因而变劣。三是根据 Tilman（1982）模型所作的解释，主要适应于植物。该模型显示，资源的相对变化幅度决定竞争中共存物种的多少。假定资源的绝对变化幅度为常数，则相对变化幅度随着资源量增加而下降。

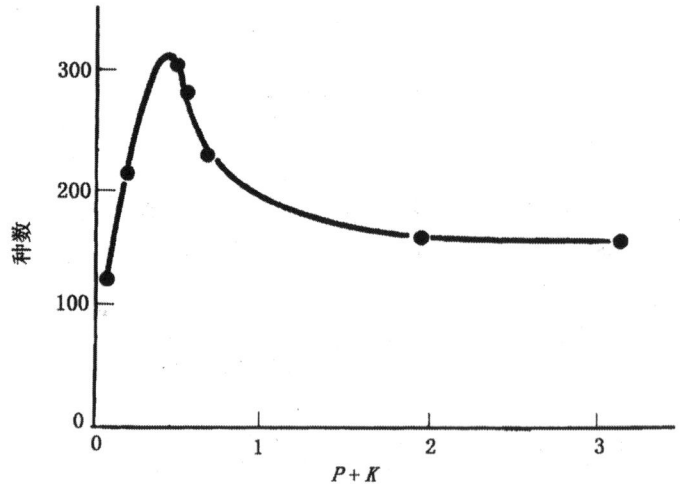

图3.4 马来西亚热带雨林木本植物种数与土壤磷钾含量的关系
（自 Tilman 1982）

2. 空间异质性

群落内的环境并非均匀一致，即具有空间异质性（spatial heterogeneity）。一般地，空间异质性的程度越高，物种数越多。Atkinson 和 Shorrcocks（1981）用模型显示生态位相同的两个物种不能共存于均匀的环境中，但若两者具有集群行为则可在斑块环境（patchy environment）中共存。空间异质性越高，小生境、小气候、避难所和资源类型等就越多样化，从而能容纳更多的物种。Harman（1972）发现淡水软体动物的种类数与底质的类型数呈正相关。在生物环境方面，有研究显示动物的物种丰富度与植物结构的多样性关系密切，例如 Tonn 和 Magnuson（1982）发现威斯康星 18 个湖泊的鱼类种数与水生植物的空间异质性呈正相关。

3．捕食

捕食对物种多样性可能造成正反两方面的影响。Lubchenco（1978）发现潮间带藻类的多样性与滨螺（*Littorina littorea*）有密切关系（图3.5）。滨螺喜食生命短的小型绿藻——浒苔（*Enteromorpha*）。在潮间带水坑中，浒苔是竞争优势种类，滨螺的密度中等时对浒苔进行适当的控制，间接地助长了其他藻类的发展并达到最大多样性。但在裸露的底质上，多年生褐藻和红藻是优势种类，而生活周期短的藻类是从属种类，滨螺的捕食则导致藻类的多样性直线下降。McCauley 和 Briand（1979）在湖泊中利用围隔发现捕食压力较大时浮游植物的种数较多。

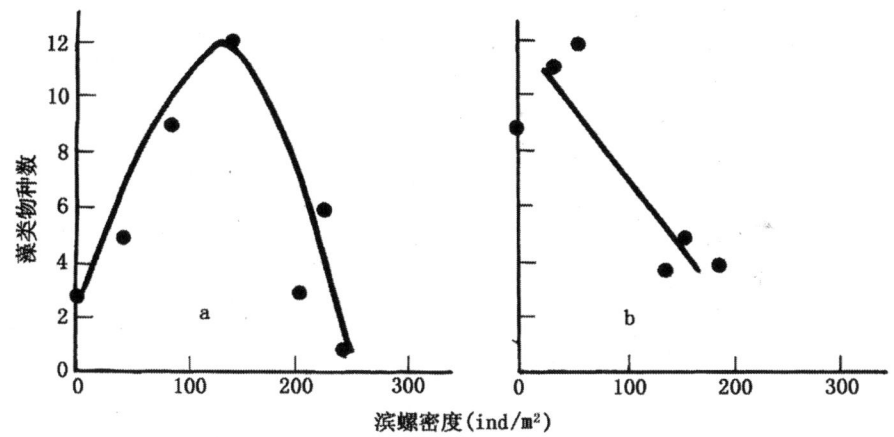

图3.5 潮间带滨螺的捕食压力与藻类多样性的关系
a. 潮间带水坑；b. 裸露的底质（自 Lubchenco 1978）

4．干扰

干扰（disturbance）是外界生物或非生物因素打乱群落原有秩序的现象。干扰常常在连续的群落中造成断隙（gap），如绞草造成的水生植物空白区，螺类刮食造成的着生生物断隙等。断隙的形成为许多生物提供了占据该领域的可能性，但由谁来占据则完全取决于机会。如果群落中的许多种类具有相同的入侵能力和环境忍耐力，竞争排斥就不明显，群落因此出现甚大的多样性。这种全靠机会占领断隙的方式，称为竞争抽彩（competitive lottery）。热带珊瑚礁中鱼类的种类特别丰富是竞争抽彩常用的例子。例如澳大利亚的大堡礁南部有 900 种，北部有 1500 种，在一块直径仅 3m 的地方甚至有 50 多种。

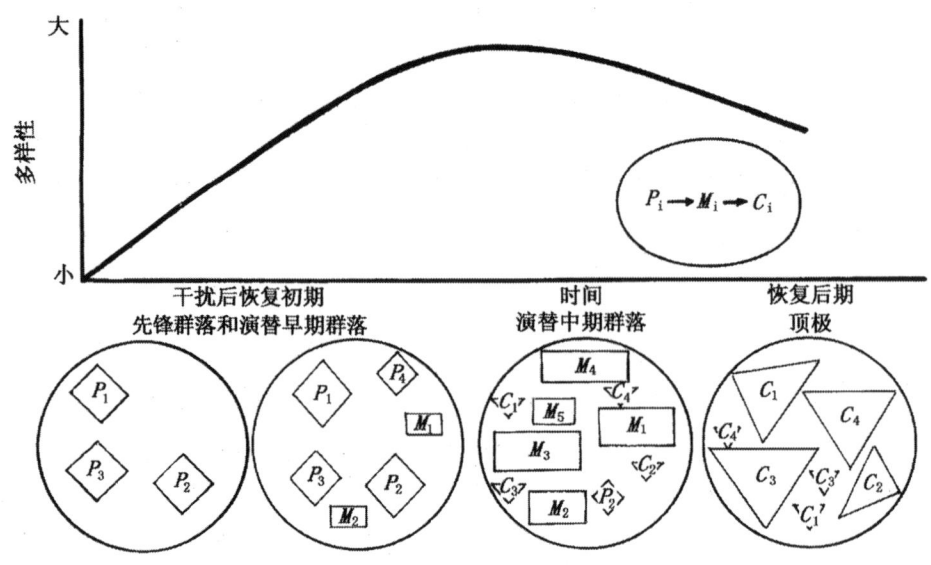

图3.6 断隙的小演替过程示意（自 Begon et al. 1986）
P. 先锋种（r-对策者）；M. 演替中期种；C. 顶极种

与竞争抽彩不同，一些例子说明干扰形成后物种的恢复及多样性变化似可预测。以图3.6所示的小演替（mini-succession）过程为例，随着演替的进行，物种数逐渐增多，但接近顶极阶段时由于竞争排斥，物种数又开始减少。

小演替的过程显示，演替早期和后期物种数较少。如果干扰过分频繁，所有的断隙均处于早期阶段，则群落总的物种多样性就会偏低。如果干扰很少，则群落的大部分常常处于顶极阶段，多样性也不高。只有干扰中等时，许多断隙处于演替的中期阶段，群落的物种多样性因而达到最大值。据此，Horn（1975）和 Connell（1978）提出了中度干扰假说（intermediate disturbance hypothesis），即中等频率的干扰能使群落维持最高的物种多样性。

第五节 群落内的生物组合

在群落中，生物按其自身的特点如营养方式、习性差异、作用大小等形成若干结构，并行使相关的功能，从而使群落出现其固有外貌和动态特征。因此，对群落中生物组织情况的了解是群落学研究的中心之一。

一、营养结构

根据营养位置或营养层次（trophic level），群落内的生物可分为以下三类：①生产者（producer）：包括所有的自养生物（autotrophic organism），即能借简单的无机物合成有机物的生物。②消费者（consumer）[或大型消费者（macroconsumer）]：包括除微生物以外的异养生物，主要是动物。消费者又可分为初级消费者（primary consumer），次级消费者（secondary consumer），三级消费者（tertiary consumer）等等。③分解者

(decomposer)[或微型消费者（microconsumer）]：这类生物主要是细菌和菌类，本质上是消费者，但它们分解动植物的尸体并释放出简单的物质，故其作用有别于消费者。

上列三类生物相互作用，构成群落中的食物链。由于食物转化过程的损失，从生产者开始的食物链出现生物量（或能量）逐级递减的趋势，其图形通称生态锥或生态金字塔，这种情况在以牧食链（grazing food-chain）为主的静水群落中相当普遍。但在一些流水水体中，食物链常以有机碎屑为起点，即通称碎屑链（detritus food-chain），结果群落中的消费者常多于生产者，出现金字塔倒置的情况。

二、共 位 群

共位群（guild）是指同一群落中生态位相似的物种组合。Root（1967）最早提出了共位群的概念，并将它定义为用相同方式谋生的一套物种。共位群是生态学中一个相当新颖的概念，可以用来指群落中任何以功能特性定义的亚单元（Ehrlich and Roughgarden, 1987）。同一个共位群的种类可以属于同一个分类阶元，也可以属于不同的分类阶元。根据它们所涉及的资源对象，共位群还可以进一步划分，如果共同利用的资源是食物，则称为食物制约共位群（food-limited guild），如果资源是基质，则称为基质制约共位群（substrate-limited guild），等等。一般地，共位群内的种间竞争较激烈，而共位群间的竞争较弱。以共位群作为群落的功能单元在群落分析中尤有价值，它既可避免以物种为单元进行分析时的繁琐，使结果简单明了，又可比以营养层次为单元的分析精细，从而获得更多的信息。

共位群现象在淡水群落中相当普遍。草食性的草鱼、鳊、鲂是一个共位群；鲢、鳙都滤食浮游生物，属于另一个共位群；底栖动物螺科（Hydrobiidae）的许多种类牧食着生藻类，共同栖息于水草上，也是共位群的例子。

与共位群概念容易混淆的是生态等值者（ecological equivalent），虽然它们都有生态位相似的特点，但两者是不同的概念。生态等值者是指地理隔离条件下的生态位相似种。例如，多种仙人掌在其原产地美洲沙漠构成共位群，而它们与外貌相似但只分布非洲沙漠的大戟科植物则是生态等值者。

三、优势种类与从属种类

按重要性可将群落中的成员分为两大类：

1. 优势种类

优势种类（dominant）是指群落中往往种数并不太多的成员，它们往往通过数量、大小和活动能力对群落产生重要影响，从而决定着群落的特点。假如除掉这类生物，就会使群落发生明显的改变。一般地说，在群落中数量最多，生产力（或生物量）最大的种类就是优势种类。例如富营养湖泊中蓝藻、绿藻常是生产者中的优势种类，鲤科鱼类则是消费者中的优势种类。

2. 从属种类

与优势种类相反，多数种类的存在对群落的性质并无决定性的影响，它们通常数量很少，或者出现时间及活动能力有限，这些种类即通称为从属种类（subordinate）。

表3.4 东湖汤林湖区狐尾藻、大茨藻群落的数量特征值（自于丹，1995）

种类	相对频度(%)	相对盖度(%)	重要值
狐尾藻（*Myriophyllum spicatum*）	35.72	52.09	0.42
大茨藻（*Najas marina*）	30.36	31.25	0.30
金鱼藻（*Ceratophyllum demersum*）	16.07	12.50	0.15
苦草（*Vallisneria spinulosa*）	16.07	1.83	0.08
菱（*Trapa natans*）	7.14	2.33	0.05
合计	100.00	100.00	0.90

估计生物优势程度的方法，在动物和小型藻类一般都是同时用密度（单位面积或体积中的个体数）和生物量（单位面积或体积中的重量）来表示，以避免使用单一指标可能出现过高或过低估计生物重要性的情况。对于水生高等植物，在使用密度和生物量的同时，还使用其他的数量特征值（表3.4）（刘建康，1995）：盖度＝植冠遮蔽的地面面积／样地面积；频度＝某种植物出现的样地数／全部样地数；重要值＝（相对密度＋相对频度＋相对盖度）／300。

第六节 群落的空间格局

淡水生物群落也和其他类型的群落那样，在其所占据的空间中呈现一定的形态即立体布局。其形成与群落中各类群的生活方式有关，其生态意义是使空间及相应资源得到既充分又合理的利用。

一、垂直格局

垂直格局是指群落中生物的垂直分布或分层（stratification）现象。淡水水体的结构比陆地相对复杂，其垂直剖面包括大气层、水表层（水、气界面）、水下层和水底层这几个基本层面，而生物则按这些层面安排其位置。这个现象以静水沿岸的高等植物共位群表现得最为明显（表3.5）。具体而言，挺水植物冠层伸入大气层，浮叶植物和飘浮植物利用水表层，而沉水植物则占据水下层的大部分空间。

群落中的底栖动物成员也有分层现象。如蠕虫和双壳类等主要栖息于水底，甚至在底质内营穴居生活。多种小型螺类则攀爬于水生植物上，其分布可自水底直至水面。水生昆虫是群落的重要类群，其分布视生活史的不同阶段几乎可涉及各个水体层面，如摇蚊类，幼虫常栖于水底，蛹在羽化前可移至水面，成虫则生活于大气层。水的表面张力为少数生物提供了栖息条件，如水黾（*Gerris*）常活动于水的上表面，船卵溞

（*Scapholeberis*）则常停歇于水的下表面。

表3.5　东湖水生维管束植物群落的层次结构（仿于丹，1995）

层（亚层）	种类			占总种数的比例(%)		
	1954年	1964年	1994年	1954年	1964年	1994年
大气层	25	43	22	44.64	51.81	46.81
（高草层）	10	18	15	17.86	21.69	31.92
（矮草层）	15	25	7	26.78	30.12	14.89
水表层	17	19	14	30.36	22.89	29.79
（直立亚层）	4	5	3	7.14	6.02	6.38
（匍匐亚层）	13	14	11	23.22	16.87	23.41
水下层	14	21	11	25.00	25.30	23.40
（水柱层）	9	12	8	16.07	14.46	17.02
（水底亚层）	5	9	3	8.93	10.84	6.38
合计	56	83	47	100.00	100.00	100.00

表3.6　湖泊浮游动物主要类群密度极大值的水深(m)

浮游动物	均值	范围
原生动物(Protozoa)	5.3	0～15
枝角类(Cladocera)	6.5	0～25
桡足类(Copepoda)	7.1	0～30
轮虫(Rotifera)	7.5	5～40
无节幼体(Nauplii)	9.9	0～35

浮游生物是湖泊敞水带群落的主要成分。虽然身体微小，但亦有垂直分层现象。Tressler（1939）曾对纽约36个湖泊中的浮游动物的垂直分布作过观测，发现各大类浮游动物的栖息深度有差别（表3.6）。

流水生物群落因受水流的影响，其分层现象通常不明显。

二、平 面 格 局

由于水体（静水和流水）与陆地有较清楚的分界线，因此淡水群落的边界也常比其他类型的群落清楚一些。虽然边界清楚，但静水群落和流水群落之间，其平面分布状况却有较大差异。静水群落的生境是相对封闭、略似盘状的水体（如湖泊），其水深有从边缘向中央逐步增加的特点。因此，群落优势类群有从边缘逐步向中央变化的趋势。最明显的是高等植物的平面格局。虽然类群间有镶嵌现象，但从宏观上看，其平面分布规律是从水体边缘至中央依次为挺水植物、浮叶植物、沉水植物，呈同心圆排列。

流水水体是开放系统，群落生物组成出现自上游至下游逐步递变趋势。简而言之，上游多着生（永久或暂时）的种类，而下游则多浮游或主动游泳的种类。

第七节 群落的时间格局

群落是一个动态客体，它无时不在变化发展中，对于它的运动规律，我们可以用不同的时间尺度予以研究。周期性是指群落在较短的时间（如一年）中反复出现的现象，而演替则是长时间尺度的历史过程。

一、群落的周期性

组成群落的各类生物，由于外界的（extrinsic）或内在的（intrinsic）原因，其活动或多或少带有节律性，使一个群落出现某种周期性的变化，叫群落的周期性（community periodicity）。群落的周期性主要有以下几个方面：

1. 昼夜节律 [daily (diel) rhythm]

昼夜节律指群落在一天24小时中的周期性活动。最突出的是淡水和海水中浮游生物群落的昼夜垂直迁移。例如枝角类和桡足类通常夜间倾向于下沉。一般认为光是引起生物昼夜迁移的主要因素，但生物本身的生理机制则尚不清楚。各种生物以及同一种生物的不同发育阶段对光的反应常不相同。迁移使保持一定的分层现象，缓解了拥挤。

2. 季节节律（seasonal rhythm）

季节变化是群落的最普遍现象。与这种变化关系最密切的因素是一年中的温度更迭和光照的长短。另外海水群落的变化亦与盐度有关，而间歇水体群落的变化则与雨量有关。淡水群落的季节节律明显表现为植物的盛衰，动物的生殖、洄游以及种群多度（abundance）的变化。对于陆地和淡水群落的研究，一些生态学家认为群落的变化可将一年分为六个阶段（相位）：冬季的（hibernal）、早春的（prevernal）、晚春的（vernal）、初夏的（aestival）、晚夏的（serotinal）和秋季的（autumnal）。

3. 潮汐节律（tidal rhythm）或太阴节律（lunar rhythm）

与月亮引起的潮汐有关，因此只存在于海水群落。多毛类环节动物就有明显的太阴节律。如北美大西洋沿岸的沙蚕（*Nereis*），每年夏季在满月和半月就大量出现进行生殖。

群落的周期变化是群落中各种群的活动和相互作用所造成的。因此，要了解群落的周期性首先必须了解种群活动的周期性及其与环境因素的关系。生物的周期变化无疑与环境的周期变化有明显的从属性。但若取消某个有关因素后，生物常仍能在一定时间保持其周期变化。这说明生物的周期变化还带有某种内在的原因，即生物多少具有"预见性"，它有利于生物对即将到来的环境变化及早进行其生理或其他方面的调整，从而与环境的周期变化取得协调。群落的周期性具有一定的生态学意义。较明显的事实是可以使不同的种类在不同时间中利用同一空间。

二、群落的演替

生物群落总是随时间的推移而发生一系列的变化，不断由新的物种组合取代旧的物种组合，使群落的类型不断更新，这种按一定顺序出现新旧交替的现象叫群落演替（community succession）或生态演替（ecological succession）。

群落演替过程的时间很长，且变化复杂。但一般认为，其全程大致包括三个阶段，即先锋阶段（pioneer stage）、系列阶段（seral stage）和顶极（climax）。系列阶段延续的时间很长，出现或多或少的演替系列（sere），最后群落演替速度减慢，形成一个成熟的群落，其特点是变化很少，保持相对稳定的状态，这就是顶极群落。

在自然界，淡水群落的演替过程十分缓慢，很难对演替全过程进行研究。除了可以从古湖沼学的研究取得一些资料外，小水体中生物的连续变化也可提供一些演替证据。以池塘为例，在开始形成时只有一些浮游生物，构成先锋群落。以后水生高等植物逐步发展起来，高等植物的发展又为许多动物迁入提供条件，特别是昆虫、环节动物等，以后鱼类、两栖动物等也相继出现。随着时间的推移，高等植物产生大量沉积物，淤积池底，使池塘逐步变浅和缩小，变成沼泽，最后陆地植物生长，池塘消失。这是顶极的一种情况。对于大型水体而言，历史进程虽有使水面缩小趋势，但不易成为陆地。若水体群落变化很少，与周围环境形成动态平衡，这也是顶极的一种情况。50年代的东湖，湖底铺满黄丝草，各类生物种类繁多，各种群的密度保持一定水平，达到顶极状态。目前在长江中下游的一些湖泊中，仍然可以看到这种情况。

上面是群落出现于新形成地区的例子。其实演替可发生于性质不同的生境，特征也未必相同，因此，可以对演替现象进行分类。按地区性质，可分为原生演替（primary succession）和次生演替（secondary succession），前者是演替发生在从未受过生物影响的地区，而后者发生在曾经有群落存在的地区。上例即原生演替，而湖中水草被过度牧食后出现浮游生物大量孳生则为次生演替。按发生的原因，演替可分为异源演替（allogenic succession）和自源演替（autogenic succession），前者是由于外部原因而导致的演替，后者是群落内生物的活动造成的演替。按群落的代谢特征，可分为自养演替（autotrophic succession）（$P/R>1$）和异养演替（heterotrophic succession）（$P/B<1$）。自养演替现象在普通淡水群落原生或次生演替的早期较常见，而异养演替则在腐生生物群落中可以见到。

由于演替是群落的最重要功能之一，因而许多学者都对其进行过研究并对演替的特点和机理等提出种种不同的观点。早期的经典学派如Cowles和Clements将群落演替比拟为个体发育过程，认为演替有严格规律，可以预测；认为演替中的先到种通过改变环境从而促进了后续种的移入，同时认为顶极是演替的终点，是自我永存的群落。近代学者普遍认为经典理论过分严密，近似僵化。通过试验和观察，他们倾向于认为群落的变化主要取决于不同物种的特点如生活方式，因而存在种种偶然性；先到的物种未必总是促进后续种的移入，甚至对后来者有抑制作用；顶极也不是一成不变，而是常常出现周期性的动荡。为了节约篇幅，这里仅介绍Connell和Slatyer（1977）提出了演替机理的三种模型（图3.7）。①促进模型（facilitation model）：相当于经典的演替理论，其基本

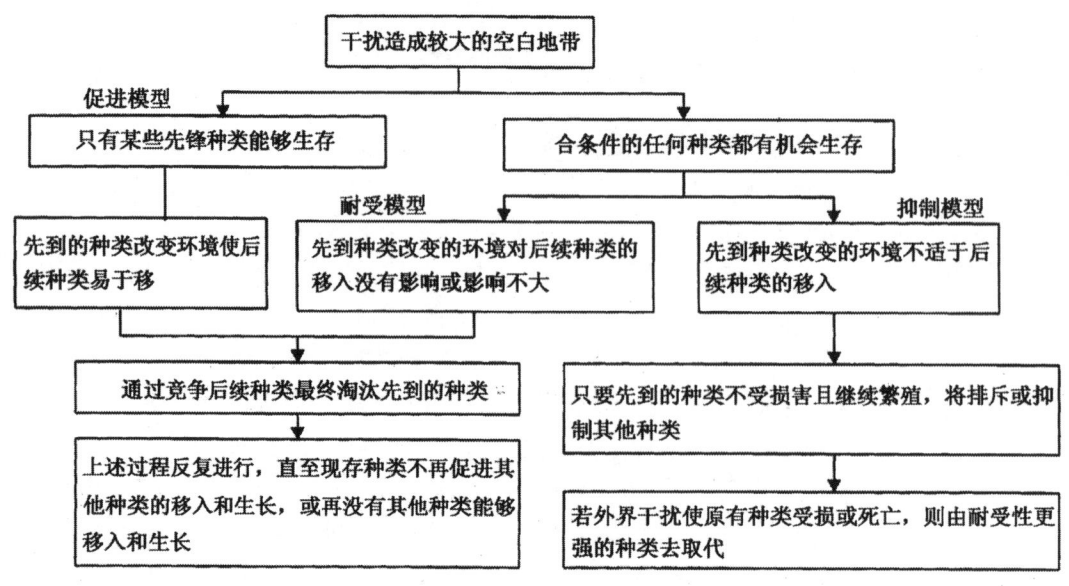

图3.7　演替机理的三种模型（仿 Connel and Slatyer 1977）

特征是群落改变了无机环境，先到种类的活动为后续种类的入侵和生长铺平了道路。这类演替多出现在环境条件严酷的原生演替中。②耐受模型（tolerance model）：后续 K 对策者能够忍耐较低的资源水平，并在先到种类存在的条件下生长发育，最终竞争排斥先占者。③抑制模型（inhibition model）：先到种类抵制后续种类的入侵，只有当先到个体死亡后，后续种类才能逐渐入侵。演替的原因是后续 K 对策者在不利环境中生存能力较强。三种模型的显著区别是先到种类的死亡方式，在促进和耐受模型中先到者在资源的竞争中被淘汰，而在抑制模型中先到者因不利环境条件或捕食等干扰而被杀死。三种演替的共同结局都是大型种最终获胜。

我们认为，各个不同的论据都反映出部分真实性，群落演替过程有顺序性，但不十分严格，尤其是演替中物种的出现和存活与概率有关。利用概率矩阵，Botkin 和 Miller（1974）及 Horn（1975，1981）用数学模型预测林木演替情况，并获得一些结果。另外，我们认为群落演替是个比较宏观的现象，因而可以使用较宏观的尺度去研究。按这个尺度，淡水群落在演替过程中有如下趋势：①群落中种的多样性逐步增大，至中期最大，随后又开始下降；②由 r 对策者占优势过渡到 K 对策者占优势；③群落代谢率（P/R）由显著大于 1 到接近于 1；④群落的抗干扰能力不断增强。

第八节　淡水生物群落的主要类型

根据生境特点，可将淡水生物群落作如下系统分类：

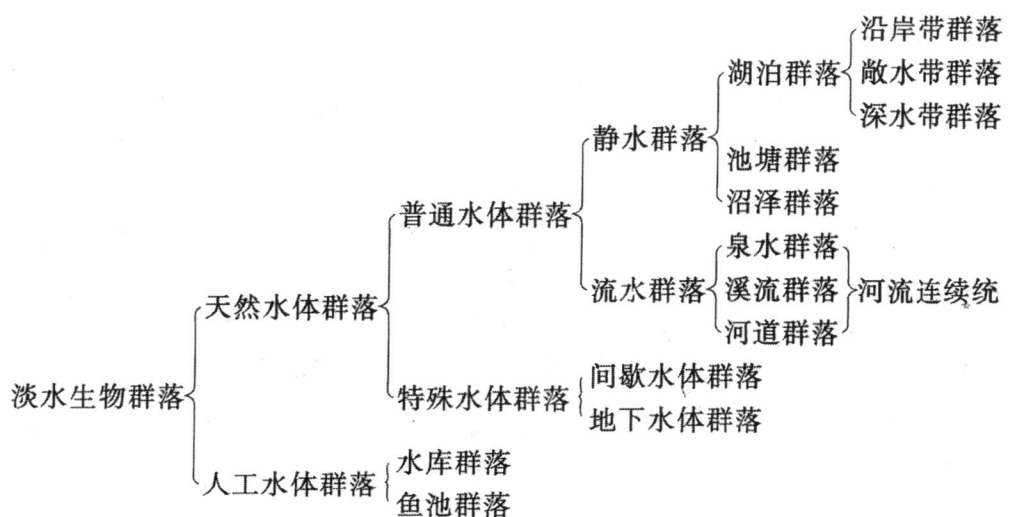

在上列群落类型中，有的彼此相似，如湖泊与池塘群落；有的界限模糊，如流水群落。水库则是河流与湖泊的"杂交"类型，其群落在库尾似河流，在坝前一带似湖泊。具有明显特点的是特殊水体的群落，虽然结构简单，但常出现罕见物种。如间歇水体（intermittent water）常有丰年虫、鲎虫和桃花水母（*Craspedacusta sowerbyi*）；地下水（subterranean water）中常出现白化或视觉退化的种类。下面以湖泊、河流为例，对常见的两个群落类型即静水生物群落（lentic community）和流水生物群落（lotic community）作进一步的阐明。

一、静水生物群落

湖泊面积大，生境复杂，是静水水体的典型代表。根据各部分理化条件的差异，湖泊常存在3个不同的生境，即沿岸带（littoral zone）、敞水带（limnetic zone）和深水带（profundal zone）（图3.8），各带中相当地分布着特定的生物群落。沿岸带在湖泊近岸，

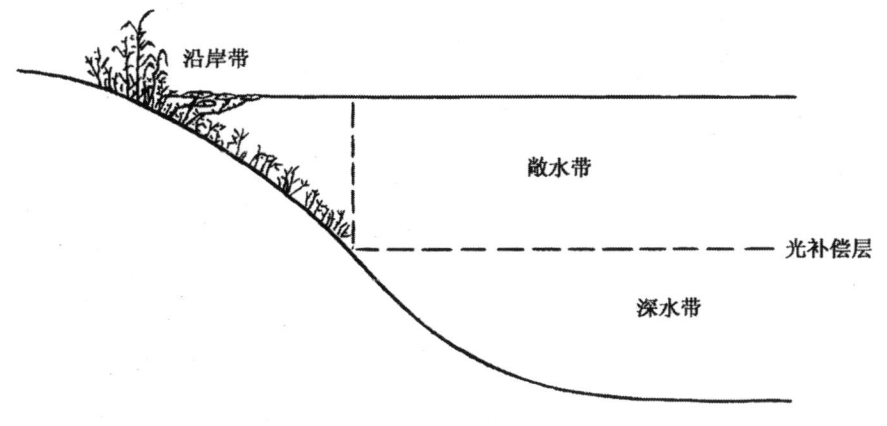

图3.8 湖泊的3个主要生境的划分

包括自水面以下到大型植物（主要为种子植物）的分布下限，一般水深达3~7m。敞水带在湖中心区，自水面到补偿点深度。深水带为湖下层，自敞水带的下限至湖底。

1. 沿岸带群落

沿岸带光照、氧气、营养条件良好，故群落中生物种类和数量最为丰富，是湖泊的主要生产地带。生产者主要由大型植物和藻类组成，大型植物的生长是沿岸带的明显特征，它们自近岸向较深处分布，形成若干区域：①挺水植物带（zone of emergent vegetation）：这类植物具有较发达的木质部，茎叶常高出水面，包括芦、菰等；②浮叶植物带（zone of rooted plant with floating leave）：由菱、荇菜、睡莲等浮叶植物组成；③沉水植物带（zone of submergent vegetation）：由多种眼子菜以及聚草、金鱼藻、苦草等沉水植物组成。在藻类方面，在大型植物间常有丝状藻类如水绵分布，同时有许多小型着生藻类（硅藻、绿藻等）以植物茎叶作为基质，成为周丛生物的一部分生活于这个区域。

沿岸带的动物不论在种类或数量上都极丰富，在较大型的无脊椎动物中，以软体动物（螺类、蚌类）、昆虫、寡毛类占优势，是底栖动物的代表。各种纤毛虫、轮虫、苔鲜虫以及蠕虫都作为周丛生物而存在。浮游动物在沿岸带的种类亦多，且与敞水带的种类常有不同的适应，如一些甲壳类具有较厚的外壳，且以爬行类为主。另外，游泳生物亦常以沿岸带作为觅食和繁殖的场所。因此，鱼类、两栖类等脊椎动物的代表亦较丰富。由于沿岸带生物的多样性大，故食物网复杂，消费者可包括整个营养级系列。

2. 敞水带群落

敞水带的生物群落由浮游生物和游泳动物组成，但浮游生物的群落结构要复杂的多。浮游生物由小至细菌大至某些无脊椎动物组成，包括微生物、动植物等多个门类。根据身体的大小，常将它们分为超微型浮游生物（<5μm）；微型浮游生物（5~60μm）以及网浮游生物（>60μm，可用浮游生物网捞取）。

生产者包括浮游植物及一些光能合成的微生物。浮游植物由藻类的各个门类所组成，通常以甲藻、硅藻、绿藻和蓝藻占优势，富营养的水体常形成蓝藻"水华"。浮游植物是许多水体中最重要的生产者，其每年的生产量可达其现存量的数十倍至一两百倍，它们不但为浮游动物和游泳动物提供食料，也为深水带群落提供食物来源。

消费者包括所有的浮游动物，在淡水湖泊中，其优势类群为原生动物、轮虫、甲壳动物中的枝角类和桡足类。除原生动物外，其他动物的种类通常较少，但个体数可能极大，因为生殖周期短常常是浮游动物的特点。在浮游动物中许多种类为滤食性生物，但亦有些为肉食性种类[如薄皮溞（*Leptodora*）、晶囊轮虫（*Asplanchna*）]。因此，浮游动物中包括初级消费者和次级消费者等。

游泳动物主要为各种鱼类，其特点是活动范围广，内部关系常出现捕食和被捕食关系。在我国，滤食浮游生物的鱼类是敞水带的初级或次级消费者，食鱼性鱼类则为顶级消费者。

3. 深水带群落

深水带在浅水湖泊中常不存在，仅见于深水湖泊或一些水库中。深水带是湖泊的黑暗区域，缺生产者，因此深水带群落的食物必须依赖于沿岸带和敞水带，主要由这两带提供动植物残骸和碎屑。深水带群落中的分解者包括细菌和真菌，生长于水泥交界处营养物富集的地方。在消费者方面主要为三类动物：①摇蚊幼虫及颤蚓类；②球蚬类；③幽蚊幼虫。前两类为典型底栖动物，第三类有浮游习性，晚间常上浮至敞水带。深水带生物对长期缺氧有适应能力。

二、流水生物群落

流水水体是水流有一定速度和方向的水体，其主要代表是大小河流。经典学者将河流划分为若干区和相应群落，河流的上游分为急流区（rapid zone）和滞水区（pool zone），至下游急流区和滞水区的区别消失，通称河道区（channel zone）。

1. 急流区群落

此区流速较大，底质为石底或其他坚硬物质，生物群落中生产者多为丝状附着藻类，动物则多为典型的溪流种，以各种昆虫幼虫为主。常见的如蠓科黑蝇，各种筑巢并结网滤食的石蛾幼虫，体形扁平的扁蜉幼虫以及石蝇幼虫（襀翅目）等等。这些动物具有对流水条件的适应，能抵御水流的冲刷。浮游生物缺乏。

2. 滞水区群落

滞水区是水较深但水流平缓的区域，底质一般较疏松。本区的生产者为丝状藻类及一些沉水植物，消费者在无脊椎动物方面主要为穴居或埋藏生物，包括某些蜉蝣幼虫（*Hexagenia*）、蜻蜓目幼虫、寡毛类等，鱼类亦常在这一带出现，或活动于急流区和滞水区接界处。

3. 河道区群落

由于流速较小，河道区的群落与湖泊有类似处。生产者方面，在河床沿岸可生长挺水植物和沉水植物，一些流速很小或支流出口附近存在浮游生物群落。消费者方面，河流种及静水种都可出现，但据研究，河床底质变化较大，故底栖生物的分布较呈团状。鱼类亦与湖泊中的种类近似。事实上鱼类由于生殖和觅食的需要，常在江、湖间洄游。

1980年，Vannote等以水生昆虫为基础对河流生物群落结构和上下游递变提出了一个新理论，即河流连续统概念（river continuum concept）。他们根据外源性物质（如植物碎屑）进入河流后的变化，即上游为粗有机质颗粒（CPOM，>1mm），至下游降解为细小或超微颗粒（FPOM，$50\mu m$ - 1mm；UPOM，$0.5 - 50\mu m$）这一事实，认为群落中的优势类群因利用相应颗粒亦自上而下依次为利用CPOM的撕食者（shredder），利用着生生物的刮食者（scraper或grazer）和利用FPOM～UPOM的收集者（collector），收集者又可分利用悬浮颗粒的过滤收集者（collector-filterer）和利用沉积颗粒的直接收集者（collector-gatherer）（图3.9）。目前这个理论已为较多学者接受，或视河流情况作些修改。我国的河流群落亦有上述现象，以鱼类为例，长江上游有较多喜食粗大颗粒，功能相当于撕食者的铜鱼（*Coreius*）以及刮食者如墨头鱼（*Garra*）和爬岩鳅（*Sinogastromyzon*），中下游则有不少收集者如专营过滤收集的鲢、鳙。故我们认为，

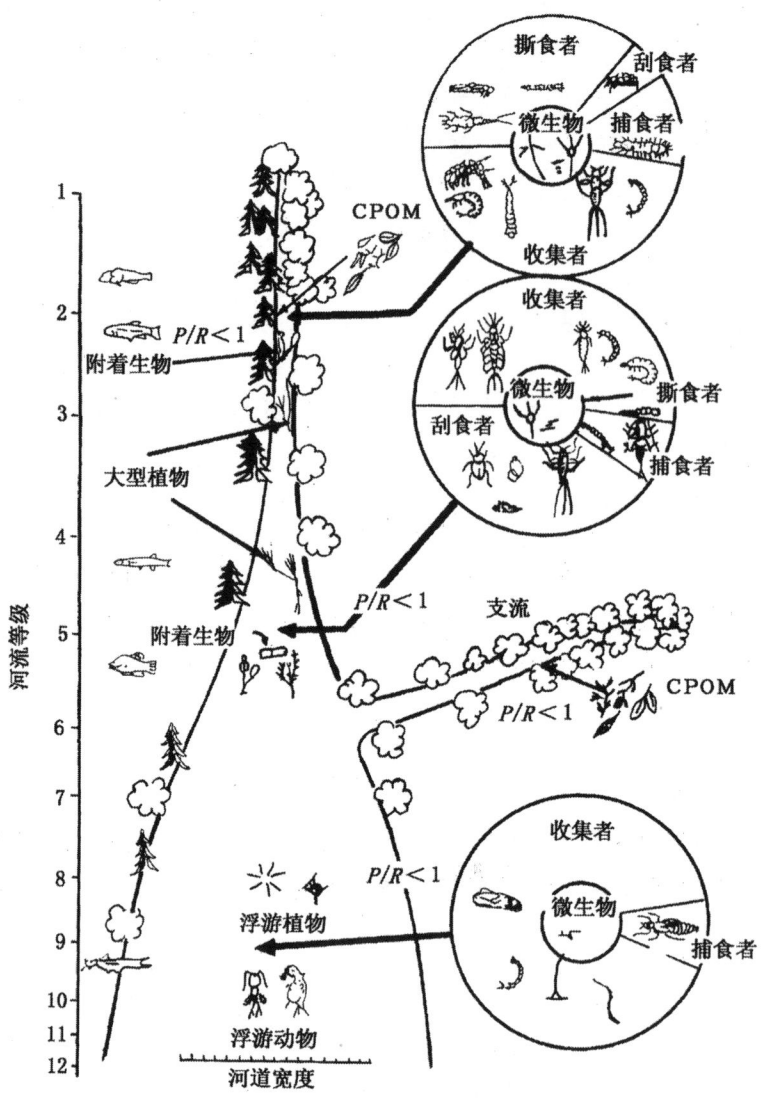

图3.9 河流连续统示意(自 Vannote et al. 1980)

这个理论比较接近河流群落的客观实际。

第九节 古群落及其环境

从古至今,环境、气候不断变化,生物不断进化,群落结构也随之改变。研究古群落及其所处的环境对于深入理解现存群落和预测未来趋势有十分重要的意义。因而,古生态学(paleoecology)应运而生。古生态学是生态学和古生物学的交叉学科,以生态学概念和方法研究古生物区系,研究过去地球、大气和生物圈的相互关系。古生态学有两个基本假设:①不论地质年代如何,生态学原理都是一致的;②化石生物的生态学可以从现存的等值种或相关种来推测。

古湖沼学(paleolimnology)是古生态学最重要的分支,因为湖泊是内陆最低的地方，许多外源物质流入并沉积，其底质中不仅有古湖泊群落的信息，而且含有陆地群落的大量信息。通过钻取底质岩芯，分析不同层次的孢子、花粉和化石，运用同位素测定地质年代，可以推测出不同历史时期古群落的种类组成和多度，进而可以根据现存相当群落所需的环境推测当时的气候，反演古气候的变化历程，预测今后气候变化的趋势。因此，在当今热点全球变化的研究中古湖沼学有重要作用。

思 考 题

1. 试述生态位的概念并举例说明生态位理论的应用。
2. 试述中度干扰理论并解释为什么中等捕食强度时群落物种多样性最大。
3. 以湖泊为例，简述群落的空间格局及其生态学意义。
4. 谈谈你对群落演替过程及其机理的认识。
5. 简述淡水生物群落的主要类型。

主要参考文献

[1] Abrams P. Some comments on measuring niche overlap. Ecology, 1980, 61: 44~49
[2] Begon M, Harper J L and Townsend C R. Ecology: individuals, populations and communities. Blackwell Scientific Publications, Oxford. 1986
[3] Connel J H and Slatyer R O. Mechanisms of succession in natural communities and their role in community stability and organisation. American Naturalist, 1977, 111: 1119~1144
[4] Ehrlich P R and Roughgarden, J. The Science of Ecology. Macmillan Publishing Company, New York, 1987
[5] Slobodkifchoff C N and Schulz, W C. Measures of niche overlap. Ecology, 1980, 61: 1051~1055
[6] Tilman D. Resource Competition and Community Structure. Princeton University Press, Princeton, 1982
[7] Vannote R L, Minshall G W, Cummins K W, Sedell J R and Cushing C E. The river continuum concept. Can. J. Fish. Aquat. Sci., 1980, 37: 130~137
[8] 陈宜瑜，许蕴玕等．洪湖水生生物及其资源开发．北京：科学出版社，1995
[9] 刘建康．东湖生态学研究（二）．北京：科学出版社，1995
[10] 谢志才，梁彦龄，吴天惠．长江中游湖泊底栖动物多样性的研究．水生生物学报，1996，20（增刊）：103~112

第四章 生态系统

第一节 生态系统的基本概念
　　一、什么是生态系统
　　二、生态系统的结构与功能
　　三、水生态系统的基本特征
第二节 生态系统中的物质循环
　　一、有机物质的生产
　　二、有机物质的分解
　　三、营养物循环
　　　1. 碳循环
　　　2. 氮循环
　　　3. 磷循环
　　　4. 营养物的再循环途径
第三节 生态系统中的能量流动
　　一、太阳能输入和生物生产力
　　二、食物链（网）和生态效率
　　三、营养结构和生态金字塔（锥体）
第四节 生态系统的发育、演化和平衡
　　一、生态系统的发育
　　二、生态系统的演化
　　三、生态系统的平衡

第一节 生态系统的基本概念

一、什么是生态系统

　　生物与环境是相互联系和相互作用的。在给定的区域内，所有的生物（即生物群落）同它们的理化环境相互作用，使得能量的流动在其内部形成一定的营养结构、生物多样性和物质循环，这样的一个单元就是"生态系统"（ecosystem）。简而言之，生态系统是指生物群落与非生物环境相互作用，通过物质和能量流共同构成的生物-环境统一体（图4.1）。这里讲生物与非生物环境的统一，是就生态系统中所有的生物这个总体而言的。实际上，对于任何一个种群或个体来说，它们除了与理化因素发生关系之外，同时还受其他种群或同一种群的其他个体的影响。

　　在生物学的发展史上，人们很早就提出了生物与环境的统一性问题。但是，同生态系统概念相关的术语，直到19世纪后期才出现于欧美一些国家的生态学文献中。德国生态学家默比乌斯（Mobius 1877）把一个牡蛎礁上的全部生物称为"生物群落"（biocoenosis）。美国学者福布斯（Forbes 1887）将一个湖泊称为"小宇宙"（microcosm）。俄国生态学家达库恰夫（Dokuchaev 1846~1903）亦强调生物群落的概念，这一概念后来被俄国学者拓展为"地理生物群落"（geobiocoenosis）。20世纪前半叶，欧美的一些生态学家和地理学家在上世纪先驱者的思想启发下，根据各自领域的研究结果用不同术语表达了生态系统的概念。英国植物生态学家坦斯利（Tansley 1935）最先提出了生态系统这一术语，他在发表于《生态学》杂志上的一篇文章中写道："更基本的概念是……完整的系统（物理学上所谓的系统），它不仅包括生物复合体，而且还包括人们称为环境的全部物理因素的复合体……。我们不能把生物从其特定的、形成物理系统的环境中分隔开来……。这种系统是

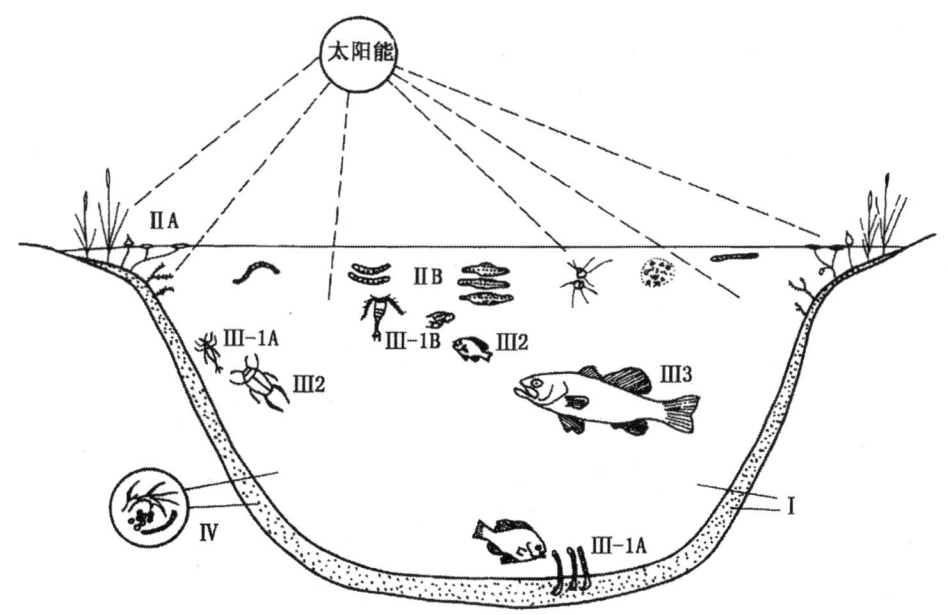

图4.1 池塘生态系统示意图(引自 Odum 1971)。基本成分有：Ⅰ.无生命物质——基本的无机和有机化合物；ⅡA.生产者——有根植物；ⅡB.生产者——浮游植物；Ⅲ1A.初级消费者(食草动物)——底栖类；Ⅲ1B.初级消费者(食草动物)——浮游动物；Ⅲ2.次级消费者(食肉动物)；Ⅲ3.三级消费者(次级食肉动物)；Ⅳ.腐食者——细菌和真菌

地球表面上自然界的基本单位……。这些生态系统有各种各样的大小和种类。"其他的有关术语是：弗里德里契斯(Friederichs 1930)的"群落社会"(holocoen)、锡内曼(Thienemann 1939)的"生物系统"(biosystem)、林德曼(Lindemann 1942)的"营养动态"(trophic-dynamics)、维纳德斯基(Vernadsky 1944)的"生物复合体"(bioenert body)、苏卡切夫(Sukachev 1944)的"生物地理群落"(biogeocoenosis)等。这些学者的观点对于生态系统概念的形成都具有十分重要的意义。坦斯利首次使用了生态系统一词，强调理化因子与有机体一样应当作为生态系统的组成部分。锡内曼通过比较系统的研究，指出了生产者、消费者和分解者之间的关系。林德曼讨论了营养动态中的物质循环和能量流，并且把这些动态行为看作是物理、化学和生物学过程的综合结果。

自50年代开始，生态系统的概念日益广泛地被人们所接受，而这一概念本身也得到了不断的补充和发展。尤其是60年代后期以来，由于人类的经济活动造成了严重的生态后果，生态学家普遍注重以生态系统为单元的生物与环境之间相互关系的研究。换句话说，生态系统这一级组织水平已成为现代生态学的研究重心，这是合理地对待和解决当今世界所存在的环境、人口、资源等关系人类生存的一系列重大问题的需要。生态系统的概念，在现代生态学思想中起着主导作用，它强调系统的各组成部分之间的必然联系、相互依存和因果关系，即各组成部分构成功能上统一的整体。现代生态学不仅把人包括在"生物"之内，而且更强调人类活动所产生的影响；"环境"也不单指生物的栖息环境，而是更着重于人类的生活环境。现在，人们一般都采用生态系统这一术语，并且对于生态系统的概念基本上取得了一致的见解。虽然还有一些国家的学者喜欢使用生物地理群落或地理生物群落这样的术语，但是通常认为它们的含意与生态系统相同。我国的生态学工作者，曾在50~60年代引用过生物地理群落这一术语,70年代后逐渐接受了生态系统的概念。

地球上的生态系统多种多样,有大有小,可以按照各种不同的规模来进行研究。一口池塘、一个湖泊、一片森林,甚至于一个实验水族箱(微型生态系统),都是合适的研究单元。某个实体,只要有主要成分存在并同时起作用而使其功能达到某种程度的稳定,这个实体即使存在的时间很短也可以看作是一个生态系统。根据非生物环境的主要特征,天然存在的生态系统分为淡水生态系统(freshwater ecosystem)、海洋生态系统(marine ecosystem)和陆地生态系统(terrestrial ecosystem),其中前两类生态系统被合称之为水生态系统(aquatic ecosystem)。陆地生态系统包括森林生态系统(forest ecosystem)、草原生态系统(grassland ecosystem)、荒漠生态系统(desert ecosystem)等。从人类对系统影响的大小来看,生态系统可分为自然生态系统(natural ecosystem)和人工生态系统(artificial ecosystem),属于前者的有上述各类生态系统,后者如农业生态系统(agroecosystem)、城市生态系统(urban ecosystem)等。所有这些生态系统都占有一定的地理位置和特定的环境,它们是构成生物圈(可视之为地球上最大的生态系统)的基本功能单元。这些生态系统的边界都是开放的,存在着物质和能量的输入与输出,因此都属于开放系统(open system)。相反,人工建立的某些系统(如宇宙舱),其边界只允许能量的进出而不让系统与外界进行物质交换,这类生态系统称之为封闭系统(closed system)。

二、生态系统的结构与功能

生态系统是具有一定结构和功能的统一体。就其结构来看,生态系统包括六个组成部分:①参加物质循环的无机物质(C、N、P、CO_2、H_2O等);②联系生物和非生物的有机化合物(蛋白质、碳水化合物、脂类、腐殖质等);③气候条件(温度、光照及其他物理因素);④生产者(producer),自养生物,主要指绿色植物,它们能由简单的无机物质制造食物;⑤大型消费者(macroconsumer)或吞食者(phagotroph),异养生物,主要是吃其他生物或颗粒有机物质的动物;⑥微型消费者(microconsumer)、腐食者(saprotroph)或分解者(decomposer),异养生物,主要指细菌和真菌,它们能分解死亡的原生质中复杂的有机化合物,吸收某些分解产物和释放可被生产者利用的无机营养物,同时释放某些可供其他生物作为能源的有机物质,或者是对其他生物的生长有抑制或促进作用的有机物质。这六个组成部分中,前三个是生态系统的非生物成分,后三个是生态系统的生物成分。

所谓生态系统的功能,也可以从以下六个方面来分析:①能量线路(energy circuit);②食物链(网)(food chain(web));③时间和空间的多样性格局(diversity pattern in time and space);④营养物循环(生物地球化学循环 biogeochemical cycle);⑤发育和演化(development and evolution);⑥控制(控制论 cybernetics,通过信息的反馈而进行自我调节)。一般认为,物质循环和能量流动是生态系统最重要的功能,而生物生产力是生态系统的这两大功能的综合体现。

上述六个"成分"和六个"过程"的划分,为生态系统结构与功能的描述提供了方便。不过应当指出的是,由于生态系统中的生物成分与非生物成分彼此混杂在一起,有些成分不能严格地归类于生物的或非生物的。大多数生命元素(C、H、O、N、P等)和有机化合物(蛋白质、碳水化合物、脂类等),不仅在生物体内外都有发现,而且它们处在介于生命状态与非生命状态之间的一种稳定的流通状态。然而,有一些物质看来是为某一种状态所特有的。例如,三磷酸腺苷(ATP)只存在于活细胞内(或者至少是细胞外的存在极为短暂),而腐殖质从来没有在细胞内发现。另外一些重要的生命合成物质(如 DNA 和叶绿素)在生物体内外都见存在,但是它们一离开细胞就失去了功能。最近注意到,三磷酸腺苷、腐殖质和叶绿素按面积或体积的定量测定值,可以分别作为生物量、分解量和生产量的指标。

三个生物成分即生产者、大型消费者和微型消费者,可以看作是三个自然的"功能界",因为它们有着不同类型的营养物和能量来源。这三个生物成分是根据它们的生态学功能而区分的,不应当与分类学上的类别相混淆,虽然它们之间存在某种平行现象。同时,在将异养生物分为大型消费者和微型消费者这两个类别时,也考虑到对于它们需要采用显然不同的研究方法。异养微生物(细菌、真菌等)是相对固定的,个体很小,具有很高的代谢率和周转率。由于这些生物在生化上的特化现象比形态学上的更为明显,因此采用直接观察和计数的方法通常不能确定它们在生态系统中的作用。大型消费者生物是通过摄取活的生物或有机碎屑而获得能量的。这些生物都具有明显的形态学特征,并且它们在生态系统中的行为可以根据其生长和数量变动来判定。因此,在大型消费者生物的研究中,直接的抽样观测是常用的方法。

自养成分与异养成分的相互作用,是所有生态系统的一个共同特征。这些生物成分及其代谢过程通常散布在空间的不同层次,最大的自养代谢发生在上面可以利用光能的"绿色带",而最强烈的异养代谢发生在下面不断积累有机物质的"棕色带"。同时,由于异养生物对于自养生物产品的利用有一定的时滞(time lag),这些基本功能一部分在时间上也是离散的。因此,生态系统中存在两类不同的能量线路:一类是始于绿色植物的"牧食线路"(grazing circuit),另一类是以有机碎屑为起点的"有机碎屑线路"(organic detritus circuit)。在生态系统的代谢过程中,绿色植物以日光为能源由无机物质合成有机物质供消费者利用,其食物潜能沿着不同的能量线路逐级传递;所积累的死亡有机物质则被微型消费者分解,释放出可被绿色植物重新利用的无机营养物。这样,生态系统中就出现营养物在环境与生物之间的往复循环,以及能量从日光到生物的单向流动。

任何生态系统都是由简单到复杂,从低级到高级不断发展的,在不同的发育阶段有着不同的特征。由于它的各种成分之间都存在着动态关系,因而整个系统始终处于不停的运动和变化。但是,在长期的演化过程中,生态系统获得了自我调节的能力,以致可以对抗一定强度的外来干扰而维持动态平衡。开展生态系统的研究,目的在于通过了解生态系统的结构与功能,阐明其物质循环及能量流动,以及演替与平衡的规律,从而采取合理的对策对生态系统进行最优化管理,使之朝着有利于人类的方向发展。

三、水生态系统的基本特征

水生态系统是淡水生态系统与海洋生态系统的总称。在地球表面上,大约有 71% 的面积被海洋和淡水水域所覆盖,这个所谓的水圈是地球表层的三大组成部分之一,在整个生物圈中起着十分重要的作用。淡水水域包括江河、湖泊、水库、沼泽、池塘等,具有广泛的地理分布和各种不同的规模。淡水生态系统一般都是范围很明确的实体,因此通常可以把整个系统作为一个研究单元。可是，海洋生态系统非常浩大，只能选择一定大小的区域作为亚系统来进行研究。

水生态系统的一个显著特征是水作为生物的栖息环境。由于水的理化特性，水环境在许多方面是与陆地环境不同的。水是一种良好的溶剂，具有很强的溶解能力。因此，天然水域中有很多呈溶解状态的无机和有机物质可被生物直接利用，这尤其给水体中大量存在的浮游生物提供了有利条件。另外，水的热容量大，导热率低，使得水环境中的温度状况比陆地上稳定，有利于水生生物的生长发育。但是，到达地球表面的太阳辐射通过水层时会出现进一步的衰减，以致天然水域中的光照强度明显地低于陆地。特别是在海洋和深度很大的淡水水域中，能接受太阳辐射的"有光带"所占比例很小，其绝大部分水层都处于黑暗或光照极其微弱的状态。因此，天然水域中的光照条件，在很大的程度上限制了绿色植物的分布。

水生态系统中的生物成分与陆地生态系统有明显的区别（见图4.1），这是与水环境的理化条件相适应的。水生态系统中的生产者主要是个体很小的各种藻类（浮游植物），它们按照日光所能达到的深度分布于整个水域，其生产力远比陆地植物高，而生物量显著地低于陆地植物。在小型水域或大型水域的浅水区（主要是沿岸带），通常还生长着一些水生高等植物（挺水植物或沉水植物），其生长情况主要决定于水层的透明度。在一般情况下，尤其在大型湖泊、水库和海洋中，浮游植物的生产量在系统的总初级生产量中占绝对优势。水生态系统中的初级消费者，也主要是个体很小的各种浮游动物，其种类组成和数量分布通常随浮游植物而变动。和陆地生态系统比较，水体中初级消费者对光合作用产物利用的时滞小，并且利用效率高。特别是在海洋和大型淡水水域中，浮游植物合成的食物几乎全部被浮游动物所消费，周转速度很快。

水生态系统中的大型消费者，除了草食性浮游动物之外，还包括其他食性的浮游动物、底栖动物、鱼类等。这些水生动物处于食物链（网）的不同环节，分布在水体的各个层次，其中不少种类是杂食性的，并且有很大的活动范围。同时，很多草食性或杂食性的水生动物，还以天然水域中大量存在的有机碎屑作为部分食物。尤其在中小型淡水水域中，有机碎屑在大型消费者的营养中起着相当重要的作用。

水生态系统中的微型消费者分布范围很广，但是通常以水底沉积物表面的数量为最多，因为这里积累了大量的死亡有机物质。一般地说，天然水域中只有少数细菌和真菌会危害活的生物体（属于致病菌），而绝大多数的种类都是在生物体死亡之后才开始侵袭的。在合适的水温条件下，水体中的死亡有机物质会很快被微型消费者所分解，释放出简单的无机营养物质。同陆地生态系统比较，水体中营养物循环的速度快，但微型消费者在其营养物再生中所起的作用小。

第二节 生态系统中的物质循环

已知自然界存在90多种化学元素，其中大部分元素都可以在生物体内找到，并且有近40种元素是生物所必需的。这些化学元素中，有一些是生物大量需要的，如碳、氢、氧、氮、磷等；而另外一些元素，如锰、铜、锌、钼、汞等，生物的需要量很小或者是微量的。无论生物的需要量如何，这些元素都倾向于沿着一定的路线，从环境到生物然后又回到环境,如此往复地循环不止。在这个所谓的"生物地球化学循环"中,存在着彼此对立而又相互协调的两个过程:一个是有机物质的生产,另一个是有机物质的分解。从整个生物圈来看,有机物质的生产与分解大体上是平衡的。据估计,地球上的生物每年通过光合作用所生产的有机物质大约为 10^{17}g(约1000亿吨),一年中生物的呼吸活动所消耗的有机物质也大致等于这一数量。正是由于这两个过程的相对平衡,才使得地球上的生物有着比较稳定的生存条件。

应当指出的是,有机物质生产与分解的平衡,在地质史上曾发生过几次大的变化:①大约在 6 亿~10 亿年前,有机物质的生产略大于其分解,结果使大气中的氧含量增高而二氧化碳含量降低,为地球上高等生物的出现和进化提供了先决条件;②大约在 3 亿年前,有机物质的生产明显地大于其分解,以致大量的生物残体被埋在地层中变成化石燃料,使人类近代的工业革命成为可能;③在最近的 6000 万年,大气中二氧化碳与氧的比率出现波动,这主要是有机物质生产-分解平衡的改变所致,同时也与火山活动、岩石风化、沉积和太阳能输入的变动有关,这一时期气候的冷暖期交替出现可能由此所引起;④最近 100 多年来,由于人类大量使用化石燃料,再加上农业的精耕细作,因而加快了有机物质的分解,使得大气中二氧化碳的含量持续增加,对气候产生了明显的影响。

一、有机物质的生产

生物由无机物质合成有机物质的方法,现在所知道的有绿色植物的光合作用和细菌的光合作用与化能合成作用。但是,在所有的生态系统中,有机物质的主要生产者是绿色植物。绿色植物具备叶绿素,可以利用太阳辐射能以水中的氢去还原二氧化碳,合成有机物质和放出氧气。绿色植物光合作用的化学过程通常用下式表示:

$$CO_2 + H_2O \xrightarrow[\text{叶绿素}]{\text{光}} (CH_2O) + O_2$$

由于绿色植物光合作用所需要的二氧化碳、水和日光都是地球上广泛存在的,所以绿色植物成为地球上最大的一类生物。绿色植物通过光合作用不仅合成有机物质和贮存太阳能量,而且使大气中氧与二氧化碳的比率维持相对稳定,这给地球上所有的生物提供了有利的生存条件。因此,绿色植物是太阳与地球上全部生物之间的媒介者,其光合作用是所有生态系统物质和能量代谢中最重要的一个环节。

细菌光合作用是一部分含有菌绿素和类胡萝卜素的细菌所特有的功能。这些细菌和绿色植物一样,可以利用太阳辐射能来同化二氧化碳,但是它们所用的氢源物质不是水,而是某些硫化物和碳氢化合物,因此光合作用过程中不放出氧气。光合细菌包括硫细菌和无硫细菌两大类,前者在缺氧条件下生活,利用硫化氢或其他硫化物的氢去还原二氧化碳;后者大多属于兼性厌氧微生物,以碳氢化合物(如脂肪酸、醇、甲烷等)作为氢源物质。大部分的光合细菌都是水生的,通常分布在水底沉积物的表层或光照强度低的水层中。由于所用的氢源物质和可能获得的太阳能量有限,这些光能自养菌作为有机物质的生产者所起的作用不大。但是,它们可以在不适于绿色植物生存的条件下活动,使到达生态系统的太阳辐射能得到充分的利用,并且在生态系统的某些无机物质的循环中起着重要的作用。例如，在缺氧条件下生活的紫色硫细菌和绿色硫细菌，能使水体中的硫化氢或其他硫化物氧化成硫，因而有助于硫的进一步转化。据报道，在日本的大多数湖泊中，硫细菌的生产量只占总生产量的3%～5%，而在含有大量硫化氢的污水湖泊中，这些细菌的生产量可达到总生产量的25%。因此，在被污染或富营养化的水体中，细菌的光合作用对于水体的净化可能是有利的。

营化能合成作用的细菌是一类无色素的好氧微生物，它们能在黑暗处通过对某些简单无机物的氧化而获得为同化二氧化碳所需要的能量。例如，亚硝化菌和硝化菌分别将氨氧化成亚硝酸和将亚硝酸氧化成硝酸；硫细菌将硫化氢氧化成硫和进一步将硫氧化成硫酸，或者直接将环境中存在的硫或硫代硫酸盐氧化成硫酸；铁细菌将低价铁离子（Fe^{2+}）氧化成高价铁离子（Fe^{3+}）等。这些化合细菌通常也被看作是生态系统中的生产者（化能自养菌），但是就其作用来看它们似乎介于自养生物与异养生物之间。在含有硫化氢的温泉和污水中，往往发现有大量的硫细菌（*Beggiatoa* 和 *Thiothrix*）存在，这类细菌对硫的转化和污水净化具有很大的意义。硝化菌在自然界的分布范围很广，它们在氮循环中起着十分重要的作用。

绿色植物在进行光合作用的同时，体内也进行着其他复杂有机物质（蛋白质、脂类等）的合成。所生产的这些有机物质，除了一部分用于机体本身的呼吸之外，剩下的连同机体的原生质一起成为消费者的食物。在许多情况下，可供消费者利用的食物一部分未被消费而贮存在该生态系统内，或者被转移到其他生态系统。

二、有机物质的分解

所有的生物都要进行呼吸，即通过有机物质的分解而获得生命活动所需要的能量，这是生态系统中物质和能量代谢的另一个重要方面。如果把呼吸广义地理解为任何释放能量的生物氧化过程，那么可以将生物的呼吸分为三个类型：①有氧呼吸，气态分子氧是受氢体（氧化剂）；②无氧呼吸，某种无机化合物是电子受体（氧化剂）；③发酵，亦为无氧呼吸，但电子受体（氧化剂）是某种有机化合物。在生态系统中，绝大多数生物的呼吸都属于有氧呼吸，而无氧呼吸主要限于某些腐食者生物（专性厌氧微生物和兼性厌氧微生物），虽然它作为从属的过程常常在高等动植物体的某些组织中发生。

生物的有氧呼吸是与绿色植物的光合作用正好相反的过程。具体地说，这就是在氧气的参与下，作为呼吸基质的有机物质被完全分解，结果形成二氧化碳和水，并释放出可被生物体利用的能量。而腐食者生物的无氧呼吸，是在缺氧的条件下进行的有机物质不完全分解的过程，因而不释放出二氧化碳。在无氧呼吸过程中，单位呼吸基质所释放出的能量比有氧呼吸少得多，并且产生一系列分子大小不同的有机化合物。无氧呼吸虽然是一种低效的呼吸方法，但是在生态系统的物质和能量代谢中仍然具有重要的意义，因为行无氧呼吸的腐食者生物处于系统中黑暗而又缺氧的深处，它们可以"营救"其他生物不可能利用的一部分物质和能量。

生态系统中死亡有机物质的分解是生物的和非生物的因素共同作用的结果，但是一般认为起主要作用的正是以这些有机物质作为食物来源的腐食者生物（异养微生物）。在有机物质的分解过程中，各种异养微生物（细菌、酵母和霉菌）可能是同时地或交替地起作用，任何一个分解者种群都不能单独地实现有机物质完全分解的任务。一般地说，细菌在动物尸体的分解中显得重要一些，而真菌能比较有效地进行植物纤维素的分解。现已查明，一些小型的腐食者动物或碎屑食性动物，如原生动物、线虫、介形类等，在有机物质分解中所起的作用比过去猜测的要大的多。这些动物可以通过很多途径来加速有机物质的分解：①将大块的碎屑分裂成碎片，从而增加微生物作用的表面积；②分泌蛋白质或生长物质，以促进微生物的生长；③通过吃掉一部分细菌刺激其种群的生长和代谢，即使其生长保持在"对数期"。据报道，在某些生态系统中，动物对有机物质的分解甚至比细菌或真菌更为重要。因此有的学者指出，不宜将某些特定的生物视为"分解者"，而应把"分解"看成是全部生物和非生物都参与的过程。

有机物质分解的速度与系统的生物组成和环境特征都有密切的关系，而且在同一条件下动植物尸体不同部分的分解速度也有差异。根据现有的了解，有机物质的分解过程可以分为三个阶段：①由于物理的或生物的作用，形成颗粒碎屑；②通过腐食者生物的活动而产生腐殖质，释放出可溶性的有机物；③腐殖质的矿化，释放出无机营养物。在这一分解过程中，前两个阶段通常都进行的比较快，而第三个阶段往往要经历相当长的时间。这正是生态系统中分解过程落后于生产过程的原因所在。目前还不十分清楚，腐殖质的分解是由具有特定酶系统的某些生物，还是通过非生物的化学过程，或者是这两方面的作用共同完成的。

在生态系统中，有机物质分解的主要结果是提供了可被绿色植物重新利用的无机营养物，从而使环境与生物之间的物质循环得以进行。同时，分解过程中所释放出的大量中间产物和分解者生物的代谢产物，与系统中其他多种生物成分都有一定的关系。这些分解产物中，颗粒碎屑和部分有机化合物可以被很多生物作为能源物质，另一部分有机化合物则对许多生物的生长有显著的影响。后面的这些物质有的是抑制剂，如具有抗菌作用的青霉素、链霉素、土霉素等；有的是促进剂，即各种维生素和其他生长物质，如硫胺、维生素 B_{12}、维生素 H、组氨酸、尿嘧啶等。在生态学研究中，有些学者把这些物质称为"外分泌"（ectocrine）或"环境激素"（environmental hormone），并且认为这些物质可以对生态系统起一定的调节作用。

三、营养物循环

按照生物地球化学循环的概念，那些为生物所必需的化学元素和无机化合物的运动，通常称之为营养物循环（nutrient cycling）。每一个循环都包括两个分室（compartment）或库（pool），即贮存库和交换库。从整个生物圈来看，这些物质的循环归属于两个基本类群：一个是以大气圈和/或水圈（海洋）为贮存库的气体型循环（如碳、氮等），另一个是以岩石圈为贮存库的沉积型循环（如磷、硫等）。对于任何一种物质的循环来说，生物与环境之间的交换过程都是在作为交换库的生态系统中进行的，在这里物质运动的速度比在贮存库（一般指非生物成分）要快得多。由于第一章已对某些物质的循环作了介绍，因此这里仅就碳、氮、磷的循环给予简要的说明。

1. 碳循环

自然界的碳大部分是以化合状态存在的，总量大约为2.7×10^{16}t，其中99.9%的碳分布在陆地，海洋含0.1%，大气中仅有0.0026%。分布在大气中的和溶解于水中的二氧化碳，是地球上自养生物合成有机物质的碳素来源。在陆地生态系统中，绿色植物进行光合作用时消耗了大气中的二氧化碳，而通过生物的呼吸和死亡有机物质的分解使二氧化碳又返回大气。对于水生态系统来讲，除了系统内生物与水环境之间二氧化碳的交换之外，还在水与大气的界面上连续地进行着二氧化碳的交换。并且，大气中过量的二氧化碳，可以被海水吸收而贮存起来。一部分未被分解的动植物尸体，则可能埋藏在地下或成为深海沉积物，其中的有机碳化物将暂不参加碳循环。

近100多年来，大气中二氧化碳的含量在不断地增加。据调查，19世纪中期大气中的二氧化碳约为290 ppm[1]，本世纪中期上升至320 ppm，现在已达到330 ppm。这主要是近代工业革命后，人类大量地开采利用了化石燃料，使过去地质年代所固定的碳返回大气的结果。同时，农业的精耕细作加速了腐殖质的分解，这对大气中二氧化碳含量的增加也起了一定的作用。这种情况表明，大气圈作为二氧化碳的一个贮存库，其容纳能力是相当有限的。作为另一个贮存库的海洋，虽然对二氧化碳有很大的容量，但是它不能及时地吸收大气中多余的二氧化碳，以致于需要经过很长的时间，海水与大气中的二氧化碳浓度才能达到平衡。大气中二氧化碳含量的增长及其对气候的影响，已经引起人们普遍的关注。一般认为，大气中的二氧化碳具有温室效应，其含量的增长引起了整个生物圈温度的上升。据估计，大气中二氧化碳的含量到2000年时将增加25%，而当全部易开采的化石燃料耗尽时将增加170%。温度上升的严重后果就是极地冰的融化和出现全球性的热带气候。如果南极冰全部融化，海平面将上升400英尺[2]，而这在400年内就有可能发生。这种变化对于人类无疑是灾难性的！然而，另有一些学者认为，在人类大量使用化石燃料，增加大气中二氧化碳含量的同时，也增加了大气的颗粒（即尘埃）污染，这些尘埃可减少到达地面的太阳辐射能，因而具有使地球变冷的反向效应。

2. 氮循环

氮是地球上分布最广泛的一种化学元素。除了大气中含有近80%的游离氮之外，还有各种不同的无机和有机氮化物存在于土壤、水域和生物体内。在生物地球化学循环中，氮循环可能是最复杂的一个循环(见图4.2)。

大气中的游离氮，只能被某些具有固氮能力的细菌和藻类所利用，而其他所有的生物是不能利用的。自然界的固氮菌分为两个类群：一类是共生固氮菌（根瘤菌），另一类是自生固氮菌（如巴氏梭菌、褐色球菌等）。这些固氮菌可以同化大气中的游离氮，直接或间接地给植物提供可利用的硝酸盐，从而被植物用来合成蛋白质。固氮藻类全是蓝藻，常见的有念珠藻属（*Nostoc*）、项圈藻属（*Anabaena*）、管链藻属（*Aulosira*）、眉藻属（*Calothrix*）、筒胞藻属（*Cylindrosspermum*）、单歧藻属（*Tolypothrix*）等。

---

1) 1ppm＝1mg/kg

2) 1英尺＝30.48cm

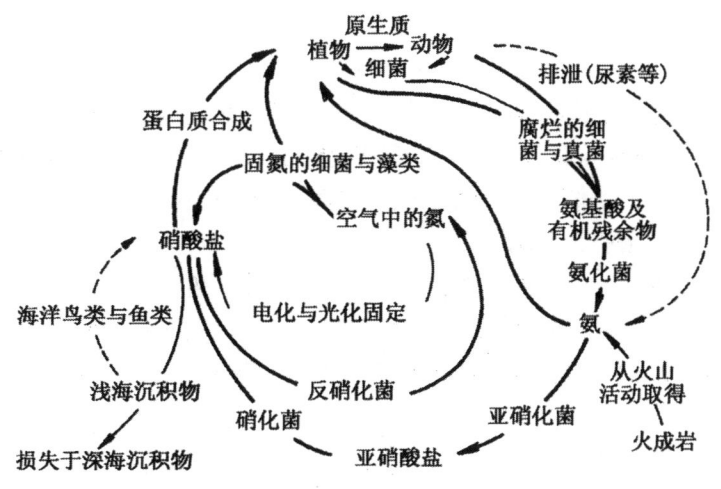

图4.2 氮循环（引自 Odum 1971）

这些藻类所合成的有机氮，除了大部分是在藻类细胞死亡后经分解而转变成无机氮化物之外，还有少量的是在藻类细胞生长繁殖时就被排泄至体外，经过分解后被其他植物所利用。另外，大气中的高能固氮，即经电化学作用或光化学作用（包括闪电、宇宙线，陨星等）所形成的硝酸盐，以及火山爆发时所产生的氨，也会随着雨水而进入生态系统。据估计，整个生物圈的固氮率为 140～700 mgN·m^{-2}·a^{-1}，其中高能固氮所占的比率很小，在温带地区也不超过 35 mgN·m^{-2}·a^{-1}。仅就地球陆地表面的生物固氮而言，其平均固氮率至少为 1gN·m^{-2}·a^{-1}，肥沃地区可达 20gN·m^{-2}·a^{-1}，而小型湖泊光亮带的固氮率大约为 1～50 μgN·L^{-1}·d^{-1}。海洋的固氮率无疑地低于陆地，但其总固氮量必定对全球的氮循环产生重大影响。

氮循环的另一个重要环节是，生态系统中的死亡有机物质，包括动植物的尸体和排泄物，来自其他系统（外源）的有机物质，以及人排放的污水和施入的有机肥料，经过腐食者生物（细菌、真菌等）的分解而释放出氨基酸，这些氨基酸再经过氨化菌的作用而形成氨。有一部分氨可能以铵盐的形式被植物吸收，其余的氨则经过亚硝化菌和硝化菌的相继作用，进一步被转化成亚硝酸盐和硝酸盐。铵盐和硝酸盐都是植物能利用的无机氮化物，但是当这两种氮素同时存在时植物往往对它们有不同的选择，其结果通常决定于所在环境的酸碱度及其他某些离子的影响，同时也与植物体内碳水化合物的积累状况有一定的关系。

在植物吸收无机氮化物合成蛋白质的同时，也有部分无机和有机氮化物被分解成游离氮而返回大气。这是因为：①自然界广泛地存在着一类反硝化细菌，它们可以使已经形成的硝酸盐还原成游离氮；②在燃烧矿物燃料、木材（包括森林火灾）及其他作为燃料的有机物质时，都会使一些有机氮化物分解而产生游离氮；③在死亡有机物质被腐食者生物分解的过程中，也会释放出一部分游离氮。此外，生态系统中的一些动植物尸体，可能被埋入地层深处或成为深海沉积物，其中的有机氮化物将暂时脱离氮循环。

氮循环中虽然有一部分氮经由上述途径而流失，但是这种损失得到了生物固氮和高能固氮的补偿。因此，氮循环是一个相当完全的、具有自我调节和反馈机制的系统。

3. 磷循环

自然界只存在化合状态的磷，并且主要贮存在磷酸盐岩、鸟粪沉积物和骨化石沉积物中。在自然界的侵蚀作用下，这些岩石和沉积物逐渐溶解而释放出磷酸盐，从而被植物用来合成有机物质。动植物尸体经分解后所释放出的磷酸盐，以及动物的排泄物中的磷酸盐，都能重新被植物所利用。不过，动物尸体的硬组织（骨骼、牙齿）中所含的磷，须经长期的沉积和分解过程才能释放出来。淡水水域经常会接受来自陆地的一部分营养物（氮、磷等），在这里除了发生在水柱中的营养物迁移之外，还不断地进行着水柱与水底之间的营养物交换，即死亡有机物质的沉积和沉积物的营养物释放。磷循环的过程如图4.3所示。

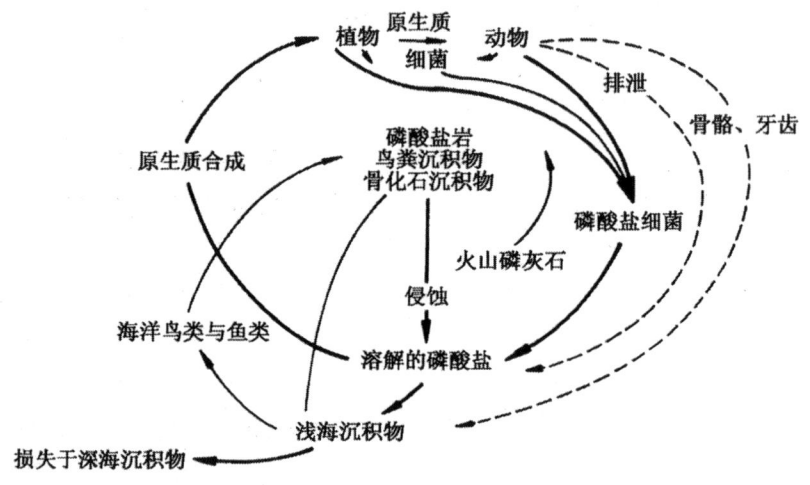

图4.3　磷循环（引自 Odum 1971）

无论是陆地或淡水水域，都经常有一部分营养物随着水流而转移到海洋，成为海洋生物的营养物补充。同淡水水域中的营养物交换一样，沉积在浅海水底的磷酸盐，可以被释放至海水中再次供植物利用。并且，通过海鸟的活动或人类对海洋生物产品的利用，一部分磷酸盐还会返回陆地。可是，现在海洋中的磷和其他物质被海鸟转移至陆地的速度，远远低于以往的若干年代。人类虽然通过捕捞海洋鱼类每年可以回收大约 6 万吨磷，但每年所开采的磷酸盐岩多达 100 万～200 万吨，而且其中的大部分磷最后都被流失。同时，深海沉积物中的磷酸盐，在地壳发生重大变动之前不能再参与磷的循环。由此可见，磷循环是一个不完全的循环，大量的磷进入海洋后沉积于深处，而重新返回的磷不足以补偿陆地和淡水水域中磷的损失。在磷的循环中，人类的活动显然加快了磷损失的速度。

由于磷的不完全循环，世界上很多地区的淡水水域都严重缺磷，以致磷成为其初级生产力的重要限制因素。一旦大量的磷进入水体后，往往会引起浮游植物的迅猛生长而使水体呈现富营养化。不少研究结果表明，磷在水体中的循环过程不是均衡的，任一时间湖泊中大部分的磷，或者存在于生物体内，或者被结合在沉积物中，而水中的溶解磷至多只有 10%。因此，沉积物磷的释放率，在很大程度上反映了磷循环的速率。由于不同水体的形态结构和理化状况不同,其沉积物磷的释放率往往有很大的差别。一般地说,同大型深水湖泊相比,中小型浅水湖泊中沉积物磷的释放率较高而周转时间较短,因此通常具有较高的生产力。

4. 营养物的再循环途径

生态系统中营养物的再循环或再生（regeneration）,是指系统中可供自养生物重新利用的营养物的生成,或者说营养物从生物返回环境的过程。按照传统的观念,细菌和真菌是死亡有机物质（碎屑）的分解者,因此生态系统中营养物的再生,主要是通过碎屑的微生物分解（图4.4中的再循环途径Ⅱ）而实现的。对于草地、温带森林等以碎屑食物链为主体的生态系统来说,这一条途径确实是重要的。但是,在海洋的营养物再生中,细菌的重要性从来没有得到成功的证实。近代的大量研究结果表明,浮游动物（特别是微型的）的排泄（图4.4中的再循环途径Ⅰ）在水域的氮、磷再生中起主导作用,尤其是在大型深水水域中是如此。在这些浮游生物占优势和牧食食物链为主体的生态系统中,直接从浮游动物生存期间的排泄物中返回的营养物,比其死后经微生物分解所释放出的要多得多。并且,浮游动物的排泄物中含有许多可溶性的无机和有机氮、磷化合物,这些营养物能直接被浮游植物利用而无须经过细菌的分解。在其他类型的生态系统中,再循环途径Ⅰ的重要性必定同系统中牧食食物链的重要性相一致。由于碎屑的微生物分解有多种生物参与,且包含了复杂的交换与反馈网络,以致再循环途径Ⅱ的内幕还不很了解,故目前将整个碎屑复合体（图4.4中由虚线所围起来的方框）作为一个"黑箱"来看待。

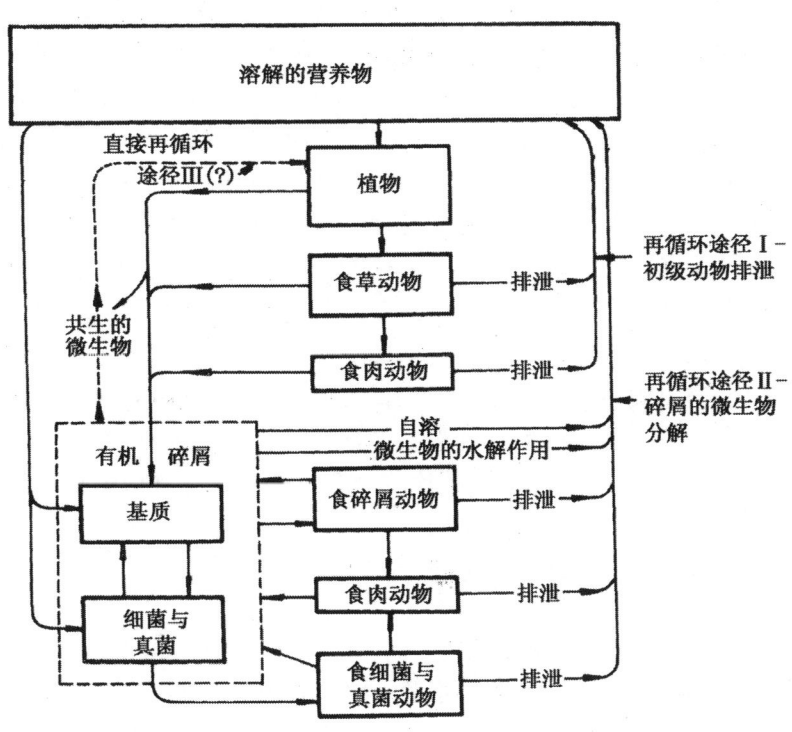

图4.4 主要的营养物再循环途径（引自 Odum 1971）

营养物再循环的第三条途径是，在植物根系共生的真菌或其他微生物，直接从植物的枯枝落叶吸取营养物，然后将这些营养物传输给活植物体。这一条途径是通过对热带雨林的研究而提出来的，是否广泛地存在于其他生态系统尚待进一步研究。

生态系统中的动植物尸体和粪便颗粒，在微生物的侵袭之前也会释放出营养物来。这种不经过微生物的分解而释放营养物的自体溶解现象称之为"自溶"（autolysis），可以看作是生态系统中营养物再循环的第四条主要途径。据报道，在水域或潮湿的环境中，尤其是在动植物尸体和粪便颗粒都很小的地方，通过自溶途径所释放出的营养物可达25%~75%。

应当指出，人类的活动在很大程度上加速了地球上许多物质的运动，使得一些物质的循环变得不完全甚至完全不循环，结果造成这些物质在此处太多而在彼地太少，严重地破坏了自然环境的生态平衡。例如，大量地开采和加工磷酸盐岩，因其经营管理不善而引起矿区和工厂周边地区的严重污染。又如，只顾加大农业生态系统的磷肥输入而对其输出不给予任何的控制，结果使大量的磷随出水流入邻近的水体，造成水体的富营养化。因此，再循环的概念必须成为人类社会的主要目标，以便实现合理地开发、利用和保护自然资源，使某些无循环或循环不完全的过程变为有循环或循环更完全的过程。

第三节 生态系统中的能量流动

在生态系统中，所有异养生物需要的能量都来自自养生物合成的有机物质，这些能量是以食物形式在生物之间传递的。当能量由一个生物传递给另一个生物时，大部分能量被降解为热而散失，其余的则用以合成新的原生质，从而作为潜能贮存下来。由于能量传递不同于物质循环而具有单向性，因此生态系统中的能量传递通常称之为能量流动。

按照热力学的概念，能量是物体做功的本领或能力。能量的行为可以用热力学定律来描述。热力学第一定律指出，能量既不能创造也不会被消灭，只能由一种形式转变为另一种形式。因此，对于包含能量转化的任何系统来说，能量的输入与输出之间都是平衡的。热力学第二定律有几种表达方式，其中的一种说法是：在能量传递的过程中，总有一部分能量会转化成不能利用的热，以致于任何能量传递过程都没有100%的效率。

生物体、生态系统和生物圈都具有基本的热力学特征，即它们能形成和维持高度的有序或"低熵"状态（熵是系统的无序或无用能的度量）。低熵状态系由高效能量（如光或食物）不断地降解为低效能量（如热）而达到。在生态系统中，由复杂的生物量结构所显示的"有序"，是通过可以不断排除"无序"的总群落呼吸来维持的。

一、太阳能输入和生物生产力

日光是生态系统中重要的环境因素之一，尤其是作为绿色植物光合作用的能源，同系统中所有的生物都有密切的关系。根据现有的了解，太阳辐射是以 $20 kcal \cdot m^{-2} \cdot min^{-1}$ 的速率到达生物圈的，但由于通过大气层时成指数式的衰减，最多有67%的能量（$13.4 kcal \cdot m^{-2} \cdot min^{-1}$）可以在晴朗的夏天中午到达地球表面。同时，太阳辐射在通过云层、水和植被时还会进一步减弱,并且它的光谱组成也会发生重大的改变。因此,每天输入到生态系统自养层的光能,就温带地区来看通常在 $1000 \sim 8000 \mathrm{kcal \cdot m^{-2}}$,平均约为 $3000 \sim 4000 \mathrm{kcal \cdot m^{-2}}$。生态系统的太阳能输入,不仅依地理分布、环境特征和季节更替有很大的变动,而且在系统的不同层次之间也有显著的差别。

绿色植物通过光合作用制造有机物质,以及消费者生物对这些有机物质的利用和贮存,是生态系统中连续进行的生产过程。所谓生态系统的生物生产力,就是系统生产和贮存有机物质的速率,以初级生产量和次级生产量为指标。初级生产量是指一定时间和空间内生产者生物(主要是绿色植物)合成有机物质的量。按照是否包括生产者生物在给定时间内的呼吸损耗(R_A),初级生产量分为毛初级生产量(GPP 或 P_G)和净初级生产量(NPP 或 P_N),二者之间的关系是:$GPP = NPP + R_A$。次级生产量是指一定时间和空间内消费者生物(包括死亡的个体在内)的生物量之增长量。由于鱼类、鸟类、兽类等能被人直接所利用,这些动物的生产量往往也称之为终极生产量。消费者生物虽然也有呼吸损耗,但是它们只利用已生产出来的有机物质,而且是通过一个完整的过程转化为不同组织的,因此次级生产量不应当有"毛的"与"净的"这种区别。异养水平上的相当于自养生物毛生产量的能量流称之为"同化量"。在给定的时间内(通常指一个生长季节或一年),未被异养生物所消费的有机物质的贮存量称之为净群落生产量(NCP 或 P_{NC}),其数值等于净初级生产量(P_N)与异养生物呼吸量(R_H)之差。由于上述各类生产量都考虑了时间要素,因此这些生产量往往也被称为生产力,如初级生产力、次级生产力等。生产量可以用湿重、干重、含碳量、含氮量或能量单位来表示,其中能量单位最有实用意义。

表 4.1 太阳能输入与初级生产力之间的关系(引自 Odum 1971)

A. 传递百分数

步骤	1 总辐射能	2 被自养层吸收	3 毛初级生产	4 净初级生产
最大值	100	50	5	4
中等有利条件	100	50	1	0.5
生物圈的平均值	100	<50	0.2	0.1

B. 百分效率

步骤	最大值	中等有利条件	生物圈的平均值
1~2	50	50	<50
1~3	5	1	0.2
2~3	10	2	0.4
3~4	80	50	50
1~4	4	0.5	0.1

C. 按 $\mathrm{kcal \cdot m^{-2} \cdot a^{-1}}$ 计算

辐射能		毛初级生产力	净初级生产力
	最大值	50 000	40 000
1 000 000	中等肥沃地区	10 000	5000
	海洋和半干旱地区	1000	500
	生物圈的平均值	2000	1000

在生态系统的生产过程中，绿色植物的光能利用率是很低的。从整个生物圈的情况来看，落在生态系统自养层的总辐射能，大约只有一半被绿色植物所吸收。在最有利的情况下，至多也不过5%的总辐射能（所吸收能量的10%），被转化为毛初级生产量。同时，植物在呼吸过程中，通常还要消耗50%（至少20%）的光合作用产物，从而使可被消费者生物利用的能量进一步减少。太阳能输入与初级生产力之间的关系见表4.1。

生态系统的生物生产力，主要决定于营养物的供给状况、光照强度及其他环境条件，同时在一定程度上也受群落结构的制约。由于不同生态系统的具体情况不同，其生物生产力水平往往有很大的差别。据估计，全球的毛初级生产力约为10^{18} kcal·a^{-1}，主要类型的生态系统的毛初级生产力大约相差100倍，即200~20 000 kcal·m^{-2}·a^{-1}，其分布情况如图4.5所示。另外，就净群落生产量来看，不同生态系统的差别也是很大的。在"生长型"的生态系统中，由于自养代谢大于群落呼吸，因此通常有比较高的净初级生产量和净群落生产量。而对于"稳定型"的生态系统来说，毛初级生产量往往完全被自养生物和异养生物的呼吸所消耗，以致于最后几乎没有净群落生产量（见表4.2）。

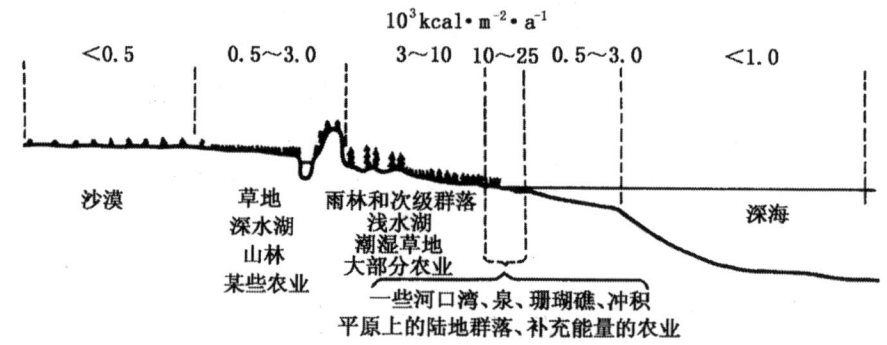

图4.5　主要类型的生态系统毛初级生产力的世界分布（引自 Odum 1963）

表4.2　生长型与稳定型生态系统的代谢(kcal·m^{-2}·a^{-1})（引自 Odum 1971）

	幼松种植园 （英格兰）	银泉 （佛罗里达）	长岛海湾 （纽约）
毛初级生产量(GPP)	12 200	20 800	5700
自养呼吸量(R_A)	4700	12 000	3200
净初级生产量(NPP)	7500	8800	2500
异养呼吸量(R_H)	4600	6800	2500
净群落生产量(NCP)	2900	2000	≈0
NPP/GPP(%)	61.5	42.3	43.9
NCP/GPP(%)	23.8	9.6	0
P/R	1.31	1.11	1.00

二、食物链（网）和生态效率

绿色植物所提供的食物能通过生物的摄食和被摄食而相继传递的特定线路称之为食物链。每一条食物链由一定数量的环节组成，最短的包括两个环节，如藻类→鲢、水草→草鱼等，而最长的通常也不超过4～5个环节。食物链愈短，或者距食物链的起点愈近，生物可利用的能量就愈多。食物链分为两类：①牧食食物链，从绿色植物开始，经食草动物到食肉动物；②碎屑食物链，从死亡有机物质到分解者生物，然后到食碎屑动物和它们的捕食者。所有的食物链都不是孤立存在的，而是相互交联成为一种网状形态，这种复杂的食物链组合常称之为食物网(见图4.6)。

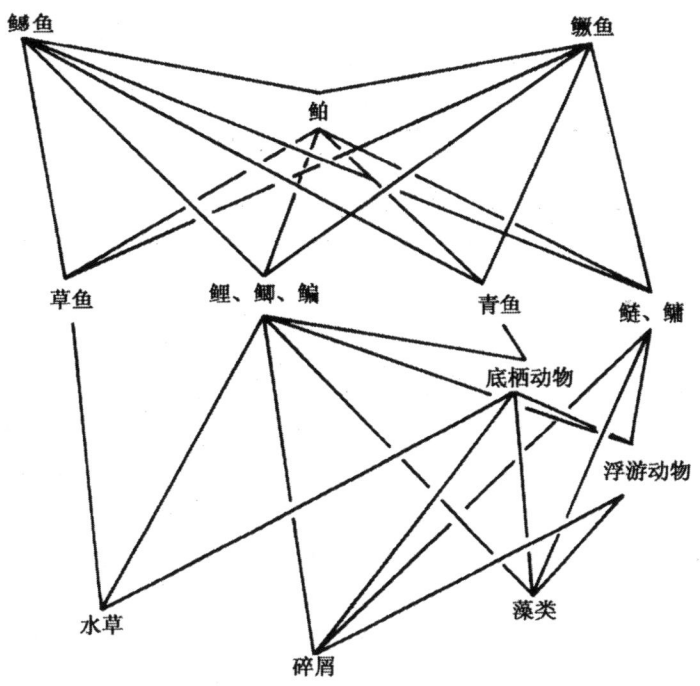

图4.6 淡水生物群落食物网的一部分

在生物群落中，不同食物链上相应的环节代表着同一个营养级，位于同一营养级上的生物是通过数量相同的环节从植物获得能量的。这样，绿色植物所占据的是第一营养级（生产者级），食草动物是第二营养级（初级消费级），初级食肉动物（吃食草动物）是第三营养级（次级消费级），次级食肉动物（吃初级食肉动物）是第四营养级（第三消费级），位于再上一级的消费者生物是第五营养级（第四消费级）。应当注意，这种营养类别是按照功能来划分的，而不是物种的分类；从实际利用的能源物质来看，某一种群可能占据一个或多个营养级。通过一个营养级的能量流，等于该级生物的同化量（A），即该级生物的生产量（P）与呼吸量（R）之和。

能量沿食物链逐级传递的过程，可用一个简单的三级能量流模型(图4.7)来说明。模型中的三个"方框"代表三个营养级，进出每一个营养级的能量流由不同大小的"管道"表示，并且在底线上标出了太阳能输入和各级生产量的期望值。按照模型所给出的数值计算，输入的光能只有1%被绿色植物所固定（指毛生产量减去一半后的净生产量），而且每经过一次传递大约有80%～90%的能量损失。模型所描述的被绿色植物固定的能量，按10%～20%的效率沿食物链逐级传递，就是著名的"百分之十定律"。能量传递过程中的巨大损失，除了归因于消费者的呼吸损耗之外，还因其对饵料的利用（包括摄食和同化）不完全所致。由此可见，由一定的初级生产产品所维持的消费者数量，在很大程度上取决于食物链的长度，而食物链一般限于4～5个环节正是由能量传递的效率所决定的。

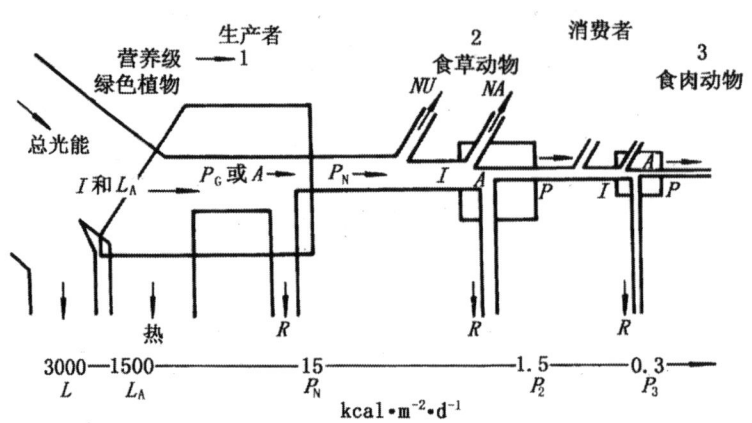

图4.7　三个营养级的能量流模型（引自 Odum　1963）

I＝总能量输入（第一级上的 $I=L$）；L_A＝被植物吸收的光能；P_G＝毛初级生产量；A＝同化量；P_N＝净初级生产量；P＝次级（消费者）生产量；NU＝未利用的能量（贮存或输出）；NA＝未被消费者同化的能量（排粪）；R＝呼吸量

生态系统中的能量流动，是通过牧食食物链和碎屑食物链共同实现的。由于这些食物链彼此交联而形成网状结构，其能量流动的全过程非常复杂。就所述的两类能量线路来看，虽然二者以类似的形式而结束，但是它们的起始情况却完全不同。简单地说，一个是牧食者对活植物体的消费，另一个是碎屑消费者对死亡有机物质的利用。这里所讲的碎屑消费者，是指以碎屑为主要食物的小型无脊椎动物，如猛水蚤类、线虫、昆虫幼虫、软体动物、虾、蟹等，它们是很多大型消费者的摄食对象。碎屑消费者所利用的能量，除了一部分直接来自碎屑物质之外，大部分是通过摄食附着于碎屑的微生物和微型动物而获得的。因此，按照上述的营养类别，碎屑消费者不属于独立的营养级，而是一个混合类群。由于不同生态系统的碎屑资源不同，碎屑线路所起的作用也有很大的差别。在海洋生态系统中，初级消费者利用自养生物产品的时滞很小，因此通过牧食线路的能量流明显地大于通过碎屑线路的能量流。相反，对于很多淡水（尤其是浅水）生态系统来说，碎屑线路在能量传递中往往起着主要的作用。

食物链不同点上的能量流之间的比率是能量传递效率的度量，这些比率以百分数表示时通常称之为"生态效率"。不同类型的生态效率列于表4.3。生态效率的比较，只有当每一个比率的分子和分母都采用相同的单位时才有意义。在可能的情况下，所有的生态效率都应当按能量值（即卡/卡）来计算。前面已经指出了一些重要的生态效率的数值范围,如生产者级的能量同化效率为 1%~5% (P_G/L) 或 2%~10% (P_G/L_A),营养级间的生产效率 (P_t/P_{t-1}) 为 10%~20% 等。从现有的资料来看,消费者级的同化和生产效率一般为 10%~50%,但是也有更高一些的。例如,以营养丰富的动物饵料为食的某些鱼类(狗鱼等),对食物的同化效率可达到 60%~95%。同食草动物相比,食肉动物的同化效率虽然较高,但其生长效率 (P/A) 较低,因为它们在捕食时的能量消耗很大。就恒温动物与变温动物比较,由于前者为维持体温的恒定而需耗费大量的能量,其生长效率 (P/I) 比后者低。

表4.3 不同类型的生态效率

A. 营养级内的比率	生产者级	消费者级
同化效率	P_G/L 或 P_G/L_A	A_t/I_t
组织生长效率	P_N/P_G	P_t/A_t
生态生长效率	P_N/L 或 P_N/L_A	P_t/I_t
B. 营养级间的比率		
能量吸收效率	I_t/I_{t-1}	
同化效率	A_t/A_{t-1}	
利用效率	I_t/P_{t-1} 或 A_t/P_{t-1}	
生产效率	P_t/P_{t-1}	

符号说明:t——营养级,$t-1$——t 前面的营养级,其余的见图4.7

食物链的概念和原理对于人类的生产实践具有重要的指导意义。就淡水渔业生产而言,其基本目标是充分利用水体的饵料资源,最大限度地提高鱼产量。为此,人们通常采取下列主要措施来调节水体的生产过程,使系统中有用的能量尽可能转移到鱼产品上去:①多放养食物链短的鱼类(如鲢、鳙、草鱼、鳊等),以有效地利用生产者生物所固定的能量;②控制肉食性鱼类种群(如鲌、鳜等)的发展,以减少能量多级传递所造成的损失和对放养鱼类的危害;③注意天然杂食性鱼类(如鲤、鲫等)的繁殖保护,并适当增加碎屑食性鱼类(如细鳞斜颌鲴)的放养量,以提高水体中死亡有机物质的利用率。长期以来,以鲢、鳙为主体的多品种放养,一直是我国淡水渔业生产的主要经营方式。实践结果表明,只要根据水体的饵料基础,掌握好鲢、鳙及其他鱼类的放养密度、比例和规格,并加强除野、防逃、捕捞等生产管理措施,都有获得渔业高产稳产的可能性。

然而,在营养物来源丰富的条件下,水体的生态环境往往随着鱼产量的增长而不断恶化。从近代的大量研究结果来看,水体富营养化主要是外源营养物的大量输入所致,但高密度的浮游生物食性鱼类种群有加速其富营养化进程的趋向。因此,许多生态学家在注意到湖沼学研究通常采纳的"理化因素—浮游植物—浮游动物—鱼类"这一"上行影响"(bottom-up effect)系列的同时,强调生态系统中同该系列方向相反的"下行影响"(top-down effect),并且将其营养状态的变化归因于鱼类捕食所产生的"营养级联效应"(trophic cascade effect)。同时,在富营养湖泊的治理中,欧美国家广泛地采用以改变鱼类的组成和/或多度为主要内容的"生物操纵"(biomanipulation),来调整湖泊的营养结构和促进其水质的恢复。根据鱼类下行影响和生物操纵的研究结果，不少学者认为生态系统的结构与功能是由捕食（下行影响）和理化因素（上行影响）共同调节与控制的，而且受下行或上行控制的过程之间可能存在复杂的相互影响。至于作为我国主要经营对象的浮游生物食性鱼类鲢和鳙，其大量放养（尤其是鲢）究竟是加速还是延缓了水体的富营养化，长期以来国内外一直存在着争议，尚有待进一步的研究。

三、营养结构和生态金字塔（锥体）

在生物群落中，由食物链上稳定的能量流所维持的现存量（以干重或卡值表示），在相当大的程度上取决于生物个体的大小。生物个体愈小，每1g（或1cal）生物量的代谢率愈高，因此可维持的生物量就愈小。相反，生物个体愈大，现存量也愈大。例如，某一时刻存在的细菌生物量要比同时存在的鱼类生物量小得多，即使这两个类群的能量利用相同。由于食物链现象（能量每次传递都有损失）与生物个体大小——代谢率关系的相互作用，结果使群落内部形成了明确的营养结构，这种结构往往是某一类型的生态系统（湖泊、森林、草原等）所特有的。群落的营养结构可以用相继营养级上的生物个体数、现存量或能量流来描述。如果采用图解法来表示，即以生产者级作为基底，然后逐层地标绘出相继的消费者级，那么就会出现群落营养结构的"金字塔"（pyramid）形态。生态金字塔可以分为三大类：①数量金字塔，②生物量金字塔，③能量金字塔。各类金字塔如图4.8所示。

数量金字塔实际上是几何学法则、食物链现象和生物大小——代谢率关系三者同时起作用的结果。所谓几何学法则，就是指一个大单元的量必定等于许多小单元的总量，不管这些单元是生物还是非生物。就大多数群落来看，分布在相继营养级上的种群通常随着个体的增大而密度减小，其数量金字塔一般具有正向的形态(图4.8A-a)。但是，有一些群落的生产者比消费者个体大而数量少，因此出现反向的数量金字塔，即塔的基底比上面的一层或多层小一些(图4.8A-b)。严格地说，数量金字塔没有多大的实用意义，因为它未指出上述三个因素的相对影响。同时，一个群落中的各类生物在数量上的差别非常大，以致于很难按照同一数值标度来表示。鉴于这种情况，以表格形式来表示各类生物之间的数量关系，可能比采用图解法更为合适。

生物量金字塔具有比较重要的意义，因为它排除了几何学因素的作用，并且明确地表示出各类生物现存量之间的定量关系。一般来说，生物量金字塔基本上反映了生物之间的食物关系对整个群落的综合影响。在标绘相继营养级上生物的现存量时，只要这些生物的个体大小相差不大，可以预期有一个逐渐向上倾斜的金字塔(图4.8 B-a)。但是，如果较低营养级上的生物显著地小于较高营养级上的生物，那么生物量金字塔可能是反向的。例如，在生产者个体很小而消费者相当大的地方，任何时刻后者的总生物量都可能比前者大(图4.8 B-b)。在这种情况下，虽然通过生产者级的能量流同样大于通过消费者级的能量流，但由于个体小的生产者以快速的代谢和周转完成了较大的输出，因而它们只有较小的现存量。就大多数水域来看，在初级生产力高的时期内，浮游植物的现存量通常超过浮游动物，但是在冬季可能出现相反的情况(图4.8 B-c)。

在三种类型的生态金字塔中，只有能量金字塔可以给群落的功能特性以最好的综合

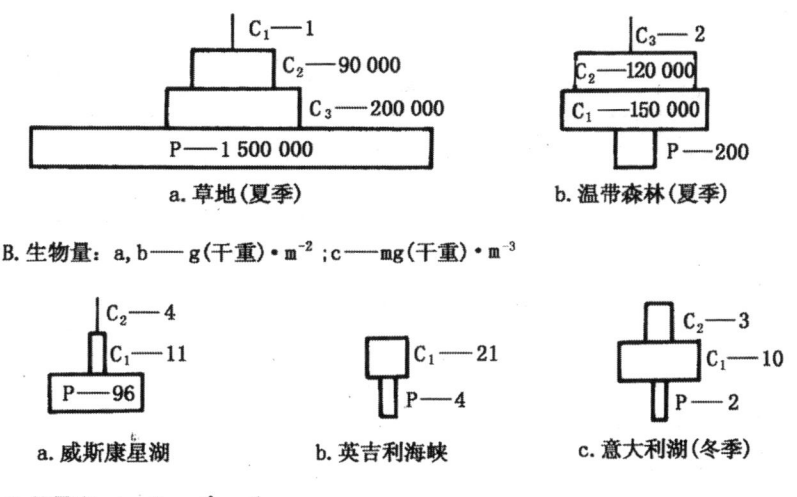

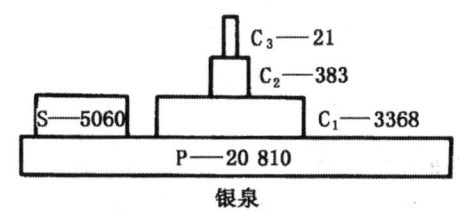

图4.8 不同生态系统的数量（A）、生物量（B）和能量（C）金字塔
（引自 Odum 1971）
P——生产者；C_1——初级消费者；C_2——次级消费者；
C_3——三级消费者；S——微型消费者

性描述。这是因为，任何情况下任何一个营养级上可以维持的现存量，并不决定于前一个营养级上任何时刻所贮存的能量，而是由该营养级上的能量贮存率所决定的。数量和生物量金字塔都是对任何时刻所存在的生物这一静止状态的描述，它们的形态往往因生物个体的大小和代谢率不同而有很大的变化。相反，能量金字塔所描述的是能量通过食物链的速率，它的形态不受生物个体的大小和代谢率变化的影响。因此，无论在什么情况下，能量金字塔都是正向的形态(图 4.8C)。

能量流的概念不仅为比较不同生态系统提供了有效的方法，而且也给种群相对重要性的估价提供了重要手段。大家知道，细菌和真菌的主要功能是分解死亡的有机物质，其数量和生物量都不能正确地反映它们在生态系统中所起的作用。因此，无论是数量金字塔或生物量金字塔，对于确定这些分解者在群落中的重要性都没有什么意义。只有在能量金字塔上标出这些生物实际利用的能量值，才能摆正它们与大型生物成分之间的关系(见图 4.8C)。另外，表 4.4 列出了个体大小和栖息地完全不同的 6 个种群，其数量变动为 17 个数量级，生物量变动为 5 个数量级，而能量流数据仅相差大约 5 倍。能量流数据的相近性表明，这 6 个种群大体上是在相同的营养级(初级消费级)上起作用的，而数量和生物量的数据都未指出这一点。根据所述情况，我们可以总结出这样的一条"生态学法则":数量过分强调了小生物体的重要性,生物量则过分地强调了大生物体的重要性,只有能量流可以作为比较生态系统的任何生物成分的一种较为合适的指标。

表4.4 6个种群的密度、生物量和能量流(引自 Odum 1968)

	密度(ind·m^{-2})	生物量(g·m^{-2})	能量流(kcal·m^{-2}·d^{-1})
土壤细菌	10^{12}	0.001	1.0
海洋桡足类(*Acartia*)	10^5	2.0	2.5
潮间带滨螺(*Littorina*)	200	10.0	1.0
盐碱滩蝗虫(*Orchelimum*)	10	1.0	0.4
草地鼠(*Microtus*)	10^{-2}	0.6	0.7
鹿(*Odocoileus*)	10^{-5}	1.1	0.5

第四节 生态系统的发育、演化和平衡

一、生态系统的发育

生态系统的发育,即通常所说的生态演替,是指一定区域内连续进行的前一群落被后一群落所替代的变化和发展过程。例如,伴随从岩石到土壤的演变,最先出现苔藓、地衣群落,然后相继出现草本群落和灌丛群落,最后出现森林群落。演替可由系统内生物对环境的改造,新种的入侵等生物学过程所引起,或者起因于气候变迁、土壤浸蚀、河流泛滥、自然火灾、环境污染等外部力量的作用。演替过程中依次出现的一系列群落构成一个演替系列,其中早期出现的比较短暂的群落属于先锋阶段,相继出现的群落属于演替阶段或发育阶段,而最终形成的稳定系统称之为演替顶极。演替是群落发育的有序过程,这个过程基本上是定向的,因此通常是可以预测的。

在生态系统的发育过程中,相继出现的群落所在的各个阶段有着不同的结构与功能特征,其中早期阶段和晚期阶段的主要特征列于表4.5。这些特征的变化所反映出的基本趋向是:①物种的多样性逐步增大,生态位相应出现特化;②生物由 r 型种占优势过渡到 K 型种占优势,前者指个体小、生命周期短、生长快、繁殖率高和竞争能力差的生物,后者则指个体大、生命周期长、生长慢、繁殖率低和竞争能力强的生物;③无机营养物由以外源的为主到以内源的为主,因此营养物循环由开放式变为封闭式,并且碎屑在营养物再生中的作用越来越大;④群落代谢中,P/R 比由大于1或小于1到接近于1,P/B 比和净群落生产量逐渐降低,食物链由直线变为网状,并且由以牧食食物链为主过渡到以碎屑食物链为主;⑤系统的稳定性不断增加,以致抵抗外来干扰的能力越来越强。这些特征变化的大小与速率,以及达到稳定状态所需要的时间,不仅因气候和自然地理位置不同而变动,而且在同一环境条件下不同的生态系统特征也有差别。应当指出,表4.5所描述的是生态系统内部的生物学过程所引起的变化,当外部力量的影响大于系统内生物学过程的作用时,生态系统的发育往往朝着相反的方向进行。

表4.5　生态演替的表格模型：预期的生态系统发育趋向（引自 Odum 1969）

生态系统特征	发育阶段	成熟阶段
群落能学		
1. 毛生产量/群落呼吸量（P/R）	大于或小于1	接近于1
2. 毛生产量/现存量（P/B）	高	低
3. 维持的生物量/单位能量流（B/E）	低	高
4. 净群落生产量（产量）	高	低
5. 食物链	直线的，牧食食物链为主	网状的，碎屑食物链为主
群落结构		
6. 总有机物质	少	多
7. 无机营养物	外源的	内源的
8. 物种多样性（种类多样性）	低	高
9. 物种多样性（均匀性）	低	高
10. 生化多样性	低	高
11. 分层和空间异质性（结构多样性）	组织较差	组织良好
生活史		
12. 生态位的特化	宽	窄
13. 生物体大小	小	大
14. 生命周期	短、简单	长、复杂
营养物循环		
15. 无机物循环	开放的	封闭的
16. 生物与环境之间营养物交换的速度	快	慢
17. 碎屑在营养物再生中的作用	不重要	重要
选择压力		
18. 生长类型	快速生长（"r 选择"）	反馈控制（"K 选择"）
19. 生产	数量	质量
综合稳态		
20. 内部共生	不发达	发达
21. 营养物保存	差	好
22. 稳定性（对外来干扰的抵抗）	差	好
23. 熵	高	低
24. 信息量	低	高

生态系统中初级生产量与群落呼吸量之间的比率，是反映系统的结构与功能状况的最重要的能学特征。由表4.5可见，在生态演替的早期阶段（即幼年期），初级生产量（P）大于群落呼吸量（R），因此 P/R 比大于1。但是，在有机污染的特殊情况下，初级生产量小于群落呼吸量，以致 P/R 比小于1。为了区别这两种情况，往往将起始时 P 大于 R 的发育序列称为自养演替，而把起始时 P 小于 R 的发育序列称为异养演替。从理论上讲，无论在哪一种情况下，随着演替过程的推移，P/R 比都会接近于1。换句话说，在成熟的或作为"演替顶极"的生态系统中，由生产者所固定的能量与维持营养结构所消耗的能量（即群落呼吸量）是平衡的。由此看来，P/R 比是表示生态系统相对成熟度的一个极好的功能指标。一些常见的生态系统的 P/R 关系如图4.9所示。

图4.9中所指出的初级（自养）演替和次级（自养）演替，是按照群落发育所在地的不同情况来区分的。当一个群落的发育是在未曾被某个群落占据过的地方（如新近风化的岩石或沙地表面）开始的，这个群落的发育过程称之为初级演替。若一个群落的发

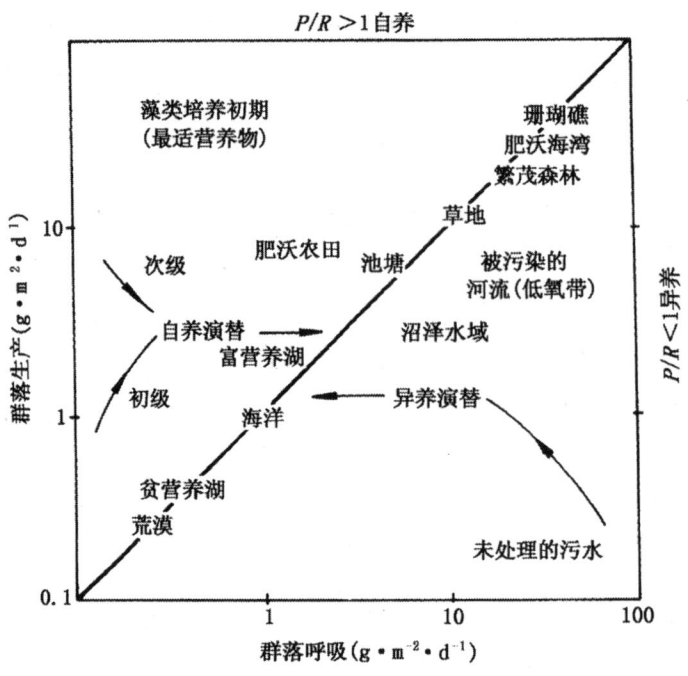

图4.9 各种类型的群落在基于群落代谢的分类中的位置
（引自 Odum 1971）
箭头指示演替的方向。沿对角线分布的群落一年中的消费量与
其生产量大致相等，可以看作是代谢顶极群落

育是在某个群落被移走的地方（如废弃的农田或砍光森林的山地）进行的，这个群落的发育过程则称之为次级演替。次级演替早期的生产力水平通常比较高，并且进展的速度也比初级演替快。这是因为次级演替的所在地留下了原群落的某些生物或种子，同时具有比贫瘠地区优越的环境条件。

无论是陆地生态系统或水生态系统，其群落发育过程一般都是明显的。淡水生态系统发育的基本模式，是从贫营养到富营养和由水体到陆地，这一过程通常可以用一个湖泊的发育史来说明。湖泊形成初期，营养物含量很低，常常仅有一些浮游生物。由于外源物质的输入，湖中有机物质含量增高，并出现沿岸沉积物。于是，水生高等植物慢慢发展起来，水生昆虫、环节动物、鱼类等多种动物陆续迁入。随着时间的推移，水底沉积物不断增加，致使沿岸带植物逐渐向湖心发展。因此，湖泊逐渐由深变浅和由大变小，直至整个水体最后完全消失。同时，在发育过程中，生态系统内一些较小的群落单元，如浮游生物群落、微生物群落等，常常发生明显的季节演替现象。淡水生态系统的发育过程一般比陆地生态系统缓慢，并且往往因外源物质的大量输入而出现十分复杂的情况。例如，大量的营养物流入湖泊后，使其正常的结构与功能遭到破坏，以致引起湖泊的富营养化。又如，在一个淹没了大片灌丛或树林的新建水库中，群落发育的第一阶段是生产力高的"水华"阶段；当贮存的有机物质用完时，系统就在较低的生产力水平上稳定下来。如果水库周围地区的水土流失不严重，或者是土壤比较贫瘠，那么这个稳定阶段可以持续一个时期。否则，由于浸蚀和外源物质的大量输入，群落的发育将会经历一系列的"瞬变阶段"，直到整个水体被完全淤塞。由于未能充分了解生态演替的基本特性，以及水库与其流域之间的关系，人们在水库建设的实践中已经遭受了不少的挫折和失败。

应当指出，因大量外源物质的输入（人为的）所引起的水体富营养化，是与天然情况下的水体富营养化根本不同的。水体的天然富营养化，是在系统内生物学过程起主导作用的情况下所产生的，其变化过程是渐进的和漫长的，反映了生态演替的正常趋向。而人为的水体富营养化，则是在强大的外部力量的影响下所产生的；由于系统内的生物学过程受到严重干扰，因而生态演替的正常趋向发生逆转。在人为的富营养水体中，物种的多样性明显下降，r 型种重新占居优势，可以看作是典型的演替逆转现象。用演替的语言来说，这种富营养水体退回到了"年青"阶段，其变化过程可以称之为逆行演替。正是由于这种情况，淡水生态系统的发育往往经历着复杂而又曲折的过程。

海洋生态系统一般说来是稳定的。在过去几个世纪内，海洋的化学和生物成分都未见明显的改变，因此海洋学家过去一直没有关心生态演替的问题。近几十年来，鉴于海洋污染情况日益严重，许多学者对于海洋生态系统的结构与功能动态进行了广泛的研究。不少观测结果表明，在某些近海水域中，生物的种类和大小组成、多度与分布、生长及繁殖率等都有显著的变化。根据这种情况来看，海洋生态系统的稳定状态已经受到一定程度的破坏。

二、生态系统的演化

生态系统的演化，是指地球上生命的发生（起源）和发展（进化）的过程。同上面所述的短期发育一样，生态系统的长期演化亦起因于两方面的作用：一是外部的力量，如地质和气候的变迁；二是自然发生的过程，即系统内生物成分的活动。根据现在所取得的大量资料和一致见解，生态系统的演化过程可以分为"化学进化"和"生物进化"两个阶段。前一阶段是从地球诞生后至距今 30 多亿年之前的那段时间，包括由无机物演变为生物大分子，以至较复杂的多分子体系。后一阶段则是现在以前的 30 多亿年这段时间，包括由原始生命体演化成高等动植物，直到现代人类的出现。

目前一般确信，原始的大气和海洋既含有甲烷、氰化氢、一氧化碳、二氧化碳等含碳化合物，也含有氮、氢、氨、硫化氢、氯化氢及其他一些物质。但是，当时大气中没有游离氧，不存在也不可能形成臭氧层，因此太阳的紫外光辐射可以达到地球表面。在紫外光辐射及其他物理因素的长期作用下，上述物质经过相互作用而形成大量的各种有机物质，其中包括氨基酸、核苷酸、单糖、腺三磷等。这些有机物质溶解在海水中，经过连续的化学反应逐渐聚合成蛋白质、核酸之类的生物大分子。接着，有许多这样的生物大分子又聚集成多分子体系（如"团聚体"），并呈现出初步的生命现象——新陈代谢和自我复制。后来，经过长期的演化和自然选择，结构最完善和最合理的团聚体保留下来，成为原始的生命体。这种团聚体型式的原始生命体，再经过结构与功能上的进一步复杂化和完善化，就演化成具有完备的生命特征的单细胞生物。

当生命已在海洋中出现的时候，地球表面依然受到紫外光辐射的影响。由于这种辐射对生物有强烈的致死作用，以致原始生物（即单细胞生物）只能在一定厚度的水层下生活。原始生物是类似酵母的厌氧微生物（异养生物），它们以水体上层经辐射作用所合成的有机物质为食物来源，通过发酵过程来获得所需要的能量。在此情况下，原始生物的食物供应是非常有限的，因为它们依赖于水体上层有机物质的缓慢下降。同时，由于发酵过程的效率很低，它们所获得的能量很难充分满足其生命活动的需要。普遍认为，正是当时十分不利的环境条件，使原始生物在20多亿年的时间内未得进化，而一直停留在单细胞阶段。这种单细胞生物是最初的生态系统中唯一的生物成分。

据人们推测，在原始生物存在的后期，海洋中的有机物质可能已供不应求了，这种选择压力导致一部分原始生物演化成能进行光合作用的自养生物（藻类）。由于这些自养生物的活动，水中逐渐积累了大量的溶解氧，并且不断地向大气中扩散。随着大气中臭氧层的增厚，地面上的紫外光辐射相应减弱，于是生活在海洋下层的生物可以向表层迁移。同时，游离氧的存在促进了生物有氧呼吸的演化，从而使复杂的多细胞生物的发育成为可能。古生物学和地质化学的资料指出，最早的多细胞动物大约出现于6亿年前（即寒武纪初期），当时大气中的游离氧占0.6%左右。在寒武纪期间，海洋中涌现出了大量的新生命，如海绵、珊瑚、蠕虫、贝类、海草，以及原始的种子植物和脊椎动物。到古生代的第二个时期（即志留纪），生物不仅占领了整个海洋，而且已经侵入陆地。此后，地球上逐渐形成了各种类型的生态系统。随着陆生植物的迅速发展，地球上的氧气和食物供应状况得到进一步的改善，因而整个生物界进化的速度比以前大大加快了。

今天地球上所见到的生态系统，是原来的生态系统经过漫长的历史年代演化而来的。在这一演化过程中，环境改造了生物，生物也改造了环境。就生态系统中种群成分的进化来看，随着新物种的出现，一些旧物种灭绝了，另一些旧物种保存下来，但其多度或遗传性状有明显的改变。所有的进化上的变化，主要是由于物种水平或物种水平以下的自然选择而产生的，可以用传统的自然选择-突变理论来解释。但是，更高组织水平上的自然选择，尤其是协同进化和群体选择，可能在进化中也起着重要的作用。所谓协同进化，是指两个有密切的生态学联系的种群之间的互惠选择，如植物与食草动物，大型生物与它们的微型共生者，寄生物与它们的宿主等。群体选择指的是不一定有密切的互惠共生关系的种群之间的自然选择。从理论上讲，通过群体选择可以保存那些对种群和群落有利的、但对种群内部的遗传载体不利的特性。然而，关于群体选择在进化中的作用问题一直存在激烈的争论，生态学家把几乎所有的群体适应归因于群体选择，而遗传学家认为这仍然是个体选择的结果。

三、生态系统的平衡

生态系统作为生物群落与理化环境的统一体，同其他生命系统一样具有自我维持和自我调节的能力。在一定时间内，生态系统中各生物成分之间、群落与环境之间以及结构与功能之间的相互关系可以达到相对的稳定和协调，并且在一定强度的外来干扰下能通过自我调节恢复稳定状态，这就是所谓的"生态平衡"（ecological balance）。按照控制论的概念，国外普遍采用"稳态"（homeostasis）这一术语，来描述生物系统抵抗变化和维持平衡状态的趋向。国内广泛使用的生态平衡一词，可能有着与稳态相同的含意，虽然生态平衡的概念尚未取得人们一致的理解。应当指出，生态平衡是就生态系统的整体而言的，并不排除系统局部范围内存在某种不平衡的可能性。同时，生态平衡不是静止不变的,而是随着群落发育过程的推移,将不断以新的平衡代替旧的平衡。因此,我们通常所说的生态平衡,实际上是一种动态平衡。

用控制论的语言来说,生态系统是一个包含反馈机制的天然控制系统,其自我调节能力依赖于正反馈和负反馈的相互作用。在生态系统中,许多反馈线路存在于生物与生物和生物与环境之间,通过负反馈使种群大小("控制量")维持在一定的限度内。例如,当一个种群增长得太大,以致其食物(或营养物)供应不能满足时,就会出现大量的自然死亡,种群繁殖力下降,或者是同种相残的现象,结果使种群数量倾向于减少。除了捕食和竞争之外,系统中所发生的其他相互影响,如寄生、共栖、共生等,都有维持系统相对稳定的趋向。就生态系统的全局来看,营养物的贮存与释放和有机物质的生产与分解,都是由一定的控制机制来协调的。在大型生态系统中,物质循环和能量流动之间的相互作用,可以建立不需要外部控制而能自我校正的稳态。此外,生态系统中的外分泌物质,对于系统中各生物成分之间的协调也起着一定的作用。正是通过这些天然的控制,生态系统的结构与功能才得以相互协调和补偿,从而使整个系统能抵抗外来干扰而维持动态平衡。

然而,生态系统的自我调节能力是有限度的,即使是处于成熟阶段(即演替顶极)的生态系统,也只能承受一定强度的外来干扰(压力)。当外部压力超过所允许的限度时,就会破坏生态系统的平衡状态,甚至造成整个系统的崩溃。前面所提到的湖泊富营养化,即外来干扰所引起的逆行演替,可以看作是生态平衡遭到破坏的一个典型实例。大量的营养物(磷、氮等)进入水体后,由于加速了藻类(主要是蓝藻)的生长,水体中的有机物质大幅度增加。可是,蓝藻不能很好地被食草动物所利用,以致水体中出现初级产品的相对过剩。同时,大量的死亡有机物质沉积于水体下层,并因其分解而造成严重的缺氧状况。于是,很多水生动物逐渐消失,而藻类现存量越来越大,水质不断恶化。在富营养化水体中,由于群落结构的破坏和一系列功能失调,因而不能正常地完成物质循环和能量流动的过程。这正是生态系统失去平衡状态或生态平衡失调的重要标志。

近几十年来,由于人类强化开发利用自然资源,以及大量的工业与生活废弃物、农药和其他有毒物质对环境的污染,自然生态平衡遭到了很大的破坏。由此所产生的生态后果,如气候异常变化,水土严重流失,耕地和草场沙漠化面积持续增加,大气和水环境质量显著下降,不少野生动植物绝迹或濒于灭绝等,已经危及人类未来的生存和工农业生产的持续发展。这种情况表明,地球上可供利用的自然资源是有限的,自然生态环境也是脆弱的,人类给予生态系统的正反馈影响显然超过了系统自身的调节与控制能力。面对当前的生态或环境危机,人类必须遏制自己随心所欲滥砍滥伐的行为,增强合理利用自然资源和保护生态环境的意识,并考虑用负反馈来管理生物圈和各类生态系统。同时我们应当看到,生态系统发育的战略是力图维持复杂的生物量结构,而人类经营生态系统的目标则是力图获得最高的产量,这两者是经常发生冲突的。因此,在开发利用土地和生物资源时,必须注重生态演替的规律,采取综合的可持续发展的对策,处理好人与自然之间的相互关系。

思 考 题

1. 什么是生态系统?水生态系统与陆地生态系统有何主要区别?

2. 简述生态系统中碳、氮、磷循环的基本过程和特点，以及营养物再循环的主要途径。
3. 阐明食物链的概念和原理及其对淡水渔业生产的指导意义。
4. 何谓生态系统的营养结构？试比较其数量、生物量和能量流金字塔的特点及实用性。
5. 生态演替的基本趋向是什么？怎样认识和维护自然生态平衡？

主要参考文献

[1] 刘建康. 我国湖泊、水库渔业的生产实践和科技动态. 湖泊水库渔业增产科技资料汇编, 1976, 41~50

[2] 阮景荣, 戎克文, 王少梅等. 罗非鱼对微型生态系统浮游生物群落和初级生产力的影响. 应用生态学报, 1993 (4): 65~73

[3] 阮景荣, 戎克文, 王少梅. 微型生态系统中鲢、鳙下行影响的实验研究——1. 浮游生物群落和初级生产力. 湖泊科学, 1995 (7): 226~234

[4] 孙儒泳. 动物生态学原理. 北京: 北京师范大学出版社, 1987

[5] 苏智先, 王仁卿. 生态学概论. 北京: 高等教育出版社, 1993

[6] 袁兴中, 王慧, 刘红. 生态系统学原理. 济南: 山东省地图出版社, 1996

[7] Andersson G, Berggren H, Cronberg G et al. Effects of planktivorous and benthivorous fish on organisms and water chemistry in eutrophic lakes. Hydrobiologia, 1978 (59): 9~15

[8] Carpenter S R, Kitchell J F and Hodgson J R. Cascading trophic interactions and lake productivity. BioScience, 1985, (35): 634~639

[9] Gates D M. Radiant energy, its receipt and disposal. Metero. Monogr., 1965 (6): 1~26

[10] Gophen M. Biomanipulation: retrospective and future development. Hydrobiologia, 1990 (200/201): 1~11

[11] Hardin G. The cybernetics of competition: a biologist's view of society. Persp. Biol. Med., 1963, (7): 58~84

[12] Hutchinson G E. Nitrogen and biogeochemistry of the atmosphere. Amer. Scient., 1944, (32): 178~195

[13] Hutchinson G E. A treatise in limnology. Geography, Physics and Chemistry, Vol. I. New York: John Wiley & Sons, 1957

[14] Januszko M. The effect of three species of phytophagous fish on algae development. Pol. Arch. Hydrobiol., 1974, (21): 431~454

[15] Johannes R E. Phosphorus excretion in marine animals: microzooplankton and nutrient regeneration. Science, 1964, (146): 923~924

[16] Johannes R E. Nutrient regeneration in lakes and oceans. In: Droop M. and E. J. Ferguson Wood (eds.), Advances in Microbiology of the Sea. Vol. I, pp. 203~213. New York: Academic Press, 1968

[17] Lackey R T. Introductory Fisheries Science. Blacksburg: Virginia Polytechnic Institute and State University, 1974

[18] Lindemann R L. The trophic-dynamic aspect of ecology. Ecology, 1942, (23): 399~418

[19] Lucas C E. The ecological effects of external metabolites. Biol. Rev. Cambr. Phil. Soc., 1947, (22): 270~295

[20] Margalef R. The food web in the pelagic environment. Helgolander Wiss. Meeresunters, 1967, (15): 548~559

[21] Northcote T G. Fish in the structure and function of freshwater ecosystems: a 'top-down' view. Can. J. Fish. Aquat. Sci., 1988, (45): 361~379

[22] Odum E P. Ecology. Modern Biology Series. New York: Holt, Rinehart & Winston, 1963

[23] Odum E P. Energy flow in ecosystems: A historical review. Amer. Zool., 1968, (8): 11~18

[24] Odum E P. The strategy of ecosystem development. Science, 1969, (164): 262~270

[25] Odum E P. Fundamentals of Ecology. 3rd edn., Philadelphia: W. B. Saunders, 1971

[26] Pomeroy L R, Mathews H M and Min H S. Excretion of phosphate and soluble organic phosphorus compounds by zooplankton. Limnol. Oceanogr., 1963, (8): 50~55

[27] Pomeroy L R. The Strategy of mineral cycling. Ann. Rev. Ecol. and Systematics, 1970, (1): 171~190

[28] Reifsnyder W E. and Lull H W. Radiant energy in relation to forests. Tech. Bull. No. 1344. U. S. Dept. Agriculture, Forest Service. 1965

[29] Revelle R. (ed.)Atmospheric carbon dioxide. In: Restoring the Quality of Our Environment. pp. 111~133. The White House: Rept. Pres. Sci. Adv. Com., 1965

[30] Takahashi M and Ichimura S. Vertical distribution and organic matter production of photosynthetic sulfur bacteria in Japanese lakes. Limnol. Oceanogr., 1968, (13): 644~655

[31] Tansley A G. The use and abuse of vegetational concepts and terms. Ecology, 1935, (16): 284~307

[32] Thienemann A. Grundzuge einer allgemeinen Oekologie. Arch. Hydrobiol., 1939, (35): 267~285

第五章 水体生物生产力

第一节 研究水体生物生产力的目的与意义
第二节 水体生物生产力的研究简史及研究概况
第三节 有关水体生物生产力的基本概念
 一、水体生物生产力的定义
 二、水体生物生产过程
  1. 水生态系统及其组分
  2. 水体生物生产层次
  3. 生产、消费、分解三者之关系
 三、现存量与生产量之区别
  1. 现存量
  2. 生产量
 四、生产量、生物量、呼吸量之间的关系
 五、蕴藏量与可更新资源
第四节 初级生产力的基本理论与规律
  1. 太阳辐射能对水体初级生产力的影响
  2. 水温对初级生产力的影响
  3. 营养盐类对初级生产力的影响
  4. 初级生产力在能量转化中的生态学效率
第五节 次级生产力的基本概念和规律
第六节 水体生物生产力的测定方法（简介）
 一、初级生产力的测定方法
  1. 水生维管束植物生产量的测定方法
  2. 着生（底生或周丛）藻类生产量测定方法
  3. 浮游植物生产量的测定方法
 二、次级生产力的测定方法
  1. 运用种群动态参数计算次级生产力
  2. 生理学方法
  3. P/B 系数法
第七节 应用初级生产量和次级生产量估算鱼产潜力和评价水体类型
 一、用初级生产量估算鱼产潜力
  1. 以水草为食的鱼类的生产潜力估算法
  2. 以浮游植物为食的鱼类的生产潜力估算法
 二、用次级生产量估算渔产潜力
 三、用初级生产量评价水体营养类型和富营养化进程

水体生物生产力（biological productivity of water）问题，实质上是水生态系统各营养级的能量流动和物质转化问题，水体生物生产力是水生态系统重要的功能之一。

第一节 研究水体生物生产力的目的与意义

  水生生物学发展到今天已成为生态学的一个分支，现代的水生生物学实质上是水生生物生态学。水体生物生产力问题则是水生生物学的中心问题之一，它已成为当前水生生物学蓬勃发展的生长点。水体生物生产力是水生态系统最重要、最基本的功能之一。研究水体生物生产力，无论在理论上，渔业实践上都有极其重要的意义，其研究结果是评价水体生产性能、营养水平、能流与物质转化效率；制定渔业发展战略，合理开发利用水体生物资源、水环境质量监控、生物资源保护等方面的重要理论基础。
  随着世界人口的增长，仅靠陆地供给食物已成问题，研究水体生物生产力，对解决

人类蛋白质的需求具有战略意义。故研究水体生物生产力的目的，不是一般地了解水体中物质与能量流动过程（尽管它是了解水体生产性能的一个重要方面），而是在深刻认识水体所发生的生物学过程的基础上，采取合理而有效的综合措施，把现有的生物生产力充分纳入生产经济生物产品的轨道。换言之，就是使经济水生生物扩大再生产，为人类提供更多、更好的生物产品。

第二节 水体生物生产力的研究简史及研究概况

水体生物生产力的研究，其发展史已近百年，这门科学的产生与发展与人类的经济活动密切相关。19世纪中叶，由于渔业发展和滥捕鱼类的结果，某些淡水鱼类与海洋鱼类的捕获量开始下降。人们开始认识到，为了防止渔业产量的下降和拟订有效措施提高鱼产量，就必须了解有关鱼类的生长、繁殖、洄游、营养需求等知识，对鱼类生存的环境条件，如水体理化因素，特别是鱼类的食料基础——浮游生物和底栖生物等的生产力的研究更为重视，对食料生物的种类组成、数量分布、种群动态及各类食料生物之间的食物链、食物网等关系开展了广泛的研究。19世纪70~80年代，各种类型的淡水和海洋生物研究站纷纷建立，各种专业调查队也陆续开展工作，例如英国"挑战者调查队(challenger expeditum)"就在这一时期对三大洋和南极进行了长达3年的考察。

生物生产力分为初级生产力和次级生产力两个方面。初级生产力问题研究较早，也较广泛，因而不少学者特别重视初级生产力的研究，有人认为，初级生产力的研究起源于Aristotle(384~322 BC)时代，并把初级生产力的研究史分为以下3个时期：

(1) Aristotle 到 Liebig(384~322 BC~1840 AD)
(2) Liebig 到 IBP (1840~1970)
(3) IBP 及其以后 (1970~至今)

注：IBP——International Biological Programme（国际生物学规划）。

但是，作为一门独立的学科，初级生产力的研究仅在20世纪20年代以后才广泛地开展起来。

前苏联的 Winberg，加拿大的 Vollenweider，丹麦的 Steemann-Nielsen，英国的 Talling、Westlake，美国的 Wetzel、Ryther 等人均是20世纪初级生产力研究主要的代表人物。30~70年代是初级生产力研究在世界范围内蓬勃开展的年代。70~80年代除研究初级生产力本身的规律外，不少学者如Melack（1976）、Hrbacek（1969）、Oglesby（1977）、Wolny 和 Grygierek（1972）、McConnell 等（1977）、Liang 等（1981）等人还着重研究了初级生产量与渔产量之间的关系。

我国初级生产力的研究起步较晚，50年代黎尚豪在云南滇池做了一些工作，初级生产力的系统研究则始于60年代初，当时章宗涉、王骥等人在武汉东湖用黑白瓶测氧法作了大量工作，中科院青岛海洋研究所用^{14}C法和Chl.a测定法在黄海、胶州湾进行了海洋初级生产力研究，80年代个别单位开始试用人造卫星所载水色扫描仪（CZSS）对勃海湾的Chl.a含量和生产量进行了遥感测算。

70年代，王骥、梁彦龄等人深入探讨了武汉东湖及武汉市近郊18个水体的初级生产量与渔产量之间的关系，提出了根据浮游植物初级生产量估算鲢、鳙生产潜力的能量估算法和回归法。陈洪达等提出了根据水草现存量估算草食性鱼类生产潜力的方法。这些研究成果对 70 年代末~80 年代初在全国范围内开展内陆水体渔业资源普查，制定渔业区划起到了推动作用，并成为估算渔产潜力的理论基础。80~90 年代，王骥等开展了河流浮游藻类、着生藻类生产力研究；对草型湖泊周丛藻类、浮游藻类、水生维管束植物三种生态类群的初级生产力进行了比较研究；对南极淡水、咸淡水湖泊、溪流、冰雪中的初级生产力进行了较系统的研究。

次级生产力的研究方面，无脊椎动物和鱼类次级生产量的测定虽然始于 20 世纪 20 年代和 40 年代，但直到 60 年代以后才大量进行。70~80 年代，即 IBP 时期，研究工作较多，Edmondson（1965）、Comita（1972）、Winberg（1972）、Foran（1981）等人在水体生物次级生产力方面做了大量工作。我国水体次级生产力研究开展较晚，80 年代以前，主要进行种群数量、现存量周年变动方面的研究，80 年代初陈雪梅、黄祥飞等对桡足类、轮虫、枝角类中少数种类的胚胎发育，种群增长和生产量进行了测算。梁彦龄、陈其羽、阎云君等对水栖寡毛类、软体动物、摇蚊幼虫的生产量进行了研究；徐润林等（1991）对武汉东湖浮游原生动物的生产量进行研究；近期，张堂林对麦穗鱼等小型鱼类生产力进行了测定；崔奕波等应用能量学基本原理，对多种鱼类能量收支模型进行了较系统的研究，为测算天然水体鱼产潜力奠定了基础。由于次级生产力的研究方法复杂，费时较多，我国水生生物次级生产力的研究尚处在起步阶段。

第三节 有关水体生物生产力的基本概念

一、水体生物生产力的定义

水体生物生产力系指水体生产生物产品的一种能力，从广义上讲，在水体中栖息、生长、发育、繁殖的所有生物都是水体生产的生物产品，这些生物产品并不是全部都对人类经济生活有用，只有其中一部分生物产品，如经济鱼类、大型软体动物和甲壳动物，食用藻类和食用水生维管束植物，或其他可作为工业原料、动物饲料的部分水生生物才具有较大的经济价值。部分学者给水体生物生产力下了如下定义：水体生物生产力是水体中能满足有经济价值的生物生长、发育、繁殖的一种性能，水体中生产的经济生物产品愈多，水体生物生产力愈高。当然，并不是所有学者都同意这一定义，他们认为生物生产力应当指水体中所有生物的总生产能力，而不能仅局限于对人类有价值的所谓经济生物，所有的生物在生产过程中均有直接或间接的作用，它们在整个生态系统中是不可分割的。所以水体生物生产力的定义有狭义和广义之分。水体生物生产力的大小，不仅与水体理化特性（如肥沃程度）有关，也与其中生物种类组成及人类的经济活动有关。

水体生物生产力是一项综合性研究，需多学科协同研究才能完成。水生生物学是研究水体生物生产力的重要理论基础，只有深入研究了水体中各个营养层次的生产关系，特别是浮游生物、底栖生物及其他生物群落的营养关系和种间相互关系之后，才能提出改善水体生物生产力的具体措施。

二、水体生物生产过程

1. 水生态系统及其组分

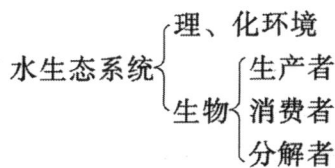

2. 水体生物生产层次

水体生物生产力按其生产层次可分为：①初级生产力（primary productivity）；②次级生产力（secondary productivity），次级生产包括二级、三级……终极生产。

3. 生产、消费、分解三者之关系

(1) 生产者及其功能　　不少学者仅把初级生产者（primary producer）称为生产者，初级生产者多指绿色植物，因含有叶绿素，可行光合作用，把日光能转化为化学能贮于体内。除绿色植物（藻类和水生维管束植物）之外，自养菌包括光合细菌（photosynthetic bacterium）、化能合成细菌（chemosynthetic bacterium）亦属初级生产者。以上这些生物统称自养生物（autotrophic organism）。

(2) 消费者及其功能　　次级生产指的是动物有机质的生产，其生产过程仅是有机物质（或能量）从一个营养级向另一个营养级的转移，故人们常把次级生产看成消费过程，次级生产者常被称为消费者（consumer），次级生产力即消费者的生产力。按照对食物的直接利用与间接利用的不同，又可分为第一级、第二级、第三级……消费者。草食性动物（herbivore）为第一级消费者（primary consumer）。肉食性动物（carnivorous animal 或 carnivore）为第二级消费者（secondary consumer）。捕食小型肉食性动物者称为第三级消费者（tertiary consumer）。

(3) 分解者及其功能　　分解者（decomposer）包括异养细菌、真菌等，其作用是分解动、植物尸体，分解作用是水体完成物质循环、实现再生产的一个不可缺少的环节。消费者与分解者统称异养生物（heterotrophic organism）。

三、现存量与生产量之区别

1. 现存量（standing stock 或 standing crop）

指的是在某一时刻，单位水面或单位水体中所存在的生物总量。现存量可用数量（number）、生物量（biomass）表示，生物量通常用活体重量表示。亦可用生物体干重（dry weight）或无灰分干重（ash-free dry weight）表示，还可用生物体内某种成分表示（如 Chl.a、N、C、DNA 等）。

2. 生产量（production）

指的是在单位时间、单位空间内产生新的有机物质的总量。亦可认为是在单位时间、单位空间新产生的生物量或新陈代谢量，分泌到水中的可溶性产物应包括在总量之内。生产量又可分为毛初级生产量（gross primary production）和净初级生产量（net primary production）。毛生产量（P_G）又称总生产量，系指植物光合作用有机物质的合成量。净生产量（P_N）系指从毛生产量中扣除植物呼吸作用（respiration）所消耗的有机物质之后的生产量。有些测定方法，很难把小型或微型的初级生产者与消费者、分解者分开，难于计算出初级生产者自身的净生产量，故又引出群落净生产量（net community production）的概念，它表示着从毛生产量中扣除植物与异养生物呼吸量之后的生产量，即群落净产量＝毛初级生产量－各类生物总呼吸量＝净初级生产量－异养生物呼吸量。

关于生产量的概念，不同学者存在一定差异，Wetzel 曾定义为："在一段时期内新形成的有机物重量，减去同一时期内的全部损失量"；Harris 指出，在 Wetzel 定义中所说的"损失量"包括细胞死亡、下沉及被捕食等几种形式。因此，Wetzel 所说的生产量指的是可观察的生物量的增加，与初级生产力研究中通用概念是有区别的，为揭示这种区别，Eppley 和 Peterson 提出将生产量区分为再生产量（regenerated production）和新生产量（new production）两部分。所谓新生产量是从可溶性营养库（soluble nutrient pool）的物质合成有机物，新生产量可导致植物生物量增加；所谓再生产量则是植物死亡或被吞食后，腐败分解并通过再循环途径而合成的有机物，再生产量并不能使植物生物量增加。在天然水体中，新生产量通常只占初级生产量的小部分，再生产量则占大部分，这种情况在缺少营养的水体中尤为明显。

在文献中常见到的生产力（productivity）和生产率（production rate 或 rate of production）这两个词，虽然提法不同，其含义并无差别。故在 IBP 会议上，认为这两个词可以通用，这两个词均是强调单位时间、单位空间合成有机物质的能力或速率，它们与生产量（production）则有一定差别：production 主要强调单位时间、单位空间内合成有机物质的量，当然这种量正是反映能力和速率的重要指标。

四、生产量、生物量、呼吸量之间的关系

（1）根据毛产量（P_G）、净产量（P_N）、呼吸量（R）、生物量（B）以及单位时间内生物量的增量（ΔB）之间的相对关系，说明生态系统的某些现象：

$P_G = \Delta B + R$

$P > R$	生物量增加 $B\uparrow$	$\Delta B > 0$
$P < R$	生物量减少 $B\downarrow$	$\Delta B < 0$
$P = R$	生物量不变	$\Delta B = 0$

（2）P/B 系数表示单位生物量的生产能力，有人称之谓倍增系数或周转率。P_G/B 表示单位生物量的毛生产量；P_N/B 则表示单位生物量的净生产量。P_N/B 系数越大，其种群增长越快。

对某一特定种群而言，已知 P/B 系数，可依据生物量 B 计算出生产量 P，$P = B \times P/B$。由于 P/B 系数对同一物种而言，并不是一个常数，它还要随环境条件和生物自身生理状态变化而变化。所以在引用文献中所列出的 P/B 系数并依据生物量计算生产量时，必须注意环境条件等因素基本相似，其计算结果才有意义。

Parsons等指出，在饱和光和高营养盐的海区，大细胞浮游植物的生长繁殖比小细胞浮游植物快；在营养盐浓度低的海区，小细胞浮游植物能量转换速率快，比大细胞浮游植物具有较高的营养盐吸收率和较快的生长率。刘子琳等在普里兹湾西部海区测定结果显示，微型（Nanno-）和超微型（Pico-）浮游植物Chl.a含量占75%以上，其生产力的贡献高于现存量所占的比例。据三浦泰藏和王骥的测定，武汉东湖<25μm的浮游藻类的生产量与生物量分别为>25μm浮游藻类的2.67和2.16倍，<25μm的浮游藻类 P/B 系数为>25μm浮游藻类的1.24倍；近期王建、林婉莲研究表明，超微藻类生产量在东湖浮游藻类生产量中所占的份额有时可高达60%~90%，这说明，在生产力较高的内陆淡水水体，由于藻类的大量繁殖，其营养盐类还是相对贫乏的，N、P元素仍是这类水体的重要限制因素，加之滤食性鱼类对浮游生物的捕食效应，导致微型藻类生产力常占主要份额。

一般说来，在同一环境条件之下，随着生物个体的增大，其 P/B 系数趋于下降。近期研究表明，某些水域，微型生物的现存量虽然不大，但其生产量常在总生产量中占有较大的比例，这与微型生物有较高的 P/B 系数密切相关。

P/B 系数中的 P 一般用毛产量表示，即 P_G，也有人用净产量表示，即 P_N，如没有特指 P_G 或 P_N，通常按 P_G 理解。由于 P_G 在空间上的分布差异较大，常用 P_{max} 表示最高生产层生产量，即垂直分布上的最高生产量，P_{max}/B 则表示最高生产层的 P/B 系数。P/B 系数有日 P/B 系数，月 P/B 系数和年 P/B 系数之分，例如，年 P/B 系数表示全年生产量与全年多次测定生物量均值之比。以武汉东湖为例：其浮游植物 P_{max}/B 全年为914，而单位水面下 P/B 系数为410，这表明：在最适生产层，浮游植物生产量约为其平均生物量的914倍，每天平均增长2.5倍，而单位水面下的浮游植物全年仅增长410倍，每天平均增长1.12倍。几种沉水维管束植物顶枝的 P/B 系数约为1.42~2.17。就整株水草而言，其 P/B 系数约为1.25左右。东湖原生动物、轮虫、枝角类和桡足类年 P/B 系数分别为312，117，57，48。据国外一些资料，几类底栖无脊椎动物的 P/B 系数分别为：水蛭3.52~5.25，田螺1.56，双壳类3.49，淡水虾6.70，摇蚊幼虫5.0。

(3) P/R 系数指的是生产量与呼吸量之比，生产过程是同化过程，呼吸消耗是异化过程，所以 P/R 系数可以反映某一种群或群落生物的代谢水平，故 P/R 之比，也可称之为种群或群落代谢率，对于特定植物种群，P/R 系数可以反映种群对环境的适应情况。P/R 系数越大，表明种群或群落代谢水平，生物生产力越高。其关系大致是：

$P/R > 1$　　种群增长，生态系统不稳定
$P/R = 1$　　种群不增、不减，生态系统稳定
$P/R < 1$　　种群减少，生态系统不稳定。

人类为了榨取水体生产力的"剩余价值"，希望 $P \gg R$，使其 $P/R \gg 1$，而自然界生态系的发展与完善，总是要逐步趋于平衡，即要求 $P = R$，以达成生态系统的稳定

性。可见人类的开发与自然发展趋势是有矛盾的。武汉东湖在 50 年代以前，水草多、生物多样性大，其 P/R 系数略大于 1 或 ≈ 1，随着城市污水排入和渔业开发的强化，水草大幅度减少，大部分湖区水草近乎绝灭。其生物多样性也明显下降，以水草为主的草型湖泊逐步演变成以藻类群落为主的藻型湖泊，其生态系统的稳定性和生物多样性下降。一般说来，河流生态系统多属异养代谢型，其 $P/R<1$。湖泊、池塘多为自养代谢型，其 $P/R>1$。湖泊、池塘等静水生态系统，如有机污染过于严重，或放养鱼类过多，都会最终导致 P/R 系数小于 1，即也会成为异养代谢型；河流生态系则由于外源有机质较多，泥沙量大，自养生物尚未大量繁殖起来，故通常表现出异养代谢型，如果流速较缓，水体透明度增大，水底与水中自养生物发育到一定程度之后也会变成稳定型或自养代谢型水体。

五、蕴藏量与可更新资源

蕴藏量（reserve 或 deposit）与资源量、现存量、生物量（biomass）等概念并没多大差别，它标志生态系统中各种生物的密度和"拥挤"程度。人类对于天然种群（natural population）的利用越多，其蕴藏量就会下降。有些学者称蕴藏量为不可更新资源，把可更新资源（renewable resource）叫再生产量，意思是说蕴藏量不可利用，否则就会导致种群下降，而那些经过利用又不导致种群下降的部分资源才称为可更新资源。这种理解是否正确，值得探讨。其实，蕴藏量与可更新资源都是生物现存量，把两者绝然分开未必妥当。

第四节 初级生产力的基本理论与规律

初级生产是地球上生命活动的基础。没有绿色植物的光合作用，消费者与分解者既得不到必要的"食物"，也得不到赖以生存的氧气。地球上的自养生物每年能生产出 1.64×10^{17} g——约 1640 亿吨（干重）有机物质，海洋约占 1/3，陆地约占 2/3（Whittaker and Likens 的估计），也有人认为，海洋和陆地各占 50%。水体初级生产力之所以低于陆地，CO_2 供给不足是一重要原因。据统计：海洋初级生产量平均值为 $155 g \cdot m^{-2} \cdot a^{-1}$，沿岸海藻区可达 $4900 g \cdot m^{-2} \cdot a^{-1}$，湖泊平均达 500（100~1500）$g \cdot m^{-2} \cdot a^{-1}$，污水池塘达 $5100 g \cdot m^{-2} \cdot a^{-1}$，温带森林达 $1300 g \cdot m^{-2} \cdot a^{-1}$，全球生物圈初级生产量达 $320 g \cdot m^{-2} \cdot a^{-1}$。

各类自养生物合成有机物质的途径和同化产物的性质或多或少存在差异，但其基本过程仍可用下式表示：

$$CO_2 + 2H_2A \xrightarrow[\text{色素,酶}]{\text{能量}} (CH_2O) + H_2O + 2A$$

上式可分解为两个连续进行的过程，即：

氧化　　$2H_2A \longrightarrow 4H + 2A$

还原　　$4H + CO_2 \longrightarrow (CH_2O) + H_2O$

对绿色植物（藻类、高等植物）而言，式中的 A 代表氧，故上式可改写为：

$$CO_2 + H_2O \xrightarrow[\text{Chl. a 酶}]{\text{光}} CH_2O + O_2 \uparrow$$

由于光合作用本质上是能量以及碳、氮、磷等元素的固定，因此，可用下式表示光合作用过程中能量转化及元素间的比例关系：

1 300 000kcal 辐射能 + $106CO_2$ + $90H_2O$ + $16NO_3$ + $1PO_4$ + 无机成分 = 13 000kcal 存在于 3 258g 原生质中的潜能（106C、180H、46O、16N、1P、815g 无机灰分）+ $154O_2$ + 1 287 000kcal 热能散失（99%）。

上述关系式表明，水生植物对太阳能的利用率一般不超过1%。由于太阳能包含紫外光、可见光、红外光三部分，其中有可能被绿色植物吸收的只有可见光的一部分，在可利用的光量子中，大约需要8~10个量子才能使水分解，使1个 CO_2 合成为碳水化合物，也就是说，在可利用的光量子中，其利用率也不会超过10%。上式还表明，当藻类细胞接近于饱和营养生长时，其碳、氮、磷的原子比例为 106:16:1，这种比例关系又称为 Redfield 比。

与其他生物一样，植物每时每刻都在进行呼吸作用，呼吸作用可视为光合作用的一种逆反应。光合作用是还原过程或同化过程，呼吸作用则是氧化过程或异化过程。测定生物生产力，不仅要研究光合作用，也要同时研究呼吸作用。据王骥等人的研究，东湖浮游藻类本身的呼吸作用耗氧，在最适光照水层中，约占光合作用合成氧的5%~10%，在整个透光层中，浮游藻类的呼吸耗氧可占光合放氧的20%。

影响光合作用的因素很多，在理化因素方面，主要有：光、水温、无机氮、无机磷、CO_2、硅酸盐、pH等；在生物因素方面主要有：①藻类与水生维管束植物之间在营养物与太阳能方面的竞争。②草食性水生动物对水生植物的吞食。③水体中有毒物质的污染，江、河泥沙污染也是不可忽视的因素。上述诸因素主要是通过影响光合作用速率而影响初级生产力的。

自养细菌也是水体中重要的初级生产者，它们通过光能或化能合成有机物质，在弱光、厌氧条件下尤为显著，其光能合成过程因缺光合系统Ⅱ，故不放氧，因而不能用常规测氧法测定其生产量。

初级生产量（primary production）在时间与空间上的分布规律主要受以下生态因素影响：

1. 太阳辐射能对水体初级生产力的影响

太阳能是天然水体中绿色植物光合作用合成有机物质的唯一能源。水生植物的光合作用速率在很大程度上取决于光强和光质，水生植物的空间分布亦与光强、光质空间分布密切相关。

太阳光波长范围为150~4000nm，其中可见光波长380~760nm，波长小于380nm的为紫外光，大于760nm的为红外光，红外光可产生大量的热，紫外光对生物有杀伤作用，只有可见光才能在光合作用中被植物利用，并转化为化学能。叶绿素是绿色的，主要吸收红光（760~620nm）和蓝光（490~435nm）。藻类除含有各种叶绿素之外，还有多种辅助色素，在吸收各种波长光能上起着重要作用。太阳光质在全球空间分布的一般规律是，短波光随纬度增加而增加，随海拔升高而增加；时间分布是，冬季长波增多,夏季短波增多,早、晚长波较中午多。水对阳光有很强的反射、散射和吸收作用,即使纯净海水,其10m深处光强也只有表层的50%,红光在几米深处就会被完全吸收,紫光、蓝光易被水分子散射,深海只有绿光占优势,红藻可在此生长。

(1) 初级生产力与光照强度之间的关系　　图5.1显示浮游藻类光合作用与光照强度之间的关系。可以看出:在一定的光强范围内,植物的光合作用,随着光强的增强而增强,光合作用强度最大值所需之光强,称为最适光强。大于最适光强,光合作用不随光强增加而增加,光合作用也不明显下降,在此范围内的光强称为光饱和光强。如果光强再继续增加,光合作用将出现明显下降,这种现象称为光抑制。最适光强硅藻为5 000～8 000lx,蓝藻为10 000～15 000lx,光饱和光强一般为10 000～23 000lx,光抑制光强>23 000lx。各水层光强对浮游藻类生产力的垂直(剖面)分布的影响是非常显著的,图5.2显示,晴天条件下光强与生产量垂直分布的关系,武汉地区5～10月水面最大光强可达80 000—100 000lx,尽管日光在通过水表面时,由于反射、散射和吸收作用,使光强大幅度下降,东湖水面下3～5cm水层的光强仍可高达30 000～50 000lx以上。光在水层中的下降规律是:当水深呈算术级数增加时,光照强度则呈指数递减,光强在水中的迅速递减,亦导致浮游藻类生产量在垂直方向上迅速下降。两者垂直变化规律又略有不同,其不同点主要表现在两个方面:

(1) 下降速度不同　　即生产量下降速度比光强下降速度慢。

(2) 变化规律不同　　最大光强必然出现在水表面,但生产量最大值在晴天常不出现在水表面,而是出现在水下某一水层(一般出现在1/2透明度处),这一水层被称为最大光合层或最适光合层。最大光合层之下各水层的生产量将随光强的减弱而下降。换

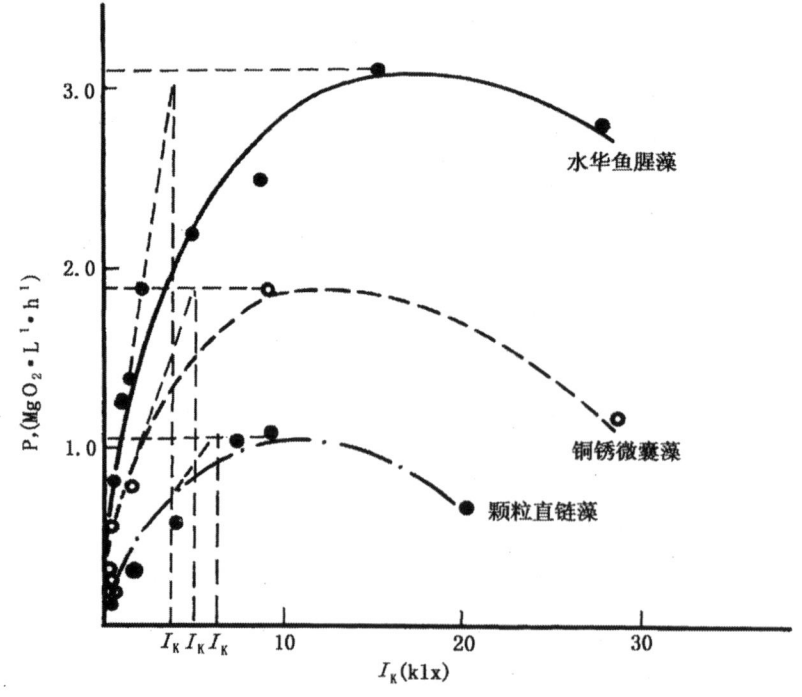

图5.1　浮游藻类光合作用速率与光照强度之间的关系

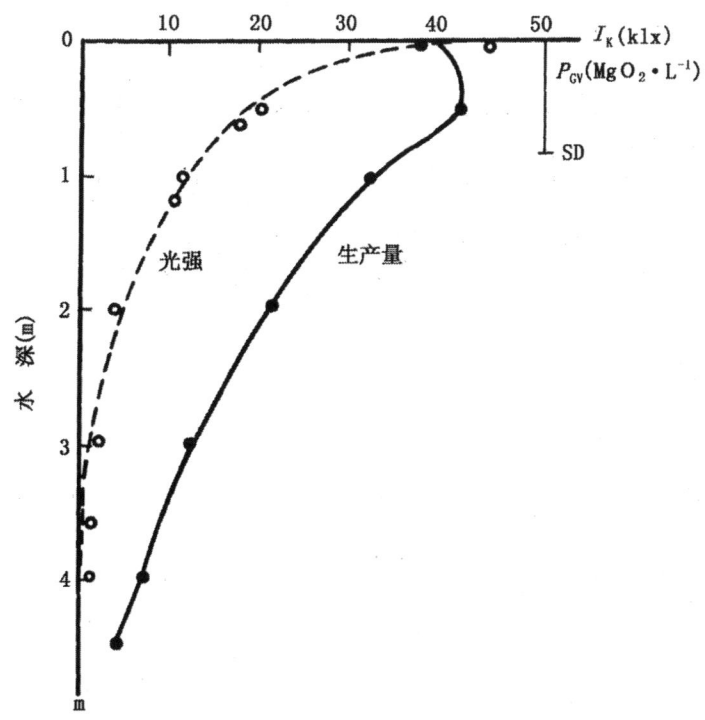

图5.2 浮游藻类生产量（P_{GV}）与水下照度（I_K）的垂直分布

言之，在最适光强以下，光照强度增加，光合作用增强，但超过一定限度，光合作用则因受到过高光强的抑制而降低。但在阴天，表层光强通常为 7 000~15 000lx，整个水层光强均在最适光强之下，不出现光抑制，故表层生产量最高。

一些浮游植物与沉水维管束植物均具阴生植物特点，其补偿点较低，一般为 50~200lx 之间，所谓补偿点（compensation point），指的是某种植物光合作用生成氧与呼吸作用消耗氧恰好相等时所需的光照强度。对于不同种类植物而言，其补偿点是不相同的，补偿点所在的深度为补偿深度，补偿深度与水体透明度有一定关系，一般 2~3 倍透明度处光强接近植物补偿点，故三倍透明度以下水草难于生存。

浮游植物水柱日产量的周日变化规律与太阳辐射能的周日变化规律虽不完全相同，但总的趋势是基本一致。一般说来，中午光辐射最强，其水柱生产量也最大，早、晚光辐射较弱，其生产量也较低。表5.1 列出了武汉东湖浮游植物的周日分配(%)。

表5.1 浮游植物水柱日产量的周日分配（%）

曝光时间	6~8	8~10	10~12	12~14	14~16	16~18	18~次日6
占连续曝光24小时所测生产量的百分数	12	33	37	30	27	15	6
每次曝光2小时，占其全天累计生产量的百分数	8	20	23	19	17	9	4

2. 水温对初级生产力的影响

温度是控制因子，在生物代谢中虽不参加其反应，但可影响其强度。水温一方面可通过控制光合作用的酶促反应或呼吸作用强度，直接影响浮游植物的毛生产或净生产过程，另一方面，水温可通过控制水体中的各类营养物（如无机盐、CO_2、有机物等）的溶解度、离解度或分解率等理化过程间接影响浮游植物的生产力。浮游植物生产量的季节变化与水温的变化常表现出正相关，武汉东湖水柱日产量 $P_{Ga} gO_2 \cdot m^{-2} \cdot d^{-1}$ 与水温 $(T_W, ℃)$ 的关系，为：

$$P_{Ga} = 0.3006 T_W - 0.702$$

这表明，东湖水温每升高 $1℃$，其水柱日产量增加 $0.3 gO_2 \cdot m^{-2} \cdot d^{-1}$。从图5.3可以看出，浮游植物的周年变化与水温的周年变化趋势完全一致。水温的周年变化与光辐射的周年变化也是基本一致，故而可以认为，初级生产力的周年变化既取决于水温，更取决于光辐射在全年的分布。

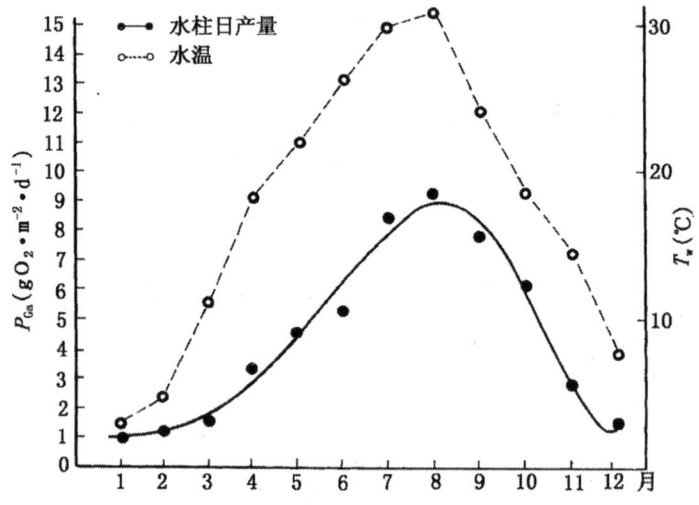

图5.3 武汉东湖浮游植物水柱日产量(P_{Ga})和水温($℃$)的周年变化

3. 营养盐类对初级生产力的影响

藻类细胞与水生高等植物都由20多种元素组成。大约有11种元素（如C、O、H、N、P、S、K、Mg、Ca、Na和Cl）几乎存在于所有植物细胞中，且各占其干重或无灰分干重的0.01%以上。这些元素被称为大量元素。其余的元素，如Fe、Mn、Cu、Zn、B、Si、Mo和Co等含量较低，被称为微量元素，尽管它们含量甚微，但在维持细胞正常功能中是不可缺少的，约占植物体干重0.001%～0.00001%。

对绝大多数水体而言，限制初级生产力的营养元素主要是氮和磷。初级生产力在水体中的平面分布与N、P的分布密切相关。

据王骥计算，武汉东湖最高生产层日产量（P_{max}, mg $O_2 \cdot L^{-1} \cdot d^{-1}$）与N、P的供应量（mg/L）之间的关系分别是：

$$P_{max} = 0.537 + 7.343 N$$

$$P_{max} = 0.1184 + 84.562P$$

上式表明，当每升水中氮元素供给量增加1mg，其最高生产层日产量将增加7.343 $mgO_2 \cdot L^{-1}$；当每升水中磷元素供给量每增加1mg，其最高生产层日产量将增加84.562 $mgO_2 \cdot L^{-1}$。

朱树屏指出，当N＜0.026～1.3$mg \cdot L^{-1}$，P＜0.018～0.098$mg \cdot L^{-1}$时，藻类的生长就受到限制，N、P通常是水生植物进行光合作用的限制因素，有时CO_2也会成为限制因素，在N、P较为丰富的情况下，对光合作用最适的N:P＝7.2:1。

在同一地区，光照与水温基本相同，各水体生产力的高低主要决定于营养盐类。夏季水温较高，N/P较大时，蓝藻易占优势；春秋N、P均丰富时，绿藻易占优势；弱酸性水，水温较低时，硅藻、金藻、甲藻易占优势。如欲用施化肥方法提高初级生产力，要勤施，少施并适当添加一些有机肥。

4. 初级生产力在能量转化中的生态学效率

在藻型湖泊中，浮游植物的光合作用在水体物质循环与能量转换过程中起着关键作用：无机物通过光合作用变为有机物，太阳辐射能通过光合作用以化学能形式被储存在植物体内。积累在植物体内的这部分物质与能量将直接或间接被鱼类所利用，其中一小部分转化成渔产品。

图5.4描绘出武汉东湖生态群落能量金字塔或能量锥（pyramid of energy），此图描绘了1979～1986年东湖Ⅱ站每年每平方米水面下能量流的简化模式，从这个模式可以看出浮游植物生产量在东湖生态系统中的重要作用：

（1）0.52%的太阳总辐射能或1.1%的有效辐射能被浮游植物固定下来。
（2）鱼类对浮游植物净产量的利用率为2.13%。
（3）浮游植物净产量的9.51%可被浮游动物利用，这表明浮游动物对浮游植物的利用率约为鱼类对浮游植物的利用率的4.5倍，即浮游动物对浮游植物生产力的影响大于鱼类对浮游植物生产力的影响。

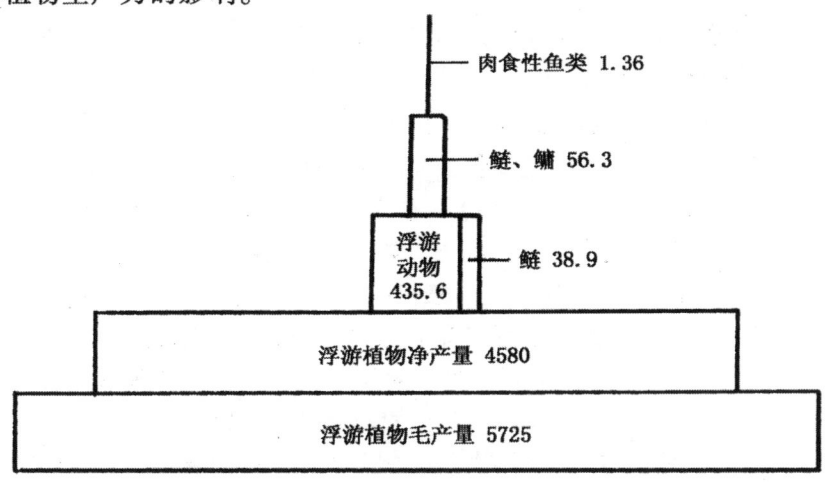

图5.4 武汉东湖生态群落能量金字塔（纯量单位：$kcal \cdot m^{-2} \cdot a^{-1}$）

内陆水体的初级生产量主要由浮游植物、着生藻类或周丛藻类、水生维管束植物和自养细菌构成；在浅水湖泊中，水生维管束植物和着生藻类常在初级生产量中占主要地位，水深较大的湖泊、水库浮游植物常是主要生产者；水流较急的石底河流中，底部着生藻类的生产量占绝对优势；水流较缓的泥底河流有时也以水生维管束植物或浮游植物为主要生产者。浮游植物、水生维管束植物和着生藻类三者之间，由于它们对光和营养物的竞争，其生产力常表现出负相关。

据王骥等测定，在长江流域草型湖泊中，初级生产者的现存量以沉水维管束植物最高，周丛藻类次之，浮游藻类最低；其生产量则以周丛藻类最高，在保安湖的主体湖区、桥墩湖区、扁担塘湖区中，周丛藻类生产量分别为水生维管束植物生产量的1.42、1.15、1.91倍；分别为浮游藻类生产量的8.95、5.86、5.52倍。周丛藻类的 P/B 系数常因着生基质（水草种类）不同而异，其年 P/B 系数变幅为65~256。草型湖泊着生基质面积大，周丛藻类 P/B 系数高是导致周丛藻类生产量较高的重要因素。

水生植物，特别是藻类对严酷的生态环境有极强的适应力，某些蓝藻可在93℃温泉中正常生存，某些硅藻、绿藻可在极地冰、雪中大量繁殖。据何剑锋、陈波报道，南极中山站近岸海冰表面以下40~70cm冰层中可形成褐色硅藻"水华"，其密度达 10^5 ~ 10^7 细胞/L；据王骥、王洪铸、冯伟松的研究，在南极中山站、长城站冰盖前沿冰雪中，每年1~2月亦常形成以绿藻为主的"水华"，可把冰雪染成红色、黄绿色，其密度可达 2×10^7 细胞/L以上。其生产量可达 0.49 ~ $1.27 mgO_2\cdot L^{-1}\cdot d^{-1}$。南极拉斯曼丘陵地区，气候寒冷，每年12月~次年2月中旬湖水冰融，其浮游藻类生产力可达 0.037 ~ $0.133 mgC\cdot L^{-1}\cdot d^{-1}$；一些湖泊着生藻生长繁茂，如南极莫愁湖着生藻生产量为 $0.356 gO_2\cdot m^{-2}\cdot d^{-1}$，约为浮游藻类生产量的28倍。

初级生产量在全球的分布与纬度关系密切，由低纬度向高纬度呈逐步降低之趋势，据IBP统计，从极地到热带，其湖泊、水库中浮游植物年产量变化在 20 ~ $11\,300 kcal\cdot m^{-2}$ 之间，相差数百倍。

除绿色植物之外，自养细菌在水生态系统初级生产力中的作用不能忽视，自养细菌又可分为光合细菌和化能合成细菌两大类。光合细菌主要分布在水深不超过20m湖泊底泥表层，或分布在深水湖泊夏季湖水分层期的厌氧区上层。在深水湖温跃层的氧与 H_2S 界面下常发现高密度的光合细菌，形成红色、褐色微生物垫（microbial mat），不产氧光合细菌包括紫细菌和绿细菌，只具有光合系统I，以 H_2S、H_2 或有机物为电子供体，进行不产氧光合作用。在一些部分对流的湖泊中，光合细菌初级生产量可达 45 ~ $2470 mgC\cdot m^{-2}\cdot d^{-1}$，在总初级生产量中占的分额可达20%~85%，在具温跃层的湖泊中，温跃层之上藻类生产力占主导地位，光合细菌仅占总初级生产量的1.93%~4.98%；温跃层之下，15~20m处，光合细菌生产力达最大值，占其总初级生产力的比例可达80%~85%以上。因此，光合细菌在深水具厌氧条件湖泊中不容忽视。

化能合成细菌与光合作用细菌都是遍及地球各处，它们对土壤及湖沼均有重要生态功能。化能合成细菌不以光为能源，而是利用硫化氢及氨等无机物氧化还原反应的能量代替太阳光并且只能依靠无机养分生活，这种生物通常称为化能合成生物，或化能自养生物。化能合成细菌在天然水体中的生产力及其在水生态系统中的作用研究尚少，有待进一步研究。

第五节 次级生产力的基本概念和规律

所有消费生物的同化过程均属次级生产过程。动物和异养微生物生长、繁殖和营养物质的贮存均是同化过程的表现形式。单位时间、单位空间内、通过动物和异养微生物生长、繁殖而增加的生物量或贮存的能量称为次级生产量。次级生产量不强调毛产量与净产量之分，上述定义实际代表着净次级生产量。次级生产力的研究内容可概括为各营养层次异养生物的消费、转化和利用过程与速率。

次级生产量，并不仅反映第二级生产量，它是第二级、第三、第四等各级生产量的统称。异养生物直接利用初级生产品而形成的生产量称为第二级生产量，直接利用二级生产品（如植食性动物）而形成的生产量称第三级生产量，继续按其食物的营养层次类推可形成四级、五级等营养级次级生产量，直到终极生产量。但是，由于许多动物可同时摄取不同营养级的食物，所以很难确定该动物是属于哪一级的次级生产者，也难以确定其生产量是属于哪一级的次级生产量。异养细菌、浮游动物、底栖动物和鱼类均是水体中重要的次级生产者，两栖类、水栖爬行类、水禽、水兽等的次级生产力亦不能忽视。由于大部分初级生产量并不直接被动物利用，而是死后被异养细菌分解利用，因而水体中细菌生产量是相当可观的，据 Winberg（1976）统计，湖泊、水库中的细菌生产量有时可占其初级生产的 70% 以上，它在次级生产量中所占的份额更大。微型浮游动物和微型底栖动物在次级生产过程中也占有极其重要的位置，它们的生产量约占除细菌生产量以外的次级生产总量的半数以上，这与微型动物 P/B 系数较高密切相关。例如，武汉东湖湖心区，原生动物生产量为 $73.8\text{mg}\cdot\text{m}^{-3}\cdot\text{d}^{-1}$，原生动物生产量大于轮虫、枝角类、桡足类生产量之和。

据 IBP（Morgan，1980）对全球 33 个湖泊统计，发现这些湖泊中非肉食性动物生产量变幅为 $0.3 \sim 177.6 \text{ J}\cdot\text{m}^{-2}\cdot\text{a}^{-1}$，年 P/B 系数为 $0.5 \sim 132.1$；肉食性动物生产量变幅为 $0.1 \sim 399.0 \text{ J}\cdot\text{m}^{-2}\cdot\text{a}^{-1}$，年 P/B 系数为 $1.8 \sim 30.4$。浮游动物生产量（P）和生物量（B）之间的关系可用下式表达：

$$P = 9.097 B^{1.237}$$

表 5.2　1983～1990 武汉东湖各类水生动物年生产量和 P/B 系数的比较

动物类群	生产量 ($\text{g}\cdot\text{m}^{-2}\cdot\text{a}^{-1}$)	各类群动物生产量占总次级生产量的百分数(%)	P/B 系数
原生动物	121.22	21.16	312.20
轮虫	5.57	0.98	117.35
枝角类	46.63	8.14	42.38～77.04
桡足类	16.96	2.96	46.02～57.63
寡毛类	8.55	1.49	3.6～7.8
软体动物(带壳)	308.99	53.94	1.08～1.09
鱼类	64.90	11.33	2.05
合计	572.82	100	

从表5.2可以看出，武汉东湖每平方米水面下年次级生产总量为572.82g，其中浮游动物占33.24%，底栖动物占55.43%，鱼类占11.33%。无脊椎动物的年 P/B 系数随着生物个体的增大而降低，即原生动物最高，轮虫次之，枝角类、桡足类再次之，软体动物最低。养殖鱼类的 P/B 系数随着放养密度的提高而下降。

高寒水体中消费生物 P/B 系数较低，这与低温条件下代谢水平较低，食物短缺有关，高温水体中 P/B 系数也不高，这是呼吸代谢较强，生物量增量有限所致。

异养生物对物质改造和能量的传递主要是通过食物链进行的，对水生生物而言，相当部分的物质和能量可以通过低等异养生物的渗透营养进行传递。

水体中的生产过程，可用下列两种食物链表达：

(1) 牧食链（以初级生产为基础的生产链）

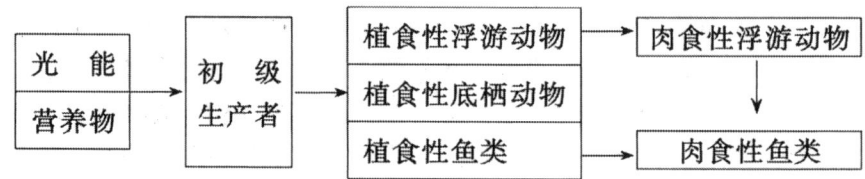

(2) 腐食（屑）次级生产链

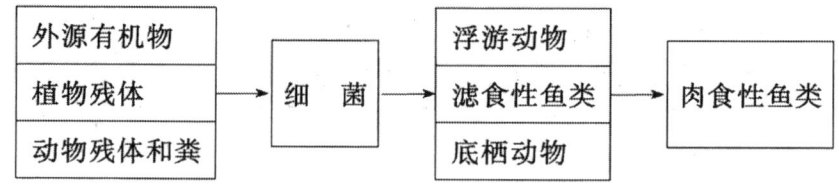

在静水水体中，贫营养型或中营养型湖泊，初级生产力达到一定水平，有机碎屑较少，腐食链较弱，食物网中以牧食链占主导地位，细菌的分解作用在好气条件下进行。随着富营养化和有机污染的增加，水底和水层中有机碎屑积累增多，初级生产放氧的增长逐渐变为等于或小于呼吸耗氧、促进水体中腐食链势力的增强，腐食链也随之占主导地位，嫌气性细菌分解也将增强。

在流水水体中，只有在天气晴好，水底藻类群落发育良好的山溪，有可能以牧食链为主，而接纳地表迳流量较大，水流混浊的河流，均以腐食链为主。

水生生物群落的生物生产品，即使在活着时，亦有相当多的产品以渗透的方式分泌或排泄到水中，其中一部分又被其他生物以渗透营养形式加以吸收利用。有些蓝藻在一定条件下，其光合作用产物的50%~95%以胞外产物分泌到水中；浮游动物、底栖动物和鱼类也不断地将尿素、氨基酸等可溶有机物分泌、排入水中。这些分泌有机物在细菌和真菌胞外酶的作用下继续降解。藻类细胞和低等水生动物均能在不同程度上进行渗透营养，但以细菌的渗透营养最为显著。

总之，水生生物群落中，物质与能量的传递是极为复杂的，群落中第一营养级的能量传递效率，即光能利用率，一般不超过1%~5%，次级生产的能量传递，按Lindeman（1942）首先提出的规律，从一个营养级到下一个营养级，其平均只有10%可以传递下去，Slobodkin（1959，1962）在实验控制条件下，研究了三个营养级食物链的能量传递，得出5%~15%的转化规律，平均也是10%，据波哥诺夫（1965）计算，全球海洋浮游植物年产量约5500亿吨（鲜重），浮游动物年产量约530亿吨（鲜重），其转化率也近乎10%。应当指出，10%的转化率仅是大样品统计的平均值，实际变幅则有较大变化，其变幅约为3%~40%。如一个营养级中的消费者的种类和数量越多，则转化率越高。第三营养级以后的各营养级的能量转化率，显著高于第一级和第二营养级。

例如，植食性无脊椎动物对净初级生产量的能量转化率（即第二营养级转化率）约3%~10%，而肉食性无脊椎动物对植食性无脊椎动物的能量转化率（即第三营养级转化率）约为13%~17%。次级生产量一般随初级产量的增高而增高，但其能量转化率则有时表现出相反的趋势。

第六节　水体生物生产力的测定方法（简介）

一、初级生产力的测定方法

测定初级生产力的方法较多，大体可分为两类：

（1）现存量法　通过测算某一时间间隔始末初级生产者现存量（如生物量、叶绿素 a、有机碳……）的变化，推算出有机物质增量，这一增量即是净初级生产量。

（2）代谢速率法　通过测定在一定时间内，生产者进行光合作用与呼吸代谢时，其原料、产物、排出的废物等数量上的变化，推算其有机物质的生产量。测氧法、^{14}C法、营养盐类平衡法均属此类。

1. 水生维管束植物生产量的测定方法

（1）收获法　根据各种水草生态特征，在一年中生物量最大之月份，选择若干有代表性采样断面，进行生物量测定，将其平均生物量乘以 P/B 系数即可推算出该种水草生产量。各种水草的 P/B 系数并不相同，作为粗略估算，P/B 采用1.25即可。

（2）测氧法　将顶枝或整株植物洗净，分别放入黑、白瓶（或黑、白玻管）中，测定曝光前后，黑白瓶内水中溶氧变化，根据其氧变化推算其生产量和呼吸量。溶氧可用碘量法测定，也可用电极法测定，前者经典可靠，但较为费时，后者快捷，但精确度略低。如要测定其生产过程中生产量的变化情况，可采用铂金电极自动测定记录装置进行连续测定。

2. 着生（底生或周丛）藻类生产量测定方法

（1）定点、定时观测单位面积上着生藻类生物量的变化，计算其生物量之增量。

（2）刮取一定面积上的着生藻类（或用称量法，称取一定重量的着生藻类）放入黑、白瓶中，采用测氧法或^{14}C法，测定其代谢速率，进而计算其生产量。

（3）直接罩底法。即用透明和不透光容器直接罩住底生藻类，并将容器开口一端插入底泥中，测其一天内溶氧变化，再根据所罩住的底部面积计算着生藻生产量。

3. 浮游植物生产量的测定方法

浮游植物生产量的测定方法包括：①黑白瓶测氧法；② 昼夜溶氧变化法；③^{14}C法；④叶绿素法；⑤营养盐类平衡法等，上述方法国内外文献已有详细报道，不再详述。

二、次级生产力的测定方法

生物群落次级生产量的测定比较复杂，尚未找到简便而有效的直接测定群落次级生产量方法。测算一个天然群落中的次级生产量，必须对其所有种群的生产量，至少要对其优势种群的生产量进行测定。测定某一种群生产量又必须首先获得以下参数，才能最后计算其次级生产量：①怀卵量，②胚胎发育时间，③胚后各阶段发育时间，④种群出生率，⑤种群死亡率，⑥种群增长率，⑦种群数量变化。

水生无脊椎动物和鱼类均系变温动物，在测定上述各参数时，水温的变化和食物的丰歉均很重要，即使不再考虑其他环境因子的影响，要研究清楚一个种群的生产量，其工作量已是相当可观的。

本世纪 70 年代以来，次级生产力研究方法有了较大的进展，随着 Winberg（1971）编写的《水生动物生产力估算方法》，Winberg 和 Edmondson（1971）合编的《淡水水体次级生产力估算方法手册》以及 Downing（1984）编写的《淡水水体次级生产力评估方法手册》等书的问世，黄祥飞、阎云君、张堂林等对浮游动物、底栖动物以及鱼类次级生产力研究方法作了介绍，淡水生物次级生产力研究方法趋于成熟和完善，以下简要介绍几种次级生产力的研究方法：

1. 运用种群动态参数计算次级生产力

（1）减员累加法（removal-summation method）
$$P = B_e + B_2 - B_1 \qquad B_e = (N_1 - N_2)(B_1/N_1 + B_2/N_2)/2$$

式中：P，生产量；B_e，减员现存量；B_1、t_1 时刻现存量；B_2、t_2 时刻现存量；N_1，t_1 时刻的密度；N_2，t_2 时刻的密度。

（2）增长累加法（increment-summation method）
$$P = \sum n_i \Delta W_i$$

式中：i，采样次数；n，密度；ΔW，相邻两次采样间体重的增量。

（3）瞬时增长率法（instantaneous growth rate method），又称 Ricker 法。
$$P = G \cdot \overline{B} \qquad G = (\ln \overline{W}_2 - \ln \overline{W}_1)/(t_2 - t_1)$$
$$\overline{B} = B_0(e^{(G-Z)} - 1)/(G - Z), (G > Z)$$

或，
$$\overline{B} = B_0(1 - e^{-(Z-G)})/(Z - G), (G < Z)$$
$$Z = -(\ln N_2 - \ln N_1)/(t_2 - t_1)$$

式中：Z，瞬时死亡率；G，瞬时生长率；t_1，取样起始时刻；t_2，取样终末时刻，B_0，采样起始时的生物量（$N \times W$）；$\overline{B}$，平均生物量。

(4) Allen 曲线法 (Allen curve method)
$$P_t = \int_{W_0}^{W_t} N_t dW$$
式中：W_0 采样起始时的体重；W_t，t 时刻的体重；N_t，t 时刻的密度。

当取样时间间隔($\Delta t = t_2 - t_1$)很短时，可采用下列公式，
$$P = [(N_1 - N_2)/2](\overline{W}_2 - \overline{W}_1)$$
式中：N_1、N_2 为采样始、末密度；$\overline{W}_1$、$\overline{W}_2$ 为采样始、末平均重量。

(5) 体长频度法 (the size frequency method)
$$P = ib \sum (W_{j+1} \times W_j)^{1/2}(N_{j+1} - N_j)$$
或
$$P = \left[i \sum (W_{j+1} \times W_j)^{1/2}(N_{j+1} - N_j) \right] \times P_e/P \times 365/CPI$$
式中：i，体长组数；b，周年所完成的代数；j，采样次数；W，体重；N，密度；P_e/P，发育时间矫正系数；CPI，同龄组生产时段 (cohort production interval)。

(6) 线性法 (linear method)
$$P_N = N_0 BT \quad B = \frac{E}{N_0 D}$$
式中：N_0，起始种群密度；E，卵的密度(个/L)；D，卵的发育时间；B，日出生率[卵数/(雌体·天)]；P_N，生产量(个体数)；T，采样间隔时间。

(7) Baldock 的原生动物生产量计算方法
$$P_1 = \frac{24}{G} \cdot \frac{B_t - B_0}{\ln \frac{B_t}{B_0}} \cdot t$$
$$G = \frac{\ln 2}{\gamma}$$
$$\gamma = \frac{\ln N_t - N_0}{t}$$
式中：P_1 为 t 时间内某种原生动物的生产量；G 为该种的世代时间（小时）；t 为间隔时间；B_0，B_t 分别为起始时和 t 时刻生物量。N_0，N_t 为起始时和 t 时刻动物的个体数。总生产量 $P = P_1 + P_2 + P_3 + \cdots\cdots + P_i$。式中，$P_1 \cdots\cdots P_i$ 为 $1 - i$ 次采样中每次采样计算的生产量。

(8) 指数法 (exponential method)
$$P = N_0 e^{bt} - N_0 \quad b = \frac{\ln(1 + E/N)}{D}$$
式中，P，生产量；b，瞬时增长率；N_0，采样起始时的种群密度；t 相邻两次采样时间间隔；E，卵数；D，卵的发育时间。

(9) 改进的 Edmondson 法
$$P = N_e + \frac{1}{T}(N_t - N_0) \quad N_e = \overline{N}MT^{-1} \quad M = 1 - e^d$$
式中：N_t、N_0，为 t 时和起始时的种群密度（个/L）；T，采样间隔时间（天）；N_e，在单位时间损失的个体数；P，日生产量；$\overline{N}$，采样期间平均密度；d，瞬时死亡率。

(10) 世代时间法（generation time method）

$$P = \frac{\overline{N}\,\overline{W}}{T_{e+p}}$$

式中：P，生产量；$\overline{N}$，采样期间生物平均密度；T_{e+p}，从卵孵化到成体怀卵又孵化所需的时间（天）；$\overline{W}$，平均体重。

(11) 补充时间法（recruitment time method）

本法根据多度和周转率（turnover rate）的乘积估算稳定种群生产量。

$$P_d = \frac{1}{T} N \overline{W}_N \quad T = 1/B (\text{天}) \quad B = \frac{E}{DN_0}$$

式中：P_d，日生产量；B，周限出生率；N，种群个体数；$\overline{W}_N$，种群每个个体的平均重量。

在以上研究方法或计算公式中，6、7、8、9、10较适用于小型、生命周期短连续增长种群的次级生产力测定。其余各法则较适用于较大个体，生命周期较长非连续增长种群的次级生产力测定。具体说来，异养微生物生产量常用指数法；原生动物常用Baldock法和世代时间法；轮虫常用线性法、改进的Edmondson法和世代时间法等；甲壳动物常用增长累加法和补充时间法；大型底栖无脊椎动物常用体长频度法和瞬时增长率法；鱼类生产量测算则常用Allen曲线法、瞬时增长法（Ricker法）和增长累加法。

瞬时增长率法和体长频度法亦可用于测算非同龄组种群生产力，只是在运用瞬时生长率法时，必需求出每一时间间隔的瞬时增长率（g），即 $P = \sum g \Delta t B$。

2. 生理学方法（physiological method）

能量收支方程是生理学方法的理论依据。生产力即是生物生长能的积累。因此，测定能量收支方程的摄食能、代谢能、排泄能、排粪能等参数，就可计算出生长能（生产力）。

生物能量学方程的一般表达式：$C = F + U + R + P$ 或 $P = C - F - U - R$

式中：C，摄食能；F，排粪能；U，排泄能；R，代谢能；P，生长能。

生理学法主要用于鱼类和大型无脊椎动物次级生产力研究。在轮虫生产力研究中亦有人应用，其计算公式为：$P = TK_2/(1 - K_2)$，式中：T，单位时间内单位生物量的代谢损失；K_2，食物转化为生长能的转化效率。

3. P/B 系数法

即依据生物量 B 和该种 P/B 系数计算生产量。尽管 P/B 系数对同一物种并不是一个常数，P/B 系数常随环境条件和生物自身生理状态变化而变化，但在环境条件等因素基本相似的区域，物种的 P/B 系数一般比较稳定。因此，年生产量 P = 周年平均生物量（B_m）与年 P/B 系数之积。即 $P = B_m \cdot P/B$。

第七节　应用初级生产量和次级生产量估算鱼产潜力和评价水体类型

研究水体生物生产力的目的，在于掌握水体生物生产过程和规律，为合理而充分开发利用水体生物生产力提供科学依据。除学术价值外,研究水体生物生产力对发展渔业,保护水环境、评价水体富营养化进程均有应用价值。根据天然饵料生产力评价、估算鱼产潜力的过程,其本质仍然是研究以鱼产量为目标的次级生产力研究过程。

一、用初级生产量估算鱼产潜力

1. 以水草为食的鱼类的生产潜力估算法

水草的饵料系数随着水草种类及喂养鱼类的品种不同而异,一般变动在 70~120 之间。可用下式估算以水草为食的鱼类的生产潜力:

$$F = \frac{P_N \cdot a}{K}$$

式中:F,鱼产潜力(kg/亩)[1];P_N,水草的净生产量或最高生物量(kg/亩);a,允许鱼类对水草的最大利用率(建议 $a < 0.25$);K,饵料系数。

2. 以浮游植物为食的鱼类的生产潜力估算法

浮游植物生产量估算鱼类生产潜力的方法通常采用下列两种方法:

(1) 能量估算法 按照生物能学的基本原理,鱼类的能量转换过程大致符合以下公式:

摄取的饵料能 = 生长能 + 呼吸代谢能 + 排遗排尿能 + ……

应用这一原理,王骥、梁彦龄提出以下计算鲢、鳙生产潜力的公式。

$$F_H = \frac{P_G \cdot f \cdot k \cdot a \cdot H_Y \cdot E_H}{C}$$

$$F_A = \frac{P_G \cdot f \cdot k \cdot a \cdot A_r \cdot E_A}{C}$$

式中:F_H、F_A 分别代表鲢和鳙的生产潜力;P_G 为浮游植物毛生产量;$f = P_N/P_G$,即浮游植物净生产量与毛生产量之比;k 为氧的热当量,即3.51;a 为允许鱼类对浮游植物净产量的最大利用率;C 为鲜鱼肉的热当量 (1.2);H_Y、A_r,分别为鲢、鳙相对搭配比例;E_H、E_A 分别为鲢、鳙对浮游植物的能量转化率。

(2) 回归法 所谓回归法,就是在大量调查浮游植物初级生产力 (P_G) 与渔获量 (F_Y) 的基础上,经过数理统计处理,探讨 P_G-F_Y 两者的函数关系,求出两者关系的回归方程式。只要按照一定要求测定出该水体浮游植物初级生产力 (P_G),代入适当回归方程,就可计算出该水体鱼类生产潜力。

1974 年、1977 年 7~9 月份,梁彦龄、王骥等曾在同一天时间内对武汉市郊 18 个水体进行过初级生产力的测定,发现浮游植物的日生产量与全年渔获量之间存在着明显的相关性。由于所调查水体的渔获物中,鲢、鳙产量均占 90% 以上,故由此得出的回归方程,完全可以作为鲢、鳙生产潜力估算的数学模式。其回归方程如下:

$$F_{Yg} = 370 P_{Ga} - 852; \quad F_{Yg} = 197(1.27)^{P_{Ga}}$$

---

[1] 1 亩 = 666.7 m²

$$F_{Yn} = 364P_{Ga} - 970$$
$$\lg F_{Yg} = 0.042P_{Gv} + 2.61; \lg F_{Yn} = 0.04P_{Gv} + 2.44$$

式中，F_{Yg}，毛鱼产潜力，即包括放养鱼种重量在内的鱼产量（kg/hm^2）；F_{Yn}，净鱼产潜力，即扣除放养鱼种重量之后的鱼产量（kg/hm^2）；P_{Ga}，浮游植物单位面积日产量（$gO_2 \cdot m^{-2} \cdot d^{-1}$）；$P_{Gv}$，浮游植物水表层单位体积日产量（$gO_2 \cdot m^{-3} \cdot d^{-1}$）。

以下列举国外有关初级生产量 P_G 和渔产量（Y）之间的关系式：

(a) Melack（1976）根据非洲8个水库调查资料，得出初级生产量 P_G（$gO_2 \cdot m^{-2} \cdot d^{-1}$）和渔产量 Y（kg/hm^2）之间的关系：

$$\lg Y = 0.12P_G + 0.95$$

(b) Oglesby（1977），浮游植物生产量（$gC \cdot m^{-2} \cdot a^{-1}$）和渔产量 Y（$gC \cdot m^{-2} \cdot a^{-1}$）之间的关系：

$$\lg Y = 2.00\lg P_G - 6.00$$

(c) McConnell（1977），浮游植物生产量 P_G（$gO_2 \cdot m^{-2} \cdot d^{-1}$）与鱼产量 Y（g 湿重 $\cdot m^{-2} \cdot d^{-1}$）之间的关系

$$Y = 0.021P_G - 0.022$$

(d) Wolny 和 Grygierek（1972），初级生产量 P_G（$gO_2 \cdot m^{-2} \cdot d^{-1}$）和鱼产量 Y（kg/hm^2）之间的关系：

$$Y = 80.72P_G - 11.08$$

二、用次级生产量估算渔产潜力

梁彦龄等用能量估算法，以各类底栖生物的生物量、P/B 系数、干物质能值；鲤鱼对底栖动物的利用率、能量转化效率、鲤鱼鲜肉能值等参数分别计算出依据软体动物生物量（B_M）、水生昆虫生物量（B_I）、水栖寡毛类生物量（B_O）估算鲤鱼生产潜力（F_Y）的简化公式：$F_Y = 0.032B_M$；$F_Y = 0.183B_I$；$F_Y = 0.235B_O$。

以浮游动物生物量（B_Z）为依据估算鱼类生产潜力，P/B 系数以60计，利用率以0.3计，其简化公式为：$F_Y \approx 18.0B_Z$。

三、用初级生产量评价水体营养类型和富营养化进程

研究湖泊营养类型，评价湖泊的富营养化进程是生态学的一个重要组成部分。湖泊分型的标准很多，除理化标准外，常以各类生物的种量作为分型标准，这里仅简要介绍以浮游植物的初级生产量作为标准来评价湖泊的营养类型。

Rodhe 认为水柱毛产量大于 $75gC \cdot m^{-2} \cdot a^{-1}$ 的湖泊是天然富营养型湖；大于 $350gC \cdot m^{-2} \cdot a^{-1}$ 的湖泊是人为富营养（污染）湖。Liken 统计了全世界各地区各类湖泊的初级生产量，提出天然富营养型湖泊的上限为 $450gC \cdot m^{-2} \cdot a^{-1}$。Winberg 根据前苏联湖泊的测定资料，提出初级生产量划分湖泊类型的标准，认为水柱年产量为 $70 \sim 200gC \cdot m^{-2}$，

最高水柱日产量为$2.5\sim7.5gO_2\cdot m^{-2}$的湖泊，属于富营养型湖；水柱年产量为200～300（到400）$gC\cdot m^{-2}\cdot a^{-1}$，最高水柱日产量为$7.5\sim10(14)gO_2\cdot m^{-2}$的湖泊，属于高度富营养湖泊。

作者认为Winberg提出的最高水柱日产量标准较为恰当，水柱年产量标准则因前苏联湖泊生物生产季节较短、水柱年产量较低，将苏联的水柱年产量标准用于长江中下游湖泊营养分型时，应作适当修正。

思 考 题

1. 研究水体生物生产力的目的和意义是什么？
2. 何谓水体生物生产力、初级生产力、次级生产力？
3. 试述影响初级生产量时、空分布的主要生态因素及其作用机理。
4. 用两种食物链图式表达水体生物生产力过程。
5. 简述初级生产力的研究方法及工作原理。
6. 列出研究水体次级生产力的主要计算公式，并指出应用范围。

主要参考文献

[1] Lieth H. and Whittaker R. H. Primary productivity of the biosphere. Springer-Verlag, Berlin Heidelberg New York. 1979, 339pp

[2] 王骥，沈国华. 武汉东湖浮游植物的初级生产力及其与若干生态因素的关系，水生生物学集刊，1981，**7**（3）：295～311

[3] 王骥，梁彦龄. 用浮游植物的生产量估算武昌东湖鲢鳙生产潜力与鱼种放养量的探讨，水产学报，1981，**5**（4）：343～350

[4] Liang Yanling, Melack J M and Wang Ji. Primary production and fish yields in Chinese ponds and lakes, Trans. Amer. Fish. Soc. 1981, **110** (3): 346～350

[5] 陈雪梅. 武汉东湖桡足类生物量及生产量的初步研究，水生生物学报，1985，**9**（2）：114～158

[6] 黄祥飞，胡春英. 武汉东湖透明溞和隆线溞一亚种的种群变动和生产量，水生生物学集刊，1984，**8**（4）：405～417

[7] 黄祥飞，胡春英. 武汉东湖针簇多肢轮虫的种群变动和生产量. 水生生物学报，1989，**13**（1）：15～23

[8] 黄祥飞. 武汉东湖短尾秀体溞的种群变动和生产量，生态学报，1989，**9**（2）：132～138

[9] Liang Yanling. Annual production of *Branchiura sowerbyi* (Oligochaeta: Tubificidae) in the Donghu Lake, Wuhan, China, Chin. J. Oceanol. Limnol. 1984, **2** (1): 102～108

[10] 陈其羽. 武汉东湖铜锈环棱螺种群变动和生产量的初步观察. 水生生物学报，1987，**11**（2）：117～130

[11] 徐润林，沈韫芬，顾曼如. 武汉东湖浮游原生动物的生产量，第四届中国海洋湖沼科学会议论文集. 北京：科学出版社，1991，164～173

[12] 孙儒泳等. 动物生态学原理，北京：北京师范大学出版社，1986，511pp

[13] Wetzel R G. Limnology. (2nd ed.). Saunders College Publ., 1983, 754pp

[14] Harris G P. Phytoplankton productivity and growth measurements: past, present and future, J. Plankton Res., 1984, **6**: 219～237

[15] Harris G P. Phytoplankton Ecology, Chapman and Hall, New York. 1986, 384pp

[16] Eppley R W and Petersen B J. Particulate Organic matter flux and planktonic new production in the deep Ocean, Nature, 1979, **282**: 677～680

[17] Parsons T R and Takahashi M. Environmental control of phytoplankton cell size. Limnol. Oceanogr., 1973, **18** (4): 511～515

[18] 刘子琳等. 夏季普里兹湾邻近海域浮游植物、粒度分级叶绿素a和初级生产力的分布. 极地研究，1997，**9**（1）：18～27

[19] Taizo Miura and Ji Wang, Chlorophyll a found in feces of phytoplanktivorous cyprinids and its photosynthetic activity, Verh. Internat. Verein. Limnol. 1985, **22**: 2636~2642

[20] Odum E P. Fundamentals of Ecology. Philadelphia: Saunders. 1971

[21] Reynolds C S. The Ecology of Freshwater Phytoplankton. Cambridge University Press, Cambridge, 1984, 344pp

[22] 孙儒泳等. 普通生态学, 北京: 高等教育出版社, 1993, 324pp

[23] 刘建康等. 东湖生态学研究（一）, 北京: 科学出版社, 1990, 407pp

[24] 王骥等. 保安湖周丛藻类生产量的初步研究, 水生生物学报, 1996, **20**（增刊）: 141~148

[25] 何剑锋, 陈波. 中山站近岸冰藻优势种的季节变化及其与冰区浮游植物的关系, 极地研究, 1997, **9**（3）: 182~191

[26] Sorokin Y I. Interrelations between sulphur and carbon turnover in meromictic lakes. *Arch. Hydrobiol.* 1970, **66**: 391~446

[27] Culver D A and Brunskill G J. Fayetteville Green Lake, New York, V. Studies of primary production and zooplankton in meromictic marl lake. Limnol. Oceanogr. 1969, **14**, 862~873

[28] 大连水产学院. 淡水生物学（下册）, 北京: 中国农业出版社, 1985, 258pp

[29] Downing J A. A Manual on Methods for the Assessment of Secondary Productivity in Fresh Waters. Blackwell Scientific Publications. 1984

[30] 章宗涉, 黄祥飞. 淡水浮游生物研究方法, 北京: 科学出版社, 1991, 414pp

[31] 阎云君等. 浅水湖泊大型底栖无脊椎动物生态能量学研究. 博士论文, 1998

[32] 梁彦龄, 吴天惠, 谢志才. 保安湖底栖动物现状及渔业评价, 草型湖泊资源、环境与渔业生态学管理（一）. 北京: 科学出版社, 1995, 178~193 pp

第六章 水细菌生态

第一节 细菌的形态和分类概要
第二节 细菌在水生态系统中的分布
第三节 细菌在碎屑食物链中的作用
　一、初级生产大部分转化为碎屑
　二、细菌是整个水生态系统中最重要的消费者
　三、细菌的生产力
　　1. 细菌的光合作用
　　2. 细菌的化学合成作用
　　3. 细菌的异营养化
　四、细菌对碎屑的分解
　　1. 对溶解有机物质的分解
　　2. 对颗粒有机物质的分解
第四节 细菌新陈代谢类型及其在物质循环中的作用
　一、细菌的营养类型
　　1. 自养细菌
　　2. 异养细菌
　二、细菌的新陈代谢活动
　　1. 细菌性光合作用
　　2. 化学合成的氧化作用
　　3. 发酵作用
　　4. 细菌的呼吸作用
第五节 细菌与水生动物的关系
　一、原生动物
　二、小型动物
　三、滤食动物
　四、食碎屑动物

第一节 细菌的形态和分类概要

广义地说水微生物应当包括细菌、真菌、放线菌、蓝藻和原生动物。本章将重点讨论微生物在水生态系统物质循环中的作用，故以细菌为重点。

细菌属于原核生物，大多数细菌是单个细胞，大小还不到 $1\mu m$。在电子显微镜尚未问世之前，在光学显微镜下根据细胞形状可分为三种基本的几何图形——球状、杆状和螺旋状。有的是单个细胞生活，有的则由许多个细胞体联成排列不同的链状。故将这些细菌称为球菌、杆菌、螺旋菌、链球菌等。球菌中又有不同的形状，如球形、肾形、半圆形、豆形等。杆菌中有长短、粗细、平直与弯曲、分枝与不分枝、两端同形或两端异形、有鞘与无鞘之分。螺旋菌中有旋转不超过 1/4 圈的称弧菌 *Vibrio*，有旋转 1~2 圈的称螺菌 *Spirillum*，有旋转多圈的称螺旋体 *Spirochaeta*。球菌的大小最为一致，其直径为 $0.5\sim1.0\mu m$。杆菌短的 $1\sim1.5\mu m$。长的线状体可达 $10\sim18\mu m$，有的线菌竟可长达数毫米。螺旋菌大小范围为 $1.0\sim300\mu m$。

由于细菌十分微小，一般的光学显微镜无法揭示细胞内部构造，只有通过超薄切片、电子显微镜以及其他分子生物技术才能了解细菌的细胞结构。其模式的构造见图6.1。

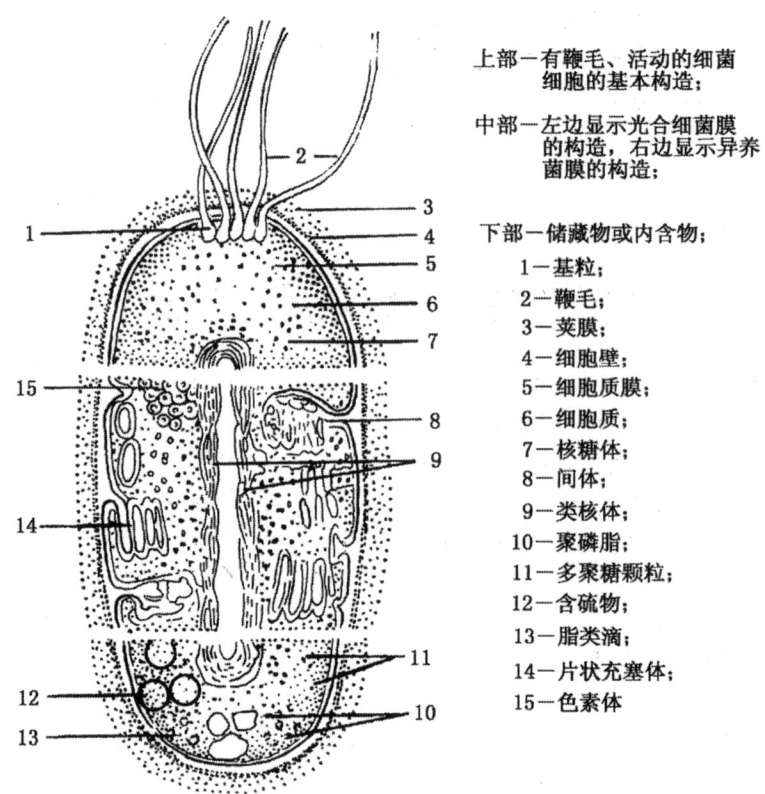

图 6.1 细菌细胞结构综合示意图（仿罗特米斯特罗夫等，1978）

上部—有鞭毛、活动的细菌细胞的基本构造；

中部—左边显示光合细菌膜的构造，右边显示异养菌膜的构造；

下部—储藏物或内含物；
1—基粒；
2—鞭毛；
3—荚膜；
4—细胞壁；
5—细胞质膜；
6—细胞质；
7—核糖体；
8—间体；
9—类核体；
10—聚磷脂；
11—多聚糖颗粒；
12—含硫物；
13—脂类滴；
14—片状充塞体；
15—色素体

细胞壁 除原质菌、粘细菌和螺旋体外，所有的细菌都有相当坚韧而有弹性的细胞壁。其厚度约为 10～25nm，重量可占细菌干重的 20% 左右。细胞壁的主要化学成分有脂类、多聚糖、氨基醣。革兰氏阳性菌氨基醣占的比例大于革兰氏阴性菌占的比例，但是脂类的比例小于革兰氏阴性菌。革兰氏阳性菌的细胞壁也比革兰氏阴性菌的厚些。在活的细菌细胞内渗透压变动于 3～30 大气压范围内。在低渗性环境中为了抵抗压力，细菌有坚实物理结构的细胞壁。它由多聚糖肽（或称胞壁质 murein）组成牢固的撑架，有十分美妙的构造。平行排列的多聚糖被横的肽链所加固，这种横的肽链在多聚糖和肽之间形成共价键，故而撑架十分牢固。在撑架中横肽链和纵肽链中每个胞壁质环节的 D-丙氨酸基为共价键。细胞壁撑架的格栅构造是不断裂的。细菌的细胞壁除了坚实性外，还具有疏松而有分级选择的渗透性，以便营养物质能渗进细胞内。细胞壁内还含有酶的辅基——辅酶，它能控制细菌和营养物质接触时进行物质交换的初级阶段，使大分子裂解。

荚膜 在许多球菌、杆菌及一些线菌中细胞壁外覆盖有粘液的胶状物质，即荚膜。厚度为数纳米至 10μm 或更大些。化学成分为多聚糖和肽。水分占 98%。荚膜能使细菌吸附更多的有机物。

细胞质膜 细胞壁内有一层半渗透性的、形成内褶的膜包围细胞质，称为细胞质膜。厚度为 10nm 左右，由三层组成，其中的朝细胞壁方向的外层由蘑菇状头部、大小为 8～12nm 的、化学成分为酶蛋白和蛋白-酯类的亚细胞单位构成。质膜的蛋白是酶，已发现有 ATP 酶、青霉素酶、NADH 脱氢酶（还原型烟酰胺腺嘌呤二核苷酸脱氢酶）、乳酸脱氢酶、转位酶、磷酸酶以及细胞色素 a、b、c。质膜的脂类主要是磷脂类。还出现有脂氨基酸、类胡萝卜素、醌、葡萄糖脂、多聚糖、核酸等。细胞膜相当于一个"生化实验室"。它可以进行酶的活化，尤其是氧化还原过程中酶的活化。它还可以进行生物合成，可以在外界环境和细胞之间进行各种物质的传递，还可以参加电子传递。因而使细菌具有完整的新陈代谢系统。

原生质体　除细胞壁外，细菌细胞的内含物称为原生质体。原生质体由细胞质组成，细胞质外包有膜。细胞质的化学成分主要是核糖体、酶和 RNA。细菌细胞内含有约一万个核糖体块，其中 40% 是蛋白质，60% 是 RNA。已在蛋白质中找到 20 种不同的氨基酸。信使型和转移 RNA 参加蛋白质的合成，酶则对合成和分解反应起催化作用。所有氧化-还原放能反应都在原生质体内发生。

内含物　在细胞质内有各种内含物，如淀粉粒、肝糖及其他多聚糖、脂肪、聚磷粒或异染粒和硫等，起储存营养物的作用。细胞质内有盐分，以控制渗透压。

类核体　细菌属于原核生物，没有形态上独立的核，但有一小块含 DNA 并能执行细胞核功能的类核体。在细胞分裂之前先有类核体的分裂。类核体的基本成分是核蛋白，核蛋白由蛋白质和核酸组成。真核生物的 DNA 集中在染色体上。作为原核生物的细菌没有典型染色体，DNA 核苷酸链呈线状排列，与染色体很相似。它的排列有一定的顺序。由多个核苷酸组成的线状 DNA 片断就是基因，它可控制 1 个或几个性状。在自然或人工突变的影响下，顺序被破坏，性状受改变，就可培育出微生物新类型。

鞭毛　是一束很细的纤丝，由蛋白质构成。鞭毛从位于细胞质膜下的生毛体中伸出，可达体长的数倍。鞭毛数量 1～数根，分布一端、两极、成束或全身均匀分布。鞭毛旋转速度可达 3000 r/min，相当于电动机的转速。

菌毛　某些细菌表面覆盖了细而直的绒毛，叫菌毛。数量可多达数千根。有助于细菌吸附颗粒物质。

芽孢、细菌的内生孢子　除放线菌芽孢乃是个体发育中的必需阶段（芽孢繁殖）外，细菌的芽孢只是在不利条件下形成。在芽孢形成过程中，大部分细胞质都进入芽孢内，外有厚的芽孢壁保护。芽孢有卵形、椭圆形或球形。有的芽孢保存了二三百年之久仍能复苏。

大多数细菌从形态上看是相同的，但在生理、生化特点上大不相同。一般地说，在光学显微镜下根据形态最多只能鉴定到大类。属和种的鉴别就要注意各种培养基上的生长特点，以生理、生化特征为依据。Bergy（1984）第九版的《伯杰细菌手册》书中将细菌划分为 11 大类：①螺旋体；②好氧/微氧的、能动的、螺旋/弧形的革兰氏阴性菌；③不动（或微动）的革兰氏阴性弯形菌；④革兰氏阴性的、好氧的杆菌和球菌；⑤兼性的、厌氧的革兰氏阴性杆菌；⑥厌氧的、革兰氏阴性的、直形、弯形、螺旋形杆菌；⑦异化的硫酸盐-或硫-还原菌；⑧厌氧的、革兰氏阴性球菌；⑨立克次氏体和衣原体；⑩枝原体；⑪内共生体。

第二节 细菌在水生态系统中的分布

水细菌的数量分布主要受营养物基质的限度。一般地说，浮游细菌的数量和生物量是随湖泊生产力的提高而增长，即随着湖泊的营养类型从贫营养→中营养→富营养而增长。Wetzel（1983）收集了世界各地31个不同营养类型的池塘、湖泊、水库中细菌数量、体积和生物量后，提出了贫营养、中营养，富营养水体中细菌数量、体积和生物量的幅度（表6.1）。我国湖泊的富营养化极为严重，东湖细菌的数量和生物量已超出国

表6.1 不同生产力湖泊、水库、池塘中细菌的数量、体积和生物量的比较

（国外数据引自 Wetzel,1983）

水体类型	数量 (10^6 个/ml)	体积 (μm^3)	生物量 (g/m^3)
贫营养的			
Zelenetskoye(1970,1971)	0.175	0.265	0.06
Baikal	0.20	—	—
Krivoye(1968,1969)	0.67	0.43	0.21
Onezhskoe	0.29	—	—
Ladozhskoe	0.35	—	—
Pert	0.13	—	—
中营养的			
Krasnoye(1964~1970)	0.70	0.43	0.30
Naroch(1968~1970)	0.64	0.50	0.32
Dal'nee(1970,1971)	1.50	0.67	1.00
Sevan(1952,1962,1966)	0.39	1.12	0.43
Glubokoe(1932)	1.2	—	0.97
富营养的			
Drivyaty(1964)	1.84	0.76	1.40
Myastro(1968~1970)	2.20	0.50	1.10
Batorin(1969,1970)	6.40	0.50	3.20
Beloe(1932)	2.23	—	—
Chernoe(1932)	4.00	—	—
B. Krivoe(saline)	12.3	—	—
4个非洲盐湖	3.7~360	—	—
水库			
Rybinsk(1964~1968)	1.70	0.60	1.00
Bratsk(1965~1972)	0.85	0.90	0.77
Kiev(1967~1968)	4.10	0.84	3.35
Kremenchug(1968)	3.50	0.60	2.10
Kakhov(1968)	4.00	0.47	1.90
Dneprodzerzhin(1968)	3.40	0.65	2.20
Kashkorenskoe	7.8~57.9	—	—
Rybovodnye(pond)	1.0~40.0	—	—
Kramet-Niyaz(pond)			
未施肥	2.0~6.0	—	2.0~6.0
施肥	5.0~20.0	—	5.0-25.0
Dystrophic 营养不足的,			
Chernoe	1.07		
Piyarochnoe	0.43		
Serpovidnoe	0.1~0.5		
平均值			
寡营养	0.50	0.2~0.4	0.15
中营养	1.00	0.4-1.2	0.70
富营养	3.70	0.5~0.9	2.30
武汉东湖(1980~81) (李勤生和申权 1990)	16.1~22.2		12.49~16.60

际富营养水平的5~6倍。

细菌数量的季节变动很大。一般地说，在温带湖泊中浮游细菌的生物量在冬季要比夏季为低。因为冬季温度低，自源性的（autochthonous）浮游植物、沿岸区植物和外源性的（allochthonous）颗粒有机物质和溶解有机物质的量均降低之故。Overbeck 等（1964）在德国的一个池塘表层水（0.5 m）中进行异养菌和浮游植物的周年观察，发现两者有密切的关系。后来又在 Holstein 几个湖（1965、1968、1979）中发现浮游植物的产量与细菌数量成正相关，在蓝藻和异养菌之间生长是平行的关系。并提出随着浮游植物种群的季节演替，细菌也有同样的演替，可分为春、夏、秋季细菌种群。Straskrabova 等（1979）发现在浮游植物达到高峰后 5~10 天细菌群落也明显增长，进入生长对数期。这是因为藻类细胞能分泌溶解有机物质供细菌生长。浮游细菌的垂直分布也与藻类生长有关。在分层的深水湖泊中，细菌的数量和生物量在湖上层最高，在温跃层和湖下层的上面最低，在湖下层的下面缺氧区又有增加。Saunders（1971）用直接计数法在美国密执安州东南部的 Frains 湖中，从 1959 年 11 月至 1960 年 7 月每隔 3~5 天进行一次细菌垂直分布调查。在 6 月中旬以后细菌的数量猛增，显然是跟随着浮游植物的高峰而出现的现象。细菌垂直分布中的数量高低脉冲和有机物质来源（包括死亡后正在分解腐败的浮游植物和沿岸区的高等水生植物）的短期变化密切相关。同时，也发现与降雨、地表径流、温度、浮游动物对细菌的掠食作用有关。在地貌形态上不复杂而又没有外来污染的湖泊中，细菌生物量的水平分布比较一致，没有幅度很大的变异。但是如果湖泊形态复杂，湖湾、湖汊较多，或是受到各种污染物的干扰，那么在营养物来源丰富的地方细菌的分布可提高几个数量级，造成细菌水平分布的斑块状。

上面已经提到在分层的深水湖泊中，水体中细菌数量在湖上层中最高，然后逐渐降低。但当进入湖底沉积物的表层时，在一定干重沉积物中细菌的数量可以比相同重量表层水中的细菌数量大得多，可以增大 3~5 个数量级，多的甚至大 6~7 个数量级（表 6.2）。然后细菌的数量再随着沉积物深度增加而下降。下降得最快的是腐生菌（saprophic bacterium），因为在水—沉积物交界面以下的地方可供细菌同化作用的有机物质含量越来越少之故。在整个湖盆中，沉积物表层中细菌数量分布是不均匀的。在覆盖了高等水生植物的沿岸区沉积物中细菌数量要比在深底带沉积物中细菌数量高好几个数量级。但是如果沿岸区的底质是砂的，而且又为波浪不断地洗刷，那末沉积物中细菌

表 6.2 初级生产、碎屑、细菌的营养转换

地　　点	营养级的转换	为上一级营养的%	作　　者
Silver Springs 湖　泊	净初级生产→碎屑食物链	50	Odum 1957
	净初级生产→碎屑食物链	50	Saunders 1972
Lawrence 湖的敞水区	年平均光合作用产量 171g C/m^2 被细菌呼吸用去 20g C/m^2 被沉积物呼吸用去 118g C/m^2	初级生产→碎屑 80	Wetzel 1972
热带海洋	净初级生产→碎屑食物链	40~100	Fenchel 1977
含盐的沼泽	颗粒碎屑→细菌	24~66	Gosselink and Kirbly 1974

的数量反而比深底带沉积物中的细菌数量低些(Jones 1980)。在十分贫瘠的贫营养湖泊中,深底带沉积物中细菌数量也比在它上面的水中细菌数量为少,因为在这种类型的湖泊中可被细菌利用的有机颗粒碎屑在未沉淀到底层之前已完成分解过程(Bengtsson et al. 1977;Mothes 1981)。

第三节 细菌在碎屑食物链中的作用

一、初级生产大部分转化为碎屑

Wetzel(1972)对碎屑的定义是"从任何营养级起源的有机碳的非掠食性的损耗(包括排遗、排泄、分泌等);或是起源于生态系统外部的、外源性的有机碳进入生态系统并参加生态系统的物质循环"。根据 Wetzel 的定义,碎屑只包括死的成分,即溶解的有机物质(简称 DOM)和颗粒状的有机物质(简称 POM),而不包括活的有机体。事实上碎屑虽然只指死的有机物质,但确实在颗粒碎屑上有与之缔合的微型生物(细菌、真菌、藻类、原生动物、后生动物)。动物在吃碎屑时,是连这些活的微型生物一起吞入的。溶解性的碎屑是指可通过0.2~0.45 μm 孔径的滤膜。颗粒状碎屑的大小差别很大。小的是指不能通过孔径0.2~0.45 μm 滤膜的有机分子颗粒,大的可达数毫米长,如硅藻空壳、浮游动物几丁质壳、高等水生植物和陆生植物的碎片。DOM:POM:活体的生物量=100:10:2。为什么溶解性有机物质占的比例最大呢? Wetzel 等 (1972)发现在硬水湖中浮游植物、附植藻类、附泥藻类、高等水生植物和光合细菌每年平均通过分泌可释放的碳分别占它们全年光合作用固定碳的 5%、7%、5%、5%、4%,合计占总初级生产量的 26%。此百分比可随环境因子而异,幅度在 10%~30%。再加上死亡植物的自溶,活的细菌也可渗出溶解性的有机物质,以及外源性流入的溶解有机物质,因此,DOM 的含量和所占的比例最高。水体中初级生产主要来自藻类和高等水生植物。根据 Spector (1956)的生物学资料,动物对食谱要求的碳氮比例要小于 17。藻类的碳氮比例为 70 左右,高等水生植物的碳氮比例为 200 左右。说明藻类和高等水生植物对动物来说都是低营养成分。我们已知构成高等水生植物组织的化学成分是多糖和高分子聚合物。在动物中很少具有能水解这些化合物的酶,故吃入后往往原封不动地排出体外,排出的量可占吃入量的 33%。有些藻类还能分泌胶质的鞘把自己保护起来,使动物不易消化。此外,有些藻类和高等水生植物还能分泌毒素以抵制草食动物对它们的吞食。因此藻类和高等水生植物无论是通过动物掠食后的粪便排泄物,或是自然死亡,都是以颗粒碎屑的状态先是悬浮于水中,然后沉淀于底部。如果风浪所及,就可以再悬浮、再沉淀。故初级生产的大部分转化为颗粒碎屑。诚然,草食动物如果不被其他动物吞吃,死亡后也可成为颗粒碎屑,但在碎屑组成中占的比例不大。

二、细菌是整个水生态系统中最重要的消费者

上面已经提到初级生产(包括藻类和高等水生植物)通过直接的和间接的途径进入碎屑食物链。Odum(1957)在银泉(Silver Springs)中测得净初级生产中 50% 转入碎

屑食物链。Wetzel（1973）在 Lawrence 湖的敞水区测得年平均光合作用产量为 171gC/m^2，被细菌的呼吸作用耗去 20 gC/m^2，被沉积物的呼吸作用耗去 118gC/m^2。故年平均光合作用产量有 80% 转移到碎屑食物链中去，在这个意义上可以说碎屑食物链几乎占领了水生系统整个食物链中的大部分。Gosselink 和 Kirby（1974）在各种厌氧的水体中测得从颗粒碎屑转移为细菌的生态学效率是 24%～66%，平均 50%。由这些例子中（表6.2）可以估算出在各种好氧环境中净初级生产中至少有 50% 转移为颗粒碎屑，而颗粒碎屑中又有 50% 转移为细菌。由此可推得水生态系统中细菌生物量的产量大约是光合作用产量的 25%，大大超过了 Lindeman 对营养级转移效率为 10% 的估计。

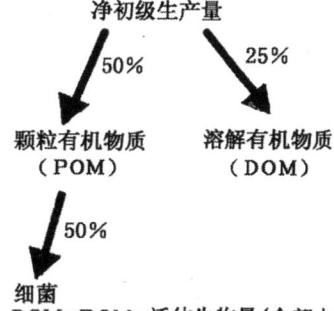

图 6.2 初级生产-碎屑-细菌的能量转换率（仿沈韫芬等 1990）

在这 25% 的推算中还未包括除初级生产外其他营养级和外源性物质转移来的碎屑，也未计入从溶解性碎屑转移而形成的细菌生物量。因此，尽管测得细菌的现存量不算高，但是细菌在全部生态系统中是最重要的消费者（见图6.2）。

三、细菌的生产力

要全面评价细菌的产量，包括浮游细菌和沉积物中的细菌产量是十分困难的。这是因为细菌的生命周期很短，采样的间隔时间要低于它的生命周期才能获得比较正确的结果。目前的研究方法还达不到这个要求。因此对细菌新陈代谢速度有很多只是估算，其正确性就有程度的不同。Jordan 和 Likens（1980）在 New Hampshire 的一个贫营养的 Mirrow 湖中，用几种不同的方法得出敞水区细菌总产量为 3～8 gC·m^{-2}·a^{-1}，相当于浮游植物生产量的 8%～22%。细菌的产量可来自三个方面：

1. 细菌的光合作用

主要是指光能自养菌——硫细菌。绿色硫细菌一定要在光和 H_2S 的条件下才能发育，氢的供体是 H_2S，反应结果在硫细菌中产生硫。反应式如下：

$$CO_2 + 2H_2S \xrightarrow{太阳能} 1/6C_6H_{12}O_6 + H_2O + 2S$$

硫细菌在水生态系统中分布十分普遍，但是它在湖泊总生产力中起的作用不很清楚。Wetzel（1983）根据文献记载比较了几个湖泊中藻类和细菌的光合作用速度（表6.3）。所列细菌光合作用速度数据大多是在高峰期。在双混匀（dimictic）和半混匀（meromictic）湖泊中，在特定的时间细菌的光合作用会超过藻类的光合作用，如在 Smith Hole 湖中藻类的光合作用较低，有大量的外来的有机物质进入湖泊，导致光合细菌的大量发展，成为该湖年光合作用产量的主要部分。然而在大多数情况下，细菌光合作用对整个生态系统年生产力来说，占的比例是很小的。Overbeck（1974）指出在整个光合作用产量中细菌的光合作用占 3%～13%，在半混匀湖中分层现象较为稳定，则细

表 6.3 几个湖泊中藻类和细菌的光合作用速度、细菌的化学合成作用速度的比较（仿 Wetzel 1983）

国别	日期	湖名	测量单位	光合作用 藻类的	光合作用 细菌的	细菌占藻类的 %	细菌的化学合成作用 量	化学合成量占总合成作用量的百分比	作者
日本	1966年6月21日	Hiruga	mg(C)·m^{-2}·h^{-1}	29.7	0.9	3.0	4.3	14.1	Takahashi and Ichimura 1968
	1965年8月4日	Wakuike	mg(C)·m^{-2}·h^{-1}	19.8	1.8	9.1	—	—	
	1966年8月16日	Kisaratsu	mg(C)·m^{-2}·h^{-1}	22.1	128	579	35	2.3	
	1965年9月2日	Kisaratsu	mg(C)·m^{-2}·h^{-1}	12.0	10.6	88	2.5	11.1	
美国	1963～1964	Smith Hole, Indiana	（年平均）	194	91	47	6	10	Wetzel 1973
	1963年8月14日	Smith Hole, Indiana	mg(C)·m^{-2}·d^{-1}	540	5960	1104	—	—	
波兰	1966年6月	Wadolek	mg(C)·m^{-2}·d^{-1}	32.8	55.3	169	—	—	Czeczuga 1967,1968a,1968b
	1966年7月	Wadolek	mg(C)·m^{-2}·d^{-1}	144.5	19.4	13	—	—	
	1966年9月	Wadolek	mg(C)·m^{-2}·d^{-1}	24.6	19.1	78	—	—	
	1967年8月19日	Mulicxne	mg(C)·m^{-2}·d^{-1}	478	157	32.8	—	—	Czeczuga 1968c
	1967年9月16日	Mulicxne	mg(C)·m^{-2}·d^{-1}	258	136	52.7	—	—	
	1967年10月20日	Mulicxne	mg(C)·m^{-2}·d^{-1}	281	28	10.1	—	—	
前苏联		Belovod 13m	mg(C)·m^{-2}·d^{-1}	500	55	11	15	2.7	Sorokin 1970
		14m		0	210	—	74	35	
		18m		0	79	—	44	56	
		24m		0	2.7	—	16.4	607	
				0	0	—	5.5	—	

菌的光合作用可占总光合作用年产量的25%。故不能忽略对细菌光合作用的估算。

2. 细菌的化学合成作用

在水生态系统中，与厌氧地区接触的水层中，尤其在含氧区和缺氧区交界处有十分显著的细菌化学合成作用。在这一交界处以外的地区，无论是在水中，或是在沉积物中，化学合成作用的细菌产量就十分低了。在贫营养和中等生产力的湖泊中化学自养细菌是很少的。在有氧化还原梯度的半混匀湖泊中细菌的化学合成作用明显。在德国北部富营养的Plussee湖中化学合成细菌的周年生产力占细菌总生产力的0.4%~30.0%（Overbeck，1979）。Wetzel（1983）报道在Michigan的Lawrence湖泊碳平衡中，细菌通过化学合成作用产生的有机碳为$7.1g·m^{-2}·a^{-1}$，占碳通量的3.1%。

3. 细菌的异营养化（也可称为化学-有机营养化 chemo-organotrophy）

是指在黑暗条件下（不利用太阳能）能同化和利用溶解有机化合物作为碳源和能源，以维持细菌的生长和分裂。目前我们对湖泊生态系统中异营养化的细菌种类组成所知甚少。根据Overbeck（1974）的观点，可简单地分为两类：（a）发酵性细菌（zymogenous bacterium），这类细菌分布在有机物丰富的生境中，俗称腐生细菌（saprophytic bacterium）；（b）贫养细菌（oligophytic bacterium），喜生长在有机物含量低的、未污染的生境中，能对腐殖酸（humic acid）进行矿化作用，俗称嗜寡碳菌（oligocarbophilic bacteria），是水细菌中很重要的一部分。这两类细菌在水体中占的比例决定于水体的营养情况。异养菌的数量与藻类的光合作用强度呈正相关。Wetzel（1983）在Lawrence湖敞水区对碎屑作了碳平衡研究，发现细菌对溶解有机碳（简写为DOC）进行异营养化后产生颗粒有机碳（简写为POC）的量为$7.4gC·m^{-2}·a^{-1}$，占POC总收入的9.3%。如果从整个湖的碳平衡角度出发，碳的异营养化（除细菌的作用外，还包括藻类的作用在内）为$2.8gC·m^{-2}·a^{-1}$，占碳总收入的1.2%。Wetzel（1983）从以上三个方面估算了Lawrence湖细菌的总产量约为$10\ gC·m^{-2}·a^{-1}$左右（其中细菌的化学合成作用中碳收入为$7.1gC·m^{-2}·a^{-1}$，细菌和藻类的异营养化为$2.8gC·m^{-2}·a^{-1}$）相当于浮游植物产量的23%（浮游植物产量为$43.4gC·m^{-2}·a^{-1}$），总初级产量（包括高等水生植物$87.9gC·m^{-2}·a^{-1}$，浮游植物$43.4gC·m^{-2}·a^{-1}$，附泥藻类$2.0gC·m^{-2}·a^{-1}$，附植藻类$37.9gC·m^{-2}·a^{-1}$）的6%。

四、细菌对碎屑的分解

除了营光合作用的细菌外，几乎大部分细菌都能利用死的有机物质作为能源和碳源。细菌作为初级分解者，有三个有利的条件：①细菌能利用低浓度的有机物质，也能同化溶解性的无机营养物如磷、氮等；②细菌能分解营养贫乏的植物组织，它有各种酶系统足够水解植物的组分——多糖和高分子聚合物。不同种类的细菌有不同的专性酶，认为地球上没有什么有机化合物（无论是天然的，还是合成的）不能被某种假单胞菌分解的；③有许多细菌能在厌氧环境中进行新陈代谢活动。碎屑有溶解性和颗粒状两种。在自然界这两类碎屑很难截然分开，现为了方便起见，分别叙述。

1. 对溶解有机物质的分解

我们都知道大部分有机物质在水中呈溶解状态，初级生产中有10%～30%是进入溶解有机质的库池（pool）中去。这些溶解有机质或是进一步被矿化了，或是通过细菌的活动（如群集过程等）而成为颗粒有机质以提供高一级的营养层之用。溶解有机质是多分子聚合物，大部分转换很快。由于细菌的活动溶解有机质的矿化作用在开始阶段是很快的（0.01～0.09/天），这时24%的低分子量物质绝大部分都裂解了。剩下高分子量物质的矿化作用速度迅速下降10倍之多（0.001～0.009/天）。

（1）对氨基酸的分解 湖水中溶解的游离氨基酸浓度总是很低的，只有$10\mu g/L$，在富营养的池塘中可以增加很多。Gocke（1970）证明天然细菌在6天内可把游离氨基酸几乎全部分解完，只剩下2%，多肽类只剩下13%，但是吸附到胶状碳水化合物上的氨基酸复合体就能抗住降解。他还发现生产力较高的湖泊中氨基酸的同化速度更快些，在德国一个中营养的Sohuen湖中氨氮占总胞外有机氮的32.2%，而富营养的Pluss湖中只占23.7%。解释这一现象时认为富营养的水体中有较多而又连续的营养基质的变化，因此水体中细菌种类对变化的适应力强，酶系统完善，故同化速度快。

（2）对碳水化合物的分解 游离的单糖和低聚糖早被细菌同化了，故它们在天然水中浓度很低，在$10\mu g/L$以下。溶解的多糖浓度则较高。实验证明在无菌的藻类培养中，单糖和双糖类的碳水化合物浓度是随着藻类生长而增加，但是当有天然的水细菌时，这些藻类分泌的胞外产物在几小时内就被降解了（Weinmann 1970）。

（3）对脂肪酸的分解 在水体中可发现各种有机酸，如乳酸、柠檬酸、草酸、苹果酸、羟基乙酸和短链脂肪酸等。但是它们在天然水体中浓度很低，认为是被细菌同化了。Poltz（1972）在德国北部几个湖泊中对脂类化合物的分布作了比较详细的研究。发现浮游生物死亡后成为颗粒物质悬浮于水中即将沉淀时，其总脂、脂肪酸的百分比均明显下降，显然是细菌代谢活动的结果。短链脂肪酸在湖上层中，夏季时温度较高又有氧，故分解速度最快。于是它的相对浓度在冬季反比夏季为高。在湖泊的敞水区中，从浮游生物形成的颗粒有机物质中有85%可完成矿化作用。在湖上层中98%的甘油三酯已完成分解过程，其他的分解速度次序是总脂肪酸＞脂类＞总有机物质。只有少量沉淀到沉积物中，即4%～10%颗粒有机物质，1%～2.5%脂类，0.1%～0.5%总脂肪酸，＜0.1%甘油三酯。

以上只是从溶解性有机物质(氨基酸、碳水化合物、脂肪)在降解过程中各中间产物浓度的变化来推测细菌的分解效能。但是在天然的水细菌群落中，要对微生物降解速度作出定量的测定，在目前还是很困难的。每一种类都负有特定的降解某种成分的使命，其降解速度也不尽相同。因此大量的是方法学问题。鉴于在未污染水体中溶解有机物质的浓度不高，在碳的通量中大部分以低分子量的形式存在，如葡萄糖和氨基酸的浓度分别为1和$10\mu g/L$。由于浓度低，只能借助于^{14}C的方法研究其周转时间和被细菌利用的定量工作。要了解细菌在天然水体中摄取溶解有机物质的动力学，目前常采用Wright-Hobbie的方法。这个方法是以Michaelis-Menten动力学理论(或称恒化器动力学理论)为基础。

Michaelis-Menten 的公式为: $\mu = \dfrac{\mu m S}{(K_s + S)}$, 其中 μ: 有机体专性增长率, μm: 有机体最大增长率, S: 反应器中限制底物浓度, K_s: 有机体饱和常数。恒化器可保持培养液成分和浓度的稳定性和连续性。原来用 Michaelis-Menten 的公式来测量生物的增长率, 现在是测量恒化器中细菌对有机物质最大的摄取率(maximum uptake velocity, 简写成 V_{max}) 和底物浓度为 S 时, 细菌的摄取率 V。V_{max} 可代表细菌异养化的潜能, 把这数据再外推到自然界的水体中, 就可以获得周转时间(即浮游细菌移去全部营养底物所要求的时间)。如果知道自然水体有机物质浓度, 也就可以计算出细菌在自然水体摄取有机物质的速度。这个方法的前提是假设在自然界中和在恒化器中一样能符合 Michaelis-Menten 的动力学理论。Williams(1973)提出除非全部细菌有相同的动力学常数 V_{max} 和 K_s, 否则便不可能按照 Michaelis-Menten 的公式推算细菌的活性, 计算的周转时间也有错误。事实上恒

表 6.4　不同类型水体中天然浮游细菌对有机物质利用的情况(仿 Wetzel 1983)

	水体　名称	有机物质	最大摄取率 V_{max} ($mgC·m^{-3}·d^{-1}$)	周转时间 (小时)	文献来源
生产力不同	贫营养: 美国密执安州 Lawrence 湖, 周年的	葡萄糖 乙酸盐	1~80	40~300 10~120	Wetzel 1972
	中营养 美国印第安纳州 Crooked 湖, 周年的	葡萄糖 乙酸盐	63~110	80~470 20~350	Wetzel 1967,1968
	富营养 美国印第安纳 Little Crooked 湖, 周年的	葡萄糖 乙酸盐	190~205	36~232 24~190	Wetzel 1967,1968
	从富营养的湖泊→污染的池塘	葡萄糖和乙酸盐	变动于四位数	0.5~10^4	Hobbie 1971
季节不同	瑞典富营养的 Erken 湖	葡萄糖 夏季 冬季	40~130 2~20	10~100 100~1000	Hobbie 1967
有机物不同	美国俄勒冈州富营养的 Upper Klamath 湖, 夏季	葡萄糖 乙酸盐 甘氨酸 甘醇酸酯	— — — —	2.4 2.4 8 26	Wright 1975
水深不同	巴西的中营养的 Varzea 湖, 周年的	葡萄糖	较高 较低	40~101 105~10 000 以上	Rai 1979
水和沉积物不同	美国俄勒冈州贫营养的 Klamath 湖, 夏季在水中	葡萄糖 乙酸盐	— —	220 250	Harrison et al. 1971
	在沉积物中	葡萄糖 乙酸盐	— —	2.25 0.75	

化器不可能代替自然界，用 Michaelis-Menten 的公式也不可能描述自然界有机体的动力学。首先，不同种类的细菌会以不同的摄取率利用同一种有机物质，如果有机物质是多种的，那就更复杂了。但是这一方法至今仍是最好的方法去理解细菌在天然水体中摄取溶解有机物质的速度（表6.4）。从表6.4可见，细菌对这些简单的低分子有机物质的摄取率一般地说是随水体生产力贫营养性→中营养性→富营养性递升而增加。影响细菌摄取溶解有机物质的因子除了有机物质的类别、季节、水层外，还有细菌种类和颗粒。低浓度的溶解有机物质一旦与不起化学反应的惰性颗粒如淤泥、几丁质、沙粒、纤维等结合，由于吸附作用之故，这些惰性颗粒表面的有机物质浓度就大大提高，细菌就会粘附上去，就能更有效地利用溶解有机物质。除了细菌之外，已经知道浮游藻类、各类水生无脊椎动物，甚至鱼类在实验室内证明确实也能同化溶解性有机物质。四膜虫、鞭毛虫等原生动物对葡萄糖要求的 K_S 值为 0.94 mg/L，大型无脊椎动物要求葡萄糖的 K_S 值高达 12.6 mg/L，在自然界中一般未污染的水体中葡萄糖不可能达到如此高的浓度，更何况无脊椎动物还有选食性，在万不得已的情况下四膜虫才依靠溶解有机质为生，只要有可能时它还是偏爱吃细菌的。但是细菌要求葡萄糖的 K_S 值只有 0.007 mg/L，故自然界大部分水体中葡萄糖的含量都能满足细菌的要求。此外，真菌、壶菌（Chytrids）、藻形菌（Phycomycetes）、酵母菌在水体中的量也不少，但在摄取有机物上比细菌还是要逊色些。

2. 对颗粒有机物质的分解

天然颗粒碎屑上群集的微型生物群落相当复杂，但在定量和定性上群落的结构是相对稳定的。有微型生物群落的颗粒碎屑主要分布在悬浮物质或是沉积物的表层。一般在 100 μm^2 表面可发现 2~15 个细菌（如杆菌、球菌、丝状菌、粘细菌等），也即每克碎屑干重中有 5×10^8~5×10^{10} 个细菌。其次是以细菌为食的动物性鞭毛虫，数量为 5×10^7~5×10^8 个/g 碎屑干重。此外在碎屑上还有纤毛虫、变形虫、太阳虫、小的后生动物、硅藻、单细胞的蓝藻等。根据 Wetzel 的定义颗粒碎屑只是指死的成分。在实际工作中如果要把颗粒碎屑中死的和活的成分区分开来，有两种可行的办法。一是把有生命的生物计数个体数，然后换算成生物量，再从颗粒碎屑中的毛总重量中减去；二是用 ATP 测定法计算出活体中 ATP 量，换算成活体的生物量，就可得出纯颗粒碎屑的重量。欲了解碎屑矿化作用的速度可测定其耗氧速度，或用 ^{14}C 标记有机物质后测定 CO_2 的释放速度。颗粒碎屑从它起源的地方形成后，由于风浪运动和沉淀作用，从透光水层中转移到非透光水层和沉积物中去。在转移过程尚未完成时，矿化作用已进行得很快。因为碎屑内细胞的可溶性成分可产生自溶作用，再加上细菌不断地群集在碎屑上，就更加促进了矿化作用的进行。一般地说，死亡的浮游生物如藻类、轮虫、甲壳动物在透光水层中都变成空壳和粪粒，低分子量的有机物质已在透光水层中降解，进入非透光水层和沉积物层中都是难以分解的碳水化合物和硬蛋白，如纤维素、几丁质等。在深水湖泊中沉积物表面有一层很薄的含氧层，其下完全是缺氧层。也有的深水湖泊还在沉积物上面的底层水中就缺氧，这是因为在底层水中有异养生物在活动，故而把氧耗尽，而光合作用又达不到该水层之故。在浅水湖泊中，由于风浪的作用可把沉积物表层掀起，使颗粒碎屑又重新悬浮于水层中，于是在水层的悬浮物中将会出现活的浮游生物、新生的颗粒碎屑和重新悬浮的颗粒碎屑。在水层与沉积物交界处如果还有氧气,则仍可参与好氧食物链的代谢活动。各种各样的异养生物摄取氧气后,可以在体内把吃入的或渗入的颗粒有机物进行分解,以致完全氧化。但是如果已是缺氧的环境,要把颗粒碎屑中的尚未分解的大分子量化合物进行彻底的矿化作用,要分几个步骤,每步骤只完成一部分氧化过程,并且只能由生理特性专一的细菌来完成,这就是厌氧食物链。有机物质厌氧分解可分为非甲烷化和甲烷化两个阶段。第一阶段是非甲烷化阶段,由两个步骤组成(图6.3)。第一步为水解作用,它是发酵作用的第一步。细菌有胞外酶(包括蛋白酶、肽酶、纤维酶、糖化酶、脂酶、磷酸酶等)能把这些不能溶解的大分子物质转化为溶解于水中的低分子化合物。胞外水解酶的最终产物是氨基酸、单糖、双糖、长链的脂肪酸,它们溶解于沉积物颗粒之间的孔隙水(pore water)中,其浓度可比沉积物上面的自由水(free water)中大 100~1000 倍。其反应式如下:淀粉的水解反应式为 $(C_6H_{10}O_5)_n + nH_2O \xrightarrow{\text{淀粉水解酶}} nC_6H_{12}O_6$(葡萄糖);蛋白质的水解反应式为 $RCO\text{-}NHR + H_2O \xrightarrow{\text{蛋白酶}} RCOOH$(有机酸)$+ H_2NR$(氨基酸);纤维素的水解反应式为 $(C_6H_{10}O_5)_n + \frac{1}{2}nH_2O \xrightarrow{\text{纤维酶}} \frac{1}{2}nC_{12}H_{22}O_{11}$(纤维二醣),$C_{12}H_{22}O_{11} + H_2O \xrightarrow{\text{纤维二醣酶}} 2C_6H_{12}O_6$。水解酶主要是催化分子键上的反应,如蛋白酶的作用是使蛋白质的肽键断裂。参加纤维素反应的有好氧和厌氧的纤维菌(如纤维芽孢杆菌 *Bacillus cellulosae*,奥氏梭菌 *Clostridium omelianskii* 等)和粘细菌(纤维堆囊粘细菌 *Sorangium cellulosum*)。第二步为酸性发酵作用,也是由各种细菌催化的。最终产物是各种短链脂肪酸(如乙酸、丙酸、乳酸、丁酸、甲酸等),CO_2 和 H_2。短链脂肪酸中乳酸和乙酸是湖泊厌氧代谢中重要的中间体,在沉积物的孔隙水中浓度可达 2~20 mg/L。一部分有机酸将向上扩散,为好气的异养菌所利用,另一部分将参与下一阶段的甲烷发酵作用。在厌氧发酵过程中释放的能量很小,有机物质中大部分化学能仍保留在酸性发酵的产物中。例如在好氧条件下,腐生菌或酵母菌把葡萄糖氧化成水及碳酸,最终产物是水及 CO_2,达到了彻底的氧化,并释放出大量的能量,反应式为:$C_6H_{12}O_6 + 6O_2 \rightarrow 6CO_2 + 6H_2O + 688\,500$ cal。如果在厌氧条件下,厌氧菌仅引起部分氧化作用,最终产物是乙醇、丁醇、乳酸、醋酸、丙酮,释放的能量也要少 22 倍,反应式为:$C_6H_{12}O_6 \rightarrow 2C_2H_5OH + 2CO_2 + 31200$ cal。酸性发酵过程中的 H_2 也无法积累,它将参加甲烷形成作用、硫酸盐的还原作用和好气的氧化作用。厌氧分解的第二阶段是甲烷化阶段,也即甲烷的发酵作用。产甲烷的细菌是十分专门化的细菌,它包括甲烷细菌属 *Methanobacterium*、甲烷芽孢杆菌属 *Methanobacillus*、产甲烷球菌属 *Methanococcus*、产甲烷八叠球菌属 *Methanosarcina*。甲烷有四种生成方式:①甲酸(formate)发酵,②H_2 和 CO_2 起氧化作用,③乙酸发酵,④甲醇发酵。Cappenberg(1974a)发现在湖泥中产甲烷细菌数量可达 $1 \times 10^4 \sim 3 \times 10^4$ 个细胞/ml,而且还发现这四种产甲烷细菌在湖泥中有垂直分布的现象,前面两类细菌在 2~3cm 深的湖泥中占优势,后面两类细菌在 4~5cm 深的湖泥中占优势。用 ^{14}C 标记后发现乙酸发酵所产生的甲烷占湖泥中甲烷总量的 70%。湖泥中的甲烷有时会达到过饱和并以气泡形式释放,慢慢地上升,进入有氧的水中时被专性细菌氧化成 CO_2,另一部分逸出水面。甲烷是有机物厌氧分解作用的最终产物。在水生态系中还是有一部分大的颗粒碎屑始终不会达到完全的矿化作用，它们以有机复合物的形式积累在无氧的环境中，成为微生物难以降解的沉积物。

第四节 细菌新陈代谢类型及其在物质循环中的作用

一、细菌的营养类型

细菌的营养类型是根据其吸收营养物质和获得能量的方法来划分。营养来源有利用 CO_2 或利用有机物质作为碳源之分。能量来源有利用太阳能或利用化学能之分。根据这二个准则，首先把细菌分为自养菌和异养菌两大类，进而再把这两大类分为无机化能、无机光能、有机化能、有机光能等。现分别概述之。

1. 自养细菌 (autotrophic bacterium)

都是利用 CO_2 作为碳源以构成细胞体。它包括：①无机化能自养菌 (chemolithoautotrophic bacterium)，它利用无机物如 NH_3, NO_2^-、H_2、H_2S 或其他还原物质的氧化能，也即在氧化作用中产生的能量。如硝化菌、氢细菌、无色硫细菌、硫化菌、甲烷形成菌、铁细菌等，这些都是无色的细菌。②无机光能自养菌 (photolithoautotrophic bacterium)，它利用太阳光的能量同化空气中的 CO_2，在光合作用过程中有色素参加。如蓝细菌、紫色硫细菌、绿色硫细菌。细菌的光合作用与植物的光合作用有所不同。以绿色硫细菌为例，它以 H_2S 作为 H_2 的供体，反应结果产生硫。植物以 H_2O 作为 H_2 的供体，反应结果产生氧。反应式为：$CO_2 + H_2O +$ 太阳能 $\rightarrow 1/6 C_6H_{12}O_6 + O_2$（植物），$CO_2 + 2H_2S +$ 太阳能 $\rightarrow 1/6 C_6H_{12}O_6 + H_2O + S_2$（细菌）。③有机化能自养菌 (chemoorganoautotrophic bacterium)，它利用甲烷、草酸盐及其他有机物质的氧化能。

2. 异养细菌 (heterotrophic bacterium)

都是利用有机物质作为碳源以构成细胞体。它包括：①无机化能异养菌 (chemolithoheterotrophic bacterium)，如硫酸盐还原菌，某些甲烷形成菌、某些硫化菌等。在氧化 H_2 和 $S_2O_3^{2-}$ 时，伴之而有还原 SO_4^{2-} 和 O_2 的过程，从中获得能量。②有机化能异养菌 chemoorganoheterotrophic bacterium，如大多数的好气微生物、厌氧的反硝化菌、某些无色的硫细菌等。它靠氧化各种有机物质获得能量。③有机光能异养菌 (photoorganoheterotrophic bacterium)，它利用太阳光作为能量，如紫色非硫菌，是兼性的，既可利用有机物作为碳源，也可利用 CO_2 作为碳源。

也有的简单地把微生物分为三种生理类型，即①自养型，从空气中同化 CO_2 作为碳源；②异养型，从现存的有机化合物中吸收碳；③兼性异养型，既能从现成的有机化合物中吸收碳，也能够与 CO_2 进行交换。关于细菌的营养类型问题，有不同的学术观点，有待深入研究。

二、细菌的新陈代谢活动

水细菌的代谢活动是十分旺盛的，水生态系统中的物质循环和平衡都离不开细菌的活动。细菌大致上可分为四种新陈代谢的类型：细菌性光合作用（bacterial photosynthesis）、化学合成的氧化作用（chemosynthetic oxidation）、发酵作用（fermentation）和呼吸作用（respiration）。现分别描述这四种与物质循环有关的新陈代谢类型。

1. 细菌性光合作用

全部光能利用细菌属于红螺细菌目 Rhodospirillales。此目有 3 个科：①红螺菌科 Rhodospirillaceae，细菌能在硫、亚硫酸盐中生长。亚硫酸盐作为光合作用的唯一的电子供体。代表属有红螺菌属 *Rhodospirillum*、红假单胞菌属 *Rhodopseudomonas*；②色硫菌科 Chromataceae，在细胞内堆成硫滴。代表属有囊硫菌属 *Thiocystis*、八球硫细菌属 *Thiosarcina*、硫螺菌属 *Thiospirillum*；③绿硫细菌科 Chlorobiaceae，是绿色的细菌。代表属种有嗜硫代硫酸盐绿硫菌 *Chlorobium thiosulfatophilum*、绿假单胞菌属 *Chloropseudomonas*、突柄绿菌属 *Prosthecochloris*。在细菌性的光合作用中有色素体参加反应。光能利用细菌中最常见的色素是菌叶绿素和类胡萝卜素。菌叶绿素 $C_{55}H_{74}O_6N_4Mg$ 与植物的叶绿素 a 结构相似，不同的只是在第一个吡咯环上用乙烯基取代乙酰基。已知紫色和绿色的硫细菌含有菌叶绿素。类胡萝卜素有 α-，β-，γ- 3 种同分异构体。Кондратьева Е. Н. (1963) 证明在绿硫菌属 *Chlorobeum* 的所有种类中 γ-胡萝卜素占该属代表中已发现的类胡萝卜素总数的 80%～85%。上文提到细菌的光合作用和植物的光合作用区别在于细菌一定要在含 H_2S 的条件下才能发育，参与水生态系中的硫循环（图6.4）。在有些半混匀（meromictic）的湖泊中，由于泥和底层水中的有机物质进行厌氧分解产生 H_2S。游离的 H_2S 从厌氧环境中达到透光层的水团中，在这地区光合硫细菌就获得发展，它们是厌氧的细菌，也是硫的氧化细菌（sulfur-oxidizing bacteria），包括两大类：绿色的硫细菌（绿杆菌科 Chlorobacteriaceae）和紫色的硫细菌（红硫菌科 Thiorhodaceae）。绿色硫细菌利用太阳光作为能量来源，利用 H_2S 作为 H 的电子供体，把 CO_2 还原为葡萄糖，称为 CO_2 的光合还原作用（photosynthetic reduction），反应式如下：

$$CO_2 + 2H_2S \xrightarrow{光} (CH_2O) + H_2O + 2S$$

$$2CO_2 + 2H_2O + H_2S \xrightarrow{光} 2(CH_2O) + H_2SO_4$$

绿色硫细菌中的绿硫细菌属 *Chlorobium* 和暗网菌 *Pelodictyon*，一般是单细胞的、不能活动的细菌，可在细胞膜外产生 S 颗粒。此外，硫化物在此反应中也可被绿色硫细菌氧化为 S 及 SO_4^{2-}。绿色硫细菌能忍受很高浓度的 H_2S。紫色硫细菌在 CO_2 的光合还原作用中利用太阳能以氧化 H_2S 及其他还原性硫化物（如 $Na_2S_2O_3$）为硫酸盐。这类细菌通常较大（5～10μm），十分活泼，能在细胞内沉淀游离 S^0，对 H_2S 的耐受力不如绿色硫细菌，如板硫菌属 *Thiopedia*、荚硫菌属 *Thiocapsa*、囊硫菌属 *Thiocystis*、红鞘菌属 *Rhodotheca* 等可以利用 $Na_2S_2O_3$ 作为电子供体进行光合自养作用。还有一类紫色非硫细菌（红色无硫菌科 Athiorhodaceae）也包括在有色素的光合作用细菌内，包括红假单胞菌属 *Rhodopseudomonas*、红螺菌属 *Rhodospirillum* 和红微菌属 *Rhodomicrobium*。它们是兼性的营养类型，即既可营光合自养作用，又可以依赖有机物进行好氧的或厌氧的异营代谢活动。其中红假单胞菌属 *Rhodopseudomonas* 就可以在厌氧条件下利用

Na$_2$S$_2$O$_3$ 作为电子供体，反应式如下：2CO$_2$ + Na$_2$S$_2$O$_3$ + H$_2$O $\xrightarrow{\text{光}}$ 2（CH$_2$O）+ Na$_2$SO$_4$ + H$_2$SO$_4$，硫不储存在细胞内，因 H$_2$S 会抑止细菌生长。

在提到光合细菌时不能不提到细菌的固氮作用。在氮循环中产生的分子氮不易溶于水中，其溶解度受温度和压力的影响。冬天 N$_2$ 的最大浓度大约可达 15～20ml/L。夏天由于温度上升，N$_2$ 因溶解度下降而造成过饱和现象。N$_2$ 从沉积物表层和底层水向空气逸出时，有一部分氮被细菌和蓝藻所固定，虽然在水体中细菌的固氮作用远不如蓝藻（蓝细菌）的固氮作用那么重要。异营养细菌中只少数种属如固氮菌属 *Azotobacter*，巴氏芽孢梭菌 *Clostridium pasteurianum* 能固氮。光合细菌中几乎全部（包括兼性好氧的和严格厌氧的）都能固氮。在富营养的或半混匀湖泊中，含氧的湖上层（epilimnion）或温跃层（metalimnion）和厌氧的湖下层（hypolimnion）之间大量发展了光合作用的细菌。在此光合细菌可获得足够的光能进行固氮作用。关于光合细菌的固氮资料不多。Stewart（1968）于 1966 年 6 月在挪威的一个半混匀湖泊的化学变化层（chemolimnion）中研究了固氮作用和以暗网菌属 *Pelodictyon* 为主的绿色光合细菌之间的关系，说明了在一定条件下细菌的固氮还有其潜在的重要意义。

2．化学合成的氧化作用

全部是由无色细菌完成的。现分别讨论在硫、氮循环中的作用。

（1）硫的循环　　在沉积物或底层水中产生的 H$_2$S 可以有三种途径的氧化作用，其半衰期通常约为 1 小时。第一个途径称光合自养氧化作用（photoautotrophic oxidation）已在细菌的光合作用中讲到过。第二个途径叫化学氧化作用（chemical oxidation），即 H$_2$S 从底部向上扩散时遇到氧而被氧化（图6.3），不需要细菌参加，其反应的游离能为活的有机体所消耗。第三个途径称化学自养氧化作用（chemoautotrophic oxidation）（图6.3），是由能进行化学合成的、无色的硫氧化菌（chemosynthetic, colorless, sulfuroxidizing bacterium）来完成的。它们大多是好气菌，常与化学氧化作用竞争。由于这些细菌只能生活在很窄的、H$_2$S 和 O$_2$ 都有的梯度内，故常常浓集成"细菌板"。有二类细菌：一类是在细胞内沉淀元素硫的细菌。第一步是沉淀硫，反应式为：H$_2$S + $\frac{1}{2}$O$_2$→S^O + H$_2$O（$\Delta G_0' = -41$kcal/mol），只要有 H$_2$S 存在，细胞内 S^O 的沉淀就不会停止。第二步当 H$_2$S 用完，细胞内储存的 S^O 被氧化，并释放硫酸盐，反应式为：S^O + 1$\frac{1}{2}$O$_2$ + H$_2$O→H$_2$SO$_4$（$\Delta G_0' = -118$kcal/mol）。参与上述二步反应的细菌是长的、丝状的贝氏硫菌属 *Beggiatoa* 和发硫菌属 *Thiothrix*。在 H$_2$S 形成区都可以发现这两个属的细菌。另一类是在细胞外沉淀 S^O，即硫杆菌属 *Thiobacillus*，它能氧化硫化物如 H$_2$S、S^O 和其他还原硫化物 Na$_2$S$_2$O$_3$，反应式如下：2Na$_2$S$_2$O$_3$ + O$_2$→2S^O + 2Na$_2$SO$_4$。这个属的种类生长对 pH 有严格的要求，如氧化硫硫杆菌 *T. thiooxidans* 只在酸性水中（pH 为 1～5），排硫硫杆菌 *T. thioparus* 只在中性或碱性水中。有一种厌氧的脱氮硫杆菌 *T. denitrificans* 在碱性水中氧化 Na$_2$S$_2$O$_3$ 时是在还原硝酸盐为氮时进行的，反应式为：5S$_2$O$_3^{2-}$ + 8NO$_3^-$ + 2HCO$_3^-$ → 10SO$_4^{2-}$ + 2CO$_2$ + H$_2$O + 4H$_2$，或 5S^O + 6NO$_3^-$ + 2CO$_3^{2-}$→5SO$_4^{2-}$ + 2CO$_2$ + 3N$_2$（$\Delta G_0' = -179$kcal/mol）。在沉积物中的 H$_2$S 不会全部都被

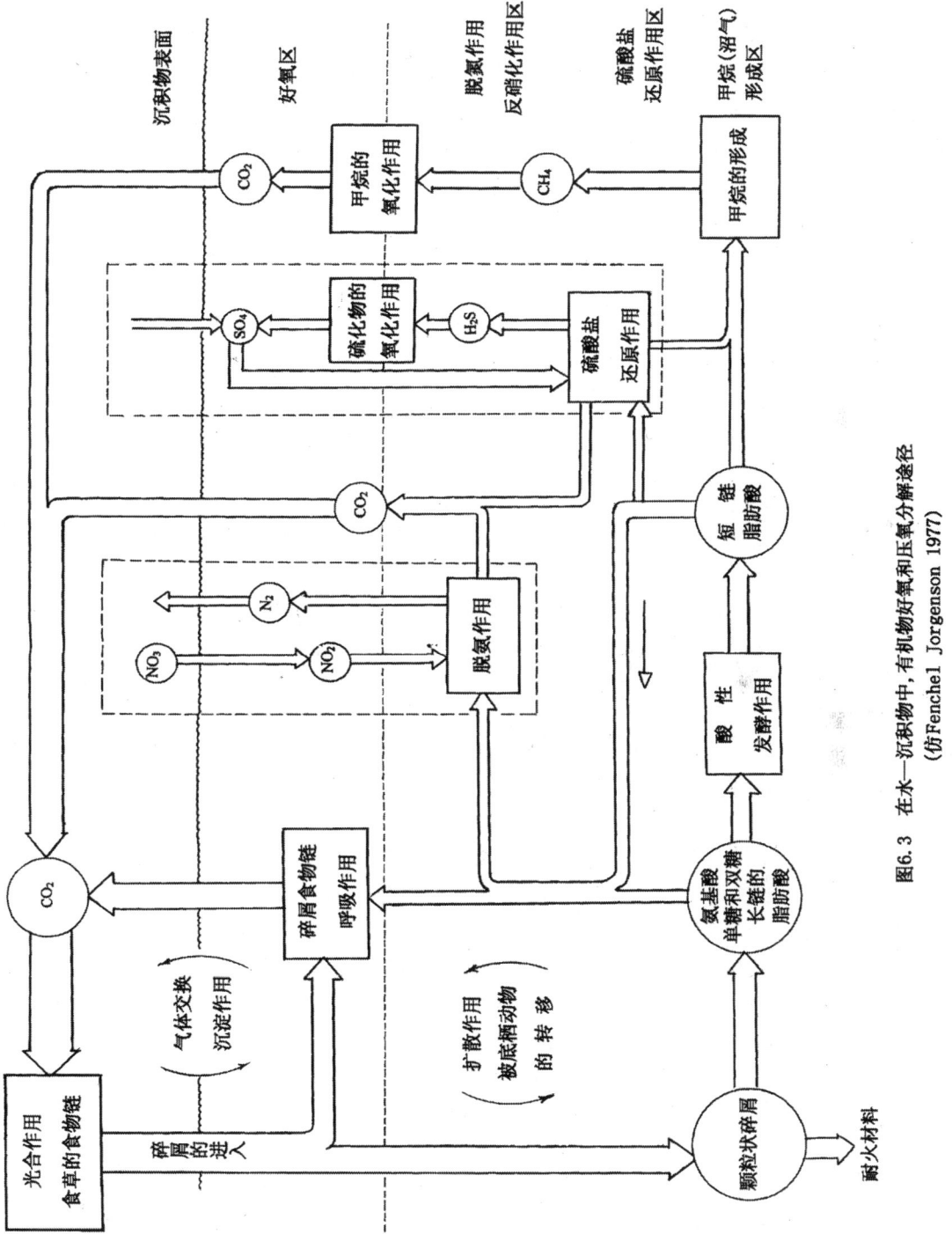

图6.3 在水—沉积物中,有机物好氧和压氧分解途径
(仿Fenchel Jorgenson 1977)

氧化，还有一部分与铁离子起作用。铁离子在沉积物中作为矿物颗粒上的氢氧化铁的外衣而存在，即 $Fe^{2+} + 2HCO_3^- \rightarrow Fe(OH)_2 + 2CO_2$。在无氧而又有 CO_2 时，氢氧化铁转化为铁离子，即 $Fe(OH)_2 + 2CO_2 \rightarrow Fe^{2+} + 2HCO_3^-$。这时铁离子很快和 H_2S 沉淀而成 FeS，这层沉积物呈黑色。FeS 很可能与 S^O 起反应而慢慢地转变为 FeS_2，沉积在更下层而呈灰色。有时大量形成的 FeS_2 可占沉积物干重的 4%。有一类分布较广的铁-氧化菌，是自养性的细菌，如氧化硫硫杆菌 *Thiobacillus thioxidans*，它能把二硫化铁氧化为硫酸亚铁（Zobell 1973），反应式为：

$$FeS_2 + 3\frac{1}{2}O_2 + H_2O \rightarrow FeSO_4 + H_2SO_4$$

$$2FeSO_4 + \frac{1}{2}O_2 + H_2SO_4 \rightarrow Fe_2(SO_4)_3 + H_2O$$

（2）氮的循环　　细菌的化学合成过程最早是由 C. C. Виноградеский 在 1888 年于硝化细菌中揭示的。亚硝化单胞菌属 *Nitrosomonas* 可氧化 NH_3 为亚硝酸，然后硝化杆菌属 *Nitrobacter* 又氧化亚硝酸为硝酸，整个过程叫硝化作用。反应式为：

$$2NH_3 + 3O_2 \xrightarrow{Nitrosomonas} 2HNO_2 + 2H_2O + 158 \text{ cal} \qquad (1)$$

$$2HNO_2 + O_2 \xrightarrow{Nitrobacter} 2HNO_3 + 48 \text{ cal} \qquad (2)$$

但是伴随着 NH_3 氧化作用过程的同时，还有 CO_2 的还原作用。按氧原子的损耗和能量转移应是：

$$2NH_3 + 2O_2 = 2HNO_2 + 4H + 能量（氧化作用） \qquad (3)$$

$$CO_2 + 4H + 能量 = \frac{1}{6}C_6H_{12}O_6 \quad （还原作用） \qquad (4)$$

因此氧化 1mol 氨时应当损失 2 个氧原子（见（3）式）。但是计算证明实际上损失 2.89 个氧原子，也就是说把氨氧化为亚硝酸和水要 3 个氧原子（见（1）式）。因而认为平行的 CO_2 还原作用是通过氨中的氢来完成的（见（4）式）。但是对于氧化作用中的化学能（见（3）式）如何传递到 CO_2 的还原作用（见（4）式）中去，还不清楚。这些无色硝化菌就是利用无机物 NH_3 的氧化能，把 CO_2 作为碳源还原为醣类，这就是化学合成的氧化作用，这类细菌就是无机化能自养菌。这种自养性的硝化作用多半发生在湖泊沉积物的表面，是水生态系统氮平衡中的一个关键过程（图 6.5）。亚硝化单胞菌属 *Nitrosomonas* 是嗜中温菌（mesophilic），有很广的温度适应范围（1~37℃）。

最适宜是接近中性的 pH，硝化杆菌属 *Nitrobacter* 对低温和高 pH 的适应力差些。为了完成硝化作用要求一定浓度的溶解氧，对硝化菌的临界浓度为 0.3 mg/L。如果沉积物中的溶解氧很低或缺乏，则硝化作用就大大地下降，因为已超出了硝化菌的临界浓度了。

3. 发酵作用

在前文"对颗粒有机物质的分解"中已提到细菌能催化发酵作用。详细地叙述了颗粒有机物质在厌氧分解中第一阶段为非甲烷化阶段。在这阶段中细菌的第一步发酵作用为水解作用，第二步为酸性发酵作用。第二阶段是甲烷化阶段，即甲烷的发酵作用。由此大量有机物质在厌氧条件下最终降解为甲烷和 CO_2（图 6.3）。在第一阶段中复合的碳水化合物如淀粉、纤维等被水解为糖类，脂肪和油被水解为甘油、和脂肪酸。在这个水解过程中靠各种专性的细菌分泌胞外水解酶而完成的。水解后的氨基酸、单糖和甘油是可溶性的，被产酸细菌进一步发酵。在厌氧条件下，这个发酵作用是氧化还原反应，即产生被还原的饱和脂肪酸化合物的同时又产生被氧化的碳化物如 CO_2。氨基酸发酵过程的终产物是氨。在第二阶段甲烷发酵作用中甲烷生成共有四种方法（见前文），其中二种为主要方式。一种是以 CO_2 作为 H 的受体，被由有机酸来的 H 还原为甲烷。反应式为：$CO_2+8H \rightarrow CH_4+2H_2O$。另一种是由复合有机化合物发酵产生的中间产物乙酸 (acetic acid) 转化为 CO_2 和甲烷，甲烷中的碳来自乙酸中的甲基碳，反应式为：$CH_3COOH \rightarrow CH_4+CO_2$。从乙酸转化为甲烷的产量占总有机酸产生甲烷的 70%。其次丙酸 (propionic acid) 也能产生甲烷。

4. 细菌的呼吸作用

生物学中的生理呼吸作用要通过呼吸器官（如肺、鳃、原生动物中的伸缩泡……等）来实现。在细菌中呼吸作用的术语等于生物氧化的概念。生物氧化可分两类。一类是直接的，即发生与氧的结合。如在硫细菌中可看到化学自养氧化作用，反应式为：$2S+2H_2O+3O_2 \rightarrow 2H_2SO_4+237$ cal。另一类是间接的氧化作用，是依赖于作用物的脱氢作用或是失去电子。例如在 $Fe^{2+} \underset{还原}{\overset{氧化}{\rightleftharpoons}} Fe^{3+}+e^-$ 中，失去电子的是氧化作用，得到电子的是还原作用。但是电子不能处于游离状态，因此每次在失去电子的氧化反应时，就伴之而有电子转移到另一接受物——受体上去，也就是还原反应。我们可以把这种电子传递反应称为氧化还原反应 (oxidation-reduction reaction, 简称 redox reaction)。水体中可以用甘汞-铂电极来测量氧化或还原强度。凡向着 H 电极去的电流叫氧化还原电位差 (redox potential)。虽然水溶液中不含游离的质子和电子，但仍可以用 pH 来确定质子的活性 $[pH=-\lg(H^+)]$ 用 pE 来确定电子的活性 $[pE=-\lg(e^-)]$。氧化还原电位差可以用 E_h 或 E_7 来表示，它受 pH 和温度的影响。pH 改变一级，E_h 改变 58mV。从酸性向中性调整时，每级减 58mV。从碱性向中性调整时，每级加 58mV。温度的影响就不甚显著。如 pH=7 时，在 0℃ 时水的 E_h 为 860mV，在 30℃ 时为 800mV。E_h 与细菌的光合作用、呼吸作用、发酵作用等有密切关系。在湖泊中，如果溶解性腐殖质化合物浓度较高时，E_h 就低。在苔藓和沼泽起源的、含大量腐殖酸的沼泽湖泊中 E_h 约 $350\mu V$。

根据呼吸作用细菌可分为三种类型：①专性厌氧，如丁酸细菌；②专性好氧，如醋酸细菌；③兼性厌氧，如大肠杆菌、乳酸菌、酵母。这三大类的代表种类均可进行间接的氧化作用—脱氢作用来完成呼吸过程。如某些微生物可完成以下反应：$H_2S-2H \xrightarrow{氧化} S+2H(受体)+2e^-$；醋酸菌可引起 $CH_3CH_2OH-2H \xrightarrow{氧化} CH_3COOH+2H(受体)+2e^-$。

脱氢作用有好氧和厌氧两类。以葡萄糖的分解过程为例，在含氧条件下，腐生菌或酵母可把葡萄糖氧化成水及碳酸，最终产物是水和 CO_2，达到完全的氧化作用。在厌氧条件下，微生物仅起部分的氧化作用，厌氧菌作用的最终产物是乙醇、丁醇、乳酸、醋酸、丙酮，释放的能量也要小 22 倍。

在细菌的呼吸作用中一定要有电子受体。随着碎屑分解过程已知在水和沉积物中有四种电子受体，即 O_2，NO_3^-/NO_2^-，SO_4^{2-} 和 CO_2。细菌在呼吸代谢中利用各种电子受体氧化有机化合物。碎屑是在水层的透光区中产生的，在分解过程中慢慢地沉淀到深水层和沉积物中去。因此，细菌首先利用 O_2 作为氧化剂来氧化有机物。当 O_2 几乎被耗尽时，NO_3^-/NO_2^- 接上去起氧化剂的作用。随着硝酸盐的呼吸作用之后，硫酸盐的还原作用也开始了。最后在甲烷形成区中是 CO_2 对 H_2 的氧化作用。这样就能观察到电子受体的连续过程 $O_2 \rightarrow NO_3^-/NO_2^- \rightarrow SO_4^{2-} \rightarrow CO_2$。这四个受体的 Eh 分别为 +400、-100、-200、-300mV。在理论上有这样一个垂直分布的模型，实际上在天然沉积物中也有这样的连续过程，但不完全垂直。现分别叙述细菌的呼吸作用。

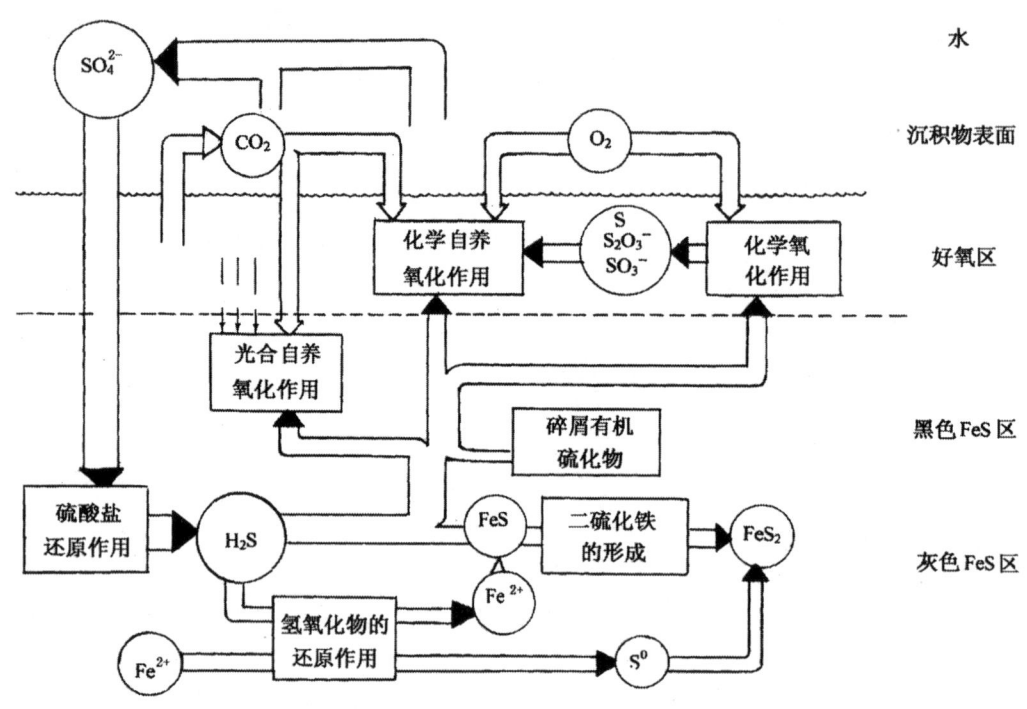

图6.4　水-沉积物中硫的循环（仿 Fenchel and Jorgenson 1977）

（1）硝酸盐的呼吸作用　　细菌的反硝化作用是水环境中氮循环的一个重要部分（图6.5），它要求几乎完全耗尽了氧并有合适的有机物质的环境。细菌的反硝化作用在 NO_3^- 和 NO_2^- 还原作用的同时有有机物质的氧化作用。一般的过程是 $NO_3^- \rightarrow NO_2^- \rightarrow N_2O \rightarrow N_2$。反硝化菌都是兼性的厌氧微生物，如假单胞菌属 *Pseudomonas*、无色杆菌属 *Achromobacter*、埃希氏菌属 *Escherichia*、芽孢杆菌属 *Bacillus* 和微球菌属 *Micrococcus*。在有 O_2 时，可进行正常的好气呼吸作用。当在水中溶解氧浓度降到 5 微克分子 O_2/升以下时，这些细菌就转为硝酸盐的呼吸作用。同时反硝化菌还需要有机物质，包括糖、有机酸和醇类。反硝化菌在氧化有机物质时利用硝酸盐作为 H 的受体。以葡萄糖的氧化作用和硝酸盐的还原作用为例，它的反应式如下：

$$C_6H_{12}O_6 + 12NO_3^- = 12NO_2^- + 6CO_2 + 6H_2O \quad (\Delta G_0' = -460 \text{kcal/mol});$$

$$C_6H_{12}O_6 + 8NO_2^- = 4N_2 + 2CO_2 + 4CO_3^{2-} + 6H_2O \quad (\Delta G_0' = -720 \text{kcal/mol})$$

在沉积物中细菌的反硝化作用速度要比沉积物上面的水层中大四个数量级。在沉积

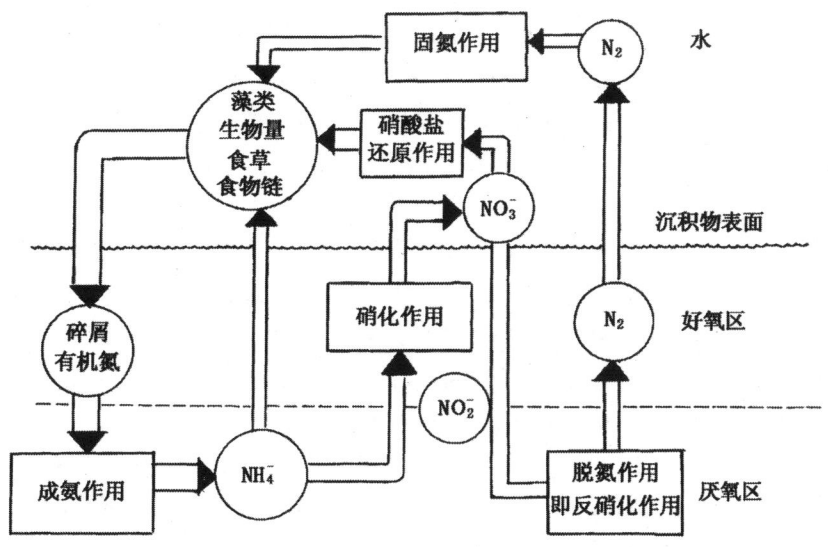

图6.5 水-沉积物中氮的循环（仿 Fenchal and Jorgenson，1977）

物表面与含氧水接触的地区，反硝化活性受到抑制，但是在沉积物深度为10～15mm，该处有还原条件 Eh 为210mV 时，反硝化的活性就增加。在低温时，反硝化作用的速度会下降。高温时 N_2 为优势，低温为 N_2O 为优势，然后 N_2O 很快还原为 N_2。细菌呼吸作用的结果是硝酸盐还原为 N_2。氮气如不被固定下来，就会从空气中逸出。Brezonik 和 Lee（1968）估计在 Mendota 湖由于反硝化作用每年约损失11%进入湖泊中的结合氮。硝化作用和反硝化作用可同时出现，其反应过程与有关的细菌见图6.6。

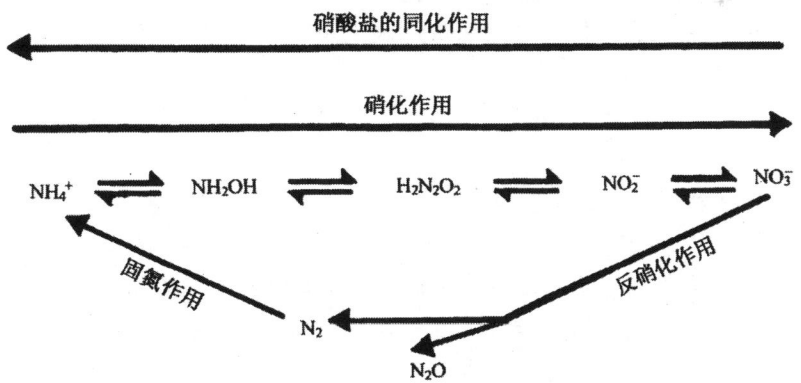

图6.6 水中含氮化合物的生化反应及其有关细菌种类

（2）硫酸盐的呼吸作用　　有一些细菌在呼吸代谢中能还原硫酸盐、亚硫酸盐、$Na_2S_2O_3$、连二硫酸盐和元素硫为 H_2S。硫酸盐的还原菌是严格的厌氧异养菌，在氧化的新陈代谢中利用硫酸盐 SO_4^{2-} 作为 H 的受体，主要的是脱硫弧菌属 *Desulfovibrio* 和脱硫肠状菌属 *Desulfotomaculum*。它所需要的能源只是少数几种酸性发酵产物，如乳酸盐、琥珀酸盐、苹果酸盐、丙酮酸等。在硫酸盐的还原作用的同时，这些还原菌把从硫酸盐中取得的 O_2 用于氧化有机物或是分子氢，反应式如下：

$$H_2SO_4 + 2(CH_2O) \rightarrow 2CO_2 + 2H_2O + H_2S$$
$$H_2SO_4 + 4H_2 \rightarrow 4H_2O + H_2S (\Delta G_0' = -60 \text{kcal/mol})$$

硫酸盐还原菌还原硫化物的速度是亚硫酸盐＞硫酸盐＞$Na_2S_2O_3$＞胶态硫。各种硫氧化菌或硫还原菌的出现和分布都受到 Eh 和 pH 的严格控制，只有符合这种环境的才能生长。

(3) 厌氧的甲烷氧化作用　　在厌氧的沉积物中，硫酸盐和甲烷的代谢之间存在着十分有趣的关系。在有硫酸盐存在时，产生甲烷的四个细菌属（甲烷细菌属、甲烷芽孢杆菌属、产甲烷球菌属、产甲烷八叠球菌属）的生长受到抑制。因此，在天然环境中，活泼的甲烷产生区总是在硫酸盐还原区的下面（图6.2）。Martens 等（1974）在一分离的泥样中发现甲烷的浓度只是在硫酸盐完全被细菌的还原作用耗尽以后才开始增加。故在硫酸盐的还原作用和甲烷的生成作用二者之间存在着对抗性的关系。但在另一方面二者之间又有互养（syntrophic）关系。因为硫酸盐还原细菌能排泄出大量的乙酸盐。乙酸盐是构成甲烷产生菌的主要有机物质。甲烷产生菌以第四种电子受体——CO_2 作为 H 的受体，在呼吸代谢中氧化有机物，把从乙酸来的 H 还原为甲烷。在湖泥中甲烷有时会达到过饱和，并被释放成气泡形式。甲烷慢慢地升到含 O_2 的水中，被甲烷氧化菌如甲烷单胞菌 *Methanomonas methanica* 所氧化，反应式为：$5CH_4 + 8O_2 \rightarrow 2(CH_2O) + 3CO_2 + 8H_2O$，并释放 195 kcal/mol 的游离能。

第五节　细菌与水生动物的关系

细菌的体积很小，对于比它大得多的食菌动物来说，必须要有能在短时间内大量浓集分散细菌的适应性。许多水生动物都有过滤大量的水以达到浓集细菌的能力。

一、原生动物

在自然界中原生动物可能是细菌的一个重要消费者，它沟通了细菌和后生动物之间的食物链。原生动物中的三大类：鞭毛虫、肉足虫和纤毛虫都有一些专门吃细菌的种类，如波豆虫属 *Bodo*、屋滴虫属 *Oikomonas*、鼻吻滴虫属 *Rhynchomonas*、领鞭毛虫类 Choanoflagellates、无色的眼虫类 Euglenoids、鞭变形虫属 *Mastigamoeba*、变形虫属 *Amoeba*、四膜虫属 *Tetrahymena*、膜袋虫属 *Cyclidium*、钟虫属 *Vorticella*、旋口虫属 *Spirostomum* 等。除了有固定的胞口外，还有一些专门的适应能力以浓缩细菌。如领鞭毛虫类有一根鞭毛伸出，在鞭毛的基部有一个细柔的领子张开，形成一个约 $0.2\mu m$ 的空地。鞭毛虫本身很小（$5\sim15\mu m$），相比之下细菌已算是大的食物。当鞭毛颤动时，水流会冲进领内，细菌就被粘在这个领上。纤毛虫在原生动物中是最高级的，它摄食细菌的适应能力更为复杂。对纤毛虫来说，细菌作为食物是太小了，于是在进化中发展了浓集细菌的机能。例如膜口类（Hymenostomatid）中的四膜虫，在口的左边有 3 片纤毛膜，右边有一片波动膜。3 片纤毛膜打击时，产生强力的水流冲向波动膜，波动膜起过滤作用把捕获的细菌浓集起来送向胞口。在膜袋虫属 *Cyclidium* 中，有的波动膜可占体长的 3/4，像帆一样张开，成了一个巨大的过滤器。在缘毛类 Peritricha 中更获得进一步发展，有三层反时钟方向旋转的小膜（membranelle），外层起着过滤器的作用，内层把过滤的食物送入漏斗状的前庭，前庭内有纤毛，可按大小选择颗粒。下毛类（Hypotricha）中的小膜已排列成带，叫小膜口缘带，能激起水流涌向口内的波动膜而滤食。

纤毛虫掠食细菌的量也是惊人的。在一腐败分解的植物碎屑试验中研究四膜虫的食菌能力。当四膜虫种群在指数生长期时，每个四膜虫的掠菌速度为 500~600 个细菌/小时。几天后当四膜虫和细菌的种群相对稳定时，每个四膜虫的掠食速度为 100~200 个细菌/小时。如果以细菌密度为 5×10^6 个/ml、每个四膜虫吃 150 个细菌/小时的速度来计算，则每个四膜虫每小时要过滤 $3\times10^{-2}\mu l$ 水，大约为自身体积的 20 000 倍。较大的纤毛虫如缘毛类、旋口虫属 *Spirostomum* 每小时可消耗几千个细菌。在废水生物处理工厂中，由于原生动物对细菌的掠食作用可以大大地降低出水中细菌的密度，提高出水质量，故有"清道夫"之称。此外，纤毛虫掠食细菌还有选择性。如生活在厌氧而含 H_2S 环境中的斜毛科（Plagiopylidae）异毛目（Heterotrichida）中的一些种类专吃硫化菌，*Sanderia schizostoma* 几乎只吃丝状的贝氏硫菌属 *Beggiatoa*，海洋尾丝虫 *Pleuronema marina* 专吃蛋白质分解菌。

在天然情况下，在水和沉积物中的原生动物对细菌的掠食情况还不很清楚。Fenchel（1975）在一池塘的碎屑沉积物中进行研究，原生动物中以动鞭毛虫占优势，估计每天有 8.5% 的细菌现存量是被动鞭毛虫吃掉的。他认为在沉积物中被吃掉的总细菌量中有 75% 是被原生动物吃掉的，其余 25% 是被轮虫、摇蚊幼虫、桡足类所吃。

二、小型动物（meiofauna）

是指 1~2mm 以下的、底栖的后生动物，包括轮虫、涡虫、线虫、腹毛纲、桡足类、小的寡毛类等。这些小型动物在实验室中单用细菌来喂食时，都能吃细菌。在天然水体中，只有寡毛类已证实在沉积物中也是重要的食细菌者。

三、滤食动物（filter feeders）

无脊椎动物的各门类中，均已发展了能过滤大量水的过滤器，一般过滤速度为 $0.1\sim3L(水)\cdot g^{-1}(体重)\cdot h^{-1}$。过滤器的机械性能各不相同，有通过粘液的（如多毛类、昆虫幼虫）、有纤毛过滤器（如软体动物，多毛类）、有领胞器（如海绵动物中的多孔动物），有用刚毛和毛发作为过滤器（如节肢动物）。有许多种类有十分高效的滤食力，能滤食 $1\mu m$ 以下的颗粒。证明能滤食细菌的有海绵、某些多毛类、枝角类，黑蝇幼虫、瓣鳃类软体动物、被囊动物等。有些种类只能过滤较大的 $5\sim10\mu m$ 的颗粒，即使是粗滤器的种类，也能很好地利用悬浮的或沉积的、有微生物群落的颗粒碎屑，如桡足类、磷虾、摇蚊幼虫、端足类中的蝶嬴蜚属 *Corophium*。如在天然水体中 *Simulium* 幼虫的天然食物是枯草芽孢杆菌 *Bacillus subtilis*，要求该细菌的浓度能达到 1.6×10^5 个/ml，一般在有机物污染严重的溪流中可以达到这一浓度。但是在天然水体中被滤食动物吃掉的细菌占细菌产量多大的百分比，至今还不甚了解。

四、食碎屑动物（detritus feeders）

无脊椎动物的全部类群中有大量的种类能吃沉积物中的有机碎屑。真正被消化的只是在碎屑上群集的、活的微型生物（以细菌、原生动物、藻类为主）。有些食碎屑动物能啃食较大的碎屑颗粒，也只是在啃吃碎屑表面的丰富的微型生物。

从理论上说，食碎屑动物摄食碎屑颗粒的大小可达 200μm。大约每克被消耗的碎屑中有 4mg 细菌、5mg 鞭毛虫、0.5 mg 纤毛虫以及其他原生动物。如果它们摄食更大的碎屑颗粒，则在食谱中还包括有小的后生动物，相当数量的藻类。

从以上的讨论中可以看到细菌不只是被动地、而且是主动地被水生无脊椎动物所吃，特别是有许多原生动物就是以细菌为食而生长的。从群落密度调节的观点来看，细菌被掠食后，反而能促进细菌群落的繁殖，能增加细菌的生长速度和代谢活力。Fenchel（1997）在实验生态模型中证明由于有吃细菌的原生动物，反而刺激了细菌对有机物质的分解速度。过去在研究水体生产力和和营养级转化时，往往因为细菌和原生动物的现存量比藻类、其他浮游动物、底栖动物低而不予重视。殊不知细菌和原生动物体积虽小，但分裂速度快、转换时间短，它的生产力在整个生物生产力中的作用是不能忽略的。这方面的工作有待于今后研究。

思 考 题

1. 在水生态系统 N、S 循环中细菌的作用如何？
2. 细菌作为初级分解者，有哪些有利条件？
3. 细菌对碎屑的分解过程？
4. 细菌有哪几个营养类型？有哪几类新陈代谢活动？
5. 试分析在碎屑食物链中初级生产者、碎屑、细菌三者的关系。
6. 为什么说细菌是水生态系统中最重要的消费者？
7. 如何全面地计算细菌的产量？
8. 细菌和藻类的光合作用有何不同？

主要参考文献

[1] 李勤生，申权. 主要生物群落结构及其演替. 于刘建康主编《东湖生态学研究》，1990，52～75
[2] 沈韫芬. 第三章原生动物的生态. 于沈韫芬等《微型生物监测新技术》第 16～50 页. 北京：中国建筑工业出版社，1990
[3] 罗特米斯特罗夫，格沃兹佳克，斯塔夫斯卡娅等著.（沈韫芬译）水净化微生物学. 310 页. 北京：中国建筑工业出版社，1983，（原著为：МИКРОЬИОЛОГИЯ ОЧИСТКИ ВОДЫ М. Н. РОТМИСТРОВ П. И. ГВОЭДЯК С. С. СТАВСКАЯ《НАУКОВА ДУМКА》，КИЕВ，1978
[4] Bengtsson L, Brorson T, Fleischer S and Astrom C. Beschaffenheitsanderungen des Sestons in Seen nach dem sedimentieren. Acta Hydrochim. Hydrobiol. 1977, 5: 153~165
[5] Brezonik P L, G Lee F. Denitrification as a nitrogen sink in Lake Mendota. Wisconsin. Environ. Sci, Technol. 1968, 2: 120~125
[6] Cappenberg T E. Ecological observations on heterotrophic, methane oxidizing and sulfate reducing bacteria in a pond. Hydrobiologia 1972, 40: 471~485
[7] Fenchel T. The quantitative importance of the benthic microflora of an arctic tundra pond. Hydrobiologia 1975, 46: 445

[8] Fenchel T. The significance of bacterial grazing and mineral cycling for the decomposition of particulate detritus. In J. Cairns, ed. Freshwater Microbial Communities. 2nd ed. Garland Publishing Inc., New York. 1977

[9] Fenchel T M, Jorgensen B. Detritus food chains of aquatic ecosystems: the role of bacteria. Adv. Microbial. Ecology 1977, 1: 1~58

[10] Fenchel T M, Blackburn T H. Bacteria and mineral cycling. New York, Academic Press, 1979, 225 pp

[11] Gocke K. Untersuchungen uber Abgabe und Aufnahme von Aminosauren und polypeptiden durch Planktonorganismen. Arch. Hydrobiol. 1970, 67: 285~367

[12] Gosselink J G, Kirby C. J. Decomposition of salt marsh grass. *Spartina alterniflora* Loisel, Limnol. Oceanogr, 1974, 19: 825

[13] Jones J G. Some differences in the microbiology of profundal and littoral lake sediments. J. Gen. Microbiol. 1980, 117: 285~292

[14] Jordan M J, Likens G E. Measurement of planktonic bacterial production in an oligotrophic lake. Limnol. Oceanogr. 1980, 25: 719~732

[15] Krieg N R. Bergey's Manual of Systematic Bacteriology, vol. I. Williams and Wilkins, Baltimore/London, 1984, 1~964

[16] Martens C S, Berner, R. A. Methane production in the interstitial waters of sulfate depleted marine sediments. Science 1974, 185: 1167

[17] Mothes G. Sedimentation und Stoffbilanzen in Seen des Stechlinseegebiets. Limnologica 1981, 13: 147~194

[18] Odum H T. Trophic structure and productivity of Silver Springs. Florida, Monogr. 1967, 27: 55

[19] Overbeck J. Primarproduktion und Gewasserbakterien. Naturwissenschaften 1965, 51: 145

[20] Overbeck J. Prinzipielles zum Vorkommen der Bakterien im see. Mitt. Internat. Verein. Limnol. 1968, 14: 134~144

[21] Overbeck J. Microbiology and biochemistry. Mitt Internat. Verein. Limnol. 1974, 20: 198~228

[22] Overbeck J. Dark CO_2 uptake-biochemical background and its relevance to in situ bacterial production. Arch. Hydrobiol. Beih. Ergebn. Limnol. 1979, 12: 38~47

[23] Overbeck J, Babenzien H D. Bakterien und Phytoplankton eines Kleingewassers im Jahreszyklus. Z. Allg. Mikrobiol. 1964, 4: 59~76

[24] Poltz J. Untersuchungen uber das Vorkommen und den Abbau von Fetten und Fettsauren in Seen. Arch. Hydrobiol. [suppl.] 1972, 40: 315~399

[25] Saunders G W. Carbon flow in the aquatic system. In J. Cairns, Jr., ed. The Structure and Function of Fresh-Water Microbial Communities. Res. Div. Monogr. 3. Virginia Polytechnic Inst. pp. 1971, 31~45

[26] Spector W S. (ed.) Handbook of Biological Data. Saunders. Philadephia. 1956

[27] Straskrabova V, Komarkova J. Seasonal changes of bacterioplankton in a reservoir related to algae. I. Numbers and Biomass. Int. Rev. ges. Hydrobiol. 1979, 64: 285~302

[28] Weinmann G. Geloste Kohlenhydrate und andere organische Stoffe in naturlichen Gewassern und in Kulturen von *Scenedesms quadricauda*. Arch. Hydrobiol. [suppl.] 1970, 37: 164~242

[29] Wetzel R G. Productivity investigations of interconnected lakes. I. The eight lakes of the Oliver nd Walters chains, northeastern Indiana. Hydrobiol. Stud. 1973, 3: 91~143

[30] Wetzel R G, Pich P H, Miller M C, and Allen H L. Metabolism of dissolved and particulate detrital carbon in a temperate hard-water lake. Mem. Ist. Ital. Idrobiol. 29 [suppl.]: 1972, 185~243

[31] Wetzel R G. Limnology. 2nd Edition. 1983

[32] ZoBell C E. Microbial biogeochemistry of Oxygen. In A. A. Imshenetskii, ed. (in Russian) (cited from Wetzel, R. G. 1983). 1973

[33] Кондратьева Е. Н. Фотосинтезирующие бактерни. М., Изд - во АН СССР. 1963. 315с

第七章 浮游植物

第一节 浮游植物概论
　一、浮游生物的命名
　二、浮游植物的形态、结构和生殖方式
　　1. 浮游藻类的体型
　　2. 浮游藻类的细胞结构
　　3. 藻类的生殖方式
　三、浮游藻类各门概述
　　1. 蓝藻门
　　2. 隐藻门
　　3. 甲藻门
　　4. 金藻门
　　5. 黄藻门
　　6. 硅藻门
　　7. 裸藻门
　　8. 绿藻门
第二节 浮游植物悬浮机制
　一、浮游植物的下沉速率
　二、悬浮适应机制
　　1. 脂肪的积累
　　2. 离子调节
　　3. 伪空胞
第三节 浮游植物的时空分布
　一、垂直分布
　二、水平分布
第四节 浮游植物群落的季节演替
　一、一般规律
　二、我国一些湖泊浮游植物群落的季节变化
　　1. 几种常见类型的群落变化
　　2. 东湖群落的季节演替研究
第五节 浮游植物群落及其生存对策
　一、生长和生存策略
　二、藻类种群多样化——浮游生物的反论
第六节 浮游植物个体生理生态研究的几个问题
　一、限制因子
　二、现存量与周转速率
　三、描述性和实验性研究

第一节 浮游植物概论

一、浮游生物的命名

在讨论浮游植物之前，有必要对浮游生物的定义加以介绍。

浮游生物（plankton）一词是由德国生物学家 Viktor Hensen 于 1887 年首先提出的。根据 Hensen 的定义，浮游生物包括那些在敞水区自由悬浮但不能自主游动的所有有机体，它们依赖于水的运动以维持自身位置和被动运动。这一定义就排除了敞水区内能通过游泳来调节自身位置的大型水生生物（如鱼类、哺乳类等）。随着对浮游生物研究的深入，Hensen 对浮游生物的定义又有了以下两点变动：其一，浮游生物实质上并不悬浮，只有极少数种类是持续上浮的，多数种类的比重比水大；其二，许多浮游生物并非绝对地局限于敞水区（pelagic），它们生活周期的一部分或大部分时间生活在底部或其他区域，换句话说，它们多属于兼性浮游生物（facultative plankton）。基于上述理由，Reynolds（1984）给浮游生物作了以下的定义：在海水或淡水中能够适应悬浮生活的动植物群落（community），易于在风和水流的作用下作被动运动。这一定义为大多数生态学家所接受。

浮游生物是一群具有功能的水生生物群落，常规上一般将浮游生物划分为浮游动物（zooplankton）和浮游植物（phytoplankton）。浮游植物（即自养的浮游生物）不是一个分类学单位，而是一个生态学单位，它包括所有生活在水中营浮游生活方式的微小植物，通常就指浮游藻类，而不包括细菌和其他植物。

浮游植物在大小和体积上差别显著：大型的种类肉眼可见，如团藻（*Volvox*）和微囊藻（*Microcystis*）的个体常常大于1mm；小型种类的大小不到1μm或比细菌还小。绝大多数浮游植物是肉眼看不见的，依据它的个体大小（表7.1），可将其分为网采浮游植物（20~200μm）、微型浮游植物（2~20μm）和超微浮游植物（小于2μm）。亦可按其营浮游生活的性质和程度将其分为真性浮游生物（euplankton or holoplankton）、假性浮游生物（pseudoplankton）和兼性浮游生物（facultative plankton）。

表7.1　各类浮游生物的大小划分和代表类群

类　别	大　小	代　表　类　群
超微型浮游生物	小于2μm	细菌及少数藻类
微型浮游生物	2~20μm	许多浮游植物及部分原生动物
小型浮游生物	20~200μm	许多浮游植物及浮游动物
中型浮游生物	200~2000μm	甲壳动物及部分轮虫
大型浮游生物	大于2mm	大型甲壳动物及腔肠动物
巨型浮游生物	大于1cm	水母

二、浮游植物的形态、结构和生殖方式

浮游藻类大多数是单细胞种类，在生理上类同于植物细胞，只是细胞较之为小，仅悬浮于液体介质中。从进化上说，它们的祖先都是几十亿年以前的原始蓝藻细胞。从生态上看，浮游藻类以及水生植物以类似于高等植物的方式贡献它们的生产力至生态系统，但是和陆生植物不同的是，浮游植物生长周期短，仅有几个星期的延续，种类的演替也仅以月来计。

1. 浮游藻类的体型

藻类植物体的类型很多。它的构造和大小相差很大，反映出藻类的演化过程以及不同的发展水平，因而也是藻类植物分类的重要依据。藻类的体型可归纳为下列几种：

（1）根足型（变形虫型）　　无细胞壁，由原生质体伸出粗细和长短不一的伪足，类似原生动物中的变形虫，可运动。只在金藻、黄藻及甲、绿藻中的极少数种类具有这种体型。

（2）鞭毛型（游动型）　　统称鞭毛藻类，是常见种类，可分为单细胞鞭毛型和群体鞭毛型。细胞具鞭毛，能作主动运动；具细胞壁、周质或囊壳。甲藻、隐藻、裸藻和金藻中绝大多数种类具这种体型。

（3）胶群体型（不定群体型）　　不运动，行营养性繁殖，细胞分裂后埋在共同的胶被内。细胞数目不定，群体可不断增大。

（4）球胞型（不游动型）　　营养细胞不具鞭毛，不通过营养性分裂繁殖，多以动孢子或不动孢子繁殖。可以单细胞或一定数目的细胞联结成各种形状的群体。这种体型在藻类中，特别是浮游性藻类中普遍存在，可分为：

①单细胞。

②原始定形群体：细胞彼此分离，由残存的母细胞壁或分泌的胶质连结成一定的形。

③真性定形群体：群体细胞彼此直接由它们的细胞壁连接成一定的形态和结构。

（5）丝状体型　　细胞不断在横断面上分裂且互相衔接而形成多细胞的植物体。除裸藻门外，各门藻类中都有这种体型。

①不分枝丝状体型。

②分枝丝状体型。

2. 浮游藻类的细胞结构

藻类的分类鉴定主要依据细胞结构的特点。

（1）细胞壁　　大多数都有明显的细胞壁，有的细胞具有胶质或其他被膜或鞘，构成细胞壁的物质，随各门藻类不同而不同。大多数藻类的细胞壁的主要成分是纤维素和果胶质。硅藻细胞壁的主要成分是二氧化硅和果胶质。细胞壁一般平滑，也可以有各种花纹、刺、棘或突起。

一个细胞的细胞壁多数是一个完整的整体，但是硅藻和黄藻的细胞壁是由两个半片（壳）连结组合而成，而甲藻的细胞壁则是由许多小板片拼合组成。

（2）核　　除蓝藻细胞没有典型的核结构外，藻类细胞都有细胞核。核有核膜，内含核仁和染色质。核的数目多为一个，只有少数种类为多核。

（3）色素和色素体　　藻类含有的色素组成极为复杂，可分为四大类：叶绿素（chlorophyll）、胡萝卜素（carotene）、叶黄素（xanthophyll）、藻胆素（phycobiliprotein），每一类色素又分许多种。所有的各门藻类都含有叶绿素 a。叶绿素 b 则只存在于绿藻、裸藻和轮藻，这几门藻类的叶绿素组成和高等植物相同，植物体显示绿色。其他各门藻类中，甲藻、隐藻、黄藻、金藻、硅藻和褐藻有叶绿素 c；红藻有叶绿素 d。胡萝卜素中最常见的是 β-胡萝卜素，各门藻类都有。

除蓝藻外，藻类细胞中都有专门的色素的载体。

（4）贮藏物质　　由于藻类含有不同的色素组成，因而通过光合作用形成的同化产物及转化的贮藏物质也各异。绿藻和隐藻的贮藏物都在色素体内，绿藻还以淀粉鞘的形式附着于专门的蛋白质小体（pyrenoid）上，其他藻类的贮藏物都不在色素体内。

（5）鞭毛　　除了蓝藻和红藻外，各门藻类几乎都具有鞭毛的种类，或者在生活史的某一阶段具有鞭毛。鞭毛的种类、数目、长短以及着生部位因种类不同而不同。

以上介绍了藻类细胞的细胞壁、核、色素和色素体，贮藏物质和鞭毛等五个组分以及它们在各个门类中的不同。事实上，藻类细胞和植物细胞在结构上是相似的，都是有活性的细胞质膜，有一系列高度分化的细胞器和内含物。藻类中一个特殊的类群蓝藻细胞是原核细胞，而其余所有藻类都属真核。原核蓝藻在结构上保守，但代谢途径多样化；真核藻类在结构上高分化，而代谢途径保守。

3. 藻类的生殖方式

藻类的繁殖能力很强。其繁殖的方式可分为营养繁殖、无性生殖和有性生殖。在浮游藻类中，以前两种繁殖方式为主。

（1）营养繁殖　　不通过任何专门的生殖细胞来进行繁殖。在单细胞种类，通过细胞分裂，即一个母细胞连同细胞壁分为两个子细胞，各长成一个新的个体。在群体或多细胞种类，通过断裂繁殖，即一个植物体分为几个较小部分或断裂出一部分。

（2）无性繁殖　　由原生质形成孢子来进行繁殖。孢子是无性的，不需要结合，一个孢子即可长成一个新个体。藻类中有多种孢子，如不动孢子（aplanospore）、动孢子（zoospore）、厚壁孢子（hypospore）、休眠孢子（akinete）、似亲孢子（autospore）、内生孢子（endospore）、外生孢子（exospore）等。

（3）有性生殖　　形成专门的生殖细胞配子，配子必须结合成为合子然后才长成新个体；或由合子再形成孢子长成新个体。

三、浮游藻类各门概述

1. 蓝藻门（Cyanophyta）

也称蓝绿藻（blue-green algae），由于蓝藻与细菌很接近，有许多作者称它为蓝细菌（Cyanobacteria）。

蓝藻为单细胞、丝状或非丝状的群体，非丝状群体为板状、中空球状、立方形等各种形状，但大多数为不定形群体，群体常具一定形态和不同颜色的胶被。丝状群体由相连的一列细胞——藻丝（trichome）组成，藻丝具胶鞘或不具胶鞘，藻丝和胶鞘合称丝体（filament），每条丝体中包含 1 至多条藻丝。藻丝直径一致或一端或两端明显尖细，藻丝具真分枝或假分枝，假分枝由藻丝的一端穿出胶鞘延伸生长而形成。

蓝藻细胞无色素体、细胞核等细胞器，原生质分为外部色素区和内部无色中央区，含有的色素除叶绿素 a、胡萝卜素外还含有大量藻胆素（藻蓝素及蓝红素），同化产物以蓝藻淀粉为主，并含有藻毒素，颗粒体无色中央区仅含有相当于细胞核的物质，无核膜和核仁。

细胞壁常由外层果胶质、内层纤维素二层组成，单细胞及非丝状群体常具个体或群体胶被。丝状种类细胞壁外常具胶鞘，有时具层理和颜色。

有些科属的少数营养细胞分化形成异形胞（heterocyst），有的种类含有伪空胞，主沉浮及遮光。

蓝藻生殖，一般为细胞分裂，或以段殖体（hormogonia）生殖，也有的形成各种孢子，不产生具鞭毛的生殖细胞，也无有性生殖。

蓝藻中常见的浮游种类有微囊藻（*Microcystis*）、束丝藻（*Aphanizomenon*）、螺旋藻（*Spirulina*）、鱼腥藻（*Anabaena*）和颤藻（*Oscillatoria*）等属中的种类。

蓝藻适应性很广，各种水体中都能生长，多喜生于含氮量较高，有机质较丰富的碱性水体中，一般喜较高的温度，有的种类可在 70~80℃ 的温泉中生长，在夏秋季节，湖泊池塘蓝藻可大量繁殖，形成水华，放出毒素，造成鱼类死亡。

2. 隐藻门（Cryptophyta）

隐藻为单细胞，多数种类具鞭毛，具鞭毛种类长椭圆形或卵形，前端较宽。纯圆或斜向平截，纵扁，背面略凸，腹侧平直略凹入；腹侧前端偏于一侧，具向后延伸的纵沟，有的种类具涤口沟自前向后延伸；纵沟或口沟两侧常具多个棒状的刺丝胞，有的种类无刺丝胞。鞭毛两条，略等长，自腹侧前端伸出，或生于侧面。具 1~2 大形叶状体，光合作用中除含有叶绿素 a、叶绿素 c 外，还含有藻胆藻；色素体多为黄绿色或黄褐色，也有为蓝绿色、绿色或红色，有些种类无色素体，具蛋白核或无。贮藏物质为淀粉、油滴、细胞单核，伸缩泡位于细胞前端。繁殖为细胞纵分裂。

3. 甲藻门（Pyrrophyta）

多为单细胞，丝状的极少。细胞球形到针状，背腹扁平或左右侧扁；细胞裸露或具细胞壁，壁薄或厚而硬，纵裂甲藻类，细胞壁由左右 2 片组成，无纵沟或横沟。横裂甲藻类壳壁由许多小板片组成，板片有时具角、刺或乳头状突起，板片表面常具圆孔或窝孔纹。大多数种类具 1 条横沟和 1 条纵沟，从横沟分上下壳，纵沟称"腹区"，位于下壳腹面，2 条鞭毛，1 条带状环绕在横沟中；1 条为纵鞭，线状，通过纵沟向后伸出。极少数种类无鞭毛，色素体多个，圆盘状或棒状，色素有叶绿素 a、叶绿素 c，甲藻素、多甲藻素。贮藏物质为淀粉和油滴。繁殖方法为细胞分裂，有的种类可产生动孢子或不动孢子。

甲藻门是水生动物的饵料，但过量繁殖使水变红，形成赤潮，产生毒素，对鱼类等生物有害。

4. 金藻门（Chrysophyta）

藻体为单细胞、群体或分枝丝体。多数能运动的单细胞种类具 2 条鞭毛，少数种类 1 条或 3 条，鞭毛等长或不等长。细胞裸露或在表质上具硅质化鳞片、小刺或囊壳，不能运动的细胞具细胞壁。具 1~2 个大的片状色素体，色素为叶绿素 a、叶绿素 c，胡萝卜素和叶黄素，具金褐或黄褐色，贮藏物质为白糖素、脂肪。

繁殖为细胞分裂，群体断裂，有的产生动孢子、静孢子。

金藻类多生在透明度较大、温度较低、有机质含量低的水体中，冬季、早春、晚秋生长旺盛。

5. 黄藻门（Xanthophyta）

藻体为单细胞，群体多核管状或多细胞的丝状体。单细胞和群体中的个体细胞都由相等或不相等的"H"形的 2 节片套合组成，管状或丝状体的细胞壁由相等或不相等的"H"形的 2 节片套合组成。能游动的种类的细胞前端具 2 条不等长的鞭毛，长的一条向前，为茸鞭型，短的一条向后，为尾鞭型。

细胞的色素体 1 至多个，盘状或片状，少数为带状杯状、黄褐色或黄绿色，贮藏物质为油滴及白糖体。

无性生殖产生动孢子、似亲孢子或不动孢子，动孢子具2条不等长的鞭毛，丝状种类通常由丝体断裂而繁殖。

6．硅藻门（Bacillariophyta）

单细胞及群体，具有高度硅质化的细胞壁，壳体由上下两个半壳套合而成，套在上面的称上壳，下面称下壳，上壳的盖板叫盖板，下壳的称底板，缘板部分称壳环带，简称壳环。

硅藻的形态：中心纲有圆形、三角形、椭圆形、卵形、羽形等，羽纹纲有线形、披针形、菱形、舟形、新月形、S形、提琴形等。壳面有各种细微的花纹，壳面中部或偏一侧有一中轴区，包括中心区和中央节。壳缝两端的壳内壁增厚，形成"极节"，有的没有壳缝仅有较窄的中轴区，称为假壳缝，有些种类的壳缝是一条纵走或围绕壳缘的管沟，以极窄的裂缝与外界相通，以许多小孔与外相连称管壳缝。壳缝与原生质相连。

细胞色素体为黄褐色，色素主要有叶绿素a、叶绿素c，β胡萝卜素等，贮藏物质为脂肪小球体。繁殖方法是细胞分裂，产生复大孢子、小孢子和休眠孢子。

各种水体都能生长，是鱼类、贝类以及其他水生动物的主要饵料。

7．裸藻门（Euglenophyta）

大多数为单细胞，细胞裸露无壁，细胞质外层特化为表质，固定或变形，表质外面具线纹、点纹或光滑，有的具囊壳，囊壳外面呈点孔状、颗粒状、瘤状、刺状文饰，有的光滑。

细胞前端具囊形的食道，由胞口与外界相通，它的窄形颈部为胞咽，下方膨大部分为贮蓄泡，贮蓄泡周围贴靠着1或数个伸缩泡，无色素体的属中，食道附近，有"杆状器"。鞭毛为1或2或3条，色素与绿藻相似，色素体呈盘状、片状、星状，贮藏物质有副淀粉（paramylon）和脂肪。

繁殖为细胞纵裂，环境不良时形成孢囊（cyst），生于有机质丰富的水体，可形成"水华"。

8．绿藻门（Chlorophyta）

色素体与高等植物相似，含有叶绿素a和b，叶黄素和胡萝卜素。贮藏物质为淀粉，绿藻的贮藏细胞壁主要为纤维素，2条等长鞭毛或1条鞭毛。

藻体形态多样，有单细胞、群体、丝体分枝或不分枝等多样体型，具2条顶生等长鞭毛，少数4条、1条、6条、8条和多数。色素体1至多个，形态多样，有环状、片状、盘状、星状、带状等。

营养繁殖为细胞分裂、藻体断裂，无性生殖产生动孢子、不动孢子、似亲孢子、体眠孢子、厚壁孢子。有性生殖有同配、异配、卵配。

第二节 浮游植物悬浮机制

浮游的光合自养生物要维持不断的生长就必须能够在绝大部分时间内处于水体的真光带区域。Smayda认为，水的运动比之于细胞的形态和生理适应对浮游植物的悬浮更有重要意义。在无水流运动的情况下，绝大多数非游动的浮游植物将会下沉。自然水体浮游植物种群的典型下沉速度在0.1m/d到1~2m/d，因此对绝大多数非游动的浮游植物而言，问题不在于是否下沉，而是下沉得多快以及如何调节下沉速度。

生物的生理机能和本身的游动能力也是影响沉浮作用的因素。例如，蓝藻的"水华"按有无伪空胞而分成上浮型和下沉型。浮游动物也具有某种程度的自浮动能力，可在水中垂直移动。然而，这些浮游生物并不像非生物体那样具有不变的性质，而是随光、水温或其他外因作用的改变而发生生理上的变化。

一、浮游植物的下沉速率

当微粒的比重超过周围水体的比重时，发生沉降；反之，若小于周围水体的比重时，发生悬浮。沉降速度或悬浮速度还取决微粒的体积等因素。用斯托克斯（Stokes）式可表示球形沉降物的沉降（或浮起）速度 V。

$$V_s = 2gr^2(\rho' - \rho)9\eta$$

其中 g 是重力加速度（单位：ms^2），η 是流体粘滞系数（单位：$kg \cdot m^{-1} \cdot s^{-1}$），$\rho$ 是流体的密度，ρ' 是微粒的密度（单位：$kg\ m^{-3}$），r 表示微粒的半径（单位：m）。项值 $(\rho' - \rho)$ 意为超出的密度，当其值为负数时，颗粒 Φ 以 $-V_s$ 速度向上浮起。由上式可知，微粒直径及密度越小，则沉降或悬浮速度越慢。

在粘性流体中，控制惰性物体运动的力同样也决定了浮游细胞和群体的下沉或悬浮特性。

表7.2 群体大小对硅藻下沉行为的影响（源自 Smayda 1970）

Bacteriastrum hyalinum		*Skeletonema costatum*	
群体大小 (cells)	平均下沉速率 ($m \cdot d^{-1}$)	群体大小 (cells)	平均下沉速率 ($m \cdot d^{-1}$)
1~5	0.79	2~5	0.73
6~10	1.31	6~10	0.55
11~15	3.21	11~20	0.32
		20	0.13

对一些种类的研究表明，依照Stokes方程计算的浮游细胞或群落的下沉速率，与实际测得的下沉速率相差不大。普遍认为，Stokes方程用于预测浮游生物的下沉速率是可行的。利用这个方程时需考虑以下因素：第一，绝大多数藻类并非是圆球体，此时需

在方程中增添修正系数 Φr，$\Phi r = V_s/V'$　$V' = 2gr^2(\rho' - \rho)/(9n \cdot \Phi r)$；引起 Stokes 方程所预测的下沉速率偏差的第二个因素基于一个非常直观的观察。悬浮着的藻类种群通常是活的细胞，死细胞会迅速消失的，如被细菌分解或被以碎屑为食物的浮游动物所吞噬。但一些硅藻细胞死亡后往往不被菌或浮游动物所利用，而是自然下沉，众多的研究表明，这种死细胞的下沉速率比活细胞要快一些。因此，依据 Stokes 方程所计算的下降速率比活细胞的实际下降速率要大一些。

二、悬浮适应机制

依据 Stokes 方程，藻类对悬浮生活的适应有几个因素：即体型大小、密度和体型阻力（form-resistance）。一般而言，浮游藻类可通过以下途径来适应悬浮生活：

分泌粘液或制造胶状物质，以使个体减轻；

形成气囊状物质，如许多蓝藻细胞通过大量产生伪空胞（gas vesicle）以适应悬浮生活；

形成比重较小的代谢物质，如进行光合作用的细胞产生气体、脂肪或油珠等比重轻的物质；

增加身体之表面积以增加与水之摩擦抵抗力。如一些硅藻和甲藻的细胞表面有刺或突起，则其下沉时所受的阻力就会大许多倍；

水的粘滞性随温度而改变，对浮游植物的下沉同样起间接作用。从 0~25℃ 同一个个体下沉速度就快 1 倍。

大多数生活的原生质的成分密度都比水大，碳水化合物的密度约为 $1500 \text{ kg} \cdot \text{m}^{-3}$，蛋白质约为 $1300 \text{ kg} \cdot \text{m}^{-3}$，核酸约为 $1700 \text{ kg} \cdot \text{m}^{-3}$。在正常细胞中常见的许多浓缩的储存物质同样也相对稠密一些，特别是多聚磷酸盐的密度（约 $2500 \text{ kg} \cdot \text{m}^{-3}$），而硅藻壁中的乳白色二氧化硅的密度达到了 $2600 \text{ kg} \cdot \text{m}^{-3}$。只有脂类物质的密度小于水的密度（最轻的约为 $860 \text{ kg} \cdot \text{m}^{-3}$，Sargent 1976），但它们一般只占细胞干重的 10%。因此，浮游植物细胞通常比水重，且会在水中下沉。

概括而言，浮游藻类减小平均密度的机制包括：①储存相对较轻密度的脂类；②离子调节；③在蓝细菌中，分泌粘液质或产生伪空胞。

1. 脂肪的积累

脂肪和油通常占藻干重的 2%~20%，个别种类如葡萄藻（*Botryococcus*）能占到细胞干重的 40%。通常，聚集的脂类比水要轻，它们在细胞中的存在会相对减少过多的密度，海洋硅藻 *Coscinodiscus concinnus* 脂类含量的增加使细胞密度从 1190 减至 1150 $\text{kg} \cdot \text{m}^{-3}$（减少 3.5%）。若假设周围海水密度是 $1027 \text{ kg} \cdot \text{m}^{-3}$，脂类对藻密度的减少使得下沉速度减缓了 25%，但是这离充分克服下沉是远远不够的。在严重缺氮条件下，淡水藻类 *Botryococcus brunii* 通过积累脂类而漂浮，在其他一些藻类中，提高类胡萝卜素含量以增加浮力。

考虑到脂类往往在机体接近衰老时积聚，则脂类的积累是否用来积极地调整浮力，是值得怀疑的。

2. 离子调节

在不同离子的溶液中，藻类可通过选择性保留"轻"离子以调节浮力。海洋硅藻 *Ditylum brightwellii* 的细胞液密度是 1020 kg·m^{-3}（小于周围海水密度），其细胞液密度的下降主要由于其中的二价离子（如 Ca^{2+}，Mg^{2+}）被单价离子（如 Na^+，K^+）代替。在光－暗期交替的条件下，这种藻通过选择性积累 Na^+ 或 K^+ 离子，细胞液浓度的改变高达 ±15 kg·m^{-3}。这个区别不足以克服细胞上浮的阻力，但这个机制清楚地提供了一个调节下沉速率的方法。

离子调节减少浮力的效率依赖于藻细胞有一个相对大的液泡。在淡水（$\rho < 1002$ kg·m^{-3}）中，细胞液密度（最大 ±2 kg·m^{-3}）可调节范围极小，难以对整个细胞密度产生影响。

3. 伪空胞

伪空胞（gas vesicle）是蓝细菌所特有的调节细胞升浮的结构体。它包括大量中空的亚显微圆柱体（直径：70 nm）——气囊，其蛋白质壁可让气体全部通过，但疏水内面能阻止液体的进入，这样，在周围的压力下，气囊相聚一起，保持一定体积的代谢气体，浮力则由气囊体积而非填充的气体决定。

浮游蓝藻的浮沉行为与其细胞中的伪空胞数量明显相关。细胞所含有的伪空胞数越多，则升浮速度越快。以图7.1为例，天然 *Anabaena circinalis* 种群的升浮与其细胞中的伪空胞数成正比。除伪空胞外，细胞的密度变化还可能受其他因素调节，如积累的光合作用产物和储存物，在胞外产生大量的粘胶状物质等。在正常细胞中，伪空胞占细胞体积的 1%~2% 左右即可以支持浮悬。在某些群体微囊藻，如果其正常活力的细胞占总群体体积的比例下降，这些细胞中虽有足够多的伪空胞也难以支持整个群体的上浮。

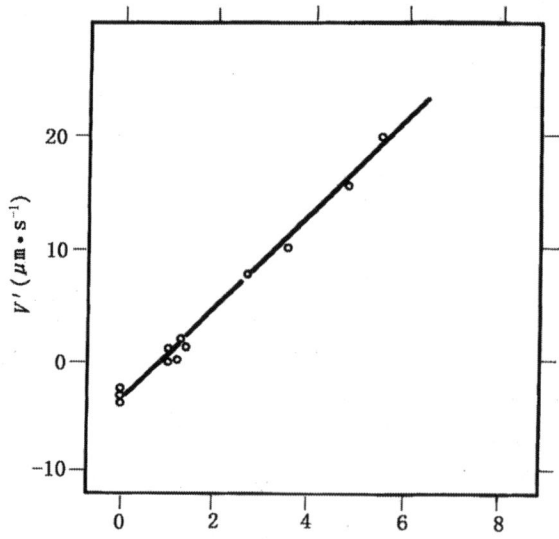

图7.1 鱼腥藻 *Anabaena circinalis* 沉浮速率与细胞相对伪空胞含量的关系（引自 Renolds 1984）

伪空胞不仅仅是一个浮力的辅助物。通过动态调节气囊数，藻能够控制它的浮力。单个气囊能抵抗 400～700 kPa 的外界压力（4～7 大气压；海藻 *Trichodesmium thiebautii* 能抵抗 35 个大气压），当超出"临界压"时，它们不可逆转地破裂。如光合作用合成的一些可溶性物质能将细胞内渗透压提升至 350～500 kPa，足以除去一些衰弱的气囊；同时，新气囊不断地组装，这种动态的破裂与组装提供了一个潜在的调节浮力的机制。在有利于快速光合作用的条件下，足够多的气囊破裂使得浮力下降，低光强时刚好相反。又如，细胞分裂将已存在的气囊分成相似的两份给子细胞，此时若气囊组装速度相对慢于细胞其他成分，伪空胞含量随细胞长大而渐渐稀释，这是伪空胞调节浮力的另一种替代机制。

以上介绍了浮游藻类减小平均密度的三种机制。另外，浮游藻类中有一类特有的飘浮种类，它们通过形成特有的外形结构，维持自身在表层水面上飘浮生活(图7.2)。

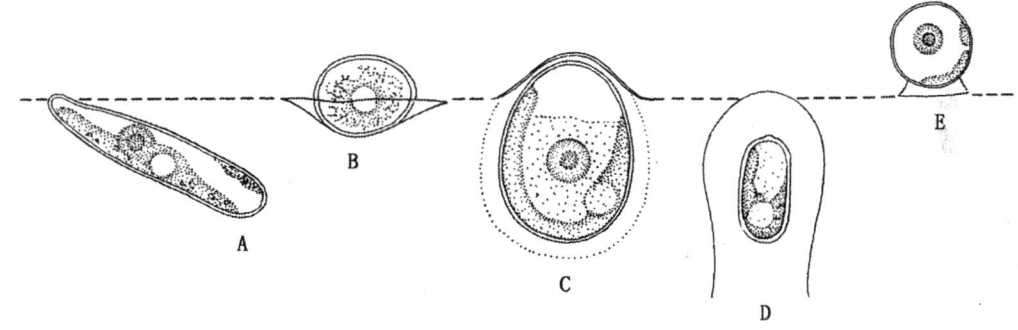

图7.2　几种适应飘浮生活的藻类形态
A. *Coleochlamys apoda*；B. *Nautococcus emersus*；C. *Krematochlamys conus*；
D. *Nautocapsa neustophila*；E. *Chromulina rosanoffii* （引自 Round 1981）

第三节　浮游植物的时空分布

欲了解浮游植物在淡水生态系统的生活及其功能，有必要对它们在水体中的时空分布及引起时空分布的原因加以研究。

浮游植物所栖息的环境是异质的，从时间上看，最显著变动的因子如温度、光照强度、水动力学特性、营养物可利用性等等，这些变动可在不同的时间水平上得以反映，小到以分、小时计，大到以月、年计。空间垂直的异质性也是较明显的，以温带深水湖泊为例，水柱温度分层过程既是水层物理性状分层的原因也是结果。每一水层有其特有的运动、温度、水密度和盐度。渗透压也随水层深度呈现梯度变化。所有以上这些因子促成了浮游植物具不连续性的垂直分布现象。浮游植物本身也会强化垂直分层，如藻体在表层吸收营养后，下降于底层并分解，则会引起表层营养的缺乏和深层营养的增加；悬浮藻体对光的吸收和散射，使光强随深度的增加而减弱的现象更显著。水平分布差异一般在水体处于相对静止和浮游植物的生活环境没有发生突变的情况下才能保持。

一、垂直分布

深水湖泊中，由于不同深度水层所接受的光照强度以及水体热力学状态的明显差异，导致浮游藻类有垂直分层现象。以水温为例，垂直分布随湖水深度的变化而不同。长江中下游的浅水湖，全年以正温层为主，冷空气侵袭时出现短暂的逆温现象，阴雨天则呈同温层分布，接近多循环型；内陆深水湖（如青海湖）夏季属正温层，春秋属于同温层，冬季冰层下呈逆温层，属双循环型；外流深水湖（以抚仙湖为例）春夏秋三季为正温层，夏季出现明显的温跃层，冬季近于同温层。

哈纳斯湖为新疆北部阿尔泰山脉深处的一个过水性湖泊，最大深度达188.5 m，为中国的第二深水湖。由1988年3、6号采样点浮游植物的垂直分布看，其数量、生物量均随水深的增加呈递减趋势。3号点进水口水深仅57m，上、下层变化较少，生物量的高峰出现在水深5m处。6、7号样点位于湖中部，水深分别为170m和180m，上、下层的变化较大。6号点的高峰出现在表层，而后明显下降，在20m处形成两个高峰，而后迅速下降；7号点的高峰出现在2m处，然后逐步下降，表层与底层相差10倍。种类的垂直分布也很明显，蓝、绿藻仅在中、上层水域中有分布，随水深的增加逐渐减少或没有。30m以深以硅藻为主，占各个点相应层的浮游植物生物量的66.3%～100%，隐藻门次之。这种分布特点与其特殊的生态环境有关，即入湖的冰雪融化的冷水团直接进入水的深层。

抚仙湖浮游植物垂直分布的季节变化也与湖水的热学特性有关。抚仙湖位于云南省中部，昆明市东南约60km，面积211km²，最大深度155m，为中国的第三深水湖。其浮游植物垂直分布的季节变化有如下特点：1月份，浮游植物的垂直分布上、下层较一致，这是由于湖水的垂直稳定度小，水体混合交换强烈，上下层水温较均匀，没有温跃层所致。4月份，由于湖水垂直稳定度渐增，水体混合交换减弱，上、下层水温和密度出现差异，温跃层也开始出现，但因强度较小，所以浮游植物较均匀地分布在40m以浅的水层中，而40m以深数量很少。7月份，湖水垂直稳定度大，则形成浮游植物上、下层分布的显著差异。浮游植物更集中于上层水中，而下层数量极少。10月份，由于温跃层的位置逐渐下降，浮游植物亦向下移动，因此下层数量开始增多。随着气温继续下降，至一月份温跃层消失，浮游植物的分布又恢复到上、下层较均匀的状态（表7.3）。

表7.3 抚仙湖浮游藻类数量($\times 10^4$ 个)垂直分布的季节变化（源自章宗涉 等 1995）

水深(m)	0.5	5.0	10	20	40	50	100	均值	数量最多层的种类
1月	8.13	6.3	9.48	11.37		12.66	5.98	8.99	14
4月	14.37	12.85		8.33	7.22	2.34	1.10	7.87	29
7月	2.99	18.37	13.71	15.16		1.32	0.91	8.58	15
10月	10.35	17.22	24.48	18.12		9.45	3.26	13.82	21

浮游硅藻一般呈下沉趋势。一些研究表明，当水体温度分层开始时，硅藻的沉降速

度加快。图7.3给出了星杆藻 Asterionella formosa 在一定时间内细胞垂直分布的变化。这一时间内,水体温度分层开始加剧,随后,湖上层混合程度增加,温度分层逐渐受到抑制。开始,在2.5 m的同温层中,每1m水层中细胞的浓度相似(5月5日)。从5月12日到5月19日,均匀同温层明显缩小,温度分层几乎直至水表层,星杆藻在上层水体中迅速消失。由图中硅藻向下移动的"边界"可以推算出星杆藻细胞的下沉速率至少在0.3~0.6 m/d。

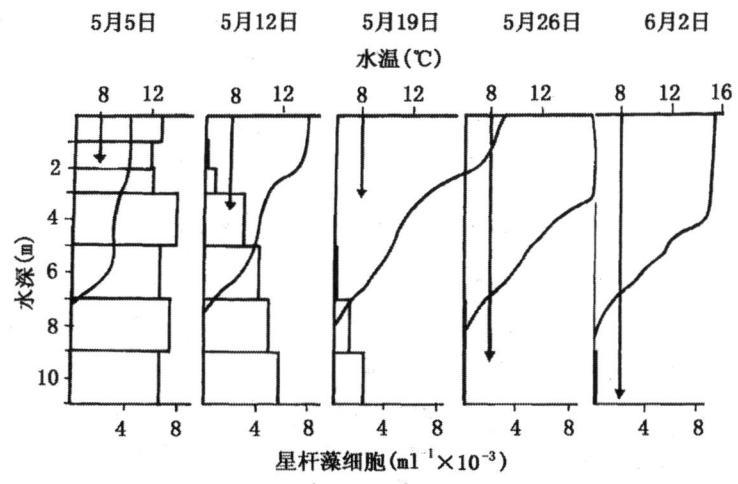

图7.3 Blelham湖围隔实验中 Asterionella formosa 细胞的垂直分布变化与温度梯度(曲线)和透明度(垂直箭头)的关系(引自 Renolds 1984)

二、水 平 分 布

一个湖泊浮游藻类水平分布的正常状态只有在湖水处于相对静止状态和浮游藻类的生活环境没有发生突然变化的情况下,才能保持。一旦有大的风浪、湖流或水位陡涨陡落等现象发生,浮游藻类水平分布的正常状态就会受到破坏。

在通常情况下,浮游藻类的水团分布是沿岸带>河口区>敞水带(湖心区)。沿岸带有来自地表径流的外源营养和明显的水体混合,是藻数量大的主要原因;河口区由于有来自湖水携带的外源营养的补充,营养较丰富,藻数量也较高;敞水带尽管湖底积聚着大量的营养物质,但由于较深或分层的缘故,藻数量也少(表7.4)。

表7.4 湖泊浮游藻类水平分布(源自章宗涉 等 1995)

湖 名	沿 岸 带		河口区(河道区)		湖 心 区		水深(m)
	($\times 10^4$/L)	(mg/L)	($\times 10^4$/L)	(mg/L)	($\times 10^4$/L)	(mg/L)	平均(最大)
吉力湖	385.1	5.625	296.9	3.376	160.6	2.143	9.5(14.7)
哈纳斯湖	70.8	0.361	62.0	0.376	32.9	0.164	120.1(177.5)
杭州西湖	729.7	—	471.3	—	325.7	—	
鄱阳湖	150.0	—	89.8	—	53.2	—	8.0(21.8)

另外，风对浮游植物的分布也有影响。如安徽省巢湖，据1987年安徽环保所调查资料分析，由于湖区盛行东南风，藻类随风被吹至湖区西北部，并使该沿岸带藻类数量在$(5000\sim10\ 000)\times10^4$细胞/L之间，在湖区即敞水区则为$(1200\sim2200)\times10^4$细胞/L，东南沿岸为$(124\sim650)\times10^4$细胞/L，河口区则为$(1100\sim2600)\times10^4$细胞/L。总体情况是北部沿岸带＞河口区＞敞水区＞东南部＞东南沿岸带。由此可见，不仅水体本身的营养状态，而且环境因子等均影响着浮游藻类水平分布。

第四节 浮游植物群落的季节演替

一、一般规律

浮游植物种类成分的季节性变化，可由两种机制或两种机制的复合作用所引起。它们分别称为演替（successional）和次序（sequential）变化。演替（succession）是一个特定水体内的物理（如光、温）、化学（营养物、水质、毒素）和生物（竞争、摄食）因素的改变所引致的种类变化，而次序（sequence）则是由水体类型的变动而引起的种类变化。一个典型的演替（succession），是固有种类（或本地种）的变化，而典型的次序（sequence）变化则是外来种群引入和繁殖所引起的。特殊情况下，外来种群可以完全替代原先的水体生物类群。这里将着重讨论演替变化。

温带地区许多湖泊浮游植物群落种类组成变动的周期是极其相似的。在冬季，尽管水体中营养物浓度升高，但由于低水温、低光照强度和短日照，浮游植物的生物量和生产力很低。构成冬季水体的优势种往往是几个门类的耐寒种。早春，虽然温度仍然低，但光的增强（高光强和长日照），促进了浮游植物的大量增殖（考虑在光限制条件下的光合作用不依赖温度）。随后，水温逐渐升高，水体分层（stratification）亦开始进行，藻类可以充分利用水体营养，此时由于生长缓慢的浮游动物的延迟出现，个体较小、易被吞食且生长迅速的种类便成了春季水华的优势种群。随着浮游动物摄食压力增大，水体中营养物缺乏，春季水华结束，标志着浮游植物生产力的夏季下降。无论是淡水还是海水环境，硅藻往往都是春季水华的优势种类，在温带湖泊中绿藻亦是大量发生的春季和夏季种类。在水体富营养化时，绿藻和蓝藻常相伴大量共存。夏季则是个体较大、不易被摄食的种类普遍发生。由于夏末水体分层结束后发生混匀，常在秋季出现较小的硅藻增殖。

浮游植物种群的季节演替，除了受上述的光、营养、温度和摄食压力这些因子影响外，还与其他一些因素有关。比如硅藻生物量的下降很可能与水体混匀层硅的再生速率低有关。而在营养物缺乏的水体分层时期，游动细胞则可能利用其游动能力主动寻找合适的位置而占优势。从代谢水平上看，夏季浮游生物量的下降部分地可认为是光合作用与呼吸作用比率的下降所致。因为，营养物缺乏降低了光合作用速率，而高温提高了呼吸速率，从而导致低的净生物量。

二、我国一些湖泊浮游植物群落的季节变化

我国湖泊资源丰富，类型多样。长江中下游地区，因其发达的自然经济和稠密的人口负荷，这一地区的湖泊生态学研究开展较早，尤其在浮游植物的种类组成和现存生物量测定方面，多年来积累了大量的第一手资料。但在群落的季节变化方面，仅有少数几个湖泊长期系统的观测结果：如中国科学院水生生物研究所东湖实验站对武汉东湖浮游植物群落的季节变化进行了近三十年观测记录（饶钦止和章宗涉 1980；刘建康 1990，1995）。

1. 几种常见类型的群落变化

浮游植物群落的种类组成及其变化，是湖泊中各种生态因子综合作用的动态反映。根据各门藻类的百分比在各季节的变动，反映种类组成的变化有如下几种类型：

（1）单一型　群落结构极其简单，全年由一门藻类占绝对优势（70%）。例如甘棠湖，藻类组成中，蓝藻数量每月所占比例都在藻类总量的85%以上，其余的为绿藻。具有类似变化的有南湖和高州水库(图7.4)。

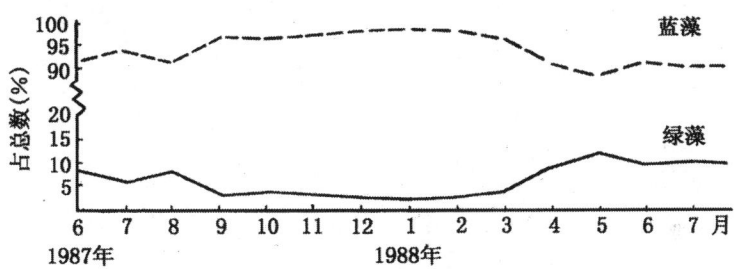

图7.4　甘棠湖藻类数量组成季节变化（源自章宗涉等 1995）

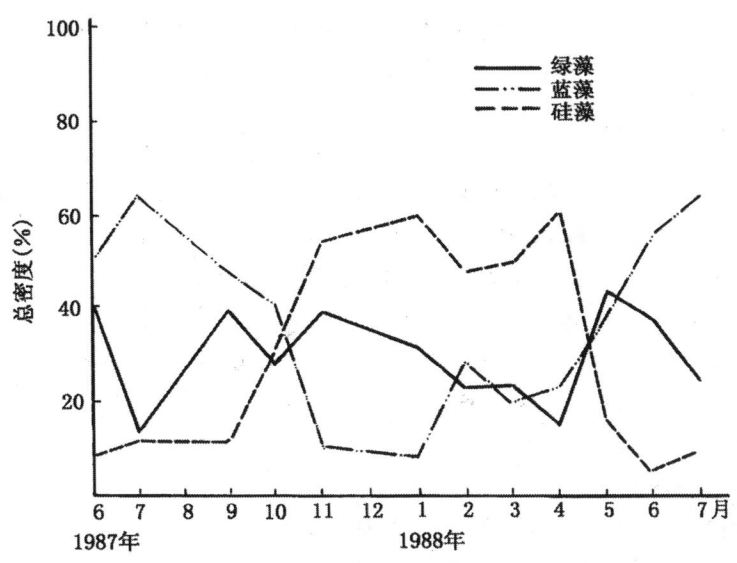

图7.5　墨水湖藻类百分组成的季节变化（源自章宗涉等 1995）

(2) 单季交替型　　这类群落结构简单，全年中大部分季节由某一门藻占绝对优势，但是在某一季节则其它门的藻百分比上升，成为优势，种类演替多在冬季或春季发生，例如麓湖、流花湖和玄武湖的种类演替情况。

(3) 双季交替型　　一年中在两个季节由不同藻类交替占优势。例如墨水湖，冬、春两季以硅藻为主，夏、秋生长季则是蓝藻占优势（图 7.5）。

在春末和秋末则是绿藻和蓝藻共存。藻类的百分比曲线则在此时相交，表明这类群落的种类更替一般是在春末夏初和秋末冬初之际发生。荔湾湖变化情况也相似。

(4) 多次交替型　　群落组成较复杂，一年中各门藻类的优势交替出现，季节更替明显，数量百分比组成曲线的峰此起彼伏（图 7.6）。例如固城湖的浮游植物群落，冬、春是硅藻和蓝藻占优势，到夏季以蓝-硅-绿-隐藻为主，秋季的优势则是绿-硅-蓝藻。此外淀山湖和洱海的浮游植物百分组成变化也是这样。

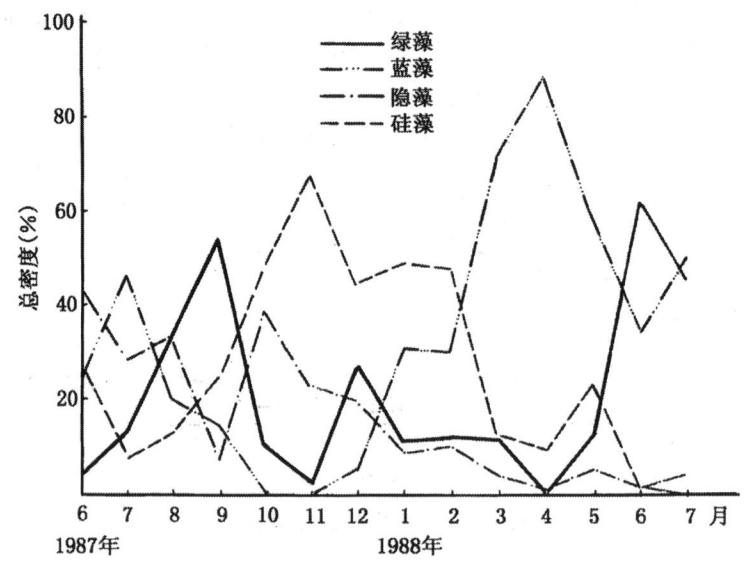

图 7.6　固城湖浮游植物百分组成的季节变化（源自章宗涉等 1995）

2. 东湖群落的季节演替研究

过去 30 年中东湖浮游植物群落的改变情况已有报道。以湖中心采样站（Ⅱ）为例，50 年代是平均每毫升几百个浮游植物（范围自 27～949 个/ml）；60 年代，平均数接近 1000 个（156～4662 个/ml）；70 年代，每年的平均数超过每毫升 1000 个，最大值是每毫升 35 000 个。要是以 1956～1975 年的平均值作为计算的基数，那么 1962～1963 年增长了 3.37 倍，1973～1975 年增长了 13.9 倍。如果以 1962～1963 年的平均值作为基数，那么 1973～1975 年增长了 4.1 倍。在水果湖湖湾（Ⅰ号采样站所在处）周围，藻类在 50 年代已较密集；Ⅰ站藻类总数总是多于Ⅱ站，在 70 年代，年平均值达 4000～9000 个/ml，也就是 60 年代的 4.4 倍。

藻类群落的组成（用各门的百分率来表示）也显示过去 20 年间的明显变化。在 1956～1957 年，甲藻的数量占第一位，硅藻次之，这两门藻类占藻类总数的 60%～70%，蓝藻和绿藻加在一起的数量比甲藻和硅藻的数量要少得多。60 年代以后，后面这两门藻类的数量增加到全部藻类总数量的 50%。蓝藻越来越突出，硅藻则已退居很次要的地位。

上述组成方面的变化是用藻类的个体数来计算的。如果用生物量来计算，那么蓝藻的百分率无疑将进一步增大，这是因为在 60 年代和 70 年代，蓝藻的大型种类如鱼腥藻（*Anabaena*）、束丝藻（*Aphanizomenon*）和微囊藻（*Microcystis*）等体积比其他藻类大得多的种类变得更为丰富了。

变化也发生在藻类数量的季节波动方面。在 50 年代，浮游藻类的总数量每年总是呈现两个高峰，一个在春季，一个在秋季，这在湖心站和湖湾站都如此，夏季的藻类数量一贯地较少。但是，在 60 年代和 70 年代，由于蓝藻和绿藻的数量大大增加，到了超过甲藻和硅藻在其生长旺季能达到的数量的程度，因而全部藻类数量的峰值就不再出现在春季与秋季而是发生在夏季。同时，蓝藻在一年内占优势的时间也愈来愈长了，有些年份不限于夏季，而是从 4~5 月份开始延伸到 10~11 月份。

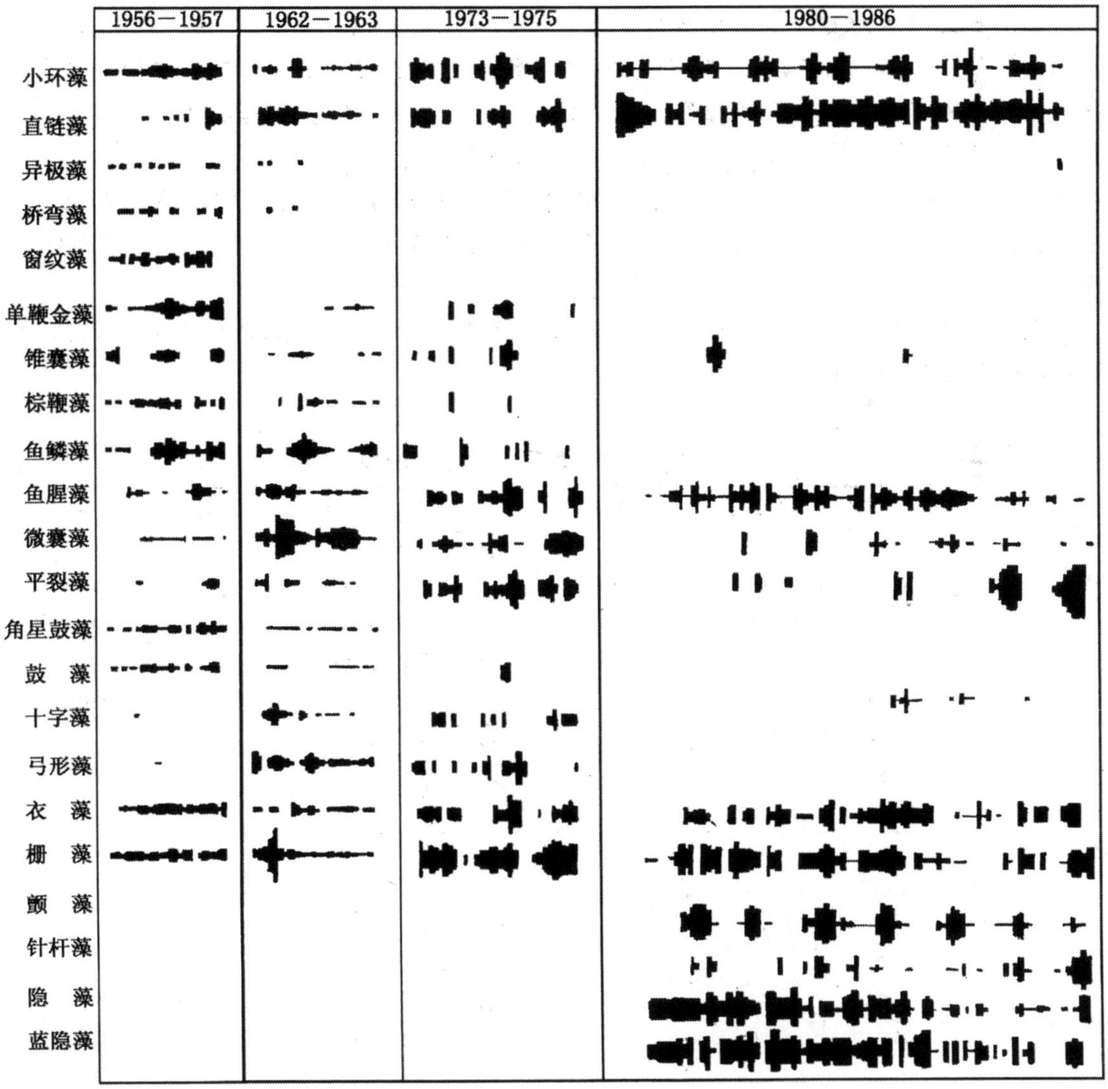

图7.7　30年来东湖主要浮游植物的数量（引自王建 1990）

藻类种类的演替也指出了变化的趋势(图7.7)。人们知道金藻对环境变化较敏感,喜水温低、透明度大、有机质含量低的环境。棕鞭藻(*Ochromonas*)、锥囊藻(*Dinobryon*)和单鞭金藻(*Chromulina*)50年代在定量样本中的出现率分别为47.9%、45.8%和72.9%,60年代降为29.1%、20.8%和25.0%,70年代降为5.6%、25.0%和19.4%。在硅藻中,窗纹藻(*Epithemia*)50年代在Ⅱ站的出现率为66.7%,但在60年代和70年代的定量样本中没有出现;其他硅藻如桥弯藻(*Cymbella*)和异极藻(*Gomphonema*)的出现率也大大降低甚至不再出现。颗粒直链藻(*Melosira granulata*)一般认为是富营养型湖泊的代表性种类。这种藻50年代的出现率仅29.1%,以后增到52.8%,甚至83.3%,成为硅藻中的优势种。在绿藻中,栅藻(*Scenedesmus*)、衣藻(*Chlamydomonas*)和纤维藻(*Ankistrodesmus*)的数量在60年代和70年代里增加了。弓形藻(*Schroederia setigera*)和十字藻(*Crucigenia* spp.)在50年代的出现率都只有2.1%,但在60年代分别增加到79.2%和85.4%;它们在70年代保持着优势种的地位。

硅藻的大多数种类被认为是贫营养型水体的代表(Brook 1965)。鼓藻(*Cosmarium*)和角星鼓藻(*Stauroastrum*)在50年代的出现率分别为45.8%和62.5%,但在60年代降到37.7%和50.0%,70年代降到5.6%和0。其他被认为是贫营养型水体的典型种类如凹顶鼓藻(*Euastrum*)、微星鼓藻(*Micrasterias*)和顶接鼓藻(*Spondylosium*)等,50年代中时有出现,在60年代和70年代已难以发现。在蓝藻中,螺旋鱼腥藻(*Anabaena spiroides*)、平裂藻(*Merismopedia minima*)和铜锈微囊藻(*Microcystis aeruginosa*)的出现率和多度都明显增加(饶钦止,章宗涉 1980)。

图7.7表示50年代至80年代东湖主要浮游植物的数量变化。80年代东湖浮游植物优势种类数量如表7.5。

表7.5 东湖浮游植物优势种类数量变动(个/ml)(源自王建 1990)

站 名	年 份	微囊藻	鱼腥藻	颤藻	小环藻	隐藻	平裂藻
Ⅰ	1979	58	135	150			
	1980	231	64	105	1893	694	49
	1981	27	84	112	1414	1528	51
	1982	21	130	289	5513	527	135
	1983	18	46	371	2524	413	36
	1984	10	103	42	1004	215	21
	1985	3.8	9	34	267	7.8	57
	1986	0.03	0.6	1	2719	407	545
Ⅱ	1979	46	218	145			
	1980	119	48	582	28	135	8
	1981	14	126	150			2
	1982	20	82	551	493	128	15
	1983	23	102	411	409	241	17
	1984	2	39	329	141	38.6	1
	1985	1.2	1.7	56	191	47	33
	1986	0.1	0.5	0.2	490	29	191

第五节 浮游植物群落及其生存对策

海水和淡水中都含有大量的浮游植物种类。海洋中种类主要是硅藻和甲藻类群，而淡水中没有那一类藻类特别占优势，总体上是硅藻、甲藻、绿藻、蓝藻、金藻和黄藻的混合体。定鞭藻门和 Prasinophyta 门的种类非常少见，而裸藻一般只在小型水体中占优势。

淡水中有两类明显的群丛：一类是寡营养水体中以金藻和鼓藻占优势的群丛，另一类是富营养水体中以硅藻和蓝藻占优势的群丛。Thunmark（1945）和 Nygard（1949）提出的基于浮游植物组成的湖泊分类的综合体系，以数量化的形式反映湖泊营养多寡的程度。其表示形式有：绿藻指数＝绿球藻目种数／鼓藻种数；蓝藻指数＝蓝藻种数／鼓藻种数；硅藻指数＝中心硅藻种数／羽纹硅藻种数；裸藻指数＝裸藻纲数目／（蓝藻纲＋绿藻纲）数目。可以综合指数（Compound Index，或称浮游植物商）表示如下：

$$\frac{(蓝藻纲 + 绿藻纲 + 中心硅藻 + 裸藻纲)数}{鼓藻数目}$$

对欧洲一些湖泊的研究中，常以综合指数评价一个湖泊的营养状态。一般将综合指数在1.0以下划为寡营养型水体，1.0~3.0之间为中营养，大于3.0是富营养。这种划分方法相对简易，应用时须考虑指数的计算依采样的方式和时间会有某些变化。

一、生长和生存策略

物种特定的生长率、形态特征、环境资源最优范围以及多年生活方式之间的相互关系，明显是向着藻类在进化上适应于浮游生存的趋势发展。例如，在一方面，有可能鉴别在一个极端物种具有高度的生长率和对获得环境资源作出快速反应，但不能够长时间维持最大种群密度；而在另一端，物种有着较低的生长率，较慢的反应能力以及具有忍受或者适应资源短缺的能力。前者可以认为是集群生长的、机会主义的、迅速生长的、或是 r 选择的物种，后者则是持续的、固有的、处于平衡的或是 K 选择的物种。

r 选择种类属速生种（opportunistic, weedy），是从波动环境中产生出来的。依靠它们生长快速的特点，能够利用环境中暂时却适宜的条件。在这种环境中，资源充足，种群密度低于负载能力，种类之间相互竞争弱。浮游植物属 r 选择的种类一般细胞小，最大生长速率高，往往是富营养型水域的特征表现。在温带水体中，它们于季节演替的早期（春季）出现。硅藻具有 r 选择种类的特征。

K 选择种类一般存在于相对稳定的环境。在这种环境中，资源的供应与对资源的需求是相当的（$S/D \to 1$），意味着种群密度接近负载能力，种间竞争较为剧烈。K 选择种类对资源利用效率高，繁殖率较低，但竞争力强。在浮游植物中，K 选择种类一般个体较大，具有较低的最高生长速率，通过表现对营养物的低 K_s 值和产生种间抑制物质而具备较强的竞争力。K 选择种类是寡营养型水体的特征表现，生产力低，往往出现在温带水体季节演替后期（晚夏）。甲藻表现了 K 选择种类所具备的特点。

二、藻类种群多样化——浮游生物的反论

竞争排斥是一个重要的生态学概念，它指出，在一个相对同质的环境中，如湖泊的表面、混匀层或海洋中，应该仅包含极少几种具有类似生态需求的种类。就浮游植物而言，它们都是光自养生物，具有类似的生态需求，按生态学竞争排斥原理，它们对水体资源、特别是对营养物的竞争，最终应仅剩下一个或几个最能有效地利用有限资源的种类。然而在同一水体中可以有10～50个浮游植物种类共存，这种现象，被 Hutchinson (1961) 称之为浮游生物的反论 (paradox of the plankton)。那么，这些不同的藻类为何能以非常相似的方式利用同一水体呢？

有几种可能的解释。

(1) 不同藻类具有各自的营养物需求特征，因而不同藻类被不同的营养物所限制，这样就避免了直接竞争，使许多种类共存于同一水体成为可能。

(2) 浮游动物的摄食活动亦可能增加浮游植物共存的机会。摄食降低了藻细胞的总生物量，从而减缓了对营养物资源的需求强度，进而缓和了种类间竞争营养物的程度。再如不同的浮游动物摄食有种类和大小的选择性，通过对优势种类（如小型藻类）的摄食，可利于大多数相对处于劣势的种群的生存。当然如果摄食强度过大，或当优势种群是丝状不可食种类时，即便中等程度的摄食亦会降低种类丰度。

(3) 湖泊混合层和海洋并不像一般所认为的那样是均质的。在无风温和的气候条件下，光、营养、温度的垂直梯度分布提供了空间上的异质化，使得不同种类得以在各自的最适区域生长、繁殖，从而使竞争降到最小。另外，藻类在生理功能上的昼夜节律也为资源的利用提出了暂时的异质化条件。

图7.8 以二种藻类对限制性营养梯度的反应，说明藻类是如何避免营养物的直接竞争。

在静态批量培养条件下，两种浮游藻类：美丽星杆藻 Asterionella formosa 和小环藻 Cyclotella meneghiniana 在饱和营养下有相似的生长速率。在磷限制生长时，星杆藻半饱和常数远比小环藻低，K_s 分别为 $0.02 \sim 0.04 \mu mol/L$ 和 $0.25 \mu mol/L$；而在硅限制生长时，星杆藻与小环藻相比较则有很高的半饱和常数，分别为 $3.9 \mu mol/L$ 和 $1.4 \mu mol/L$。如将两种藻混合培养，可以预料，磷限制时星杆藻的生长将会占优势；而硅酸限制时以小环藻为主。但当两种元素同时处于限制状态之时，两元素的分子比值则变成关键：硅与磷吸收的半饱和常数之比值，在星杆藻为 97 至 195 之间；而小环藻仅为 5.6。这样，星杆藻在高 Si/P 比时占优势，小环藻在低的 Si/P 比时占优势。在这两者比值之间的浓度梯度下二种藻能够共存：此时，星杆藻的生长受硅限制，小环藻的生长则为磷所限制。利用这一模式说明密歇根湖中这两个种随 Si/P 梯度变化的相对丰度时，此模式与野外实际观测值吻合率可达到 70% (Tilman 1977)。

这一由 Tilman 基于资源竞争的理论模式，指出了有不同营养要求的种之间的竞争和共存的一般规律；为浮游植物生态学引进了一个新的概念：即在影响浮游植物群丛的种类组成、演替及时间的变化相上，沿着资源比梯度的种间竞争起着主导的作用。这一模式还适用于解释具有相同的限制因子或限制量相同的几个种之间共存现象。

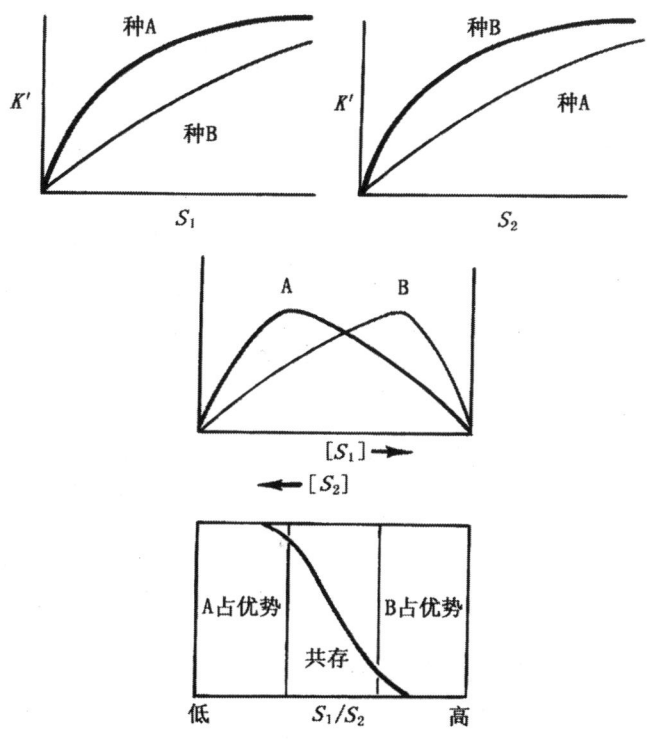

图7.8 Tilman 的资源竞争理论图示

上图：表示藻类的生长率（K'）随着营养盐（S_1 和 S_2）浓度的变化而变化；中图：A，B 两个种共培养于 S_1 或 S_2 营养限制条件下，S_1 浓度低时，A 占优势；S_2 浓度低时，B 占优势。下图：当两个元素同时是限制时，S_1/S_2 之比成为关键因素，在低比例时 A 占优势，而高比例时，B 占优势（引自 Renolds 1984）

总之，浮游植物种群多样性可用不同机制解释，这些机制亦可能是同时起作用的。以上的解释还需更多的实验来确证。

第六节 浮游植物个体生理生态研究的几个问题

浮游植物之能够成功地适应它们所栖息的生长环境，可以看成它们所具有的独特的遗传程序允许它们：①在特殊环境中执行其基本的生理需求以供生长和繁衍；②在栖息环境中与其他生物成功地相互作用；③在环境条件不利时以停止生长的方式存活下来。藻类生态学家只有了解浮游植物的这些需求、相互作用以及适应方式，才可能从时间和空间上解释和预测这些生物的存在及其生态学意义，并结合水生态系统其他功能成分的动力学资料，对生态系统的结构和功能获得广泛深刻的认识。

以下讨论藻类生理生态学研究中的几个基本概念及其概念性的方法。

一、限制因子

当浮游植物的生长受它所需要的存在量最低的物质所限制时，这种物质就成为植物生长的限制因子。限制因子的水平增加，藻的数量会以较快的速率增加，直到一些其他的必需资源的水平限制生长速率。在稳态条件下，限制因子的概念最为适用（Odum 1971）。

最初由李比希（Liebig）提出的限制因子概念仅适用于化学营养缺乏（"最低因子定律"）。其他人扩展这一概念至包括物理参量如光强和温度。另一方面，环境参量在过量（如高温，高 NH_4^+ 浓度）时，也如缺乏时一样会限制生长。最大和最小的忍耐水平被定义为生物体对任何环境因子的忍耐极限（tolerance limit）。如果其他生物体产生了足够剂量或浓度的有毒物质而抑制了一种藻的生长，亦可视其为限制因子。这里，需要区分限制现存量和限制生长速率两者之间的差异。比如，浮游动物虽降低了藻类的现存量，但它们常常提高营养物质循环的速率，因而当营养水平限制时，也会刺激存活藻类的生长速率。

不同种（或生态型）的限制因子并不一定是相同的。即使对同一个种而言，某一条件在不同水平上的限制有时也是不同的：一种因子可能会限制生长速率、也可能是阻止生长抑或是威胁生存；某种因子也许仅限制有性繁殖，而不限制生长和无性繁殖。

理论上，人们似乎可通过确定最适生长条件和藻类对环境参量的忍耐极限来解释和预测一种藻在自然界中的演替。但实际上，要做到这一点几乎是不可能的。因为，许多重要的生物和非生物因子至今还无法确定。并且，一个参量的最适条件或忍耐极限常会随另一个参量的变动而发生改变。在一给定的生态系统中，一种藻若要成功生存，就必须有足够的变通性，能在它的需求和可获得的环境（生物和非生物）资源之间进行妥协。因此，在自然状况下，生长在次适条件下藻的行为比生长在最适条件下藻的行为更具生态学意义。

上述讨论主要限于藻类生理生态学范围。另外，繁殖周期（有性的、无性的）的形态学特点和生殖循环对于一种藻在其生境中的生存也是非常重要的。不利条件下藻类的长期生存通常依赖于产生数种类型具抗性的休眠孢子。很明显，当生态学家们试图确定和描述与一种藻在任一空间和时间点演替有关的因子时，将面对一系列极为复杂的相互关系。生理生态学限制因子的概念有助于我们从复杂的相互关系中"分离"出单个的参量进行研究。

二、现存量与周转速率

任一时刻现有物质的量（现存量）与其更新速率是两个不同的概念。生态系统中某种成分的重要性并非总是仅由其现存量所决定。实际研究中现存量常常比周转速率更易测量，但对系统的全面理解则必需考虑到某一参数的周转速率。特别是在研究微生物时，这一概念尤显重要。因为当细胞或生物体体积变小时，每单位生物量的代谢活力上升，微生物对群落过程的贡献较之其生物量所显示的要多。因此，在一个池塘中细菌可能只占群落总生物量的一小部分而其呼吸却占群落总呼吸的一大部分。当把营养作为限制因子考虑时，其周转速率尤为重要。即使限制营养的吸收速率依赖于营养的现存量，但这一现存量的水平亦受制于①通过矿化和其他过程供应营养的速率；②整个群落同化速率。

三、描述性和实验性研究

藻类个体生态学的研究方法可分为描述性和实验性研究。前者常应用于自然系统，按其自然状态下的存在去描述系统的现有状态和动力学特点。如藻类的形态特点和有性生活周期的特征往往是由描述性研究推导出的。在生物个体水平上，藻种的演替是由这种藻的现存状态与各种最普通的环境参量（包括其他生物可能有的影响）之间的相互关系所决定的。

利用实验室培养物或自然系统进行的实验性研究，常用于验证描述性研究中提出的假说。实验操作应涉及疑其存在的限制因子，包括生物参量（如藻细胞的数量或浮游动物捕食者的丰度），以及物理和化学的环境参量（如温度、光强或营养浓度）。这些因子变化所引致的效应，通过现存状态和（或）动力学两方面得到较真实的反映。因此，实验性方法为认识各种因子（物理的、化学的和生物的）对藻类在自然系统中生长演替的作用提供了更为直接的证据。实验系统和实验操作所模仿的自然系统越近似，其结果就越有意义。

描述性和实验性的方法对全面地理解藻类生态学均很重要。这两种方法中主要从认识限制因子的角度设计研究思路，解释所得结果。在描述性研究中，利用空间或时间上自然发生的环境参量的梯度，通过回归分析鉴定出与藻类生长具高度相关性的参量，以推论出限制因子；在实验性研究中，则由研究者设计参量梯度，如对某一特定的环境参量作一微小的调整而导致藻生长的显著变化，这个参量就被认为是限制性的。实验性系统的优点在于，实验者可以在一段时间里选定操纵某一因子研究；而对自然系统的描述性研究中，几种参量可能会同时变化，很难描述任何特定环境因子的作用。

思 考 题

1. 浮游植物主要通过哪几种方式适应浮游生活？其适应机制是什么？
2. 试述浮游植物群落季节演替的一般规律。
3. 研究浮游藻类生理生态的目的是什么？在设计实验时应考虑那些因素？
4. 浮游藻类的主要门类及其分门依据。

主要参考文献

[1] 金相灿等著.中国湖泊环境第一册.北京:海洋出版社,1995
[2] 刘建康主编.东湖生态学研究(一).北京:科学出版社,1990
[3] 刘建康主编.东湖生态学研究(二).北京:科学出版社,1995
[4] 饶钦止,章宗涉.武汉东湖浮游植物的演变(1956~1975)和富营养化问题.水生生物学集刊,1980(7):1~17
[5] 章宗涉,黄祥飞编著.淡水浮游生物研究方法.北京:科学出版社,1991
[6] 中国科学院南京地理与湖泊研究所编.中国湖泊概论.北京:科学出版社,1989
[7] Darley W. Marshall. Algal Biology: a physiological approach. London: Blackwell Scientific Publications,1982

[8] Harris G P. Phytoplankton Ecology. New York: Chapman and Hall, 1986

[9] Hutchinson G E. A Treatise on Limnology, Vol 2. Introduction to Lake Biology and the Limnoplankton. New York: Wiley, 1967

[10] Lee R E. Phycology(2nd Edition). Cambridge: Cambridge University Press, 1989

[11] Reynolds C S. The ecology of freshwater phytoplankton. Cambridge: Cambridge University Press, 1984

[12] Reynolds C S. Vegetation processes in the pelagic: A model for ecosystem theory. Ecology Institute, D-21385 Oldendorf/Luhe, Germany, 1997

[13] Round F E. The Ecology of Algae. Cambridge: Cambridge University Press, 1981

[14] Smayda T J. The suspension and sinking of phytoplankton in the sea. Annual Review of Oceanography and Marine Biology. 1970(8):353~414

[15] Tilman D. Resource competition between planktonic algae: an experimental and theoretical approach. Ecology, 1977(58):338~348

第八章 浮游动物

第一节 原生动物
 一、形态特征和分类
 二、营养和生殖方式
 三、生态分布
第二节 轮虫
 一、形态特征和分类
 二、食性和生长发育
  （一）食性
  （二）生长与发育
 三、生态分布
第三节 枝角类
 一、形态特征和分类

二、食性与生长发育
 （一）食性
 （二）生长发育
三、生态与分布
第四节 桡足类
 一、形态特征和分类
  （一）体节
  （二）附肢
 二、食性与生长发育
  （一）食性
  （二）生长和发育
 三、生态与分布

  浮游动物（zooplankton）是指悬浮于水中的水生动物。它们或者完全没有游泳能力，或者游泳能力微弱，不能作远距离的移动，也不足以抵拒水的流动力。它们的身体一般都很微小，要借助显微镜才能观察到，浮游动物是生态学名词而不是分类学名词。

  浮游动物的种类组成极为复杂，包括无椎脊动物的大部分门类——从最低等的原生动物到较高等的尾索动物，差不多每一类都有永久性浮游动物代表。同时，还包括许多无脊椎动物（特别是底栖动物）的幼虫，致使浮游动物的种类组成更加复杂化。不过在养殖业和生态系统结构、功能和生物生产力研究中占有重要地位的一般有原生动物、轮虫、枝角类和桡足类四大类。

第一节　原生动物（Protozoa）

  原生动物形成一门科学是由1675年吕文虎克（Leeuwenhoek）观察钟虫（*Vorticella*），并逐步发展起来的。原生动物对科学家来说是一类很有兴趣的动物。首先它的一切功能在一个细胞内完成，所以是一个很有利的观察对象。原生动物细胞学、解剖学、生理学、分类学研究得较充分，但原生动物生态相对来说是一个薄弱的环节。原生动物生活的环境极为多种多样。在淡水环境中，只要有水，便有它们的存在。

  浮游动物的早期研究多集中于甲壳动物和轮虫，对原生动物涉及较少，主要是因为人们普遍认为枝角类、桡足类，轮虫的丰度、生物量、在食物网中的地位和作用方面的重要性比原生动物来得大。可是20年来的大量研究表明，原生动物在很多湖泊中占优势，特别是纤毛虫的丰度和生物量都随水体营养程度的增加而增加。因此，如果要全面了解湖泊的能流模式、食物网结构，就必须把原生动物包括在浮游动物之中。

一、形态特征和分类

原生动物是由单细胞构成的微小动物,有些种类形成群体,但除了某些生殖个体外,群体中所有的单个虫体都是独立生活的,并且在形态和功能上都是相同的。原生动物虽没有后生动物的器官,但是它们细胞内有了形态上的分化,而形成能执行各种功能的各个部分,特称为"胞器"或"类器官"(organella)。胞器的形状和机能各有不同,如用以运动的胞器有各种鞭毛、伪足、纤毛;用以营养的胞器有胞口、胞咽和食物泡;用以排泄废物或调节渗透压的胞器有伸缩泡等(图8.1)。由此可见,单细胞的原生动物在功能上和多细胞的后生动物体内的一个细胞不同,而和高等动物的整个个体相同。

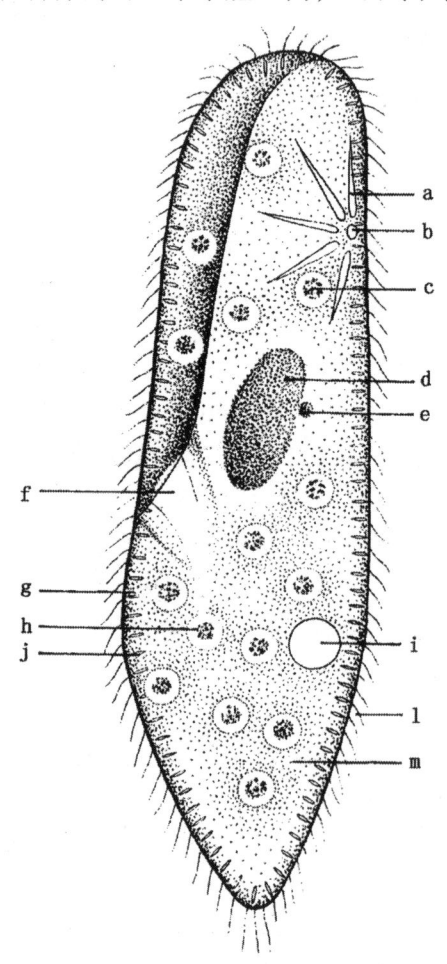

图8.1 草履虫(*Paramecium*)的构造
a.收集管;b.伸缩泡;c.食物泡;d.大核;e.小核;f.胞口;g.外质;h.食物泡;i.空泡;j.刺丝泡;l.纤毛;m.内质

到目前为止,原生动物的分类各家说法不一,有的把原生动物提高为亚界。根据Honigberg等1964提出的分类主张,淡水自由生活的原生动物属于两个亚门,两个总纲和 7 个纲。

原生动物门分纲检索表

1（8）营养期间以伪足或鞭毛为行动工具 ·················· 肉鞭亚门（Sarcomastigophora）

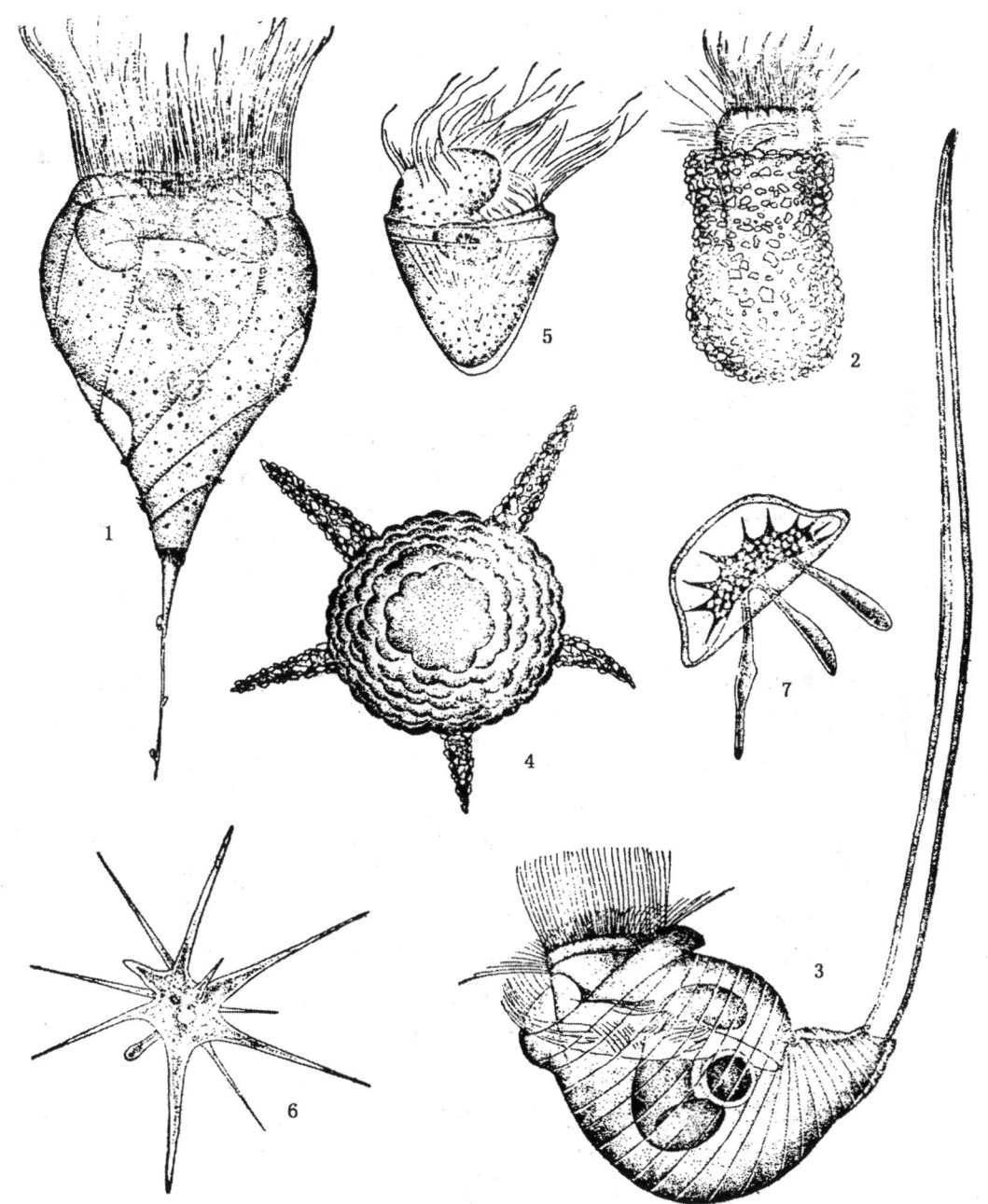

图 8.2　原生动物代表种类

1. 旋回侠盗虫（*Strobilidium gyrans*）；2. 中华似铃壳虫（*Tintinnopsis sinensis*）；3. 自由钟形虫（*Vorticella mayeri*）；4. 冠冕砂壳虫（*Difflugia corona*）；5. 锥形急游虫（*Strombidium conicum*）；6. 辐射变形虫（*Amoeba radiosa*）；7. 简单表壳虫（*Arcella vulgaris*）

2（5）营养期间以鞭毛为行动工具 …………………………………… 鞭毛总纲（Mastigophora）
3（4）有绿的色素体，但也有无色的 ………………………………… 植鞭纲（Phytomastigophora）
4（3）没有绿的色素体，无例外 ……………………………………… 动鞭纲（Zoomastigophora）
5（2）营养期间以伪足为行动工具 …………………………………… 肉足总纲（Sarcodina）
6（7）伪足叶状、指状或丝状，无轴丝 …………………………… 根足纲（Rhizopoda）
7（6）伪呈辐射形，有轴丝 ………………………………………… 辐足纲（Actinopoda）
8（1）营养期间以纤毛为行动工具 …………………………………… 纤毛亚门（Cilophora）
9（10）胞口位于前端或亚前端，无口旁纤毛膜………………… 动基片纲（Kinetofragminophora）
10（9）胞口位于腹面，有口旁纤毛膜。
11（12）小膜口缘区是向左（反时针）旋转 ……………………… 寡膜纲（Oligohymenophora）
12（11）小膜口缘区是向右（顺时针）旋转 ……………………… 多膜纲（Polyhymenophora）

所有的原生动物是单细胞的有机体，以伪足、纤毛为主要行动胞器，并以此为重要分类根据。原生质的物理性质研究得十分清楚，它基本上是由水组成并溶有多种有机和无机物质，是一个复杂的胶体。典型原生动物的原生质是透明的、无色的，但有许多原生动物由于摄食许多食物而呈多种不同的颜色。原生动物最小的仅为 $5\mu m$，最大的有 5mm，但大多数在 $30\sim300\mu m$ 之间，有各种不同的体型，但大多数是球形、卵圆形或有些扁平。目前全世界已发现并描述的原生动物已超过 3 万多种，其中自由生活的约 7000 种，常见的 $300\sim500$ 种(图 8.2)。

二、营养和生殖方式

原生动物主要进行动物性营养，即以固态食物为食，其食物包括细菌、藻类、其他动物和碎屑等。肉足虫纲的种类没有专门的胞口，体表的任何部分都可以起到口的作用。当伪足遇到食物时，即用身体把它包围起来分泌消化酶加以消化、摄食。原生动物在食物网中的作用之一是将超微生物转化成为较大个体，以利于高营养等级的生物利用(Carrick et al. 1991)。自由生活的纤毛虫多是食菌性，异养鞭毛虫也是大量摄食细菌，有些只能利用少数几种细菌，有些则没有专一性。食物颗粒很小时，纤毛虫的滤食效率最高，如以 $0.2\sim1\mu m$ 极小颗粒为食的小型纤毛虫(如膜袋虫)所需的食物浓度高达 $5\times10^{6\sim8}$ cells/ml。在富营养型湖泊由于营养物质周转速度较快，细菌的繁殖速度亦快故能提供原生动物足够的食物。沈韫芬(1965)在研究东湖原生动物种群动态时早就指出，爪形膜袋虫(*Cyclidium citrullus*)冬季小高峰的形成主要是由于细菌数量急剧增加而引起的。

原生动物在营养再生和能流中亦有重要作用。浮游植物长期以来被认为是磷的主要同化者和分泌者，可是近来研究表明，湖水中磷的动态主要受细菌，原生动物摄食和溶解有机化合物间相互依赖的影响(Hamilton et al. 1987)。原生动物对磷的再生作用主要是通过分泌有机磷及摄食细菌来提高磷的转化速率(Fenchel 1987)。在有原生动物摄食的系统中，细菌对磷的吸收与分泌增加，生长加快。

原生动物的生殖方式可以分为有性和无性二种，无性生殖是简单的细胞分裂，即细胞质和细胞核一分为二(图 8.3)。当环境良好时，原生动物就连续进行无性生殖，个体数量呈几何级增加。有性生殖严格说来，不是专门的繁殖方法，而是细胞核的更新现

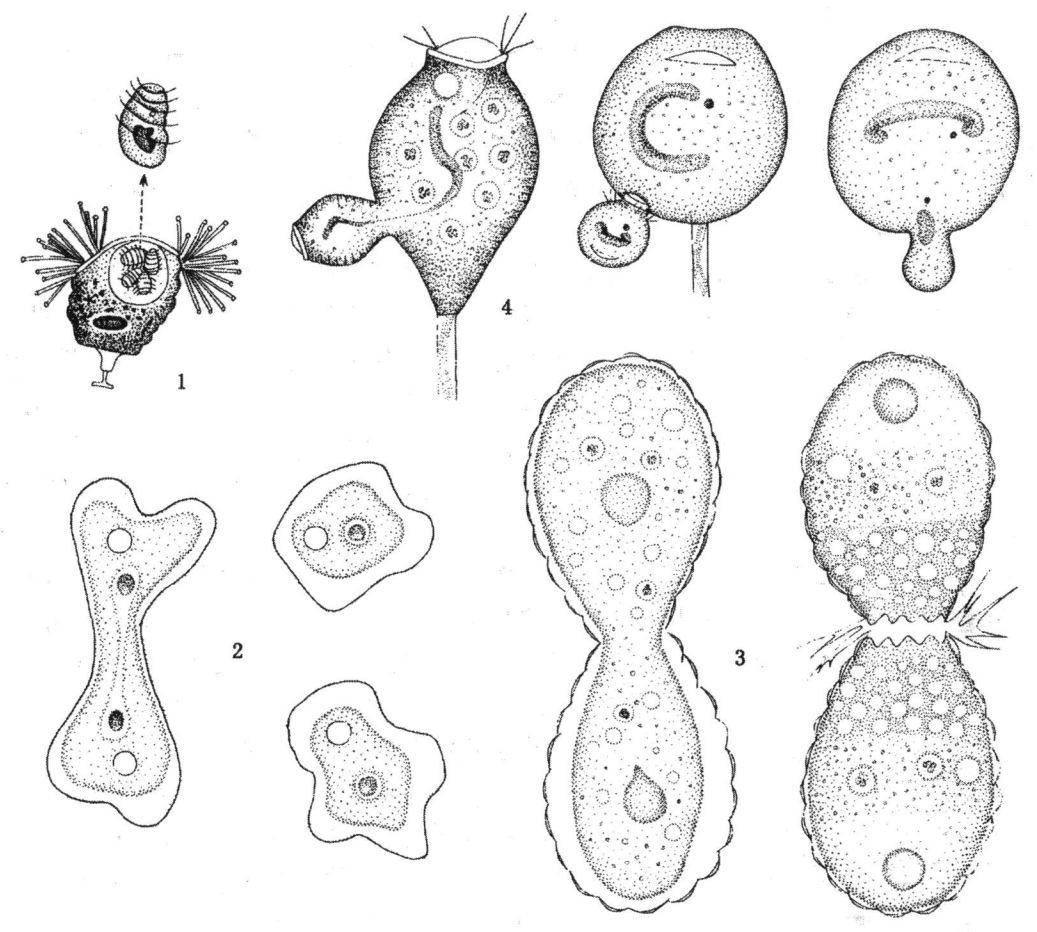

图8.3 原生动物的生殖
1. 结节壳吸管虫（*Acineta tuberosa*）的内出芽；2. 变形虫（*Amoeba*）的细胞分裂；
3. 鳞壳虫（*Euglypha*）的细胞分裂；4. 小口钟虫（*Vorticella microstoma*）的接合生殖

象。有性生殖往往出现在环境条件较差，或种群连续进行较长时间的无性生殖，种群比较衰老，需要交替有性生殖以增加其活力。草履虫的接合生殖（conjugation），其特点是细胞质暂时性融合，但有核的交换和融合。吸管虫中的无性生殖是出芽生殖或是简单地从母体产生一个芽胚，或是从母体中产生很多芽胚。

原生动物在一定的条件下，分泌胶质以包围身体，形成包囊以渡过不良环境。

三、生 态 分 布

原生动物由于体形小，其孢囊又能抵抗干燥，所以极易为鸟类、昆虫和其他动物所携带以及受风的作用而到处传播；又由于生活周期很短，即使在仅存留几天的雨后积水坑塘、水洼等间歇性水体中也能繁殖后代。所以凡有水的地方就有原生动物存在。因此，许多原生动物种类的分布是世界性的。

各类内陆水体中浮游性原生动物的数量在每升为几百个到几万个之间，一般为几千个，夏、秋季原生动物种类、数量通常比冬、春季高。据沈韫芬（1965）报道，武汉东湖敞水区春季出现的原生动物 43 种，夏季 51 种，秋季 44 种，冬季 30 种。就数量来说，夏、秋季原生动物的数量占全年原生动物总数的 80% 以上。黄祥飞等（1990）统计了东湖 1979～1985 年东湖浮游动物之间数量和生物量的动态变化，结果表明为以数量表示，原生动物占浮游动物总数的 80% 以上，浮游动物总数的季节增减取决于原生动物数量的增减。

影响原生物的生态分布的因素通常并不是单一的，而是多因素结合的结果。由于原生动物对众多环境因子，如温度、光照、营养盐类等选择性和适应性的不同，因此在不同的生境中存在不同的原生动物。专性浮游性原生动物多出现在敞水区；而兼性原生动物或周丛生物则生活和分布于浅水区和具植被的沿岸带；耐污性种类多分布于有机质丰富的水域，清水性种类则栖息于溶氧丰富、有机物浓度比较低的洁净水体中。因此调查水体中原生动物种类组成和数量动态，既可了解水体生物生产力高低；又可能指示水体营养状况和受污染程度（沈韫芬 1995）。

原生动物生态分布亦受种间关系的相互作用，由于水体中各种生物存在相互依存、相互制约的复杂关系，导致原生动物种类和数量的变动，这在武汉东湖显得十分明显。90 年代以来，随着水体富营养化加剧和渔产量的持续上升，特别是以浮游生物为食的鲢、鳙大量的滤食导致东湖大型浮游动物（主要是溞）急剧减少，小型浮游动物（主要是原生动物）数量直线上升。原生动物的数量由 60 年代的每升不足 5000 个，至 80 年代上升为 10 000 个左右，90 年代又增加至 10 万个左右，有时甚至高达 50 万个以上。

第二节 轮 虫

轮虫是最小的多细胞动物，早在 1703 年，吕文虎克首先对它进行了研究，但当时把它归属于原生动物。林奈（Linnaeus）于 1758 年描述了 3 种轮虫，可惜并未进行系统的分类。居维叶 Cuvier（1798）把轮虫称作为浸液虫纲（Infusoires）隶属于植形动物界（Zoophytes）并首次把这类动物命名为轮虫（Rotifera）。爱伦堡（Ehrenberg）对轮虫进行了深入的观察和详尽的了解，于 1832 年创用 Rotatoria 一词，可见，根据命名法优先法原则，Rotifera 一词应为轮虫的正名，而 Rotatoria 则是它的同义词。

由于轮虫形态特殊，使它在动物界的位置和与其他无脊椎动物的关系方面一直存在争

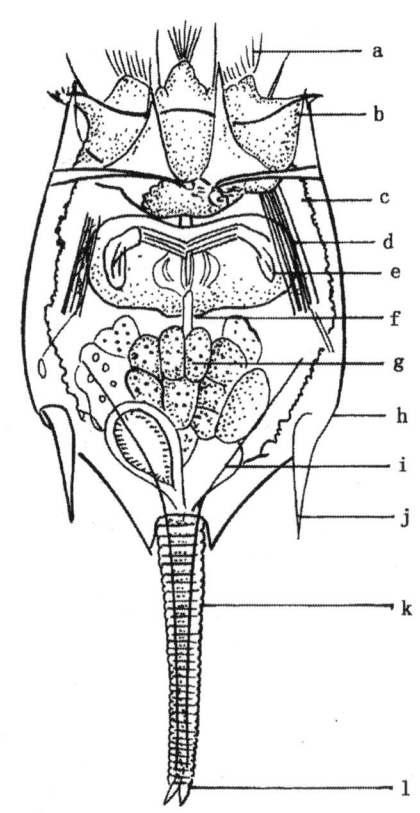

图 8.4 轮虫雌体模式图（仿王家楫 1961）
a. 头冠纤毛；b. 前棘刺；c. 原肾管；d. 肌肉；
e. 咀嚼器；f. 食道；g. 胃；h. 被甲；i. 伸缩泡；
j. 后棘刺；k. 足；l. 趾

论。过去轮虫一般隶属于线形动物门（Nemathelminthes）中的一个纲。但近代不少动物系统分类学家仔细分析了轮虫的胚胎发生全过程和超微结构后认为把轮虫独立提升为一门更为合适。

目前全世界已被描述的轮虫种类达 2000 种以上，我国已报道的轮虫亦已超过 400 种，在已报道的轮虫中，95% 为淡水种类，其中 75% 的种类营附着生活且大多分布于沿岸带，真正营浮游生活的种类仅有 100 种左右（图 8.4）。

轮虫在淡水水体生态系统结构功能、能量传递及物质转换上具有重要意义。它能摄食一些微小而不能被鱼类直接利用的细菌和碎屑，进而其本身又被鱼类消化利用。轮虫的繁殖速度迅速、周转快，在生态系统的能量传递中具有重要意义。在养殖业生产的育苗过程中，当鱼、贝、虾、蟹苗刚被孵出、卵囊已被消耗殆尽，此时还不能消化个体较大的外源性食物时，轮虫成为幼苗阶段的良好开口饵料，特别是轮虫富含鱼、贝、虾、蟹苗所必需的氨基酸和不饱和脂肪酸，在渔业上受重视。随着淡水渔业结构性的调整，名特优水产品养殖业的迅速发展，轮虫资源的开发利用更是势在必行。

一、形态特征和分类

轮虫主要特征有三个：①有纤毛的头冠；②特化的咀嚼囊并有角质化的咀嚼器；③有一对原肾管分列体之两旁，原肾管之末端为焰细胞。它们体长在 $45\sim2500\mu m$ 之间，一般为 $100\sim500\mu m$，在显微镜下方能观察。

轮虫没有专门呼吸器官，它们体表可进行呼吸，因此它们不可能生活在无氧的环境中。仅仅少数种类能忍耐低的溶氧。

按照国际现行的分类法，轮虫纲分 2 个亚纲，3 个总目。单巢总目又分为 2 个目。

轮虫纲分目检索表

1（2）卵巢无卵黄腺，雄体发达，头冠退化，海产寄生。⋯⋯⋯⋯⋯⋯⋯⋯⋯⋯⋯⋯ 尾盘亚纲（Seisonia）
⋯⋯⋯⋯⋯⋯⋯⋯⋯⋯⋯⋯⋯⋯⋯⋯⋯⋯⋯⋯⋯⋯⋯⋯⋯⋯⋯⋯⋯⋯⋯⋯⋯⋯⋯⋯ 尾盘总目（Seisona）
2（1）卵巢具卵黄腺，雄体未发现，或退化，头冠发达，一般淡水生活。⋯⋯⋯⋯⋯⋯⋯⋯
⋯⋯⋯⋯⋯⋯⋯⋯⋯⋯⋯⋯⋯⋯⋯⋯⋯⋯⋯⋯⋯⋯⋯⋯⋯⋯⋯⋯⋯⋯⋯ 真轮虫亚纲（Eurotatoria）
3（4）卵巢具 2 个卵黄腺，枝型咀嚼器，无侧触手。⋯⋯⋯⋯⋯⋯⋯⋯⋯ 蛭态总目（Bdelloidea）
4（3）卵巢具 1 个卵黄腺，不是枝型咀嚼器 ⋯⋯⋯⋯⋯⋯⋯⋯⋯⋯⋯ 单巢总目（Monogononta）
5（6）如有足则具成对或不成对的趾，足腺一对。轮器各异，但决不是六腕轮型或胶鞘轮型 ⋯⋯
⋯⋯⋯⋯⋯⋯⋯⋯⋯⋯⋯⋯⋯⋯⋯⋯⋯⋯⋯⋯⋯⋯⋯⋯⋯⋯⋯⋯⋯⋯⋯⋯⋯ 游泳目（Ploimida）
6（5）如有足则无趾，足腺发达。⋯⋯⋯⋯⋯⋯⋯⋯⋯⋯⋯⋯⋯⋯⋯ 神轮目（Gnesiotrocha）

二、食性和生长发育

（一）食　性

大多数轮虫是滤食性种类，以水体中的微型藻类、细菌和有机碎屑为食，少数是捕食性种类，以原生动物、小型轮虫为食。浮游性轮虫借助于它们的头冠之纤毛运动，沉

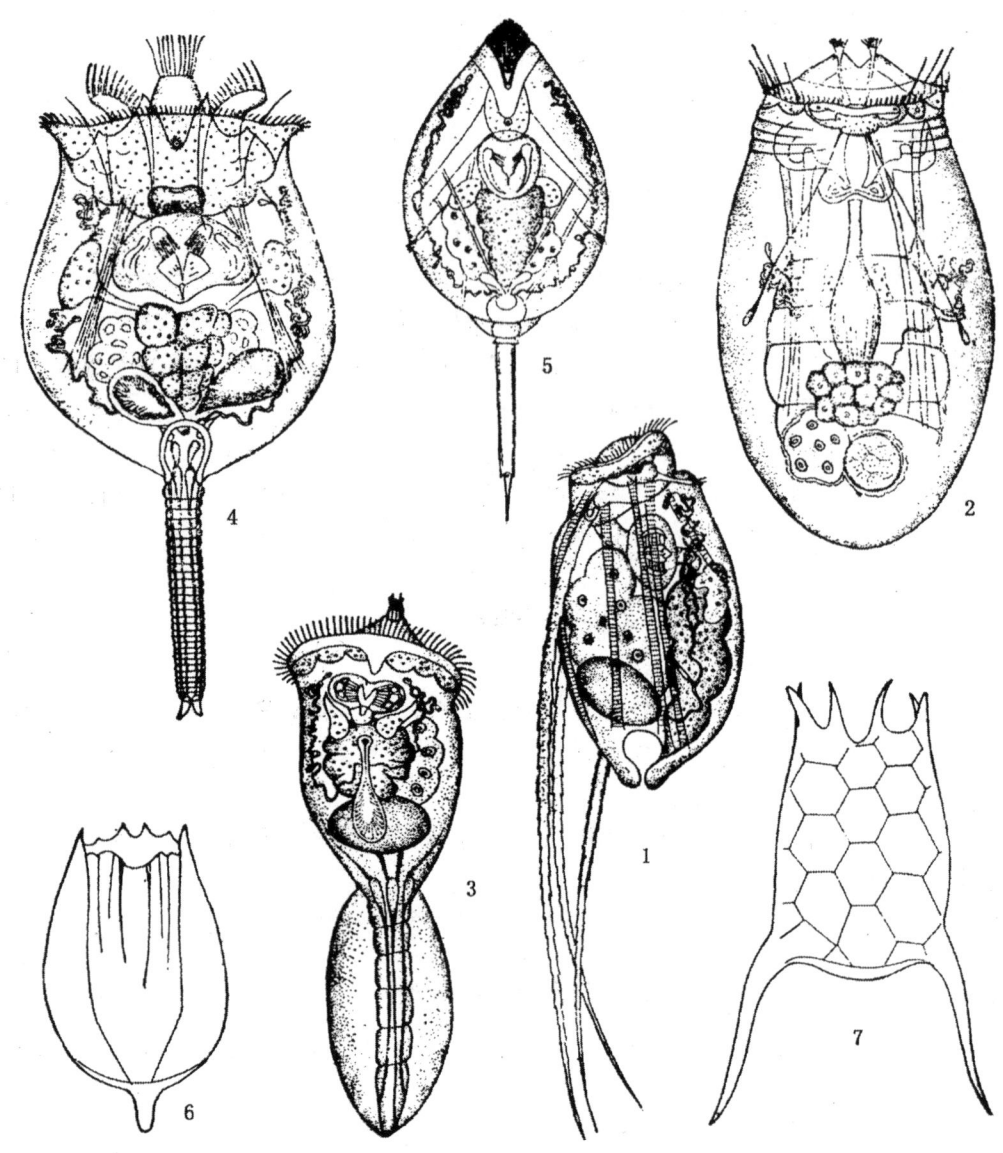

图8.5 轮虫的代表种类

1. 长三肢轮虫（*Filinia longiseta*）；2. 前节晶囊轮虫（*Asplanchna priodonta*）；3. 独角聚花轮虫（*Conochilus unicornis*）；4. 壶状臂尾轮虫（*Brachionus urceolaris*）；5. 囊形单趾轮虫（*Monostyla bulla*）；6. 唇形叶轮虫（*Notholca labis*）；7. 矩形龟甲轮虫（*Keratella quadrata*）

淀悬浮物质到它们的口腔中，食物的大小取决头冠的型式和咀嚼器的结构。据 Pourriot (1976) 对浮游性轮虫食物组成的研究指出：以有机碎屑±细菌的轮虫有裂痕龟纹轮虫 (*Anuraeopsis fissa*)、角突臂尾轮虫 (*Brachionus angularis*)、螺形龟甲轮虫 (*Keratella cochlearis*)、长三肢轮虫 (*Filinia longiseta*)、奇异六腕轮虫 (*Hexarthra mira*)，钩痕泡轮虫 (*Pompholyx sulcata*)；以绿球藻目作为主要食物的有：角突臂尾轮虫、壶状臂尾轮虫 (*B. urceolaris*)、矩形龟甲轮虫 (*K. quadrata*)、前额犀轮虫 (*Rhinoglena frontalis*)、摺皱臂尾虫 (*B. plicatilis*)；以团藻目的种类为主要食物的有萼花臂尾轮虫（B. calyciflous）、臂尾水轮虫、矩形龟甲轮虫、前额犀轮虫、摺皱臂尾轮虫；以裸藻目为主要食物的轮虫有：萼花臂尾轮虫、壶状臂尾轮虫、龟形龟甲轮虫；以隐藻作为食物的有：臂尾水轮虫（Epiphanes brachionus）、龟形龟甲轮虫（K. testudo）、曲腿龟甲轮虫（K. valga）、前额犀轮虫、梳状疣毛轮虫（Synchaeta pectiata）、尖尾疣毛轮虫；以金藻目为主要食物的有：螺形龟甲轮虫、摺皱臂尾轮虫、梳状疣毛轮虫；以硅藻中心纲的种类为食的有尖尾叶轮虫（Notholca acuminata）等，以蓝藻作为主要食有 Brachionus dimidiatus 和摺皱臂尾轮虫。

80年代，武汉东湖的轮虫数量也急剧增加，敞水区由1962年的322 ind./L至1982年为1530 ind./L，夏秋季的高峰十分突出。据分析这和夏秋季蓝藻"水华"有关。这些蓝藻虽不能被轮虫直接利用，但它们在细菌的作用下很快形成碎屑。夏秋季东湖碎屑的含量占全年80%以上，使一些以碎屑作为食物的浮游性轮虫如裂痕龟纹轮虫、角突臂尾轮虫、螺形龟甲轮虫的数量大幅度增加，由此形成轮虫总数的增加。

杂食性（omnivorus）的轮虫以纤毛运动为动力，向食物的方向运动，以活的或分解的颗粒有机物质为食。捕食性的轮虫如晶囊轮虫，一般以原生动物或其他轮虫及小的后生动物为食。

（二）生长与发育

一般轮虫为卵生，也有少数种类为卵胎性，一个轮虫一生中所产卵的数目，按种类和环境不同而有很大的差异，据实验室培养表明萼花臂尾轮虫平均仅产3.6个，卵形镜轮虫（Testudinella elliptica）为5个，椎尾水轮虫平均能产45个。在不同的温度下，轮虫在0.6~5天能孵出幼体。刚孵出幼体只有成体的1/10~1/3大，但在数小时内，即可长大到3倍或3倍以上，以后就生长减慢或停止生长。

一般水体中常见的非混交雌体（amictic female）以孤雌生殖（parthenogenesis）繁殖后代。在多种因素的混合刺激下，如温度的骤然变化、干旱、拥挤等均可产生有性生殖。非混交雌体经减数分裂（meiosis）一部分形成混交雌体（mictic female），而另一部分雌体产生雄卵，孵化出雄轮虫，和混交雌体受精形成休眠卵（resting egg），亦称冬卵，具有能抵抗不良环境的能力，待环境条件有利时，孵化出非混交雌体，行新的一代孤雌生殖（图8.6）。

种群密度和温度对轮虫产卵量和混交雌体的形成有很大的影响。用小球藻（Chlorella sp.）为食培养萼花臂尾轮虫，食物浓度约$1×10^6$cells/ml，温度25℃，光照强度约4000 lx，昼夜比L:D=18:6。在1.0ml、0.5ml和0.25ml培养液中同时进行单个体和群体培养。结果发现：①单个体培养时每个母体平均产卵量分别为12.0,13.8和7.8个；后代个体中混交雌体的百分比分别是46.38%,53.49%和55.83%。②群体培养时，每个母体平均产卵量分别为8.7、3.1和2.65个，随密度增加而减少；后代个体中混交雌体百分比分别为41.70%,53.59%和54.26%。群体培养的密度为4.0 ind./ml与2.0 ind./ml,2.0 ind./ml与1.0 ind./ml混交雌体的百分比差异不明显。母体密度高低与后代混交雌体百分比间具有明显相关性。在上述培养条件下，轮虫为1.0 ind./ml时，进行单个体培养，分别用急剧冷休克（SS）、逐渐冷休克（GS）和恒温对照（C）进行

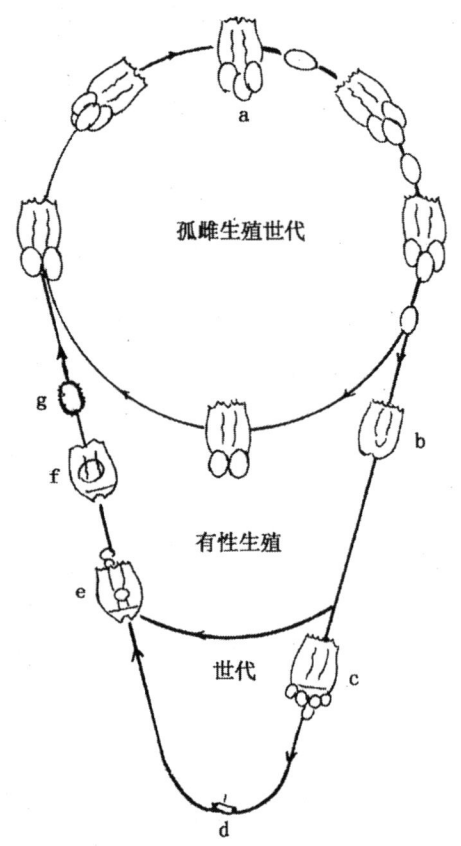

图8.6 单巢目轮虫生活史模式图(仿 Koste 1978)
a. 非混交雌体;b. 混交雌体;c. 带雄卵雌体;
d. 雄体;e. 混交雌体与雄体交配;
f. 带休眠卵的雌体;g. 休眠卵

处理,结果表明:个体平均产卵量分别为 10.8、9.2 和 12.6 个。后代混交雌体百分比分别为32.85、20.7 和 16.87,SS 和 C 处理后其混交雌体比例具显著差异,而 SS 和 GS、GS 和 C 处理间没有显著差异(杨家新等 1995)。

休眠卵的产生对轮虫分布、繁衍具有很大的意义。由于休眠卵具有保护装置,在风、鸟、水流等传播媒介的作用下,从一个地方到另一个地方,使轮虫具有广阔分布范围,因此大多数轮虫为世界性分布。由于休眠卵经受精后赋予新的活力,故由休眠卵萌发出雌体繁殖力特别旺盛。由于轮虫休眠卵便于保存和运输,因此生产单位已开始把休眠卵作"种源"进行规模化培养,克服了活轮虫不便保存和运输的缺点,使轮虫的商品化生产上了一个新台阶。因此,对轮虫休眠卵的形成、萌发的研究已成为当代轮虫研究中的一个热点。

研究表明,轮虫休眠卵在湖底沉积物中可保持几年到几十年的活力,所以可通过水体底泥中萌发出的轮虫了解该水体过去几年到几十年轮虫各类组成情况;这对分析湖泊环境演替和轮虫区系组成提供了便捷的方法。

通过对武汉东湖 14 种轮虫卵和胚后发育时间的研究结果表明:在不同的实验温度下,10 种体外带卵轮虫和 4 种非带卵轮虫卵的发育时间随温度升高而缩短,它们间的关系可用曲线回归方程表示:

$$\ln D = 1.2153 + 0.7227\ln T - 0.3996(\ln T)^2$$

式中:D 为发育时间(天)

T 为培养时温度(5~35℃)

在相同的培养温度下,体外带卵轮虫卵的发育时间一般比非带卵轮虫卵的发育时间长。初步试验结果还表明:胚胎发育时间亦随温度升高而缩短。卵的发育时间约占世代发育时间的 31%(24%~41%),胚后发育时间占 69%(59%~76%)。

三、生 态 分 布

轮虫广泛分布于各种各样的淡水水域中,在海洋、咸水中种类不多,数量很少。在江河中,由于流速较快,不利于喜好浮游或附生轮虫的生活,种类、数量也相当贫乏,水坑、水塘等间歇性水体,也因生态因子的变化,仅适合于一些生态耐性大、生殖力强的种类。轮虫主要分布于湖泊、水库中，尤其是水生植物茂盛的沿岸带，种类特别丰富，一般以周丛、底栖生活的种类为主，而敞水区则主要以浮游生活的种类为主。

各类水体中轮虫数量变化很大，一些高寒地区湖泊轮虫数量低于 20 个/L，一般湖泊、水库中轮虫的数量在 50～1000 个/L 之间，在富营养型水体中，每升水中轮虫数量可高达数万个，甚至几十万个。

从对武汉东湖轮虫多年的观测表明，轮虫数量高峰一般出现在 20℃ 以上的水温。可见水温对轮虫的生长发育有重要影响，概括不同温度下出现的种类，轮虫一般可分为 3 种类型：①冷水性种类，这些轮虫一般在水温 10℃ 以下的冬季或早春出现，如前额犀轮虫；②广温性轮虫，这些轮虫全年分布，但一般在水温 20℃ 左右出现高峰，如臂尾轮虫属的许多种类；③暖水性种类，它们一般出现于水温 25℃ 以上的夏、秋季，如裂痕龟纹轮虫。

同时根据 pH 的不同，轮虫亦可分布为碱水性种类、兼性种类和酸水性种类，一般以兼性种类居多。

当然水体中轮虫数量的丰歉与水体中食物种类和数量也有密切关系，无疑丰富的适口食物是形成轮虫数量高峰的基础。值得提出的是浮游动物间的食物竞争，对轮虫影响亦不可低估，如武汉东湖优势枝角类透明溞 (*Daphnia hyalina*) 与轮虫在数量上的相反关系表现得十分明显，透明溞的高峰必定引起轮虫的低谷，这是因为它们都是滤食性动物又选择同样大小的食物颗粒，而透明溞的滤食效率远大于轮虫，因此，透明溞的大量滤食使轮虫处于缺食状态而数量急剧下降。

第三节 枝 角 类

枝角类 (Cladocera) 俗称水溞或红虫，属节肢动物门甲壳纲、鳃足亚纲、枝角亚目（有人认为是枝角目）。早在 17 世纪显微镜的研究，有力地推动了枝角类研究的发展，身体透明的枝角类成为当时的显微镜下经常观察的时髦动物。1669 年荷兰人斯温米丹 (Swammerdam) 根据显微镜下的观测，首先描述和记载了一种枝角类。1664 年意大利人雷迪 (Redi) 在其所著《水生生物》一书中描述了枝角类。萨斯 (Sars) 在 1865 年建立较为完善的分类系统。据统计全世界总计有枝角类 11 科，约 65 属 440 种，其中栖息于淡水水体中的计 10 科，约 57 属，410 种。这些枝角类广为分布于整个地球上，无论寒带、温带还是热带均有不少种类。枝角类一般大小在 0.2～3.00 mm 之间，最大的为透明薄皮溞 (*Leptodora kindtii*) 可达 18mm 长。枝角类不仅是许多经济鱼类的优质食物，而且还可调节控制轮虫、原生动物、藻类等发生、发展。特别在一些深水湖泊、水库，枝角类的数量很多，因此，在生态系统结构、功能和生物生产力的研究中受到重视。

一、形态特征和分类

枝角类的主要形态特征有以下 5 个 (图 8.7)：①体短，左右侧扁，分节不明显；②有两瓣透明的介壳披包在外；③头部有显著的黑色复眼，并带有水晶体；④第二触角发达，枝角状，为浮游和滤食的主要器官。第二触角双肢型，并有羽状刚毛。内外肢节数以及游泳刚毛的排列因种类而异，是分类的重要根据之一；⑤直接发育，无变态（薄皮溞例外）。

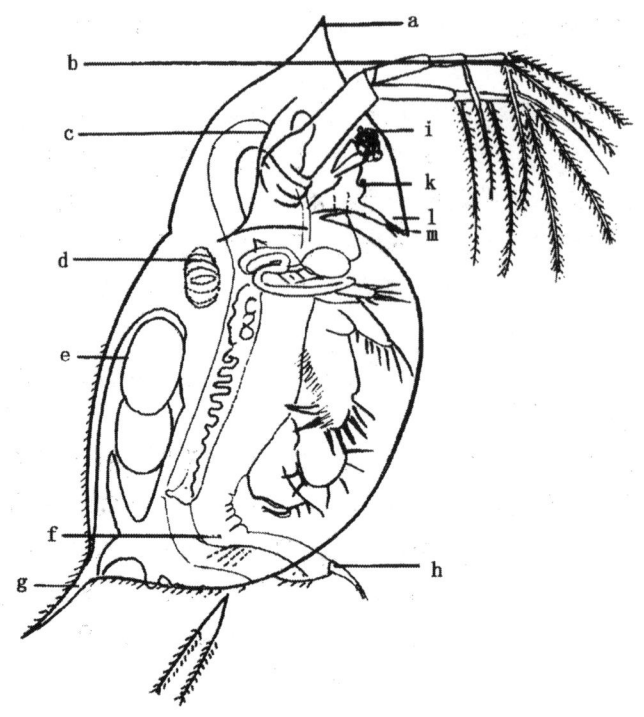

图8.7 枝角类雌体模式图
a.头盔；b.第二触角；c.壳弧；d.心脏；e.孵育囊；f.后腹部；
g.壳刺；h.尾爪；i.复眼；k.单眼；l.吻；m.第一触角

现行的甲壳动物分类学将鳃足亚纲分为3个目：无甲目、背甲目以及双甲目。双甲目又划分为贝甲亚目与枝角亚目。据统计分布于我国枝角类总计有9科、45属、136种（图8.8）。

枝角亚目分总科检索表

1（2）体长大，不侧扁；具6对近乎圆柱形的游泳肢，其外肢完全退化；休眠卵间接发育，先孵出后期无节幼体 ·················· 单足部（Haplopoda）仅1科1属1种
··· **透明薄皮溞**（*Leptodra kindti*）
2（1）体较短，多少侧扁；具5～6对叶片状的胸肢或4对近乎圆柱形的游泳肢，其外肢不退化；休眠卵直接发育，不孵出后期无节幼体 ·················· **真枝角部**（Eucladocera）
3（6）躯干部与胸肢全为壳瓣所包被
4（5）胸肢6对，同形。均呈叶片状 ·················· **仙达溞总科**（Sidoidea）
5（4）胸肢5～6对，前2对呈执握状，其余呈叶片状 ·················· **盘肠溞总科**（Chydoroidea）
6（3）躯干部和胸肢均裸出于壳瓣之外 ·················· **大眼溞总科**（Polyphemoidea）

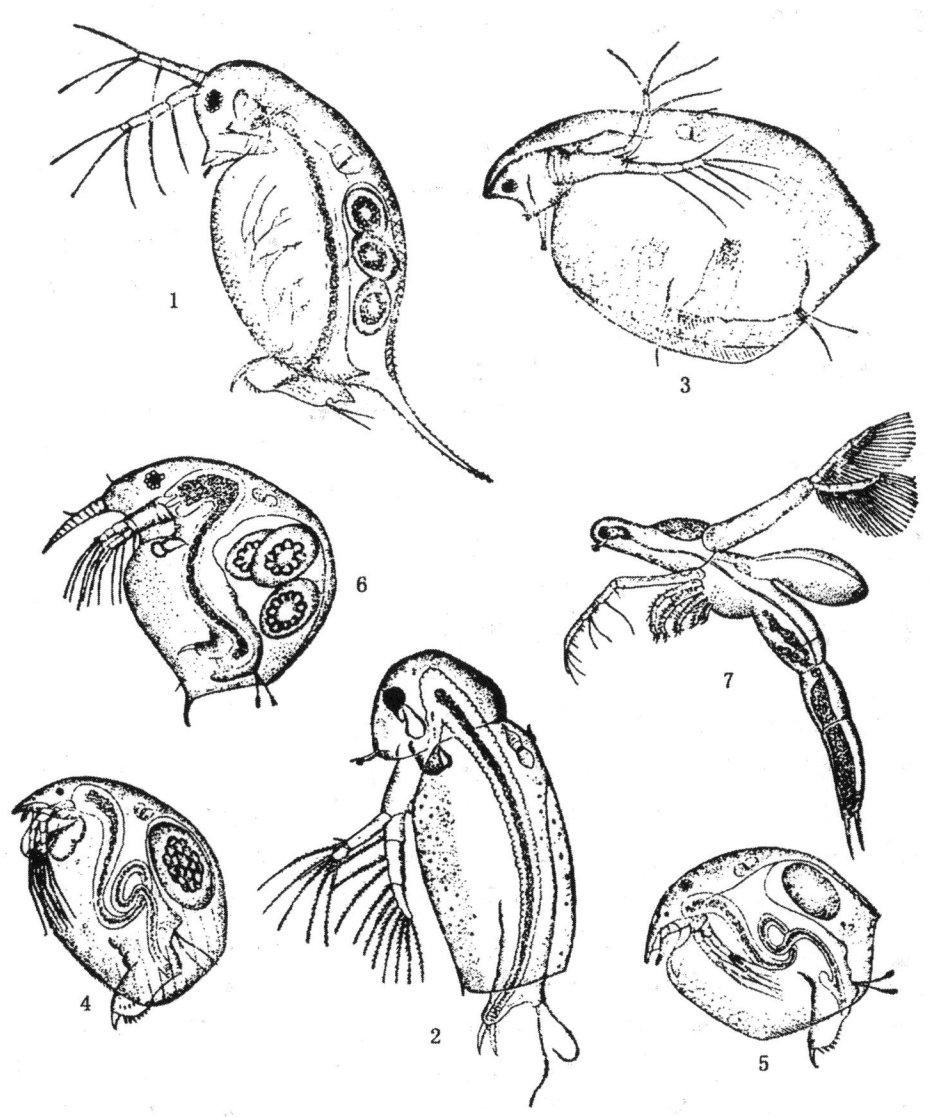

图8.8 枝角表的代表种类

1. 长刺溞（*Daphnia longispina*）；2. 晶莹仙达溞（*Sida crystallina*）；3. 老年低额溞（*Simocephalus vetulus*）；4. 矩形尖额溞（*Alona rectangula*）；5. 圆形盘肠溞（*Chydorus sphaericus*）；6. 长额象鼻溞（*Bosmina longirostris*）；7. 透明薄皮溞（*Leptodora kindtii*）

二、食性与生长发育

（一）食　　性

滤食性枝角类从水中滤取细小的食物，如酵母菌、细菌、单细胞藻类、原生动物以及有机碎屑等。一系列的实践与研究都表明，细菌对枝角类确有巨大的饵料意义。只要有细菌作为食物就足以保证枝角类全部生命活动的正常进行。Banta（1939）曾用细菌悬浮液培养一种枝角类，结果其枝角类孤雌生殖世代竟达 1600 代之多。近年来，还证实在有些天然水域中，细菌是枝角类的基本食物。一个枝角类个体，一昼夜通常能滤取 2 万～7 万个细菌。

有机碎屑是动植物的残体以及动物的排遗物分解形成，它在水体中分布十分广泛。如用消毒的碎屑喂养枝角类，发现枝角类虽能消化、吸收碎屑，但枝角类如果只吃碎屑，生长十分缓慢且不怀卵。这是因为碎屑缺乏维生素的缘故。然而我们必须指出：在天然水域中，碎屑往往附有大量的细菌，每克湿重碎屑可含 45～52 亿个细菌。因此碎屑仍然是天然水域中枝角类的优良食物。

浮游的单细胞藻类对枝角类有颇大的饵料意义，这是大家公认的。在 1980～1985 年间的东湖，历年在 2～5 月湖水清澈见底，这是因为优势枝角类——透明溞种群密度很高，滤食大量藻类的缘故。

薄皮溞科、大眼溞科、圆囊溞科以及长棘溞科的种类一般是捕食性枝角类，用胸肢捕捉其他动物为食，其中大眼溞还兼有滤食的特性。

枝角类各种食物的营养价值多不相同，其中，酵母菌、大肠杆菌和藻类中小球藻与原球藻营养价值最高，有机碎屑也因附有大量的细菌亦较高；相对而言，原生动物最低。

枝角类利用胸肢上的滤器滤得食物，不能选择性滤食营养价值高的食物。枝角类壳瓣左右两部分腹缘间的裂缝以及腹缘上的刚毛、刺与褶片等附属物都能阻止大的颗粒进入壳瓣内。所以一般认为枝角类所能滤食的颗粒大小为 1～17μm，峰值为 2～5μm。

过滤率（filtering rate 或 filteration rate），或称牧食力（grazing rate）也有称之为清除率（clearance rate）这是指一个个体在单位时间过滤水的量，一般用 ml h^{-1} 表示，或亦可用每个动物每天毫升数（ml·ind^{-1}·d^{-1}）。摄食率（feeding rate），亦称（ingestion rate）这是指一个个体在单位时间内摄食细胞的数量，一般表示方法为：cells·ind^{-1}·t^{-1}。但是细胞有大有小很不确切，所以有人提出用细胞体积、干重等表示。

林婉莲等（1995）利用直接计数法和放射性核素标记法分别评估了武汉东湖春、夏季浮游动物的牧食力。用荧光显微镜直接计数法，即 AODC 法，测得 1990 年敞水带春季浮游动物对浮游细菌的总过滤率为 180.19 ml·L^{-1}·h^{-1}，总摄食率为 0.40 $\mu gC·L^{-1}·h^{-1}$。结果还表明，浮游动物的不同大小对细菌的牧食力是不同的。90μm 以下的个体，其牧食力占总牧食力的 44.95%；大于 360μm 的个体，占其总牧食力的 35.10%。大小为 90～360μm 之间的浮游动物，只占其总牧食力的 20%。同时使用常规显微镜直接计数法评估了浮游动物对浮游藻类的牧食情况，结果表明，浮游动物一般选食具鞭毛的隐藻类，其次是绿藻门的小球藻，6 小时的牧食率分别为 93.95% 及 88.78%；对蓝纤维藻的选食最差，但也接近 50%。就水柱总体而言，6 小时内 68% 的优势浮游藻类被牧食了。

(二) 生 长 发 育

枝角类有两种生殖方式：孤雌生殖（单性生殖）和两性生殖，在通常情况下，以孤雌生殖为主，所产出的卵不需受精就能产出新的一代。如此经过许多代孤雌生殖，当外界条件变化时，最末一代雌体所产的卵不仅孵出雌体，也同时孵出雄体，两者交配、受精营两性生殖形成厚壳、滞育的卵，这种卵一般称为休眠卵（resting egg），同时此种卵常发生在冬季，也可称为冬卵。受精的冬卵不立即孵化出幼溞，在孵育囊内，不超过两天的时间发育到囊胚阶段，形成生殖腺与头部的原基以后，就离开母体。在外界暂时停止发育，直到适合的环境条件后，再继续发育，萌发出幼溞。可见冬卵在外界要经过一段滞育期，滞育期的长短因季节而异，在夏季持续几天或十几天，在冬、秋季则持续几个月。由冬卵萌发的幼体都是雌的，行新一代孤雌生殖（图8.9）。

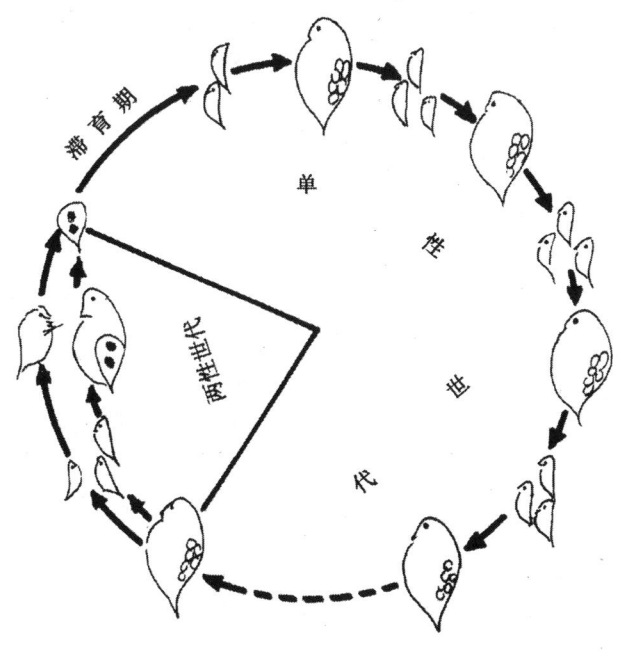

图8.9　枝角类生活史模式图（仿蒋燮治等 1979）

休眠卵对于种的延续有重大的生物学意义，它能抵御寒冷、干旱等不良环境，在泥土中干燥20年以上，仍能保持其活力；同时休眠卵借助于风的作用，有助于种的散布，是枝角类广生性的原因。

枝角类每胎的卵数称为生殖量。生殖量因种类不同、年龄不同和季节不同而异。当母体大小一定时，夏卵的大小与生殖量呈反比，反之，生殖量一定时，夏卵的大小与母体的大小成正比。大型种类有较高的生殖量，体型愈小，生殖量也就愈低（表8.1）。

影响枝角类生殖量的因子很多，但主要是食物。各种枝角类要求不同的食物数量和质量。一般来说富营养型水体中枝角类生殖量大于贫营养型水体，但也不尽然。东湖春季透明溞的生殖量可高达32个，而夏秋季只为5～10个，在东湖夏秋季虽然藻类极为丰富，甚至形成"水华"，但这些蓝藻并无食物意义。处于饥饿状态的枝角类完全不排卵，即使卵已排入孵育囊中，也可能由于食物不足而重新吸收。长刺溞（*Daphnia longispina*）和老年低额溞（*Simocephalus vetulus*）孵育囊中的夏卵因被吸收可从14个减少到3个，从8个减少到6个，从2个减少到1个。实验室研究表明，长刺溞各成龄饱食时生殖量虽然要比饥饿时高，但在最后几个成龄，食物像温度一样逐渐消失其影响。

表8.1 武汉东湖7种实验培养枝角类产卵量与最大体长

种　　名	培养温度 (℃)	最大体长 (mm)	平均最高产卵量 （成龄数）	平均成龄产卵量
透明溞 (*Daphnia hyalina*)	15 20 25 30	3.02 2.90 2.52 1.77	47(第12成龄) 39(第16成龄) 26(第8成龄) 13(第7成龄)	29 25 12 8
隆线溞一亚种 (*D. carinata* ssp.)	15 20 25 30 35	2.89 2.92 2.51 2.31 1.79	48(第15成龄) 48(第7成龄) 22(第5成龄) 21(第13成龄) 11(第6成龄)	28 30 12 14 7
短尾秀体溞 (*Diaphanosoma brachyurum*)	25 30 35	1.39 1.44 1.35	10(第6成龄) 8(第8成龄) 7(第6成龄)	7 5 5
平突船卵溞 (*Scapholeberis mucronata*)	20 30	1.12 0.98	19(第7成龄) 19(第6成龄)	10 11
微型裸腹溞 (*Moina micrura*)	30	1.04	8(第4成龄)	5
隆线溞 (*Daphnia carinata*)	30	3.04	43(第11成龄)	26

水温也是影响枝角类生殖量的一个重要外界因子。大型溞长期处在3~5℃的水温下，就停止产卵，如果水温升到6~10℃又重新产卵。而继续上升到30℃又停止产卵。蚤状溞在15~25℃之间生殖量最高，过高或过低的水温均可使生殖量下降。培养于15℃和30℃的透明溞，食物基本相同，但产卵量却分别为47个和13个。

此外，种群密度与水中溶氧量等也都会影响生殖量。生殖量既然受水域各种环境因子的影响，而水域的环境因子具有季节性变动，因此生殖量也就相应地发生季节变化。

几乎所有的枝角类都直接发育，这自然与卵子含有比较丰富的养料有关。只有透明薄皮溞是间接发育。这种溞的冬卵孵化出来的是后期无节幼体而非通常的幼溞。后期无节幼体是无节幼体转入后期的形态。在变态过程中，后期无节幼体需脱壳三次方才变为成体。

无论直接发育或间接发育的枝角类其幼体或溞经过一段时间发育方才变为成体。由幼溞到成体所需的时间随环境因子而变，特别与温度关系最为密切。高温能提早性成熟，而低温可推迟性成熟(表8.2)。

枝角类每脱一次皮（壳）便为一龄，前后两次脱壳之间的时期，称为龄期（duraton of instar）。一般情况下，枝角类的龄数随种类、温度而异。大眼溞总科只有两个幼龄，而其他枝角类都有3~6个幼龄，一般4~5个。成龄数的变化更大。少数仅为6个，多者达25个，一般在12~18个之间。如武汉的透明溞在20℃培养温度下，有4个幼龄，17~18个成龄。一般来说，温度愈高，龄期愈短，蜕皮频率愈快，如15℃透明溞的幼龄期和成龄期分别为47.25小时和77.42小时；而在30℃时，却分别仅为19.50小时和38.50小时。枝角类的寿命亦和温度关系十分密切，温度高寿命短，温度低寿命长。

表8.2 温度对枝角类性成熟的影响

种名	培养温度(℃)	自孵化至性成熟所需时间(天)
透明溞 *Daphnia hyalina*	15	7.9
	20	4.3
	25	3.8
	30	3.3
隆线溞一亚种 *D. carirata* ssp.	15	7.2
	20	4.1
	25	3.0
	30	2.5
	35	2.2
短尾秀体溞 *Diaphanosoma brachyurum*	25	2.33
	30	1.58
	35	1.33
微型裸腹溞 *Moina affinis*	20	3.1
	30	1.0
平突船卵溞 *Scapholeberis mucronata*	20	4.0
	30	1.9

三、生态与分布

海洋及咸水水域中虽然有枝角类存在，但种类稀少，淡水水域是这类动物最重要的栖息场所，枝角类在各种不同的淡水水域中形成各种独特的区系。

在江河由于河水冲洗涤荡，水中有大量无机浮悬物存在，不利于枝角类滤食，所以枝角类种类和数量都相当贫乏，平均每立方米水中不足100个；而池塘、湖泊与水库常在100～10 000个之间，有时可达100 000个以上。在水坑、水沟等间歇性水域由于其存在时间短，生态因子经常变化，因此，在这些水域生活的枝角类生态耐性较大，生殖力很强，但种类不多，一般以裸腹溞属与溞属中的一些种类较为常见。

枝角类主要分布于湖泊中，尤其是在蔓生水草的浅水沿岸区，种类特别丰富。敞水区种类虽不及沿岸区多，但数量却往往相当大。枝角类在各种不同水域中的分布虽然受外界因子的影响，尤其是水域的pH值以及盐类的含量与组成。pH值对于枝角类的代谢生殖与发育等生命活动都有密切关系，有的种类仅适宜于酸性水域中，如圆形盘肠溞发育的最适pH值为5.0；但一般来说大多数枝角类有一个适宜范围，如大型溞在pH为6～10范围内均有分布，但pH 8.7～9.9对该种的生存最为有利。

湖泊营养系列的演替，鱼类摄食对枝角类种类组成、数量也有重要的影响。50年代，武汉东湖大型水生植物茂盛，水清澈见底，渔产量不高，当时观察到盘肠溞科为13属24种，占枝角类总数的43.64%。80年代中期，大型水生植物趋于灭绝，渔产量大幅度提高，观察到的盘肠溞科不足10种。对沿岸带和敞水带枝角类数量调查结果表明，溞科占绝对优势，其中又以冬、春季的透明溞和夏、秋季的隆线溞一亚种左右着东湖枝角类的数量变动。据统计 1975～1985 溞科的数量占枝角类总数,沿岸带为 83.31%±6.94%,敞水带为 90.48%±2.93%。从 1986 年起,透明溞和隆线溞一亚种的数量急剧下降;而短尾秀体溞和微型裸腹溞数量明显增加。沿岸带 1987 年溞科占枝角类数量百分比由 1985 年的74.23%下降 32.21%,至 1989 年仅为0.67;敞水带由 1986 年的80.65%下降为 42.31%,至 1989 年仅为 6.23%。与此同时,沿岸带的短尾秀体溞由 1985 年的25.25%上升至 50%以上;敞水带由12.87%上升至 80%左右。裸腹溞的数量也明显地增长。

如今的武汉东湖枝角类,不仅是由个体较小的秀体溞、裸腹溞代替了体型较大的透明溞和隆线溞一亚种;而且即使同一种枝角类体长亦有逐年缩小的趋势。透明溞在 1980 年平均体长为1.10mm,到 1987 年已缩短为0.83mm;隆线溞一亚种亦从1.56mm 缩短为 0.96 mm;短尾秀体溞则从0.88 mm 缩小为 0.56 mm;微型裸腹溞从0.72 mm 缩短为0.53 mm。如将 1980～1987 年逐年作横坐标,不同年份各个种的平均体长作纵坐标,则可得到如下回归方程(李纯厚等 1992):

透明溞:$Y=83.05\sim0.0413X$

隆线溞一亚种:$Y=102.73\sim0.0512X$

短尾秀体溞:$Y=86.60\sim0.0433X$

微型裸腹溞:$Y=63.38\sim0.0316X$

X 为不同年份的平均体长;

Y 为不同年份。

以上方程经统计检验 $P<0.01$

第四节 桡 足 类

桡足类(Copepoda)隶属于节肢动物门,甲壳纲,桡足亚纲。对桡足类的最早研究始于 18 世纪,米勒(Muller)于 1776 年首先创用了剑水蚤(Cyclops)这个词至今已有 200 多年的历史。淡水桡足类是浮游甲壳动物的一个重要部分,在各类水体中,它是幼鱼和许多经济鱼类的天然饵料,因而在渔业的发展中具有一定的经济意义。在海洋中它们的数量波动和分布可以作为探索鱼群和寻找渔场的科学依据。但是另一方面,桡足类的某些捕食性种类,有时侵袭鱼卵或鱼苗,从而对淡水鱼类的繁殖造成一定的危害。桡足类中剑水蚤和哲水蚤又是某些寄生蠕虫的中间宿主。

一、形态特征和分类

桡足亚纲共分 7 目,在淡水浮游动物中较为重要的是哲水蚤目(Calanoida)、剑水蚤目(Cyclopoida)和猛水蚤目(Harpacticoida)(图 8.10)。

桡足亚纲目的检索表

1(2)头胸部与腹部之间通常无明显的分界,雌性第一触角很短,最多是 8 节 ·· 猛水蚤目(Harpacticoida)

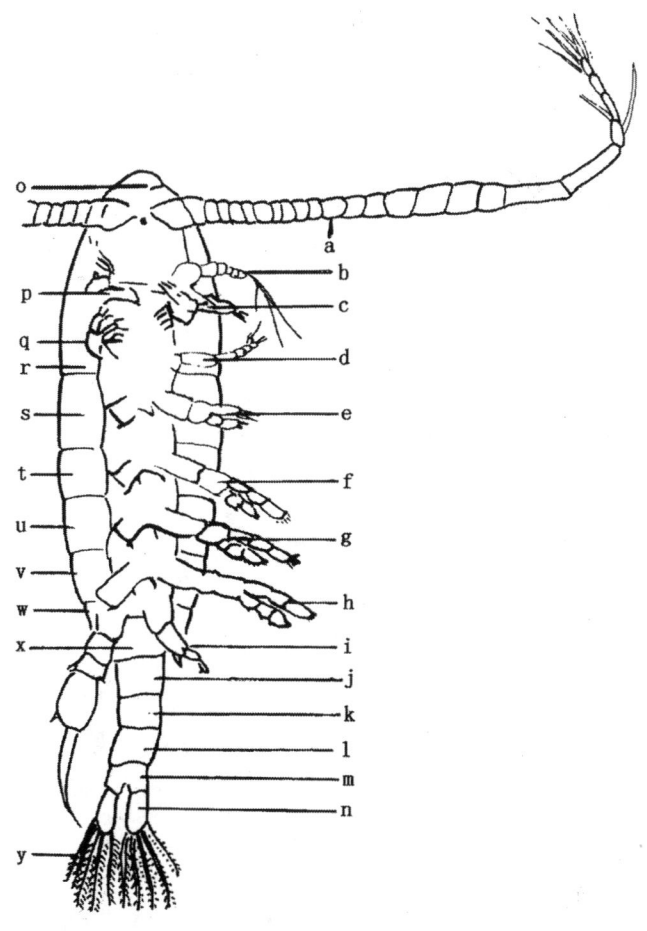

图8.10 哲水蚤雄体模式图（腹面观，仿沈嘉瑞等 1979）
a. 第一触角；b. 第二触角；c. 第一小颚；d. 颚足；e. 第一胸足；f. 第二胸足；g. 第三胸足；h. 第四胸足；i. 第五胸足；j. 第二腹节；k. 第三腹节；l. 第四腹节；m. 第五腹节；n. 尾叉；o. 额角；p. 大颚；q. 第二小颚；r. 头节；s. 第一胸节；t. 第二胸节；u. 第三胸节；v. 第四胸节；w. 第五胸节；x. 生殖节；y. 尾刚毛

2（1）头胸部呈圆筒状或卵圆形，较腹部为宽，分界明显；雌体第一触角至少8节，大多数分节更多。
3（4）头胸部和腹部之间有一活动关节。雌性的第一触角很长，其末端通常可接近或超过尾叉的末端。雄性第一右触角变成执握肢 ·················· **哲水蚤目（Calanoida）**
4（3）头胸部的第4、5胸节间有一活动关节。雌性第一触角多为17节，较头胸部为短，雄性第一触角左右均形成执握肢 ·················· **剑水蚤目（Cyclopoida）**

哲水蚤目是海洋浮游动物的主要组成部分，仅有一小部分生活于淡水或咸淡水中。在我国淡水中发现的有17属48种及亚种。猛水蚤目是一庞大类群，绝大部分均生活于海洋，只有一小部分属淡水。剑水蚤目的大多数种类也分布于海水，淡水中自由生活的剑水蚤均属于颚口水蚤亚目（Gnathostoma）。

桡足类是一类小型甲壳动物，体长0.30~3.00 mm之间，一般小于2mm。身体窄长，体节分明，一般由16或17个体节组成，但是由于若干体节相互愈合，实际上体节数目不超过 11 个。躯体可分为较宽的头胸部和较窄的腹部。头部有 1 眼点和 2 对触角与 3 对口器；胸部具 5 对胸足；腹部无附肢。身体末端具 1 对尾叉；雌性腹部两侧或腹面常带 1 个或 1 对卵囊(图 8.11)。

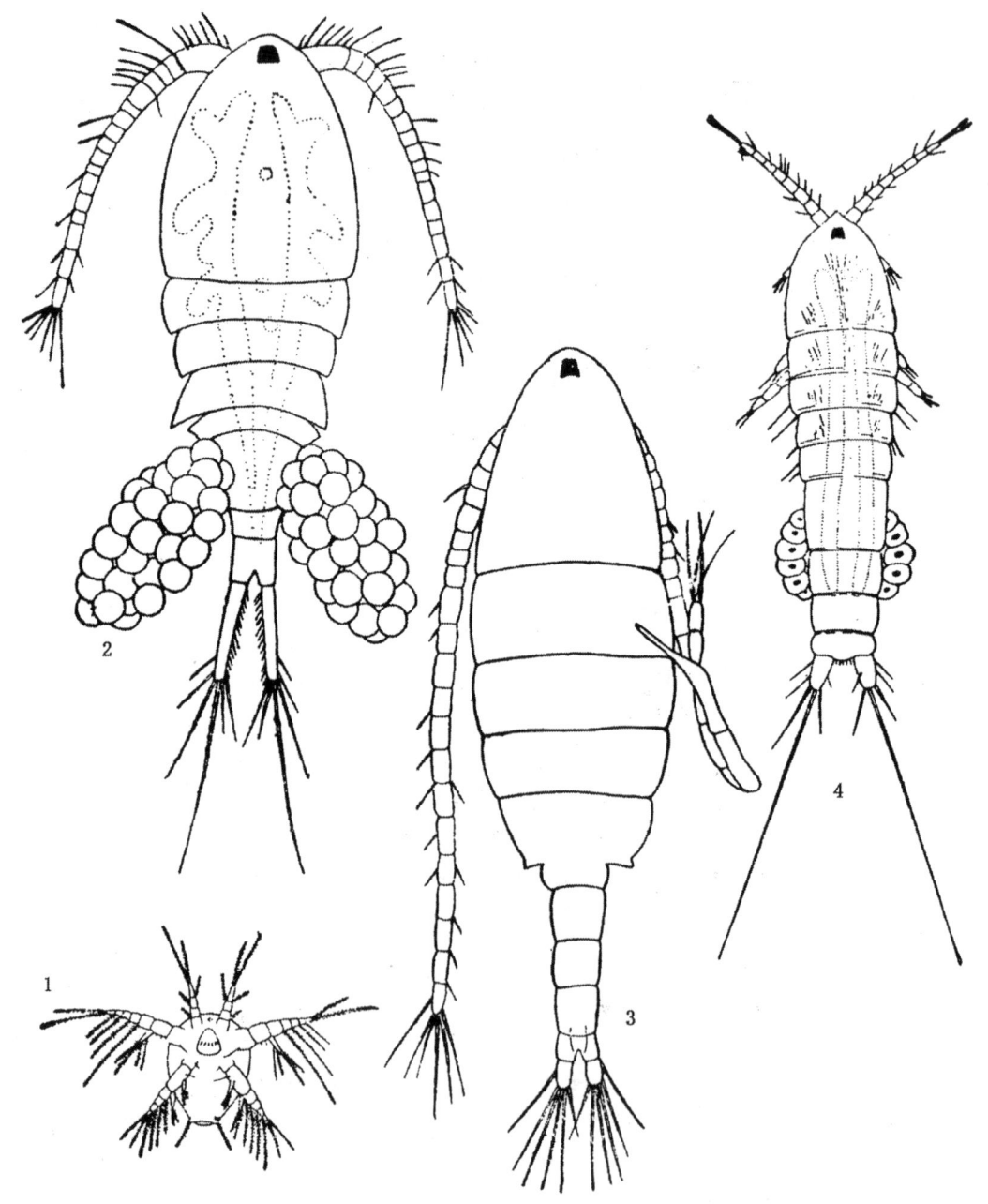

图 8.11 桡足类的代表种类

1. 无节幼体；2. 近邻剑水蚤（*Cyclops vicinus*）雌性；3. 长江新镖水蚤（*Neodiaptomus yangtzekiangensis*）雌性；4. 沟渠异足猛水蚤（*Canthocamptus staphylinus*）雌性

(一) 体　　节

一般由 11 节组成。第一节最大，称头部，与胸部第一节愈合，故称之为头胸部。头胸部以后的五节也称带足节，各带 1 对游泳足，合称为胸部。此后的 5 节组成腹部，没有附肢，只有第一节（或称生殖节）可能例外。此节上有生殖孔，同时可能有 1 对附肢的残留。腹部后端是两个尾叉。就整体来说，有 1 个活动程度较大的活动关节，十分显著。这一活动关节，在哲水蚤中，位于第五胸节与生殖节之间；在猛水蚤与剑水蚤中，位于第四与第五胸足之间。不少作者通常以此关节把桡足类的身体分成前体部（metasome）与后体部（urosome）两部分。

(二) 附　　肢

除尾叉外，尚有 11 对附肢。头部有 6 对，即第一触角、第二触角、大颚、第一、第二小颚及颚足。胸部有 6 对附肢，都是游泳足。除第一触角、第二小颚及颚足外，都是双叉的，即由两节组成的基肢上生出内肢及外肢。第五胸足变化很大，有重要的分类价值。较为低等的胸刺水蚤科雌体第五胸足与前 4 对胸足亦近于游泳型，但左右不对称。镖水蚤科的雄性第五胸足特化，左右不对称，具有辅助交配的功能；剑水蚤的第五胸足大都有许多退化，一般有 2 节组成，通常基节上着生 1 根外刚毛，末节上着生若干刚毛。

二、食性与生长发育

(一) 食　　性

桡足类的食性可分成滤食型、掠食型和以底层表面刮食型。有的种类兼有过滤悬浮颗粒和主要掠食的能力，称之为混合型。

哲水蚤主要为滤食型，由第二触角、大颚须和第一小颚快速震动而引起水流，当水流通过第二小颚和颚足的羽状刚毛交织而成的网时，水中的藻类、细菌、原生动物以及有机碎屑等悬浮颗粒被过滤下来后送入口内。有的属于混合型取食，除细菌、原生动物外，还取食轮虫和浮游甲壳动物。

猛水蚤大多数沿着水域底部爬行，取食碎屑、动物尸体、原生动物和轮虫等。

剑水蚤包括掠食、刮食和混合型三种取食方式。如白色大剑水蚤（*Macrocyclops albidus*）、棕色大剑水蚤（*Macrocyclops fuscus*）、广布中剑水蚤（*Mesocyclops leuckarti*）为肉食性动物，主要掠食双翅目昆虫（摇蚊科）、寡毛类（水蚯蚓）、枝角类（溞、盘肠溞、网纹溞）以及其他小型浮游动物。

对置于培养皿中的近邻剑水蚤对裸腹溞的摄食观察表明，开始时它们各自在水中运动，当近邻剑水蚤碰到裸腹溞后，前者立即试图抓住后者，几次相遇后，近邻剑水蚤抓住了裸腹溞，并咬断其第二触角，且两者头部相对。在摄食猎物时，捕食者的腹部弯曲，5对游泳足趋向前方，且指向猎物。随着近邻剑水蚤肠道的收缩，裸腹溞的内含物逐渐被近邻剑水蚤摄食，约10分钟以后，捕食者重新安排猎物的位置和方向，继续消化猎物。最后裸腹溞仅剩下头部和不易消化的甲壳（杨宇峰 1996）。

表8.3为近邻剑水蚤对体长在120～330μm小型浮游动物的平均摄食率。近邻剑水蚤对无节幼体的摄食率最高，达5.75，其次为萼花臂尾轮虫(1.65)，再次为长足轮虫(1.63)。对透明溞幼体的摄食率最低，仅为0.05。实验期间共有约50%的猎物被近邻剑水蚤所摄食，且近邻剑水蚤能摄食实验所提供的所有猎物。

进一步摄食试验还表明，近邻剑水蚤对小型枝角类的摄食率，明显大于对大型枝角类的摄食率。捕食者对大型和小型猎物的摄食率有显著性差异，近邻剑水蚤喜食小型浮游动物。猎物浓度对近邻剑水蚤的摄食率有很大影响，这种桡足类对小型枝角类的摄食率随着猎物浓度的升高而增大，但猎物浓度过高，摄食率反而下降。如猎物浓度为20ind./500ml时,摄食率为0.23；当浓度为60ind./500ml时，摄食率增加到0.77，但当浓度增加到80ind./500ml时，摄食率反而下降为0.46（杨宇峰等 1997）。

表8.3 近邻剑水蚤对小型浮游动物(120～330μm)的平均摄食率

（猎物浓度为429～511只/500ml,3个重复）

猎物种类	平均摄食率 （猎物数·捕食者$^{-1}$·天$^{-1}$）	被吃的猎物/提供的猎物	猎物被吃百分率(%)
桡足幼体	0.53±0.04	33/109	30.28
无节幼体	5.75±0.73	346/673	51.41
透明溞幼体	0.05±0.00	3/9	33.33
臂尾裂足轮虫	0.08±0.02	5/9	55.56
壶状臂尾轮虫	0.20±0.03	11/32	34.38
萼花臂尾轮虫	1.65±0.08	99/120	82.50
角突臂尾轮虫	0.85±0.28	48/96	50.00
长肢多肢轮虫	0.18±0.02	8/16	50.00
晶囊轮虫	0.23±0.07	14/24	58.33
长足轮虫	1.63±0.19	99/265	37.36
轮虫	0.47±0.06	28/39	71.79
钟虫	0.20±0.03	12/27	44.44

从水温对近邻剑水蚤摄食率影响的试验表明：摄食率随水温的升高而增加，30℃时摄食率为0.65,20℃时为0.40,10℃时仅为0.25。

（二）生长和发育

桡足类雌、雄异体一般进行两性生殖，从外形上很容易区别性别，雄性的主要特征是第一对触角或第一右触角变成执握肢。此外，雄体一般瘦小，腹部节数较多。有的类群（如哲水蚤），其第五对胸足左右不对称，而与雌体有明显的区别。雄体把精荚粘在雌体的纳精孔，然后进行受精。

卵囊中卵数依种类而有不同，最少仅为一枚（沙居剑水蚤），最多达168粒（大型中镖水蚤），但是一般种类卵囊中含有数十个卵。

卵通常受精后，立即开始胚胎发育，并且不间断地进行下去，完成胚胎发育所需的时间，一般为2～5天。当环境不利时发育延缓，如草绿刺剑水蚤（$Acanthocyclops\ viridis$）的胚胎发育可延长至15天。

桡足类的幼体从卵孵出后，尚需经过相当复杂的发育过程，一般要经过6个无节幼体期和5～6个桡足幼体期方才发育为成体（图8.12）。

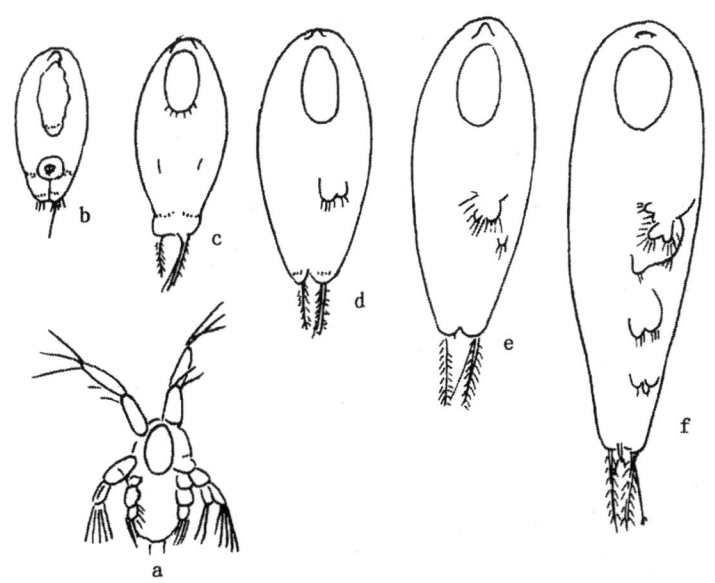

图8.12 大型中镖水蚤（$Sinodiaptomus\ saris$）的无节幼体期
（引自沈嘉瑞，陈受忠 1963）
a—f 依次为第一至第六无节幼体

陈雪梅（1984）报道了武汉东湖近邻剑水蚤卵的发育时间（D、天）与温度（T，℃）间相互关系，温度愈高，卵的发育时间愈短，其关系方程式为：

$$\ln D = 5.742 - 2.163\ln T + 0.174\ln T^2$$

无节幼体的发育时间亦与温度(6.5～20℃)呈负相关。温度愈低，发育时间愈长。但在较高温度（25℃）时，无节幼体的平均发育时间为7.1天，反较20℃减慢。其关系方程式为：

$$D = 34.432 - 2.738T + 0.066T^2$$

在一定的试验温度范围内(6.5～20℃)，桡足幼体的发育时间同样与温度负相关。雄性桡足幼体的发育速度均较雌性为快。但在较高温度下（25℃），雄性15.2天，雌性为16.4天，均较15℃、20℃时的发育时间长。其关系方程式为：

$$D_♂ = 44.656 - 4.097T + 0.116T^2$$

$$D_♀ = 57.356 - 4.757T + 0.124T^2$$

$D_♂$ 代表雄性桡足幼体发育时间

$D_♀$ 代表雌性桡足幼体发育时间

同时还表明,近邻剑水蚤完成一个世代(从卵到成体产出第一对卵囊)所需的时间,随不同的温度而有差别,在6.5℃时为64.3天,10.5℃时为40.8天,15℃时为29.6天,20℃时则为20.2天。

三、生态与分布

桡足类生活于各种不同类型的水域中,像湖泊、水库、池塘、稻田沼泽等都有它们的分布。此外,在井水、泉水、岩洞等地下水中,甚至苔藓植物丛等有时也有它们的踪迹。

一般来说,哲水蚤营浮游性生活,通常生活于湖泊的敞水带、河口及塘堰中。猛水蚤营底栖生活,它们栖息于除敞水带以外的各类水域中,生态环境多种多样,如湖泊、塘堰、沼泽的沿岸带,河流的泥沙间等。剑水蚤介乎于上述两大类之间,栖息环境亦多种多样。

河流等流水水域桡足类的数量十分贫乏;而在湖泊、池塘等静水水域,特别是富营养型水体桡类的数量十分丰富,有时甚至可高达1000个/L以上,一般数量在10~100个/L之间。从对武汉东湖长期监测结果来看,桡足类的数量组成中,无节幼体占75%左右,桡足幼体和成体占25%左右。同一地区的桡足类的体长冬季大于夏季,如在广东的鉴江口的球状许水蚤(*Schmackeria forbesi*)雌体平均体长在夏季和冬季分别为1.15mm和1.19mm;广布中剑水蚤分别为1.23mm和1.06 mm。同一种桡足类分布在北方的个体有时较分布在南方的长大。如以江苏和新疆两地的标本加以比较,白色大剑水蚤雌体长度,在新疆为1.70~1.87 mm,而在江苏的仅为1.28 mm。

桡足类幼体和成体都有进行休眠现象。哲水蚤、剑水蚤和猛水蚤中不少种类有休眠以度过不利环境,但以桡足幼体(通常是第2期至第5期)和雌、雄成体休眠的种类更为普遍,如常见的剑水蚤、真剑水蚤、中剑水蚤、大剑蚤等属的许多种类,在春夏之交或秋季开始夏眠或冬眠,或在湿土中度过水域的干涸期。在夏眠或冬眠期,它们的身体藏在一个包囊中,包囊由特殊的分泌物粘住一些泥块的植物块组成。有的剑水蚤的成熟的雌体带着卵囊,在包囊中的卵囊也一并度过不利的环境条件。但是目前为止,还未见无节幼体进行休眠的报道。也有不在包囊内进行休眠的,如英勇剑水蚤的第4期桡足幼体直接进行夏眠,广布中剑水蚤的第5期桡足幼体在水域底部淤泥中越冬。这些休眠的幼体的数量可多到每平方米底土内数百个至一万多个。据记载,在挪威的一个水体内,一个桡足类休眠卵最密集的地区,每平方米的底部沉积物中,竟有400万个发育阶段不同的桡足类。由此可以推论,休眠的个体并不是被动地沉入底部,而是有选择地、主动地钻入某一区域的沉积物中,一般在一个范围内成块状分布。正因为如此,所以在排水后的鱼池一注入新水后很快出现性成熟的剑水蚤。

思 考 题

1. 请从种类组成,分布阐述浮游动物是一个复杂的生态类型。
2. 试述温度对浮游动物生长、发育的影响。

3. 浮游动物的许多种类为什么能广泛分布？有时候干涸的鱼池一注水就能出现桡足类的幼体、成体，原因何在？
4. 水体中浮游动物的数量动态，主要是由什么因素决定的。

主要参考文献

[1] 王家楫.中国淡水轮虫志.北京:科学出版社,1961
[2] 中国科学院动物研究所甲壳动物组.中国动物志,节肢动物门,甲壳纲,淡水桡足类.北京:科学出版社,1979
[3] 李纯厚,黄祥飞.略论武汉东湖枝角类种类演替及其生态因子的关系.水生生物学报,1992,16(2):101~112
[4] 沈韫芬,章宗涉,龚循矩,顾曼如,施之新,魏印心.微型生物监测新技术,1990
[5] 沈韫芬,顾曼如.武昌东湖原生动物生态初步研究.水生生物学集刊,1965,5(2):146~181
[6] 章宗涉,黄祥飞.淡水浮游生物研究方法.北京:科学出版社,1991
[7] 黄祥飞.温度对透明溞和隆线溞一亚种发育、生长的影响.水生生物学集刊,1983,8(2)207~222
[8] 龚循矩.从原生动物变化看武汉东湖富营养化的发展.水生生物学报,1986,10(4):340~352
[9] 陈雪梅.温度对武汉东湖近邻剑水蚤发育及繁殖的影响.水生生物学集刊,1984,8(4):419~426
[10] 陈雪梅.武汉东湖桡足类生物量及生产量的初步研究.水生生物学报,1985,9(2):144~157
[11] 诸葛燕,黄祥飞.武汉东湖轮虫种类组成及其分类讨论.水生生物学报,1993,17(4):347~356
[12] 杨宇峰,黄祥飞.鲢、鳙对浮游动物群落结构的影响.湖泊科学,1992,4(3):78~86
[13] 杨家新,黄祥飞.温度和密度对萼花臂尾轮虫产卵量和混交雌体形成的影响.湖泊科学,1996,8(4):361~372
[14] 蒋燮治,堵南山编著.中国动物志节肢动物门,甲壳纲,淡水枝角类.北京:科学出版社,1979
[15] Anderson P S. Predator-prey relationship and predation rates for *Crustacean zooplankton* from some lake in western Canada. J. Zool. 1970. 48:1229~124
[16] Brooks J L and Dodson S I. Predation,body-size and composition of plankton. Science,1965,150:28~35
[17] Koste W. Rotatoria. Die Radentiere Mitteleuropas. Berlin,Stuttgart:Gebruden Borntnagen,1978

第九章 大型水生植物

第一节 水生植物的主要生态学特点
  一、水生植物的概念
  二、水生植物的分布特点
    1. 植物带分布
    2. 水生植被的空间结构
    3. 地理分布
  三、水生植物在生态系统物质循环和能量流动中的地位
    1. 生产力水平
    2. 矿质营养的代谢
  四、水生植物的生活周期
    1. 生活周期长度
    2. 生长曲线
    3. 繁殖
    4. 季节生长模式
  五、水生植被的演替
    1. 原生演替
    2. 逆向演替
  六、长江中下游地区湖泊和水生植物的特点
第二节 沉水植物对水环境的适应
  一、沉水植物光合作用对水环境的适应
  二、沉水植物的矿质营养代谢对水环境的适应
  三、沉水植物资源分配的环境对策
第三节 沉水植物对生态系统过程的影响
  一、对物理环境的影响
  二、对生物地球化学过程影响
  三、对水生态系统演替的影响
  四、对水体生物群落影响
  五、对生态系统过程影响力的评价
第四节 环境因素对沉水植被的影响
  一、理化环境的影响
  二、底质结构的影响
  三、渔业的影响
  四、藻类的影响
第五节 沉水植物消长的调节
  一、调节因子和评价
  二、维持沉水植物在富营养化水体中的优势
  三、机械性治理对沉水植物的损伤
  四、富营养化水体中沉水植物的恢复

第一节 水生植物的主要生态学特点

一、水生植物的概念

大型水生植物（aquatic macrophyte）：水生植物指生理上依附于水环境、至少部分生殖周期发生在水中或水表面的植物类群。大型水生植物为除小型藻类以外所有水生植物类群。

水生植物在分类群上由多个植物门类组成，包括非维管束植物，如大型藻类和苔藓类植物；低级维管束植物，如蕨类和蕨类同源（Fern ally）植物；以及最高级的维管束植物——种子植物。主要是维管束植物，其中被子植物占绝大多数，典型的水生植物多为被子植物中的单子叶纲植物。

水生植物是生态学范畴上的类群，是不同分类群植物通过长期适应水环境而形成的

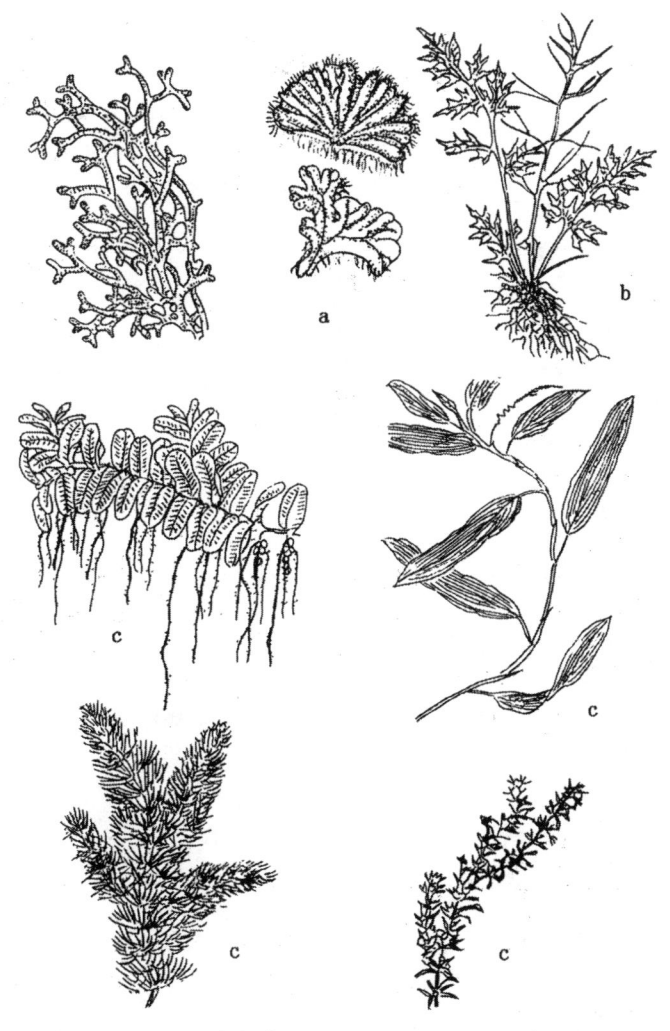

图 9.1 组成水生植物的各分类群代表植物
a. 苔藓植物；b. 蕨类植物；c. 被子植物

趋同性生态适应类型。水生植物生活型代表了水生植物对水环境的不同适应程度。水生植物按生活型一般分为：湿生植物、挺水植物、浮叶植物和沉水植物。生活型（life form）指长期生长在相似环境条件而在外貌上产生适应趋同的类型，植物生活型与其分类位置无关，是环境饰变的结果。水生植物有挺水、浮叶、湿生和沉水等生活型。挺水植物（emergent macrophyte）指根生底质中、茎直立、光合作用组织气生的植物生活型。主要为单子叶植物。浮叶植物（floating-leaved macrophyte）为茎叶浮水、根固着或自由漂浮的植物生活型。沉水植物（submersed macrophyte）指在大部分生活周期中植株沉水生活、根生底质中的植物生活型。主要为单子叶植物。

可以说湿生植物是偶然或不经常的（occasional）水生植物；挺水植物是根茎水生的水生植物；根生浮叶植物是一面叶气生的水生植物；只有沉水植物是完全的水生植物。湿生植物生活在水饱和或周期性淹水土壤上，解剖特点与陆生植物相似，其中单子叶植物茎叶的角质层发达；根有抗淹性。挺水植物茎叶气生，因而也具有陆生植物特性；直

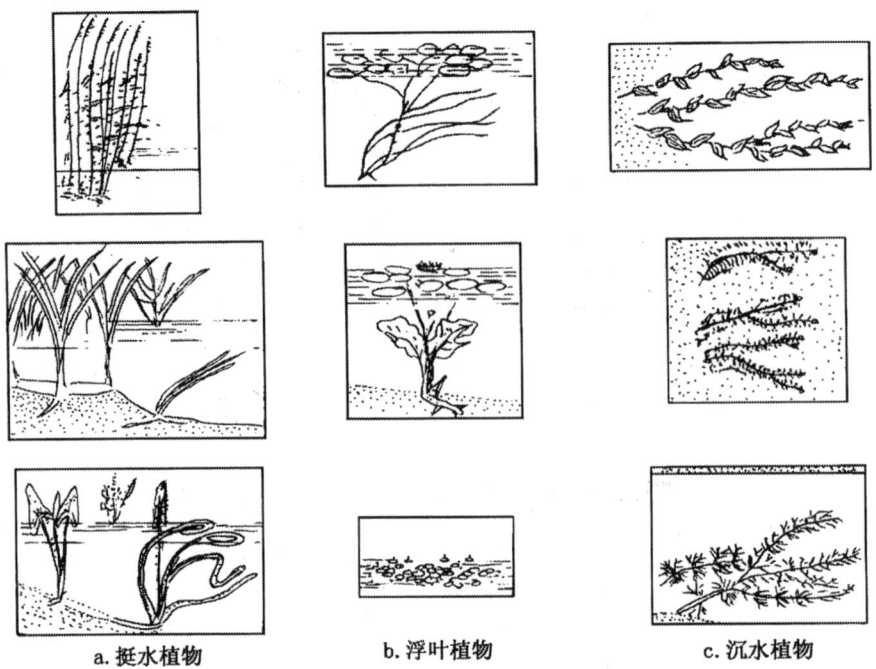

a. 挺水植物　　　　b. 浮叶植物　　　　c. 沉水植物

图9.2　水生植物各生活型代表植物

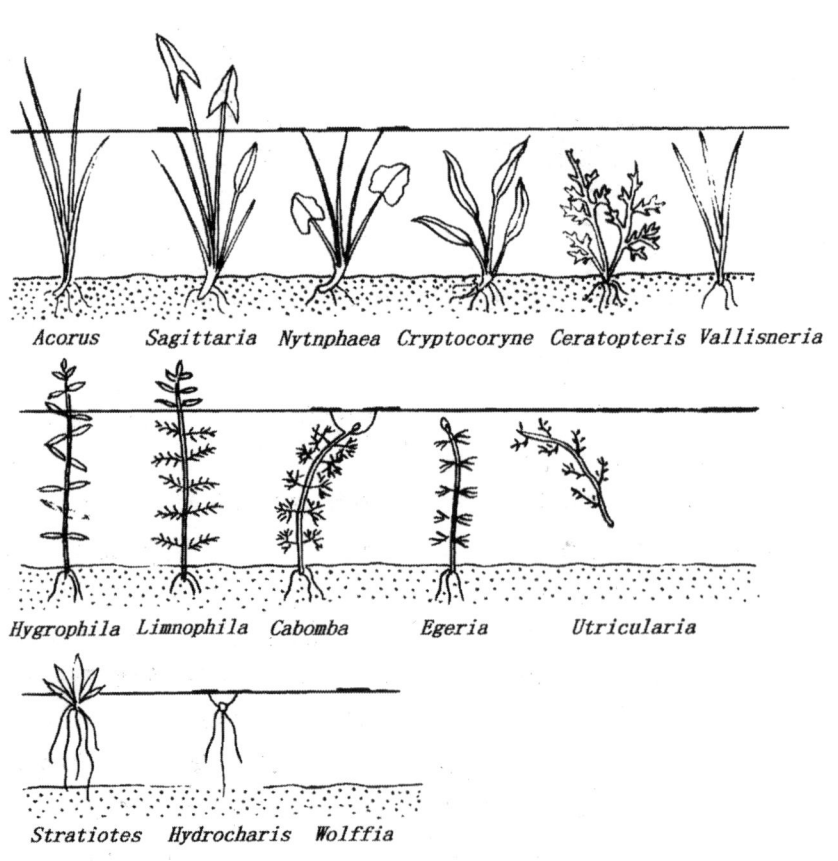

图9.3　水生植物各生活型对水环境的适应程度

立的根茎气道发达；茎叶角质层厚。浮叶植物又分为根生浮叶植物和自由漂浮植物。前者茎叶浮水，叶两面性强，并有沉水叶柄或根茎与根相连，沉水部分气道发达；后者根系漂浮退化或成悬锤状，叶或茎海绵组织发达，起漂浮作用，大多数植物花色鲜艳。沉水植物的根茎叶由于完全适应水生而退化，根和茎中的维管束的退化减弱了根系的吸收功能；茎中缺乏木质和纤维；叶薄，叶绿体集中于表面；裂叶和异叶现象经常出现；营养繁殖较为普遍；有性生殖以水媒方式为主。

二、水生植物的分布特点

1. 植物带分布

在一个水体中，水生植物的分布规律是自沿岸带向深水区作同心圆式分布，各生活型带间是连续的：从沿岸带至湖心方向各生活型的位置依次为：湿生植物—挺水植物—浮叶植物—沉水植物。深度是各生活型向内分布的限制因子，竞争是其向外分布的限制因子。

2. 水生植被的空间结构

有关名词如下：植被（vegetation）指某一地区所有植物群落的总和。植被类型（vegetation type）是具有不同建群种的相同生活型植物群丛的组合。群丛（association）是层片结构相似、优势种（建群种）相似的植物群落组合。层片（layer）指群落中相同生活型植物的组合。

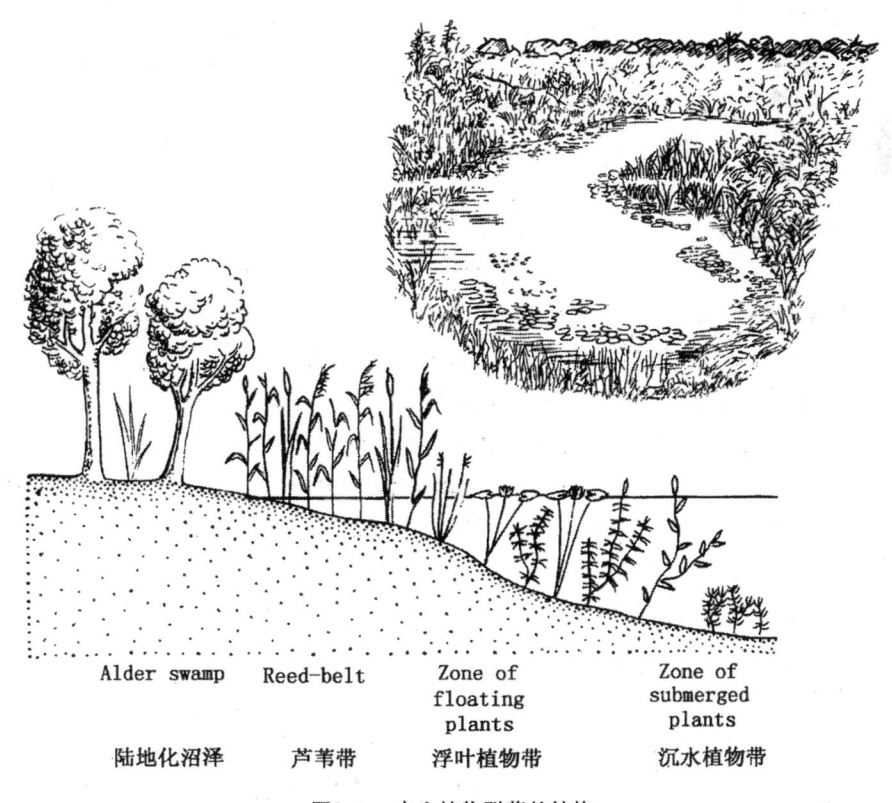

图9.4　水生植物群落的结构

水生植物群落的基本结构是层片，其植被的结构为群丛和植被类型。水生植被结构较陆生植被简单：各层片基本不重叠，水生植物群丛基本为单优势群丛或两种共同优势群丛。植被类型分为沉水、浮叶根生、漂浮、和挺水类型。

3. 地理分布

由于水体对气候温变有巨大的缓冲作用，水生植被一般为隐域性植被，其地理分布与气候的关系没有陆生植物显著，水生植物的世界分布种较普遍，但也有一些是气候性种，地区种和特有种。

三、水生植物在生态系统物质循环和能量流动中的地位

1. 生产力水平

水生植物是水生态系统中的初级生产者，也是将光能转化为有机能的实现者。水生植物是水生态系统中一切生物食物和能量的直接或间接供给者，因此水生植物的初级生产力水平相当高：其中挺水植被的生产量是地球上最高的（$40\,000 \sim 75\,000\ gDW \cdot m^{-2} \cdot a^{-1}$）；沉水植物与藻类在初级生产力上相当（$100 \sim 700\ gDW \cdot m^{-2} \cdot a^{-1}$）；浮叶植物处于居间位置（Wetzel 1983）。

水生植物的生产力水平取决于其光合作用率。光合作用公式：$CO_2 + H_2O = CH_2O + O_2$ 表明：光强和二氧化碳是否充足对生产力水平影响极大。挺水植物在光、水和二氧化碳三者充足的条件下，具有较陆生植物更高的生产力；沉水植物的初级生产力受到水下的光强减弱和二氧化碳扩散缓慢的限制。

2. 矿质营养的代谢

水生植物对水生态系统物质循环的另一大影响是通过其对矿质营养的代谢来实现的。水生植物对矿质营养的同化量与其生产力水平、生长速度和水体营养物水平成正比，因此各生活型水生植物对营养物的固定能力也是以挺水植物为最高，沉水植物最低和浮叶植物居中。水生植物是水体中除水层和底质外第三个重要的矿质营养库，以沉水植物为例：当矿质营养不缺乏时，植物体内的氮为 13mg/g；磷为 3mg/g 以上。以一个面积为 30km² 的中型湖泊为例：如果植物生物量平均为 $500 gDW \cdot m^{-2}$，那么正常固定的氮为 195t；磷为 45t。另外，由于水生植物还具有过量吸收元素的能力：即固定超过生长所需的多余营养。因此，植物的矿质营养具有减缓生态系统物质循环速度的功能。

四、水生植物的生活周期

1. 生活周期长度

水生植物是草本植物，为一年生或多年生。其生活周期是以一年为单位：从萌发、生长到生殖、死亡或休眠都是在一年中完成。水生植物的生活周期为中等长短，比藻类要长，其稳定性远超过藻类。

2. 生长曲线

是水生植物在其生活周期中生长指标变化的曲线。水生植物从萌发到生物量高峰这一阶段，其生物量的变化基本遵循 S 型曲线的走势。在生活周期的末端，生物量一般有一陡降，对应于全部或大部分植株死亡。次年的生长将从头一年积累的种子或休眠体的萌发开始。

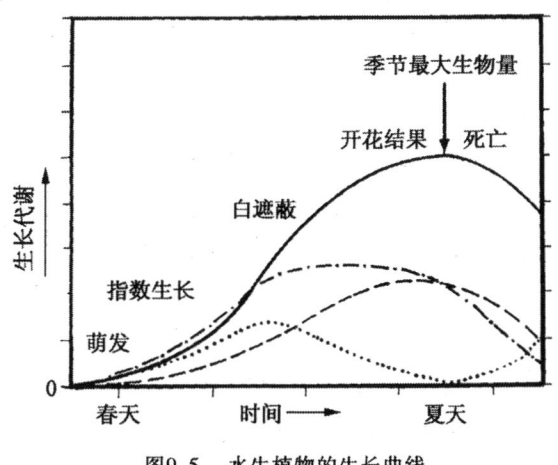

图9.5 水生植物的生长曲线

3. 繁殖

水生植物的繁殖方式以无性繁殖为主，无性繁殖的主要方式是休眠体；以植株作为繁殖体的多年生长方式（如黄丝草）总体上不占优势。通常有性繁殖只占 25% 以下。

4. 季节生长模式

水生植物虽然在时间上有出现早晚和生活周期长短的不同，但其季节生长一般以春秋型为主。

五、水生植被的演替

1. 原生演替

水生植被的演替以植被优势种的演替为代表。水生境中的原生演替是从藻类开始，路径是：藻类—沉水植被—浮叶植被—挺水植被—沼生植被—陆生植被，归结为：水生系列—沼生系列—陆生系列。原生演替的最终结局是水生植物和水体的消失。

2. 逆向演替

也称为退化（degradation），表明其演替方向与原生演替相反。但逆向演替并不是原生演替的简单倒退，因为其发生原因和原生演替相差较远。逆向演替的起点可以从原生或次生演替中的任意一个阶段开始，其演替的结果是植被结构的趋于简化，生物多样性下降，优势种从 K 选择的稳定型转化为 r 选择的暴发性不稳定种，从而加剧了环境的不稳定性。逆向演替的终点也可以停止在原生或次生演替的某一阶段，也可能继续到植被完全消失。

逆向演替发生的原因：是环境压力的增加。环境的变化或者仅仅对原有优势种生长造成胁迫，或者由于外源补充能量的迅速增加，使系统的内源调节起不到调节作用，结果是系统的周转加快，从而支持藻类和 r 选择型的大型植物的优势增强。

六、长江中下游地区湖泊和水生植物的特点

长江中下游湖泊和植被特点：长江中下游流域包括长江自三峡到入海口全长 1700 km 一段，汇集了众多重要支流，与长江中下游流域数以万计、总面积超过 2000 km^2 的浅水湖泊共同构成复合江湖系统。现代的长江中下游湖群已属于沉积物丰富和生产力高的老龄湖泊，它们具有位于亚热带地区，湖盆浅平和曾经通江的共有特点，孕育了较高发育程度的水生植被，以沉水植被类型为主，其分布面积广、优势种相似、是湖泊中主要的生物组分和重要的生物环境。

沉水植物在长江中下游地区浅水湖泊中的功能：沿岸带占长江中下游地区浅水湖泊的主要部分，许多湖泊甚至全湖都属于沿岸带地区，在气候温暖和植被发育成熟的长江中下游地区，由于过去常受到长江周期性泛滥的影响，抑制了原生演化的速度，大部分湖泊的沼生演替系列还不明显，而沉水植被在湖泊沿岸带的水生植被类型中占据明显优势。在长江中下游地区的浅水湖泊中，沉水植物所支持的草食食物链，其顶极生物为草鱼、鲫和鲂等草食性鱼类；作为生物环境，沉水植物通过有效增加空间生态位、提供避难场所（refuge）、抑制生物性和非生物性悬浮物，改善水下光照和溶氧条件，为形成复杂的食物链提供了食物、场所和其他必要条件，也间接支持了肉食和碎屑食物链，是水体生物多样性赖以维持的基础；研究表明：沉水植物的季节周转率为 1.2~1.6，与藻类几天或一周的周转周期相比要缓慢得多。而且沉水植物所固定的矿质营养在整个生长期中都不会被明显释放，这对控制营养物的循环速度有明显作用。除根部以外，沉水植物的叶片对水层中的营养物有很强的吸收功能，对藻类的生长能起到控制作用。沉水植物通过控制藻类、减缓营养循环速度和增加水体稳定性等功能有效提高了水体环境质量。

长江中下游湖泊和植被变化：当代人口和社会经济的高速增长导致了长江流域数十年中 1 km^2 面积以上的湖泊从建国初的 2800 个减少为 2300 个，面积从 9000km^2 下降为 7000km^2，或由于显著增加了对湖泊的外源能量输入，加上渔业经营本身对水生植物的直接牧食压力，造成了这些湖泊水体富营养化的加速和水生植被的逆向演替普遍发生，沉水植被在近几十年来的逆向演替趋势明显，完全水生的特点使沉水植物在水生植物各生活型中对环境胁迫的反应最为敏感。是研究这些湖泊生态系统退化生态学立足点。沉水植被逆向演替表现为植被结构逐渐简化，生物量和分布面积减少，从而导致湖泊生物多样性次生性减少；随着环境压力的增加，沉水植被的优势最终被藻类取代，这一演替结果也称为草型湖泊退化为藻型湖泊，使湖泊生态系统结构和功能上经历根本性的改变。

第二节 沉水植物对水环境的适应

一、沉水植物光合作用对水环境的适应（acclimation）

光合作用是植物最重要的代谢特征，光合速率是植物初级生产力的量度。沉水植物是所有水生植物中与水环境关系最为密切的生活型，其光合作用的底物——二氧化碳，和能量来源——太阳辐射，都由于水介质密度大于空气密度而受到环境的很大制约：例如水下辐射强度（photon irradiation）的分布决定沉水植物光合作用速率的光饱和点或补偿点的深度，由此也决定了沉水植物在水底可分布的最大深度和其光合产量。

沉水植物在适应水体光照和光合作用底物二者缺乏的极端环境过程中其光合作用代谢途径发生了适应性改变。沉水植物的光合作用率明显低于陆生植物，在水与大气平衡条件下（$0.035\% \ CO_2$ 和 $21\% \ O_2$），沉水植物光饱和点的光合作用率为 $1\sim20 \ \mu mol \cdot mg^{-1} \cdot chl \cdot h^{-1}$，DIC 饱和点的光合作用率为 $50\sim150 \ \mu mol \cdot mg^{-1} \cdot chl \cdot h^{-1}$。

在陆生维管束植物中，被确认的光合作用代谢途径有：C_3，C_4，$C_3\sim C_4$ 居间型；和景天酸代谢型（CAM）。沉水植物的 C_4 类似型代谢是由沉水生长和低 CO_2、高温和长光周期等胁迫（stress）因素诱导的，然而，C_3 类似型的代谢方式在沉水植物中更常见，而藻类中 C_4 类似型的光合代谢为主要方式，这表明沉水植物中 C_4 类似型的代谢是胁迫环境下的一种最高代价效率（most cost-effective）的代谢方式。

不同溶解无机碳种类转化为有机碳是通过不同的羧化酶：RuBPCO（1，5-二磷酸烯醇式丙酮酸羧化酶）决定 CO_2 的转化，而 PEPC（苹果酸羧化酶）决定 HCO_3^- 的转化，这两种无机碳的浓度平衡由 CO_2 脱水酶（CA）调节，在单细胞藻类和沉水植物中，当植物转化为 C_4 类似型代谢时，CA 的活力增强。

水生和陆生植物的最大区别是前者有利用环境中的 HCO_3^- 的潜力。沉水植物利用 CO_2 的能力决定了其在不同硬度和 pH 值水体中分布的能力。CO_2 进入植物的方式很可能是被动扩散，而对 HCO_3^- 的利用是主动吸收方式。外源 pH 值的变化导致植物所吸收无机碳种类的不同：CO_2 随 pH 升高而下降，而 HCO_3^- 反之。

光合作用与光强的关系表明沉水植物的光饱和点一般低于最大日辐射量的四分之一，这类似于陆生的阴生植物。

生长在弱光下的沉水植物会降低其 LCP 与 LSP 值和 $K_{0.5}$（光合作用半饱和点）与 I_k（光饱和开始点），从而增加弱光下的光合作用效率，因而对于某些沉水植物，日辐射仅在一年中的某些月份才成为光合作用的主要限制因子，在其他月份中温度和无机碳的作用更为重要。冠层生长型（canopy growth form）植物在弱光下节间长度增加，光谱的改变也对伸长和分枝生长起调节作用。

作为阴生植物，沉水植物在水表面处于全日照辐射（full sun irradiation）时会面临光抑制问题（photoinhibition）。沉水植物光强适应阈的上限可能限于 $1/3\sim1/2$ 的全日照强度。因此生长于水表面的植物对强辐射产生生化适应机制，即生成一些呼吸酶和色素以分解强辐射下产生的活性（reactive）O_2。

二、沉水植物的矿质营养代谢对水环境的适应

沉水植物的根和营养体都有吸收矿质营养的能力，沉水植物的根茎叶对营养元素的选择性有所不同：实验证明：N、P、Fe、Mn和微量元素主要是通过根系吸收的；Ca、Mg、Na、K、SO_4和Cl主要是地上部分吸收的，底质吸收是植物组织矿质营养的主要来源。

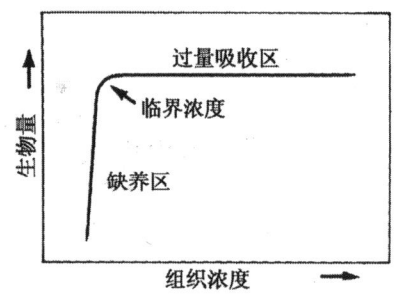

图9.6 沉水植物的过量吸收

在所有的营养元素中，50%～100%的P来源于底质，这是因为底质间隙水（sediment interstitial water）中的无机磷酸盐（也称DRP：dissolved reactive phosphate）的含量是表层水（surface water）中的4倍。当表层水中不含磷时，沉水植物依靠底质磷来源可达到$1kgDWm^{-2}$的产量。沉水植物对间隙水和表层水中氮的吸收比例正比于两个介质间氮的浓度比，而且沉水植物对氨氮比硝酸盐具有吸收优先性，由于底质中的氨氮浓度远远高于表层水，所以底质是植物氮源的主要依赖，底质N的供应不如P充足，有时会成为生长限制因子，而且底质中氮的缓冲交换库要远小于磷，这样底质中的氮要比磷消耗得更快。沉水植物组织营养积累量可能随水体营养的增加而上升。富营养化造成植物过量吸收水体营养（luxury absorption），有可能对植物生存产生不良后果：营养过剩特别是N:P比率过高会造成植物过多的营养生长，可能也会干扰沉水植物的有性生殖和无性休眠体的形成，以及干扰干物质的积累，从而减弱植物的抗寒和过冬能力。由于水中温度总在0℃以上，还没有富营养化后沉水植物多年生（perennial）种类直接在冬季死亡的例子。

三、沉水植物资源分配的环境对策

环境对具有不同资源分配（resource allocation）对策的沉水植物种类产生选择压力，也迫使同种植物在不同环境下产生不同对策。例如：光合作用组织的生长量必须与矿质营养的供应能力平衡，过多过少的投入都将造成物质的浪费；反之在光照不足的情况下植物的根系生长也会相应减少，以对应对矿质营养有限的物质合成需要。分配的合理性是植物生存适应和竞争成功的关键，代价/收益（cost/benefit）比研究是对沉水植物组织资源分配合理性的量度。

沉水植物生活周期的对策在过冬方式上是一年生或多年生，前一种方式植物形成种子过冬，后一种方式包括营养休眠体或植株过冬。有性繁殖损耗的资源量大，形成方式比较复杂，繁殖体（种子）较小，较能抵抗环境压力和保持种质，适应于长期休眠和长距离迁移；无性繁殖体变异很少，抗逆能力较差，优点是容易形成，损耗的资源量少，繁殖体为种子大小的数倍，具有更大的初始生长潜力。在稳定的水生态系统中，因为环境压力受到了较好的缓冲，后一种繁殖对策对植物的生存和竞争更为有利，以无性繁殖

策略为主的沉水植物也往往以有性繁殖为补充以弥补这种方式的不足。纯粹以植株过冬的方式可以完全避免形成特殊组织所需能量的损耗。

多年生植物组织碳水化合物的季节性分配模式一般是在春季生长开始前最高,生长活跃期较低,然后又开始积累;主要营养物 N 和 P 的季节变化与碳水化合物的模式类似。

在过冬组织中,植株中的碳水化合物较低,而在根和休眠体中较高,但由于植株的生物量远远大于后者,其碳水化合物的储存量具有优势。繁殖体的形成时间一般在生长季后期植物生物量高峰到达时间前后,是受有关环境因子诱导而成,营养在各组织中的分配与其功能相关,光合作用器官中需要较多的氮以合成酶类(RUBPCO 等酶);种子和休眠体等繁殖体中的营养物含量较大部分组织中高。

叶是植物消耗能量较多的组织,比较沉水植物的裂叶和整叶叶型(dissected and entire leaf),前者在静水、无机碳源匮乏、牧食和着生压力大的湖泊中具有竞争优势,研究表明贫、中和富营养水体中整叶沉水植物的比例分别为 94%,80% 和 70%。周转率也与叶的大小有关,具最大周转率的沉水植物具有小叶型特征。在富营养化水体中,为适应系统的高产,沉水植物以两种叶型为主:周转率高的裂叶和中等周转率的大型叶。

第三节 沉水植物对生态系统过程的影响

沉水植物结构的变化对水生态系统将产生有力的影响,沉水植物演替过程代表了其对水生态系统过程的影响强度。从生态系统的临界水平上研究沉水植物的功能是研究生态系统对自然或人为干扰响应机制的前提。沉水植物占据水体中水和底质的主要界面,形成水体两大营养库之间的有机的结合部,因此沉水植物对水体的生物生产力和生物地化循环产生关键性影响。沉水植物在空间分布(沿岸带和敞水带之间)和生活周期长度(较浮游生物长但较鱼类短)上都处于居中,在营养循环周期上浮游生物只需数天而鱼类需要数年完成一次周转,沉水植物所代表的巨大矿质营养库也处于居中的周转速度,成为水体中从陆地到水生境、从底质到水层和从浮游生物到鱼类之间的活的界面(living interface)。

一、对物理环境的影响

沉水植物作为水体中较大的生物群,对水体物理环境的改变显著。不同种沉水植物的消光系数最大可相差 4 倍。这种种间差异造成对沉水植物群丛中共生种和植株上着生生物的生长环境差异。沉水植物区的垂直温差可达 $10℃ \cdot m^{-1}$,而临近的无植被区为 $0.2℃ \cdot m^{-1}$。白天垂直的稳定梯度与沉水植物的生物量的对数成线性正比,斜率的大小取决于日照强度对风速的比值、叶面积指数和叶片的垂直密度。沉水植被区有利于保持小颗粒底质的稳定性,增加碎屑的沉积量。

二、对生物地球化学过程影响

沉水植物的生长代谢对环境的生物地球化学过程影响尤为显著:沉水植物的生长显著影响水体溶氧、pH、无机碳形态和含量等。水生植物腐烂的生态学后果是释放出溶解物质、消耗环境溶氧和抬高底质。植物的死亡腐烂对生物地化过程的影响力取决于植物生物量和一系列环境因子,特别是温度、溶氧浓度和氮浓度。

沉水植物较浮叶植物更有效地提高水体的氧化程度,与相邻的裸地相比,聚草密集生长区的日溶氧变幅是后者的两倍之多。沉水植物根际的氧化程度也很显著,根系的氧释放量受到光照的促进。底质的氧化性与湖泊的营养程度有很大的关联,富营养化湖泊中沉水植物根际放氧会被迅速消耗,根际氧化区的形成减少了底质磷通过形成铁-磷结合物的方式从底质流失到水层中。沉水植物的代谢对无机碳和pH值的影响尤为强烈,光合作用通过合成有机物和形成碳酸盐沉积提取水中的无机碳;在活跃生长阶段沉水植物一般释放其通过光合作用合成有机碳的10%。磷是沉水植物矿质营养代谢中的重要元素,主要是通过根系吸收,然后分配到枝条,最后通过植物的活体释放或死亡腐烂释放到水体中。

磷释放量取决于植物磷含量,75%的释放磷是溶解无机磷,可被浮游植物很快同化,导致水体叶绿素迅速增加。氮在腐烂过程中主要以氨氮形式释放,氮比碳释放得还要慢。植物腐烂消耗氧,但在各生活型中,沉水植物消耗的氧相对最少。

三、对水生态系统演替的影响

研究表明随着营养水平的提高,沉水植物种类首先发生演替,生产力和周转速度低的莲座型植物为大叶冠层型代替,以后可能又为裂叶种取代。沉水植物生产力水平的变化也由于种类演替和底质营养的积累经历了低—高—低的变化,最后由于藻类的竞争优势的扩大而走向消亡。由于沉水植物在其高生产力的演替阶段向湖盆提供了较多沉积物,对沿岸带产生垫高和对外源营养固定,随富营养化的加剧,虽然沉水植物消失,但一旦浮叶和挺水植物开始克服水深限制在沿岸带形成群落,便会迅速开始沼泽化进程,这是由于浮叶和挺水植物生长在气水界面,水体光照、无机碳、营养、供水和牧食对它们都不会成为限制因子,环境因子接近其生长的最适点,使这两种植物成为地球上生产力水平最高的植物类群

四、对水体生物群落影响

证据表明沉水植物能降低营养物循环速度,控制富营养化的表现形式和抑制浮游植物,沉水植物对其他生物群落的重要性主要取决于其生物量和初级生产力,湖泊间沉水植物生产力和生物量的差异与营养水平有很大关系,可达到两倍之多。沉水植物是附植生物的生活基质,沉水植物为附生的牧食生物提供了附植食物、避难所、接近空气-水层界面的生存环境、氨基酸和无氨条件。

沉水植物变化和消失的后果包括植株的腐烂；溶氧、pH 和碱度的下降；二氧化碳（H_2CO_3）浓度的增加；沉水植被区的减少；附植生物和着生动物生境的减少。实验池塘中沉水植物下降的长期后果包括底质氧化还原电位的增加；水体氮磷的下降；浮游植物现存量的下降。

五、对生态系统过程影响力的评价

最近对沉水植物的生长和底质营养水平的研究表明沉水植物对水体的影响是相对主动的，因而沿岸带植物特别是沉水植物对水体的底质营养物动态产生着极大的影响。底质营养物的供应能力决定了植物群落的结构变化，这一影响反过来又在大尺度上影响了生态系统的过程。影响湖泊生态系统的主要因素取决于考察的时间长短：①以千年为尺度时，湖泊的形态变化是提高沿岸区代谢影响力的因素；②以世纪为尺度时，沉水植物的重要变化主要与气候相关；③从几十年的变化来看，富营养化导致沉水植物丰度和结构的变化；④以 10 年为周期来衡量时，外来植物的引种和草食压力的增加引起沉水植物生物量的动荡；⑤从年变化范围来看，季相变化、人为控制和自然干扰为主要环境因子。沉水植物是属于生态系统中的不稳定生物因子，特别是其生物量的变化受多种因素影响。数年中沉水植物生物量的增加或减少主要源于沉水植物外来种的迅速侵入和随后的衰竭，人为控制水草和动物的草食。植物从底质中吸收的磷在其死亡时被附植生物和浮游植物利用；沉水植被生物量的增加促进了鱼类产卵和孵化的成功性，从而增加了对浮游动物和草食生物的捕食压力，草食压力的减轻则使浮游生物初级生产力水平提高。

第四节 环境因素对沉水植被的影响

沉水植被退化现象在世界范围内已作出普遍报道，然而迄今还没有形成对这一现象的合理解释。引起沉水植被变化的环境因素可归结为自然过程和人为影响；直接因素或间接因素。最近，国际上对沉水植物的生理和生态学有了更多的报道。

一、理化环境的影响

沉水植物的生产力、分布和种类结构受到一系列环境因素的调控，其中光强、温度、矿质元素一般被认为是最重要的理化因子。

水体光强，特别是光合作用有效辐射是沉水植物的必需环境因子。弱光形成的光照不足在水体中最易发生。而水体富营养化导致的藻类的大量生长更显著减少了光的穿透深度。一般认为：水底光强不足入射光的 1% 以上时，沉水植物就不能定居。当处于植物光合作用补偿点和饱点之间时，光强直接决定沉水植物的生产力。通过影响水体溶氧量，光强也成为沉水植物生长的间接生态因子。沉水植物不同种在底质不同深度上的定位主要是决定于光环境，富营养化导致的浮游植物密度增加是沉水植物衰竭的一个重要因素。沉水植物衰竭的另一原因是其叶片表面的附植生物和丝状藻类。光照也在植物季节优势种演替和种间竞争中起重要作用，某些植物可通过减少非光合作用组织，调节呼吸速率，或改变光合色素结构去度过数周由于光照突然减弱而产生的逆境。弱光环境下植物通过形态学上的适应捕获最多光子是生存和竞争成功的重要方面：如减少分枝和生成长枝，生成叶面积大的较长叶片以及在水表面形成冠层。

水温对沉水植物的影响较气温对陆生植物的影响要弱，但其对植物的季节生长的影响很显著，决定植物的萌发、生长量和最大生长，有时还决定开花和休眠期。水温和光照相联系共同影响沉水植物的形态变化、光合作用、叶绿素结构和繁殖。生长耐受范围内的升温通常增加叶绿素浓度和生产力，同时促进枝条的伸长和分枝数，在对枝条的长度影响上温度与光照的效应相反；沉水植物的温度最适点很高，一般为 28～32℃，所以沉水植物对低温的适应能力将决定其在北方温带地区的竞争优势大小，温度可能与光照同样影响同一群丛中沉水植物的竞争共存关系。

矿质营养对沉水植物生长的重要性一向是被关注和强调的重点：来源于底质的磷可完全满足生长的需要，底质显然是植物氮磷的直接来源。与磷相比，底质中的可利用氮量相对较少，有时会成为生长的限制因素。水层中的可获取微量元素也往往不足以满足植物的生长需要，与其相比，底质中含有较丰富的微量元素，因此除氮磷以外，沉水植物同样可从底质中满足其微量元素的需求。底质中的钾在一般情况下不能满足沉水植物生长所需量，因此，沉水植物从水层中吸收钾在任何营养水平的湖泊中都很普遍。虽然钙可以从底质吸收，但实验表明，当溶液中缺钙时，沉水植物就不能生长，大多数植物在光合作用同化碳酸氢盐时便得到了足够的钙。另外，镁也是从水层中获得的。硫酸根、钠和氯离子既可以来源于根吸收也可由枝条吸收，它们一般不会成为限制元素。

近年来才发现几乎所有沉水植物的内在光合作用潜力都远远超过水体无机碳的供应量，大部分水体中沉水植物的生长都受到无机碳源的限制。自由二氧化碳是植物最容易利用的形式，然而，由于水体的 pH 值随光合作用强度增加而增高，使 HCO_3^- 和 CO_3^{2-} 成为优势的碳酸离子种类，而 H_2CO_3 几乎消失。虽然大部分沉水植物能利用 HCO_3^- 进行光合作用，但藻类对其更有竞争优势，因而对沉水植物的光合作用构成威胁。不同植物种在利用碳酸氢盐的能力上相差较大，这使植物特别是在水体 pH 值较高的情况下，如藻类光合作用旺盛的富营养化水体中，产生生长速度上的明显差别，从而决定群落结构的演替。有报道表明植物可以从底质中获得二氧化碳，但仍然表明水层中的同化是植物最关键的二氧化碳来源。

二、底质结构的影响

沉水植物的生长状态与底质的结构有相当紧密的联系，底质对植物的元素供应是其中的一个重要方面；底质的结构（颗粒粗细、有机物含量的高低、无氧代谢形成的无机物质含量）也在很大程度上影响沉水植物的生长；颗粒度可影响植物根系的发展和对矿质营养的获取能力，沙质底质往往与元素贫瘠、有机物含量低下相联系，影响植物的密度和生物量；无氧环境下生成的还原性铁、锰和还原性硫化物对植物有毒害作用，还原铁还通过干扰植物对硫的代谢和影响磷的可利用性抑制植被的生长。在富营养化环境下底质中容易形成相当浓度的无机还原物，植物对它们的抗性取决于其根际氧化区的形成能力。当底质有机物含量高时往往含有大量对植物有毒害作用的有机酸，另外还含有对植物有害的乙醛、酚、酒精和乙烯等。有机物还通过对底质中矿质营养可利用性的影响间接影响植物的生长速度。

三、渔业的影响

渔业活动对沉水植物的生长和群落结构产生影响，渔业强度较高时对植被产生直接牧食和间接破坏效应，其结果是导致植被的退化。

放养的草食性鱼类对沉水植物的牧食强度很大，每增重 1kg 鱼大约需要消耗 $1m^3$ 范围的水生植物一年的生产量。植被被直接破坏后，对水层中浮游藻类的抑制作用随之下降，并使藻类生存空间增加，在贫营养湖泊中，浮游藻类的生产力增加并不显著，但在富营养化湖泊中，将直接使浮游藻类生产力提高，从而对沉水植被进一步产生光限制；另外，鱼类的代谢将大部分食物转化为碎屑，加速了水体的营养循环；鱼类对浮游植物的捕食也对藻类生长起促进作用。牧食鱼类消耗了沉水植物的生物量后，也使浮游动物的避难生境减少，使浮游动物的被捕食压力增大。不同植物遭受的牧食压力不同，导致了群落中植物丰度和对生境占有面积的重新分配，改变了它们的竞争优势；牧食还破坏了植物的枝条伸长、分枝、种子形成和营养繁殖体形成，植物被牧食后具有不同的恢复再生能力，再生和繁殖快的种类容易恢复，从而提高在群落中的相对优势度，导致了优势种的演替和植被结构的改变。草鱼对沉水植物的牧食压力在水生植物的各生活型中最大。

四、藻类的影响

淡水生态系统中包括 3 种不同的植物生境：水表面、水层和光照可达到的底质表面。小型和大型藻类，沉水植物都可以把底质表面作为生境，而敞水区植物群落仅有浮游藻类构成。在 3 种类群中，浮游藻类个体最小，生产力和周转率最高，对营养的吸收能力最强，生长的营养限制极易发生。沉水植物的 N、P 需量分别比藻类低 30 倍和 50 倍；由于沉水植物生长速度较藻类低 10~100 倍，其组织中还有不同来源的营养储备，能从底质中获得丰富营养，因此沉水植物生长不会受到营养限制，在以上 3 种类群中占有营养竞争优势。与浮游植物类似，附植藻类的营养限制也容易发生，因为它们的营养源主要是水层，而从着生的植株上获得的营养一般只有其需量的 3%~9%。

由于水体富营养化的普遍发生，对藻类生长的营养限制得到缓解或解除，藻类数量显著增加，也使其对沉水植物的竞争机制产生明显效应。浮游植物在光照和无机碳源上对沉水植物具有竞争优势，在光合作用必须的能量来源光的竞争上，藻类的大量生长减少了底生植物生存必须的底层有光区（euphotic zone），附植藻类的增多又进一步减少了沉水植物的光子获量（light harvesting），原来被沉水植物固定的底质在这种情况下发生再悬浮，从而进一步增加水层悬浮颗粒有机物浓度。沉水植物除了具有必须从缺光的底质表面开始生长，生长速度较慢等劣势外，在光能利用效率上也低于藻类。

沉水植物的平均光补偿点（I_c）可能是藻类的 10 倍左右，这是由于沉水植物有大量的非光合作用组织需要能量维持；富营养化水体中浮游藻类对光照的严重遮蔽效应还对沉水植物的生长型产生选择压力：冠层生长型（canopy form）因能在水表面形成冠层而容易克服遮蔽，解除光限制。

附植生物是生长于沉水植物表面的藻类、细菌、真菌、微型动物和无机及有机碎屑的复合群落，外观为絮状或褐色粘质藻垫。附着藻类的大量生长会对基质植物产生遮光和毒害作用，植物通过①群聚生长有效降低界面水体的营养浓度；②叶片的快速生长和周转干扰附植生物群落特别是顶极的点着生藻的形成；③分泌化学物质直接或间接控制附着藻类的密度。

在富营养化情况下，水体营养物浓度充足，刺激附着藻类特别是绿藻和丝状藻的大量生长。附植生物的消光系数有时可高于水层浮游藻类的消光，水体营养物供应的增加也缓解了附植藻类生长的营养限制，因此沉水植物的衰亡是浮游植物和附植植物过量生长的共同结果。

第五节 沉水植物消长的调节

一、调节因子和评价

温度对沉水植物的影响很大，人类的活动对全球性温度有改变，但一般来讲温度至今还是属于一种不易调节的自然现象。光照是调节沉水植物的重要因素：植物生长的最大深度、富营养化和藻类的密集生长对沉水植物的抑制、植物群落的优势种演替和种间竞争、对附生植物的耐受能力，以及牧食和机械收获后的再生可能性都与光强有关，除了光强决定植物生长外，光质对植物的繁殖和再生有诱导作用，可用来影响植物营养生长或繁殖生长。

由于沉水植被具有成功的根系吸收机制，很少情况下植物才会因明显缺乏矿质元素而导致生物量的下降，所以通过矿质元素对植物生长抑制几乎是不可能的。敞水带营养物的增加在通常情况下不会带来沉水植物产量的增加，而只会由于浮游植物和附植生物生长的增加带来沉水植物生物量的下降。因此，对湖泊矿质营养输入量特别是对输入磷的控制是保护沉水植被的重要途径。

无机碳源是沉水植物光合作用的限制因子，但通过控制无机碳源的供应来调节沉水植物生物量却是不太适用的，这是因为水体无机碳主要受到地区环境、水文、地理学特征和水资源利用方式的控制，通过了解这些环境参数而预测植物的生产力将会受到多大程度的影响才是较实用的工作。

底质结构也是由地区地理学特征决定，由于对底质和沉水植物产量的关系尚未研究透彻，对其调控结果往往不能作出很好预测。

收获和牧食性鱼类放养是通过机械性破坏减少植物生物量的常用方法，在国外用于对杂草的控制上，其效果比较显著，但对其后果的预测性还不够准确。

二、维持沉水植物在富营养化水体中的优势

在富营养化环境中，沉水植物仍然可能发挥多种控制机制维持对藻类的优势，其前

提是沉水植物能在水表面形成冠层和具备相对高的丰度。沉水植物能通过对光、无机碳和营养的竞争，促进沉积，为浮游动物提供避难生境以降低其被捕食的压力等。在上述前提条件得到满足时，亚热带浅水湖泊中的的沉水植物在富营养化水体中要比在温带或深水湖泊中更有可能维持对藻类的优势，因为控制藻类的春季生长是决定当年两大类群优势对比的关键。通常沉水植物的生长季开始较晚和其初始生长速度低，如果沉水植物能保存相对较大的过冬生物量和碳水化合物库存，它就能在早春拥有较大的生物量增长基数，在春季水华发生和水体透明度下降之前就有可能形成冠层，占领生境，达到密度上的优势。

三、机械性治理对沉水植物的损伤

在我国的浅水湖泊渔业中，草鱼的放养促进了沉水植物在富营养化湖泊中的演替和衰竭，收获（harvesting）是国外常用的控制沉水植物"杂草"的方法，它和草鱼的牧食对沉水植物所产生的后果有许多可比之处，表现在对植株都是机械性破坏行为；都能导致顶枝（apex）丧失；立刻造成植物生物量、资源储存量（碳水化合物和营养）、光合作用组织和植物重要结构（繁殖器官和生长点）的损伤。

生物量、碳水化合物、光合作用器官的损失和主枝的生长抑制是显著的后果。

一次收获带走的生物量约在30%以上，而牧食性鱼类消耗的生物量更多，这是因为大型植物的C、N、P比例和组织纤维素含量较藻类高，资源的转化效率低：$1kg \cdot m^{-3}$的草鱼产量对沉水植物最大生物量的消耗为24%以上。沉水植物群落生物量的下降直接降低了植物对藻类的竞争和控制能力，以及对牧食性大型浮游动物的保护能力，即使在营养水平不发生变化的前提下也能导致藻类生物量的提高。

在植物生物量还处于低水平时，机械性收获造成的生理胁迫最为显著，而在生长季节的后期影响最小，这是由于春季营养生长期间植物建造光合作用组织和通过快速生长竞争空间的物质能量储备消耗最大，而组织的资源储备一直要到植物的指数生长结束以后才能开始获得补充。

收获对冠层型植物光合作用的抑制效果很明显，收获前后植株光合作用速率的下降要大于生物量下降的百分比。

对在生长季后期进行有性繁殖或无性繁殖的种进行收获可以影响其繁殖过程或带走大量的繁殖体（如茳草）。室内研究表明收获对以种子繁殖为主的种类的控制效果可能会更明显。

顶枝的收获不仅造成植物光合作用组织和生物量的丧失，由于已发现收获后顶枝不会再生，而侧枝的生长也不会加快，因此顶枝的去除也意味着结构上的永久破坏，特别是在水体中当植物最大季节生物量达不到空间容量时（弱光、深水或贫营养底质），对冠层型植物的收获会明显降低其碳水化合物的积累。

不同植物种在收获后的再生能力差别较大，因此收获造成了植物群落结构的改变：聚草总能在收获后很快恢复。眼子菜科的恢复能力一般很差，美洲苦草（*Vallisneria americana*）的竞争优势能够在收获后被加强。

需要注意牧食与收获的不同：牧食是一个连续发生过程，更重要的是牧食生物具有种类选择性,例如草鱼对沉水植物的选择系数相差甚远,实验表明,选择系数高的食物首先被利用,另外丰度也是一种选择因素。

四、富营养化水体中沉水植物的恢复

一旦浮游植物的优势在富营养化进程中被确立,沉水植物消失以及放养食浮游动物鱼类后,即使控制了外界营养物的输入,藻类也仍然不能回到低水平。在这一阶段,恢复沉水植物很困难,因为底质已成为还原性腐泥型,不适合沉水植物的着生。沉水植物的再生还需要浮游植物密度的显著下降;增加牧食性浮游动物(*Daphnia* 等)的数量是值得试验的方法,同时控制蓝藻等抗牧食藻类的数量,可能需要停止放养食浮游动物的鱼类而代之以肉食性鱼类。

思 考 题

1. 大型水生植物主要的分类群组成?如何划分其生态类群?各生态类群有何趋同性?其植物带的分布规律是什么?
2. 大型水生植物在生态系统物质循环和能量流动中地位如何?
3. 沉水植物对水环境有何适应性?
4. 如何评价沉水植物对生态系统过程的影响?
5. 主要环境因子对沉水植物影响机制如何?

主要参考文献

[1] Barko J W, Adams M S and Clesceri N I. Environmental factors and their consideration in the management of submersed aquatic vegetation. J. Aquat. Plant Manage, 1986, 24: 1~10
[2] Barko J W, Gunnison D and Carpenter S R. Sediment interactions with submersed macrophyte growth and community dynamics. Aquat. Bot., 1991, 41: 41~65
[3] Bowes G and Salvucci M E. Plasticity in the photosynthetic carbon metabolism of submersed aquatic macrophytes. Aquat. Bot., 1989, 18: 231~238
[4] Carpenter S R and Lodge D M. Effects of submersed macrophytes on ecosystem processes. Aquat. Bot., 1986, 26: 341~371
[5] Nichols S A. The interaction between biology and the management of aquatic macrophytes. Aquat. Bot., 1991, 41: 225~252
[6] Madesen J D. Resource allocation at the individual plant level. Aquat. Bot., 1991, 41: 67~86
[7] Ozimek T and Kowalczewski. Long-term changes of the submersed macrophytes in eutrophic Lake Mikolajskie (North Poland). Aquat. Bot., 1984, 19: 1~11
[8] Sand-Jesen K and Borum J. Interactions among phytoplankton, periphyton, and macrophytes in temperate freshwaters and estuaries. Aquat. Bot., 1991, 41: 137~175
[9] Sand-Jensen K and Sondergaard M. Phytoplankton and epiphyte development and their shading effect on submersed macrophytes in lakes of different nutrient status. Int. Rev. Gesamt. Hydrobiol., 1979, 66: 529~552
[10] Sculthorpe C D. The Biology of Aquatic Vascular Plants. Edward Arnord, London, 1967, 610pp
[11] Wetzel R G. Periphyton of Freshwater Ecosystem. Dr. W. Junk Publishers, The Hague. 1982, pp 207~215
[12] Wetzel R G. Limnology (second edition). CBS College Publishing. 1983, 535pp

第十章 底栖动物

第一节 基本概念
第二节 底栖动物的习见类群
　一、海绵动物门
　二、刺胞动物门
　三、扁形动物门
　四、线虫动物门
　五、环节动物门
　六、软体动物门
　七、节肢动物门
　　1. 甲壳动物亚门
　　2. 单肢动物亚门
第三节 底栖动物的生活类型
　一、固着动物
　二、穴居动物
　三、攀爬动物
　四、钻蚀动物
第四节 功能摄食类群
第五节 生活史及化性
　一、生殖方式
　二、幼体发育
　三、化性

第六节 周年生产量
第七节 底栖动物与环境的关系
　一、物理因素
　　1. 底质
　　2. 流速
　　3. 水深
　二、营养元素
　　1. 总氮
　　2. 总磷
　　3. 有机物
　三、水草
第八节 底栖动物在不同性质水体中的种类数量分布
　一、湖泊
　二、河流
　三、水库
第九节 底栖动物在渔业和环境生物监测上的价值
　一、渔业经济价值及渔产潜力的估算
　二、在环境生物监测上的运用

第一节 基本概念

在淡水环境中，有不少动物主要以水体底部作为它们栖息、觅食、生殖等活动的场所。这些动物的系统位置不一定接近，形态和个体大小也存在差异，在水底生活的周期还因种类而长短不一，其中不少种类终生营水底生活，如蠕虫及软体动物；另外一些种类如多数水生昆虫则在幼虫或稚虫阶段营水底生活，成虫则飞入大气层。尽管有种种差别，但以水体底部为主要生境是它们的共同生态特点，通称底栖动物。因此，底栖动物（zoobenthos 或 benthic animal）是指生活史的全部或大部分时间生活于水体底部的水生动物群。

底栖动物可按其起源及大小进行基本划分。在起源方面，底栖动物可分为原生底栖动物（primary zoobenthos）和次生底栖动物（secondary zoobenthos）。原生底栖动物的特点是能直接利用水中溶解氧的种类，包括常见的蠕虫、底栖甲壳类、双壳类软体动物等；次生底栖动物是由陆地生活的祖先在系统发育过程中重新适应水中生活的动物，主要包括各类水生昆虫，软体动物中的肺螺类（Pulmata）如椎实螺（*Lymnea*）也属此类。

在底栖动物的大小方面，近代研究常根据筛网孔径的大小将它们划分为不同的类型。一般而言，将不能通过 500μm 孔径筛网的动物称为大型底栖动物（macrofauna），能通过 500μm 孔径筛网但不能通过 42μm 孔径筛网的动物为小型底栖动物（meiofauna），能通过 42μm 孔径筛网的动物为微型底栖动物（nanofauna）（Higgins and Thiel, 1988; Palmer and Strayer, 1996）。这种分类方法是为了研究的方便，与分类地位和生态习性无关。同时，一种生物的幼体可能是小型底栖动物，成体则可能是大型底栖动物。国内在大型底栖动物方面已有较多资料，在小型底栖动物的研究方面则几乎尚未着手进行。据 Kajak 和 Rybak（1966）的研究，小型底栖动物的生物量在波兰湖泊中有时可达大型者的 50%~60%；Anderson 和 Henau（1980）发现加拿大的一些湖泊中小型底栖动物占全部底栖动物数量的 97%，生物量的 1/3，是底栖动物中不可忽视的部分，因此，国外有较多学者从事这部分的研究。

底栖动物是淡水生态系统的一个重要组分，对了解生态系统的结构和功能有理论意义。在应用上，底栖动物是鱼类等经济水生生物的天然食料，一些底栖动物（如河蟹等）本身就具有很高的经济价值。此外，底栖动物还常作为环境监测的生物指标，因此，研究底栖动物在渔业和环境科学上均有裨益。

第二节 底栖动物的习见类群

淡水底栖动物的种类繁多，在无脊椎动物方面几乎包括了除棘皮动物外所有较大的门类。在脊椎动物方面，严格地说，一些底栖性鱼类以及有尾两栖类等也应纳入底栖动物的范畴。但在本章中，一方面考虑到工作方法的统一性，同时也考虑到鱼类等有另外章节予以叙述，我们在这里将底栖动物的范围限定于较大型的无脊椎动物。由于分类学并非本书宗旨，这里只对主要类群进行简单介绍。读者在实际工作中应参考有关动物学书籍。

一、海绵动物门（Spongia）

或称多孔动物门（Porifera）：形体不规则，间或有辐射对称，无真正组织分化，无器官，体表多小孔，成体多固着生活。淡水主要有寻常海绵纲（Demospongiae）的淡水海绵科（Spongillidae），如针海绵（*Spongilla*）。

二、刺胞动物门（Cnidaria）

刺胞动物门旧称腔肠动物门（Coelenterata）：辐射对称，成体有口无肛门，有刺细胞。淡水中仅有一纲，即水螅纲（Hydrozoa），常见的如水螅（*Hydra*）。

三、扁形动物门 (Platyhelminthes)

背腹扁平，两侧对称，不分节，一般有口无肛门，原肾管末端具焰细胞构造。自由生活的是涡虫纲 (Turbellaria) 的种类，体表一般具纤毛。淡水中主要有：①单肠目 (Rhabdocoela)：肠简单，口在前端。如微口虫 (*Microstomum*)。②三肠目 (Tricladida)：肠分三主干，口在腹面近中央。如真涡虫 (*Dugesia*)。

四、线虫动物门 (Nematoda)

体长圆筒形，两侧对称，不分节，雌雄异体。包括：①有侧尾腺纲 (Secernentea)：无头刚毛和体刚毛，化感器缝状或孔状，无尾腺，有尾感器。淡水中常见的如赫希曼线虫 (*Hirschmannia*)。②无侧尾腺纲 (Adenophorea)：有头刚毛和体刚毛，化感器形状各异，通常有尾腺，无尾感器。淡水中常见的如矛线虫 (*Dorylaimus*)、附三叶线虫 (*Epitobrilus*) (图 10.1 A，B)。

五、环节动物门 (Annelida)

体同律分节，常有刚毛，雌雄同体或异体，异体受精。主要包括 3 个纲：①多毛纲 (Polychaeta)：头部明显，每节有疣足一对，刚毛复杂。在淡水中主要分布在江河的下游，如日本沙蚕 (*Nereis japonica*) (图 10.1 C)。②寡毛纲 (Oligochaeta)：头不明显，有口前叶，无疣足，刚毛简单。常见的有线蚓科 (Enchytraeidae)、仙女虫科 (Naididae) 和颤蚓科 (Tubificidae) (图 10.1 D~G)。③蛭纲 (Hirudinea)：体扁平，无疣足，有后吸盘。如扁舌蛭 (*Glossiphonia*) (图 10.1 H)。

六、软体动物门 (Mollusca)

体不分节，身体由外套膜及贝壳包裹。淡水中常见的有：①腹足纲 (Gastropoda)：除小型的木盾螺科 (Ancylidae) 外，均具螺旋状贝壳。如萝卜螺 (*Radix*)、短沟蜷 (*Semisulcospira*)、豆螺 (*Bithynia*) (图 10.2 A~C)。②瓣鳃纲 (Lamellibranchia) 或称斧足纲 (Pelecypoda)、双壳纲 (Bivalvia)：常具一对贝壳，两侧对称。包括各种蚌类、蚬类 (图 10.2 D~F)。

七、节肢动物门 (Arthropoda)

体异律分节，一般由头、胸、腹三部分组成，具几丁质外骨骼，附肢分节，混合体腔，开管式循环系统。淡水中常见的有以下两个亚门：

1. 甲壳动物亚门（Crustacea）

触角两对，头、胸常愈合为头胸部，背侧常有头胸甲。主要包括：①鳃足纲（Branchiopoda）身体分节，节数不定（数节至20节）。如蚌壳虫（*Cyzicus*）（图10.1 I）。②介形纲（Ostracoda）：体小，身体分节不明显，背甲为两瓣介壳，有闭壳肌与

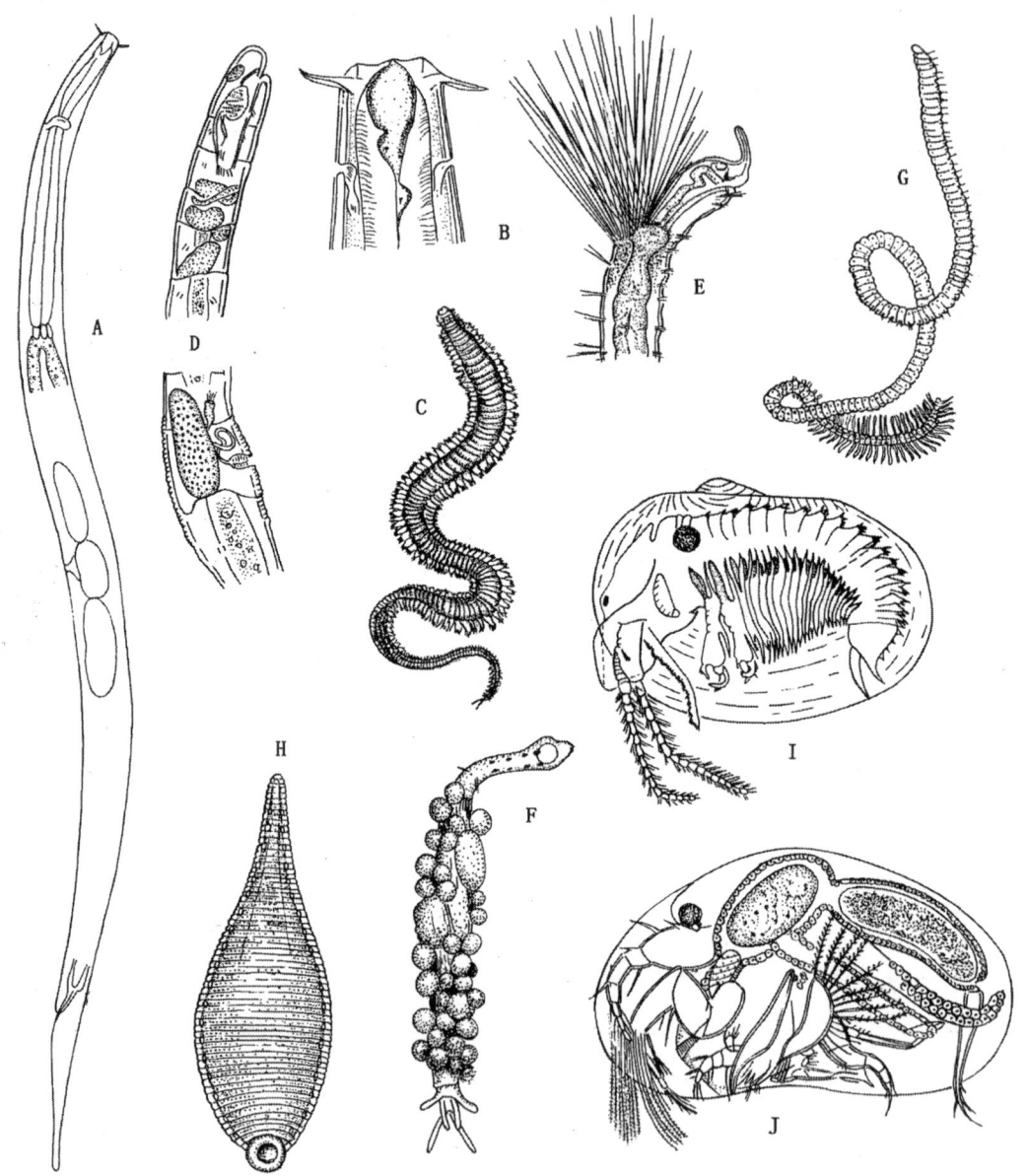

图10.1 A, B. 附三叶线虫（*Epitobrilus*）；C. 沙蚕（*Nereis*）；D. 半线蚓（*Hemienchytraeus*）；E. 蓬头虫（*Ripistes*）；F. 管盘虫（*Aulophorus*）；G. 尾鳃蚓（*Branchiura*）；H. 扁舌蛭（*Glossiphonia*）；I. 蚌壳虫（*Cyzicus*）；J. 介腺虫（*Cypris*）（A, B 自 Abebe et al., C, H 自陈义, I 自 Barnes, J 自 Ward et al.）

双壳类相似，第一和第二触角发达。如介腺虫（*Cypris*）（图10.1 J）。③桡足纲（Copepoda）体小，一般无背甲，第一胸节与头愈合，胸节有附肢。底栖的种类主要为猛水蚤

(*Harpacticoida*)。④软甲纲（Malacostraca）：较大型的甲壳动物，头与胸或胸的一部分愈合成头胸部，具背甲，腹部除末节外，通常每节一对附肢。包括各类虾、蟹。

2. 单肢动物亚门 (Uniramia)

淡水中主要是昆虫纲（Insecta）：触角一对，体分头、胸、腹三部分，成虫常具3对足2对翅，气管呼吸。约80万种，30多目，其中约10个目有水栖或半水栖成员，底栖生活的主要为幼虫。常见的如：①蜉蝣目（Ephemeroptera）：咀嚼式口器退化，翅膜质，后翅小，有2～3条尾须，不完全变态，稚虫腹部具叶状气管鳃。如蜉蝣（*Ephemera*）、四节蜉（*Baetis*）（图10.2 G）。②蜻蜓目（Odonata）：咀嚼式口器，翅多横脉，复眼大，触角短，腹部细长，不完全变态，稚虫下唇特化成捕捉器，尾部有肛

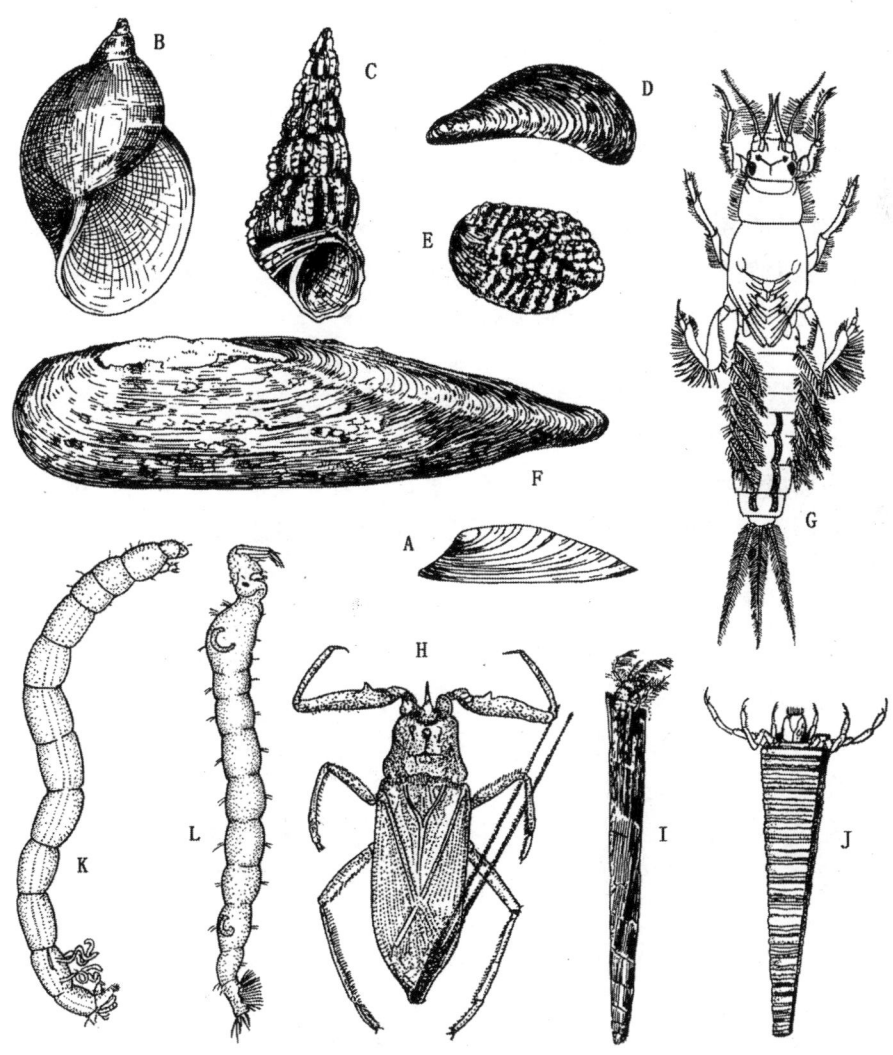

图10.2　A. 笠贝（*Ferrissia*）；B. 萝卜螺（*Radix*）；C. 短沟蜷（*Semisulcospira*）；D. 壳菜（*Limnoperna*）；E. 丽蚌（*Lampratula*）；F. 矛蚌（*Lanceolaria*）；G. 蜉蝣（*Ephemera*）若虫；H. 红娘华（*Laccotrephes*）；I，J. 石蛾幼虫（*Triaenodes*，*Branchycentrus*）；K. 摇蚊（*Chironomus*）幼虫；L. 幽蚊（*Chaoborus*）幼虫（A，G，I，J，K，L. 自Pennak）

门锥体。如蜻蜓（*Anax*）、豆娘（*Agrion*）。③襀翅目（Plecoptera）：咀嚼式口器，翅长，后翅较宽，触角和尾须长而多节，不完全变态，稚虫体扁平，胸部有丝状气管鳃。常见有石蝇（*Perla*）、网石蝇（*Perlodes*）等。④半翅目（Hemiptera）：刺吸式口器，翅两对，前翅基部革质，其余部分为膜质，后翅膜质，不完全变态，若虫与成虫构造相似，但不少种类体色、花斑、体表结构、毛被等与成虫迥异。常见如田鳖（*Kirkaldyia*）、红娘华（*Laccotrephes*）（图10.2 H）。⑤鞘翅目（Coleoptera）：咀嚼式口器，翅两对，前翅角质，称鞘翅，后翅膜质，褶叠于鞘翅下，全变态，幼虫蛆状或蠕虫状。如龙虱（*Cybister*）。⑥毛翅目（Trichoptera）：小蛾状，翅和体多被毛，前后翅不相等，全变态，幼虫具下唇腺，胸足发达，多数幼虫筑巢筒，爬行时头胸和足露出，携带巢筒爬行。如沼石蛾（*Limnephilus*）、纹石蛾（*Hydropsyche*）（图10.2 I, J）。⑦双翅目（Diptera）：刺吸式口器，翅仅一对，透明，后翅成平衡棍，全变态，幼虫蛆状或蠕虫状。如摇蚊（*Chironomus*）和幽蚊（*Chaoborus*）幼虫（图10.2 K, L）。

第三节 底栖动物的生活类型

众多的底栖动物并非简单地平铺于水底，而是按照各自的空间生态位特点形成一定的分布格局，从而使水底的有限空间得以充分利用。换言之，即动物具有不同的生活类型。根据这一生态特性可将底栖动物分为以下各类：

一、固着动物（sessile benthos）

在水底表面或其突出物上营终生固着或临时固着。淡水中终生固着的种类比海洋少得多，但有共同点。较低等的种类主要包括海绵动物和刺胞动物，它们都具有辐射对称的体形，以便与周围环境保持平衡。较高等的永久固着动物在淡水中仅有淡水壳菜（*Limnoperna lacustris*），成体以足丝固着于坚硬的底质上。由于长期营固着生活，这类动物身体的构造通常都较简单，除感觉器官（如触手、触丝）相对发达外，一些器官还有退化现象，如壳菜的足完全消失，有些海产种类如藤壶（*Balanus*）虽仍保留附肢，但已丧失运动功能，而成为捕食器官。固着动物常形成群体，过度孳生时可造成不利影响，如淡水壳菜常损害水工建筑或堵塞工厂供水管道。

临时固着的动物则种类甚多，方式亦不相同，如蛭类用吸盘固定，某些摇蚊及石蛾幼虫则营固定于底质上的巢、管等等。后者在流水环境中相当普遍。

二、穴居动物（burrowing benthos）

这类动物通常将身体的全部或大部分埋藏于疏松的底质中。其成员在淡水中如一些线虫、颤蚓科寡毛类、双壳类软体动物以及摇蚊类幼虫等。它们对穴居有种种适应，首先，多数种类都具有细长的体形，使之易于在底质中穿行。这个特点除见于多数蠕虫外，一些真穴居双壳类如中国淡水蛏（*Novaculina chinensis*）的贝壳也是相当纵长的。其次，为解决底质中氧气（有时包括食物）供应不足问题，穴居动物常有部分身体露出于底质外。如颤蚓类,常将尾部露出并不断摇摆,造成水流以取得氧气,有些种类如尾鳃蚓(*Branchiura*)则更在尾部各节有成对的指状鳃,以提高气体交换效率。淡水蛏则有很长的进出水管,以便从水体中取得氧气及悬浮食物颗粒。另外,许多蚌类具有肌肉发达的斧足也是湖底开凿穴道的一种适应。

穴居动物的分布在淤泥为主的底质中有时可达到相当大的深度,如颤蚓类在日本琵琶湖南部有时可钻至湖底以下 0.9 m (成田 1984)。因此在采集底栖动物定量样品时应考虑采泥器是否能达到一定的深度。就疏松湖底而言,一般认为至少应穿透 20cm 底质才有可能采到该处 90% 的生物 (Kajak 1971)。

三、攀爬动物 (climbing benthos)

泛指爬行于底质表面和攀缘于水底突出物(包括水草)上的动物。它们的组成非常复杂,不但体型差异很大,运动能力和方式也不相同。一般而言,在底质表面爬行的类群个体都较大,常有较厚重的贝壳或被甲,常见的如腹足类的环棱螺(*Bellamya*)、圆田螺(*Cipangopaludina*)以及甲壳类的各种蟹类和螯虾(*Astacus*)等,昆虫中亦有较多爬行种类,如蜻蜓幼虫和半翅目的田鳖、红娘华等。在突出物和植物上攀缘的种类大都体形较小,贝壳亦相对较单薄,常见的如淡水线虫及寡毛纲中的仙女虫科种类,软体动物则以觿螺科(Hydrobiidae)种类为主。

攀爬动物中有不少种类有营造负管或负囊的习性,负管由砂粒或植物种子构成,并随虫体而移动。有负管的种类以毛翅目幼虫为多,仙女虫中的管盘虫(*Aulophorus*)亦常见。有厚重负管的种类多只在泥表爬行,而负管轻巧的种类则常见于水生植物上。这一类群的活动能力一般都不大。与此相反,攀爬动物中又有活动能力相当强的种类,如龙虱和一些虾类,不但善于主动游泳,而且活动范围很广,由于其栖息地主要仍为水底,故有些学者称此类动物为自游底栖动物 (nektonic benthos)。

四、钻蚀动物 (boring benthos)

这类动物能用机械或化学方法在较坚硬的物体上钻蚀洞穴,多见于海洋生物如船蛆(*Teredo*)。在淡水中并未发现真正代表,故重要性不大。

第四节 功能摄食类群

功能摄食类群 (functional feeding groups) 是根据摄食对象和方法的差异对水生动物进行的一项生态分类,已在第三章有过论述,它包括撕食者、收集者、刮食者和捕食者。这个概念是由 Cummins (1973,1974) 在研究水生昆虫时首先提出的。表10.1 详细列出了不同类群昆虫的摄食方式和食物类型。在其他习见的底栖动物中,颤蚓类和双胃线虫 (Diplogasteridae) 常为直接收集者,双壳类常为过滤收集者,螺类和仙女虫类常为刮食者,蟹类常为撕食者,独齿线虫 (Monochidae) 常为捕食者中的吞食者,而矛线虫 (Dorylaimida)、垫刃线虫 (Tylenchida) 则以刺吸植物组织液为生,其功能相当于捕食者中的刺吸者。

表10.1 水生昆虫的摄食方式和食物类型(仿 Wetzel 1983)

功能群	食物颗粒	功能亚群	主要食物	主要分类阶元
撕食者	CPOM, >1mm	咀嚼者和钻食者	新鲜维管束植物	毛翅目[石蛾科(Phryganeidae)、长角石蛾科(Leptoceridae)],鳞翅目(Lepidoptera),鞘翅目[叶甲科(Chrysomelidae)],双翅目[摇蚊科、水蝇科(Ephydridae)]
		同上	死亡维管束植物	襀翅目[丝襀翅亚目(Filipalpia)],毛翅目[沼石蛾科(Limnephilidae)、鳞石蛾科(Lepidostomatidae),双翅目[大蚊科(Tipulidae)、摇蚊科]
收集者	FPOM-UPOM, <1mm	过滤收集者	悬浮藻类和有机碎屑	蜉蝣目[二尾蜉科(Siphlonuridae)],毛翅目[等翅石蛾科(Philopotamidae)、管石蛾科(Psychomyiidae)、短石蛾科(Brachycentridae)],鳞翅目,双翅目[蚋科(Simuliidae)、摇蚊科、蚊科(Culicidae)]
		直接收集者	沉积有机碎屑	蜉蝣目[细蜉科(Caenidae)、蜉蝣科(Ephemeridae)、小裳蜉科(Leptophlebiidae)、四节蜉科(Baetidae)、小蜉科(Ephemerellidae)、五节蜉科(Heptageniidae)],半翅目[水黾科(Gerridae)],鞘翅目[水龟甲科(Hydrophilidae)],双翅目[摇蚊科、蠓科(Ceratopogonidae)]
刮食者	<1mm	泛刮食者	生物和非生物基质上附着的藻类等	蜉蝣目(五节蜉科、四节蜉科、小蜉科),毛翅目[Glossosomatidae、钩翅石蛾科(Helicopsychidae)、细翅石蛾科(Molannidae)、齿角石蛾科(Odontoceridae)、瘤石蛾科(Goeridae)],鳞翅目,鞘翅目[长角泥甲科(Elmidae)、扁泥甲科(Psephenidae)],双翅目[摇蚊科、虻科(Tabanidae)]
		有机刮食者	附着于生物基质上的藻类等	蜉蝣目(细蜉科、小裳蜉科、五节蜉科、四节蜉科),半翅目,毛翅目[长角石蛾科(Leptoceridae)],双翅目(摇蚊科)
捕食者	>1mm	吞食者	动物全部或部分	蜻蜓目,襀翅目[鬃须襀翅亚目(Setipalpia)],广翅目(Magaloptera),毛翅目[原石蛾科(Rhyacophilidae)、多距石蛾科(Polycentropidae)、纹石蛾科(Hydropsychidae)],鞘翅目[龙虱科(Dytiscidae)、豉甲科(Gyrinidae)],双翅目(摇蚊科)
		刺吸者	动物细胞和组织液	半翅目[负子蝽科(Belostomatidae)、蝎蝽科(Nepidae)、仰泳蝽科(Notonectidae)、潜水蝽科(Naucoridae)],双翅目[鹬虻科(Rhagionidae)]

* CPOM (coarse particulate organic matter),粗有机物颗粒;FPOM (fine particulate organic matter),细小有机物颗粒;UPOM (ultrafine particulate organic matter),超微有机物颗粒

  浅水湖泊底栖动物的摄食类群的研究至今不多,我们(梁彦龄等1995)曾以种类为单元,分析湖北保安湖底栖动物不同功能摄食类群的相对数量,发现湖泊中撕食者极少,其他各类则普遍存在。属于收集者的种类占2/3,刮食者和捕食者合计占1/3,说明底栖动物对湖底有机碎屑的转化起很大作用。捕食者在各湖区所占的比例较恒定,约为种类数的5%。

第五节 生活史及化性

各类底栖动物的生物学特性直接影响其种族的盛衰。因此，在研究底栖动物的种群动态及生物生产力时，首先必须对其生活史有所了解。本节扼要论述底栖动物生活史的最基本内容。

一、生殖方式

生殖方式视种类而异，有的类群主要行无性生殖，有性生殖只偶然见到；不少种类则只行有性生殖。

无性生殖分为以下三类：①出芽生殖（budding）：由体壁向外凸出形成芽体，芽体在一个个体上可能同时出现2~3个，这类生殖在淡水中仅见于水螅；②芽裂生殖（fission）：在扁形动物及低等环节动物中常见，这类生殖系在身体的某个部位出现组织增生并形成芽裂。以低等寡毛类为例，通常在中部的某一体节形成芽区（budding zone），在该区增生若干新节，前面若干新节形成母体尾部而后面新节则发育为幼体的头部，待幼体成熟后脱离母体。这类生殖常见于扁形动物单肠目如微口虫以及寡毛类仙女虫科的许多种类；③断裂生殖（fragmentation）：由虫体自切为若干段，每段再生出新的头部和尾部，形成完整的成体，这种现象以寡毛类的带丝蚓（*Lumbriculus*）最为常见。

有性生殖在底栖动物中是个普遍现象，不论是雌雄同体还是雌雄异体，生殖时都须经过异体受精，形成受精卵并发育成幼体。不少种类能分泌膜状物将或多或少的受精卵包裹起来，以利幼体在其中孵化，这个构造通称卵茧（cocoon）。

二、幼体发育

底栖动物幼体的发育可分为直接发育和间接发育两种方式。直接发育是幼体孵化后，其形态即与成体无大差异；间接发育是幼体形态与成体不同，须经简单或复杂的变态阶段，其典型代表如昆虫的发育。水生昆虫的变态主要有两类：一类为不完全变态（incomplete metamorphosis），变态过程无蛹期，幼虫常有气管鳃和翅芽，通称稚虫（naiad），见于蜻蜓、蜉蝣等目；另一类为完全变态（complete metamorphosis），发育过程包括卵、幼虫、蛹、成虫四个阶段，常见于鞘翅目和双翅目。

水生昆虫是次生底栖动物，其变态过程与陆生同类相似，说明深水环境对其变态并不起主导作用。相反地，淡水环境对许多原生底栖动物生活史特性的形成却有密切的关系。淡水中除蚌类和虾类有幼虫而营间接发育外，许多底栖动物如涡虫类、寡毛类以至软体动物都是直接发育的，这方面与它们的海洋近亲形成明显的反差：海洋种类多有浮游性幼虫，如海生涡虫有牟勒氏幼虫而环节动物和软体动物则有担轮幼虫。这些幼虫在淡水种类中都不存在。就连亲缘关系非常接近的贻贝科（Mytilidae）种类，海洋种如贻贝（*Mytilus edulis*）有担轮幼虫，而淡水种（淡水壳菜）则是卵胎生的。这一现象有很重要的生态学意义，说明它们的祖先在进入淡水后，由于淡水环境很不稳定，无法保证浮游幼虫的存活，因而在其系统发育的过程中出现了简化生活史的现象，并最终形成现代的淡水底栖动物类群。

三、化 性

化性（voltinism）是指某类动物在单位时间（通常为一周年）内出现的世代数。化性的概念普遍用于农业昆虫，如螟虫有一年一代的一化螟，一年两代的二化螟等。当前在底栖动物生物学中亦普遍应用。底栖动物的生活史有长有短，若一年多世代者通称多化种（multivoltine），一年为二世代者和一世代者则分别称为二化种（bivoltine）和一化种（univoltine）等等，这种情况常见于多数昆虫。对于世代时间达到或超过二年的种类，则可称二年生的，三年生的，等等，这类现象常见于软体动物。

化性不但是研究动物生活史的重要参数，也是测定动物的生产量时所必须掌握的内容。因为我们当前测定动物生产量是常以一个世代为基础，但表达则通常以一年为单位时间，因此，某动物的周年生产量应为一世代生产量与化性的乘积。

第六节 周年生产量

底栖动物都是消费者，故所测生产量均为净生产量。其测算方法有两类，即种群动

表10.2 底栖动物的化性（阿拉伯字，代·年$^{-1}$；罗马字，年·代$^{-1}$）、
年生产量（P, g·m^{-2}·a^{-1}，湿重或带壳湿重）和 P/B 系数

	种类	化性	P	P/B	地点	作者
寡毛类	霍甫水丝蚓（*Limnodrilus hoffmeisteri*）	3	0.29	11.4	武汉后湖	阎云君等（待发表）
	苏氏尾鳃蚓（*Branchiura sowerbyi*）	1	6.66~8.55	3.6~7.8	武汉东湖	Liang 1984
			3.41	4.0	武汉后湖	阎云君等（待发表）
			2.68	5.0	湖北保安湖	
软体动物	圆扁螺一种（*Hippeutis* sp.）	2	1.63	7.1	湖北保安湖	
	铜锈环棱螺（*Bellamya aeruginosa*）	III~IV	308.99~554.36	1.1	武汉东湖	陈其羽 1987
			15.77	0.5	湖北保安湖	
			33.13	0.8	武汉后湖	
	长角涵螺（*Alocinma longicornis*）	I~II	2.12	4.3	湖北保安湖	
			2.18	5.4	武汉后湖	
	短沟蜷一种（*Semisulcospira* sp.）	III	6.18	1.4	湖北保安湖	
	湖球蚬（*Sphaerium lacustre*）	1	1.18	3.4	武汉后湖	
昆虫幼虫	幽蚊一种（*Chaoborus* sp.）	1	0.14	1.8	湖北保安湖	阎云君等（待发表）
	菱跗摇蚊（*Clinotanypus* sp.）	2	3.90	6.6	武汉后湖	
	菱跗摇蚊（*Clinotanypus* sp.）	2	0.27	6.2	湖北保安湖	
	大红德永摇蚊（*Tokunagayusurika akamusi*）	2	3.16	4.4	武汉后湖	
			1.48	4.4	湖北保安湖	
	羽摇蚊（*Chironomus plumosus*）	1	2.17	3.9	武汉后湖	
			2.66	3.2	湖北保安湖	
	摇蚊一种（*Chironomus* sp.）	2	1.16	4.0	湖北保安湖	
	隐摇蚊（*Cryptochironomus* sp.）	2	0.60	4.9	武汉后湖	
	前突摇蚊一种（*Procladius* sp.）	2	0.96	5.3	武汉后湖	

力学方法和能量学方法（参看第五章）。我国底栖动物的周年生产量及 P/B 系数列于表10.2。P/B 系数在多化的种类为 $4.0\sim11.4(\bar{X}\pm S.E.=6.0\pm2.28)$；一化的为 $1.8\sim7.8(4.1\pm0.62)$；多年生的为 $0.5\sim5.4(2.1\pm0.73)$；范围为 $0.50\sim11.4(4.2\pm0.52)$。可以看出，多化动物的 P/B 系数高，反之则低。就各个类群而言，寡毛类为 $3.6\sim11.4(6.4\pm1.46)$，软体动物（不包括大型蚌类）为 $0.5\sim5.4(2.8\pm0.79)$，昆虫为 $1.8\sim6.6\pm4.5(0.44)$。蚌类的生产量国内尚无资料，据报道其生命周期可达 10～12 年，P/B 系数为 $0.13\sim0.33$（Waters 1977）。

表中生产量也可用干重、能量等表示，换算系数一般为：1g 干重≈6g 湿重；1g ≈干重20.9kJ；1g 干重≈0.5gC。

第七节 底栖动物与环境的关系

底栖动物的种类组成和现存量在不同水体和区域间存在着明显的差异，现按以下几个方面对影响其分布和多度的因素进行一些分析。

一、物 理 因 素

1. 底 质

水体的底质，根据颗粒的大小以及有机质的多寡大体可分为岩石、砾石、粗砂、细砂、粘土和淤泥。由于粗砂和细砂的底质最不稳定，通常生物量最低。岩石、砾石多见于急流区域，多出现有一定适应性的附着或紧贴石表的种类，如蛭类、螺类和仙女虫类。淤泥和粘土的底质富含沉积物碎屑，饵料基础丰富，故生物量大（表10.3），但多样性往往不如岩石底质。就某个种而言，在不同底质中的密度有很大的差别。据在东湖的研究，铜锈环棱螺在不同的底质中密度的均数（ind·m^{-2}）有较大的差异，为软泥：14.3；腐泥：5.9；粘土：0.9；砂：168.0，可见这种螺类主要生活于含砂的湖底（陈其羽等 1975）。

表 10.3 湘江及其支流不同底质底栖动物的密度
(D,ind·m^{-2})和生物量(B,g·m^{-2})（括号中数据为%）

类群		仙女虫科	颤蚓科	蛭科	螺类	双壳类	昆虫幼虫	合计
卵石	D	52 000(90.6)	80(0.1)	1000(1.7)	360(0.6)	80(0.1)	3900(6.8)	57 420(99.9)
	B	4.0(12.5)	0.02(0.1)	8.0(25.1)	18(56.4)	0.9(2.8)	1.0(3.1)	31.9(100.0)
粗砂	D	0(0)	120(100)	0(0)	0(0)	0(0)	0(0)	120(100.0)
	B	0(0)	0.1(100)	0(0)	0(0)	0(0)	0(0)	0.1(100)
淤泥	D	47 780(75.1)	14 720(23.1)	20(0.03)	20(0.03)	580(0.9)	520(0.8)	63 640(100.0)
	B	12.0(3.0)	42.6(10.8)	0.02(0.005)	22.0(5.6)	303.5(76.8)	15.1(3.8)	395.2(100.0)

2. 流速

流速对底栖动物的现存量和种类组成有较大的影响。通常静水水体中的生物量和物种多样性大于流水水体，但要求较清水的种类有时在江河中反而较常见，如寡毛类中的维氏沼丝蚓（*Telmatodrilus vejdovskyi*），软体动物中的壳菜。溪涧由于水流较急，则多为营固着生活的昆虫幼虫，如毛翅目幼虫和双翅目中的蚋类。据 Cummins（1975）报道，水流体制可以相当精确地控制底质颗粒大小，还能影响颗粒的积累和生物特征，如水生维管束植物的生长。推测流速是通过作用于底质等生境来影响底栖动物。

3. 水深

底栖动物数量明显地随水深的增加而不断递减的现象在国外有许多报道。在长江流域浅水湖如东湖，虽然水深一般不超过 5m，但动物的数量仍然能够看出随水深而递减的规律（陈其羽等 1980）。图 10.3 中两回归线及方程 $D_{6～7}$ 和 $D_{10～11}$ 分别代表东湖 1973 年 6～7 月及 10～11 月间底栖动物密度与水深的情况，可以看出，尽管夏秋两季的多度不同，但递减率却非常接近，大致水深每增加 1m，底栖动物便将减少 330 ind·m^{-2}。

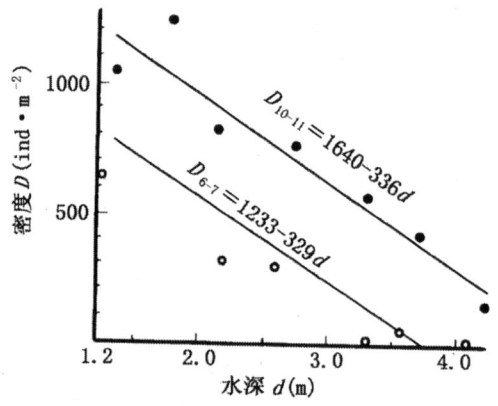

图 10.3　1973 年 6～7 月和 10～11 月底栖动物（包括螺类）密度与水深的关系（水深、密度系以 0.5 m 为组距分别算得的均数）

上述趋势只是就整个底栖动物群落而言，但对某个类群则有可能出现不同的趋势。深度对寡毛类的影响就不明显。在环境条件适宜时，深水处寡毛类的现存量很大，甚至比浅水区还要高，如在丹江口水库坝前 47m 水深处寡毛类达到最大值。

二、营养元素

陈其羽等（1980）将东湖 3 个区 1973 年底栖动物的现存量（不包括软体动物）与各区域的水中营养元素含量的年平均值进行比较分析，得如下结果：

1. 总氮

底栖动物密度（D, ind·m^{-2}）、生物量（B, g·m^{-2}）对总氮（TN, mg·L^{-1}）的关系可用直线回归方程（图 10.4）表示为：$D = 1863 TN - 1207$；$B = 13.441 TN - 9.091$。这就意味着，在东湖的条件下，当总氮含量的年平均值增加 1 mg·L^{-1} 时，底栖动物的密度有可能增加约 1900 ind·m^{-2}，生物量将相应增加 13 g·m^{-2} 左右。

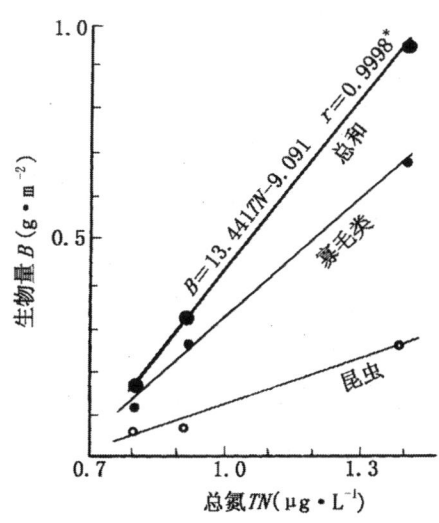

图10.4 1973年10～11月东湖底栖动物生物量与总氮的关系（总氮为4～11月的均数）

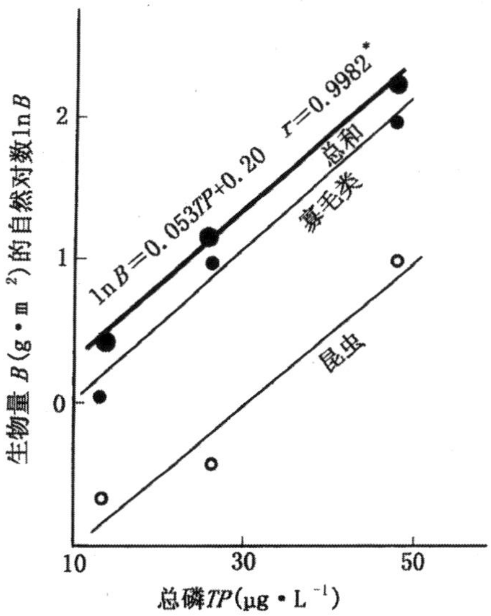

图10.5 1973年10～11月东湖底栖动物生物量与总磷的关系（总磷为4～11月的均数）

2. 总磷

总磷（TP，$\mu g \cdot L^{-1}$）对底栖动物的影响与总氮不同，其含量的对数值与底栖动物的密度和生物量显著地正相关（图10.5），回归方程为：$\ln D = 0.046 TP + 5.04$；$\ln B = 0.053 TP + 0.20$。这说明，水中总磷含量的消长将使底栖动物的密度和生物量出现指数式的增减。其瞬时增长率为$0.05(0.046\sim0.053)$，故总磷每上升$1\mu g \cdot L^{-1}$时，底栖动物实际增长率也在5%左右（$e^{0.05}-1=0.0513$）。从上述模型中可以看出磷对底栖动物是个最重要的限制因素。

3. 有机物

有机物耗氧量的年平均值与底栖动物生物量之间存在非常显著的正相关，回归方程如图10.6所示；与密度的相关亦高，但未能达到显著水平。由于有机物与前述总氮含量有密切关系，因此，有机物对底栖动物的影响也和总氮情况相似，即表现为随着水中有机物的增加，底栖动物将按比例增加的简单关系。回归方程表明水中有机物耗氧量每提高$1 mg \cdot L^{-1}$，则底栖动物的生物量可期望增加$2.3 g \cdot m^{-2}$。

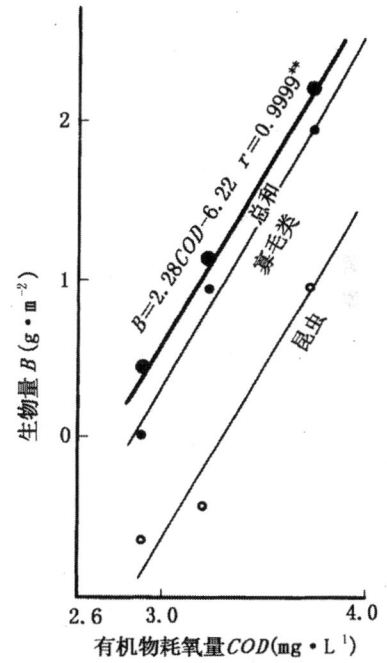

图10.6 1973年10～11月东湖底栖动物生物量与有机物耗氧量的关系（有机物耗氧量为4～11月的均数）

三、水　　草

在生物环境中，水草是影响底栖动物的重要因素。通常螺类的现存量随水草的增加而增加。水草为小型螺类提供了繁殖和生长的场所。水草上生长着大量的着生藻类，是小型螺类的主食对象。但就种类而言，不同的螺类与水草关系亦不相同，如纹沼螺（*Parafossarulus striatulus*）和长角涵螺（*Alocinma longicornis*）的现存量与水草的现存量正相关，而铜锈环棱螺似乎有随水草的增加而数量反而减少的趋势，因为铜锈环棱螺的成体皆在底部生活，以底部着生的藻类为食，间食水底的一些细菌以及淤泥中的有机碎屑。双壳类的情况与螺类不同，主要滤食悬浮碎屑、细菌和浮游植物。在水草茂密之处，不但浮游植物的密度较低，也不利蚌类的穴居生活（陈其羽 1975）。

据在湖北望天湖的研究（陈其羽等 1982），湖泊中大部分水生昆虫如蜻蜓幼虫和毛翅幼虫等的密度也是随着水草的增加而增大，只有摇蚊幼虫的密度随水草的增加而下降，但其生物量则呈相反的趋势。寡毛类的密度与水草关系不很明显，但生物量明显随着水草的减少而增加。

总之，动物的密度和生物量与水草的关系，主要是取决于各类动物的生活习性，大部分螺类、昆虫幼虫和仙女虫类均集中于水草地区生活，蚌类、摇蚊幼虫和颤蚓类等都有钻泥穴居的习性，与水草的关系并不密切。

第八节　底栖动物在不同性质水体中的种类数量分布

一、湖　　泊

不同类型湖泊底栖动物的物种多样性列于表10.4。在盐度较高的湖泊如青海湖、柴窝堡湖和黄河水系的曹岗湖，底栖动物的种类较贫乏，软体动物极少。60年代青海湖底栖动物的密度为400 ind·m^{-2}，昆虫占89.5%，生物量为0.973 g·m^{-2}，昆虫占86.3%。又如柴窝堡湖，1985年底栖动物密度为799 ind·m^{-2}，寡毛类占65.0%，生物量为4.72 g·m^{-2}，昆虫占78.4%。深水湖泊底栖动物种类很少，但现存量有时很大，常以寡毛类为主。如天池，水深达75m，1985年底栖动物仅有6种，但密度达6580 ind·m^{-2}，其中99.6%为寡毛类；生物量为9.72 g·m^{-2}，寡毛类占99.5%。浅水湖泊底栖动物的物种较多，通常以螺类的生物量最大，其中主要种类如沼螺（*Parafossarulus*）、涵螺（*Alocinma*）、短沟蜷、环棱螺等。某些底质较硬，略具流水条件的湖泊则可盛产蚌、蚬等双壳类软体动物。其他动物如水栖寡毛类中颤蚓科和仙女虫科种类以及水生昆虫中的摇蚊科幼虫等亦普通，虽所占生物量较低，但数量则可能超过软体动物。如60年代的湖北花马湖，其底栖动物密度为529 ind·m^{-2}，昆虫和寡毛类合计占92%，生物量（不包括双壳类）为28.3 g·m^{-2}，其中螺类占91%。又如湖北洪湖，1981~1982年的底栖动物密度为973 ind·m^{-2}，其中螺类占72%；生物量为139.3 g·m^{-2}，其中螺类占91%。底栖动物现存量季节变动的例子如图10.7所示。

表10.4 湖泊中不同类群底栖动物的种类数

湖泊	盐度(‰)	深度(m)*	种数					调查时间	资料来源
			寡毛类	软体动物	昆虫	其他	合计		
青海湖	12.5	5.5~28.7	3	5	11	1	20	1961~1962	伍焯田等,1979
新疆柴窝堡湖	2.2	3.2	2	0	13	0	15	1985	吴天惠等,1989
新疆福海	0.1	0.3~14.3	9	11	42	7	69	1985	吴天惠,1991
新疆天池	0.3	52.3	2	0	4	0	6	1985	吴天惠等,1989
河南曹岗湖	1.4	0.3~2.1	15	1	12	1	29	1990~1991	谢志才等,1996
武汉东湖	0.2~0.5	2.2	18	41	54	/	113	1960s	陈其羽等,1990
湖北保安湖	0.2~0.3	1.5~2.5	36	23	41	7	107	1992~1993	梁彦龄等,1995
湖北西凉湖	0.1	1.8~2.2	12	17	38	4	71	1992~1993	梁彦龄等,1995
湖北洪湖	0.2~0.5	1.0~1.8	13	21	46	18	98	1992~1993	王士达,1995

* 单个数据为平均水深

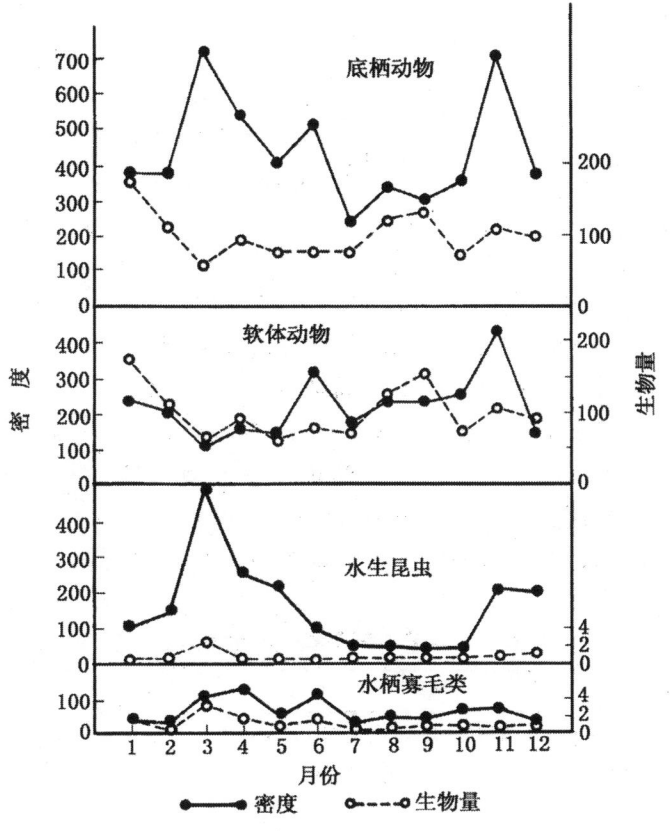

图10.7 1992年3月~1993年2月保安湖底栖动物现存量的逐月变动（自梁彦龄等1995）

二、河　　流

河流底栖动物的组成有突出的特点,由于江水中带有大量有机碎屑并逐渐沉积下来,因此,本类动物中占优势的是以腐败碎屑作为营养的水栖寡毛类,其中在淤泥较厚的江底多水丝蚓(*Limnodrilus*),在近岸沙泥底质地带则常以仙女虫科的种类为主,有些种类如肥满仙女虫(*Nais inflata*)、维氏沼丝蚓和钝毛水丝蚓(*Limnodrilus amblysetus*)等只在江河见到。除寡毛类外,摇蚊幼虫如前突摇蚊(*Procladius*)、多足摇蚊(*Polypedilum*)和隐摇蚊(*Cryptochironomus*)亦占一定比重。软体动物很少,只有一些淡水壳菜。以长江为例,上游干流底栖动物的主要成员几乎都是寡毛类(表10.5,图

表10.5　长江上游干流和支流不同类群底栖动物的种类数

类群	干流		支流			
	三峡段	云阳—重庆	香溪	大宁河	乌江	嘉陵江
寡毛类	12	12	0	0	3	6
昆虫	8	11	1	3	4	8
软体动物	2	2	0	0	2	0
其他	1	2	0	0	0	0
总计	23	27	1	3	9	14

10.8)。1984年三峡江段底栖动物有23种,密度为283ind·m^{-2},生物量为1.012 g·m^{-2},其中寡毛类分别占52.2%,89%和96.4%;在云阳—重庆江段,种类数为27,密度为5908ind·m^{-2},生物量为4.097g·m^{-2},寡毛类分别占44.4%,90%和60%,在有些地区,寡毛类形成极大的种群,密度竟高达90 000ind·m^{-2},大大高于一般湖泊的水平。支流的底栖动物则视水质情况而有不同,香溪和大宁河水较清澈,底栖动物密度和生物量都低,且都是昆虫。在乌江,昆虫的种类数占44.4%,密度占72%,生物量占63%。嘉陵江则寡毛类较多,种类数占42.8%,密度占62%,生物量达77.5%。在季节变动方面,一般地说,在干流中底栖动物的现存量以秋季较高。

表10.6　水库不同类群底栖动物的种类数

水库	种数					调查时间	资料来源
	寡毛类	软体动物	昆虫	其他	合计		
新疆红雁池水库	1	1	10	2	14	1985	吴天惠等 1995
天津团泊洼水库	3	1	11	1	16	1989	谢志才等 1996
安徽太平湖水库	9	1	14	2	26	1992~1993	刘保元等 1997
湖北丹江口水库	7	2	7	0	16	1985	著者
葛洲坝黄柏河库湾	5	8	7	0	20	1984	著者

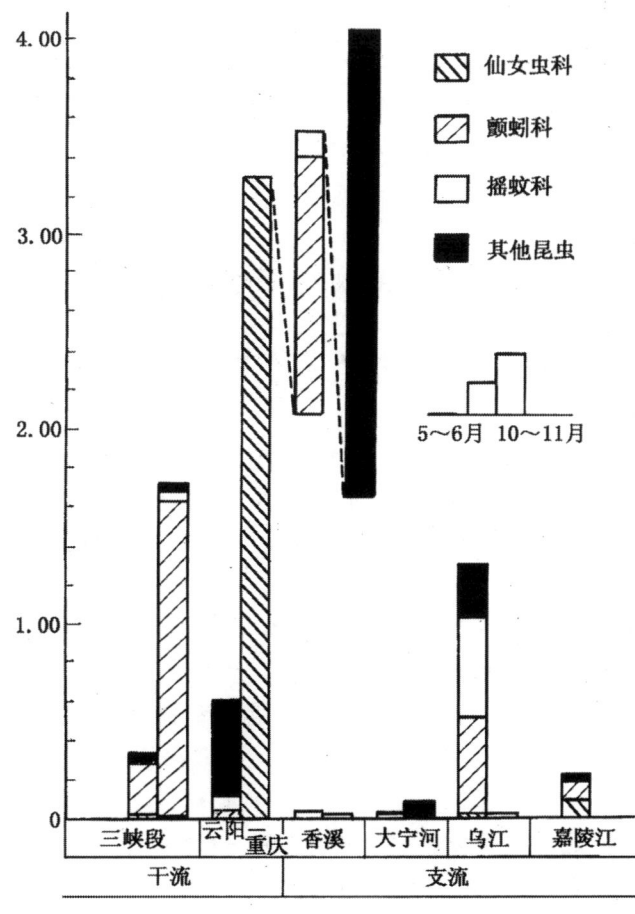

图10.8 1984年长江上游干流及其支流底栖动物的生物量

三、水　　库

水库较深，底栖动物的物种数一般较少（表10.6），主要是寡毛类和昆虫，软体动物缺乏。寡毛类是山谷水库和水库深水区的优势类群，并发展成相当单纯的种群，如湖北潭口水库，未采到昆虫，但寡毛类的密度为2830ind·m^{-2}，生物量为3.16 g·m^{-2}；三

表10.7　1985～1986年安徽太平湖水库底栖动物的密度（D, ind·m^{-2}）和生物量（B, g·m^{-2}）
（括号内数据为%）（仿刘保元等 1997）

类群	上游		中游		下游		库湾	
	D	B	D	B	D	B	D	B
寡毛类	13.2(8.2)	0.022(12.5)	18.3(35.6)	0.041(39.8)	727.6(96.5)	1.732(98.9)	38.5(33.0)	0.051(22.3)
摇蚊类	146.9(90.7)	0.150(85.2)	33.1(64.4)	0.062(60.2)	26.7(3.5)	0.020(1.1)	67.4(57.8)	0.167(72.9)
其他	1.8(1.1)	0.004(2.3)	0(0)	0(0)	0(0)	0(0)	10.7(9.2)	0.011(4.8)
合计	161.9(100)	0.176(100)	51.4(100)	0.103(100)	754.3(100)	1.752(100)	116.6(100)	0.229(100)

道河水库中昆虫的密度仅有 27ind·m^{-2}，生物量仅为 0.25 g·m^{-2}，而寡毛类为 4380ind·m^{-2}，5.60 g·m^{-2}。寡毛类的种类如巨毛水丝蚓（*Limnodrilus grandisetosus*）和克拉泊水丝蚓（*Limnodrilus claparedeianus*）等，虽属颤蚓科，但有喜低温和清洁水的特点，在长江沿岸浅水湖泊中不易见到。在平原型水库和水库的浅水区昆虫较多，如太平湖水库的上游、中游和库湾地区摇蚊占优势，而在下游则以寡毛类为主（表10.7）。

第九节 底栖动物在渔业和环境生物监测上的价值

一、渔业经济价值及渔产潜力的估算

在渔业上，一些底栖动物本身如虾、蟹等就有很高的经济价值，大型蚌类则用于生产淡水珍珠，故经济价值亦高。但就一般而言，底栖动物与渔业的基本关系是作为鱼类的天然食料，并有较高的能含量和转化效率。据测定寡毛类和昆虫每克干重的能量是 23.12 kJ，软体动物为 19.65 kJ，对鱼类的转化效率约为 32%。可见底栖动物是一类较佳的食料资源。为了在持续利用这一资源的基础上制订渔业生产规划，通常都以底栖动物作为水体渔业生产潜力估算的项目之一。

一般认为，若要保护资源而不致过度开发，底栖动物可供利用的资源量是其生产量 P（一般以年计）与现存量 B 的差额（即 $R=P-B$），以此乘以其在天然条件下对鱼的转化效率 C（常取1/6）即得鱼产量 F，即 $F=(P-B)\cdot C$。P 值一般使用 P/B 系数进行估算，因此，上式可改写为：$F=B(P/B-1)\cdot C$。我国底栖动物 P/B 系数的均值为4.2（见前文），但在实际应用时常采取 $P/B=2\sim3$ 这样的数据，因为动物在觅食时并不分幼龄稚虫（幼虫）还是老熟稚虫，若对幼龄稚虫捕食率较高则势必压低其正常周年生产量。这个方法是将底栖动物群落作为一个整体来考虑的，当然也可对不同类群分别进行估算。

二、在环境生物监测上的运用

底栖动物寿命较长，迁移能力有限，且包括敏感种和耐污种，故常称为"水下哨兵"，能长期监测有机污染物慢性排放。以颤蚓科寡毛类和一些摇蚊幼虫作为水质有机物污染的指示生物，在早期的工作中用得最多，例如用颤蚓科寡毛类的密度作为衡量污染程度的标准，Wright（1955）认为在 100ind·m^{-2} 以下时为无污染；100～999ind·m^{-2} 时为轻微污染；1000～5000ind·m^{-2} 时为中度污染；而在 5000ind·m^{-2} 以上时则为严重污染。也有人认为颤蚓类密度达 1100ind·m^{-2} 时才算存在污染。这一标准国内也使用过（陈其羽等，1980）。除用这种简单方法外，目前倾向于使用多种生物及多种指标，以便取得更多的信息。一类是生物指数（biotic index），方法是根据耐污能力给不同的种类打分，然后通过一定方式计算出污染指数，常见的如 Trent 生物指数（Trent biotic index）和 Chandler 生物记分法（Chandler biotic score）（Mason 1981）；另一类为多样性指数，已在第三章介绍过。黄玉瑶等（1982）在用 Shannon 指数评价天津蓟运河的污染时提出下列标准：$H=0'$（无大型无脊椎动物，以区别于只有一种动物）为严重污染；H

$=0\sim1$ 为重污染；$H=1\sim2$ 为中度污染；$H=2\sim3$ 为轻度污染；$H>3$ 为清洁。陈其羽等（1980）曾运用不同方法测算武汉东湖水质的生物指标数值，发现各项方法测算的结果在说明水质情况上并不十分一致。事实上目前还没有一种十分完善的方法，况且生物的种类和数量的变化还受到其他因素（如水深）的影响。因此，在使用时应将指数的计算结果与实际情况结合起来作出综合判断。

思 考 题

1. 简述底栖动物的概念及其主要类群。
2. 试述底栖动物的生活类型和功能摄食类群。
3. 试述影响底栖动物种类组成和现存量的主要因素。
4. 简述湖泊、河流和水库底栖动物群落结构的主要特点。

主要参考文献

[1] Cummins K W. Macroinvertebrates. In: B. A. Whitton (ed.), River ecology, Blackwell Scientific Publications, Oxford, 1975, pp. 170~198
[2] Higgins R P and Thiel H. Introduction to the study of meiofauna. Smithsonian Institution Press, Washington, 1988
[3] Liang Y L. Annual production of *Branchiura sowerbyi* (Oligochaeta: Tubificidae) in the Donghu Lake, Wuhan, China. Chin. J. Oceanol. Limnol., 1984, 2 (1): 102~108
[4] Wetzel R G. Limnology (second edition). Saunders College Publishing, Philadelphia, 1983
[5] 刘保元，梁小民. 太平湖水库的底栖动物. 湖泊科学, 1997, 9 (3): 235~243
[6] 吴天惠，陈其羽. 底栖动物资源及其渔业利用. 载：中国科学院新疆资源开发考察队，新疆水生生物与渔业. 北京：科学出版社, 1989, 75~96
[7] 陈其羽. 武汉东湖铜锈环棱螺种群变动和生产量的初步观察. 水生生物学报, 1987, 11 (2): 117~129
[8] 陈其羽，梁彦龄，宋贵保，王士达. 武昌东湖软体动物的生态分布及种群密度. 水生生物学集刊, 1975, 5 (3): 371~379
[9] 陈其羽，梁彦龄，吴天惠. 武汉东湖底栖动物群落结构和动态的研究. 水生生物学集刊, 1980, 7 (1): 41~56
[10] 梁彦龄，吴天惠，谢志才. 保安湖底栖动物现状及渔业评价. 载：梁彦龄、刘伙泉（主编），草型湖泊资源、环境与渔业生态学管理（一）. 北京：科学出版社, 1995, 178~193

第十一章 周丛生物

第一节 周丛生物的名词、定义、划分
　一、名词
　二、定义
　三、群落的划分
第二节 周丛生物的研究历史及其意义
第三节 周丛藻类的生态
　一、周丛藻类是一个微型级的、复合的群落

二、周丛藻类的动力学
三、周丛藻类在物质循环中的作用
四、周丛藻类的初级生产
五、周丛藻类与湖泊富营养化的关系
第四节 周丛原生动物的生态
第五节 其他周丛无脊椎动物的生态
第六节 周丛生物群落与微型生物群落的结构与功能

第一节 周丛生物的名词、定义、划分

一、名　　词

上世纪末水生生物学家开始接触到着生生物群落，就需要创造一个合适的术语来表示它。在德国采用过的名词有 Neriden、Aufwichs、Bewuchs、Periphyton、Lasion、Belag、Besatz 等。在英国曾把它与群落相联，用 attached sessile、sessile-attached、sedentary、seeded-on、attachment materials（均有"着生"之意）等名词，还有人用 slime and slime growths（"生物膜"之意），coatings（"涂层"之意）。有些人用 benthos、benthic organisms（"底栖生物"之意），它包括了附石的 epilithic、附植的 epiphytic、附动的 epizoic、附泥的 epipelic 群落。Benthos 来自希腊语，有"底部" bottom 之意，最初是指水体的底部或是水-底交界面中的有机体集合物，在这底部生活的生物中也包括了附泥的和附砂的群落，但它包含不下全部附植的群落。现 Benthos、Benthic 两词都是狭义地指生活在沉积物上层的有机体。在我国也习惯地把 benthos 底栖生物理解为只是指在底部生长的软体动物、寡毛类、昆虫幼虫等较高等的动物。原苏联水生生物学家用 Aufwuchs 和 Periphyton 两词，最初只用于人工基质上生长的生物群落，后来又扩大到任何基质上生长的有机体。在美国也有用 Aufwuchs 一词的。Aufwuchs 是德语，由两个词 Auf 和 Wuchs 组成，译成英文是 growth upon，"在上生长"之意，泛指在所有固体表面上生长的有机体。当代的国外文献中 Aufwuchs 和 Periphyton 两词通用，中文都译成周丛生物。

二、定　　义

给周丛生物（只指 Aufwuchs 和 Periphyton）下定义的作者有 Young（1945），Hunt

(1952)、Neel（1953）。其定义内容都类似。Young 的定义曾被 Welch（1948）采用过，根据他的定义周丛生物是指生长在浸没于水中的各种基质（substratum）表面上的有机体集合群，由于悬浮颗粒也沉淀在基质上，故这些有机体往往被一层粘滑的、甚至毛茸的泥砂所覆盖。根据 Sladeckova（1962）的观点，Periphyton 包括在基质上生长的所有生物，如细菌、真菌、藻类、原生动物、轮虫、甲壳动物、线虫、寡毛类、软体动物、昆虫幼虫、鱼卵和幼鱼等。根据 Wetzel（1975）的观点 Periphyton 只指生长在基质上的微型植物——藻类。

三、群落的划分

捷克的 Šrámek-Hušek（1946）根据最通常的、不同性质的基质——植物、动物、树木、石头而划分为附植生物（epiphyton）、附动生物（epizoon）、附木生物（epixylon）和附石生物（epilithon）。周丛生物又可分为真周丛生物（true periphyton）和伪周丛生物（pseudoperiphyton）。凡有机体用各种辅助物如根足、柄等来固着于基质上的，称真周丛生物。凡是在真周丛生物上自由游动的、爬行的或是次生性着生的有机体，称伪周丛生物。无论是真伪周丛生物都同时出现于各种类型的基质上，它们形成共同的群落，处在共同的生境中。敞水区和沿岸区自由生活的生物也能在此生境偶然出现，但它不属于周丛生物群落。Wetzel（1975）根据周丛藻类生长的基质不同而划分为附泥藻类（epipelic algae）——生长在细小的有机沉积物上，附石藻类（epilithic algae）——生长在石头表面，附植藻类（epiphytic algae）——生长在高等水生植物表面，附动藻类（epizoic algae）——生长在动物表面，附砂藻类（epipsammic algae）——生长在砂粒上。Metaphyton 后周丛生物是 Behre（1956）所提出的名词，与早期 Naumann（1931）的 tychoplankton 和 pseudoplankton 为同义词，与 Sládečková（1960）的 pseudoperiphyton 也是同义词。Wetzel（1975）用 Metaphyton 一词指在沿岸区集结的一群藻类，它既不是严格地固着在基质上，也不是真正的浮游藻类，它们是由于风浪运动而聚集在沿岸区高等水生植物和碎片（debris）之间的藻类（图11.1）

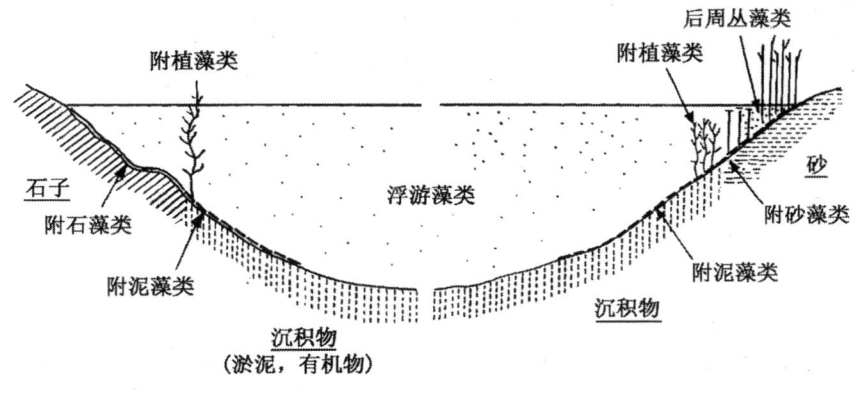

图11.1　淡水中不同基质上各种藻类群落的名词（引自 Wetzel 1979）

第二节 周丛生物的研究历史及其意义

从上述周丛生物名词的演替中可知水生生物学家早在本世纪初就开始注意到周丛生物,但主要是做些分类研究。一直到50年代时,仍未重视周丛生物的生态研究,主要原因是人们发现周丛生物群落可因不同的天然基质而有很大的变化,从标本采集到数据统计在方法上很难统一。而此时对浮游生物和底栖生物的生态研究已很多,方法也趋向于逐步规范化。Sládečková 于1957年在第四届捷克水生生物学家大会上提出《周丛生物湖沼学研究方法》的报告,总结了周丛生物中各分类阶元在自然基质和人工基质上的定性、定量采样方法(Sládečková 1962)。60年代时水体生产力的研究已普遍开展。在英、美、波兰、捷克、苏联、芬兰等国也开始研究周丛藻类的初级生产力,比较了湖泊中浮游植物、周丛藻类、高等水生植物三者的初级产量及其与富营养化的关系(Wetzel 1964; Wetzel and Hough 1973; Schindler et al. 1973; Soudergaard and Sand-Jensen 1978等)。美国弗吉尼亚工程学院及州立大学环境研究中心的研究人员用测ATP量的方法测定周丛生物活体生物量(包括自养和异养),再从其中减去用测叶绿素a法测得的周丛藻类的生物量,间接获得异养性周丛生物的生物量。提出测定周丛生物结构与功能的各种参数,以评价河流的污染程度(Rodgers et al. 1978, 1980; Clark et al. 1980, 1982)。在我国中国科学院水生生物研究所的研究人员于60年代研究武昌东湖周丛原生动物的生态(沈韫芬1980),70年代研究用着生藻类监测和评价图们江的水污染(章宗涉等1983)。暨南大学生物系阮惠板(1983)用周丛原生动物评价珠江广州河段的污染程度。在国际湖沼学会秘书长R. G. Wetzel 的建议下,1982年在瑞典 Växjö 召开第一次淡水生态学周丛生物的国际专题讨论会,会后于1983年出版了题为"淡水生态系统的周丛生物"论文集。会上讨论了周丛生物群落的动力学、影响周丛生物生长的参数、周丛生物的生产力及利用、周丛生物与基质之间的相互关系、周丛生物和水污染、方法学等问题。

从国内外对周丛生物的研究历史来剖析,周丛生物的研究之所以能在近年来获得重视,也是人们从生产实践中意识到周丛生物群落作为水生态系统的一个组成部分是有它特有的作用。从水体生产力的角度来看,周丛生物可作为经济动物如螺、蚌、虾、鱼等的饵料。在整个水体的初级产量中,周丛藻类的产量有时可占相当大的比例,甚至可超过浮游植物的初级产量。如果沿岸区范围较大,高等水生植物生长茂盛,其附植藻类的初级生产量可占总初级产量的40%~50%(Wetzel 1975)。在环境保护工作中,用着生生物指示水体污染的程度要比浮游生物和游泳生物为好,尤其在河流中。因为着生生物是不动的,能较客观地反映该地段的水质。在工业废水的各种生化处理装置中,着生的缘毛类纤毛虫反映废水处理的情况良好。周丛生物与工业和国防建设也有密切的关系。自来水厂沙滤池的表层常生长有着生的有机体。水塔、水库、管道等的壁上常长了一厚层的铁细菌、藻类、原生动物、轮虫甚至软体动物等。中国科学院水生生物研究所的工作人员于1969年曾研究过武汉钢铁公司、武汉造纸厂的管道中因大量繁殖了一种淡水壳菜 *Limnoperna lacustris* (Marters) 造成堵塞、影响供水和正常生产的问题。潜艇、船舶底部由于着生生物的孳生而形成严重的"污垢",能腐蚀船底、影响船速。如海洋动物中的藤壶、牡蛎、船蛆等都是"污垢"的制造者。

第三节 周丛藻类的生态

水生生物学家对浮游植物的分类、生理、生态已研究得较多，但是对湖泊与河流沿岸区的藻类还研究得较少。这是因为周丛藻类生长在十分多样化的小生境中，理化因子变动大，比起浮游植物所处的环境要复杂得多。沿岸区的高等水生植物可分为挺水植物、浮叶植物和沉水植物，上面都有着生藻类的生长。在浅水湖泊和小的河流中沿岸区面积占很大比例，再加上沿岸区特殊的理化条件，周丛藻类常可形成优势，其生物量可远远超过浮游植物的生物量，种类数量也可占整个藻类种数的 90%（Round 1964）。对周丛藻类的生态分以下五个问题进行讨论。

一、周丛藻类是一个微型级的、复合的群落
(microlevel complex community)

淡水基质上生长的着生藻类，不论是附植的、还是附泥的，都和基质之间存在着新陈代谢的功能关系。它们与栖息地小生境中物理、化学、生物因子之间也存在相互关系。在这微环境中周丛藻类群落有其特有的、目前人们还不太清楚的新陈代谢系统。任何周丛藻类群落都不单是由藻类组成。就以附植藻类为例，它们是由藻类、细菌和碎屑组成的复合群落，是异源性的（heterogenous）群落。周丛藻类群落是在怎样的环境中生存呢？我们将从物理、化学、生物等各种环境因子的分析中来进一步理解周丛藻类群落的微型级和复合性两重含意。物理的因子有水的运动、基质、温度和光。沿岸区常受到风浪的影响，水的运动会伤害着生藻类。为求生存，附砂藻类多半细胞体积很小，且生长在砂粒隙缝中以免受害。沉积物常受水的运动而翻拌，着生的附泥藻类就有被埋没的危险，于是它们只能主动向光迁移以求生存。但是这种危险性会随水深的增加而逐渐减少。水的运动对附植藻类的冲击要比附泥藻类大得多，因为它加速了水的交换，破坏了周丛藻类表面业已进入稳定的新陈代谢化学梯度（metabolically-induced chemical gradient）。从基质的稳定性来说，高等水生植物要比泥砂和沉积物好。但是，只要水草在生长，就能提供着生藻类新的表面，在新的组织上理化情况与老的组织上是有不同的，其着生藻类也有不同。因此水草在空间和时间上都影响周丛藻类的生长和分布。附泥藻类接触的温度十分多样化。在水浅的地方接触的温度高些，在水深的地方接触的温度低些。但是附植藻类接触的都是较高的温度。对周丛生物小生境内光的质和量还研究得不多。随着深度的增加，可供附泥藻类利用的光会衰减。对附植藻类来说光源一般是充足的。在水草底部的附植藻类由于遮阴的原因光源大大减弱，但是附植藻类可利用不同的色素和其他生理补偿机制来适应这种光的衰减，增加了选择不同波长光源的适应性。对周丛藻类来说，化学和生物的因子主要有氧、无机营养物、有机营养物、初级生产和共生关系。附植藻类所处的生境都是好气性的。附泥藻类的环境几乎常是还原性的。往往在沉积物上面的水层中还有氧气，而在沉积物表层的几毫米内含氧量会猛跌，常常发现细菌的发酵作用，其终端产物为 CO_2、H_2S、CH_4 和挥发性的脂肪酸。沉积物上面水层中的溶解氧或光合作用生成的氧很快被氧化作用和呼吸作用所耗尽。故而附泥藻类的迁移能力不仅为了追随光源，而且也是为了避开此不良环境。从营养物质来说，不论无机的，还是有机的，在附泥藻类环境中要比附植藻类环境中丰富得多。这是因为在沉积物的间隙水中以及沉积物和水层的交界面中细菌的矿化作用十分活跃，能提供浓度很高的、为附泥藻类所需的基础营养物质，尤其是 CO_2、HCO_3^-、无机磷、氨离子、无机营养盐类。此外，细菌还能合成许多有机微量营养物（organic micronutrient），如 B_{12}、B_1、生物素等。同时，还有高能量的有机物质，如乙酸盐。因此，虽然是在还原环境中，淡水附泥藻类还能对有机物进行异营养化（heterotropy），即化能有机营养化（chemoorganotrophy）和光能有机营养化（photoorganotrophy）。对藻类的异营养化机制还研究不足。在光较弱的地方已发现附植藻类有这种同化有机物的能力，但是它所占比例很小，只有不到1%的碳是由异营养化所固定，其余99%的碳还是要通过光合自养作用固定。至于比较两者初级生产力时，显然附植藻类要大于附泥藻类。如以沿岸区单位面积来比较，附植藻类的初级生产力比附泥藻类大10倍。Wetzel（1983b）认为附植藻类和高等水生植物之间存在互利的共生关系。他把高等水生植物表面上的附植藻类复合体（epiphytic complex）看成是新陈代谢上高度统一的系统。

二、周丛藻类的动力学

周丛藻类的分布受光、营养物质、水的运动、基质、草食动物的掠食作用以及其他因子的影响。一般地说，附植藻类和附石藻类的种类较附泥藻类丰富些，种类演替相对地较少。附泥藻类大多是能移动的，因为它要适应沉积物的搅动而不断地向表面迁移。附砂藻类大多是由小的硅藻和蓝藻组成，常紧贴在砂粒表面的缝隙内，故不如附泥藻类易于移动。但是总的来说，周丛藻类中最明显表示出垂直分布的仍然是附泥藻类和附砂藻类。由于沉积物随时可以因风浪、水流、动物的掘穴而搅动和移置，附泥藻类就可能被掩没在沉积物下几厘米深的无光区，为了获得光，就形成了垂直迁移的适应性。附砂藻类也是一样，由于砂粒的阻挡，光的穿透力下降很快，造成附砂藻类的垂直分布，每隔0.5cm就有很大的不同。当然限制附砂藻类分布的主要因子还是砂中的含水量。为了适应砂、泥小生境的特殊性，硅藻、蓝藻和鞭毛藻类（在原生动物中亦称自养性鞭毛虫）能依光的昼夜变化而有垂直迁移的节律，是生物钟的一种表现。附泥藻类的种群数量变动与水深有关。在水深0~1m的底部沉积物因受波浪作用的影响，附泥藻类种群数量不够稳定。在水深1~6m的光合作用层内，附泥藻类的数量相当稳定。水深超过6m时，附泥藻类数量就下降。水深达到8m时，实际上已没有附泥藻类。附泥藻类种群数量变动因不同湖泊、不同深度、不同小生境而有变异。至于附泥藻类的种类变化，与浮游植物一样，没有一个种类能在一年中始终维持相当大的数量，而总是一个种群取代另一个种群的演替过程。高等水生植物上附植藻类种群的季节变化更为复杂，因为水草本身还有一个从生长、衰老到腐败的过程，因此附植藻类的生长还受到水生高等植物本身的影响。水草的种类、生长情况、表面结构、向水中分泌溶解物质等情况都有不同，均可直接影响附植藻类的生长。Jones 和 Mayer（1983）在美国 Wisconsin 的 Wingra 湖中进行附植藻类组成季节变化的研究。该湖面积为 $2km^2$，平均水深2.4 m。沿岸区长满了聚草（*Myriophyllum spicatum*）。在此水草上附植藻类以硅藻为优势，有19种。他们采用主成分分析法（principal component analysis 简写PCA）证明其附植藻类有明显的季节变化。根据种类的相对丰度排列出优势种。相对丰度是该种类的细胞数占附植藻类细胞总数的百分比。得出脆杆藻（*Fragilaria*）和曲壳藻（*Achnanthes*）在春—夏初是优势，微囊藻 *Microcystis* 和窗纹藻 *Epithemia* 在夏末—秋季是优势。图11.2 表示应用PCA方法在1979年5~10月研究附植藻类群落种类组成的相对丰度与3个主成分（优势种类）轴的差异，画出每个月附植藻类群落的空间结构。各月（除9、10月）都是可分隔的，沿着第1轴向第2、第3轴转移。其中7月份在植物茎的上部和茎的下部（图上的Y和YL）在轴1和轴2是重叠的，但在轴3上就分开了。9、10两月附植藻类的种类组成和丰度十分相似，在3个轴上都重叠，故要到第四主成分时才能分开。这个例子证明了附植藻类群落的季节演替过程。

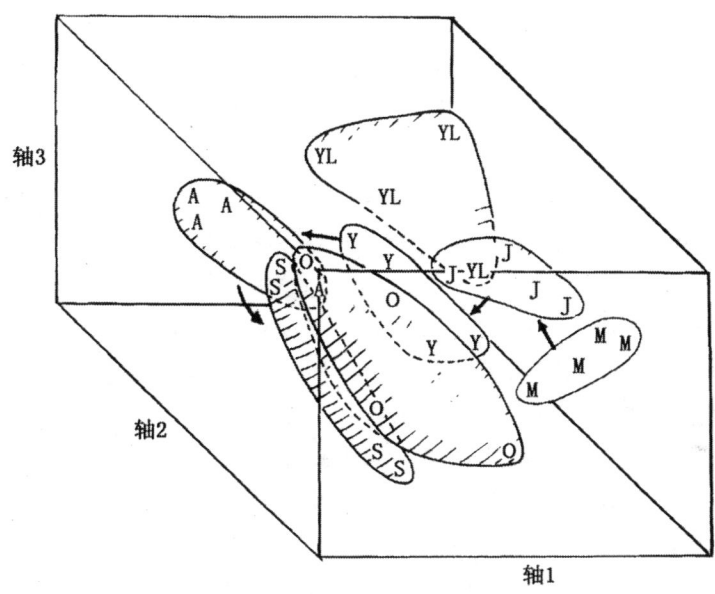

图11.2　1979年在Wingra湖附植藻类的主成分分析（应用Kowal的CPA-CANCOV计算机程序）（仿Jones and Mayer 1983） M. 5月；J. 6月；Y. 7，月聚草茎上部的群落；YL. 7月，聚草茎下部的群落；A. 8月；S. 9月；O. 10月

三、周丛藻类在物质循环中的作用

周丛藻类和自然基质之间的关系相当复杂。某些基质本身可提供周丛藻类生长的营养元素，如附植藻类和附动藻类所着生的基质。基质又和周围的水之间有物质交换；也间接影响周丛藻类的生长。周丛藻类所处的小生境要比浮游植物所处的环境复杂得多。周丛藻类所处的生境中营养物质较浮游植物所处的生境中的营养物质要集中得多，因而周丛藻类的代谢活动也强盛得多，如附泥藻类着生的沉积物之间的孔隙水中的溶解性营养物质就要比在沉积物上面的自由水中大100~1000倍。用扫描电镜观察沉水植物上的

附植藻类群落的结构时可看出细菌、藻类、基质之间的联合构造。可以看到有些硅藻、蓝藻和细菌松散地联合在粘状物质上。这种粘状物质源出于细菌和蓝藻的粘肽细胞壁。Allanson（1973）把它称为附植—碳酸盐—粘液复合体（epiphytic-carbonate-mucid complex），它可以生长并提供周丛生物群集的新表面。着生藻类、细菌、基质三者之间的新陈代谢关系是十分复杂的。高等水生植物能释放大量的无机化合物（如 O_2、CO_2、PO_4^{3-}、Si 等），还能在光合作用和因衰老死亡而自溶时，释放大量有机化合物。这样在其周围邻近地区营养物质特别丰富，附植藻类就可在此获得良好的生长和发育。剩下的营养物质被周围的水所稀释，并因风浪和水的运动而带到敞水区，促进了敞水区的物质循环，甚至还可加速水体的富营养化。高等植物和附植藻类所释放的有机物质一部分被附植细菌所利用，附植细菌可产生 CO_2 并分泌一些营养物质，其中包括如维生素 B_{12}——高等水生植物和附植藻类必需的生长因子（图11.3）。未被细菌利用的那部分溶解有机物质，如果也没有被颗粒碎屑所吸附，留存在沿岸区溶解性有机物 DOM 库池中，今后仍可被细菌进一步降解，或是被藻类进行光合作用时吸收掉。在硬水中由于光合作用之故，有些高等水生植物可引起 $CaCO_3$ 的沉淀作用。碳酸钙可与藻类、细菌分泌的粘液物质混合在一起而形成垫底，供更多的周丛生物着生之用。一般认为当细菌在对有机物质进行同化作用时，浮游植物是竞争不过细菌的，因为对浮游植物来说，寡营养水体中的营养物质太分散。可是在高等水生植物上生长的着生藻类竞争营养物时与细菌处在相同的有利地位。这是因为高等植物能分泌营养物，在着生藻类的小生境内其浓度是相当高的，足够支持藻类的生长。有的文献中对附植藻类是否从其着生的高等水生植物取得营养物质，持有不同的看法。例如：周丛藻类能从高等水生植物获得磷，这是已被证明的事实。但有人认为还不能就此肯定它对整个周丛藻类的生产力起很大作用。不过，总的看来高等水生植物对附植藻类的影响是存在的，能影响其种类组成、种群演替、生产力等。如果大环境中的水比较肥沃，是否会改变高等水生植物和附植藻类之间的关系，尚待今后研究。前面介绍的都是高等水生植物对藻类生长有利的影响，有时还会有不利的影响。如果挺水植物十分茂盛，就有遮阴的作用，使水中光衰减很快，影响浮游藻类和附植藻类的光合作用。附泥藻类和附泥细菌之间也存在相互促进的关系。在沉积物与水的交界面有时处在还原的状态。由于细菌的分解作用，溶解的无机和有机营养物质很可能比高等水生植物的表面上还要丰富些，这就有利于附泥藻类的生长。对附泥藻类来说，上层水中的化学成分对它生长的影响远不如沉积物与水交界面以及沉积物中的间隙水对它的影响为大。当沉积物中的有机碳、氮、磷增加时，附泥藻类的生物量也增加。间隙水中大部分的氨氮是被附泥藻类所同化。附植、附泥、附石藻类能像蓝藻和细菌一样能固定氮。Reuter 等（1983）在美国的一个寡营养的 Tahoe 湖内观察到周丛藻类的固氮活动整年都能进行，不象浮游的固氮者那样短促。测得周丛藻类的固氮速度为 $4\sim561\mu gN\cdot m^{-2}\cdot h^{-1}$，固氮的高峰在夏季，低潮在冬季。固氮量是 $0.03 kgN\cdot hm^{-2}\cdot a^{-1}$，虽然比起其它无机氮的输入量来说，它占的比例还不到1%，但它反映出为适应该湖泊氮的贫乏而采取从空气中固氮的一种战术。在水生态系磷的循环中附植藻类和高等水生植物所起的作用是不可忽视的。根据 Wetzel（1983b）的观点附植藻类是一个复合体，它包含藻类、细菌、$CaCO_3$，而且都要利用 P，因此它们与沉水植物竞争水中的磷。也有人认为水草通过附植藻类复合体释放少量的磷到水中去，已证明在贫营养湖中大约有5%总磷量是从沉水植物中释放出来的。死亡后水草和附植藻类复合体都成为碎屑沉淀到沉积物中。只有少量的（约15%）磷释放到水中去，其余大部分磷就用这种短路的方式保留在沉积物中。

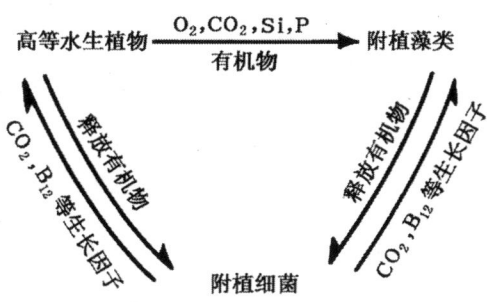

图11.3　高等水生植物、附植藻类、
附植细菌三者之间新陈代谢的关系

四、周丛藻类的初级生产

影响周丛藻类初级产量的差异主要有地点、季节、深度、基质、纬度等因素。附泥藻类的初级产量也有季节变化，同时还受水深的影响。Gruendling（1971）在英国南部一浅水湖泊——Marion湖沿岸区的5个不同深度的站上，每星期测定附泥藻类的毛初级生产速度。其生产速度随沿岸区的深度递进而下降，但是周年变化的曲线都是一致的，夏天6~7月份是高峰，冬天是低潮（图11.4）。分析其原因认为主要还是由于光照强度随水深而减弱，因而附泥藻类的光合作用强度也随水深而逐渐受到抑制。如果能把水深处的基质——沉积物移到水浅处去，若是附泥藻类的光合作用强度就此而增加了，那就更证明这个假设的原因是正确的。为此Gruendling在附泥藻类生长旺季的6月份时，从不同深度（1m、2m、3m、4m）的地方把沉积物原封不动地移到最浅的0.5m处，其附泥藻类的初级生产速度均有提高（表11.1）。

表11.1　英国Marion湖泊中沿岸区不同深度的沉积物移植到浅水区后对附泥藻类初级生产速度的影响（仿Wetzel 1975，表15.10）

标本深度(m)	太阳辐射能 ($cal·cm^{-2}·h^{-1}$)	水温 (℃)	在原地时的初级生产 ($mlO_2·m^{-2}·h^{-1}$)	选移到0.5m深处后的初级生产 ($mlO_2·m^{-2}·h^{-1}$)
0.5	32.6	23.0	19.9	19.9
1.0	23.3	22.0	22.7	26.4
2.0	14.4	17.0	19.4	18.8
3.0	10.6	14.0	14.5	19.4
4.0	5.5	13.0	2.4	5.7

除了水深的影响外，附泥藻类和附砂藻类的初级生产还受到沉积物深度的限制，一般随深度而下降。附植藻类的初级生产也因不同的高等水生植物而异。Allen（1971）

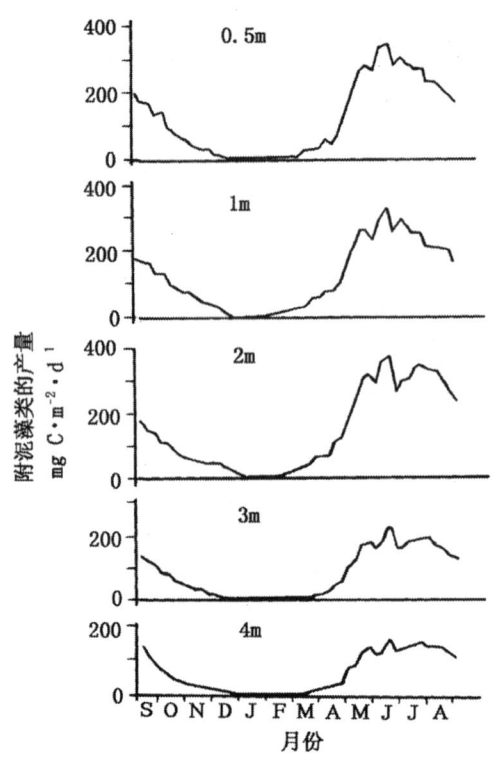

图11.4 英国 Marion 湖泊沿岸区五个不同深度站上
附泥藻类毛初级产量的周年变化(仿 Gruendling 1971)

在美国 Lawrence 湖的沿岸区观察了挺水植物蔗草 Acirpus acutus 和沉水植物茨藻 Najas flexilis、轮藻 Chara 上的着生藻类初级生产(^{14}C 法)的周年变化。发现着生藻类的生产高峰都是在夏季 7~8 月间出现，正是这些挺水、沉水植物生物量的高峰。但是沉水植物茨藻和轮藻上的附着藻类初级产量要比挺水植物蔗草上的附着藻类初级产量高得多，前者高峰时达 $9gC·m^{-2}·d^{-1}$，后者高峰时仅有 $1gC·m^{-2}·d^{-1}$。原因是茨藻和轮藻为多裂叶片的植物，因此可提供藻类着生的面积大得多，当然它的初级产量也就高了。一般地说，在贫营养湖泊中附植藻类的初级生产速度约为其固着的高等水生植物生产速度的 5%。在一株植物中较老的、较低下的叶片上的附植藻类初级生产要比较幼的、顶上的叶片上的附植藻类初级生产大 10 倍之多。这不仅是因为年幼和年老叶片上藻类群集的时间有长、短之别，更因为年老叶片处于衰老阶段时，通过自溶作用能分泌出大量的溶解有机物，促进了着生藻类的生长。要比较各个不同气候地区的着生藻类的产量是很困难的，因为各作者的方法不一致。Wetzel(1983a) 总结了世界各地湖泊中着生藻类的初级生产和周转时间，可发现一个趋势，即随着纬度的下降、生长季节的增长，着生藻类初级生产的速度也逐渐增加，周转时间也逐步缩短。Wetzel(1975) 比较了各地湖泊中浮游植物、周丛藻类、高等水生植物三者初级生产所占的比例。从表11.2 上可见，附植、附泥的周丛藻类在总的初级生产中是一个不可忽视的部分。世界上大多数湖泊都是浅水湖泊，一般认为周丛藻类的初级生产会超过浮游植物的产量(Wetzel 1983a)。我国大多数湖泊都是中、小型的浅水湖泊，水深一般都在 5m 以下。沿岸区占的比例是较大的，有利于附植藻类和附泥藻类的生长。王骥（1996）对保安湖的周丛藻类的生产量进行测定，发现其年净生产量超过水生维管束植物和浮游藻类的生产量（图11.5）。

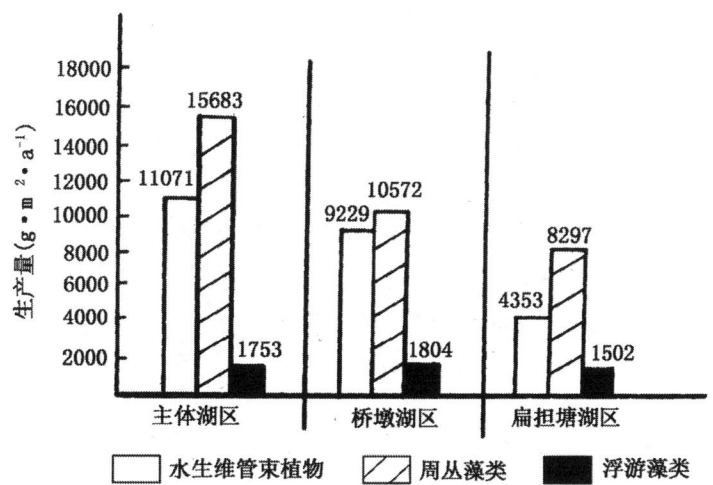

图11.5　保安湖各湖区水生维管束植物、
周丛藻类、浮游藻类年净生产量的比较（王骥 1996）

表11.2　着生藻类、浮游植物、高等水生植物三者初级生产之比（数据引自 Wetzel 1975）

地　点	类　别	占总初级产量的百分比	备　注	作　者
美国加里福尼亚州 Borax 湖	沿岸区着生藻类	42.5	大的浅水湖	Wetzel 1964
Marion 湖	附泥藻类	62.2		Efford 1976；Hargrave 1969；Gruendling 1971
Ontario 的2个湖	沿岸区着生藻类	1~1.8	沿岸区占的比例小	Schindler et al. 1973
捷克的2个鱼池	挺水植物 附植藻类 浮游藻类	73 20 7	大而浅	Straškraba 1963
瑞典 Latnajaure 湖	浮游藻类 沉水苔藓植物 Marsupella aquatica 附泥藻类 附植藻类（在苔藓上）	60 20 15 5	十分干净的山区湖泊	Bodin and Naawerck, 1969
英国 Lawrence 湖	沉水植物 附植藻类	23.3 51.3		Wetzel et al. 1972

五、周丛藻类与湖泊富营养化的关系

湖泊的富营养化问题将在第十三章中讨论。本节只从周丛藻类的角度加以分析。水体中外来的营养物增加时，首先受到冲击的是沿岸区的高等水生植物。沉水植物和挺水植物在湖泊总初级生产量中的比例不断增加，一直到整个湖泊系统的肥度已导致十分严重的光衰减。在这段时间内附植藻类（包括 metaphyton 在内）也伴随着增加。肥力能促进浮游植物的生长。浮游植物太密时也能引起光衰减而限制了沉水植物的增加。总之，达到光衰减的临界点时沉水植物是下降的，附植藻类也随之而下降，但是挺水植物是上升的。当沉水植物下降和消失时，挺水植物的初级生产占了优势，最后终于覆盖了湖盆的大部分。随后，已经下降的附植藻类也随着挺水植物的增加而第二次上升。在自然界中这个变化过程十分缓慢，可以延伸至几百、几千年，正如中国古语"沧海桑田"所云。由于人类活动的干扰，增加了湖泊的营养物负荷，这个过程就会加速。沿岸区迅速生长的高等水生植物及附植藻类对湖泊生态系的功能产生胁迫，使光的穿透力减弱，沉积物积累加速，湖泊变浅甚至沼泽化。如湖北省洪湖的水面越来越小，挺水植物和沉水植物已扩展至全湖，正在向沼泽化过渡就是一例。

第四节 周丛原生动物的生态

关于周丛原生动物的生态研究得不多。Nush（1970）研究不同污染程度的水库和河流中纤毛虫缘毛类（Ciliata, Peritricha）的生态和分类。谢平等（1996）比较了沈韫芬等在 60 年代研究东湖水草上和水体中的原生动物种类，发现在 175 种周丛原生动物中，仅有 27 种出现在水体中，可见两者的种类组成是大不相同的。沈韫芬（1980）于 1963～1964 年在东湖选择了 3 种优势的沉水植物——黄丝草 *Potamogeton maackianus*、聚草 *Myriophyllum spicatum* 和金鱼藻 *Ceratophyllum demersum* 作为研究周丛原生动物的材料，共观察到 175 种周丛原生动物。尽管水草上的周丛生物包括细菌、真菌、藻类、原生动物、轮虫、线虫、寡毛类等各分类阶元，并形成了一条错综复杂的食物链，但是周丛原生动物周年数量变动仍较有规律。不论哪个采样站（在东湖共设湖汊、近湖中心两站）、哪种水草、茎部还是叶片，周丛原生动物（包括异养性鞭毛虫、肉足虫、纤毛虫）单位面积上数量的季节变化都表示出在低温时（冬初 11 月份或冬末 2～3 月份）出现高峰，第一优势种都是钟钟虫 *Vorticella campanula*，占原生动物总数的 80%～90%。把靠近湖中心站和生活污水污染较多的湖汊站相比，后者周丛原生动物的年平均数量要比前者大 3.5～6 倍。用人工基质——载玻片法进行了同步试验。在人工基质上原生动物的优势种和种类组成和自然基质上的十分相似。但按基质的单位面积来算，人工基质上原生动物群集速度的高峰却是在水温较高的 5～10 月。天然基质上原生动物数量周年变动与金鱼藻生物量的周年变动趋势相反，而人工基质上原生动物数量季节变化与金鱼藻生物量的季节变化相似。这是因为人工基质本身是不变的，而天然基质金鱼藻在一年中经历了从生长到衰亡的阶段。在夏天，金鱼藻生长快，能提供原生动物更多的着生面积，也就相应地对原生动物起疏散作用。其次，夏季水草生长旺盛时，抵制外来有机体着生的能力要强，冬季水草衰亡时，由于腐败而分泌营养有机物，促进了周丛原生动物的生长。Bereczky 等（1983）和 Nosek 等（1983）于 1979 年秋和 1980 年春用载玻片法研究了在匈牙利布达佩斯附近多瑙河中周丛原生动物的分层现象和群集过程。分表、中、底三层采样。发现在表层和底层的原生动物群落中，无论是个体数或是多样性指数均有明显区别。分层的主要原因认为是受水流的影响，故而表层的稳定性要比中、底两层为差。共观察到 122 种原生动物。优势种类主要是钟钟虫 Vorticella campanula、沟钟虫 Vorticella convallaria、钟虫 V. margaritata 和小口钟虫 V. microstoma，占原生动物个体总数的 86.3%～90.7%。从载玻片上的群集速度（colonization rate）来分析，着生的周丛原生动物种类在第 8 天就能达到平衡。在表层中种类和个体数量的群集速度（以群集曲线的斜率来表示）均比中层和底层的慢些。中、底层多样性指数在第 4～8 天达到高峰，而表层要在 8～16 天达到高峰。

第五节　其他周丛无脊椎动物的生态

在轮虫、枝角类和桡足类中有许多着生在沉积物或高等水生植物上的真周丛动物，也有的偶而能游动、但经常是爬行在基质上的伪周丛动物。根据其习性可分为三类：①与高等水生植物缔合在一起，不会常离开水生植物；②在水生植物之间游动；③固着在水生植物、沉积物或其他基质上。沿岸区的这些小型无脊椎动物（指轮虫、枝角类、桡足类）种类要比敞水区丰富得多。王家楫（1961）指出就轮虫的生活习性而言，以底栖的种类为多，虽然有时能兼营浮游生活，但绝不可能到深水湖泊的敞水带中去。蒋燮治等（1979）指出在沿岸区枝角类无论是种类上、还是个体数量上都远较敞水区的丰富。这主要是由枝角类本身的运动和摄食特性以及沿岸区丰富的食料而决定的。如粗毛溞科（Macrothricidae）大部分是底栖种类，栖息在水域的沿岸区。其中泥溞属 Hyocryptus 在水底很少游泳，其第二触角主要用来在淤泥中支持身体；隐尾溞属 Lathonura 则振动其第二触角，在水底跳跃前进。粗毛溞属 Macrothrix 也是以拙于游泳与摄食淤泥为其特征的。盘肠溞科除滤食外，还能从水底或水生高等植物表面刮取附着生物，但限于游泳能力，不可能在敞水区大量繁殖，主要生活在沿岸区的水草丛中。此外，沿岸区还有一些种类，虽然在水层中浮游，但不浮游时，将身体依附在基质上，例如仙达溞属 Sida 利用其吸盘将身体附着在植物的茎或叶上，低额溞属 Simocephalus 利用第二触角外肢顶端最外侧的一根游泳刚毛攀附在植物体上。敞水区真正的浮游动物很少会到有水生植物的沿岸区来，即使偶尔在沿岸区有真正的浮游动物种类，但也是避开水生植物的，与伪周丛动物还是有区别。反之，沿岸区的附植动物也避免到敞水区去。有一些枝角类、轮虫是滤食性的，喜欢吃附植硅藻，因此动物本身就离不开水生植物。一般沿岸区的周丛小型甲壳动物种群数量在春、秋增加，夏季下降。因为夏季昆虫幼虫和小鱼对它掠食极为凶猛。Keen（1973）在美国 Lawrence 湖西部沿岸区研究了在沉水植物香蒲 Scirpus subterminalis 中生活的 4 种枝角类——圆形盘肠溞 Chydorus sphaericus、笔纹溞 Graptoleberis、顶冠溞 Acroperus、弯尾溞 Camptocercus 种群的周年数量变动。对盘肠溞和顶冠溞种群中幼体、雌体、怀卵的雌体、雄体、怀卵鞍的雌体所占百分比的季节变化进行观察。Keen 发现圆形盘肠溞是四季皆有的种类，种群数量在春天出现高峰，夏季数量下降，而此时在敞水区的盘肠溞数量还是很丰富的。另外 3 种枝角类均属于夏季种类，冬季消失，春季出现，在夏末和秋季出现高峰。一般说来在沿岸区生活的周丛小型甲壳动物的生活史、繁殖特点有许多是和敞水区的相似。温度与卵的孵化、发育关系也基本相似。稍有不同的是周丛枝角类和桡足类卵的发育要比浮游种类花费的时间较长些，虫龄期和脱皮频率也比浮游种类大些。在高等水生植物中生活着一些爬行的、游动的伪周丛甲壳动物，能观察到昼夜迁移的习性。白天桡足类聚集在靠近底部沉积物的高等水生植物之间，黑夜有一部分迁移到水表面。当然，真周丛生物是不会有昼夜迁移的。

对于水生无脊椎动物的牧食活动有无积极的意义，有不同的看法。Hutchinson (1975) 认为草食性的无脊椎动物首先是吃水草表面生长的附植生物，因此附植生物也许能节制草食性无脊椎动物对水草的过度牧食。Eminson 和 Moss (1980) 认为在高等水生植物和附植生物之间有着密切的平衡发育（balanced development）关系，认为无脊椎动物的牧食活动能带给水草很大的好处，使水草不会太浓密以致影响光和 CO_2 的吸收。Rodgers 和 Breen (1982) 研究了南非几个长满了黄丝草 Potamogeton crispus 浅水湖泊中周丛生物的情况。发现附植细菌侵入到黄丝草的表皮细胞内，细菌能分泌有机酸降解表皮细胞组织，促进了水草的衰老。这种细菌行使坏死性的营养（necrotrophic）方式。于是衰老的水草极易被大型无脊椎动物所摄食。Rodgers 和 Breen (1983) 又进一步研究扁蜷螺 Bulinus natalensis 牧食活动对黄丝草与附植生物之间相互关系的影响。他们把野外采来的黄丝草叶片分为 4 个龄期：①嫩叶、②幼叶、③成熟叶、④老叶。分别放入盘中加湖水进行培养。根据实验需要引入螺或碎屑。碎屑是从其他植株上洗下来的附植-碎屑集合物（epiphytic-detrital aggregate，简称 EDA），以提供细菌的来源。对各种龄期的叶片进行扫描电镜观察和间隔 2、4、6、8、12、18 天检查黄丝草的消耗速度，结果见表11.3。

表11.3　螺对不同龄期黄丝草叶片牧食试验（根据 Rodgers and Breen，1983 一文整理）

叶　片	附植藻类	细　菌	螺的牧食情况	
			24 小时内	6 天
嫩叶	无	无	无	叶片无损伤
幼叶	稀少	无	只吃附植藻类	叶片无损伤
成熟叶	浓密	侵入叶片表皮细胞	吃附植藻类及叶片表皮细胞的外壁	叶片大部受损
老叶	浓密	大量侵入叶片表皮细胞，促使叶片衰亡	摄食叶片	叶片严重受损

从这表中可看出细菌行使的坏死性营养（necrotrophic）活动与水草细胞损伤之间存在着相关性。螺牧食时首先是吃老叶上的附植藻类，由于老叶早已被细菌所降解，因此连这老叶也一起被螺吃掉。嫩叶和幼叶对螺来说可食性很差，成熟叶和老叶对螺有不同程度的可食性。20 天后成熟叶和老叶大部分都被螺吃掉，而嫩叶和幼叶的留剩量很大，螺只吃正在叶片上发育的附植藻类。这些结果表明虽然叶片的龄期控制着对螺的可食性，但是螺的牧食活动又是受附植藻类的控制，故附植藻类制止了螺对叶片的直接消耗。同时他们还发现螺的摄食活动对碎屑的形成起积极的作用。黄丝草成熟时产生一些

有营养成分的结构称为具鳞根出条 turions，水鸟就专食这种 turions 致使大部分黄丝草的根都露出来（Rodgers 1980）。他们将露根的植物采回室内做实验。未引入螺的试验中大部分黄丝草叶子已变成棕色，叶片松软，表示已死亡。但叶不破碎，仍维持原来的形状，故积累的碎屑量极少。引入了螺的试验中，黄丝草生物量损耗很大，但叶片不呈棕色和松软的现象。细小的（1mm^2 以下）碎屑积累很快。观察认为这碎屑是由螺的粪便构成。总之，他们认为螺的牧食活动①可防止黄丝草上附植藻类的过量生长；②可降低行坏死营养方式的细菌对水草细胞的袭击；③可促进更快地形成细的、有营养的碎屑，因而也就影响水生态系中营养物和能量转移的速度和型式。

第六节 周丛生物群落与微型生物群落的结构与功能

前面第一篇中已对水生态系统、生态系结构与功能下了定义并作了详细的讨论。水生态系统中包括许多亚级单位，周丛生物群落就是其中之一。周丛生物由于有很快的周转率，如细菌、藻类、原生动物等其周转率常常只有几小时，因此周丛生物常被生态学家用于研究结构与功能的对象。周丛生物群落与外界环境之间也是相互制约、相互调节的，从而能保持周丛生物群落的动态平衡。各种各样的生态系统、群落、种群和有机体能够自我维持和调节（selfmaintenance and regulation），因而能导致全面的稳态平衡（homeostasis），也即是说各种生物系统（biological system）都能抵抗变化而保持平衡状态，周丛生物当然也不例外。美国弗吉尼亚工程学院及州立大学的环境研究中心领导者 Cairns 教授就是根据周丛生物群落的这种内在的稳态平衡机制提出了利用周丛生物的结构与功能来评价污染物对环境的胁迫，在他的领导下 Rodgers, Dickson, Clark, Cherry 等（1978，1980，1982，1983）开展了这方面的工作。在周丛生物群落功能测量的方法一文（1980）中提出了周丛生物群落的结构与功能参数如表11.4。

表11.4 周丛生物群落的结构与功能参数（Rodgers et al. 1978）

	结 构	功 能
分类学的	种类名录 多样性指数 分布类型 密度 指示种类	种类群集速度 干扰后种数恢复平衡的速度
非分类学的	生物量（湿重、干重、灰分重） 叶绿素、类胡萝卜素 ATP（三磷酸腺甙） DNA（脱氧核糖核酸） AI 自养性指数（也可用 HI，异养性指数*）	初级生产速度（^{14}C 法和溶氧法） 呼吸速度 同化硫酸盐的还原速度

* AI 公式为生物量/叶绿素 a，生物量中含自养性生物和异养性生物，而叶绿素 a 只表示自养性生物。因此这个指数是反映异养性生物多少，指数越大，表示异养性生物占的成分大，水质越差。为此我们认为用 HI 更妥

Rodgers 等（1978）设计了一个光合作用室以测定在流水中的周丛生物的初级生

产。在光合作用室内水的流速可控制与河流的流速一样。把已群集好的周丛生物载玻片置于光合作用室内。和黑白瓶一样分白室和黑室两种。然后把此两种光合作用室放到河流中去。用^{14}C法测定周丛藻类光合作用时,其灵敏度要比溶氧法大50~100倍。这样可以测出生态系中较为微细的变化,也可测出轻度污染对周丛生物群落的影响。但是溶氧法的优点是还可以测出周丛生物的呼吸速度。Odum(1977)指出用群落的两个主要新陈代谢过程——光合作用与呼吸作用之比(P/R)能很好地反映出环境所引起的生物变化及其对生物的潜在胁迫。用 P/R 能反映各种污染物对周丛生物群落的功能效应。Rodgers等(1980)研究营养物质(能促进异养作用的蔗糖和葡萄糖,促进自养作用的 Na_2HPO_4 和 NH_4NO_3)和毒物(次氯化物 $Ca(OCl)_2$ 和重金属 $CuSO_4$、$Na_2Cr_2O_7$)对周丛生物结构与功能上的影响。他们用的是表11.4所示的非分类学的参数。用统计学上显著性差异的要求对结果作了分析,提出了一个关键的看法,认为结果中符合显著性差异的比例不是很大,固然是与投污浓度微量有关,但也反映出存在着生物固有的变异性问题,也即是周丛生物群落在空间和时间分布上固有的变异性。已多次发现邻近的基质上周丛生物群落的生物学变异性会超过方法学上的可靠性。Patrick(1954)用载玻片作为人工基质得到硅藻的正态分布曲线模型(图11.6)。从这硅藻群落中可以看出种类的个体数量有一稳定的状态,也即是大多数种类的密度较低;密度极高和极低的种类只占极少数。完全符合Preston(1948)提出的在温带地区的淡水河流、湖泊中,不论什么季节、什么地区、什么生境,生物的这种正态分布曲线虽然不是绝对相同,但必定是明显地相似。基于上述的这些研究工作可以推论出以下观点:在相似环境中各地区的种类虽然会随时间、空间而有变化,但种类的数量相当稳定,它的个体数量分布也有一稳定的模式。因此,认为在淡水微型生物群落中,种类的积累不是一个随机的过程,而确实是一个有结构的群落。

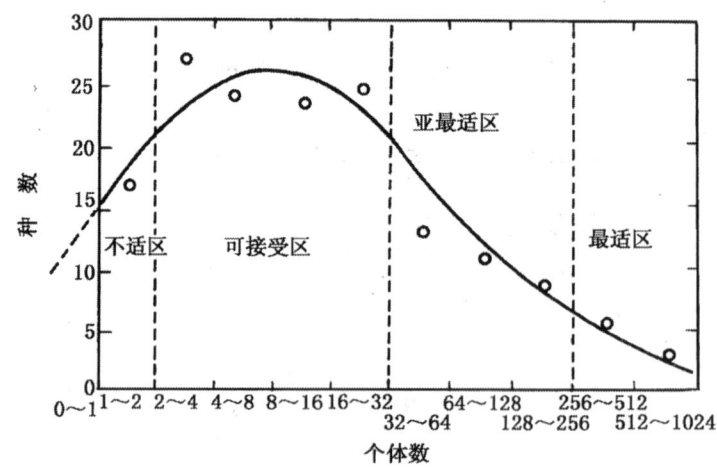

图11.6　硅藻正态分布曲线模型(Patrick 1954,Cairns 补充)

在用周丛生物研究群落的结构与功能时,在采样上就存在许多方法学问题。前面已经提到用人工基质代替自然基质进行采样,无论在质上或是量上人工基质上的周丛生物总是与自然基质上的有所不同。但是一直到目前为止仍然应用人工基质,特别是载玻片来研究周丛生物的生态。欲对周丛生物进行结构与功能参数(表11.4)的测定时,在同一载玻片上无法测定这许多参数，必须用多个载玻片来测定，重复性差而工作量大。其次是载玻片的曝露天数也很难掌握。曝露天数少了，要研究的对象尚未长好。曝露时间过长，就因掠食动物的吞食而所剩无几。我们在东湖研究周丛原生动物生态时，掌握到载玻片挂二个星期较好。如果曝露一个月，载玻片上都是着生轮虫、爬行的线虫和寡毛虫，而藻类和原生动物很少。Cairns等（1969）首次提出用聚氨酯泡沫塑料块（Polyurethane Foam Unit，简称 PFU）作为人工基质。由于它的空隙很小，直径在 150μm 左右，只能容纳微型生物——细菌、真菌、藻类、原生动物和少量轮虫等。大型无脊椎动物进不去，因此不必担心会把微型生物吃掉。通过观察证实 PFU 能收集到水体中的 80%～85% 微型生物种类。一般挂放的 PFU 块大小为 51mm×76mm×64mm。一个 PFU 所挤出的水样约有 160～180ml 左右，足够供测定表11.4 所列的结构与功能全部参数，因此重复性大而工作量小。缺点是 PFU 法只能获得相对性的各种定量数据，不能把它转化为一定体积水体中的量。故 PFU 法只能用于比较生态学的研究中。Cairns（1969）把 MacArthur-Wilson（1963）的岛屿生物地理平衡模型应用到 PFU 微型生物的群集过程中去。随着时间的延伸，微型生物群集的种类不断增加，然后出现一个平衡期，即种类在变化，但种数不变或少变，即达到了平衡种数。符合于"微型生物群落结构的客观存在"推论中所提到的种类会随时间、空间而变，但种类的数量相当稳定的推论。MacArthur-Wilson 提出平衡期前的公式为：$S_t = S_{eq}(1 - e^{-Gt})$，其中 S_t 是 t 时间的种类数，S_{eq} 是平衡期的种数，G 是平衡曲线的斜率。Cairns 证明原生动物在 PFU 上的群集过程是符合 MacArthur-Wilson 的公式。提出了群集过程中的 3 个功能参数——S_{eq}、G 和 $t_{90\%}$（$t_{90\%}$ 是达到 90% 平衡种数所需的时间）。当环境有变化时，这 3 个参数会作出相应的变化。Genter 等（1987）在河流中用中宇宙（mesocosm）模型测试锌引起周丛藻类种群和群落的变化。Niederlehner 和 Cairns（1990，1993）将 PFU 上的微型生物群落作为源自天然的周丛生物群落（naturally derived periphytic community），在微宇宙和中宇宙中进行锌、氨的效应试验，测定的参数有原生动物种数、藻类生物量、初级生产力、群落呼吸率、同化效应率等。

自 1982 年 PFU 法在中国已获得广泛应用，并经十余年的修正、改进、验证和推广。对该方法的改进有：①提出了 4 个生物参数（植鞭毛虫百分数、原生动物种数、多样性指数、异养性指数），均与化学参数有显著性相关（$P<0.001～0.05$，见沈韫芬等，1995《河流的污染监测》表6.16）；②修正了 MacArthur-Wilson 的模型，加入了环境胁迫因素 H，修正公式为 $S_t = S_{eq}(1 - e^{-GT})/(1 + He^{-GT})$；③在种类污染价的基础上建立了群落污染，并得到验证；④设计的恒流稀释微宇宙（flow-through diluted microcosm）装置适用于群落级毒性试验和修复试验，毒性试验可在现场进行，在 15 天内完成，根据试验结果能测出当地受纳水体中化学品的最高允许浓度（MATC）范围；⑤常规监测 1（或 3）天，能及时发现泄漏事故，若种数突然下降，即可向管理部门报警。

1983，1984，1989 和 1990 年，由中国科学院水生生物研究所和国家环保总局标准处分别举办了四期"微型生物群落监测"学习班。除西藏、海南、青海、台湾外，学员来自 26 个省市自治区，151 名学员。除学习基本原理、方法和微型生物分类知识外，学员们还进行了野外监测和室内毒性试验，获得了满意的监测结果。在推广中，对各种废水如重金属、农药、石油、发电厂热排水、化工、冶炼、印染、制药、食品加工、汽车制造、炼钢、炼焦、炼油、采石、棉纺、纺织、酿酒、制烟、化肥、航天工业以及生活污水等进行 PFU 法的监测；对我国长江、汉江、乌江、清江、沅江等用 PFU 法进行水质评价；对三峡水库、南水北调、常德市污水资源化等工程的环境效应进行预测；建立化学品（洗涤剂 LAS，$CuSO_4$ 和稀土化肥"农乐"）的安全浓度。PFU 法在国内得到广泛应用，证明是快速、经济、准确的一种监测新方法。1991 年国家环境保护总局首先通过 PFU 法作为中华人民共和国国家标准（GB/T12990-91，水质-微型生物群落监测- PFU 法）。这也是我国第一个自行制定的生物监测标准。1990 年沈韫芬、章宗涉等出版的专著《微型生物监测新技术》是理论和实践的结合。它论述了微型生物的生态原理，介绍从细胞、个体、种群到群落，从微宇宙到中宇宙水平的微型生物监测和毒性试验方法，提出藻类和原生动物指示种类和污染指数测定。

思 考 题

1. 周丛生物的定义及其范围的划分。
2. 试论周丛藻类在水生态系的物质循环中的作用。
3. 周丛藻类与湖泊富营养化有何关系？
4. 周丛生物与微型生物两者的类似与差别，它有哪些结构与功能的群落参数？

主要参考文献

[1] 王家楫. 中国淡水轮虫志. 288 页，27 图版，北京：科学出版社，1961
[2] 王骥. 长江中游草型湖泊周丛藻类多样性的季节变化. 水生生物学报（增刊），1996，20：132～139
[3] 阮惠板，赵汝浓，黎康汉. 用周丛原生动物评价珠江广州河段的污染程度. 暨南理医学报，1983，2：95～105
[4] 沈韫芬. 武汉东湖周丛原生动物生态. 水生生物学集刊，1980，7（1）：19～40
[5] 沈韫芬，章宗涉，龚循矩，顾曼如，施之新，魏印心. 微型生物监测新技术. 北京：中国建筑工业出版社，1990，524 页
[6] 沈韫芬，冯伟松，顾曼如，王士达，吴建忠，谭渝云. 河流的污染监测. 北京：中国建筑工业出版社，1995，308 页
[7] 章宗涉，莫珠成，戎克文，黄浩明. 用藻类监测和评价图们江的水污染. 水生生物学集刊，1983，8（1）：94～104
[8] 谢平，陈宜瑜. 我国内陆水体中的"魔鬼四重奏"——生物多样性的丧失与人类活动. 水生生物学报，1996，20（增刊）：6～23
[9] 蒋燮治，堵南山. 中国动物志，节肢动物门，甲壳纲，淡水枝角类. 北京：科学出版社，1979，297
[10] Allanson B R. The fine structure of the periphyton of *Chara* sp. and *Potaomogeton natans* from Wytham Pond, Oxford, and its significance to the macrophyte-periphyton metabolic model of R. G. Wetzel and H. L. Allen. Freshwat. Biol. 1973, 3：535～541
[11] Allen H L. Primary productivity, chemoorganotrophy, and nutritional interactions of epiphytic algae and bacteria on macrophytes in the littoral of a lake. Ecol. Monogr., 1971, 41：97～127
[12] Bereczky M C, Oertel N and Nosek J. Structural investigations of periphytic protozoan communities in three layers of the Danube River. I The question of stratification. *In* Wetzel, R. G.. ed. Periphyton of freshwater ecosystems, 1983, pp. 55～58
[13] Clark J R, Rodgers J H Jr, Dickson K L and Cairns J Jr. Using artificial streams to evaluate perturbation effects on Aufwuchs structure and function. Water. Resour. Bull. 1980, 16（1）：100～104
[14] Clark J R, Cherry D S and Cairns J Jr. Food quality of Aufwuchs from artificial stream receiving low levels of perturbations. Water Resour. Bull. 1982, 18（5）：761～767

[15] Eminson D and Moss B. The composition and ecology of periphyton communities in freshwater. I The influence of host type and external environment on community composition. Br. Phycol. J. 1980, 15: 429~446
[16] Genter R B, Cherry D S, Smith E P and Cairns J Jr. Algal-periphyton population and community changes from zinc stress in stream mesocosms. Hydrobiologia, 1987, 153: 261~275
[17] Gruendling G K. Ecology of the epipelic algal communities in Marion Lake, British Columbia. J. Phycol. 1971, 7: 239~249
[18] Hutchinson G E. A treatise on limnology. III. Aquatic macrophytes and attached algae. New York, John Wiley and Sons, Inc. 1975
[19] Jones R C and Mayer K B. Seasonal changes in the taxonomic composition of epiphytic algal communities in Lake Wingra, Wingra, Wisconsin, U. S. A. In Wetzel, R. G. ed. Periphyton of freshwater ecosystem, 1983, pp. 11~16
[20] Keen R. A probabilistic approach to the dynamics of natural populations of the Chydoridae (Cladocera, Crustacea). Ecology, 1973. 54: 524~534
[21] Niederlehner B R and Cairns J Jr. Effects of ammonia on periphytic communities. Environmental Pollution, 1990, 66: 207~211
[22] Niederlehner B R and Cairns J Jr. Effects of previous zinc exposure on pH tolerance of periphyton communities. Environmental Toxicology and Chemistry, 1993, 12: 743~753
[23] Nosek J N and Bereczky M C. Structural investigations of periphytic protozoan communities in three layers of the Danube River. II. The course of colonization. In Wetzel, R. G. ed. Periphyton of freshwater ecosystems, 1983, pp. 55~58
[24] Rodgers J H Jr, Dickson K L. and Cairns J Jr. A chamber for in situ evaluations in periphyton productivity in lotic system. Arch. Hydrobiol. 1978, 84 (3): 389~398
[25] Rodgers J H Jr, Dickson K L and Cairns J Jr. A review and analysis of some methods used to measure functional aspects of periphyton. In Wetzel, R. G. ed. Methods and measurments of periphyton communities, 1980, pp. 142~175
[26] Round F E. The ecology of benthic algae. In Jackson, D. F. ed. Algae and man. 1964, pp. 138~184. New York, Plenum Press
[27] Rueter J E, Loeb S L and Goldman C R. Nitrogen fixation in periphyton of oligotrophic Lake Tahoe. In Wetzel, R. G. ed. Periphyton of freshwater ecosystems, 1983, PP. 101~109
[28] Schindler D W, Frost V E and Schmidt P V. Production of epilithiphyton in two Lakes of the Experimental Lakes Area, Northwestern Ontario. J. Fish. Res. Bd. Canada, 1973, 30: 1511~1524
[29] Sladeckova A. Limnological investigation methods for the periphyton ("Aufwuchs") community. Bot. Rev. 1962, 28: 286~350
[30] Sondergaard M. and K. Sand-Jensen, Total autotrophic production in oligotrophic Lake Kalagaard, Denmark. Verh. Int. Ver. Limnol. 1978, 20: 667~673
[31] Welch P S. Limnological methods. Philadelphia, Blakiston Co, 1948, 381 pp.
[32] Wetzel R G. A comparative study of the primary productivity of higher aquatic plants, periphyton, and phytoplankton in a large, shallow lake. Int. Rev. ges. Hydrobiol. 1964, 49: 1~64.
[33] Wetzel R G and Hough R A. Productivity and role of aquatic macrophytes in lakes An assessment. Pol. Arch. Hydrobiol. 1973, 20: 9~19
[34] Wetzel R G. Limnology. Chapter 15. The Littoral zone. 1975, pp. 388~390. W. B. Saunders Company. Philadelphia/London/Toronto
[35] Wetzel R G. Periphyton of freshwater ecosystems. Developments in Hydrobiology 17. Dr. W. Junk Publishers. A member of the Kluwer Academic Publishers Group. The Hague/Boston/Lancaster., 1983, 346pp

第十二章 鱼 类

第一节 鱼类的主要类群
　一、世界鱼类的现状
　二、鱼类之间的系统发育关系
　三、几个重要的鱼类学名词
　　1．真骨鱼类
　　2．鲈形目
　　3．骨鳔鱼类
　四、我国淡水鱼类的现状
第二节 鱼类的摄食
　一、鱼类的食性
　　1．鱼类的营养类型
　　2．食性分析的方法
　　3．影响食性的因子
　二、鱼类的摄食节律
　　1．昼夜节律
　　2．季节节律
　　3．饱食节律
　三、鱼类的摄食强度
　　1．食物的充塞度和充塞系数
　　2．日粮
　　3．摄食量与体重的关系
　四、影响鱼类摄食的因子
第三节 鱼类能量学
　一、能量在体内分配的一般模式
　二、能量分配的各组份
　　1．排粪
　　2．排泄
　　3．代谢能
　三、能量分配研究的实际结果
　四、影响能量分配的因子
第四节 鱼类的年龄与生长
　一、鱼类的年龄
　　1．年龄确定的方法
　　2．年龄的表示方法
　二、鱼类的生长
　　1．鱼类生长的概念
　　2．鱼类生长过程的描述方程
　　3．鱼类生长的特点
　三、影响鱼类生长的因子
　　1．外部因子
　　2．影响鱼类生长的内部因子
第五节 鱼类的繁殖
　一、鱼类的繁殖方式
　　1．繁殖的类型
　　2．性腺的发育
　　3．繁殖力
　　4．鱼类繁殖的策略
第六节 鱼类的洄游
　一、洄游的概念
　二、洄游的起因
　三、洄游的定向机制
第七节 鱼类在水生态系统中的特殊功能作用

和其他的类群相比，鱼类在水生态系统中的位置独特。一般情况下，鱼类是水生态系统中的顶极群落，是大多数情况下的渔获对象。鱼类类群多种多样，相互之间关系复杂。受着环境因子的影响，鱼类会产生各种变化，适应环境；同时，作为顶极群落，鱼类对其他类群的存在和丰度有着重要作用。了解鱼类的生态学特点，鱼类在水生态系统中的地位，对于全面理解水生态系统的结构、功能，对于理解水生生物学的含义有着积极的作用。

从总体上讲，理解任何动物类群生态学的关键是理解动物个体怎样改变时间和资源在不同活动上的分配，即在摄食、生长、繁殖等不同的活动上花费多少时间和能量，从而对环境条件的变化产生反应，以及这些改变对于个体繁殖成功的结果。具体到鱼类来说，也是如此。因此，本章选择鱼类的主要类群、鱼类的摄食、鱼类能量学、鱼类的生长、鱼类的繁殖、鱼类的洄游、鱼类在水生态系统中的特殊功能作用等几方面的内容进行介绍，其中前面6个部分是各论鱼类的生物学特点，某种程度上可以说是鱼类对环境变化产生的反应。第7部分则是介绍鱼类对水生态系统结构与功能的反作用。这样，合在一起成为一个整体，提供水生生物学中鱼类的知识。

第一节 鱼类的主要类群

一、世界鱼类的现状

鱼类是脊椎动物中最富有多样性的类群，已经描述的鱼类有效物种有24 618种，占整个地球上脊椎动物物种数的一半以上。其中40%的鱼类物种生活于淡水。许多新的鱼类物种正在被描述。据Owen（1980）估计，现生鱼类物种数可能有28 500种。

表12.1所示为现生鱼类的目和种类数。在482个现生的科中，有7个最大的科（鲤科Cyprinidae，鰕虎鱼科Gobiidae，丽鱼科Cichlidae，脂鲤科Characidae，吸甲鲶科Loricariidae，隆头鱼科Labridae，鮨科Serranidae），其中每一科的物种数都有400种以上，它们包含了整个鱼类30%的种数。在这7个科中约有66%的种类生活于淡水。

表12.1 现生鱼类的目和所含物种数（引自 Nelson 1994）

目	物种数	淡水物种数
盲鳗目 Myxiniformes	43	0
七鳃鳗目 Petromyzontiformes	41	32
银鲛目 Chimaeriformes	31	0
虎鲨目 Heterodontiformes	8	0
须鲨目 Orectolobiformes	31	0
真鲨目 Carcharhiniformes	208	1
鼠鲨目 Lamniformes	16	0
六鳃鲨目 Hexanchiformes	5	0
角鲨目 Squaliformes	74	0
扁鲨目 Squatiniformes	12	0
锯鲨目 Pristiophoriformes	5	0
鳐形目 Rajiformes	456	24
腔棘鱼目 Coelacanthiformes	1	0
南美肺鱼目 Lepidosireniformes	5	5
角齿肺鱼目 Ceratodontiformes	1	1
鲟形目 Acipenseriformes	26	14
多鳍鱼目 Polypteriformes	10	10
半椎鱼目 Semionotiformes	7	6
弓鳍鱼目 Amiiformes	1	1
骨舌鱼目 Osteoglossiformes	217	217
海鲢目 Elopiformes	8	0
北梭鱼目 Albuliformes	29	0

续表

目	物种数	淡水物种数
鳗鲡目 Anguilliformes	738	6
咽囊鳗目 Saccopharyngiformes	26	0
鲱形目 Clupeiformes	357	72
鼠鱚目 Gonorhynchiformes	35	28
鲤形目 Cypriniformes	2662	2662
脂鲤目 Characiformes	1343	1343
鲇形目 Siluriformes	2405	2280
裸背电鳗目 Gymnotiformes	62	62
狗鱼目 Esociformes	10	10
胡瓜鱼目 Osmeriformes	236	42
鲑形目 Salmoniformes	66	45
巨口鱼目 Stomiiformes	321	0
辫鱼目 Ateleopodiformes	12	0
仙女鱼目 Aulopiformes	219	0
灯笼鱼目 Myctophiformes	241	0
月鱼目 Lampridiformes	19	0
须鳂目 Polymixiiformes	5	0
鲑鲈目 Percopsiformes	9	9
蛇鳚目 Ophidiiformes	355	5
鳕形目 Gadiformes	482	1
蟾鱼目 Batrachoidiformes	69	5
鮟鱇鱼目 Lophiiformes	297	0
鲻形目 Mugiliformes	66	1
银汉鱼目 Atheriniformes	285	146
颌针鱼目 Beloniformes	191	51
鳉形目 Cyprinodontiformes	807	794
冠鲷目 Stephanoberyciformes	86	0
金眼鲷目 Beryciformes	123	0
海鲂目 Zeiformes	39	0
刺鱼目 Gasterosteiformes	257	19
合鳃目 Synbranchiformes	87	84
鲉形目 Scorpaeniformes	1271	52
鲈形目 Perciformes	9293	1922
鲽形目 Pleuronectiformes	570	4
鲀形目 Tetraodontiformes	339	12
合计	24 618	9966

鱼类可以小至 8～10mm，也可以大至 12m，可以生活于 5200m 的高原，也可以生活于 7000m 的海底，可以生活于 44℃ 高温，也可以生活于 -2℃ 的冰水。既有普通的纺锤形，也有鳗形、平扁形等各种奇形怪状。

二、鱼类之间的系统发育关系

达尔文的进化论指出，生物都是由共同祖先演化而来的。以此为基础，分支系统学

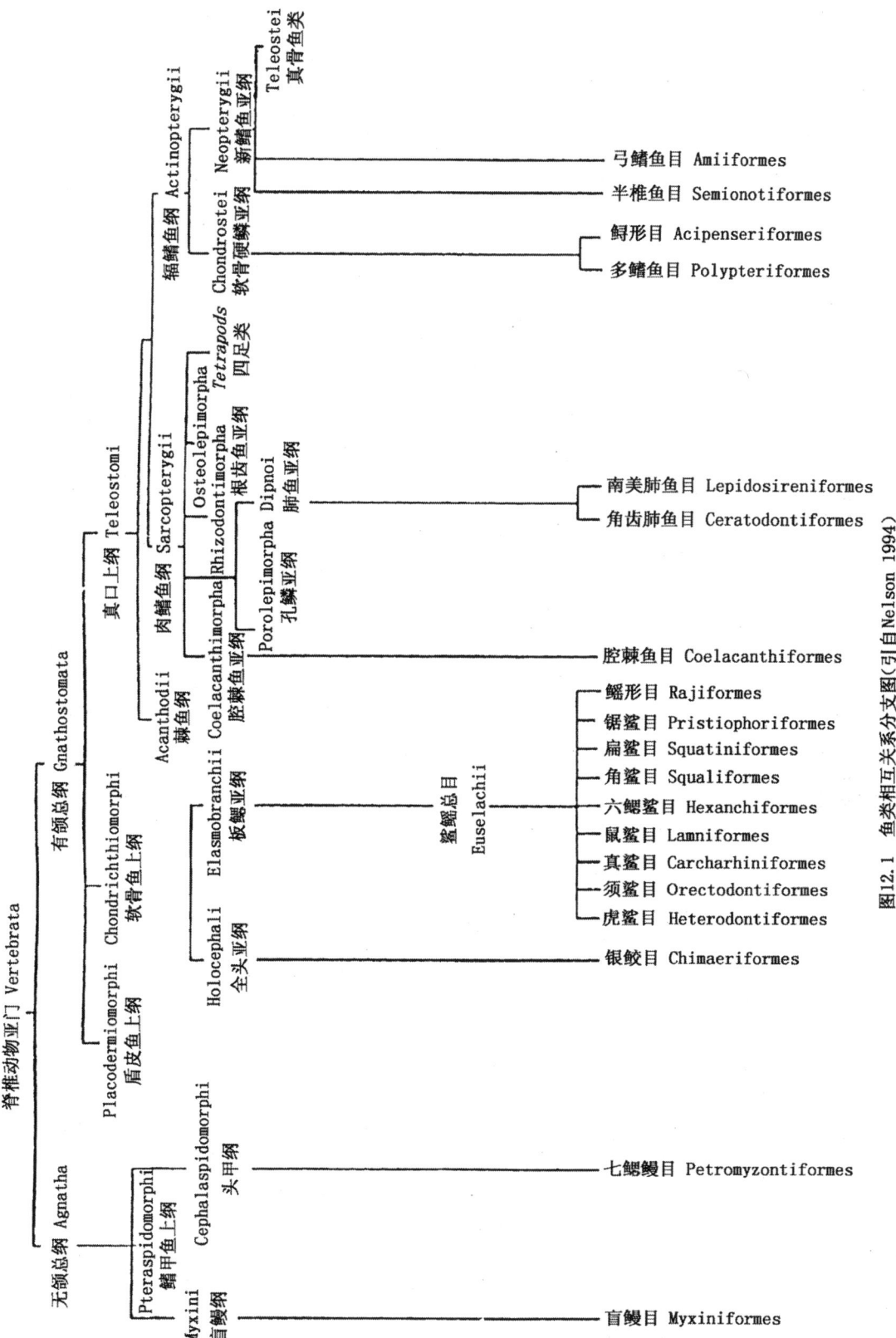

图12.1 鱼类相互关系分支图（引自Nelson 1994）

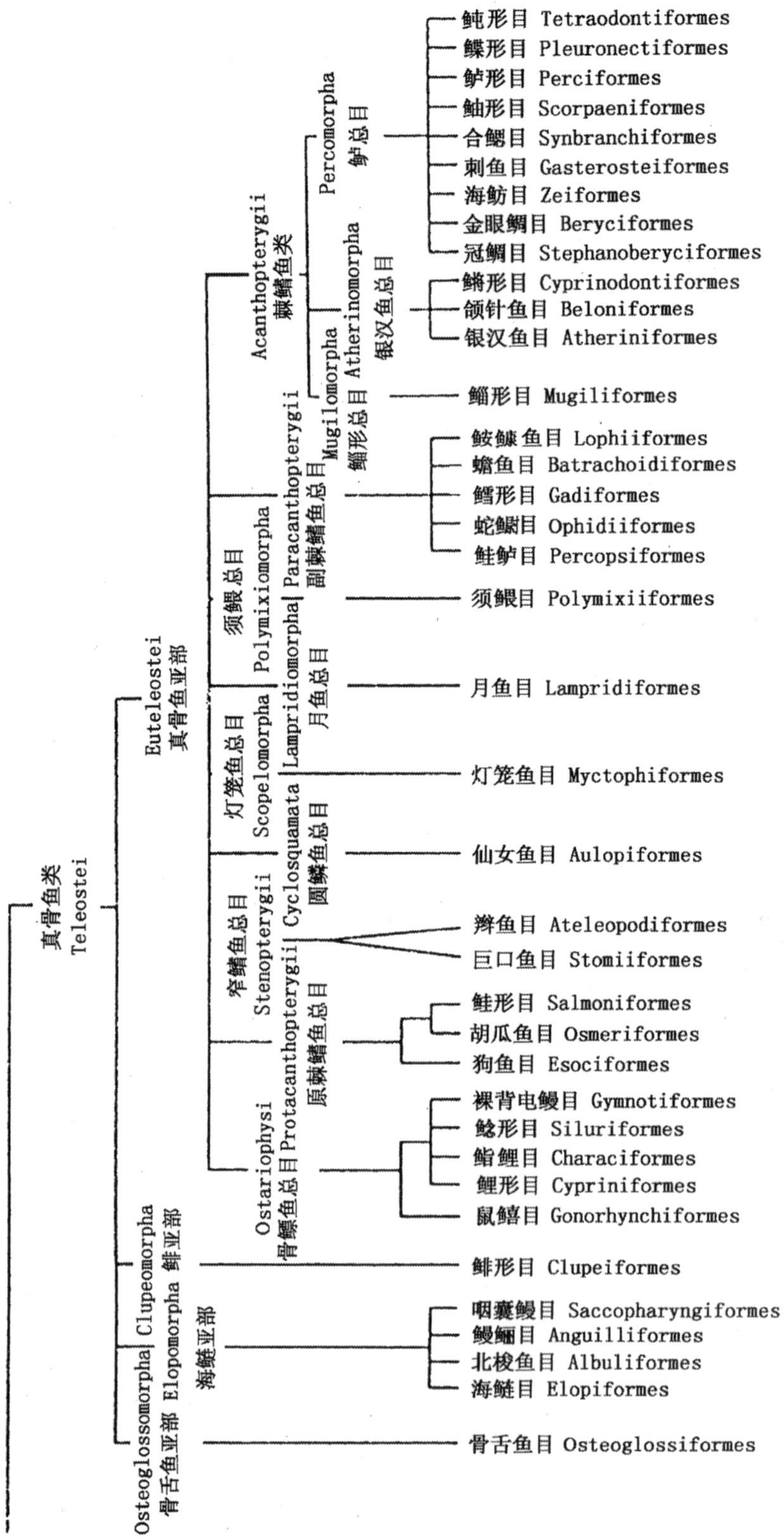

```
真骨鱼类 Teleostei
├─ 骨舌鱼亚部 Osteoglossomorpha
│   └─ 骨舌鱼目 Osteoglossiformes
├─ 海鲢亚部 Elopomorpha
│   ├─ 咽囊鳗目 Saccopharyngiformes
│   ├─ 鳗鲡目 Anguilliformes
│   ├─ 北梭鱼目 Albuliformes
│   └─ 海鲢目 Elopiformes
├─ 鲱亚部 Clupeomorpha
│   └─ 鲱形目 Clupeiformes
└─ 真骨鱼亚部 Euteleostei
    ├─ 骨鳔鱼总目 Ostariophysi (原棘鳍鱼总目 Protacanthopterygii)
    │   ├─ 裸背电鳗目 Gymnotiformes
    │   ├─ 鲶形目 Siluriformes
    │   ├─ 脂鲤目 Characiformes
    │   ├─ 鲤形目 Cypriniformes
    │   └─ 鼠䱻目 Gonorhynchiformes
    ├─ 窄鳍鱼总目 Stenopterygii
    │   ├─ 鲑形目 Salmoniformes
    │   ├─ 胡瓜鱼目 Osmeriformes
    │   ├─ 狗鱼目 Esociformes
    │   ├─ 辫鱼目 Ateleopodiformes
    │   └─ 巨口鱼目 Stomiiformes
    ├─ 圆鳞鱼总目 Cyclosquamata
    │   └─ 仙女鱼目 Aulopiformes
    ├─ 灯笼鱼总目 Scopelomorpha
    │   └─ 灯笼鱼目 Myctophiformes
    ├─ 月鱼总目 Lampridiomorpha
    │   └─ 月鱼目 Lampridiformes
    ├─ 须鳂总目 Polymixiomorpha
    │   └─ 须鳂目 Polymixiiformes
    ├─ 副棘鳍鱼总目 Paracanthopterygii
    │   ├─ 鮟鱇鱼目 Lophiiformes
    │   ├─ 蟾鱼目 Batrachoidiformes
    │   ├─ 鳕形目 Gadiformes
    │   ├─ 蛇鳚目 Ophidiiformes
    │   └─ 鲑鲈目 Percopsiformes
    ├─ 鲻形总目 Mugilomorpha
    │   └─ 鲻形目 Mugiliformes
    └─ 棘鳍鱼类 Acanthopterygii
        ├─ 银汉鱼总目 Atherinomorpha
        │   ├─ 鳉形目 Cyprinodontiformes
        │   ├─ 颌针鱼目 Beloniformes
        │   └─ 银汉鱼目 Atheriniformes
        └─ 鲈总目 Percomorpha
            ├─ 冠鲷目 Stephanoberyciformes
            ├─ 金眼鲷目 Beryciformes
            ├─ 海鲂目 Zeiformes
            ├─ 刺鱼目 Gasterosteiformes
            ├─ 合鳃目 Synbranchiformes
            ├─ 鲉形目 Scorpaeniformes
            ├─ 鲈形目 Perciformes
            ├─ 鲽形目 Pleuronectiformes
            └─ 鲀形目 Tetraodontiformes
```

图12.1 (续)

的观点进一步认为，生物的系统发育关系应当是比较它们之间祖裔关系的远近，并将这种结果用分支图来表示。良好的分支图应该是严格二分歧的。但由于研究资料的匮乏，许多分支图保留有多歧的分支。图12.1是一个综合的鱼类相互关系分支图。从图中可以看出，我们通常所说的鱼类是一个泛称，不是一个单源群。这些类群的起源、演化关系有许多问题需要进一步研究。

三、几个重要的鱼类学名词

1. 真骨鱼类（Teleostei）

真骨鱼类从分支系统学意义上的定义特征是，尾髓弓延长为尾髓骨，基鳃骨齿板不成对，前颌骨能活动。最早的真骨鱼类发现于晚三叠纪和早侏罗纪，在石炭纪大规模分化并延续至今。现生的真骨鱼类23 637种，占整个现生鱼类的96%，分属于38目，436科。真骨鱼类一般没有硬鳞，尾鳍不呈歪形，肠内无螺旋瓣。

2. 鲈形目（Perciformes）

鲈形目的形态定义特征为尾鳍17根鳍条，背鳍、腹鳍有棘。鲈形目是鱼类中最为分化的类群，含148科、9293种。是海洋中的主要脊椎动物类群。许多重要的经济鱼类隶属于鲈形目，如鲈、鳜、乌鳢、罗非鱼等。

3. 骨鳔鱼类（Ostariophysi）

主要的形态特征为无基蝶骨、有眶蝶骨、中乌喙骨通常存在，腭骨存在，有鳔，身体各部分常分布有小的、单细胞的角质突起，具多细胞角质突（即珠星）。许多种类的上颌可以伸出。腹鳍腹位。骨鳔鱼类的皮肤可以分泌恐惧或警告物质，使附近的同类产生恐惧反应（fright reaction）。其中的耳鳔鱼系最前面的4或5块椎骨有明显的变化，连于鳔和内耳之间用于传递声音，称韦伯氏器。骨鳔鱼类约占全世界已知鱼类种类的28%，约占淡水鱼种类的72%，分布在所有的大陆。分布于我国的代表性类群有鲤形目、鲇形目。

四、我国淡水鱼类的现状

我国有淡水鱼类近1000种，其中主要是骨鳔鱼类，包括鲤形目鱼类730余种，鲇形目鱼类110余种，占我国淡水鱼类数量的87%。鲤科鱼类500余种，占我国淡水鱼类的一半以上。在这些淡水鱼类中，大多数为纯淡水鱼类，如鲤形目、鲇形目鱼类。部分为次生性淡水鱼类如鳉类、鰕虎鱼类等。还有一部分是洄游性鱼类，如鲟科、鲑科鱼类等。

我国幅员辽阔，水体分布广泛，鱼类的分布也很广泛，在世界鱼类的地理区划中，我国淡水鱼类跨越古北区、东洋区和青藏高原区3个大区，具有这3个区的特有鱼类。如北方的冷水性鱼类雅罗鱼、鲅鱼等；南方的暖水急流种类平鳍鳅科、鮡科、野鲮亚科鱼类等；特有的高原鱼类裂腹鱼和高原鳅类，以及东亚平原的江河平原鱼类等。

我国淡水鱼类许多种类生长迅速，是重要的经济动物，丰富的动物蛋白源。在形态、生态、生理等特征上差异显著，是良好的生物学研究材料。

第二节 鱼类的摄食

鱼类的生存、生长、繁殖等生命活动都需要能量，鱼类能量的来源在于食物。摄食是鱼类生命活动的重要组成部分，有关鱼类摄食生态的研究可以简单地归结为研究鱼类吃什么、什么时候吃和吃多少（what，when，how much），对这3个问题的回答，构成了鱼类摄食生态的研究内容。

一、鱼类的食性

1．鱼类的营养类型

鱼类的食性，也就是回答鱼类吃什么这一问题。鱼类种类繁多，水中的各种有机物质都可以成为鱼类的食物，依据食物类型的差异，可以将鱼类归纳为以下几种食性类型。

（1）草食性（herbivore） 即以植物作为食物。包括有食大型水生植物的种类如鲩、团头鲂，以浮游植物为食的鱼类如鲢等。

（2）动物食性（carnivore） 以水中的动物为食物。包括以鱼类为食的种类如鳜，以底栖动物为食的种类如青鱼，以浮游动物为食的种类如鳙等。

（3）杂食性（omnivore） 兼食动物性和植物性食物，如鲤、鲫等。

（4）碎屑食性（detritivore） 以水中的有机碎屑和夹杂其中的微小生物为食，如罗非鱼等。

2．食性分析的方法

（1）食物的组成 食物的组成，也就是鱼类消化道中所包含的各种类的食物。通过计算某种食物在鱼类消化道中出现的比例或重量可以评价这种食物在鱼类营养来源中

表12.2 团头鲂的食物组成（引自曹文宣 1960）

食物的名称		出现频数	出现率（%）
苦草	*Vallisneria spiralis*	231	68.34
轮叶黑藻	*Hydrila vertilcillata*	114	33.72
湖底植物碎屑		33	9.76
马来眼子菜	*Potamogeton malaianus*	30	8.87
湖针海绵	*Spongilla* sp.	29	8.58
菹草	*Potamogeton crispus*	24	7.10
聚草	*Myriophyllum spicatum*	17	5.03
丝状绿藻		13	3.84
浮游动物		6	1.77
大茨藻	*Najas major*	2	0.59

的重要性。例如，对团头鲂的食性分析表明，苦草是头团鲂的主要食物，其次是轮叶黑藻。

(2) 鱼类对食物的选择　　鱼类的食物组成很大程度上是取决于环境中能提供什么样的食物。常常是环境中某种食物占优势时，鱼类就以这种食物为主食。但并不总是如此，鱼类也表现为对某种食物特别偏好或回避。鱼类对食物的选择可以用选择系数来衡量。

$$E = (r_i - p_i)/(r_i + p_i)$$

E 为选择系数；r_i 为食物 i 在消化道中的相对丰度；p_i 为食物 i 在环境中的相对丰度。

E 值一般在 $-1 \sim +1$ 之间变化，负数表示回避，正数表示主动选择。

有许多因子影响鱼类对食物的选择：

1) 食物的可得性　　例如：在天然水体中拟鲤（*Rutilus rutilus*）的主要食物是饰贝和单刺蛤。但在水族箱中饲养时，糠虾成了拟鲤的喜好食物，这是因为天然条件下糠虾游泳迅速，不易被捕获，在水族箱饲养时，游泳能力受到限制，容易被摄取。

2) 捕食选择中食物与摄食者的特征　　由于鱼类捕食时最主要的是视觉作用，因此食物的大小、与环境的对比、运动、形状、颜色等特征对鱼类的摄食都有影响。例如，三刺鱼会选择看起来比较大的食物摄食。当食物与环境的对比较强时，会增加反应距离。当食物活动时，鱼类的反应距离也会增加。

此外，鱼类的捕食也不是每次都能成功。一般情况下狗鱼的捕食成功率可以达到 70%～80%，鲈鱼和虹鳟鱼为 40%～50%。

3. 影响食性的因子

由于环境条件的变化和鱼类发育阶段的不同，鱼类的食性会发生变化。

(1) 个体发育的变化　　在个体发育的不同阶段，鱼类摄食不同的食物，例如：四大家鱼（鲩、青鱼、鲢、鳙）在鱼苗时期主要以浮游动物为食，在进入"夏花"阶段后，开始出现食性的分化。鳜鱼在全长 9.5～16cm 时，主要以虾为食（83.3%），全长 16.1～23cm 时，虾减为 45%，银鮈增至 35%，全长 23.1～70cm 时，虾的出现率只有 29%，体型比银鮈大的鲫出现率增至 33.1%。

(2) 食物组成的变化　　鱼类的摄食完全取决于环境能提供什么样的食物，由于环境的差异鱼类的食性也会发生变化。例如：正常情况下草鱼是以草为食的，但一次试验中发现其肠管中全部是米虾。

(3) 季节性变化　　随着季节的变化，环境中的食物丰度出现变化，也影响到鱼类的食性变化。例如在 5 月份，温度升高，浮游动物增殖，青海湖裸鲤以动物性食料为主。到 10 月份温度降低，不利于浮游动物的增殖，青海湖裸鲤就转而以植物性食料为主。

二、鱼类的摄食节律

摄食节律也就是摄食活动的节奏，或者说是回答鱼类什么时候吃这一问题。

1. 昼夜节律

在一天的 24 小时中，鱼类不是每时每刻都在取食，而是有昼夜的变化，例如：黄鳝白天潜伏在洞中，夜间才出来觅食；欧洲鳀 (*Engraulis encrasicholus maeoticus*) 在晚上 8 点食物饱满系数达到最高峰。因为欧洲鳀的主要食物糠虾和多毛类在白天光照强烈的时候，栖息在近底部水层，到晚上才游移到水的表面。

2. 季节节律

季节的变化主要是温度的变化影响了鱼体的代谢，而导致鱼类摄食活动的变化。鳗鱼在 1~3 月寒冷天气中继续捕食的个体仅占 3.2%~4.9%，而 5~10 月有 43.4%~61.3% 的个体肠管中有食物。

3. 饱食节律

一些研究结果说明鱼在吃饱之后摄食就有一个间歇时期，不是永远不停地摄食。对饥饿的红大麻哈鱼 (*Oncorhynchus nerka*) 的实验显示，在每 2 分钟投食一次的情况下，平均 4 分钟就可摄食 50%，14 分钟达到 75%，30 分钟就能吃饱。吃饱以后，摄食的总量达到一个平稳状态。

许多研究还表明，一次吃饱的时间，在不同的鱼类中是不同的。硬头鳟 (*Salmo gairdneri*) 需 65 分钟，竹荚鱼 (*Trachurus japonicus*) 需 60 分钟。虫纹东方鲀 (*Fugu vermicularis*) 只要 6 分钟。

三、鱼类的摄食强度

鱼类的摄食强度是研究鱼类摄食的数量关系，也就是回答鱼类吃多少的问题。

1. 食物的充塞度和充塞系数

食物的充塞度，也称饱满度，是用肉眼区分和鉴别鱼类消化道中食物的充塞程度。通常可以分为 6 级。

0 级：消化道中没有食物或只有极少量食物。
1 级：部分肠管中有少量食物或食物占肠管的 1/4。
2 级：全部肠管有食物或食物占肠管的 1/2。
3 级：食物较多，充塞度中等，食物占肠管的 3/4。
4 级：食物多，充塞全部肠管。
5 级：食物多，肠管膨胀。
充塞指数，是鱼消化道中食物重和鱼体重的比值。

$$K = (W_f/W_b) \times 100 \text{ 或 } 1000$$

K 为充塞指数，W_f 为食物团的重量，W_b 为鱼体重，肉食性鱼类常用百分数表示，其他鱼类用千分数表示。

表12.3　鳜鱼摄食个体在各月的平均充塞度(检查鱼数163尾)(引自蒋一珪 1959)

年　　月	1956年1月	2月	3月	4月	5月	6月	7月	8月	9月	10月	11月	12月	1957年1月	2月	3月
平均充塞度	2.6	—	3.3	3.5	2.9	5.0	4.5	4.5	3.9	2.8	3.1	3.3	2.7	2.3	3.0
检查鱼数(尾)	15	—	8	17	10	2	6	8	7	5	17	29	6	18	15

表12.3所示为梁子湖鳜鱼的平均充塞度。1、2月水温低，鳜鱼摄食较差，充塞度低。6月至8月，水温高，鳜鱼摄食旺盛，充塞度最大。

2. 日粮

鱼类每一天，即昼夜24小时，进食的食物量，就是鱼类的日粮。日粮反映了一天的时间中，鱼类的进食量。对于不同的种类，日粮的重量各有不同(表12.4)。

表12.4　不同种类鱼的日粮(转引自易伯鲁 1982)

鱼　　名	摄取的食物	日粮（鱼体重的%）
欧鳊	欧鳊的卵粒	21
拟鲤	摇蚊幼虫	15
大鳞大麻哈鱼	鱼类	20
驼背大麻哈鱼	甲壳动物	5

对于同一种鱼类，日粮随食物种类不同也有变化（表12.5）。

表12.5　狗鱼幼体摄食不同食物时的日粮(转引自易伯鲁 1982)

食物种类	日粮（鱼体重的%）
剑水蚤	160～175
线蚊幼虫	150～330
摇蚊幼虫	150～250
端足类	110～120
鱼类	30～50

3. 摄食量与体重的关系

鱼类的摄食量常常与体重相关。

$$C = aW^b$$

C为摄食量，W为鱼体重，a、b为常数。b一般情况下小于1。随着鱼体增长，食物重量与体重的相对比例下降。

四、影响鱼类摄食的因子

（1）食物的丰度　　研究表明，随着食物的密度增加，鱼类的摄食频率加快。

(2) 个体间竞争　　表现在鱼类集群时，摄食时间快。
(3) 捕食者的影响　　当存在捕食者时，鱼类的摄食减少。
(4) 饥饿的影响　　鱼类在饥饿后摄食量会增加。
(5) 温度的影响　　低温时，鱼类摄食很少或不摄食。随着温度的升高，摄食量增加，增加到某一温度后突然下降，这一点称为最适温度。
(6) 生理状况的影响　　许多鱼类在生殖期间停止摄食。

第三节　鱼类能量学

鱼类能量学是以能量为单位，衡量食物能量如何在鱼体维持、生长、繁殖等方面的分配，以此来认识鱼类对环境的适应，并对渔业生产作出理论指导。

一、能量在体内分配的一般模式

食物被鱼体摄食后，有的未被吸收，以排粪的形式损失掉了，有的则用于鱼类的各种生命活动。能量分配的一般模式如图 12.2 所示。

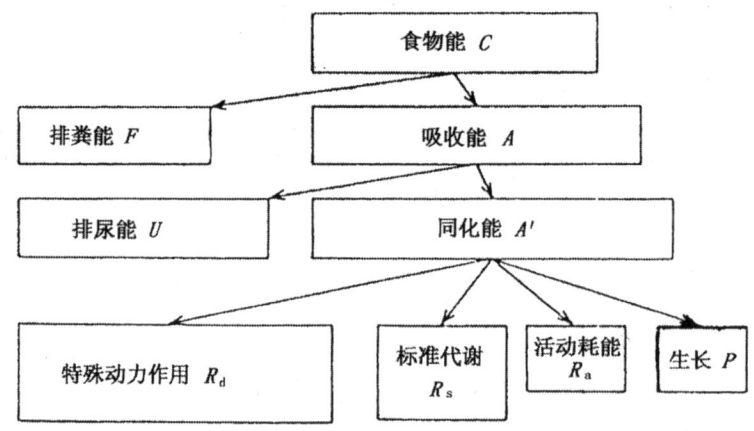

图 12.2　鱼类能量分配的模式图（转引自 Wootton 1990）

图中的各组分可以用方程表示为 $C = F + U + R_d + R_s + R_a + P$。这一方程称为能量收支式。

二、能量分配的各组份

1. 排粪

食物中有部分物质不能被消化，从而以排粪的形式损失掉。因此，食物的价值可以用食物中有多少成分被吸收来表示，称作吸收率或消化率（AE）

$$AE = 100(C - F)/C$$

AE 为吸收率，C 为食物能，F 为排粪能。研究表明，动植物蛋白的吸收率都较高。动物蛋白超过 90%，植物蛋白超过 80%，但碳水化合物只有 30%～40% 的吸收率。

2．排泄

鱼类的排泄产物主要是氨和尿素，其中也含有一定的能量。

食物除去排粪、排尿后的能量为同化能，同化能与食物能的比值为同化率 A'。

$$A' = 100(C - F - U)/C$$

式中 C 为摄食能，F 为排粪能，U 为排泄能。鱼类的同化率一般在 80% 左右。

3．代谢能

（1）标准代谢　　标准代谢是鱼类饥饿、静止状态下的代谢。一般和体重相关。

$$R_s = aW^b$$

R_s 为标准代谢，W 为体重，a、b 为参数。其中 b 的值有较大的变化，a 的值则平均为 0.86。

（2）特殊动力作用　　特殊动力作用是鱼类在摄食、消化过程中增加肌肉活动能力、分泌消化酶、处理和运转消化产物、合成新的组织等活动所消耗的能量。表现形式是鱼类进食时耗氧率迅速上升，吃完食物后又回到原来的水平。一般情况下，特殊动力作用耗能占总食物能的 10%～20%。

（3）活动耗能　　鱼类活动耗能主要是鱼类游泳时消耗的能量。同鱼类的游泳速度相关。

$$\lg R = a + bV$$

式中 R 为活动耗能，V 为游泳速度，a、b 为参数。当 V 为 0 时，R 为标准代谢。

（4）总的代谢能　　各代谢能的总和即为总的代谢能。

$$R = R_s + R_a + R_d$$

如果用 R_{max} 表示鱼类呼吸所能提供的最大能耗。3 种代谢能的总和将超过 R_{max}。说明 3 种代谢活动不可能同时得到满足。

三、能量分配研究的实际结果

有许多种鱼类的能量收支已经得到研究。对于肉食性鱼类，其能量收支式为

$$100C = (44 \pm 7)R + (29 \pm 6)P_s + (27 \pm 3)E$$

式中 R 为代谢耗能，P_s 为生长，$E = F + U$。

对于植物食性的鱼类，$100C = 37R + 20P_s + 43E$

四、影响能量分配的因子

影响鱼类能量分配的最主要的因子是温度。在一定的范围内，随温度升高，食物、排泄、生长代谢等能耗均升高。如图 12.3 所示，对欧鳟的研究发现随着温度从 3.8℃ 上升至 21.7℃，标准代谢一直上升，其他的则在 18℃ 附近有一显著转折。在 18℃ 以上，

摄食率、排粪、排泄、生长等能耗急剧下降。

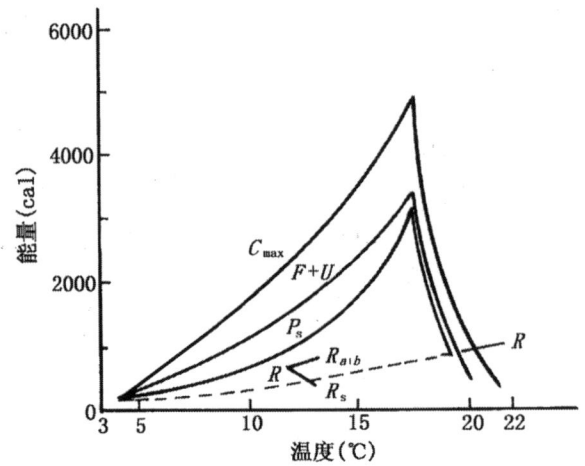

图12.3 温度对欧鳟能量分配的影响
（转引自 Wootton 1990）
C_{max}最大摄食量；$F+U$排粪、排泄损失，
P_s生长耗能；R代谢耗能；R_{a+d}活动、摄食
的代谢耗能；R_s标准代谢（虚线）

第四节 鱼类的年龄与生长

鱼类的年龄是指鱼类的岁数大小，可以用日龄、月龄、年龄等多种方式表示。鱼类的生长是鱼类体长、体重的增加。鱼类的年龄与生长是两个密切相关的问题，确定鱼类的年龄是研究其生长规律的基础。与鸟类、哺乳类不同，鱼类在达到性成熟后仍然在体长或体重上会有增加，尽管随着鱼体的增长，其生长率会下降。研究鱼类的年龄与生长，了解鱼类的生长规律将帮助我们理解鱼类如何保证物种有最长的时间繁殖后代，以及如何利用鱼类生长规律开发生产力，提高渔业利用效率。

一、鱼类的年龄

1. 年龄确定的方法

（1）体长频率法　　就是对一批渔获物的体长频率分布情况进行调查统计，依据峰值的多少可以确定渔获物的年龄组成情况，例如对梁子湖鲚鱼的体长频率分布调查即表明鲚鱼由3个龄组构成。但对于鲤鱼的研究似乎没有发现明显的年龄峰值，可能是由于鲤鱼的分批产卵所致。

（2）骨质结构法　　主要是依据鱼类生长时在鳞片，耳石、椎骨、鳍条等各种骨骼组织上留下的轮纹标志来鉴定。使用最多的是用鳞片来鉴定鱼类的年轮。

鳞片由基片和环片构成。基片是纤维质薄片，每年生长一片，一年比一年大，加在鳞片的下层。随着基片的生长，沉积着一系列大体为同心圆的环片。鱼类的生长四季不均匀，环片的排列也有疏密的变化。疏密相间的两层环片之间，有轮廓较暗的分界线即为年轮。

另一个重要的用来鉴定年龄的材料是耳石，耳石经过磨片后，在入射光或透射光下会呈明暗相间的排列而显示鱼类的年龄。耳石不仅可以用来鉴定年龄，也可用来鉴定日龄，同时还可推测鱼类的生活经历（图12.5）。

2. 年龄的表示方法

通常用年轮的生长情况来表示鱼类的年龄，有1个年轮用1表示，有2个年轮则用2表示。如果在轮纹外有新的环片生成，则在年轮数的右上角加上"+"号表示。

0^+为1龄鱼，鳞片上没有年轮。
1^+为2龄鱼，鳞片上有1个年轮。

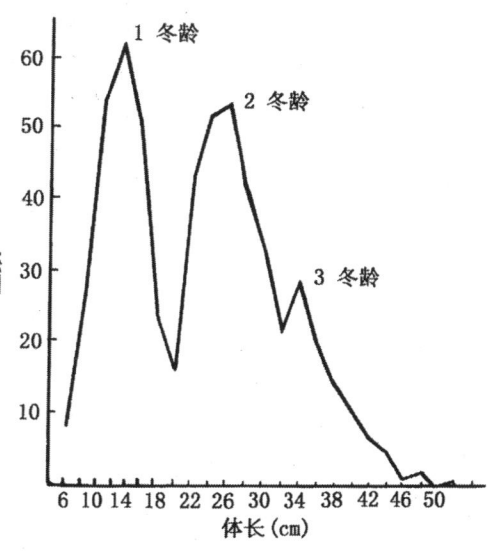

图12.4　鳜鱼的长度分布曲线
（引自蒋一珪等 1960）

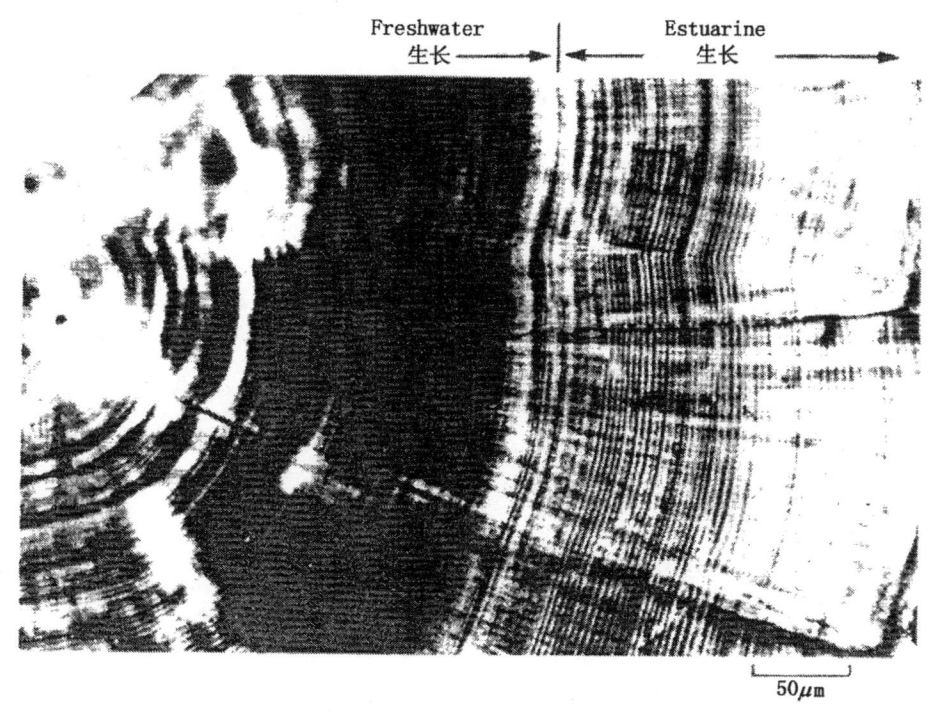

图12.5　大鳞大麻哈鱼幼鱼耳石的磨片，显示从淡水到海水环境的变化
（引自 Neilson et al. 1985）

这种表示方法与鱼类年轮形成的时间有很大关系。例如，鲫鱼主要在4~6月形成年轮，因此在3月捕到的2^+龄鱼是3龄，而在8月已经形成年轮后再捕到时是3^+，应

当是 4 龄鱼了。即鱼类是在年轮形成时跨入新的一岁。

另一种表示的方法是用世代组来表示。鱼类在同一年内产生的全部后代，称为同龄组，或同年代级。以出生的年代表示，也称世代组。同时以每年元月 1 日作为年龄递增日。仍以上述鲫鱼为例，在 1997 年 3 月捕到的 2^+ 龄鱼和 8 月捕到的 3^+ 龄鱼，由于没有跨过 1998 年元月 1 日，都应作 3 龄鱼处理，同世代组表示为 1997－3＝1994 世代。

二、鱼类的生长

1．鱼类生长的概念

（1）鱼类生长率　鱼类的生长是在一定的时间内鱼类体长或体重的增加。单位时间内鱼类体长和体重的生长值称生长率。生长率可以分为 3 种类型：

绝对生长率，单位时间内鱼体体长和体重增加的绝对值：

$$g = (W_2 - W_1)/(t_2 - t_1)$$

相对生长率，单位时间内鱼体体长和体重增加的绝对值同这一段时间开始时鱼体体长或体重的比值：

$$g = (W_2 - W_1)/W_1(t_2 - t_1)$$

瞬时生长率，或特定生长率，单位时间内鱼体体长或体重的自然对数增长值：

$$g = (\ln W_2 - \ln W_1)/(t_2 - t_1)$$

式中 g 为生长率，W_2、W_1 分别为时间 t_2、t_1 时的体重。W 换成体长 L 时，即为体长的生长率。

（2）鱼类体长、体重的相互关系　虽然鱼体的生长有时特别地表现为体长的生长，有时表现为体重的生长，但一般情况下，体重的生长是和体长相关的，并且存在如下关系：

$$W = aL^b$$

式中 W 为体重，L 为体长，a、b 为常数。

研究表明，b 值通常在 2.5～4.0 之间变化。如果鱼的体长、体高和体宽为等速生长，比重不变，则 $b=3$ 或接近 3。

2．鱼类生长过程的描述方程

鱼类生态学研究中，常用数学方程来描述鱼类的生长过程。其中最有代表性的是 von Bertalanffy 方程。von Bertalanffy 方程的出发点是，生物的生长是生物同化作用与异化作用的差值：

$$dW/dt = 同化作用 - 异化作用。$$

由于同化率 A 与吸收表面积 S 成正比，异化率 D 与体重 W 成正比，则：

$$dW/dt = AS - DW$$

又由于生长同体积相关，$W = qL^3$（L 为体长），同化作用与面积相关，$S = pL^2$，q、p 为相关的参数，则：

$$d(qL^3)/dt = ApL^2 - DqL^3$$

这一方程的解为 $L_t = (A_p/D_q) - (A_p/D_q - L_0)e^{-(D/3)t}$

当 t 无限增加时，$L_t \to A_p/D_q$，因此 A_p/D_q 为长度的渐近值，$D/3$ 为常数，简写作 K，则：

$$L_t = L_\infty - (L_\infty - L_0)e^{-kt}$$

其变换式为：$L_t = L_\infty [1 - e^{-k(t-t_0)}]$

由于等速生长 $W_t = aL_t^3$，$W_\infty = aL_\infty^3$，所以

$$W_t = W_\infty [1 - e^{-k(t-t_0)}]^3$$

式中 t 为年龄，t_0 为假定的理论生长起点年龄。L_t 和 W_t 为 t 龄时体长、体重，L_∞ 和 W_∞ 为体长和体重的生长渐近值，K 为生长系数，K 越大，意味着曲线接近渐近值越快。

例如：利用这一方程，建了大眼鳜的体长、体重生长方程：

$$L_t = 54.73[1 - e^{-0.1797(t+0.6687)}]$$

$$W_t = 3994.34[1 - e^{-0.1797(t+0.6687)}]^3$$

另外，人们发现逻辑斯谛方程 $L_t = L_\infty (1 + e^{a-rt})$ 和其他一些方程也能很好地描述鱼类的生长过程。

不同的生长方程都从总体上描述了鱼类从快到慢的生长变化过程，对不同的鱼类要准确地描述其生长特性，必需对不同的方程进行对比，选择一种最佳的方程进行描述。

3. 鱼类生长的特点

（1）长时间的生长　　鱼类在其一生中体长或体重可以不断地增长，但在生长的后期，生长率下降，呈一种逻辑斯谛曲线的形式。鱼类的生长一般可以分为性成熟前，性成熟后和衰老期3个阶段。在性成熟前，鱼类生长迅速，体长大幅度增加，体内一般不积累贮备物质，冬季往往不停食，这种生长是鱼类摆脱捕食者吞食，早日达到性成熟，维持种群数量的生态适应。

性成熟后，鱼类所消耗的饵料大部分不再用于长度生长，而是用于保证性腺发育和成熟，因此长度生长幅度下降，体重增长上升。这对提高鱼类的繁殖有利。

在衰老期，所摄取的食物主要用来维持生命和贮备越冬物质，体长和体重的生长速度均急剧下降。

（2）季节性生长　　受温度、饵料的丰度和鱼类生理状况的影响，鱼类在不同的季节生长速度差异显著。一般在春夏季，随着水温上升，饵料生物增多，鱼体代谢增强，摄食旺盛，生长迅速。在秋冬季节则生长渐趋缓慢，冬季生长极缓或停止生长。

三、影响鱼类生长的因子

鱼类生活于水环境中，其生长受多种因素的影响。主要可分为外部因子和内部因子。外部因子包括食物、温度、溶氧、盐度、pH、集群作用等，内部因子包括鱼类的遗传因素、鱼体的大小、生理状况等。

1. 外部因子

(1) 食物 鱼类生长的能量来源全部都由食物提供。食物的质量、数量对鱼类的生长有着重要的决定作用。

1) 摄食量的影响 在一定的温度下，鱼类的生长同摄食量呈一种正向的相关关系。如图示，可以将鱼类的摄食量分为维持食量，最适食量和最大食量。在维持食量时，摄食量刚好维持鱼类生命活动耗能的需要，没有剩余的能量用于生长。最适食量时，单位食物产生的生长率（生长效率）最大。最大食量时，虽然生长率最大，但消耗的食物也多，其生长效率不高（图12.6）。

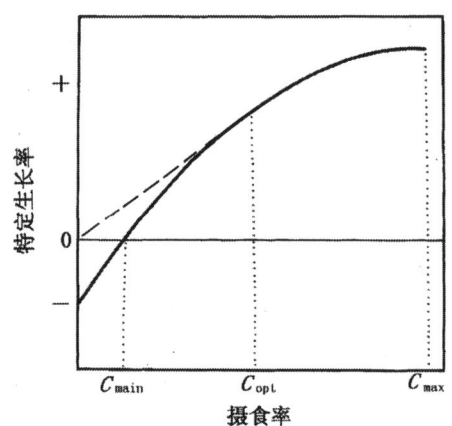

图12.6 鱼类生长率与摄食效率的关系
（引自 Wootton 1990）
C_{main} 为维持效率，C_{opt} 为最佳效率，
C_{max} 为最大效率

2) 食物种类的影响 不同的食物含蛋白质、脂肪、碳水化合物的比例不一样，对鱼类的生长也有影响。一般情况下，摄食蛋白质含量高的食物较摄食蛋白质含量低的食物生长效率要高。

3) 食物大小的影响 由于鱼类摄食时也要耗废一定的能量，摄食不同大小的食物，鱼类所需能量不一样。同时不同大小的食物所提供的营养也不相同。因此，食物的大小对鱼类的生长也有影响。一般情况下，鱼类喜食中间大小的食物。

(2) 温度 温度作为控制因子主要对鱼类的代谢率起控制作用，从而影响鱼类的生长和其他生命活动。在鱼类的适温范围内，鱼类的生长一般与温度呈正向相关，但各种鱼类一般都有自己的最适生长温度，例如四大家鱼的最适温度为 23～28℃，罗非鱼为 25～33℃。

温度对生长的影响也导致了鱼类生长的季节性差异。

(3) 溶氧 溶氧也是鱼类生长的限制因子之一。每一种鱼类都有一个临界氧浓度，低于临界氧浓度时，鱼类停止生长，甚至死亡。高于临界氧浓度时，如果食物有保障，随氧浓度的升高，生长率也升高。四大家鱼在温度适宜的情况下，水中溶氧达到 4～5.5mg/L 以上时，生长、摄食量、饵料转化率均提高。溶氧低于 2mg/L 时，摄食量剧烈下降，厌食，饵料转化率降低。

(4) 盐度 主要是针对生活于盐度变化水体中的鱼类。因为调节渗透压的平衡需要耗废能量而影响生长。

(5) pH pH值是鱼类生长的另外一个重要的影响因子。鱼类一般喜欢微碱性的水体，过酸和过碱的水环境都抑制鱼类的生长。

(6) 集群作用 由于集群生活，鱼类必然在空间、食物等方面存在竞争，从而导致某些鱼快速生长，处于优势地位，另外一些鱼则处于劣势地位，生长率下降。

但有些鱼类习惯于集群生活，分隔饲养时，生长率反而下降。这是因为集群鱼类用于警戒、寻找食物的时间减少，有较多的时间用于摄食。

2. 影响鱼类生长的内部因子

除了上述外部环境因子的作用外，由于鱼体本身的差异，其生长情况也不相同。

（1）遗传因子的影响　　主要表现在不同种的鱼类生长存在显著差异。同一种的不同种群，同一种群的不同个体生长也存在差异。遗传导致的生长差异是不同地方品种的来源，也是人工选种、育种的基础。

（2）个体的大小　　鱼类的生长是无限制的，但是，随着年龄的增加，生长率会下降。

（3）生长的内源性调节

1）特殊的生长周期　　一些鱼类的生长表现出特殊的周期。例如欧鳟 brown trout 的生长表现为2周的快慢循环，先出现2周的体长快速增长，再出现2周的体重快速增长。体长的增长与前一周期的体重增长相关。另有一些鱼类的生长呈现出月亮圆、缺的周期，或昼夜变化的周期。其机制尚不清楚。

2）补偿生长　　鱼类在饥饿后，当食物重新得到满足时，摄食量会增加，同时，生长速度也加快，呈现一种补偿生长。

第五节　鱼类的繁殖

繁殖是物种生物学围绕转动的轴。物种能否成功地进行繁殖是物种能否延续下来的关键，物种的一切生物学适应最终是为了能够繁衍后代，延续物种。鱼类作为多样性最大的脊椎动物类群，其成功性在很大程度上归功于其繁殖适应的多样性。

一、鱼类的繁殖方式

鱼类的繁殖方式多种多样，划分的方法也不相同。依据产出幼体的形式可以分为卵生、胎生和卵胎生。

卵生：大多数鱼类将成熟的卵排到体外，行体外受精，体外发育。有部分鱼类行体内受精，但受精卵在体外孵化，所以仍属于卵生，如青鳉和一些海产杜父鱼。

卵胎生：有一些鱼类体内受精，体内孵化，由母体排出体外时为活泼的幼鱼，但由于不使用母体营养，所以称作卵胎生，如食蚊鱼、孔雀鱼等。

胎生：一些软骨鱼类的输卵管发展得类似哺乳动物的子宫，并借一种"卵黄胎盘"的结构与胚胎发生血液循环联系，供应胚胎发育的营养，所以称作胎生。

依据产卵的生态习性可以分为产卵于水层，产卵于水草上，产卵于水底部，产卵于石块，产卵于贝内等。

受精卵的性质也可以分作浮性卵、漂流性卵、沉性卵和粘性卵4大类。

1. 繁殖的类型

Baloon（1975）综合鱼类繁殖行为和受精方式等特点对硬骨鱼类繁殖方式进行了划

分：

Ⅰ．无亲体护卫型（Nonguarders）
  A．敞开基质产卵亚型
    1．海面产卵：如翻车鲀（*Mola mola*）
    2．水底部产卵
      （1）在粗糙水底部（如岩石、沙砾等）上产卵
        1）胚胎和幼体自由生活在海面：如海鲈（*Morone saxatilis*）
        2）胚胎和幼体自由生活在水底：如真鱥（*Phoxinus phoxinus*）
      （2）在植物上产卵
        1）非专一性：如拟鲤（*Rutilus rutilus*）
        2）专一性：如白斑狗鱼（*Esox lucius*）
      （3）在沙质的水底产卵：如鮈（*Gobio gobio*）
  B．隐蔽产卵亚型
    1．水底产卵：如红大麻哈鱼（*Oncorhynchus nerka*）
    2．洞穴产卵：如盲眼鱼（*Anoptichthys jordani*）
    3．在无脊椎动物体内产卵：如鳑鲏（*Rhodeus amarus*）
    4．水滨产卵：如银汉鱼（*Leuresthes tenuis*）
    5．一年生鱼类：如贡氏齿鲤（*Nothobranchius guentheri*）

Ⅱ．亲体护卫型（Guarders）
  A．基质选择亚型
    1．在岩石上产卵：如光鳃鱼（*Chromis chromis*）
    2．在植物上产卵：如刺盖太阳鱼（*Pomoxis annularis*）
    3．在陆地上产卵：如四绒花鱼（*Copeina arnoldi*）
    4．大水面产卵：如乌鳢（*Ophiocephalus* spp）
  B．营巢亚型
    1．在岩石和砂砾中筑巢：如钝盔太阳鱼（*Ambloplites rupestris*）
    2．在沙中筑巢：如丽鱼（*Cichlasoma nicaraguense*）
    3．以植物茎叶筑巢
      a．分泌粘液：如三刺鱼（*Gasterosteus aculeatus*）
      b．不分泌粘液：如大口黑鲈（*Micropterus salmoides*）
    4．以自己吹成的气泡筑巢：如斗鱼（*Betta spendens*）
    5．以洞穴为巢：如杜父鱼（*Cottus aleuticus*）
    6．以多种材料筑巢：如大鳍鳞鲤太阳鱼（*Lepomis macrochirus*）
    7．以海葵为巢：如双锯鱼（*Amphiprion* spp）

Ⅲ．亲体携带型（Bearers）
  A．体表亚型
    1．附着体表孵化：如青鳉（*Oryzias latipes*）
    2．前额孵化：如钩鱼（*Kurtius gulliveri*）
    3．口腔孵化：如蓝罗非鱼（*Oreochromis mossambicus*）

4. 鳃室孵化：如盲鳉鲈（*Typhlichthys subterraneus*）
   5. 皮肤孵化：如塘鳢（*Bunocephalus*）
   6. 孵卵囊孵化：如海龙（*Syngnathus abaster*）
  B. 体内亚型
   1. 卵-卵胎生：如脂鲤（*Glandulocauda inequalis*）
   2. 卵胎生：如拟鲉（*Sebastes marinus*）
   3. 胎生：如花鳉（*Poecilia reticulata*）

2. 性腺的发育

（1）性腺的发育分期　　我国鱼类生态学研究中普遍采用性腺（主要是卵巢）分期的方法描述性腺的发育程度。

Ⅰ期卵巢：为透明的细线状，肉眼不辨雌雄。
Ⅱ期卵巢：扁带状，有血管分布，但肉眼看不见卵粒。
Ⅲ期卵巢：可以看见卵粒，但卵粒不能剥离下来。
Ⅳ期卵巢：卵粒大，而且可以分离。
Ⅴ期卵巢：卵巢松软，卵粒排入卵巢腔。
Ⅵ期卵巢：刚产完卵以后的卵巢。

Ⅳ期卵巢为成熟的卵巢，这时进行催情注射，雌鱼能起正常的排卵反应。

对于一生有 2 次以上产卵机会的鱼类，性腺的发育呈一定周期性。例如：四大家鱼产完卵后，性腺退回到Ⅱ期，然后再发育到Ⅲ期、Ⅳ期。

（2）性成熟系数　　性成熟系数是性腺重同体重或空壳重的比值。

$$GSI = 100(性腺重／体重)$$
$$或 100(性腺重／空壳重)$$

性成熟系数的变化反映了卵巢发育程度的变化。一般在繁殖季节性成熟系数增高，产卵前达到最大。如鳜鱼性成熟系数的周年变化（图 12.7）。

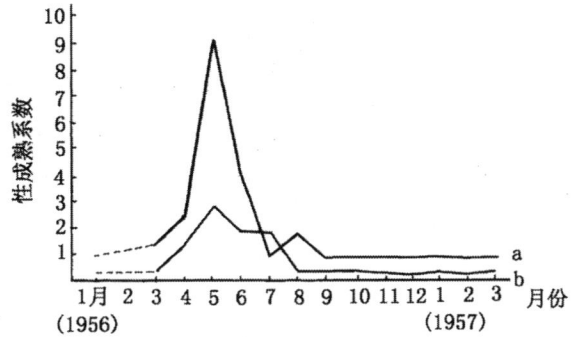

图12.7　鳜鱼性成熟系数的周年变化
（引自蒋一珪 1959）
a 和 b 分别为卵巢和精巢

不同的鱼类性成熟系数的变异范围不一样。鲤、鲢鱼为 20%～30%，罗非鱼为 5%。

3. 繁殖力

准确地说，鱼类的繁殖力应该是雌鱼产出的、受精之后存活的卵的数目。由于雌鱼的产卵量和产出卵的受精率都难以确定，因此，繁殖力的含义一般指产卵前雌鱼卵巢所怀成熟卵的粒数。

一尾雌鱼产卵前卵巢所怀成熟卵粒数，称个体绝对繁殖力。雌鱼单位体重的平均怀卵量称个体相对繁殖力。对于非分批产卵的鱼类来说，雌鱼在产卵前卵巢中所怀卵的大小、规格和成熟度基本上是一致的，因此，其绝对繁殖力代表了整个繁殖季节的繁殖力。对于分批产卵的鱼类来说，雌鱼在产卵前卵巢中所怀卵的大小、规格和成熟度往往不一致，每次产卵前卵巢中成熟的卵粒数目只能代表它的分批繁殖力，而不能代表繁殖季节繁殖力。它的繁殖季节繁殖力应当是各批繁殖力的总和。如表12.6所示为团头鲂的繁殖力。

表12.6　团头鲂的怀卵量（引自曹文宣 1960）

		二 龄 鱼	三 龄 鱼	四 龄 鱼
鱼　数　（尾）		12	6	9
体重(g)	幅　度	518～950	900～1700	1490～2200
	平　均	716.5	1410	1720
绝对怀卵量(粒)	幅　度	37 274～102 817	108 175～314 330	273 093～443 744
	平　均	64 366	242 673	364 169
相对怀卵量	幅　度	57～160	120～210	156～269
（粒/每克体重）	平　均	91	168	214

一般情况下，繁殖力的大小同体长相关。

$$F = aL^b$$

F 为绝对繁殖力，L 为体长，a、b 为常数。

繁殖力的大小对于鱼类扩大种群数量，维系物种的繁衍至关重要。繁殖力的大小变化同许多因子有关，一般情况下，随着年龄的增加，个体绝对繁殖力增加，但相对繁殖力不一定（表12.6）。喂养较好的鱼类繁殖力要高。有的鱼类通过提高繁殖力来抵消凶猛鱼类摄食的影响。

4. 鱼类繁殖的策略

（1）最早性成熟年龄和大小　　性成熟是生活中的一个重大转折，性成熟后鱼类的生长特点和生理状况均发生变异。初次性成熟的年龄对于鱼类的适应有着重要的意义。

不同种的鱼类初次性成熟的年龄相差很大，有的在出生之后的几周、几个月即成熟，有的则要十几年。一般来说，性成熟早的鱼类生命周期短，性成熟晚的鱼类生命周期长。对于同一种鱼类，雄鱼通常较雌鱼早一年成熟。

鱼类初次性成熟的年龄与环境因子的影响也有关，主要是食物的影响，如果食物供应充足，鱼类生长速度加快，将可能提前性成熟。

（2）繁殖季节　　繁殖季节的选择也是鱼类长期适应的结果。大多数的鱼类是春天繁殖。因为许多鱼类的开口饵料是浮游生物，而春天随着温度的升高，浮游生物的密度迅速上升，为鱼苗提供了丰富的食物来源。但是，这样的选择要求亲鱼上一年的秋冬季性腺发育完好，这样才能保证春天产卵繁殖。有的鱼类则选择春天性腺发育，夏季产卵，或者春夏季性腺发育，秋天产卵。这样利于亲鱼摄食和性腺发育，也利于幼鱼避开觅食高峰。另外有的鱼类分批产卵，其繁殖季节延续很长时间。

（3）繁殖次数　　有的鱼终生只繁殖一次，产完卵后即死亡。有的鱼一年一次。有的鱼一年多次。在热带地区，有的鱼类甚至周年繁殖。

（4）产卵场　　产卵场对于鱼类来说也是至关重要的。产卵场的选择与卵的特性相关。例如，四大家鱼的卵为漂流性卵，其产卵场要求大江两岸地形发生较大变化，在长江发洪时会由下泻江水受阻形成或大或小的"泡漩水"，水流上下翻滚，垂直交流，四大家鱼的卵才不致下沉。

一般说来，鱼卵孵化最大的潜在危险是缺氧。因此，鱼类产卵场的选择首先是保证供氧充足。具体选择产卵场时，与种系发育的历史因素有关。鱼类的产卵场可能是它们祖先的生活的环境。

（5）繁殖行为　　为了保证繁殖的成功，许多鱼类具有非常复杂的繁殖行为。例如大麻哈鱼产卵前要经过长距离的洄游，鳑鲏和乌鳢在繁殖期间有强烈的领域行为，三刺鱼要做复杂的巢和求偶，斗鱼、乌鳢等还有护幼的行为。

第六节　鱼类的洄游

一、洄游的概念

鱼类的生活场所按其功能来分可以分为三大类，即产卵场、索饵场和越冬场。有些鱼类在同一地方完成这三项功能，称为定居鱼类。有些鱼类则需要在不同的地点完成这些生命活动，称作洄游鱼类。

洄游是一种有一定方向、一定距离和一定时间的变换栖息场所的运动。这种运动通常是集群的、有规律的、有周期性的，并具有遗传的特性。

依据洄游的目的，可以将洄游分为索饵洄游、越冬洄游和产卵洄游。

依据洄游时的运动情况，可以将洄游分为主动洄游和被动洄游。如四大家鱼鱼苗即为被动洄游。

依据洄游的地点变换特点可以分作海洋性洄游、溯河洄游、降海洄游、江河洄游等。

此外，不少鱼类有垂直洄游的习性。

二、洄游的起因

鱼类的洄游是鱼类长期历史进化过程中形成的，是历史的产物。鱼类洄游的目的虽

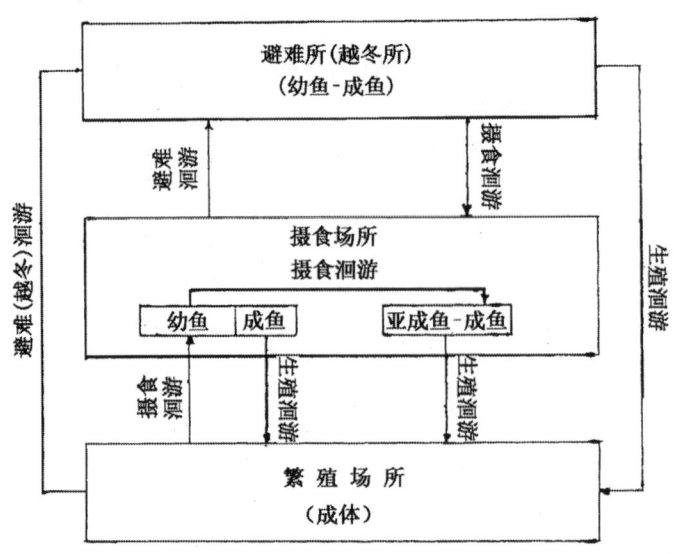

图12.8 洄游鱼类在3类基本生活场所之间洄游的模式图
(转引自 Wootton 1990)

然有索饵、越冬等区别，但洄游鱼类一般会涉及繁殖洄游。因此，繁殖洄游是洄游鱼类生活史的关键。探讨洄游的起因，其基本出发点是认为鱼类产卵场是祖先生活的场所，其环境条件是鱼类生活史中较难变更的。鱼类为了后代的存活，必须寻找这样的合适的场所进行繁殖活动。在繁殖之后，亲鱼或仔鱼再寻找合适的肥育场所。这种场所的变换就是造成洄游的原因。

生活场所的变换可分为两种，一种是被动的变换，即由于地质事件造成生活场所的变换。例如大西洋鲱、鳕的洄游即可能与第四纪冰川的作用相关。第四纪冰期，大西洋北部是一个冰海，大西洋暖流的水被挤向南方。鲱和鳕只能在暖流的小范围活动。冰期以后，大西洋暖流向北方移动，部分鱼群也向北方扩散，形成长距离洄游。

另一种改变生活场所是鱼类主动的迁移，当环境中有空白的生态灶时，鱼类有可能因为占领这种生态灶而发生物种分化，同时发生生活场所的变换。但鱼类必须回到原来的场所繁殖，从而形成洄游活动。

三、洄游的定向机制

许多鱼类的洄游路线非常严格，有些鱼类甚至一定回到出生地产卵。有关鱼类洄游过程中的定向机制吸引了许多鱼类生态学家进行研究。其中研究得最成功和最详细的是鲑鳟鱼类的嗅觉定位。其基本观点是鲑鳟鱼类之所以能够回到它们的出生地产卵，是因为那里的溪流存在着一种代表该溪流特点的特殊气味。幼鲑从出生开始就被家乡的溪流打上了这种气味的烙印，并一直保留着这一记忆。当它们性成熟时，就依靠追踪这种气味来定向。50年代以来，许多实验都证实了这一假说。

除了依靠嗅觉定位外，鱼类还可以用太阳、地磁场和水流、水温定位，从而找到合适的洄游场所。

第七节 鱼类在水生态系统中的特殊功能作用

淡水生态学的研究目的很大程度上是为了开发水体生物生产力,为人类提供有益的水产品。按这一思路,很自然地,人们会考虑理化因子对水体初级生产力的影响,食物的限制对鱼产量的影响,等等。顺着生态金字塔的方向对生态系统的结构与功能进行研究,这种低营养级类群对高营养级类群的限制被称作 buttom-up(上行)效应。从50~60年代开始,有的湖沼学家注意到水生态系统中不仅低营养级类群对高营养级类群有限制作用,高营养级类群对低营养级类群也具有控制作用。70年代,一些研究者对水生态系统中顶极群落对生态系统结构与功能的影响进行了研究。80年代以来,更多的研究例子被发表,并明确提出了 top-down(下行)效应的概念。

从广义上讲,下行效应是和上行效应相对应的,指的是逆着生态金字塔的方向,高营养级类群通过对低营养级类群的控制而对整个生态系统的结构与功能产生影响。高营养级类群不仅可能是鱼类,也有可能是大型浮游动物,或两栖类、爬行类、哺乳类等等。但是,关于下行效应研究得最多的是鱼类。Northcote 对内陆水体鱼类下行效应的类型、作用机制及结果进行了归纳(表12.7)。

表12.7 内陆水体鱼类的一些下行效应及其结果(引自 Northcote 1988)

过程	被影响的湖沼学因子	机制与结果
直接摄食	透明度	(1) 寻找食物时搅动底质降低透明度 (2) 加强对浮游生物的摄食可能增加透明度,但相反的效应亦有证明,取决于藻类的大小和施肥效应的范围
	营养元素释放	(1) 寻找底栖食物时增加泥、水间营养物质交换 (2) 摄食着生植物,加快营养物质循环
	浮游植物	(1) 同透明度 (2) 高强度摄食常增加产量
	周丛生物	(1) 湖泊、溪流中强烈摄食影响生物量变化
	大型植物	(1) 同周丛生物
	浮游动物	(1) 强烈的摄食效应产生丰度变化 (2) 有时增加产量
	底栖动物	(1) 强烈的摄食效应产生丰度变化,湖泊、溪流中常见,但并非总是如此 (2) 因鱼类的摄食而在分布与大小上产生显著的季节性变化 (3) 湖泊中产量常增加,但溪流中不会
选择性摄食	浮游植物	(1) 藻类大小与种类组成在丰度上的相对变化
	浮游动物	(1) 物种相对丰度的变化,降低摄食藻类的效率和水体的透明度 (2) 产卵数和时间的变化

续表

过程	被影响的湖沼学因子	机制与结果
选择性摄食	底栖动物	(1) 湖泊与溪流中对大个体类型的最大强度的摄食,影响了它们的活动形式、繁殖行为以及对活动场所的选择
	营养元素释放	(1) 向小个体的移动增加了营养元素释放
排泄	营养元素释放	(1) 液体排泄可能提供快速的营养元素释放 (2) 排粪可能提供较慢的需重新矿化的营养元素 (3) 表皮粘液通过螯合作用增加藻类的铁
分解	营养元素释放	(1) 尸体的分解提供较快的营养元素释放
伴随排泄与分解的洄游	营养元素释放	(1) 排泄物或分解产物从高营养区向低营养地区转运(海洋到内陆、溪流下游到上游,湖泊沉积)

从表12.8所列的情况可以看出,鱼类所产生的下行效应所涉及的面很广,从水体的理化特征到其他生物的组成、分布、丰度、生物量的变化等等,对水生态系统结构与功能的许多方面产生影响。正因为如此,Northcote未能在表中罗列出所有的效应的例子。例如,对大型植物的摄食就不仅仅是对生物量的影响。在武汉东湖,由于大量投放草鱼(*Ctenopharyngodon idellus*),导致水生植物群落严重破坏,也造成了附着于水草的底栖动物和产卵于草上的鱼类等类群的种类减少,特别是水草消失后,浮游植物过度繁殖形成"水华",污染水质和空气,使得游泳场关闭、网箱养鱼死亡,环境遭到严重破坏。

尽管下行效应可以有多方面的影响,但影响最大、研究得最多的是不正确的引种所造成的不良后果。例如大肚鲱(alewife)引入美国Connecticut湖中对浮游动物丰度的影响,尼罗鲈鱼(Nile perch)引入非洲维多利亚湖对当地罗非鱼的毁灭性影响等等。由于不正确的引种不仅造成了整个生态系统结构与功能的变化,也对人类的活动造成了许多不良的影响。巴拿马Gatun Lake湖中肉食性丽鱼(*Cichla ocellaris*)的引入也是一例。

由于一次大雨,引起池水漫延,养殖的丽鱼被扩散到Gatun Lake湖中,在随后的几年中,丽鱼在湖中扩散,并大量捕食湖中原有的土著种类。在丽鱼引入之前,该湖中食物网关系复杂,有14种鱼类,其中12种数量较多。丽鱼引入破坏了原来的生态系统结构:首先,由于丽鱼对其他鱼类的摄食,降低了许多种鱼类的种群数量,包括一个关键种淡水银汉鱼(*Melaniris chagresi*),淡水银汉鱼是其他3种肉食鱼类的食物。尽管仍有数种鱼存在,但只有丽鱼和丽体鱼(*Cichlasoma*)数量较多;其次,丽鱼吃掉了从前以丽体鱼鱼苗为食的种类,丽体鱼的数量迅速增加,淡水银汉鱼是以枝角类为食的,以前大量淡水银汉鱼的存在,枝角类适应高的摄食压力而有普通型和角质型两种,丽鱼吃掉淡水银汉鱼后,枝角类的压力减轻,角质型消失;再其次,对北梭鱼和黑燕鸥的影响,北梭鱼是以淡水银汉鱼为食的,黑燕鸥则捕食由于北梭鱼攻击起游到水面来的淡水银汉鱼,引入丽鱼后,北梭鱼和黑燕鸥都消失了;最后,由于丽鱼的引入,蚊子的数量增加了,在丽鱼引入之前,有95%的疟疾患者携带间日疟原虫,5%患者携带恶性疟原虫。丽鱼引入后，有60%以上的疟疾患者携带恶性疟原虫。此外，其他另两个疟疾爆发区也在丽鱼分布区的附近。虽然疟疾与丽鱼引入之间的关系不能肯定，但它作为丽鱼引入的负效应是值得重视的。

在我国也有许多由于不恰当引种而造成水生态系统结构与功能破坏的例子，如昆明滇池的引种。自1958年以来，滇池引入外来鱼类共29种。这些外来种的引入，使得滇池原有的23个土著种中的16种濒临灭绝或已经灭绝，包括仅发现于滇池的多鳞白鱼、金线鱼指名亚种等；一些有特色的、曾经是优势种的经济种类明显减少，成为稀有种，如云南鲴、银白鱼等；而一些经济价值不大的小型鱼类如麦穗鱼等数量增加，形成庞大的种群。这些变化破坏了滇池原有的生态系统特色，既影响了渔业生产，又影响了环境。又如河鲈引入新疆南部的博斯腾湖后，使得该湖特有的名贵鱼类新疆大头鱼和原湖中的鲤鱼等鱼类绝迹。

对东湖进行的围隔实验表明，摄食浮游生物的鲢、鳙鱼对浮游生物的动态有强烈的控制作用，使得浮游动物向小型化方向发展、浮游植物形成的水华消失。

除上述所讲某一物种存在或引入会产生各种生态效应外，下行效应还有另一层含义，即生态系统中缺乏某一物种时，也会产生相应的负效应。例如，由于江湖阻隔，切断了鱼类的洄游路径，造成湖泊中生物多样性的减少，也会引起生态系统结构与功能的变化。较明显的例子是洪湖的沼泽化。洪湖是长江中游的一个洼地壅塞湖，具有长江中、下游浅水湖泊的一般演化模式：湖泊—沼泽—湖泊—沼泽。在近代由于人为的开发利用，加剧了洪湖的沼泽化过程，特别是江湖阻隔以后，这一过程更加明显。其中一个重要的原因是：江湖阻隔前，在长江中繁殖的草鱼的鱼苗能进入湖中摄食水草，降低生物沉积；江湖阻隔后，湖中草鱼绝迹，水草大量繁生，枯萎后形成生物沉积，加速了湖泊的沼泽化的进程。

因此，对于水生态系统要特别注意高营养级类群对低营养级类群的控制作用，以及对整个生态系统的结构与功能产生影响。

思 考 题

1. 我国淡水鱼类组成和分布有什么特点？
2. 研究鱼类的摄食生态主要要考虑哪些方面的问题？
3. 鱼类的生长有什么特点？
4. 鱼类物种多样化，其繁殖方式、繁殖策略亦多样化，试论述之。
5. 如何理解鱼类在水生态系统中的功能？

主要参考文献

[1] Wootton R J. Ecology of Teleost Fishes. London: Chapman and Hall, 1990
[2] Nelson J S. Fishes of the World (3rd edition). New York: John Wiley and Sons, 1994
[3] 陈宜瑜，陈毅峰，刘焕章. 青藏高原动物地理区的地位和东部界线问题. 水生生物学报, 1996, 20 (2): 97~103
[4] 曹文宣. 梁子湖的团头鲂与三角鲂. 水生生物学集刊, 1960, (1): 57~82
[5] 易伯鲁. 鱼类生态学. 武汉：华中农业大学, 1982
[6] 蒋一珪. 梁子湖鳜鱼的生物学. 水生生物学集刊, 1959, (3): 375~385
[7] 朱宁生，陈宏溪. 梁子湖中鳡鱼的食性. 水生生物学集刊, 1959, (3): 262~271

[8] Neilson J D, Green G H and Bottom D. Estuarine growth of juvenile chinook salmon (*Oncorhynchus tshawytscha*) as inferred from otolith microstructure. Can. J. Fish. Aquat. Sci., 1985, 42: 899~908

[9] 叶富良, 陈军, 周天柱. 新丰江水库大眼鳜生物学及其最大持续渔业获量的初步研究. 鱼类学论文集, 1986, 5: 137~151

[10] Ballon E K. Reproduction guiles of fishes: a proposal and definition. J. Fish. Res. Bd. Can 1975, 32: 821~864

[11] Northcote T G. Fish in the structure and function of freshwater ecosystems: a "top-down" view. Can. J. Fish. Aquat. Sci, 1988, 361~379

[12] 陈洪达. 放养草鱼对东湖生态系统的影响. 刘建康主编, 东湖生态学研究（一），北京：科学出版社, 1990, 388~394

[13] Zaret T M and Paine R F. Species introduction in a tropical lake, Science, 1973, 1822: 449~455

[14] 何纪昌, 刘振华. 从滇池鱼类区系变化论滇池鱼类数量变动及其原因. 云南大学学报, 1985, 7（增刊）: 29~36

[15] 陈宜瑜. 淡水生态系统中的若干生物多样性问题. 生物科学信息, 1990, 2 (5): 197~200

[16] 杨宇峰, 黄祥飞, 鲢、鳙对浮游动物群落结构的影响. 湖泊科学, 1992, 4 (3): 78~86

[17] 中国科学院水生生物研究所洪湖课题组. 洪湖水体生物生产力综合开发及湖泊生态环境优化研究. 北京：科学出版社, 1990, 2 (5): 197~200

第三篇 应用水生生物学

第十三章 水污染生物学问题

第一节 水污染及其对水生生物的影响
 一、水资源现状
 二、污染与胁迫
  1. 胁迫的定义和类型
  2. 水污染的定义与污染途径
  3. 废水的几种主要类型
 三、污染物对水生生物的影响及其反馈作用——生物净化
  1. 污染物对水生生物的影响
  2. 生物净化
第二节 化学污染物在水体中的生物降解和生物积累
 一、生物降解
  1. 微生物的降解
  2. 水生生物的降解
 二、生物积累
第三节 水污染的生物处理
 一、废水处理是水资源保护的关键
 二、生物处理的基本原理
 三、废水生物处理的方法
  1. 好氧处理
  2. 厌氧处理
  3. 氧化塘处理
  4. 酶法处理
第四节 生物学监测
 一、生物学监测的意义和任务
 二、用生态学方法进行生物学监测
  1. 指示种类阶段
  2. 群落结构阶段
  3. 群落功能阶段
 三、用毒理学方法进行生物学监测
  (一)毒性试验
   1. 急性毒性试验
   2. 慢性毒性试验
   3. 生物积累试验
   4. 毒性试验中要考虑的几个问题
   5. 毒性试验的数据在环境管理中的应用
 四、公害评价的基本原理
第五节 水体富营养化问题
 一、富营养化问题的历史与现状
  1. 什么是富营养化?
  2. 富营养化研究的现状
 二、富营养化的主要原因
  1. 与富营养化有关的主要营养物质
  2. 营养物的主要来源
 三、富营养化的监测和评价
 四、富营养化的危害
  1. 供水方面
  2. 旅游方面
  3. 渔业方面
  4. 其他方面
 五、富营养化的防治

第一节 水污染及其对水生生物的影响

一、水资源现状

水是人类宝贵的自然资源，因为地球上的生命都离不开水。和海洋和陆地相比，淡水占地球表面较小的比例，但是它对人类的重要性却是无以伦比的。据统计地球上咸水占97.3%，而淡水仅占2.7%。就这小部分淡水中还包括人类目前尚无法利用的南北两极的冰山和冰河，以及深度在750m以上的地下水。因此，人类能利用的淡水还不到地球总储水量的1%。

随着工农业生产的发展和人们生活水平的提高，近50年来，人类对淡水的消耗量增加了一倍。预计到2000年时，全世界对水的需要量将增加3倍。这一发展的趋势是无法阻挡的。造成淡水紧缺的更重要的原因是水污染十分严重。宝贵的水不能循环使用，这是对水资源的最大破坏，而且还直接危害了人类的健康。1977年联合国"水"会议秘书处发表公告，指出全世界40亿人口中有70%得不到安全的饮用水。我国水污染的来源主要是工厂废水。1991年报道废水总量为336.2亿吨，其中70%是工业废水。中国42个城市的处理污水能力还不到5%。不少城市的供水水源——地下水也已受到酚、氰、砷等不同程度的污染。

随着乡镇企业的发展，使水污染日益严重。1997年统计乡镇企业排放污水59亿吨，占全国工业污水排放量的20%。包括长江、黄河、松花江、珠江、湘江等在内的27条主要河流都受到污染，其中严重污染的有15条。476个城市中有300个城市缺水，日缺水量1000万 m^3。

二、污染与胁迫

1. 胁迫的定义和类型

胁迫（stress）是环境生物学家从工程学借用来的一个词。在工程学上 stress 是"应力"之意。它的标准工程定义是指由于外部的力，不均匀的温度等引起一个弹性物质的变形或应力变化。stress 是对这一弹性物质在该条件下的一种定量表示方法。这一工程上的术语被生态学家用来描述各种因子能引起一个有机体的正常生理状况的一些可检出的变化，或是引起种群、群落、生态系统天然状况的一些可检出的变化。这些变化可称之为胁迫效应（stress effect）。要了解整个生态系胁迫的反应，必须要有功能变化和结构变化的信息。

胁迫有两种类型，一种是天然的，一种是人为的。前者指正常的环境因子变化，如温度、光周期、光强、流速、溶解的营养物质、溶解氧等因子的变化，其中也包括正常的季节变化和周年变化，以上这些环境因子的变化都能导致水生生物在结构与功能上的变化。后者是指由于人为的（anthropogenic）原因引起各种胁迫，如有毒化学物、热、营养物的富集等都能对水生生物产生影响。在实际应用中，要把人为的压迫和自然界本身的变化区别开来，是很困难的。

2. 水污染的定义与污染途径

早在18世纪时，人们从实践中认识了水污染（water pollution）。最初认为水污染是指进入水体的外来物质，其量超过了该物质在水体中的本底含量。它只强调了外来物质的量，而忽视了对水生生物的影响。随着科学的发展，美国藻类学家 Patrick（1953）认为水污染的定义是指任何带进水体的物质能使水生生物多样性指数下降，以致破坏接受系统中生命的平衡状态。现在对水污染的理解比较强调人类经济活动的因素，强调损害水生生物资源和危害人类的健康。水污染比较完整的定义：由于人为的原因使水质发生变化，导致水的任何有益的用途受到现实的或潜在的损害。Patrick（1967）提出5种污染途径可以影响河流中的水生生物生命。①由于还原化合物的生物氧化作用或非生物氧化作用而使溶解氧的含量下降。②化学物及其降解产物可能有毒，如农药、杀虫剂、表面活性剂等。③工厂排放的废水带有余热，由于温度的冲击和波动可能有害于水生生物，因为它能影响其临界的生理活动，如酶的活性等。④废水的生理性能，如因沉淀作用而引起水体底部产生剥蚀或光滑的变化。⑤由于混浊度的增加以及其他原因而导致生境的改变。

3. 废水的几种主要类型

工厂排放的废水（effluent）按其理化相似性及其对水生生物群落的影响，大体上可划分为六类：

(1) 惰性悬浮物。
(2) 有毒物质酸、碱、重金属、酚、氰化物、有机毒素、放射性物质。
(3) 无机还原化合物。
(4) 有机废水。
(5) 热废水。
(6) 炼油废水。

三、污染物对水生生物的影响及其反馈作用——生物净化

1. 污染物对水生生物的影响

(1) 对细菌、真菌的影响　　城市生活污水的粪便中带有许多致病菌，如大肠杆菌 *Escherichia coli*。在有机污染严重的水体中，可看到大量的污水真菌。它们大量繁殖，长成肉眼可见的、呈灰白、淡黄、微红、棕色的团块，像地毯似地盖满了河流的底部，也可被河水冲刷下来成团块漂浮在水面。最常见的污水真菌是浮游球衣细菌 *Sphaerotilus natans* 和白色贝氏硫菌 *Beggiatoa alba*。这在造纸厂、纤维厂、制糖厂等排出废水的河流中经常可见。在厌氧的水体中，底部会因甲烷细菌的活动而产生沼气，硫化菌也能把硫酸盐变为硫化物，放出硫化氢。因而在有机物污染严重的水体中常能闻到令人不愉快的沼气和硫化氢味。一些有害物质进入水体后，能影响微生物的生长，破坏水体自净能力。例如杀虫剂丹宁和氯丹对大多数微生物来说，是生长、代谢、呼吸的抑止剂。水体中的重金属对细菌也能产生很大的影响。废水中汞离子浓度增加时，能降

低好气菌的生长率，增长延滞期。水体淤泥内的某些细菌能使各种有机铅和无机铅化合物甲基化，从而大大增加了铅的毒性。铜对细菌的影响和铅很相似。镉的毒性又次于铜和铅，在50mg/L时，细菌种群数量才减少。铬对细菌的毒性在上述几中金属中是最低的。污染的河流中，金属离子不会是单一的。已知在含有铜、铅和锌的金属冶炼废水中，细菌的活性与这些金属含量成反比。

(2) 对藻类和高等水生植物的影响　　适度的有机污染能促进藻类和高等水生植物的生长，缓解藻类和高等植物的营养物质的竞争。但是如有过量的氮和磷，藻类会大量繁殖，甚至产生"水华"，由于藻类遮阴影响光线的射入，藻毒素能排斥其他生物，高等水生植物如 *Elodea*、聚草 *Myriophyllum*、黄丝草 *Potamogeton* 能因而消亡。氮磷营养物质的增加，虽能促进藻类生长，但是种类组成有很大改变。饶钦止等（1980）研究藻类随东湖富营养化的过程而产生的变化，其中重要的标志是由以甲藻和硅藻占主要比例演变为以蓝藻和绿藻占主要成分。工业污染和化学毒物对藻类的影响，归纳起来，可包括：①抑止藻类细胞的光合作用。已知各有机氯杀虫剂（如毒杀芬、狄氏剂等）和有机磷杀虫剂（如倍硫磷等）、重金属元素（如 Cu、Cd、Hg、Pb、Zn 等）、炼油废水等，能抑止藻类的光合作用。②对核酸合成和遗传的影响。已知酚和石油能降低藻类细胞内 DNA 和 RNA 的浓度，使蛋白质合成发生故障。狄氏剂不仅因毒力而引起细胞破裂，而且还能使幸存的细胞在离开毒物压迫后仍在数代之内不能恢复正常的细胞大小，认为对核酸的合成和复制产生了遗传上的影响。③对营养物质摄取的影响。已知除草剂 MCPA（2-甲基-4-氯苯氧基乙酸）和 MCPB（2-甲基-4氯苯氧基-丁酸）能抑止藻类对磷的摄取，而重金属（如 Pb、Zn、Cu、Cd 等）能刺激藻类对磷的摄入。低浓度的含氯废水能抑止藻类对硝酸盐的吸收，认为是细胞膜酶的活动受到破坏之故。由于不同藻类种类对营养物质的摄取能力起了变化，于是藻类的组成也相应地改变，往往出现蓝藻占优势。④固氮作用。蓝藻的固氮作用是与蓝藻中异形胞的数量成正比。有些杀虫剂如蒙五一五、残杀威、甲氧滴滴涕等能使蓝藻异形胞的数量增加，也就加速了固氮作用。水生态系统中固氮作用加速、蓝藻生长旺盛，只会使水质变坏。但有些除草剂却能降低蓝藻的固氮作用。此外，惰性的颗粒悬浮物质虽然无毒，但一些细而轻微的颗粒，如采矿中的泥浆或粘土在水中不易沉淀，能使河水混浊、阳光不能透入，从而影响藻类和高等水生植物的生长。颗粒大的悬浮质能沉在底部，盖住高等水生植物和水底的藻类。

(3) 对水生无脊椎动物的影响　　有机污染严重的水体中，枝角类和桡足类几乎绝迹，轮虫也很少，主要是一些以细菌为食或腐生性的原生动物，尤其是异养性鞭毛虫，如波豆虫 *Bodo* 等。水生昆虫和软体动物对有机物污染的反应十分灵敏，当污染严重以致完全缺氧时，就不能生存；只有双翅目昆虫中的毛蠓属 *Psychoda* 和 *Eristalis* 的幼虫才能生存，因为它们是以尾部的器官呼吸空气中的氧气。仅有少量的氧气而有机污染严重的水中，寡毛类颤蚓科 Tubificidae 中的颤蚓属 *Tubifex* 和水丝蚓属 *Limnodrilus* 不仅能生存，还能大量繁殖以致河底呈一片红色。虽有有机物污染，但不乏氧气的地方摇蚊 *Chironomus thummi* 幼虫才能生存，而水虱 *Asellus aquaticus*、软体动物、蚂蝗等要生存在溶解氧多而水质干净的水中。惰性的固体物质如果沉淀到底部，可以把底栖动物盖住，随着泥沙的不断覆盖和推移，往往使底栖动物无处生长。

(4) 对鱼类的影响　　有机物污染严重的地区鱼可因缺氧而致死。热污染的水中因温度过高使鱼不能耐受而回避,或鱼卵不能发育孵化。重金属污染的水中,鱼的呼吸系统受到损伤,鳃丝之间的空隙被含有重金属的粘液所堵塞,阻碍了鳃丝与水的接触,鱼窒息而死。石油污染的水中,虽然我国的四大家鱼尚能生长,但由于鱼体积累了大量的石油烃类化合物,体表沾染了大量的油污,石油臭味令人厌恶。60年代时,由于生产农药(对硫磷、马拉硫磷、乐果、六六六等)的废水未经处理直接排入鸭儿湖,以致该湖经济鱼类几乎绝迹。

综上所述,污染对水生生物的影响可归纳为:①生物种类减少,最严重的可造成除细菌外,别无其他生物能生存的致死效应。②能引起影响光合作用、呼吸作用、生长、生殖等的亚致死效应以及致畸、致癌、致突变。③毒物积累在生物体内,通过食物链的作用转移到更高一级营养层次的有机体内,使毒物在生物体内的浓度愈来愈大,甚至转移到人,如Hg污染引起人的水俣病。

2. 生物净化

天然水体在受到一定程度的污染后,由于自然界物理、化学及生物等过程的作用,会使污染的水得到净化,这种现象称为水体的自净。生物净化在水体自净中起相当重要的作用。生物类群通过代谢作用(同化作用和异化作用),使进入环境中的污染物质无害化,这个反馈作用称为生物净化(biological purification)。这是因为水中各种生物,主要是微生物,在它的生命活动过程中,经过吸附、氧化、还原、分解、吸收了某些污染物。在污染物的降解和无机化的过程中,直接或间接地把污染物作为营养源,既满足了有机体自身的原生质合成、繁殖及其他生命活动等的需要,又使水体得到了净化。但是水体对污染物负载能力是有一定限度的,如果污染物超过了生态系统的负载能力,生物净化作用就会遭到破坏,生态系统也就失去了原来的平衡状态。Cairns(1977)提出水生态系统同化容量(assimilative capacity)的概念,认为自然生态系统有一定的容量以同化社会上的废物。我国现采用环境容量的术语,是根据日文来的,其生态学意义不如同化容量明确。关于同化容量的计算将在下文讨论。

污水排入河流时,对水生生物的影响有时可达数百公里之远,才能恢复。恢复的标志主要看种类是否恢复到与污染前或污染源上游相近的生物群落组成,也就是完成了河流的自净作用。如果超过了河流自净能力,就变成死河。人类历史上是有教训的,如英国伦敦的泰晤士河。在19世纪时由于人口增多,工业污染严重,使这条本来十分干净的河变成肮脏不堪的臭河,几次发生过霍乱,约有4万人死亡。本世纪50年代中期,这条河从生物学的角度上说是"死亡"了,它的含氧量为零。从1964年开始大规模整治河流,建立了453个污水处理厂,经20年的治理,变污水为清洁的、符合卫生标准的饮用水了。现在水中氧的饱和度达98%,适宜于一百多种鱼类的生存。1984年一只海豹沿此河逆流而上,以吞食河鱼为生。这是150年来人们首次看到海豹又活跃在泰晤士河道上。因此,现在提出了一种全新的概念,即生态服务(ecological service),或称生态系统服务(ecosystem service)(Cairns 1997),它是指自然生态系统,其中包括这个系统中的生物,对人类提供了有一定限度的生存条件,并服务于人类。从经济观点来看,它是有价的服务,已估计出地球上一切产品和服务的价值大约为30万亿美元。英国泰晤士河提供了一个很好的例子,恢复泰晤士河的水质所投入的资金也许比当时利用这条河流发展经济的收益还要高。因此，在发展经济的同时，必需要考虑环境的保护。否则，经济的发展就有个得不偿失的问题。

第二节 化学污染物在水体中的生物降解和生物积累

污染物进入水生态系统后，直接和间接地接触各类水生生物，产生生物降解和生物积累的过程。

一、生物降解

凡生态系统中的生物能对天然的和合成的有机物质进行破坏和矿化作用的过程，称之为生物降解（biodegradation）。污染物的生物降解主要是指微生物，其他水生生物也有微弱的降解作用。

1. 微生物的降解

自然界中所有的有机物质都能被微生物降解，因而地球生物圈内元素循环恒久不息。从理论上说没有什么东西是微生物不能分解的，这是因为微生物有两个专性。一是对基质的专一性，例如分解蛋白质的总是腐败细菌，分解纤维的总是纤维素分解菌，微生物对一定的基质有特别的趋向性。二是有高度的化学专性，例如镰刀菌比较喜欢氧化12β-碳原子。中国科学院水生生物研究所的科研人员自1972～1979年对受到化工废水（对硫磷、马拉硫磷、乐果、六六六）严重污染的鸭儿湖进行了污染状况的调查及用氧化塘系统治理污染的研究，已取得了显著成效。他们还从氧化塘中分离出能分解对硫磷的一种代号为CTP-01假单胞菌（*Pseudomonas* sp.）（张甬元等 1982）和能分解对硝基酚（PNP）的一种代号为CTP-02的假单胞菌，并且都具有很高的分解效率（谭渝云等，1982）。他们还从假单胞菌CTP-01中制备出具有高活力的、对硫磷水解酶的无细胞酶制剂。但是对高分子的合成物就需要几种、乃至几十种酶的联合作用才能降解完毕，例如分解甲苯就要十几种酶。农药多氯联苯（polychlorinated biphenyl，简写PCB，俗名杀草敏）开始细菌无法分解，后来发现可利用细菌在功能上的专性，联合起来就可以降解它。筛选和培养出一种菌株可以把四氯联苯拆开，另一种菌株把拆开了的四氯苯甲酸进行分解，这是因为这两种菌株各有各的质粒。于是把两类细菌混合培养，两种质粒互相拼合，产生了降解新污染物的质粒，并且可以遗传下来，这样就获得了能同时拆开和分解四氯联苯的新菌株，为降解人造合成污染物提供了新的途径。

2. 水生生物的降解

一般认为比起微生物的降解作用来说，其他水生生物的降解作用即使有效能的话，也是微不足道的。前苏联乌克兰加盟共和国科学院胶体化学和水化学研究所水净化微生物学研究室的研究人员比较了细菌和藻类——粉核小球藻 *Chlorella pyrenoidosa* 对十二烷基磺酸钠的降解活力。当十二烷基磺酸钠浓度在50和100mg/L时，小球藻要花8昼夜才能降解它,而细菌则在该化学品浓度为 500 和 600mg/L 时,在 18 小时就可降解完毕。由此证明藻类的降解活力比细菌要低得多。中国科学院水生生物研究所邓星明等(1982)在湖北省荆门炼油厂污水处理场中分离出坑形席藻 *Phormidium fovealarum* (Mont.) Gom.,经试验证实对正十四烷(浓度为 $77×10^{-6}$)的去除率在 3 小时后为 27.8%,只是尚不足以证明这种藻类能利用烃作为碳原,因为还不能排除藻细胞对烃的表面吸附作用。大量研究表明水生植物对多种污染物质、氮、磷等营养元素有很强的吸收和利用能力。对有毒物质如含酚废水也有很强的吸收、分解、净化能力(表 13.1)。对重金属 Hg、Pb、Cd、Cu、As、Cr 等有很强的富集能力。除了水生植物能直接吸收污染物达到净化外,其根系的微生物作用也是不可低估的。

表 13.1　部分水生植物能净化的有毒有害物质(仿李献文 1990)

水生植物	能净化的有毒有害物质
茨藻、黑藻	有机物、砷
浮萍、菱角	有机物、镉
香蒲	有机物、氮、磷
凤眼莲	氮、磷、锌、氧化物、酚、铬
水葱	氮、磷、酚、有机物
芦苇	有机物、氮、磷、砷
菖蒲	细菌和大肠杆菌

二、生 物 积 累

污染物进入环境后,不论它最初是分布于大气还是陆地,最后大部分将通过各种途径,如降雨、地表径流、水土流失等进入水生态系统——江、湖、河、海,直接或间接地接触各种水生生物。污染物能对水生生物产生各种影响,首先就是水生生物能摄取污染物。摄取有两个途径——吸附(adsorption)和吸收(absorption)。前者是指污染物大量地被吸附在生物体的表面,后者是指污染物被吸入体内。吸附和吸收可以有先后之分,也可以各行其是。污染物进入生物体内,随着新陈代谢活动而分布全身,或积累于体内,或排出体外。这就是污染物在水生生物中的行为,这种行为不会是均等的,随生物本身和外界环境而有变异。

生物通过吸附、吸收、吞食等各种过程,从周围环境中摄入污染物并滞留在体内,当摄入量超过消除量时,污染物在生物体内的浓度可比周围水中的浓度高许多倍,这种现象称之为生物积累(bioaccumulation)或生物学积累(biological accumulution)。生物积累可包括两个过程:①生物浓缩(bioconcentration),这是指有机体直接从水中摄取污染物;②生物放大(biomagnification),这是指有机物通过食物链从水中摄取污染物。这两个过程可以分开测定。前者可用生物浓缩因子(bioconcentration factor 简写 BCF)来表示,即最后的或平衡的组织中污染物浓度与周围水中的污染物浓度之比,BCF = 最终组织中污染物浓度/水中污染物浓度。也有人把生物浓缩因子称为浓缩因子、浓缩系数。影响 BCF 值的一个很重要的因素，就是污染物的化学特性，尤其是它的持久性（persistance）和亲油性（lipophilicity），目前正在寻求 n-辛醇/水的分配系数（partition coefficient）与 BCF 之间的关系。后者生物放大可用放射性同位素标记化学物后，追踪其在食物链各营养级中转移的过程。例如在试验系统中有初级生产者——藻类和次级生产者——枝角类和鱼，比较每营养级组织内含该化学物的浓度。一般说来，通过食物链的转移，导致较高营养级生物体内污染物的增加，也就是污染物的生物学放大。但是也有相反的现象，有些在较高食物链位置上的动物反而有减少积累的趋势。

进入生物体内的污染物，一部分残留在体内，也有一部分立即从体内排出，残留于体内的污染物在一定条件下也会逐渐消除（elimination）。消除的途径有：①排泄，通过排泄器官排出体外；②排遗，随粪便排出；③分泌，如分泌粘液，乳汁等；④解毒，通过酶的作用使许多有毒化合物转化为低毒或无毒化合物；⑤其他生理过程，如甲壳动物的蜕壳，昆虫的蜕皮均可消除残毒物。消除的速度常用生物学半衰期（biological half life）来表示，它是指组织内污染物的浓度下降到稳定状态时的一半浓度所需的时间，一般地把含有污染物残留量（处于稳定状态下）的生物转移到干净的水中测定其消除的速度。

在评价污染物的危害性时，生物积累的测定是对慢性毒性试验的重要补充。通过残留量的测定，可以判断该化学物质的生物效应强度。测定生物半衰期后，可以知道该化学物质的生物效应持久程度。它们是公害评价中不可缺少的论据。

第三节 水污染的生物处理

一、废水处理是水资源保护的关键

水作为一种资源，并不是取之不尽，用之不竭的。我国水资源数量有限。根据预测，到 2000 年我国每年需水量将增加到 6000～6500 亿 m^3，初步分析缺少近 1000 亿 m^3。通过对废（污）水的处理，不仅可以回收其他有用的物质和净化环境，还可以做到一水多用，重复使用，以减轻水危机的压力。目前我国处理废（污）水的能力仅为排放量的十分之一左右。现有污水处理工程设施，不仅数量少，而且规模小，技术落后，有的处理效果也不见得好。目前分布在全国农村的乡镇小工业发展甚速，利用了当地清澈的河流作为其倾倒废料、废水的场所，不仅破坏了山清水秀的天然环境，更潜伏了农村水污染的危机。其根本问题除各级领导重视外，各地环保部门和研究机构极需对废（污）水净化做点能解决实际问题的工作。

我国处理废水的标准是以达到排放标准作为依据。且不谈现用的排放标准是否有充分的科学依据。从总体的观点来考虑，它对排入受纳系统的污染物总量没有起到控制作用。例如，一个工厂排的废水达到了国家允许排放的标准，对某条河流没有危害，那么几十个、几百个工厂都按此标准排放，废水的量增大了几十甚至几百倍，超过了河流自净的负荷量，能对此河流不造成严重的污染吗？这样简单的道理是不能视而不见的。因此工厂废水处理一定要和受纳水体的自净能力结合起来。

二、生物处理的基本原理

一般常用初级、二级、三级处理来表示废水处理的程度。初级处理用于去除悬浮固体与漂浮物质，常用格筛、沉淀、浮选的方法；有时，还伴之以中和均衡处理。然后进入二级处理或受纳水体。二级处理即生物处理。三级处理，亦称高级处理，它要求更高的出水质量，即去除在二级处理中未能去除的污染物，它包括溶解性的磷、氮化合物、带色、味、气的有机物、细菌、病毒、胶状物、可溶性的矿物质。目的或是为了使处理的水能重复使用，或是为了使受纳水系不致遭到污染。

生物处理的原理基于水体自净作用，并用人工的条件加以强化。将水体自净这一基本原理应用到废水处理中去，利用处理装置创造有利于生物净化的条件，在空间上和时间上强化河流自净的速度，使天然的河流自净机制在工厂中实现。沈韫芬（1979）曾于1974年7月调查北京市莲花河——凉水河在自净过程中原生动物的种类组成。该河有数处污染源。第一处为焦化厂、炼钢厂排入的含酚、氰废水，最高酚，氰含量可分别达到1.8和0.9mg/L。水色发黑，水温超过40℃。在该河段岸边生长着大量以球衣细菌 *Sphaerotilus natans*、菌胶团及其他游离状细菌为主的生物膜。生物膜中还发现少量沟钟虫 *Vorticella convallaria*、个体处于收缩状态，反映出对此污染河段极不适应。随着河水向下游流动，生物种类也逐渐增多。流经10km后，酚、氰浓度大幅度下降，不到0.1 mg/L，反映了该河段的自然净化能力。水温也下降到32~33℃。附着于岸边的生物膜中，除菌胶团等细菌占优势外，还出现了相当多的着生的、群体的缘毛类纤毛虫。第2~4污染源（有机磷农药、化工、冶炼等废水）出现（达27km）之前，一直是水体自然净化很活跃的河段。在河床底，河岸边有大量漂浮的或是附着在天然基质（枯枝、落叶、残片、小石等）上的灰白色粘液状的生物膜。它是一种复杂的生物群落结构，主要包括球衣细菌、菌胶团、游离细菌、藻类、原生动物、轮虫、线虫、和寡毛类。其中以球衣细菌占绝对优势，原生动物次之，原生动物中以着生的缘毛目纤毛虫为主，包括褶累枝虫 *Epistylis plicatilis*、瓶累枝虫 *E. urceolata*、厚盘累枝虫 *E. balantonia*，这些累枝虫的生物量相当大，密集成肉眼可见的白色粘液状物，在其上还有钩刺斜管虫 *Chilodonella uncinata*、卑怯管叶虫 *Trachelopyllum pusillum* 和转轮虫 *Rotaria rotatoria* 等爬行。这种特殊的群落结构与作者在废水生物处理厂的塔式滤池和生物转盘上观察的生物种类组成非常相似。在废水处理装置中，如果着生的缘毛目纤毛虫占优势，则指出该装置运转正常，废水处理效果也良好。同样地在莲花河—凉水河中生物膜上这类纤毛占优势时，也指示该河段净化活动旺盛，自净效果良好。为了证明这一观点，我们曾将莲花河—凉水河中的生物膜取回实验室做降解的模拟试验。发现有这种生物膜的试验组在2小时后（相当于野外10km的流程）对氰、酚的去除率分别为99%和70%，比没有生物膜的对照组平均要高50%。诚然，该河流经过反复数次污染，生物膜上的原生动物种类也随之而下降，直至73km后原生动物种类组成和数量得到了恢复，再次反映出河流自净取得了一定的效果。废水生物处理就是要在空间上缩小其净化面积，在时间上加速其净化过程。

三、废水生物处理的方法

生物处理可划分为好氧处理和厌氧处理。好氧处理有活性污泥法、生物滤池和生物转盘。厌氧处理有甲烷发酵法。两者具备的有氧化塘法。

1. 好氧处理

好氧处理是借助于好氧微生物,特别是好氧菌的分解作用来进行的,可将有机物最终氧化为 CO_2 和 H_2O,如有机物中含氮、硫、磷时,则将分别被氧化成 NO_3^-、SO_4^{2-}、PO_4^{3-}。在氧化过程中产生的能量被细菌用来维持其生命活动。同时细菌也利用这些有机物合成自身的原生质,分裂繁衍出更多的细菌。以乳糖为例,细菌对其氧化过程的化学方程式为:$(CH_2O) + O_2 \longrightarrow CO_2 + H_2O + 能量$,65%乳糖被细菌氧化,用来提供所需要的能量,其余的35%乳糖用于合成新细菌物质。对好氧菌来讲,首先要保证氧气的供应。为了使空气中的氧气能不断地迅速地溶解到废水中去,人们就采用了曝气的方法。废水处理中常用的曝气设备有三种:空气扩散、叶轮曝气和表面曝气。在活性污泥法中就需要这种曝气装置。除氧气能满足好气菌的需要之外,废水中还需要有一定营养基质以满足各种细菌的生长。生活污水中大都含有微生物生长所需的养料,包括碳、氮、磷、硫及微量的砷、镁、钙、铁和维生素等。而工业废水则可能缺乏某些养料,特别是氮和磷。因此,当进行工业废水处理时,须投加生活污水或氮磷化合物,如硫酸铵和磷酸氢二纳等,如果废水中 C:N:P 之比能达到 100:5:1,则基本能满足细菌的生长所需。

(1) 活性污泥法　　现在已有一套成熟的培养活性污泥的方法。在我国通常在工业废水中投加粪便水,然后在曝气池中进行培养,数天后就会生成活性污泥。最初污泥量不够,可去除上清液,再投加粪便水,如此反复数次,使污泥体积逐渐增加。除粪便水外,还可引入生活污水。当污泥体积增至12%～15%左右时,就可转入驯化阶段,即不断地提高工业废水的比例,降低生活污水(或投放氮、磷肥料)的比例。在相当时间内,活性污泥适应了工业废水的化学性能,产生了能分解污染物的微生物,污泥体积增至80%,活力也有显著的提高,产生了处理效果。这时就能转入正常的运转。在活性污泥接种、培养、驯化过程中,生物相的变化也是十分明显的。培养初期,由于粪便中带来大量的杆菌、球菌、短杆菌、螺旋菌等,经过数天曝气后出现相当多的变形虫、鞭毛虫、根足虫类,还有一些小的自由游泳的纤毛虫。它们都以细菌为食。慢慢地出现爬行的纤毛虫和个别的着生纤毛虫如钟虫 Vorticella。此时污泥的细颗粒逐渐形成。继而观察到群体的、着生的缘毛类纤毛虫如累枝虫 Epistylis,相应地游离细菌大大减少以至消失,以絮状细菌为主的活性污泥形成。在驯化阶段结束时,生物相中以着生纤毛虫(如累枝虫、吸管虫 Suctoria)为主,还可见轮虫 Rotatoria、腹足类 Gastropoda、线虫 Nematoda、低等甲壳类 Crustacea、寡毛类 Oligochaeta 等。

活性污泥主要通过两个步骤——吸附及氧化来完成对污水的净化过程。因为活性污泥颗粒疏松、成花絮状,表面面积大,故对废水中的悬浮物,胶体物的吸附能力很强。这些被吸附的有机物质,就被活性污泥中的微生物进行分解和氧化。但是如何使活性污泥在曝气池运转中能一直处在最佳状态呢？这是十分复杂的问题。因为一般曝气池的出水进入到澄清池，活性污泥在澄清池中沉淀，一部分沉淀的污泥作为剩余污泥排出另作处理。另一部分作为回流污泥返回曝气池再生活性污泥，如此循环不断。如果污泥变形，成轻的绒花时，在澄淀池中很难沉降，此即称为污泥膨胀，大量污泥随着澄淀池出水溢过分离堰而被带出，影响了曝气池的活性污泥再生。为了获得最佳沉淀的活性污泥，一个重要的参数就是食料与微生物的比值（用 F/M 表示）。大多数废水 F/M 比的最佳值在0.3~0.6范围内，此时能生成最佳的絮凝污泥。

（2）生物滤池和生物转盘法　　人们在长期的生产实践中，很早就创造了用砂滤池净化废水的方法。生物滤池就是从砂滤池发展而来的。生物滤池是一种装有填料的池子，废水从覆盖有生物粘膜的填料中渗滤而过。填料有碎石、炉渣、人工合成介质等，厚度为0.9~12m，视填料孔隙而异。一般有机械转臂结构将废水布于滤床，废水流过填料并与生物膜接触。生物膜能对废水中的有机物质进行吸附、氧化和分解作用。目前我国经常采用的有普通生物滤池、高负荷生物滤池、塔式生物滤池、生物转盘等，尽管构造不同，原理都一样，生物膜的生成也需要经过接种、培养和驯化的阶段，才能进入正常的运转。

与活性污泥法的比较如下：

1）生物相的比较　　两者的生物相都是群落结构，但活性污泥中的生物组成是单一的、均匀的群落，在另一端就是净化了出水；而生物滤池是由多个生物群落组成的一个连续系统，在不同位置的填料上（或上下、或前后）就有不同的生物膜、不同的净化程度。填料上的生物膜中，也有与活性污泥一样的菌胶团、异养菌等，但丝状菌、硝化菌要比活性污泥中多些，真菌更是比活性污泥中多而普遍。此外藻类也较活性污泥中的多，原生动物的种类组成也比较丰富。生物膜更能支持大型的无脊椎动物如寡毛类、昆虫类生长，数量及种类均很多。

2）降解能力的比较　　活性污泥对 BOD 的去除效率可高达 90% 以上，这点是生物滤池所不及的。但是生物滤池中丝状菌和硝化菌要比活性污泥中多，因此硝化作用比较完全，甚至可以用增加级数来达到加强硝化作用的目的。

3）应变能力的比较　　在运行中如果一旦受到意外的干扰或冲击，如负荷量突然加大，毒性超过能忍受的限度时，生物膜会遭到破坏，而恢复生物膜活力的时间要比恢复活性污泥活力的时间缓慢得多。

4）更新生物活性的比较　　活性污泥法中要排除多余的活性污泥，只有一部分回流污泥再和废水混在一起进入曝气池再生新的活性污泥。生物滤池中移去多余的、老化的生物膜是靠大型的无脊椎动物如昆虫幼虫、寡毛类、线虫等掠食而清除的，使生物膜不会增厚、老化而影响净化效果。

生物滤池具有操作简便，不需要曝气的动力等优点，可以取长补短，把两种方法结合起来，采用生物滤池，继之以活性污泥法的两阶段运行，往往能取得理想的处理效果。

2．厌氧处理

厌氧处理既可用于处理高浓度的有机废水，又可用于消化活性污泥法中多余的污泥。在厌氧情况下，厌氧菌也可以把有机物彻底分解。有机物的厌氧分解可分为非甲烷化和甲烷化两个阶段（基本原理参考第六章水细菌）。此外，厌氧降解产生的气体除 CH_4 及 CO_2 外，还有少量的 H_2S 和 H_2。

常用的方法有间歇流和连续流反应器（或厌氧消化池）。可分低温发酵（5~15℃），中温发酵（36~38℃）和高温发酵（51~53℃）。一般常用的是中温发酵，因为低温发酵效率低，高温发酵操作管理复杂，加热费用大。发酵时微生物适合的pH范围为6~8。在厌氧降解刚开始1~2天也即酸性发酵时，pH由于有机酸的形成而下降。在后阶段甲烷发酵时，这些酸被分解，pH开始上升，COD显著下降。停留较长时间（20~30天）后，几乎所有的挥发性酸类都转化为 CH_4 和 CO_2。但仍然会剩余一些不能分解的有机物质。

与好氧处理比较此法优点有：不需要设置曝气设备，节约成本；产生的甲烷与适量空气混合点燃，便立即燃烧。每立方米沼气的发热量为5200~5900kcal，相当于1kg煤。在农村可供小型生活能源之用。在废水处理工厂也可作为污泥消化时加热所需。还可以作为化工原料制造四氯化碳溶剂及冷冻剂原料。缺点是产生的硫化氢和硫醇有恶臭，不宜在城市市区采用。

3．氧化塘处理

利用自然界水体的自净能力，废水经过适当处理后排入到天然的池塘、洼地、水坑中去。一般不使用曝气设备，所需氧气来自表面自然曝气与藻类的光合作用所产生的氧气。由于藻类光合作用产生的氧气可被好气性细菌用作降解有机物为 NH_4^+、PO_4^{3-} 和 CO_2，而这些降解产物又可用作藻类的营养来源，以阳光为能源进行光合作用，既繁殖自身的细胞物质，又放出氧气供细菌对有机物质进行氧化作用，这种藻类与细菌之间互相依存的共生关系在氧化塘内循环不止，废水也赖以净化。如果废水中BOD较高，需氧量超过光合作用和表面自然曝气的供氧量，即转入厌氧分解，则氧化塘的上层是好氧而下层是厌氧，称之为兼性塘。

在人口稀少的地方利用荒芜的池塘、洼地稍加整修即可变为氧化塘处理废水。但是如果有机物负荷非常高时，需氧量就很大，这样氧化塘就变为厌气的，破坏了藻菌共生系统，分解有机物的速度甚慢。如此，为节约土地，在现有的面积内把它隔成几个塘，然后串联运行，使水对角流动，以延迟停留时间，这样接受废水的第一个塘如果是厌气的或是兼性的，则流到第二个塘就有可能是兼性的或是好气，而最后一个塘则完全是好气的，这样藻菌共生系统逐级得到完善。通常在活性污泥法后再设置氧化塘系统，以使废水能更好地净化。

废水在氧化塘内通常有两个月的停留时间，比活性污泥、生物滤池中的停留时间长得多，故在活性污泥法中不能去除的一些难以分解的有机物质，有可能在氧化塘中去除掉。缺点是没有分解的悬浮颗粒会沉淀在氧化塘底部，造成污泥积累无法排除，使氧化塘的容积减少，许多参数会改变，直接影响氧化塘的净化效能。如用机械法去除底泥，就会增加成本。

4. 酶法处理

此法属于高级处理（即三级处理），常用的有固定化酶法。人们曾筛选和培养出专性降解作用的细菌来净化高浓度的、难处理的工业废水，但缺点是没有合适的办法把微生物和已被净化的水分开。后来就研究把各种细菌的有特殊功能的酶分离、结晶并固定在载体上，水通过专门的载体，载体上有处于活性状态的酶以转化污染毒物，称之为固定化酶。也可直接把细菌固定在载体上。日本已将产碱杆菌和无色杆菌产生的氰分解酶固定化后处理含氰废水。固定化技术是将产生氰分解酶的细胞或酶本身固定化，制成反应柱，废水经反应柱处理后氰被分解去除。要求能筛选出氰分解酶高产菌株，并制成氰分解酶活力高、使用寿命长（至少2周）的颗粒状、管状或膜状的固定化细胞或固定化酶，使之成为能在实际中应用的反应柱，使处理过程连续化、自动化、管道化。

第四节 生物学监测

一、生物学监测的意义和任务

环境保护的目的是为了保护人类和人类所赖以生存的环境——空气、水、动植物。通常用监测的方法达到环境保护的目的，以确保事先建立的质量控制条件能付之实现。过去十分强调物理监测和化学监测，对生物监测不够重视。殊不知理化监测的方法即使技术先进，所设计的精密仪器也只能测出毒物的浓度，它无法测出它的毒性强度。毒性的强弱只能通过生物监测的方法才能获得。但是生物监测不能鉴别是哪种特殊毒物所引起的反应，而只能指示有害物质的存在。因此必需和理化监测结合起来，才能互相取长补短，真正达到保护环境的目的。

生物监测的定义是系统地利用生物反应以评价环境的变化，并把它的信息应用于环境质量控制的程序中去。从生物学组建水平 (hierarchical levels of biological organization) 观点出发，各极水平上都可以有反应，但是重点应放在生态系级的生物反应上。因为生态系能反应出生物与生物、生物与非生物因子之间的相互关系。

生物学监测的目的是希望在有害物质还未达到受纳系统之前，在工厂或现场就以最快的速度把它监测出来，以免破坏受纳系统的生态平衡；或是能侦察出潜在的毒性，以免酿成更大的公害。如果有毒物质已经溢流到受纳系统，造成鱼、虾……等经济生物大批死亡，这时再去进行监测和评价已经太晚，故而，我们应当把重点放在野外的水污染生物学监测。其理由：①有机体对各种毒物的反应常常被受纳系统水中的理、化性质所缓和或加强，这样就会改变毒物的毒性；②还有可能是毒物和其他排放的废水起相互作用，也会明显改变毒物的毒性。这样，就会从根本上改变有机体在实验室内对纯污染物质所作出的毒性反应。直接的野外监测可克服上述缺陷。

生物学监测系统的任务和要求是：

(1) 在致死物质溢流 (spill) 还未进入受纳系统（江、湖、河、海）之前，就被侦察出来。

(2) 监测生物有广泛的代表性，不会因为它对某种特殊毒物有很高的忍受力，以致没有把这种毒物侦察出来而通过了，但是对受纳系统中的其他生物群落却是有害的。

（3）能达到和理、化监测相同的结果，并且成本低，效率高。

（4）生物监测虽不能鉴别是哪种特殊毒物引起的反应，而只能提出有害物质的出现。但如能和理化监测系统结合起来，就可以鉴别是何种毒物引起的急性反应。

（5）生物监测中不会出现假信号以致造成判断上的失误。

（6）在监测每个受纳系统时，生物监测都能应用当地的生物。

（7）在工厂内的生物监测系统能侦察出致死的或长效的物质溢流，操作简便。

二、用生态学方法进行生物学监测

用各类水生生物对水污染进行监测，始于本世纪初，其发展过程经历了三个阶段。

1. 指示种类阶段

Kolkwitz 和 Marrson（1909）首次提出污染系统和河流不同污染带（寡污带、α-中污带、β-中污带、多污带）的指示生物种类。他们的出发点是每个种类都对环境有特殊的要求，只有当水体中存在这些环境条件的前提下，这个种类才能生存。他们总结了河流有机物污染的自净过程，把自净过程划分为 4 个污染带，每一带中提出有代表性的生物种类（包括藻类、原生动物、轮虫、甲壳动物、底栖动物、鱼等，细菌以数量多少来划分），称之为污水生物系统（saprobic system）。此后，许多研究者（Patrick 1949；Liebmann 1995；Fjerdingstad 1964；Sladecek 1973）对此污水生物系统进行修改和补充，提出各种污染带中更为详细的指示生物名录。其出发点认为可根据对环境变化敏感的某些生物种类的存在或缺失来指示环境质量。事实上没有一个种类对不同污染物的敏感度和耐受度都是一致的。工业废水中污染物品种繁多，而且往往是混合的，更难确认每个种类对它的反映。某一种类的存在，至少说明已有生存的起码条件。但是要说明该种类不存在的理由时就很困难。分辨不清是环境不合适，还是因为没有机会生存，或是因为有与之竞争的种类。也就难以弄清是受天然条件的排斥，还是受污染物压迫的排斥。有人想改正污染系统指示生物的这些缺点，但因为对各种类的环境要求，它们对各种毒物的忍受性这方面的知识很不足，故限制了污染系统指示生物的预报能力，但是一些特殊性的种类能对特殊的毒物有反应，这类工作仍然是很有价值的。

2. 群落结构阶段

第二阶段发展为用群落结构来评定水质。个体、种群、群落三级是生态的一个连续发展系统，由低级发展为高级。对水生生物单种个体的生理、生态和毒理研究都是十分必要，但它是在实验室的单纯而稳定的环境下进行的结果，故缺少天然的有机联系。即使对某一种类的生物学有了全面的了解，亦仍然不能预报与这一种类结合在一起的生物群落的影响。作为常规的方法，对具有经济价值的种类只能用生活史中的某个阶段为试验材料。同一种鱼，其大小、年龄、不同发育阶段、个体差异对同一化学毒物有不同的反应。于是就逐渐发展为用种群评价水质。用鱼类种群进行生物测试或作为监测生物在取材方面是太困难了。为了解鱼类种群的生长情况，就要求大量的个体，而过度的捕鱼其本身也是对天然群落的一种干扰。可用低等的微型生物种群进行监测。如用小球藻、梨形四膜虫、草履虫的纯种培养为材料,进行生物测试。测定该种群半存活率的毒物浓度,或测定废水引起该种群半存活率的时间。种群级测定比起个体级测定已是发展了一步,但毕竟在不同的种类中,种群级的反应也各不相同。用几个种群的反应来评定污染胁迫对群落的结构与功能的影响,还是不足的。如果把目标直接对准微型生物的群落,这些微型生物对较高等的水生生物有很大的影响,通过它又影响整个水生生物群落。最初应用种类的多样性指数来揭示群落的结构特点。多样性指数是反映群落中的种类数和丰度的关系。污染或其他环境胁迫能使多样性指数下降。因为群落对污染胁迫的反应首先是减低了群落的复合性。伴随着种数减低,种群的密度也起变化。在未受污染胁迫的正常群落中,种类数多而个体数的幅度相当窄(图13.1a)。随着污染胁迫的增加,种类数下降,同时发生少数种类的个体数增加、幅度变宽(图13.1b)。如果胁迫再不断增加,大多数种类都受到影响甚至消失,密度也下降(图13.1c)。即使在极端污染的情况下,完全没有藻类和原生动物的可能性还是很少的。藻类和原生动物能占领十分不同的生态位。有些化学毒物几乎达到杀菌的条件,还能发现某些特别的原生动物和藻类可以入侵并忍受。这就是群落结构的变化。

多样性指数应用的主要困难是要有正确的种类鉴定基础。测定群落变化另一个不需

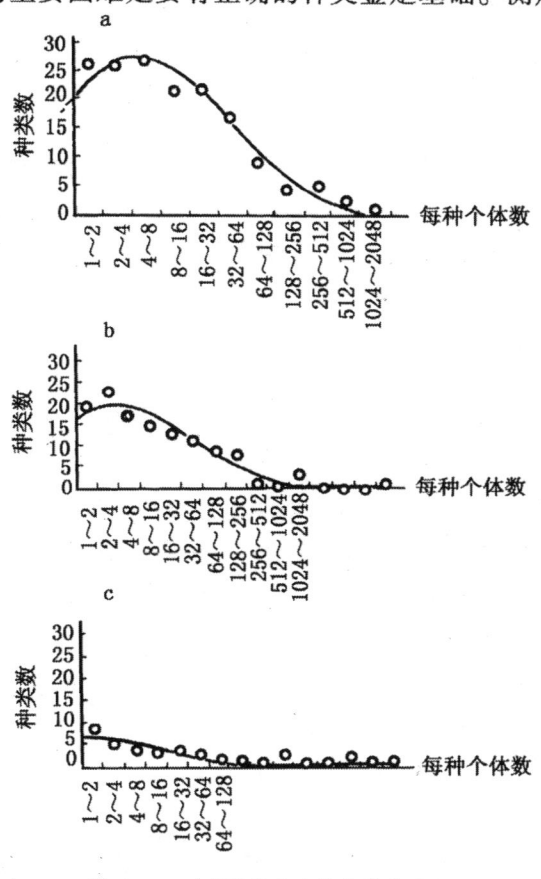

图13.1　硅藻计数片上的藻类种类和
数量的分布图(仿 Patrick)

a. 未污染河流;b. 中度污染河流;c. 严重污染河流

要鉴定种类的参数是异养性指数。

异养性指数（HI，也可用自养性指数 AI 表示）是对生物群落进行生化分析而得出的指数。一般认为在干净水体中以自养性生物占优势，在污染水体中以异养性生物占优势。公式为：$HI = B_{ATP}$（mg/L）/叶绿素 a（mg/L），B_{ATP}（mg/L）= ATP（μg/L）/2400 这个公式是根据 1mg 干重有机物中有 2.4μg 的 ATP，把用 ATP 光度计测得的量（μg/L）除以 2400，即可估算出有多少干重的有机物（mg/L）。因为 ATP 只存在于有生命的细胞中，用 ATP 来代表活的生物量。其理由是①所有的动、植物细胞均含 ATP；②ATP 和细胞有机碳之比例相对稳定；③在死的细胞中无 ATP；④在环境正常波动下 ATP 在细胞内的含量不会改变很猛；⑤在不同的生长期，ATP 不会有明显的偏离；⑥在以细胞有机碳和 ATP 之比例稳定的基础上估计的生物量，要比测总的有机碳更为合理。ATP 包括自养性和异养性的生物。叶绿素 a 是代表自养性的生物，所得的指数应当是异养性指数，故我们称之为 Heterotrophy Index（简称 HI）。HI（或 AI）高，表示有污染。但是，群落结构变化不是总能和生态系统中其他变化联系的。为了了解整个生态系对胁迫的反应，必须要有结构和功能变化的信息。之所以至今仍在用群落结构参数，其原因是结构参数已有传统的方法，故容易和其他已出版的资料进行比较。而功能参数的方法还在初试阶段，技术亦未规范化，积累的资料少，只对未受干扰的生态系中有较多的研究。

3. 群落功能阶段

第三阶段是用群落的功能来评定水质。为了建立水体监测有用的标准，必须了解正常情况下群落结构和功能变化的机制。如果一个河、湖被污染，我们可以用群落结构上的变化来侦察其污染程度。然而我们还不能完全理解维持群落结构的单元间的相互作用，也即整个群落的机制。群落的结构反映出种类和数量的差别，群落的功能反映出它们的生命活动。因此结构与功能两者不可分割。在水体中常用的功能参数有光合作用速度、呼吸速度、繁殖率、代谢率、营养物质循环速度、滤食速度、群集速度等。

从理论上说，对生态系胁迫的结构功能反应有三种基本类型。

（1）结构改变没有伴随功能改变　例如有些种类消失了，但一定的群落功能没有消失，因为存活的种类能够履行消失种类同样的功能。

（2）功能改变而结构不变　例如在亚致死胁迫效应中，群落的生命活动（如呼吸作用）有变化，但群落的结构是完整的。

（3）结构与功能两者都变　其前提是结构与功能关系密切，因此可以从结构信息来预报功能信息。如果结构的复合性下降（如减少种数或多样性指数），同时就引起功能复合性的下降（减少了能量或营养物质转移的通途）。

由于生态系的自动平衡机制（homeostatic machanism）之故，结构与功能所受的影响可能是不同的。结构与功能对环境变化的反应也不会是一致的。就功能本身而言，对环境的反应比较一致，很少变异。故环境只要有一点变化，功能即可作出反应，可以测出统计学上比较正确可靠的数据，可以十分成功地鉴别干扰。对结构进行某项分析时，其变异性较大，要分析更多的样品，才能得到和功能分析相同的显著性差异。

在我国首次通过的《水质——微型生物群落监测——PFU 法》国家标准（GB/

T12990-91）是群落级的生物监测方法。这个方法之所以被国家环保局采纳为国家标准，因为它能达到和理、化监测相同的结果，并且具有经济、快速、正确的优点。在一项由加拿大国际发展研究中心（IDRC）资助的国际合作项目中表明了PFU法在汉江的污染监测中所采用的微型生物群落的4个参数（原生动物种数、植物性鞭毛虫的百分比、多样性指数、异养性指数）均与化学综合污染指数在统计学上呈显著性相关（沈韫芬等 1995）。

三、用毒理学方法进行生物学监测

鉴于一切污染物毒性的强弱必需通过生物监测才能获得。生物监测必需将室内毒性试验和野外生物监测结合，才能达到保护环境的目的。

（一）毒性试验

生物监测最常采用的一种形式是生物测试（bioassay），现常称为毒性试验（toxicity test），它是指某种污染物毒性的强度是由活的有机体对它的反应如何而决定的一种试验，可分为急性、慢性毒性试验和生物积累试验等。

1. 急性毒性试验（acute toxicity test）

测定一种毒物在不同浓度时，在24、48、96小时期间内的相对致死性。试验的设计是为了得出该毒物在限定时间内能影响一定百分比（例如50%）受试生物个体死亡的最高浓度，也即是临界浓度。受试生物曝露在分等级的、按对数系列的废物浓度中，再观察生物对它的反应如何，常用死亡率或功能损伤（在无法判断死亡率的情况下，例如在螺的试验中，就采用贴在水槽壁上的螺有多少掉落下来，以表示损伤）来表示对毒物的反应，并要求对照组中受试生物的反应要<10%，毒性试验才有效。在用死亡率时，用致死浓度（lethal concentration, LC）来表示，指在限定时间内对种群的一定比例所产生的致死效应。48h-LC_{50}是指48小时内对种群中50%的个体产生致死效应的浓度。与LC_{50}相似的涵义的词汇还有渐近半致死浓度（asymptotic LC_{50}），致死阈浓度（lethal threshold concentration），初始致死浓度（incipient lethal concentration）。如果毒物的浓度横坐标用lg10来表示，死亡率的纵坐标用%来表示，就可以得到一条理想的剂量反应曲线（dose-response curve）（图13.2a），这个图形是累加的正态分布，它描述了在一个受试生物的种群中，在低浓度毒物中只有少数个体无法忍受而致死，在高浓度毒物中只有少数个体能忍受而存活，而在中浓度毒物中，大多数个体都死亡。如果横坐标的度量不变，死亡率的纵坐标用概率单位（probit scale）来表示，则上述的剂量反应曲线就变成直线相关，称为剂量反应线（dose-response line）（图13.2b）。这条直线也可称之为对数-概率模式（log-probit model），并可从此直线用内插法求出半致死浓度LC_{50}。如果进行的试验数据用对数-概率画出来的线不是直线，说明它不呈正态分布，从这些数据中计算的LC_{50}是没有意义的，要寻找技术上的原因。在获得了剂量反应曲线以后，还要考虑时间-剂量的相互作用（time-dose interaction）。死亡率决定于毒物浓

度和曝露时间的长短，有机体通常能忍受短期的大剂量和随时间递增而逐步地忍受小剂量。在较长期的曝露后，能对毒性产生延迟效应（lag effect）。

LC_{50}不是一种对毒性的绝对的、定量的描述，它只是说明了种群在一定时间、一定环境下对毒物的反应幅度。如果用同一种受试生物，相对不同废水进行试验，就会有不同的LC_{50}。如果用不同种类的生物对同一种废水进行试验，也会有不同的LC_{50}。因此获得的毒性也是相对的，受试生物的敏感性也是相对的。

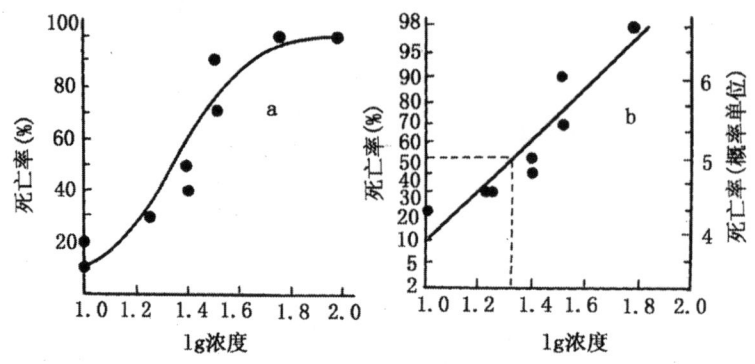

图13.2　典型的剂量反应线

2. 慢性毒性试验

有些毒物在长期低浓度时也能积累毒性，从而引起长期效应，它用一般毒性试验方法是无法侦察的，这时须采用慢性毒性试验（chronic toxicity）的方法，也称长期的、亚致死毒性试验（long-term sublethal toxicity test）。慢性毒性试验是为了取得各种浓度的毒物对机体的生存、生长、繁殖过程能产生什么效应的一种试验。它的测试项目很多，典型的包括测量生长（体长和体重）、存活时间、幼体产生的数量、孵化过程、畸变的类型和百分比等，这些测定都是曝露在不同浓度下进行的。试验的时间根据受试生物而异，对藻类和原生动物是几小时至几天，对小的无脊椎动物是几星期，对大的无脊椎动物和鱼是几个月乃至一年以上。它可以包括完整的生活史（卵——→下一代卵），部分生活史（胚胎——→幼体），或是生命史（卵——→死亡）中的一部分和整体，以估计对繁殖、生长、发育的效应。

3. 生物积累试验

生物积累是指某些毒物的浓度在生物组织内可积累到比周围水体的毒物浓度高出许多倍。生物积累至少包括两个过程：①生物浓缩；②生物放大。生物积累试验（bioaccumulation test）是对慢性毒性试验的重要补充。

4. 毒性试验中要考虑的几个问题

（1）毒性试验的目的　　进行毒性试验的目的是为了能对污染管理提供可靠的信息，一是用于预报废水的环境效应，二是提出废水排放的标准，也即是安全浓度（safe concentration）。为此，它必需能回答以下几个问题：①该废水对受试生物的致死浓度。

②该废水在亚致死浓度时,对受试生物生活史的部分和整体所产生的效应。③废水中有许多成分,判断出何种成分最毒。④因为在自然水体中生物是多种多样的,故受试生物不只限于一种生物,应有多种生物,哪种生物最敏感。⑤废水进入自然水体中,会因理化因子不同而呈不同的毒性,室内试验应判断出在什么环境因子条件下废水最毒,在进入天然水环境时,毒性是否变化,在受纳系统中将有多大范围受到毒性的影响。⑥万一工厂废水中的毒物出现突然高浓度冲击或溢流时,对受纳系统会产生何种方式的短期效应。总之,通过毒性试验应当正确地回答,该种化学品可接受的浓度是多少。

(2) 受试生物的选择和条件 文献记录已采用的受试生物近 200 种,常用的也有 20 种左右。选择受试生物应随具体要求而异,如果是要求比较不同时间的毒性,则必须选择能常年生存的、易于饲养的种类。如果要求估计一种即将广泛使用的、新的化学物可能产生的生物效应,则挑选最敏感的种类。如果只是想了解排放的废水对该地区有什么影响,最好要用当地的种类。为了提高毒性试验的对比度,选择的生物要符合以下条件:①能代表生态学上重要的类群(group)。类群有结构类群和功能类群。结构类群是指系统发育上或空间上的区别,前者是指分类上不同的阶元,后者是指不同的栖息地区,如浮游生物、底栖生物。功能类群是指营养或能量流上的区别,例如生产者、消费者和分解者,又如自养者、食菌者、食碎屑者、食藻者、食肉者、杂食者。②该种类已有足够的背景数据,如对该种的生长、生理、遗传、变异、营养、繁殖以及它在自然水体中的作用已有较为详细的研究,这样就能辨清实验所得的反应的真伪,不致把假反应当作毒性效应。③要能提供足够数量的同一大小、同一年龄、在遗传上稳定的同一品系的受试生物,以保证反应均匀一致。而且要能容易饲养,全年可供应。④受试生物能适应实验室的试验条件,能够驯化并生活正常。⑤受试生物的试验终点反响(test end point respone)容易鉴别。⑥受试生物要对毒物反应的敏感性强,但又要具有不易生病、不易被寄生的优点。

(3) 稀释水的选择和试验条件的控制 可供稀释的水有三种,即受纳系统的水、去氯自来水和人工合成水。用受纳系统的水作为稀释水是最理想的,因为它的环境现实性大。但如果稀释水本身就有毒,则只能采用去氯自来水和人工合成水。因此稀释水要符合二条标准。一是化学标准。稀释水不应含有即使是痕量的、低浓度的污染物和农药等,因为它本身就可以对生物产生低毒性的效应,而且和试验药品接触后,也可能会产生人们尚未了解的拮抗效应(不同毒物混在一起时产生互相抵消的负效应),叠加效应(混合后产生两者毒性相加的效应)和协同效应(混合后产生比叠加效应还要大的效应)。二是生物标准。受试生物能在稀释水中驯化和生存,保证在试验期间对照组(无毒物的稀释水)没有胁迫的信号。试验的条件如光周期、光强、光质、水温、水质等都要保持在试验期间的恒定状态。

(4) 提高毒性试验的环境现实性 毒性试验通常有四种设计方式——静止试验,有更新的静止试验,连续或间歇的流水试验和现场试验。挑逃哪一种试验方式视工作要求而异。在现场做毒性试验最好用当地的生物,这样就更具有环境现实性。现场试验的缺点是试验容易被好奇者破坏,环境条件不易控制,监测也较困难。

(5) 毒性试验的标准化 建立标准化的毒性试验是为了提高可比度,使不同国家、不同实验室、不同的工作人员获得可以比较的结果。因为现在的环境污染问题不只是一个国家的问题,而是跨国的、全球性的问题。目前的毒性试验方法无论是急性的,还是慢性的,都没有达到标准化。

5. 毒性试验的数据在环境管理中的应用

(1) 急性毒性试验的数据 急性毒性试验的结果不足以预报毒物对生态系统的安全浓度,试图从急性毒性试验的数据来提出水质标准,是缺乏科学性的。因为生态系统不是各种生物的集合物,在生态系统中的许多生物与生物之间,生物与非生物之间的相互作用会改变毒物对生态系统的影响。1988年9月22日美国参议院接受一项提案并在国会通过了一项《消费者产品安全试验法令》(Consumer Products Safety Test Act)。法令指出在产品试验中用脊椎动物进行的急性毒性试验——LD_{50}(半致死剂量)试验是不准确的,使人误解而无益,为此联邦政府采取禁止使用 LD_{50} 试验。

但是世界上每年新的化学品有成千上万种,如果都要求通过急性、慢性毒性试验和生物积累试验,也是很困难的。因此用快速的急性毒性试验方法对众多的化学品进行筛选试验,还是必要的。也有用 LC_{50} 估计最大可接受毒物浓度(maximum allowable toxicant concentration,MATC),公式为 $AF = MATC/LC_{50}$,AF(application factor)是应用因子的意思,其值变动于 0.0001~0.1 之间,它是慢性毒性试验获得的 MATC 和急性毒性试验获得的 LC_{50} 两者之比值。从生物学上分析,MATC 和 LC_{50} 是两个不等量的测量,LC_{50} 中死亡的生物可能是由于机械性地破坏了呼吸作用如鱼在鳃上涂上一层化合物引起窒息而死,MATC 则是对繁殖的损伤,酶的破坏或是行为的变化。把这两种数量进行比较,无疑是一个概念性的错误。诚然也不排斥在 LC_{50} 和 MATC 之间有可能存在着过渡性的联系,但是已知 AF 值在同一水平上有很大的变化,对同一种化学品不同的受试生物的 AF 值可有二位数的差异幅度,在同一种生物对不同的化学药品则可以有 4 位数的差异幅度,对一个未知 MATC 的化学品,往往在求得 LC_{50} 以后,就借用同类化学品的 AF 值,代入公式 $MATC = LC_{50} \times AF$,由此估计新化学品大致的 MATC 值,只能视之为勘察的试探值。

(2) 慢性毒性试验的数据 虽然慢性毒性试验比急性毒性试验复杂而昂贵,但所得的数据在预报安全浓度时很有用,而且具有重要的生态学意义,因为它证实了毒物对生物生长和繁殖的影响,从而揭示了导致生态系统中多样性指数的下降的机理。如果采用流水装置的慢性毒性试验,就可以在现场决定当地的 MATC 值,在这个浓度以下对本地的生物、群落没有致毒效应,是安全的。

(3) 生物积累试验的数据 水生生物是环境中污染物迁移、转化、直至物质循环的重要参与者。生物积累试验的数据是对慢性毒性试验重要的佐证,也是建立 MATC 的重要参数。对同一化学品不同种类、不同龄期的生物有不同的浓缩因子(BCF),相差可大至数千倍。生物放大是通过食物链而积累毒物,但也不总是遵循着随营养级的递进而逐级上升,也有可逆的,如砷就是鱼<溞<藻类。在生物体内毒物消除的速度在不同的生物、不同的组织器官也有不同的半衰期。在预报毒物进入受纳系统中的扩散程度时,生物积累试验更是必不可少的。

(4) 毒性试验数据的验证 根据急性、慢性毒性和生物积累的三类试验结果可以提供一个较为合理的 MATC。从三类毒性试验综合所得的 MATC 相对地比较正确,但也不能作为预报的最后根据，还要经过实践验证，很多毒理学家忽视了这一步骤。不经过验证会造成过度保护或是欠保护。并不是说实验室内求得的 MATC 不正确，而是自然界的环境因子太复杂，实验室的 MATC 和自然水体中客观存在的 MATC 要衔接起来，这中间似乎还缺少点什么。因此提出与其把技术力量放在创造新的毒性试验战术上，还不如放在发展和增加预报效能的战略上更为明智些。

四、公害评价的基本原理

国家环保部门对当前水污染中的潜在公害问题急需知道的是：①有多少潜在污染物进入环境，什么地方、什么时候、怎样进入？②污染物在环境中将会在物理上、化学上、生物上发生什么情况？③如果这种化学品已达到环境的不同部位，会对个体（包括人）、种群、群落、整个生态系产生什么效应？④化学品在环境中和其他物质将会如何互相作用？⑤如果该种化学品已引起了上述的这些效应，会引起环境产生什么性质的变化？要回答这些问题，既有化学家的工作，也有生物学家的任务。

同化容量（assimilative capacity）是 Cairns（1977）提出的观点，认为自然生态系有同化一定容量的化学物质的能力。Cairns 认为在生物效应浓度之下的都是同化容量（私人通讯）。通常的方法是要测定生物效应浓度和环境浓度，如果环境浓度低于生物效应浓度，则表示还有剩余的容量。如果环境浓度高于生物效应浓度，则表示已超过了同化容量，带来了危害。公害评价要有系列的试验数据（称为"Tiers"）即扫描试验（screening test）、预报试验（predictive test）和验证试验（confirmative test）。生物效应浓度和环境浓度的关系从理论上可画成图13.3。此图中有两条粗线。即客观存在的生物效应浓度和环境浓度。在这粗线的上下各有两条虚线相随，虚线间的跨距将随

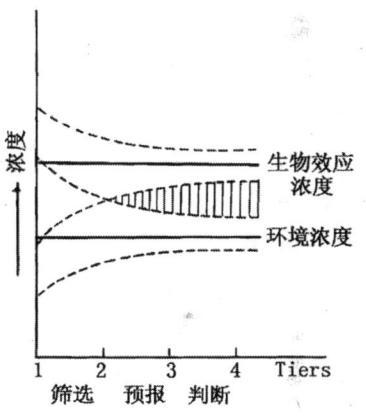

图13.3　公害评价系列试验中生物
效应浓度和环境浓度的关系
（Cairns 私人通讯）

着信息的增加（即 Tier 的递进）而缩小。在图左边的跨距大，即不确定性（uncertainty）大，因为人们刚开始收集信息。随着信息增加，图上向右推进时这种不确定性就明显下降了，但是不可能消失，因为人们不可能做无休止的试验以完全消除这种不确定性，因此这两条粗线是理论值。根据生物效应线下面的浓度区域可以决定同化容量区域。人们要合理地管理环境，必须使化学物的环境浓度明确地低于生物效应浓度。同时要注意这两条粗线上下的虚线（渐近线）会互相交叉的。如果公害评价时进行的试验是在交叉点的左边，那就很有可能得出生物效应浓度在环境浓度之上，于是评审者就会做出错误的裁决。只有在交叉点的右边，在条纹区内，才能做出正确的判断。此外，还须指出交叉点在 Tier 1，2，3 均可出现，这要视虚线的斜率而定。确实，在 Tiers 试验系列中现在还没有足够的方法能有效地测量客观存在的环境浓度和生物效应浓度，还需要从方法上进行探索。

从理论上说，生物效应浓度和环境浓度之间存在着三种关系（图13.4）：①生物效应浓度大大地高于环境浓度（图13.4a）。有较大的安全余地（safety margin）。在这种情况下人们可以合理下结论，即使用这化学品的危险性较小，通过部分的 Tiers 试验就可以作出正确的裁决，在常规的生物监测中只须采用少量合理的参数。②生物效应虽在环境浓度上，但十分接近（图13.4b）。安全余地很窄，只有通过整个 Tiers 试验，才能对化学品的危害作出科学的判断。③环境浓度高于生物效应浓度（图13.4c）。没有安全余地，这种化学品应禁止进入环境。

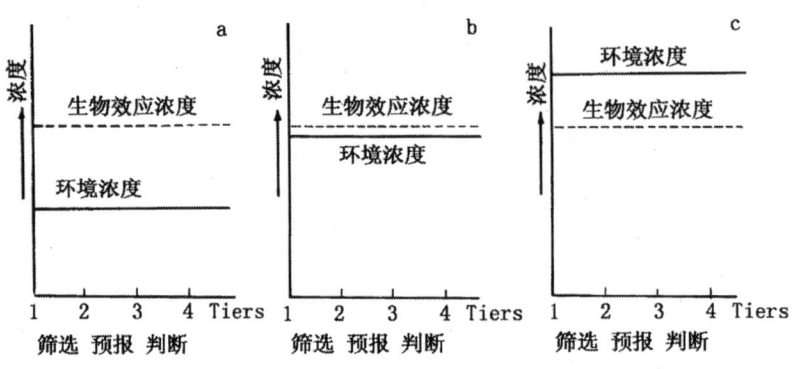

图13.4　生物效应浓度和环境浓度之间的三种关系（Cairns 私人通讯）

因此，化学家们如何正确预报化学品的环境浓度，生物学家如何正确预报化学品的生物效应浓度是至关重要的。而且两者是不可分割、不可偏废的。只有这样才能对公害作出正确的评价和预报。

第五节　水体富营养化问题

一、富营养化问题的历史与现状

1. 什么是富营养化？

富营养化现象很早就有，我们可以从古代书籍中找到一些线索。关于富营养化的第一个确实的、科学的观察应在 19 世纪 20 年代。当时瑞士的莫尔登湖（Murtensee）湖水变成红褐色。周围居民认为是二百多年前德瑞战争中法国士兵血迹的回溯。经过植物学家的观察，发现是由于大量红色颤藻 [*Oscillatoria rubencens*(D. C.) Gom.] 的生长，而它的大量出现可能与畜牧业中大量施用肥料有关。

富营养化（eutrophication）这一名词的出现与湖泊营养分型和演变研究有关。Weber（1907）和 Naumann（1919）先后提出了贫营养（oligotrophic）和富营养（eutrophic）湖泊的概念。以后关于湖泊营养类型的划分，它们的特点和标准有许多工作报道（Thienemann，Hutchinson，Wetzel 等）。同时还提出了湖泊由贫营养型逐步演变到富营养型的模式。近年来则认为要区别湖泊发展中的"老化"和"富营养化"。前者是一个自然过程。显然从长的历史或地质年代看，湖泊中营养物在不断地逐渐增加，但生态系统仍可保持相对稳定，并不造成富营养化。湖泊可以消亡，但不一定经过富营养化阶段。从古湖泊学研究中还发现，湖泊的演替不总是由贫营养型到富营养型，而也可以逆转。因此,目前认为湖泊中营养物的缓慢增加不应称为富营养化,或者可称之为天然富营养化;而只有突然的、迅速的营养物增加(而这种增加都是由于人为的原因),才可称为真正的富营养化,或人为富营养化(cultural 或 anthropogenic eutrophication)。对于人为富营养化在湖泊演替中的地位,过去大都认为是加速了演替过程,使湖泊走向衰老,但现在有人认为从生态系统发展过程中一些主要趋势来考虑,把它看作是演替过程的逆转,使湖泊由衰老走向"年青化"。

我们认为,我们现在所讨论和研究的富营养化问题,是一个属于环境污染范畴的问题,也就是专指"人为富营养化"。富营养化作为污染问题又与一般的污染不同。一般的污染大多导致生物生产力的降低,而富营养化却是营养物质的增加,往往提高了初级生产力(但也非总是如此),甚至提高了终产品(鱼)的生产量,但严重时也导致鱼产量的下降以及引起其他的环境问题。因而,作为环境问题来讨论富营养化问题,我们考虑的是它的危害方面。

从上述观点出发,我们可以给富营养化下这样一个定义:"由于人类的活动,水体中营养物质增加,引起植物过量生长和整个水体生态平衡的改变,因而造成危害的一种污染现象"。

2. 富营养化研究的现状

上世纪下叶和本世纪上叶,水体的主要污染是有机物污染,为此建立了一级和二级污水处理场。但有机物的生物降解带来了无机营养物质的增加,引起了广泛的水体富营养化。特别是 60 年代后,已成为一个突出的、全球性的问题。

(1)对湖泊进行富营养化程度及原因的调查　美国、日本、意大利、原苏联、北欧、东欧等均进行过,我国也有调查和统计,见表13.2。

表13.2　我国主要湖泊营养状况分类统计(1987~1989)

湖泊营养类型	贫营养	中营养	富营养
湖泊个数	1	7	14
占评价个数的百分比	4.5%	31.8%	63.6%
湖泊面积(km^2)	29.5	2493	3084.9
占评价个数的百分比	0.53%	44.45%	55.01%

(2)召开了各种国际会议和进行合作研究　如美国、欧洲共同体、加拿大、日本、原苏联。我国也已召开过专门的国际学术讨论会。

(3)出现了一些专门的、有关富营养化的著作。

二、富营养化的主要原因

1. 与富营养化有关的主要营养物质

水体富营养化的根本原因是营养物质的增加。是哪些营养物质呢?一般认为:主要是磷，其次是氮。可能还有碳、微量元素或维生素等。Schindler 受控生态系统装置和试验湖区的研究结果，表明磷是主要"限制因子"。Vollenweider 等关于磷负荷和初级生产关系的研究，也表明磷的重要性。用藻类生长潜力（AGP）方法来判断湖泊中藻类繁殖的限制物质，结果也表明受磷限制的湖泊至少占一半以上，见表13.3。在氮磷比低于10:1时，或在某个季节，氮也有可能成为限制因子。

表13.3　用 AGP 法推定的湖泊藻类的生长限制物

地点	P限制	N限制	其他	湖泊个数小计
美洲	35(71.4%)	8(16.3%)	6(12.2%)	49
美国东部	417(66.9%)	186(29.9%)	20(3.2%)	623
意大利	27(81.8%)	2(6.1%)	4(12%)	33
合计	479(67.9%)	196(27.8%)	30(4.3%)	705

（1）括号内为占百分数。

（2）AGP（algae growth potential）藻类生长的潜在能力　　藻类培养法是以李比希最小量定律（也称李比希 Liebig 定律）为基础的一种方法，是生物的增长被制约营养物质所支配这一原理的具体应用。Liebig 是德国农业化学家（1803～1873）。他认为任何生物的总产量或生物量取决于外界供给它的所需养份中数量最少的那一种。也就是说这种最小量的营养物限制着生物的生长，这种营养物就是一种限制因子。

2．营养物的主要来源

可分为"天然源"和"人为源"，但这种分法在实际工作中难以区分。一般分为点源和非点源（散在源、面源）。前者指排放量集中，位置固定的污染源，都属"人为源"，如通过管道排放的生活污水和工业废水。点源污染较易测量。非点源污染系通过地表径流、降水、地下水等进入水体。它可以是天然来源，也可以是人为来源，较难测定和控制。

（1）地表径流（土壤和农业）　　不同集水区和不同肥力土壤输出的氮、磷量见表13.4 和表 13.5。输送的量还决定于地面的坡度。营养物（特别是氮）从土壤上的流失量与施肥有密切的关系，见表13.6。富营养化现象的加速，大量施用肥料是重要的原因。

表13.4　各种土地类型流失的氮、磷量($g \cdot m^{-2} \cdot a^{-1}$)

类　型	N	P
森林	0.24	0.008
牧场	0.85	0.018
施粪肥农田	0.11	0.135
光田(指无植被)	0.18	0.006
市镇	0.88	0.110

表 13.5　不同肥力土壤上输出的氮、磷量

土壤肥力	输出量($g \cdot m^{-2} \cdot a^{-1}$)		
	无机 N	PO_4-P	总 P
低	<0.5	<0.01	<0.02
中	0.5~2.5	0.01~0.025	0.02~0.05
高	>2.5	0.025	>0.05

表 13.6　施肥与不施肥农田径流中氮、磷含量(mg/L)(于桥水库流域)

土地利用	施肥农田径流				未施肥农田径流			
	TN		TP		TN		TP	
	固态	溶解态	固态	溶解态	固态	溶解态	固态	溶解态
玉米地(1)	48.70	14.31	2.97	2.31	28.96	12.82	0.55	0.018
(2)	68.88	16.88	5.97	5.74	24.98	13.66	1.49	0.30
冬瓜地(1)	33.36	13.12	6.69	5.49	17.34	1.06	0.53	0.15
(2)	34.05	15.73	14.99	12.30	18.46	7.27	0.76	0.66

(2) 畜牧业、渔业　　各种牲畜产生的氮、磷量是不同的,见表13.7。在一些畜牧业发达的国家,因畜牧业而产生的营养物质量超过了由人口产生的量。渔业的污染源主要是强化养殖时,由于投喂各种肥料、饲料而产生。有资料报道,在网箱养鱼时,每生产一吨鱼每年要产生15kg的磷和1.037kg的BOD,因而引起水体富营养化。北欧国家因此对网箱养鱼加以控制,需经批准。

表13.7　各种牲畜生产的氮、磷量

种类	排泄量 ($kg \cdot 1000kg^{-1}$活重$\cdot a^{-1}$)	
	N	P
牛	156	17
猪	150	45
马	128	19
羊	119	20
家禽	85	31

(3) 城镇人口（生活污水）　　生活污水可以是点源排放,也可以非点源排放。它是主要的营养物来源。一般可采用12gN/cd和2.25gP/cd(cd是每人每天的意思)。也可由按人口计算排出生活污水量,然后再按营养物浓度换算。排出量与地区和生活条件有关。如按我国标准,湖北省东部地区,有室内给排水卫生设备并有淋浴装置时,定为110~150L/cd。生活污水中氮、磷含量变化很大。表13.8为我国几个城市的测定资料。生活污水中磷的主要来源是洗涤剂。

表13.8 我国城市污水中氮、磷含量(mg/L)

城 市	N	P
上海	93	—
天津	50	3.2
南京	33	11
武汉	28.7~47.5	11.5~34.5
北京	26.7~55.4	11~39
西安	36	4~21
平均	39.8~45.1	8.5~10.2

（4）工矿企业（工业废水） 有些工业废水有较高的氮、磷含量。其中排污量较高的是食品、化工和毛皮工业。轻工业废水中含的氮、磷量很高（表13.10）。

表13.9 各种工业的氮、磷负荷量

工 业	按年产值计算的 kg	
	N	P
食品	1.53	0.1
纺织	0.55	0.056
造纸	0.73	0.019
化学	6.4	0.36
钢铁	0.21	0.005
冶金	0.007	0.003
水泥	0.067	0.007
毛皮	0.1	0.25
机器制造	0.19	0.046

表13.10 轻工业废水中含有的氮、磷量(mg/L)

废水类型	N	P
马铃薯淀粉废水	89~106	27~80.5
淀粉厂	319	76.5
啤酒厂	15.64	20.2
酒 厂	1900	
青霉素厂	400	
亚麻渍制厂	40	26.1

（5）大气降水 雨水中含有的氮、磷与气候带及地区有关（表13.11）。氨态氮大于硝酸态氮。

表13.11 一些湖泊的降水中氮、磷含量(mg/L)

湖泊	TN	TP
吉林长春南湖	0.70	0.02
广州东山湖	1.13	0.185
山东南四湖	3.28	0.142
新疆蘑菇湖	1.75	0.033
天津于桥水库	1.65	0.064

(6) 地下水　　地下水将岩石或土壤中的氮、磷物质溶解后带入水体。日本琵琶湖资料表明地下水中氮的浓度为1.268 mg/L，磷为0.087 mg/L。

三、富营养化的监测和评价

富营养化的监测和评价指标有地理、理化、生物等指标，标准也各异，下面列举一些。

(1) Ac/V 指标

Ac——总集水区；

V——湖泊容积。

(2) 形态土壤指标

$MEI = TDS$ (mg/L) $/Z$ (m)

TDS——总溶解固体（指过滤后把水烤干后的干重）

Z——平均水深。

(3) 透明度——较为常用的指标

(4) 溶解氧

由于严重富营养化时易造成缺氧，特别在深水湖泊，因此也是一常用指标。

(5) 营养物质

这是最重要的指标。过去都以氮、磷（各种状态）的浓度为指标，现则更多应用年单位面积负荷。

(6) 生物学指标

在其他章节中已有论及，这里不多介绍。包括指示种类（蓝藻中几个种类），种类组成，生物现存量（数量、生物量、叶绿素量等），初级生产量，细菌等。

下面列举一些标准

1) 美国环保局标准

	贫营养	中营养	富营养
总磷(mg/m³)	<10	10~20	>20
叶绿素 a(mg/m³)	<4	4~10	>10
透明度(m)	>3.7	2.0~3.7	<2.0
深水层溶解氧(饱和度%)	>80	10~80	<10

2) Wetzel 综合的湖泊营养类型划分标准（表13.12）。

表13.12 划分湖泊营养类型的标准

营养类型	平均初级生产力(mgC·m^{-2}·d^{-1})	浮游植物密度(cm^3/m^3)	浮游植物量(mgC/m^3)	叶绿素(mg/m^3)	优势浮游植物	光衰减参数	总有机碳(mg/L)	总磷(μg/L)	总氮(μg/L)	总无机固体(μg/L)
贫营养	50~300		20~100	0.3~3.0	金藻纲 隐藻纲	0.05~1.0	<1~3			
贫中营养		1~3			甲藻纲			5~10	250~600	10~200
中营养	250~1000		100~300	2~15	硅藻纲	0.1~2.0	<1~5			
中~富营养		3~5						10~30	500~1100	100~500
富营养	>1000		>300	10~500	硅藻纲 蓝藻纲	0.5~4.0	5~30			
极度富营养		>10			绿藻纲 裸藻纲			30~5000	500~15 000	400~60 000

3) 饶钦止、章宗涉根据东湖数十年研究工作提出的标准主要以藻类的数量、种类组成、初级生产力、透明度等为指标（详见原文），环保所主要以化学为指标，见表13.13。

表13.13 武汉东湖富养化评价标准

项目 \ 分数	贫营养	中营养(前期)	中营养(后期)	富营养	重富营养
总氮(mg/L)	<0.1	0.1~0.2	0.2~0.3	0.3~1	>1.0
总磷(mg/L)	<0.001	0.001~0.0005	0.005~0.01	0.01~0.05	>0.05
BOD(mg/L)	<1	1~3	3~5	5~8	>8
COD(mg/L)	1	3	5	8	12
透明度(M)	>4	4~2	2~1	1~0.5	<0.5

表13.14 太湖富营养化程度评价标准

	评分	营养类型	水质				生物	
			耗氧量(mg/L)	总氮(mg/L)	总磷(mg/L)	透明度(m)	藻类	
							生物量(mg/L)	优势种
富营养化过程	0	极度贫营养	0.06	0.01	0.0004	48	—	—
	10	贫营养	0.12	0.02	0.0009	27.0	<50	—
	20	贫营养	0.24	0.04	0.002	15		
	30	贫营养	0.48	0.08	0.005	8.0	100	金藻纲
	40	贫-中营养	0.96	0.16	0.010	4.4	150	隐藻纲
	50	中营养	1.80	0.31	0.023	2.4	200	甲藻纲
	60	中-富营养	3.60	0.65	0.050	1.3	250	硅藻纲
	70	富营养	7.10	1.20	0.11	0.73	300	硅、蓝藻纲
	80	重富营养	14	2.30	0.25	0.40	500	蓝、绿藻纲
	90	严重富营养	27.0	4.60	0.56	0.22	>800	绿、裸藻纲
	100	异常富营养	54.0	9.10	1.23	0.12	<200	异养性生物

4）太湖、西湖、大伙房水库等也都提出了评价的指标和标准，见表13.14。

（7）Carlson 营养状态指数（TSI）

根据透明度、叶绿素、总磷、COD 等单项指标间的相关性建立的综合指标。例如：

$TSI(\mathrm{SD}) = 10(6 - \ln SD / \ln 2)$，SD—透明度，m。

$TSI(\mathrm{chl}) = 10[6 - (2.04 - 0.68\ln\mathrm{chl})/1.2]$，chl—叶绿素，$\mu g/L$。修正的 TSI 是将上述以透明度为基准的 TSI 改为以叶绿叶 a 浓度为基准。即 $TSI_M(\mathrm{chl}) = 10(2.46 + \dfrac{\ln\mathrm{chl}}{\ln 2.5})$

（8）还有层次分析——主成分分析营养度法（AHP-PCA），相关加权营养状态指数法。

四、富营养化的危害

从水产养殖来说，富营养化意味着水肥、饲料丰富，有其有利的方面。但从环境保护角度来看，富营养化会给水和水体的利用带来多方面的问题。

1. 供水方面

富营养化后、藻类、特别是大型群体藻类的大量生长，使水厂在过滤水时效率降低。如东湖水厂，原来滤池12小时反冲洗一次，现缩短至2~3小时，冲洗水量最高可达出水量的20%。增加新的处理装置，又使成本提高。同时，还影响水质。许多形成"水华"的藻类能产生不好的气味。如鱼腥藻（*Anabaena*）、微囊藻（*Microcystis*）、束丝藻（*Aphanizomenon*）均可产生腐臭味；腔球藻（*Coelosphaerium*）可产生草腥味；小球藻（*Chlorella*）和直链藻（*Melosira*）能产生霉腐味等。还有报道说，藻类的溶解性有机物在自来水加氯后可氯化产生弱的致癌物质。

2. 旅游方面

藻类的大量生长，使水的透明度下降，水色不好，有臭味等，从而使水体的旅游价值降低或消失，这是国外对富营养化问题感到危害严重的一个主要方面。我国的一些有名的风景游览湖泊，如杭州西湖、武汉东湖、南京玄武湖、长春南湖等也都已面临这样一个问题。富营养化严重后也带来了水的卫生学指标的下降。东湖已有几个天然游泳场为此而关闭。

3. 渔业方面

水体富营养化虽然对渔业有有利的方面，但也同样有不利的方面。国外因湖泊较深，养殖鱼类又以对氧要求高的冷水性鱼类为主，因此，富营养化引起的缺氧常使鱼类大批死亡，并使鱼类组成变为他们不喜欢食用而称之为野杂鱼的鲤科鱼类。我国类似的问题虽没有那么严重，但也不是不存在。东湖近年来发生过因"水华"过度积累和分解，导致网箱中鱼类全部死亡的事故。大伙房水库也报道过类似的情况。

4. 其他方面

不少蓝藻在某种条件下能产生毒素。澳大利亚、南非、美国等曾报道因藻毒引起家畜、家禽、水鸟等的大批死亡事件。

五、富营养化的防治

在过去 20 年中，对富营养化的防治提出了不少措施，明确了这些措施对改善水质的作用，但对它们可改善的程度和对湖泊利用的影响还不太肯定。这方面近年来仍无重大突破。目前的看法是：富营养化是可以治理的，但这种治理费时、费钱，且把握不大。为说明这点，举几个例。

美国和加拿大交界的五大湖中的伊利湖（Lake Erie）是富营养化的一个著名例子，因为周围人口密集，工业集中，污水废物大量排入，使湖的西部和沿岸地区成为死湖。鱼、鸭大量死亡，而藻类数量却大增，估计约有 10 亿吨。从 1965 年起美国和加拿大就成立联合委员会，进行专门研究。1972 年签订了政府间专门协议。经努力，1976 年磷总负荷比 1971 年减少了一半。但关于立法、治理方法、治理费用等问题长期未能解决。据估计，即使措施上马，要恢复到中营养水平需时 20 年。

治理最成功的典型是华盛顿湖，污染了 22 年，治理化了 17 年，费用 1 亿 3 千万美元。面积只 1km² 的瑞典的 Trumman 湖，经过多年研究，采取了截流、挖泥等措施，前后费时 22 年，耗资 90 万美元，才治理完毕。

现将 37 个国家采取的 17 种富营养化防治措施列于表 13.15。再对各项措施分别说明并举例。

表13.15　世界 37 个国家采用的 17 种富营养化防治措施的统计

	湖泊数			有否见效的例子	顺序排列
	讨论中	已实施或已完成	小计		
1. 废水处理	28	32	60		5
2. 排水改道	31	70	101	⊕	4
3. 土地利用	4	11	15		12
4. 入湖水处理	11	8	19	⊕	10
5. 工业产品改进（洗涤剂中磷的限制）	4	5	9	⊕	14
6. 疏浚	17	7	24	⊕	9
7. 湖水非活化凝聚沉淀处理	8	23	31	⊕	8
8. 稀释和溢流	9	9	18	⊕	11
9. 生物去除	1	9	10	⊕	13
10. 深层排水	5	14	19		10

续表

	湖泊数			有否见效的例子	顺序排列
	讨论中	已实施或已完成	小计		
11. 底泥曝晒与干燥	3	1	4		16
12. 湖底覆盖	2	6	8	⊕	15
13. 曝气循环	18	104	122		2
14. 加大水深	10	28	38	⊕	7
15. 物理学方法(水位升降,土壤改良)	8	110	118	⊕	3
16. 化学方法(杀藻剂,除草剂)	4	197	201	⊕	1
17. 生物学方法(生态系统控制,生物利用)	3	56	59		6

表13.16 污水的处理技术和除污效率

	处理技术	处理对象	除污效率（%）					
			BOD	COD	NH_3	有机态氮	NO_2	PO_4
物理处理	氨还原法	生物处理水	—	—	85~98	—		
	土壤还原法	一次处理水 生物处理水	90~95	80~90	60~80	80~95	5~15	60~90
	反渗透法	过滤的生物处理水	95~99	90~95	95~99	95~99	95~99	95~99
化学处理	药品沉淀法	生物处理水	75~90	60~70	5~15	30~50	~	90~95
	活性污泥法		90~95	85~90	30~40	30~40	30~40	30~40
	离子交换法	过滤的生物处理水	40~60	30~50	85~98	80~95	80~90	85~98
	电化学处理法	下水道污水	50~60	40~50	80~85	80~85		80~85
	电分解法	过滤的生物处理水	—	—	30~50	—	30~50	30~50
	盐酸分解法	生物处理水	80~90	65~70	50~80	—	—	—
生物处理	细菌同化法	一次处理水	75~95	60~80	30~40	30~40	30~40	10~20
	藻类同化法	生物处理水	75~95	60~80	50~90	50~90	50~90	0~50
	硝化脱氮法	一次处理水 生物处理水					60~95	

(1) 工艺改革、产品改进　生产过程中减少废水中磷的含量。洗涤剂中把支链型烷基苯磺酸钠改为直链型。改用磷酸盐的代用品。农业上合理控制施肥。

(2) 污水分流（改道）　华盛顿湖用五年时间修建管道，把经过两级处理后的出水不排入湖中而改为排入海中。7年后完全恢复，表现在磷量下降，浮游植物数量下降，种类改变。这是一个成功的典型。

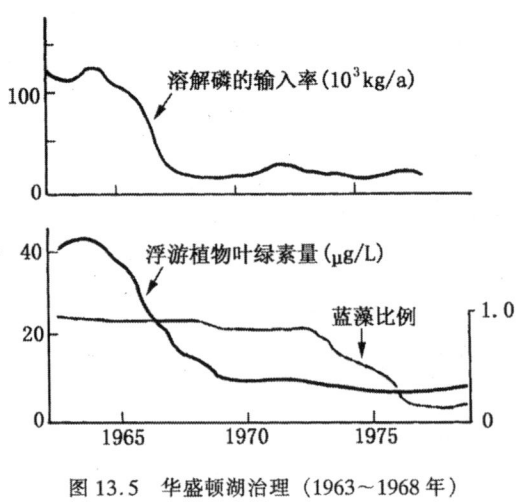

图 13.5 华盛顿湖治理（1963～1968 年）情况（Edmondson）

图13.5 示华盛顿湖经治理后磷的输入量，浮游植物叶绿素含量和蓝藻的比例都有下降。这是富营养化防治中的一项根本性措施。我国西湖已完成污水截流工程。如果武汉东湖第一期截污工程开始，则 5 年内将可减少污水量约 40%。

（3）污水三级处理　所谓三级处理，包括物理学、化学和生物学方法。其处理技术和除污效率详见表13.16。但三级处理费用较高，我国目前要广泛采用还有困难。瑞士有 65% 的城市污水均已达到三级处理。全国有 700 多个化学絮凝去磷处理场。

（4）土地利用　特别适用于非点源污染。这是一个较经济的治理方法，但必须有土地条件。澳大利亚在这方面有成功经验。湖南省常德市护城河污水处理与资源化生态工程系统研究，以及北京燕山地区燕山石油化学总公司利用牛口峪水库周围的天然条件建成的塘（指氧化塘处理）、基（指土地处理）系统也属此例。

（5）换水/稀释　加强水的交换。当有合适水源时可引入，起稀释作用，带出氮、磷物质以及藻类。

（6）深层排水　深水湖泊或水库中，底层水中营养物含量高于表层水，当水流转时，进入湖上层，往往引起"水华"现象。而一般流出水均是表层水，为此设法将深层水排出，可降低富营养化程度。如波兰一湖中，用此法得到较好效果。奥地利一湖中采用一"虹吸装置"进行深层排水。

（7）曝气/混和　采用机械搅拌、压缩空气、水泵、喷射泵等方法进行曝气和促进水的流动。可起到防止底泥释放磷，改善氧气状况，加强矿化作用，降低浮游植物光合作用等效果。许多国家湖泊中曾采用这种方法。

（8）挖泥　截流和其他措施，用以减少外部营养物负荷。但富营养型湖泊中的底部沉积物常是一个营养库，在一定条件下可不断释放磷。这称为内部负荷。当外部负荷减少后，内部负荷可补偿，使富营养化现象继续存在。例如瑞典的 Trummen 湖、因生活污水严重污染而出现蓝藻水华，采取截流措施后 10 年仍未恢复。主要原因是底泥释放营养物。经研究后决定挖去底泥。挖除的底泥相当于去除了 50t 磷和 450t 氮。随之该湖恢复到接近贫营养湖的水平。

杭州西湖每年挖泥 3～6 万吨，耗费比引水法高，但去除的氮、磷亦高于引水法。

（9）底泥就地处理　也是为了减少内部负荷，但泥不挖出，而是就地处理。例如加入凝聚剂，塑料薄膜覆盖。这种方法只能用于小水体，而且费用也不低，在目前我国要采用不太现实。

（10）杀藻除草　用药剂来除藻类和水草。美国环保局批准使用的杀藻剂有 27 种，其中最常用的是硫酸铜，但这种方法只有局部治标作用，而且还要考虑残毒问题；美国用得较多，每年要使用近万吨杀藻剂。

（11）藻的利用（收获）　　富营养化后藻类"水华"出现，能否直接利用，化害为利呢？非洲乍得人有食用蓝藻的习惯，目前有用作农肥、饲料、制沼气和提取有用物质的试验。但收集是一个问题。美国曾试验过机械的藻类收集船。原苏联曾试验研究过利用水库中蓝藻"水华"于农肥、饲料及其他方面，认为花钱少、收益大，并可改善水质。我们也曾实际测算了东湖内可利用的蓝藻"水华"量，表明数量相当可观，且含有很高氮、磷量，如果加以利用，可减少东湖氮负荷的14.5%和磷负荷的9.1%。

（12）生物防治　　过去对富营养化防治的措施都集中在理化方法和工程措施，对利用生态学方法，即从生态系统结构和功能的调整来进行治理很少注意。70年代有不少学者强调了生物的作用，提出了生物操纵（biomanipulation）这一名词，并举出了不少实际观察和试验事例，表明这是一个有潜力的、有生命力的措施。这种观点强调的是整个生态系统的管理，从营养环节来控制富营养化，使营养物改变为人类需要的终产品（鱼）而不是"水华"。

1）鱼类的直接吞食　　在富营养化的湖泊中，夏天常会大量繁殖蓝藻，并形成"水华"。出现"水华"常被看作为水体富营养化的表征之一。武汉东湖富营养化后在70～80年代夏天出现"水华"，且有一股恶臭味。自80年代中期，"水华"消失了。但并不意味着水质好转，富营养化减弱。那么，这些"水华"蓝藻到哪里去了？推测认为与东湖大面积养殖花白鲢有关。于是利用围隔（enclosure）的方法，研究滤食性的鲢、鳙在东湖"水华"消失中的作用。3年的实验证明可利用滤食性鱼类直接控制蓝藻引起的"水华"，是可以作为一种生物操纵方法的生物防治途径（谢平 1996）。但也有资料认为养鱼反而促进了富营养化，甚至提出了"鱼富营养化（ichthyoeutrophication）"的概念。他们虽承认鱼类吞食了浮游植物，但还有许多能促进富营养化的因素，如鱼粪、鱼的运动、代谢释放、改变浮游动物种群等。这个问题比较复杂，需要进一步研究。

2）浮游动物的作用　　近年来对浮游动物与藻类"水华"的关系有很多报道，表明这是一个极重要的环节，而鱼类的作用更多地可能是通过对浮游动物的选择性吞食才体现出来。70年代在东湖大规模放养鲢鳙以后，通过滤食作用吃掉了不少大型的浮游甲壳动物，认为促进了浮游动物的小型化（黄祥飞 1995）。

3）高等植物　　水生高等植物和藻类在光能和营养物质上是竞争者。适当恢复水生高等植物，从而抑制浮游植物的生长，对改进水质感官性状是有利的，加之水生高等植物易于收获，易于利用。因之不失为一项防止富营养恶化的生物措施。

思 考 题

1. 试述化学污染物在水体中的生物转移过程。
2. 生物净化的基本原理是什么？废水生物处理有哪几种方法？
3. 您认为用哪一种生态学方法进行生物监测最合理，为什么？
4. 如何将生态系中群落的结构与功能的概念用于生物学的监测中？
5. 进行生物学监测时，有哪几种毒理学方法可采用？如何推导出最合理的安全浓度？
6. 当您做毒性试验时，一个正确的科学的剂量反应曲线是如何表示的？如果试验结果不符合它，应如何解决？
7. 公害评价的基本原理是什么？
8. 试讨论造成水体富营养化的主要原因？有哪些生物学的指标用于评价富营养化程度？
9. 你认为哪种治理富营养化的途径对我国比较适用？为什么？

主要参考文献

[1] 李献文主编. 城市污水稳定塘设计手册. 北京: 中国建筑工业出版社, 1990, 1~352页

[2] 沈韫芬, 蒋燮治. 从浮游动物评价水体自然净化的效能. 海洋与湖沼, 1979, 10 (2): 161~173

[3] 沈韫芬, 章宗涉, 龚循矩, 顾曼如, 施之新, 魏印心. 微型生物监测新技术. 北京: 中国建筑工业出版社. 1990, 1~524页

[4] 沈韫芬, 冯伟松, 顾曼如, 王士达, 吴建忠, 谭渝云. 河流的污染监测. 北京: 中国建筑工业出版社, 1995. 1~308页

[5] 国家技术监督局、国家环境保护局. 中华人民共和国国家标准 GB/T12990-91, 水质-微型生物群落监测-PFU法. 北京: 中国标准出版社. 1991. 1~154页

[6] 金相灿等 (主编). 中国湖泊富营养化. 北京: 中国环境科学出版社. 1990. 1~135

[7] 饶钦止, 章宗涉. 武汉东湖浮游植物的演变 (1956~1975年) 和富营养化问题. 水生生物集刊 1980. 7 (1): 1~17

[8] 黄祥飞. 武汉东湖生态系统逆行演替过程及其生态效应. 于刘建康主编东湖生态学研究 (二). 科学出版社. 1995. 26~36页

[9] 邓星明, 詹发萃, 邓亚农. 一种降解石油烃的淡水藻类-坑形席藻. 植物学报, 1982. 24 (6): 548~553

[10] 张甬元, 谭渝云, 孙美娟, 张进军. 有机磷农药在水生态系中生物净化机理研究. 1. 对硫磷的酶解. 水生生物学集刊, 1982. 7 (4): 499~505

[11] 谭渝云, 张甬云, 孙美娟, 张进军. 有机磷农药在水生态系中生物净化机理研究. 2. CTP-02降解对硝基酚的特性和动力学. 水生生物学集刊, 1982. 7 (4): 507~512

[12] Buikema A L Jr, Niederlehner B R and Cairns J Jr. Biological monitoring. Part Ⅳ. -Toxicity Testing. Water Res., 1982. 16: 239~262

[13] Cairns J Jr. Aquatic ecosystem assimilative capacity. Fisheries 1977. 2, 5~7, 24

[14] Cairns J Jr. Sustainability, ecosystem services, and health. Int. J. Sustain. Dev. World Ecol. 1997. 4: 153~165

[15] Carlson R E. A trophic state index for lakes. Limnol. Oceanogr., 1977. 22: 361~369

[16] Dunst R C et al. Survey of lake rehabilitafion techniques and experiences. Techn. Bull. 75, Dept. Natural Res., Wisconsin, 1974. 179pp

[17] Goldman C R, Horne A J, Limnology. McGraw Hill, New York, 1983. 464pp

[18] Hutchinson G E. A Treatise on Limnology Ⅱ. Introduction to lake biology and the Limnoplankton. John Wiley & Sons, Inc., New York, 1967. 1115pp

[19] Moss B. Ecology of Freshwaters. Man and Medium (2nd ed). Blackwell Sci. Publ., Oxford, 1988. 417pp

[20] Patrick R. Aquatic organisms as an aid in solving waste disposal problems, In: Biology of Water Pollution, edited by Keup L. E., Ingram W. M. and Mackenthun K. M. 1967. pp. 108~113. U. S. Department of the Interior. Washington, D. C.

[21] Reynolds C S and Walsby A E Weter-blooms. Biol. Rev., 1975. 50: 437~481

[22] Reynolds C S. The Ecology of Freshwater Phytoplankton. Cambridge Univ. Press, Cambridge 1984. 384pp

[23] Round F E. The ecology of algae. Cambridge Univ. Press, Cambridge, 1981. 658pp

[24] Sladecek V. System of water quality from the biological point of view. Arch Hydrobiol. (Ergebn. Limnol) 1973. 7: 1~218

[25] Vollenweider R A. OECD Technical Report DAS/CS1/68. 27, Paris, OECD. 1968. 159pp

[26] Wetzel R G. Limnology (2nd ed.), Saunders College Publ., 1983. 754pp

[27] Xie P. Experimental studies on the role of planktivorous fishes in the elimination of Microcystis bloom from Donghu Lake using enclosure method. Chin. J. Oceanol. Limnol. 1996. 14 (3): 193~204

第十四章　渔业生物学问题

第一节　食性
  一、鱼类的食性及天然饵料的主要类群
  二、鱼类食性研究与渔业管理的关系
第二节　繁殖
  一、生殖方式
  二、繁殖特性及繁殖群体的结构
  三、成熟度
    (一) 最小成熟个体和年龄
    (二) 年龄组成熟度
    (三) 繁殖力
第三节　世代生物量消长
  一、体长和体重的增长模式
  二、渔获物年龄组成
  三、世代生物量的消长及渔业生物学基础
    (一) 死亡率
    (二) 种群世代生物量的消长
第四节　种群遗传
  一、研究历史
  二、种群遗传的基础知识
    (一) Hardy-Weinberg 定律
    (二) 复合等位基因频率
    (三) 迁移对基因频率的影响
    (四) 选择对基因频率的影响
    (五) 遗传漂变对基因频率的影响
第五节　合理渔业管理
  一、天然渔业管理
  二、引种移植对野生种群的影响
  三、繁殖场的管理
    (一) 近交和繁殖基础群
    (二) 良种繁殖
    (三) 增殖放流繁殖场
    (四) 养殖群体可能给乡土种群造成的影响

渔业生物学是水生生物学的一部分，它主要研究鱼类种群的生物特性及其与环境的相互关系，进而阐明渔业的经济性和合理性。水体合理渔业利用在于，保证保持良好的环境条件下向该水域索取最高的、持续的高质量渔产量。要达到这一目的，就必须在深入研究鱼类的食性、繁殖、生长、种内和种间关系等问题的生态学特点的基础上，进一步研究鱼类种群生物的变动规律及其与人类活动和环境的关系。并综合应用这些知识去发展水体最大的、最合理的生产潜力。

第一节　食　　性

一、鱼类的食性及天然饵料的主要类群

鱼类的天然饵料包括水体中的动物、植物以及细菌。从渔业管理的角度出发，了解水体中的饵料基础和渔产量水平的关系是十分重要的。因为水体中最终的经济产物主要是鱼，而水体饵料丰度及鱼类对这些饵料资源的利用程度及效率则是渔业管理中必需研究的重要课题，因为饵料的丰歉在很大程度上决定着鱼群的密度、生长速度、肥满度和繁殖力。

大多数鱼类是杂食性的，尤其是生活的早期阶段。大多数种类的仔鱼和幼鱼都以微

小的植物和动物——浮游植物和浮游动物为食。随着年龄的增长，多种鱼的食性渐受限制，食谱逐趋狭窄。这种变化是与鱼类在发育过程中生活习性的改变、捕食器官及消化器官的变化密切相关的。

水体中尽管不同种鱼的食性不尽相同，但是由于食物网（food web）的关系，不同种之间仍存在着复杂的关系。从营养水平及最终渔产品的转化效率来看，不同食性的鱼类分别处于食物锥体（food pyramid）的不同阶层。作为鱼类饵料的浮游植物及高等水生植物是水体中的初级生产物，它们直接以水体中的无机物质借助于太阳能建成有机产物。而以浮游植物或以水生高等植物为食的鱼类可称为初级消费者，是最有效和最经济地把水体中的有机物和能量转化为可食的动物蛋白的种类。依次可把食浮游动物的无脊椎动物或鱼类称为二级消费者，以二级消费者为食的肉食性动物为三级消费者，依次可以有 n 级消费者。鱼类所处的营养阶层愈高它的营养及能量转化效率就愈低。

作为大多数稚鱼饵料的浮游藻类门类繁多，但有些种类不但鱼类不能直接利用而且大量繁殖形成的水华对鱼类有致命的危害，如某些蓝藻及甲藻，一般来说硅藻门及绿藻门的大部分种类是多种稚鱼的较佳饵料。

作为鱼类天然饵料的无脊椎动物有四大类：①浮游动物，包括浮游原生动物、昆虫稚虫，枝角类和桡足类。②蠕形动物，主要有水生及陆生寡毛类。③软体动物，包括腹足类及斧足类。④节肢动物，主要有大型甲壳类（虾）及昆虫。

大多数鱼类的食性都是随着季节、发育阶段及鱼类所栖居的水域的饵料资源的变化而改变的。研究鱼类食性时应注意区别主要食物、临时食物、饥饿时的食物及日常食物。同时，应搜集水体中天然饵料资源的材料，以资对照。显然，由于食性的鉴定工作涉及到分类上的众多门类，因此鱼类食性研究除了要求研究者有丰富的知识和经验外，还得经常求助于有关门类的专家。

二、鱼类食性研究与渔业管理的关系

显然，鱼类种群的数量和质量与其所利用的饵料生物产量的丰歉有着密切的关系。有些学者曾试图以水体的饵料生物量来推算水体的渔产量。如瑞典的 Alm（1922，1924）提出用渔业底栖生物生产量系数（fishery benthos production coefficient）来表示底栖生物量与渔产量的关系。系数中的 B 为底栖生物量，F 为渔产量。我国的饶钦止先生在 50 年代曾提出以水体中的浮游植物量和浮游动物量来确定鲢和鳙的放养量。

在进行池塘养殖时，没有鱼类食性的基本知识是不可思议的，养殖鱼类的合理搭配，饵料种类及其季节变化，施肥量等问题全赖于鱼类食性的定性、定量及年龄、季节变化等知识。

鱼类的驯养和移植，如果没有该种鱼的食性及水体饵料资源的详细资料是难以成功的。解放后我国成功地驯养了两种新的养殖对象——团头鲂（*Megalobrama amblycephala*）和细鳞鲷（*Xenocypris microlepis*）。团头鲂为草食性种类，经驯养后作为池塘及湖泊的养殖对象，部分地代替了原来的草鱼。由于团头鲂不易感染细菌性及病毒性疾病，大大地减少了因草鱼受严重流行病袭击带来的经济损失，而且团头鲂处于营养转化的初级阶层，对充分、有效地发挥水体的生产潜力起到一定作用。目前，我国有些地区团头鲂的产量达到淡水养殖总产量的1/10。细鳞鲴主要以着生丝状藻类，底栖硅藻及有机碎屑为食。而这一部分饵料资源在细鳞鲴未被驯养之前尚未被其他养殖鱼类利用。因此，养殖池塘在不增加饵料的情况下增放细鳞鲴能使渔产量增加1/10。当前，在海洋中寻找经济鱼类分布区的工作在很大程度上是根据饵料生物的分布来作指示的。如果不知道经济鱼类的食性，不明了各种鱼与饵料生物的相互关系，要制订合理的渔业开发措施是完全不可能的。

第二节 繁 殖

一、生 殖 方 式

繁殖是物种保证世代延续的主要生活环节。每个种都有自己的繁殖特性。这种特性是该种在长期的进化中适应特定环境条件的结果。生活于水中的鱼类，其繁殖特性就有别于大多数陆生脊椎动物。大多数鱼类都是体外受精的。繁殖时卵子与精子同时排入水中，精子在水中强烈活动，并靠精子和卵子分泌的某些化学物质如（fertilizin 和 antifertilizin 或 gynogamone 和 androgamone）而相互吸引。有少数鱼类是体内受精的（如 Chondrichthyes 和 Holocephali 大部分是体内受精的）。硬骨鱼类的体内受精种类仅限于鳉形目（Cyprinodontiformes）的四个科（Poeciliidae, Goodeidae, Jenynsiidae 和 Anablepidae）以及海鲫（Embiotocidae）、绵鳚（Zoarces），胚胎在母体中进行发育。有些种类是靠母体供给胚胎营养物质，称为胎生（viviparous），如某些板鳃类。有些种类是依靠卵黄供给胚胎营养物质，称为卵生（oviparous），如鳉形目的部分种类。

绝大多数鱼类是两性繁殖（bisexual）的种类，但也有少数营单性繁殖（unisexual）的。在两性生殖的类型中，有一种特例是必须说明的，就是杂交发生（hybridrogenesis）。所谓杂交发生，是 A（AA）和 B（BB）的杂交后代 AB 在卵细胞的发生过程中总是排斥 B 的染色体组，卵核中只保留 A 染色体组，成熟的卵子再与 B 染色体组的精子结合，仍形成 AB 杂种，每代如此，从而保持 AB 染色体组的杂合状态。单性繁殖中有两种类型，即孤雌生殖（parthenogenesis）和雌核发育（gynogenesis）。孤雌生殖的过程只是成熟卵的单独发育，完全没有精子的受精作用或激发（activation）。孤雌生殖现象在鳟科、鲑科和鲱科鱼类中都曾发现过，未受精的卵子与正常的受精卵一样进行分裂和发育。这种孤雌生殖的卵子虽未曾发现有正常的鱼苗孵出，但它的持续发育却避免了因未受精卵在胚胎发育早期死亡而破坏了受精卵的发育环境。已报道。雌核发育鱼类有银鲫（Carassius auratus gibelio）、关东鲫（Carassius auratus langsdorfii）、欧鲫（Carassius carassius）葡萄牙拟鲤（Rutilus alburnoides）和美洲花鳉（Poeciliopsis）等。营雌核发育的卵子的发育需要外来精子的激活，但精核不与卵核融合，不参与遗传物质。但最近发现，用异种精子激发雌核发育卵子，虽然精核不与卵核融合，但这种异精激发的后代有某些有别于同种精子激发的后代的生物学效应。这种现象称为异精雌核发育（allogynogenesis）。其中的快速生长效应已在生产实践中获得显著的经济效益。

两性同体（hermaphrodite）的个体是很少见的，但鮨科（Serranidae）和鲷科（Sparidae）的某些种类不仅是雌雄同体而且能自体受精。

二、繁殖特性及繁殖群体的结构

延长繁殖季节对于种群的保存与发展有着很重要的意义。有些鱼类具有分批产卵的特性。一般，两批卵产出的间隔时间相当于卵产出至仔鱼开始摄食的时间。这样不仅保证了每批仔鱼都有足够的天然饵料，而且也避免了由于特殊恶劣的环境条件而整个世代消灭的危险。分批产卵最突出的例子是鲤鱼和鲫鱼。这两种鱼的产卵场一般是在湖边及河边的浅水草滩中，产卵季节自 4~6 月，同一尾雌鱼在生殖季节可产 3~4 次卵。这种特性不仅保证了每批仔鱼及幼鱼都有丰富的天然饵料，而且也避免了浅滩由于水位突然降落而使整个世代灭绝。

有些分布较广的种类，如欧鳊（*Abramis brama*）在高纬度地区是一次性产卵类型，而在纬度较低的分布区却是分批产卵类型。

大多数鱼类种群可由如下部分构成：性未成熟个体（pre-reproductive population）、第一次性成熟个体或称补充群（recruit population）、重复繁殖的个体或称剩余群体（remainer）和繁殖力下降的老龄个体及完全丧失繁殖能力的衰老个体。

Monastursky（1949，1953）分析了各种鱼类的繁殖群体结构后，把繁殖群体划分为三个类型。

第一类型：在繁殖群体中只有首次繁殖的个体（补充群），没有重复繁殖（剩余群）和衰老的个体，首次繁殖后即死亡，如远东大麻哈鱼和银鱼等。

第二类型：繁殖群体主要由补充群体组成，但也有部分剩余群体及少数老龄群体，如鲫、长春鳊、里海鲱及大西洋鲑等。

第三类型：繁殖群体由剩余群体及补充群体组成，但剩余群的比例大于补充群，还有相当数量的老龄个体及衰老个体。这一类型最典型的代表是大型的鲟科鱼类，三角鲂也属于这一类型。

由于各年份生活环境条件不同引起各世代数量的变动，同一个种在不同年份的繁殖群体结构可能有变化，有时属第二类型，有时则属第三类型。

繁殖群体结构越复杂，种群可利用的食谱就越宽，因而种群的相对稳定性也就较好。而且，由于繁殖群体是由多个年龄组构成的，个别年份出现的恶劣的生活环境不致于对整个种群的数量构成严重的影响。但另一方面，这一类型的整个种群一旦受到破坏，就得相当长的时间才能得到恢复。相反，繁殖群体结构简单的种群稳定性较差，但整个种群受破坏后，能在较短的时期内得到恢复。

三、成 熟 度

（一）最小成熟个体和年龄

同一个种的不同种群之间开始性成熟的年龄有很大差异，一般与第一次性成熟达到体长规格有关，如欧鳊（*Abramis brama*）在体长达到 27cm，雅罗鱼（*Leuciscus*）体长达到 18cm 时，开始第一次性成熟。饵料贫乏，肥育期短，生长速度愈慢，性成熟就愈晚。分布广的种类，栖息在高纬度地区的比低纬度地区的种群晚。在我国，由于黑龙江与长江所处的纬度差别很大，同一种鱼在两条江的生长速度相差十分显著。长江的鲢、三角鲂、翘嘴红鲌等种群第一年达到的体长，相当于黑龙江的种群第二年的体长。长江的鳡鱼第一年达到的体长，相当于黑龙江的种群生长3年的体长。长江的鲢和草鱼一般4龄达到性成熟，但在黑龙江则需6龄达性成熟。长江的长春鳊、蒙古红鲌、翘嘴红鲌2龄即达到性成熟，但在黑龙江则需4龄才能首次达到性成熟。

水族箱鱼类鲃鱼（*Barbus conchonius*）在饵料丰富时，当年可达性成熟，但饲养较差时，要延至第二年甚至第三年才能成熟。在我国的鲤科鱼类中，绝大多数是雄鱼的第一次性成熟个体比雌鱼小，最小繁殖年龄也比雌鱼小一龄。

某些胎鳉鱼类（*Poeciliidae*）出生后数十天就可达到性成熟，而鲟科的欧鳇（*Huso huso*）则要15～30年才能达到第一次性成熟。两次性成熟之间的间隔时间差别也很大，食蚊鱼（*Gambusia affinis*）重复成熟所需的时间只需数十天，大多数鱼类是以一年为一个周期，有些鲟科鱼类则需4～10年。

（二）年龄组成熟度（group maturity）

如果首次性成熟的年龄为 i 龄，当龄的种群个体数为 N_i，雌性在整个龄组的比例为 S_i，那么，性成熟个体的比例 P_i 就是年龄组的成熟度（group maturity）。该龄组的成熟个体总数为

$$N'_i = N_i S_i P_i$$

$P_i < 1$ 时，称为渐进成熟（staggered maturation）

$N_i S_i (1 - P_i)$ 就为 i 龄未成熟的个体数。整个种群的未成熟群（pre-reproductive population）个体数为

$$N' = N_0 + N_1 + N_2 \cdots N_i(1 - P_i) + N_{i+1}(1 - P_{i+1}) \cdots N_{i+n}(1 - P_{i+n})$$

而成熟群（reproductive population）的个体数则为

$$N' = N_i P_i + N_{i+1} P_{i+1} \cdots\cdots + N_{i+n} P_{i+n}$$

当 $P_i = 1$ 时，繁殖群就称为同时成熟群（simultaneous maturity）。在这种情况下，计算就要简单得多。

当然，种群中还有因年龄增高而生殖力减退和丧失的所谓产后群体（post-reproductive population）。

大多数种类的性比都接近1:1，但同一个种在不同的条件下，性比变化也很大，如鲈（*Perca fluviatilus*）在不同湖泊中，性比的变动范围可自1:1至1:9。已经发现，有些鱼类的性别在一生中是可改变的。黄鳝由较小个体的雌性随着体长和年龄的增长而转变为雄性。最近还发现，有些珊瑚礁鱼类当性竞争不激烈时，雄鱼又能变成雌鱼。这可能与鱼类的性别决定机制较为原始有关。

一般，首先进入产卵场的个体都是具有高质量卵子的雌性个体和具有高质量精子的雄性个体。各个龄组比较，则是中龄组个体的性产物质量最佳。

(三) 繁殖力 (fecundity)

通常采用相对繁殖力或绝对繁殖力作为指标来评价鱼类的繁殖力。

绝对繁殖力表示每个成熟个体卵巢中成熟卵的总数。统计绝对繁殖力常用的有重量取样法和体积取样法。

同一种鱼鱼体大小不同，绝对繁殖力有很大变化。如梁子湖的团头鲂 (*Megalobrama amblycephala*)，体重0.7 kg时，绝对繁殖力为 64 366；体重1.4 kg时为 242 673；体重1.7 kg时为 364 169。一般，绝对繁殖力开始时随着年龄的增长而增大，但进入老龄期后又逐渐变小。绝对繁殖力与饵料基础的变化关系十分密切。例如库页岛的鲱鱼在受到强烈捕捞以后的年代，由于种群数量下降，饵料相对丰足，体长25～25cm的鲱鱼的绝对繁殖力由正常捕捞年份的 37 936 增至 46 158。栖居的环境条件不同，同一种鱼同一规格的绝对繁殖力变化也很大。如咸海狗鱼 (*Esox*) 40cm 体长的绝对繁殖力为 8 287，而里海北部同一规格的狗鱼则只有 1 758。黑龙江流域 23cm 体长的银鲫的绝对繁殖力为 68 000，而乌拉尔湖的只有 36 000。

相对繁殖力是表示单位体重（一般采用空壳重）的怀卵量。

Hickling（1940）提出了比较产卵力（comparative spawning power）的概念，用以评价整个产卵群体中各龄组的相对作用。分别计算出各年龄组的比较产卵力 ($N_t S_t P_t R_t$) 就很容易了解各龄组比较产卵力占整个产卵群产卵量的百分数。

S. A. Severtsov（1941）提出了表述种的繁殖力特征的公式

$$(1 + R)^{\frac{1}{P_i S}}$$

式中 R 为一个个体的一次产卵数；P 为产卵间隔时间；i 为首次性成熟年龄；S 为性比。B. G. Yoganchen（1955）认为这个公式不能表明一个个体在一生能产多少次卵，因而提出了修正式

$$\sqrt[P_i]{R \cdot X}$$

式中 X 为一生中的产卵次数。他认为大多数鱼的性比 (S) 接近1:1，可省略。根据上式计算出种的繁殖力系数，鱼类可分为3个类群：

(1) 系数在1～10，如鳇、鲟，这一类群抵抗凶猛性鱼类及环境压力的力量较弱。

(2) 系数在10～50，如狗鱼、雅罗鱼和鳊等。

(3) 系数在50～210，具有较高死亡率的种类，对凶猛性鱼类及环境的压力有较高的适应能力。

必须注意的是，只根据怀卵量来推断资源的补充量是危险的。一般卵巢中的成熟卵不可能全部产出。

第三节 世代生物量消长

鱼类年龄与生长的资料对于研究鱼类的寿命、生存条件及性成熟特征都是十分重要的，而对于研究鱼类种群生物量的消长，制订合理的渔业管理措施则更是不可缺少的。

年轮的形成时期一般都处于春末夏初,亦即下一年度重新开始生长之后。

在年龄鉴定的实际工作中,应注意区分"幼轮"、"产卵标志"等副轮与年轮的区别。两者最重要的区别是,副轮往往不是整圈都表现出疏密的交替或切割特征,而仅在某些部分区域中有所表现。

一、体长和体重的增长模式

体长的增长与年龄的关系为抛物线图(图14.1)。L. A. Walford(1946)用图解法来描述动物的生长特性,以 X 轴为 l_t,以 Y 轴为 l_{t+1} 作图,应成一条直线。这条直线的倾斜度(k)表示生长率的大小,即

$$\frac{l_{t+2} - l_{t+1}}{l_{t+1} - l_t} = k,$$

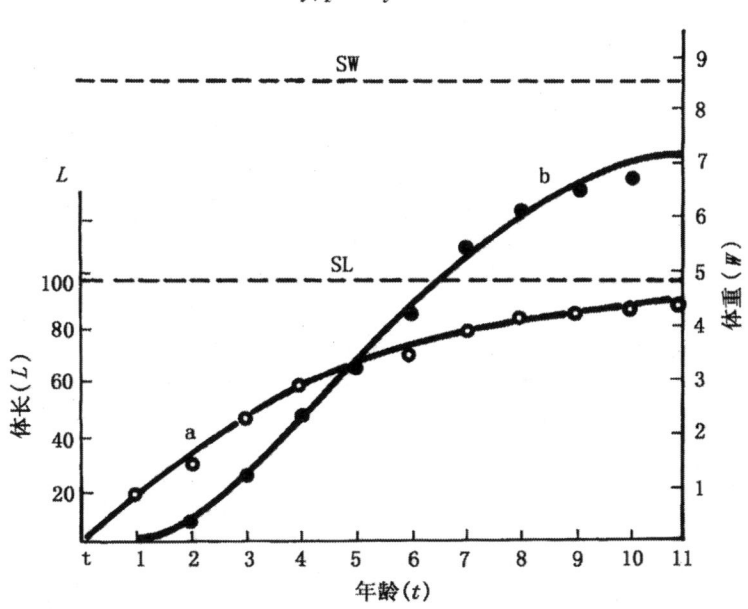

图14.1 体长和体重与时间的关系曲线

当 $t+n$ 接近于∞时,$l_{t+n} \to l_\infty$。这条直线与对角线的交点就是 l_∞。l_∞ 就是最大体长,或抛物线的渐近线。图14.2为长吻鮠体长生长的 Walford 图解(图14.2)。Brody-Bertallanfy 用下式来描述鱼类体长的增长特性

$$l_t = l_\infty [1 - e^{-k(t-t_0)}]$$

此式可改写为

$$l_t = l_\infty - l_\infty e^{-k(t-t_0)}。$$

以 l_{t+1} 及 l_t 作图(Walford 图解法),其斜率就是 k,直线与对角线的交点就是 l_∞,因而就可求得 t_0。

体重的增长与年龄的关系为 S 形曲线(sigmoid curve)。而体长与体重的关系式为

$$W_t = a l_t^n。$$

因此，鱼体重量的增长模式可写成

$$W_t = W_\infty(1 - e^{k(t-t_0)})^n$$

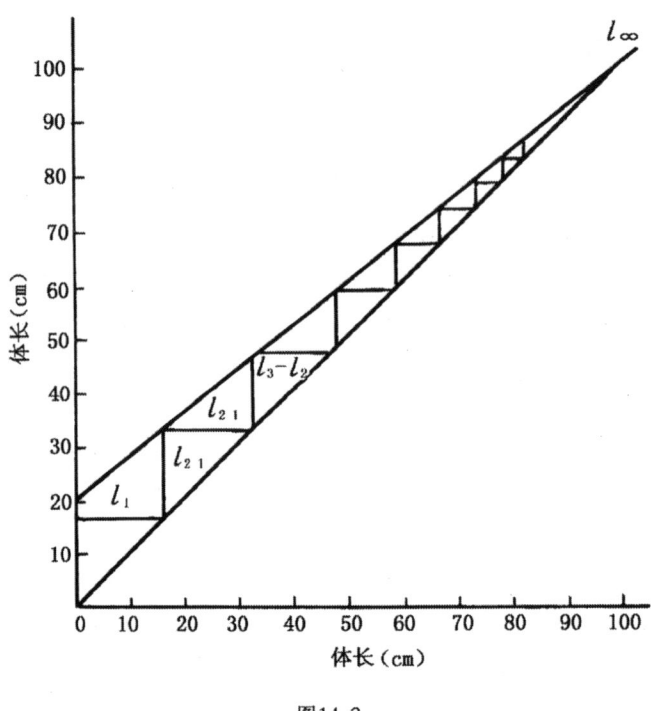

图14.2

二、渔获物年龄组成

渔获物的年龄组成是研究鱼群数量变动和编制渔获量预报最重要的资料。从渔获物的年龄组成可以获得进入渔获选择的年龄、种群总死亡率及生殖群体的类型等重要资料。同时，根据渔获物的长度分布曲线可确定鱼类的年龄和生长。

渔获物样品应取自能包括自然界所有年龄组的实际构成的渔具所捕获的渔获物。取样时应是随机的，不应有任何挑选。一般应取 300 尾样品，计算各龄组的数量，并区分雌雄个体，再算出各龄组在渔获物中所占的百分比及性比。

为了减轻年龄鉴定的工作量，可采用 Morozov-Maiorova 年龄组成辅助表。经重点测定年龄之后，编制出体长核算年龄组合成分的辅助表（表14.1）。在表中列出每厘米长度组的年龄组合成分（用百分比表示）。有了这个辅助表，在大批渔获物中只要统计出各长度组的数量就可换算出各龄组的数量（表14.2）。

表14.1　土库曼拟鲤年龄组合成分辅助表

长度（cm）	年　龄　（%）						样品数
	1	2	3	4	5	6	
12	100	—	—	—	—	—	1
13	100	—	—	—	—	—	1
14	67	33	—	—	—	—	6

续表

长度（cm）	年龄（%）						样品数
	1	2	3	4	5	6	
15	29	71	—	—	—	—	21
16	17	58	25	—	—	—	12
17	8	84	8	—	—	—	13
18	3	69	28	—	—	—	32
19	—	40	40	16	4	—	25
20	—	28	48	22	2	—	50
21	—	4	42	48	6	—	48
22	—	—	47	45	6	2	47
23	—	—	18	53	26	3	72
24	—	—	15	52	28	5	39
25	—	—	13	47	20	20	40
26	—	—	—	24	56	20	25
27	—	—	—	19	31	50	16
28	—	—	—	—	45	55	9
29	—	—	—	—	20	80	5
30	—	—	—	—	—	100	6
31	—	—	—	—	—	100	1

由表14.2可绘制成渔获物的分布曲线图(14.3)。由图14.3可看出，三龄拟鲤已开始进入渔获选择，而4龄鱼则完全进入渔获选择。

表14.2 根据年龄组合成分辅助表换算出的拟鲤渔获的年龄组成

长度（cm）	年龄						共计
	1	2	3	4	5	6	
12	1						1
13	9						9
14	19	9					28
15	25	62					87
16	52	177	77				300
17	33	349	33				415
18	15	346	140				501
19		206	206	82	21		515
20		150	257	118	11		536
21		25	258	295	37		615
22			402	385	51	17	855
23			148	436	214	25	823
24			53	183	99	18	353
25			28	100	43	43	214
26				33	77	27	137
27				12	19	31	62
28					22	26	48
29					4	17	21
30						18	18
31						3	3
32						1	1
	154	1324	1602	1644	598	225	5547
%	2.8	23.8	28.8	29.7	10.8	4.1	100.0

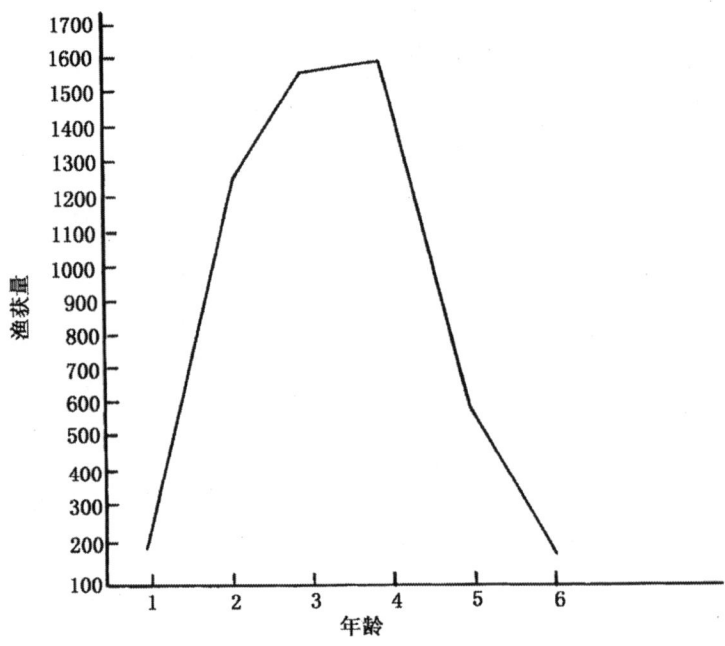

图 14.3 由表 14.2 的资料绘制的渔获量曲线

三、世代生物量的消长及渔业生物学基础

如何保证在不降低资源量的前提下获取最高的渔产量是渔业生物学工作者最主要的任务之一。为了解决这个问题，鱼类生态学及渔业生物学工作者进行了不懈的努力，提出若干有代表性的论点。但要解决这个问题，最根本的需要阐明两个重要因素是世代生物量的消长和种群的潜在增长能力。前者取决于个体生长及死亡率，后者依赖于种群补充能力对外界环境压力（诸如捕捞等）的反应。个体的生长特性前面已叙述，这里主要阐述鱼类的死亡率及世代生物量的消长特征。关于鱼类种群的潜在增长能力，在本章的第二节已作过一些交代，本节主要是讨论合理的渔业管理措施与获得最适渔获量和合理的种群补充的关系。

（一）死亡率（mortality）

世代生物量的消长受自然死亡率（natural mortality）及个体重量增长的规律所制约。鱼类个体重量的增长服从于公式

$$W_t = W_\infty [1 - e^{-K(t-t_0)}]^n$$

如果设年龄 t 时的世代数量为 N_t，1 龄的世代生物量就为 $W_t N_t$

Baranov（1918）提出了鱼类的自然死亡率是按自然数递减的，这一理论已得到其他学者的证实。根据这一理论，世代数量与年龄的关系为

$$N_t = N_0 e^{-kt}$$

式中 N_0 是年龄接近于零时的世代数量，k 为自然死亡系数。如果在半对数纸上作年龄组数量（世代数量）的对数（$\lg N_t$）对年龄（t）的图，它一定是一直线。这条直线的斜率就为 k。渔获曲线经半对数处理应是一直线，但直线的斜率 k 就应该是自然死亡系数（M）与捕捞死亡系数（F）之和，即

$$k = M + F$$

但是，在实际工作中要确定自然死亡率是一件较困难的事。以下仅介绍若干种可供参考的方法。

Tyurin（1963）根据 Baranov 的递减理论提出由极限年龄（t_λ）确定自然死亡率的方法。Baranov（1925）根据鱼类自然死亡是按自然数的负指数形式递减的理论，提出在不同的总死亡率情况下：250，500，1000 个样品中的极限年龄（表14.3）。'这里所指的极限年龄是随着年龄的增长各年龄组的样品数按自然数的负指数形式递减，当样品数量只剩1个时的年龄。

表14.3 总死亡率与极限年龄关系表（引自 Tyurin 1962）

总死亡率(%)	不同样品数情况下的极限年龄						
	100	250	500	1000	5000	10 000	25 000
90	3	3.5	3.5	4	4.5	5	5.5
80	4	4.5	4.5	5	6	6.5	7
70	5	5.5	6	6.5	7.5	8	9
60	6	6.5	7	8	9.5	10	11.5
50	7	8	9	10	12	13	14.5
40	8.5	10	11	13	15.5	17	19
30	10.5	13	15	17	21	23	26
20	15	19	22	25	31	35	39
10	23	32	39	45	60	67	75
5	36	52	64	78	109	122	140

Tyurin（1962）对 Baranov 的理论作了相反的应用，即以极限年龄来计算递减指数，从而求总死亡率，并绘制了不同样品数的极限年龄的总死亡曲线。

Rukashov（1964）根据首次性成熟年龄（t_m）与极限年龄（t_λ）的关系，提出了求极限年龄的公式：

$$t_\lambda = \left[\lg \frac{1 - e^{-k(t_{m+1} - t_o)}}{1 - e^{-k(t_m - t_o)}} \right]^{-1}$$

式中的 t_λ 为极限年龄；t_m 为首次性成熟年龄；k 及 t_0 为（Brody-Bertallanfy）生长方程的参数。求得极限年龄 t_λ 就可按 Tyurin 的方法计算出总死亡率。

Ricker（1958）以求存活率（survival rate）的公式来计算总死亡率，

$$S = \frac{N_1}{N_0}$$

同时总死亡率系数可由下式求出：

$$e^{-kt} = S = \frac{N_1}{N_0}$$

或

$$k_t = -\lg\frac{N_1}{N_0} = \lg\frac{N_0}{N_1}$$

如果在各年龄之间存活率差别不很大时，可用加权平均值得出综合估计数

$$S = \frac{N_2 + N_3 + N_4 + \cdots + N_{n+1}}{N_1 + N_2 + N_3 + \cdots + N_n}$$

通常，死亡率是以年度平均值来计算的，N_1 为进入渔获年龄的数量。

用半对数图解法，也可以求得死亡率的估算值。设 k（总死亡率系数）是稳定的，时间 t 年龄组的数量（N_t）就服从于

$$N_t = N_0 e^{-kt}$$

因此，用 $\ln N_t$ 对时间 t 作图，即可得一斜率为 k 的直线。根据同一时间不同年龄组的数量——即众所周知的"渔获量曲线"，利用半对数图解法就可得出 k。

当不知道年龄组成时，可以从体长的资料求得，这对总死亡率的计算有时还会是十分正确的，由于鱼类的体长增长是抛物线的，在半对数图上是一直线形式。相应长度组的数量与体长的关系也像渔获曲线那样，在半对数图纸上作图也应是一直线，其斜率与总死亡率系数成正比例。

在稳定状态下，总死亡率可以从所开发的种群的平均年龄或平均长度来测定。如果捕捞是没有选择的话，渔获组成与种群的组成是一样的。因此，知道进入渔捞选择的年龄、体长及渔获物的平均年龄和平均体长，就很容易推算出总死亡系数（k）的表达式（Beverton and Holt 1956）

$$K = \frac{1}{\bar{t} - t_e}$$

和

$$K = \frac{k(L_\infty - \bar{l})}{\bar{l} - l_e}$$

上式中的 K 为总死亡系数；t_e 为开始进入渔捞选择的年龄；$\bar{t}$ 进入渔捞选择的平均年龄；l_e 为开始进入渔捞选择的体长；$\bar{l}$ 为进入渔捞选择的平均体长；k 和 L_∞ 为 Brody-Bertallanfy 生长方程的参数。

标志放流也可用于估算种群死亡率，因为有标志的鱼和没有标志的自然种群有同样的自然死亡率和捕捞死亡率，而且标志的群体的原始数量是准确知道的。Ricker (1945) 曾以标志放流的方法在印地安那州的湖泊中研究蓝鳃太阳鱼（*Lepomis macrochirus*）的自然死亡率。但是，应用标志放流来估计死亡率往往存在一些实际问题而影响了估算的正确程度。如标志引起死亡；重捕报告不完全；标志丢失和标志鱼容易上网等因素都会产生估算的误差。

实际上，确定鱼类的自然死亡率是个极困难的问题。但是，以自然极限年龄为依据来计算自然死亡率在理论上是行得通的。而且在未受捕捞影响的处女水体中，鱼类的总死亡率就是自然死亡率。在受捕捞影响的种群中，总死亡率包括自然死亡率及捕捞死亡

率。捕捞强度不同时，种群的极限年龄也不同，自然死亡率也就不同。这是在确定自然死亡率时必须十分注意的问题。

总死亡率是自然死亡率与捕捞死亡率之和，但两者的关系是较为复杂的。捕捞强度增强时，自然死亡率必然减小。当然，减小的程度与种本身生命周期的长短有密切的关系。如果生命周期只一年的种类，也即自然死亡率为100%，捕捞死亡率就是自然死亡率应该减小的部分。对于中等生命周期的种类来说，自然死亡率是随着生命周期的增长而按幂函数形式减小。数量稀少而生命周期极长的种类，捕捞对原来的自然死亡率的影响极轻微。Tyurin（1963）以半对数形式作了捕捞强度对自然死亡率影响的关系图。应用这个图，就可计算出在不同捕捞强度的影响下，自然死亡率的矫正值。

（二）种群世代生物量的消长

鱼类世代生物量（ichthyomass）的消长取决于个体重量的增长及自然死亡率两个因素。关于鱼体重量的增长特性及自然死亡率前面已经叙述。现在我们来研究两个实例。

长江中游长吻鮠（*Leiocassius longirostris*）的自然死亡率为0.28，体重与年龄的关系式为 $W_t = 10730[1 - e^{-0.24(t-0.22)}]^{2.9914}$（1~6龄）和 $W_t = 8670[1 - e^{-0.24(t-0.22)}]^{2.085}$（7龄以上），各龄组鱼类生物量的变动如表14.4。

从表14.4可以明显地看出，5龄以前鱼类世代生物量是随年龄的增大而增大的，5龄以后，鱼类世代生物量随年龄增大急速下降。表中第一横划了框的（表中黑线以下）为性成熟群体，即4龄开始性成熟。

表14.4　长吻鮠世代鱼类生物量的变动

年龄	平均重量(g)	相对数量	相对生物量(g)
1	71.6	720	51 552.0
2	333.0	518.4	172 627.2
3	850.0	373.2	317 220.0
4	2450.0	268.7	658 315.0
5	3362.0	193.5	650 547.0
6	3938.0	139.3	548 563.4
7	5343.0	100.3	535 902.9
8	6313.0	72.2	455 798.6
9	6531.0	52.0	339 612.0
10	6683.0	37.4	249 944.2

为了比较相邻年龄组的鱼类生物量，Rukashov（1964）提出了边界曲线的概念。他比较相邻龄组的生物量，得出增减系数 K_t 值，

$$K_t = \frac{N_{t+1} \cdot W_{t+1}}{N_t + W_t}$$

当 $K_t > 1$ 时，表明世代生物量仍继续增长；当 $K_t < 1$ 时，表明世代生物量下降；

当 $K_t=1$ 时，世代生物量达到最高点。如果以存活率（S）为纵坐标，以年龄为横坐标，把 $K_t=1$ 的各个点边起来就形成所谓的边界曲线（图14.4）。由图14.4可看出，如果 $S\approx 0.16$，$K_t=1$ 的横坐标就为1龄；如果 $S\approx 0.72$，$K_t=1$ 的横坐标就为4.5龄；如果 $S\approx 0.90$，$K_t=1$ 的横坐标就为7龄。

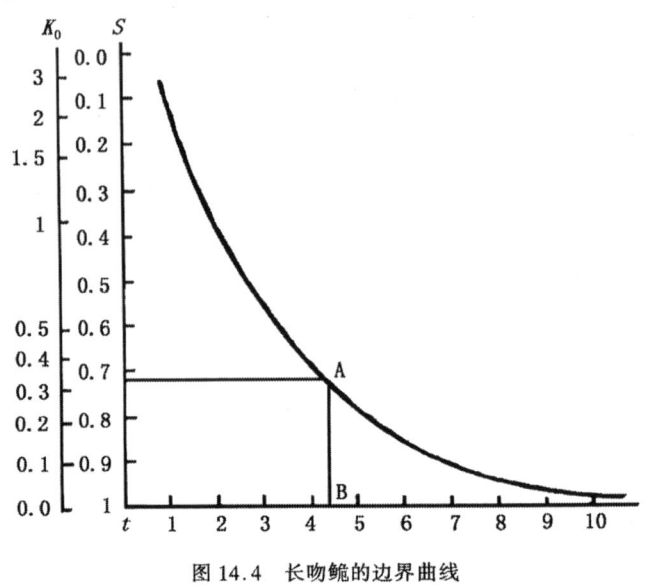

图14.4　长吻鮠的边界曲线
t：年龄；S：存活率；K_0：自然死亡系数

显然，边界曲线表上，在 $K_t=1$ 时的年龄把鱼类全部捕出是最合理的，因这个时候鱼类生物量达到最高峰。但实际上，这在天然水域中不可能办到。在渔业管理上必须考虑到可能的捕捞强度，经济效益，种群的再补充以及最高的渔获量等许多重因素。

第四节　种群遗传

一、研究历史

种群遗传学是研究种群遗传结构及其变化的遗传学分支，并揭示诸如突变、自然和人工选择、洄游、混合、迁移等引起的基因频率变化，进而导致进化的因素。种群遗传学与分子生物学、遗传学、生态学、进化生物学、动物育种学、野生动物的保护和管理等多领域都有交叉。

一般认为，种群遗传学起源于英国数学家 R. H. 哈迪（Hardy）和德国医学家 W. 韦恩贝尔格（Weinberg）1908年提出的随机交配种群基因平衡定律。实际上，孟德尔（Gregor Mendel）在1865年的自然史学会上关于植物杂交的报告就已提出了两对或两对以上遗传单元配子分离、独立分配等遗传特性。他在"杂交自繁后代"一节中首次确定了在自由交配系统中种群的遗传结构，即，杂种经 n 代自交后，其基因型的比例应为：$(2^n-1)AA:1Aa:(2^n-1)aa$。但是，孟德尔的这一重要发现一直到1900年才被重新发现。

在第一次世界大战和1919年，军队医生从不同民族和不同国籍的很多士兵中证明了血液的不同类型，而且是遗传的。这应该是人类种群遗传的最早研究工作。但是直到1925年，德国哥廷根数学家Felix Bernstein把Hardy-Weinberg的原理应用于血型的表型研究时才正确地提出了血型的遗传模式。

尽管在19世纪末、20世纪初，已有一些鱼类学家根据某些种类个体间的一些可数性状（如脊椎骨数目、鳃耙数和鳍条数等）的差异而把一个种分为若干个地理族或生态群，这些工作在阐明不同地理族或生态群的特定生活区、栖息条件和生活习性等可能是有益的。但是，这类数量性状的变异很有可能是胚胎发育早期环境条件变化诱发的差异，而并非是遗传因素决定的，因而这些变异不可能提供种群结构方面的信息。

50年代中期，应用淀粉及聚丙烯酰胺凝胶作支持物，对不同大小的蛋白分子的分离技术有了很大发展。紧接着，Markert等（1959）发现了酶的同工异构现象，并提出了同工酶的概念（isozyme）。60年代末至70年代初，在鱼类中也发现某些非酶功能蛋白（血红蛋白、转铁蛋白等）具有由不同等位基因编码的不同构型（isoform）。由于不同基因型的个体的蛋白编码基因可由电泳技术清楚地分辨，因此，isozyme和isoform对种群结构的精确分析有着极重要的价值。

对于应用红细胞抗原特性和其他非酶功能蛋白的多型性来研究鱼类种群遗传结构，Altukhov的"鱼类种群遗传学"一书已有较为详细的评述。关于以同工酶及非酶功能蛋白的分析技术来研究鱼类的种群遗传结构，在Kirpichnikov的"鱼类选种的遗传学基础"一书亦有丰富的资料。

虽然蛋白质电泳技术在鱼类种群遗传研究上具有很多优点，但它只能分析比较各不同基因的产物，而不能分析基因（遗传密码）本身。而且，编码蛋白质基因仅仅是基因组的很小部分，仅占整个基因组的1%。因此，种群遗传学家迫切希望通过直接获得编码遗传信息的DNA变异数据来研究种群遗传结构。

线粒体DNA（mtDNA），分子量小（鱼类的一般在16 000~18 000bp之间），并且存在于核外较容易分离。经核酸限制性内切酶消化后，mtDNA可产生限制性片段长度多态性（RFLP），已成为种群遗传结构研究的有力工具。自80年代以后，鱼类种群遗传学家应用此技术在研究鱼类种群遗传结构、原种鉴别、遗传渐渗和系统发育等方面已作出了令人鼓舞的成绩。

虽然mtDNA较易于分离和分析，但它仅占总DNA的很小比例（大概只0.1%），因而它所能提供的信息量也大大受到限制。直接分析核DNA变异的技术也就成了种群遗传学家急需解决的问题。

Jeffreys首先以人的肌球蛋白基因区的重复序列作成探针，与不同个体的基因组杂交后可得出各异的DNA片段。这些不同的片段在凝胶电泳泳道上呈现出不同的纹带，Jeffreys称它们为DNA指纹。以后在动物的小卫星或微卫星染色体上发现有多种DNA重复序列，用来作为杂交探针可以应用于亲子鉴别和动物种群结构的分析。自90年代初开始，鱼类遗传学家应用此种技术对鱼类原种鉴别和种群遗传结构进行了研究，其提供的遗传变异信息量显然比起蛋白质多型性及mtDNA的相对长度多态性所能提供的要大得多。

最近，Williams（1990）及Welsh和McClelland（1990）分别在PCR技术的基础上

发明了一种以随机引物对整个基因组进行扩增,产生扩增DNA的多态。这一技术被称为随机扩增多态DNA(Random Amplified Polymorphic DNA),简称RAPD。以此方法对若干动、植物及其品种进行扫描,发现DNA多态具有种或品种的特异性,而且是以孟德尔方式遗传的。此技术由于不需要有关核苷酸序列的知识,方法十分简单、快速,可广泛应用于遗传图的构建和很多有用遗传标记的检出,而受到动、植物遗传工作者的欢迎。

二、种群遗传的基础知识

(一) Hardy-Weinberg 定律

此定律的核心思想是从孟德尔定律演绎而来,其核心内容为:在一个没有选择、没有突变、没有基因漂变和迁移的随机交配种群中,基因频率世代保持不变。

让我们用棋盘来解析以上内容(表14.5)。假设一个种群中A座位中有A和a一对等位基因,A基因的频率为p,而a基因的频率为q。当然,p和q之和总是1($p+q=1$)。那么,具有AA的个体应为p^2,而具有aa纯合基因的个体应为q^2。后代中杂合基因Aa的个体数量应为$2pq$。即在这个种群中,纯合型和杂合型的比例为:$p^2+2pq+q^2=1$。当这一群体再进行随机交配后所产生的后代的基因频率分布应是:

$$(p^2+2pq+q^2)^2 = p^4+4p^3q+6p^2q^2+4pq^4+q^4 = 1$$

因为$q=1-p$,所以

$$p^4+2p^3q+p^2q^2 = p^4+2p^3(1-p)+p^2(1-2p+p^2) = p^2$$

同样,

$$2p^3q+4p^2q^2+2pq = 2pq$$

而

$$q^4+2pq^3+p^2q^2 = q^2$$

由此可见,无论繁殖多少代数,种群中基因频率总是保持恒定不变(表14.5)。

表14.5 随机交配群体后代基因频率分布

	$A=p$	$a=q$
$A=p$	$AA=p^2$	$Aa=pq$
$a=q$	$Aa=pq$	$aa=q^2$

(二) 复合等位基因频率 (gene frequency in multiple allele)

有些基因座位具有3个以上的等位基因。应该记住,一个座位中的所有等位基因频率之和为1。如果基因座位的等位基因数是3对的话,分别以p,q,r代表3个等位基因的频率,即$p+q+r=1$。在一个混合群体中计算各等位基因的频率,应先找出稳性基因,群体中具有稳性基因表型的百分数的平方根就是该基因的频率。一旦确定了稳性基因的频率，就不难计算出另外两对基因的频率。现在我们以人群中 A, B, O 血型为例，计算各自基因频率。设人群中各种血型的数量如表 14.6 所示。已知具 O 型的个体的血型基因是由一对稳性纯合的 O 等位基因构成。由表中可知，O 型的数量为 400，其百分比为 0.04。

表 14.6　人群中各种血型的数量和比例

血型	人数	百分比
A 型	4500	0.45
B 型	2100	0.21
AB 型	3000	0.30
O 型	400	0.04
总计	10 000	100

因此，O 基因的频率应该是 $\sqrt{r}$，即 $\sqrt{0.04}=0.2$，而 A 型的人数 4500 应该包括 AA 纯合型和 AO 杂合型，即 $p^2+2pr=0.45$。如果把 r^2 加入此等式的两边，即有

$p^2+2pr+r^2=0.45+0.04$；
$(p+r)^2=0.45+0.04$；
$p+r=\sqrt{(0.45+0.04)}$；$p+r=0.7$；
$p=0.7-0.2=0.5$；
而 q 就更容易计算了，
$q=1-(p+r)$；
$q=1-0.7$；
$q=0.3$。

（三）迁移（migration）对基因频率的影响

两个种群间个体的迁入或迁出都会对原有基因频率产生影响。下面我们以鲤鱼养殖品种的某种基因为例来说明迁移对基因频率可能产生的影响。鲤鱼的鳞被有全鳞型（野生型）和散鳞型，散鳞型是由一对纯合隐性等位基因（aa）控制的。未经放养的湖泊中的鲤鱼都为野生型，散鳞型的基因频率应为 0，即 $a=0$。假设附近池养鲤鱼的散鳞基因频率为 0.63。由于某些事件，从池塘逃逸至湖泊的鲤鱼常有发生。随机交配的结果使湖泊中鲤鱼的散鳞基因频率发生了变化。如果新的家养个体不再逃入，经若干代后基因频率将会达到平衡。然而，达到平衡的代数与迁入的比例有着密切的关系。从下式我们可以计算出 t 代时湖泊中鲤鱼散鳞基因的频率：

$$P_t = P + (P_o - P)(1-m)^t$$

式中的 P_t 为湖泊中鲤鱼第 t 代的散鳞基因频率；

P 为进入湖泊的家养鲤鱼及湖泊中野生鲤鱼散鳞型基因的平均频率；

P_0 为湖泊中原有野生种群的散鳞型基因频率；

m 为迁入群体占湖泊中整个群体的比例；

t 为繁殖代数。

假若逃逸入湖泊中家养鲤鱼的比例是占整个湖泊鲤鱼的总数的 10% 的话，经 10 代繁殖后散鳞型基因的频率应为：

$$P_{10} = 0.63/2 + (-0.315)(0.9)^{10}$$
$$= 0.315 - 0.1698 = 0.1452$$

即经 10 代以后湖泊中鲤鱼散鳞型基因频率应为 0.1452。

（四）选择对基因频率的影响

选择有人工选择和自然选择。无论是哪一种选择都可能对种群中的基因频率造成影响。下面我们仍以鲤鱼的鳞型基因为例来说明选择对基因频率的影响。如果要在一个具有 A 和 a 基因的混合种群中剔除 a 基因是十分困难的。选择对基因频率的作用可由下式计算：

$$t = 1/q_t - 1/q$$

式中的 q 为现在 a 基因在种群中的频率；t 为选择代数；q_t 为经 t 代选择后 a 基因的频率。如果湖泊中的散鳞型基因频率为 0.1452，要使其降至 0.001，即使选择强度为 1 的话也得需要 993 代：

$$t = 1/0.001 - 1/0.1452$$
$$= 1000 - 6.887$$
$$= 993.1。$$

显然，要剔除显性基因 A 问题就简单得多。因为 AA 和 Aa 的表型是一样的，如果要剔除 A 基因，选择一代就可使 q 值达到 1。

（五）遗传漂变对基因频率的影响

所谓遗传漂变 (genetic drift) 是指一个从原始群中分离出来的小的、隔离的群体的基因频率的变化。这种变化取决于该隔离群繁殖个体的数量以及分离出的等位基因频率。例如一个种群的某座位的 A 和 a 等位基因的频率都为 0.5。也就是说，群体中有 AA，Aa 和 aa 3 种不同的基因型。而且，这 3 种基因型的比例分别长期保持为 0.25，0.50 和 0.25。让我们来设想一个很极端的例子，即有雌雄两个个体从这一原始群中隔离出来，如果这一对个体的等位基因都为 AA，那么，新种群的基因频率即变成 A 等位基因频率 1.0，而 a 等位基因频率是 0。

影响基因频率变化的因素还有突变和性连锁等，这里不作详述。

第五节 合理渔业管理

渔业管理是否合理对鱼类资源的增殖和利用有极大关系。合理的渔业是建立在鱼类生物学基础上的，只有真正掌握了鱼类的主要生物学特性，才能合理和充分利用鱼类资源。例如捕捞规格和时期的规定是保证鱼群有较大的生产力的关键，它必须以鱼类的繁殖生物学为依据，又如合理的捕捞强度和禁渔期等，只有对经济鱼类的生殖、生长和洄游规律弄清楚后才能确定。因此，渔业的发展是建立在生物学基础上的。要最合适利用水体，并获得持续和最高的渔产量就必须加强鱼类生态学、种群遗传结构及资源合理利用的科学研究。

一、天然渔业管理

总的说来，在天然水体中合理的渔业管理应该保证：
(1) 获得最高的鱼类生物量；
(2) 保证有足够的生物群体，以保证种群的再生产能力；
(3) 最合理地利用天然饵料资源；
(4) 获得优质的渔获物；
(5) 保证种群遗传多样性和遗传结构的稳定性；
(6) 费用是低廉的。

上面我们已经谈到，鱼类世代生物量的消长取决于个体的增长和自然死亡率两大因素。但实际上，在生物量达到最高峰时才开始捕捞并不可能获得最高的渔产量。很显然，大部分渔业的捕捞强度都不可能达到1.0。Rukashov（1964）的边界效应曲线回答了在一定总死亡率的情况下，鱼类生物量达到最高峰的年龄。但以此为开始捕捞年龄在实际上是不可能获得最高渔获量的，因有部分个体未被捕捞就因自然死亡而损失。同时，边界曲线也没有回答以多大的捕捞强度可以保证鱼群有足够的补充群体。因此，在考虑获得最高鱼类生物量的同时要考虑种群的增殖因素。这就是合理捕捞的主要内容。

合理捕捞与鱼类增殖密切关联，它是使鱼类种群产量保持或不断提高的重要环节。捕捞的合理与否，可以从捕捞规格、捕捞强度和捕捞季节等方面来衡量。捕捞规格是一个十分重要的问题。在渔业实施中，如果将一些未成熟的个体大量捕起，就会削弱补充群体的来源，从而严重影响种群的数量。合理的捕捞规格，应是已经达到第一次性成熟的鱼体的大小。也就是说，让它们有繁殖后代的机会。这样，种群才能不断得到补充。因此，在研究鱼类生物学时，了解各种经济鱼类的性成熟年龄及其规格是很重要的，它是制定捕捞规格的主要依据。

在保留足够的生殖群体方面，依不同的产卵类型要求有所不同。繁殖群体结构属于第一类型的种群只需留有一定数量的第一次性成熟的个体就可以保证种群有足够的数量；而对第二类型的种群来说，除了要保证有一定初次性成熟的个体之外，还需有一定比例的重复产卵群体。从合理利用饵料的观点来看，重复产卵群体比补充群体更有意义。因为它只消耗一周年的饵料，而补充群体消耗的饵料量则是自幼鱼至成熟所经历的年份所需饵料的总和。

制定切实的繁殖保护措施（条例）也是保证有足够数量补充群体的关键。我国自1954年起，在宜昌江段开始实行草、青、鲢、鳙产卵场的繁殖保护条例，对宜昌产卵场中的亲鱼繁殖起到很好的保护作用，使长江中四大"家鱼"的群体得到不断补充。

1956年湘江中游设立草、鲢、鳙亲鱼繁殖站及鲤鱼产卵场保护区,当年的湘江鱼苗比前一年增产31亿5千万尾。太湖在1952年对银鱼进行了保护,1953年银鱼产量比1952年增加了10%,1954年又比1953年增产22.7%,1955年又比1954年增产47%。

在考虑补充群体时,不仅要考虑种群的总死亡率,而且也要注意保留群体中各年龄组的生殖力。同一个种在不同年份和不同的环境条件下由受精卵活至性成熟的比例数值变动是很大的。鲟鱼自受精卵至性成熟的比例只有0.01%,秋大麻哈鱼为0.13%~0.58%,大西洋鲱为0.125%,欧鲽仅0.006%~0.022%。

对幼鱼的保护是繁殖保护中的重要问题之一。在我国淡水水域中,夏季涨水时,当年幼鱼都到湖汊河湾去肥育,秋季湖水下退时再入江河越冬。湖泊中的某些渔法和渔具,如"迷魂阵"和"濠网"捕获大量幼鱼,对鱼类资源的危害极为严重,应该采取严格的措施。最近几年,国家对我国近海实施伏季休渔条例,使带鱼、小黄鱼及鲳鱼的产卵群体及幼鱼受到保护,使这些传统鱼类的资源数量和规格都能得到恢复。一般来说,秋冬季鱼类经过大量摄食肥育后,身体丰满,肉质较好,是捕捞的合适季节。达到捕捞规格的鱼类,在冬季捕捞,一般都可保证在捕捞前的夏季进行初次繁殖。

海洋渔业中经常遇到的问题是混合渔业(mixed fishery),即渔获物中并非单一的群体,而是由多个形态非常相似但种群结构有差异的群体构成。如不加分别地捕捞,将会导致某些弱小群体的衰退甚至灭绝。因此,对渔获物的各群体的遗传结构及其在渔获物中的贡献进行分析是十分重要的。Utter和Ryman(1993)建立了混合渔业的评估渔获物各群体比例的统计学方法。Wright等(1993)运用mtDNA分析技术对条纹鲈进行渔业分析也十分成功。他们研究了美国纽约哈德逊河和Cheaspeake海湾以及纽约东长岛湾条纹鲈的遗传差异,估计出捕捞的条纹鲈有73%来自哈德逊河,27%来自于Cheaspeake河。对于淡水渔业管理,混合渔业分析方法也有十分重要的意义。

过度捕捞和人工选择可能引起种群遗传多样性的丧失。Krogius对Dal'neye湖红大麻哈鱼(*Oncorhynchus nerka*)加入湖中产卵的个体数,洄游种群中雌雄个体数以及雄个体中早熟的小型化个体数进行了多代连续研究,发现红大麻哈鱼由1947~1957年每年进入Dal'neye湖繁殖的鱼由1万尾下降到1966~1976年的1600尾,雄性个体的比例由54%上升到68%,雄性早熟的小型化个体由26.1%上升至88.8%。

在捕捞过程中,大型个体承受的选择压力要比小型个体大得多,通常生长速度快的较大型的个体具有较高的经济价值,而且捕捞率也较高。因此捕捞对大型的、迟熟的个体选择压力也就较大。这方面最为典型的例子是马拉维湖的丽科鱼类。该湖在1968年开始用拖网捕捞,至1975年湖湾中大型个体已经完全在渔获物中消失。

人类活动对鱼类种群遗传结构的影响不仅限于捕捞。水工建筑可能切断鱼类洄游通道,从而把某个种的小群体隔离开,以致改变被隔离群体的遗传结构;水库可能改变水体的温度和营养水平;而工业建设可能对水体造成严重的污染。以上因素都会对种群的遗传结构构成不利影响,使得种群的遗传多样性下降,削弱种群对多变环境的适应能力,严重的甚至可使其完全消亡。

二、引种移植对野生种群的影响

进行引种移植有下面两种情况：由于人类活动的影响或自然的变迁，水体中某些种群的丰度剧烈下降，从其他水体引入相近的种群以提高其丰度；或是从原有鱼类区系分析，考虑到有些生态位尚缺乏占领者而引入新的种群以提高该水体的渔产量。无论是以上何种情况，两个主要问题是必须首先考虑的。其一是引入种群对新环境是否适应，其二是移入的种群对新水体的原有种类是否会产生不利影响。

大麻哈鱼是一种洄游性的回归产卵的鱼类。Altukhov（1981）曾经报道库页岛大麻哈鱼移植试验的结果。由于进入库页岛 Kalininka 河的成熟大麻哈鱼数量减少，他们把邻近的 Iturups 岛 Kurika 河 34 万粒大麻哈鱼受精卵移入 Kalininka 河。5 年后，只 0.03% 的移植群体进入 Kalininka 河产卵，而同龄组进入 Kurika 河产卵的个体可达 0.7%。说明移植群并不能完全适应新的环境。日本的 Okazaki（1982）也证明移植入日本北海道的大麻哈鱼极少回归至新的放流地产卵。实际上，一个种群的遗传稳定性是经长期自然选择形成的，一旦进入新的环境，这种遗传稳定性就遭受破坏。因此，移植对象应该选择那些与原水体种群遗传距离相近的种群。

引种的另一个问题是引入种群可能对原有乡土种群的遗传结构带来不利的影响，改变乡土种群的遗传结构，使其适应性降低，甚至消亡。美国移植虹鳟后，一些溪流中的山鳟完全被虹鳟所取代，另一些溪流中，由于这两个种的自然杂交致使再也找不到山鳟形态的个体。

三、繁殖场的管理

根据生产目的，繁殖场可分为良种繁殖场和以人工放流增殖为目的繁殖场两类。

（一）近交（inbreeding）和繁殖基础群（founding population）

最典型的近交是自体受精，其次是兄妹近亲交配，再则表亲或堂亲交配，也就是说亲缘关系相近的个体之间的交配是为近交。近交会引起基因的纯合。可发生两类情况，一是对形态相近、或亲缘关系密切的个体有选择性的进行交配繁殖；另一种情况是因繁殖的基础群数量太小，在随机交配的情况下也会发生近交。度量近交的水平称为近交系数（inbreeding coefficient）。近交系数以

$$F = 1/2N_e$$

表示，式中的 F 为近交系数；N_e 为有效繁殖群体数量。

一般说来，一个繁殖群体的近交系数不应高于 0.01，亦即繁殖群中可供参于随机交配的雌性个体不应少于 50。在某些情况下，也可调整雌雄个体数的比例来降低近交系数。从繁殖场以外调用精液也是个好办法。

(二) 良种繁殖

建立良种繁殖场的主要目的是为各种生产性的养殖场提供生长迅速或具有特定抗性的优良品种。对于进行快速生长或抗性新品种人工选育的繁殖场，其繁殖群体必须具有丰富的基因类型才有可能选育出性状优越的品种。即使一个生产定型优良品种的繁殖场，也应该努力保证特定基因以外的其他基因的多态状态。因为无论何种优良品种，一般只是少数基因是纯合的，其他基因可能是多态的。如果同时具有同一个种的若干个品种的繁殖场，必须注意品种间的严格隔离，不仅要防止品种的相互混杂，更要杜绝其他种群基因的渗入。人工品种与野生种群在基因结构上有较大的差异，要绝对防止它逃逸入自然水体以造成对天然种群的遗传污染 (genetic contamination)。

(三) 增殖放流繁殖场

天然环境的改变以及人类活动的影响导致不少自然种群的数量日益减少，甚至濒于灭绝的境地。我国长江的中华鲟和鲥鱼就是明显的例子。改变这种困境的有效方法之一就是建立人工繁育场，并把人工繁育的幼鱼释放入长江中。但在建立繁殖基础群之前，应对自然水体中该种的遗传结构（包括多态等位基因座位和基因频率）进行调查。繁殖场基础群个体的等位基因应含有天然种群的所有等位基因，并且其基因频率也应与其接近。这样才能保证放流的幼鱼具有较丰富的遗传变异资源，以使他们能具较高的抵御多变环境的能力。欲达此目的，就必须有足够大的基础种群的个体数。

(四) 养殖群体可能给乡土种群造成的影响

人工养殖群体的遗传结构往往有别于乡土种群。Allendorf 和 Phelps (1980) 比较研究了山鳟 (*Salmo clarki*) 的天然群体经 14 代人工繁殖后其遗传多样性下降了 57%，个体的杂合度下降了 29%。经济杂交的后代则是人为造成的种间或品种间基因的相互混合。网箱养殖在管理不善或遇到自然灾害时可能造成人工养殖群体的大量逃逸。在逃逸量很大的情况下，甚至可使乡土种群的资源不复存在。

50~70 年代，俄罗斯科学家进行了鲟鱼和鳇鱼的属间和种间杂交，发现若干个组合具有明显的杂种优势。有些组合的雌雄杂种还是可育的。不幸的是这些杂种被大量地释放到河流、水库、湖泊等大型天然水域中。成熟的杂种在这些水域中与其邻近的乡土种进行了自由交配，极其严重地污染了原有乡土种类的遗传资源。这方面我国也有严重的教训。70 年代，我国鲤鱼的品种间杂交优势的利用的确对淡水池塘的渔业增产起了一定的作用。然而，各地的生产部门在管理中并未对科技工作者提出的"严禁把杂种释放于大型水体"等警告给予重视，致使杂种个体大量混入天然水域。由于鲤鱼品种间的杂交后代是能育的，他们可与水体中的乡土鲤鱼进行自由交配，从而严重地污染了原有的鲤鱼遗传资源，在杂种个体数量多的情况下，甚至可把乡土种群完全摧毁。目前，在某些天然水域中已很难找到真正的野生鲤鱼种群。

思 考 题

1. 评述制约鱼类生物量消长的因素。
2. 要获取水体中的最高渔产量并保证种群的持续发展在渔业管理上应考虑哪些重要因素?
3. 阐明种群遗传学的基本原理及其在渔业管理中应用。

主要参考文献

[1] 吴清江. 长吻鮠(*Leiocassis longirostris*)的种群生态学及其最大持续渔获量的研究. 水生生物学集刊, 1975, 5 (3): 387~408

[2] 相川広秋, 资源生物学. 金原出版株式会社, 東京. 1960

[3] Altukhov Yu. Population Genetics of Fishes, Publisher of Food Industry, Moscow. 1974

[4] Eliot B S. Gene in populations. John Wiley & Sons, Inc. New York. 1988

[5] Kirpichnikov V S. Genetic Bases of Fish Selection. Springer-Verlag, Berlin

[6] Ricker W E. Handbook of computations for biological statistics of fish populations. Fish. Res. Board of Canada Bull., 1958 (119): 4~300

[7] Ryman N and Utter F M. Population genetics and fishery management. University of Washington Press. 1987

第十五章　水生生物资源与保护

第一节　概论
　一、资源的定义
　　1．不会用尽的资源
　　2．会用尽的资源
　二、水生生物资源的含义
第二节　渔业资源的管理
　一、渔业资源的基本概念
　　1．渔业资源的定义
　　2．渔业资源的特点
　　3．渔业资源的基本单位
　　4．渔业资源在自然状况下的变异
　二、渔业资源管理的模型
　　1．一般产量模型
　　2．动态库模型
　　3．亲体量-补充量模型
　三、渔业资源管理的目标
　　1．MSY 理论
　　2．MER（最大经济利润）理论
　　3．OSY 最佳持续产量理论
　四、渔业资源现状的评估
　　1．渔业发展的各阶段
　　2．渔业利用现状的评估
第三节　淡水生态系统的生物多样性问题
　一、生物多样性的概念
　　1．生物多样性的定义
　　2．生物多样性的层次
　二、我国淡水生态系统中的生物多样性问题
　　1．我国淡水生态系统中生物多样性的现状
　　2．我国淡水生态系统生物多样性遭到破坏的情况
第四节　水生生物资源与保护
　一、保护生物学的基本原理
　二、水生生物资源保护
　　1．天然渔业对象的数量保护
　　2．养殖种类种质资源保护
　　3．慎重引种驯化
　　4．保护栖息地，建立保护区

随着经济的发展，工业化程度的提高，人类对自然的干预越来越剧烈。人口、资源、环境等问题越来越突出。如何合理利用自然资源，协调人与自然的关系，形成可持续的发展是人们普遍关注的问题。如何在水生生物资源的管理方面实现可持续发展战略，水生生物学家责无旁贷。

第一节　概　　论

一、资源的定义

资源一般情况下指自然资源。Owen 认为：自然环境中的任何部分，土壤、水、陆地、森林、野生生物、矿物或者人口等，所有人类可以利用来改善其生活的东西都可以称作自然资源。

因此，从定义上看自然资源的范围很广，几乎包括自然界的一切物质。所以自然资源的特性复杂，其分类也很困难。同一作者的分类方法也不断变化。下面所列的分类是

一个综合的产物。

1. 不会用尽的资源（inexhaustible）

如原子能、风力、太阳能等

2. 会用尽的资源（exhaustible）

(1) 可更新的资源（renewable）
   a. 农业土壤
   b. 土地上的产品，包括农产品、森林、动物等
   c. 水体的产品，如渔业产品
   d. 人类产品，包括物质和精神产品

(2) 不可更新的资源（nonrenewable）
   a. 化石燃料
   b. 生物物种

需要指出的是，所谓的会用尽和不会用尽，可更新和不可更新并没有绝对的分界线，只有尺度上的差异。

二、水生生物资源的含义

按照上述对资源的定义和分类来理解水生生物资源的含义，则水生生物资源包括有两部分，一部分是水产品或者说是渔业产品，某种程度上它属于一种量的资源，另一部分是水体的生物物种资源，即生物多样性资源。因此水生生物资源的含义是水体中的鱼、虾、贝藻等各类群的生物物种，和它们的生物量（渔业产品）资源。本章节的内容也将按这两部分来展开。其中，渔业资源主要侧重于管理，生物多样性资源主要侧重于保护。

第二节 渔业资源的管理

一、渔业资源的基本概念

1. 渔业资源的定义

费鸿年、张诗全认为：渔业资源指水域中蕴藏的具有经济、社会、美学价值，在现在或将来可以通过渔业得以利用的生物资源。按栖息的水域，渔业资源可以分为江、河、湖、海的资源。按生物的分类系统可以分作鱼类、甲壳类、软体动物、藻类、哺乳动物等资源。按栖息的水层可以分作上层、中下层、岩礁渔业资源等等。

2. 渔业资源的特点

(1) 新旧更替和自身调节能力　　可以通过繁殖、生长、死亡而进行更替。
(2) 游动性　　一般来说，渔业资源不象农产品固定不动，而是游动的。

(3) 波动性　　由于环境的影响,渔业资源量是波动的。

(4) 生产潜力较低　　和其他类型生态系统相比,水生态系统初级生产力低,食物链损失大。

(5) 产量的有限性　　渔业资源的产量是有限的,这是水环境的局限性所决定的。

3. 渔业资源的基本单位

渔业资源的基本单位一般是群体（stock）。对于群体有各种定义,费鸿年等将群体的定义综合为：鱼类群体是可充分随机分配的个体群所组成的,具有时间或空间的生殖隔离以及独立的洄游系统,在遗传离散性上保持着个体群的生态、形态、生理性状的相对稳定,是水产资源研究和管理的基本单元。

4. 渔业资源在自然状况下的变异

渔业资源作为一种群体,其增长形式符合种群的一般增长模式。一种是 J 型增长,即 $dN/dt = rN$。另一种是 S 型增长,即 $dN/dt = rN(1-N/K)$。一般情况下,如果没有人为对自然资源的干扰,资源量将在达到容量的限度后在限度上下波动。

二、渔业资源管理的模型

渔业资源的管理是从渔业资源变动的生物学特点出发,经过具体的模型模拟,通过对捕捞活动进行控制来实现的。

1. 一般产量模型 (general production model)

一般产量模型是从种群增长的逻辑斯谛模型出发,假设种群处于平衡状态,希望取得最大鱼产量的同时能维护资源量的现状而不衰减。其基本原理如下：

对于逻辑斯谛增长的种群来说,种群生物量（B）的增长为 ΔB；

$$\Delta B = dB/dt = rB(B_\infty - B)/B_\infty$$

式中 r 为内禀增长率。如果为了种群的稳定和延续,在捕捞时只捕捞增长的部分则种群仍可维持在原来的水平,产量 $Y = \Delta B = rB(B_\infty - B)/B_\infty$。对于这样一个方程,产量 Y 有最大值 $Y = rB_\infty/4$。由于此时仍可保持种群的稳定和持续发展,因此,此时 Y 称最大持续渔产量 MSY (maximum sustainable yield)。这时的生物量最合适,为：$B_{opt} = B_\infty/2$。

如果产量 $Y = F \cdot B$,F 为渔捞死亡率,则 $F = r/2$。

对于一般产量模型的结果可以有这样的生物学解释：①接近种群最大密度时,繁殖效率减小,实际补充个体数小于小密度群体的补充个体量,在这种情况下减少了的群体将增大补充量；②食物补充受限制时,大群体比小群体食物转变为鱼肉的效率小,大群体的每一个体获得食物少,大部分用来维持生命,小部分用来生长。

一般产量模型只在资源处于平衡的条件下才成立,而生产实际中很少能这样。在计算产量时没有鱼体大小的差异,没有季节的差异,与实际情况相差较大。因为捕大鱼与捕小鱼,产卵前捕和产卵后捕效果肯定是不一样的。所以一般产量模型在理论上的指导意义较大，具体应用时主要是后面叙述到的一些模型。

2．动态库模型（dynamic pool model）

鉴于一般产量模型中的问题，动态库模型的出发点是：鱼类种群是个体的总和。一年中可捕的鱼群是进入可捕年龄后所有各龄鱼中生存的部分的总和。

对于每一龄的鱼，t 时间后剩下的数量可用关系式表示为：

$$N_t = Re^{-(F+M)t}$$

式中 N_t 为存活到 t 时间的补充量，t 为补充量进入渔捞范畴后的时间，R 为进入补捞范围时间的补充量，F 为瞬时渔捞死亡率，M 为瞬时自然死亡率。

假设补充量，自然死亡率和外界条件恒定，则产量可以表示为各龄组的总和 $\sum N_t$。

如果假设 $R=1$，则 N_t 为存活到 t 时间的补充量 R 的分数，对于某一特定年龄组

$$Y_t = N_t \times W_t \times F$$

式中 Y_t 为 t 时间的产量，N_t 为活到 t 时间的补充量，W_t 为存活到 t 时间补充量的平均体重，F 为渔捞死亡率。

所有年龄组加起来即可得到总的产量

$$Y = \sum_{t=t_c}^{\infty} F \cdot N_t \cdot W_t$$

式中 Y 为 1 年的总产量，t_c 为进入渔捞的年龄。

如果对鱼类的自然生活情况有所了解，知道最初的补充量，自然死亡情况和体重的增长，可以对不同渔捞强度下将获得怎样的产量进行预测。例如对北海欧鲽的研究。欧鲽进入渔捞范畴时 3～5 龄，体重增长如图 15.1A 所示。每年的补充量为 30（图 15.1B）。种群随自然死亡而减少（图 15.1C）。对应于不同的渔捞死亡率可以得到不同的产量曲线图（图 15.1D），其中产量以补充量的分数来表示。表 15.1 所示为 $M=0.5$ 时产量的计算。先对各龄的产量分别计算，其总和为全部产量。依据产量与渔捞死亡率关系曲线图求得 MSY，可以对渔业活动进行指导。

表15.1　当渔捞死亡率为0.5时，北海欧鲽平均产量/补充量的计算

捕捞年	中点的年龄（年）	(1)＝W_t 平均重量	(2)＝N_t 存活到该龄的补充量的分数 $e^{-(F+M)t}$	(3)＝F 渔捞死亡率	(1)×(2)×(3) 的乘积
0～1	4.2	158	0.741	0.50	58.54
1～2	5.2	237	0.407	0.50	48.23
2～3	6.2	331	0.223	0.50	36.91
3～4	7.2	435	0.122	0.50	26.54
4～5	8.2	546	0.067	0.50	18.29
5～6	9.2	664	0.037	0.50	12.28
6～7	10.2	782	0.020	0.50	7.84
7～8	11.2	904	0.011	0.50	4.97
8～9	12.2	1024	0.006	0.50	3.07
9～10	13.2	1143	0.003	0.50	1.71

总产量/补充量＝218.38g

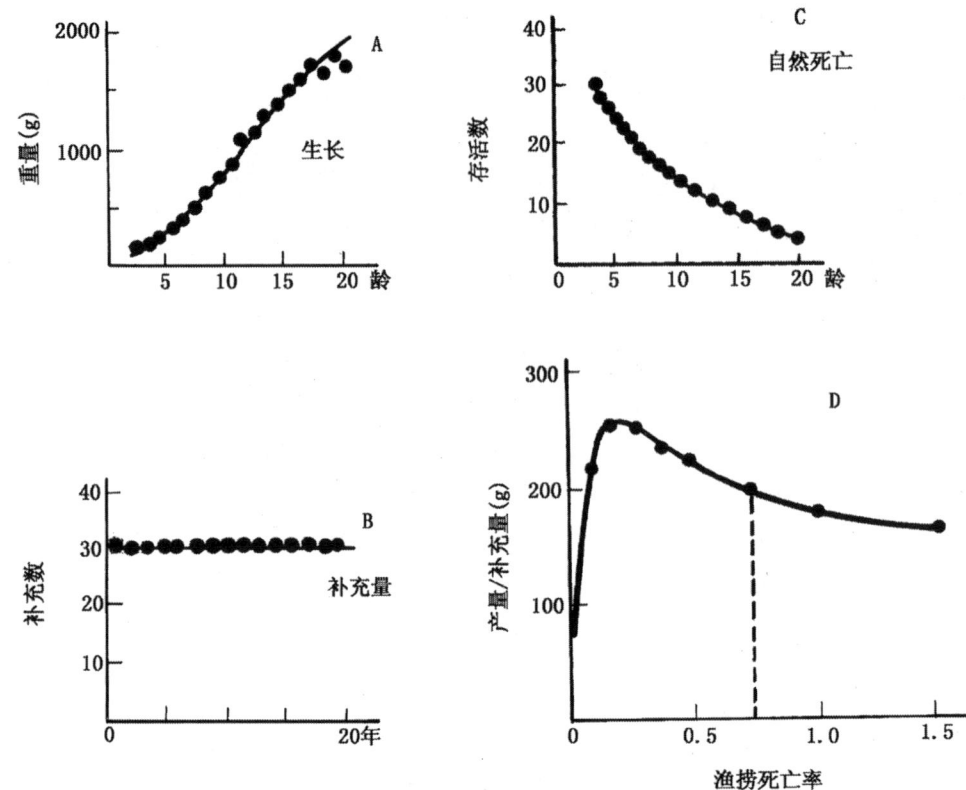

图15.1 北海欧鲽平衡产量的模型（转引自孙儒泳 1987）

动态库模型是围绕鱼类生长特点进行的，具有巨大的潜力和优势，由于计算繁琐，很长一段时间应用受到限制。在现代，计算机技术发展很容易采用微积分的方法，借助计算机和程序完成计算。

3. 亲体量-补充量模型（parental recruitment model）

动态库模型中假设补充量是不变的，而生产实际中补充量是变化的。亲体量-补充量模型是探讨补充量与留下来亲体量之间关系的模型，由于操作简单，应用非常广。主要有2种模型，Ricker模型和Beverton-Holt模型

（1）Ricker模型

a. 模型的一般形式 这一模型假设补充量和亲体量有这样的关系

$$R = \alpha P e^{-\beta p}$$

式中：R为补充量，P为亲体量。α、β为参数。这一函数为负指数函数，有极值。

$$dR/dP = \alpha e^{-\beta p} - \alpha \beta P e^{-\beta p} = 0$$

则 $P = 1/\beta$

b. 模型的数据拟合 上述方程取自然对数后变成：$\ln R = \ln P + \ln \alpha - \beta P$

产量为：$\ln R - \ln P = \ln \alpha - \beta P$

对多年的产卵群体和补充量作调查，进行回归分析，可以得到有关的产量曲线。

c. MSY的确定

(a) 图解确定 在补充量-亲体量关系曲线上过坐标原点作出补充量、亲体量相等的直线，称对换水平线。作平行于对换水平线的切线，切点处补充量与亲体量的差值为 MSY（图15.2）。

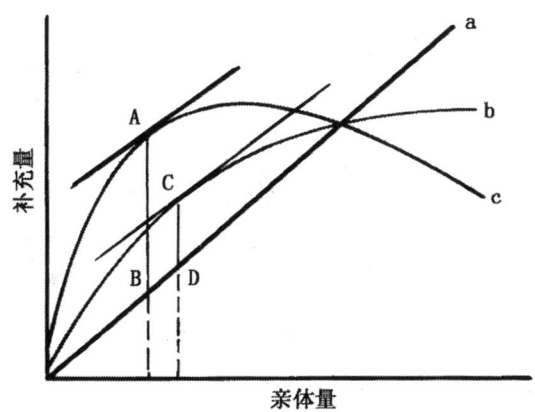

图15.2 补充量-亲体量关系曲线，示 MSY 求法
a、b 分别为 Ricker 曲线和 Beverton-Holt 曲线；c 为对换水平线。A、C 为切点；AB、CD 分别为各自的 MSY

(b) 数学计算确定 对多年的补充量、亲体量数据进行回归分析，可以求出 α 和 β 的数值。如前所述，Ricker 模型方程有极值点，此时亲体量为：

$$P_m = 1/\beta$$

最大补充量为：

$$R_m = \alpha/\beta e = 0.3679\, \alpha/\beta$$

R_m 和 P_m 的差值即为 MSY。

(2) Beverton-Holt 模型 同 Ricker 模型的原理相同，但这一模型认为，补充量与亲体量为双曲线关系：

$$R = \frac{1}{\alpha + \beta/P}$$

式中：R 为补充量，P 为亲体量，α、β 是新的参数。

用图解表示的对换水平线在对角线上，MSY 在与对换水平线垂直的另一条对角线上。

在实际应用中，补充量与亲体量的关系不是十分明确，可以针对具体情况选择 Ricker 曲线和 Beverton-Holt 曲线，如果有极值可选择 Ricker 曲线，如果没有则选 Beverton-Holt 曲线。

三、渔业资源管理的目标

1. MSY 理论

在渔业资源的利用中，最初发展起来的是 MSY 理论。它在理论和实践中都有重要的价值，但没有考虑经济和社会效果。随着研究的深入和观念的更新，人们发展了渔业管理的经济模型和资源最佳持续利用模型。

2. MER（最大经济利润）理论

它是 Gordon（1954）提出来的。MER（maxium economical rent）理论认为渔获物的价值与捕捞成本之间的差值才是渔业上的最好标准。渔业生产应以追求最大经济效益为目标。

先对产量方程改造：
$$Y = dB/dt = rB(1 - B/B_\infty) = rB - rB^2/B_\infty$$

设　　　　　　　　　　$a=r, b=r/B_\infty, f=B$

则：　　　　　　　　　$Y = af - bf^2$

设鱼价为 P，成本为 C，收益和成本之间的关系为：

收益：　　　　　　　　$TR = PY = P(af - bf^2)$

成本：　　　　　　　　$TC = cf$

渔业利润为：$\pi = PY - cf = P(af - bf^2) - cf$

经过求导后令导数为 0，
$$d\pi/df = Pa - 2bPf - c = 0$$

可以得到最适经济捕捞时的生物量为
$$f_{eco} = a/(2b) - c/(2bP)$$

则最大经济产量　$MEY = a^2/(4b) - c^2/(4bP^2)$

最大经济利润　$MER = (Pa - c)^2/4bP$

用图形可以表示为图15.3：

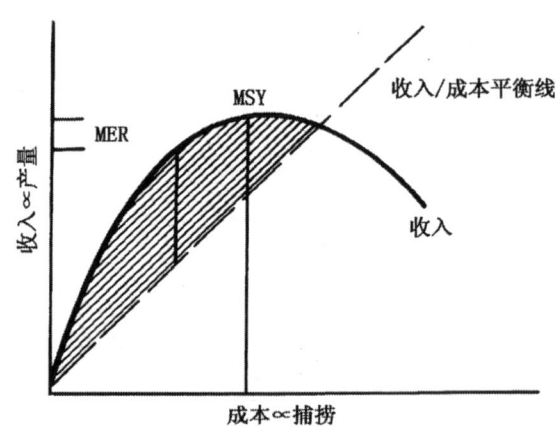

图15.3　稳定状态下的最大经济利润、产量和最大持续产量的关系（引自 Pitcher et al. 1982）

3. OSY 最佳持续产量理论（optimal sustainable yield）

进一步的研究表明，资源的利用不仅是 MSY、MER 的追求，还应考虑生态系统中更复杂的功能变化，要兼顾短期利益和长期影响，对人类的贡献和生态平衡的影响。即综合考虑生物的、经济的、社会的和政治的价值，使某给定的鱼类种群对社会产生最大的利益。

现在一般采用最适捕捞死亡 $F_{0.1}$ 原理，即减少实际捕捞死亡率，以维持合适的资源量。方法是：首先，在坐标原点作产量—渔捞努力关系曲线的切线，求出斜线的斜率 a；然后，计算斜率 $0.1 \times a$ 时，相应的切点处的产量和渔捞努力。

① 先在原点处作切线 OA，求出斜率 a；
② 对曲线作斜率为 $0.1a$ 的直线 OB；
③ 作平行于直线 OB 的切线 B′。

切点处捕捞死亡率即为最适捕捞死亡率。

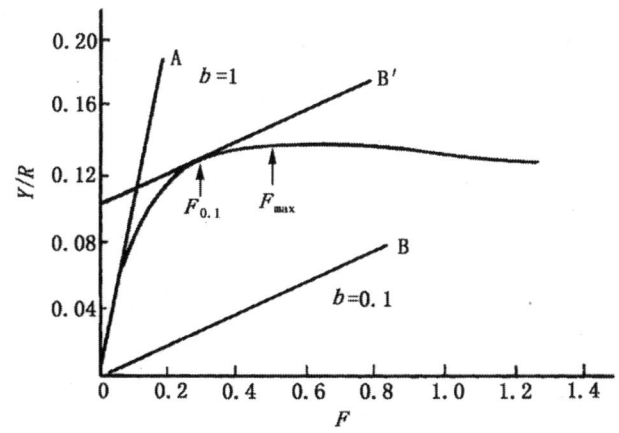

图15.4　单位补充量产量与捕捞死亡率的关系及 $F_{0.1}$ 的测定
（引自邓景耀等 1991）

$F_{0.1}$ 带有一定的经验性，也可以据一定的理由用 $F_{0.05}$、$F_{0.2}$ 等。作为一种预防性的措施，这一原理已经在国际海洋考察理事会成员国内广泛使用，并作为确定总的允许渔获量（TAC，total allowed catch）的主要科学依据。

四、渔业资源现状的评估

1. 渔业发展的各阶段

一般情况下，可以将渔业的发展分作 4 个阶段。

（1）开发不足　　水产资源没有受捕捞或只有小型渔业。

（2）增长阶段　　渔捞努力和总渔获量迅速增长，单位渔捞努力的渔获量（CPUE，catch per unit effort）初期迅速增长，中期以后开始下降。

（3）过度开发　　捕捞过度，渔捞努力大，资源量少，CPUE 明显下降，总渔获量变化不大，有时是下降趋势。

（4）管理阶段　　由于人为的干预，加强了管理，资源量和 CPUE 逐渐上升，最终趋于稳定。

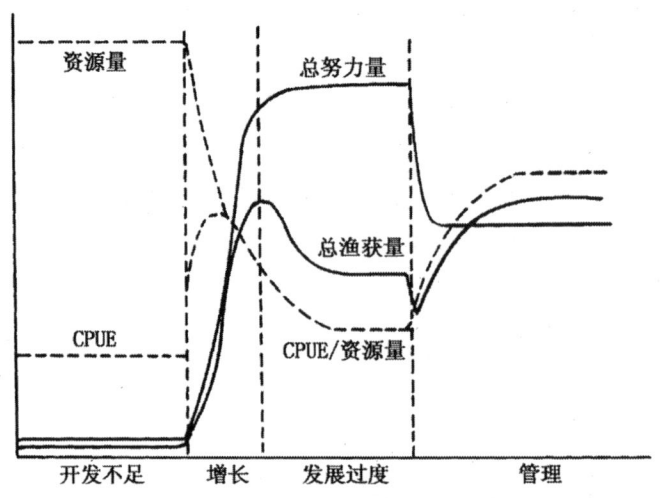

图15.5 典型的渔业发展的主要阶段(转引自费鸿年,张诗全 1990)

2. 渔业利用现状的评估

对于一个已知的渔产量，可以有两种现存量与之相对应。如何评价是开发不足还是利用过度呢？通过对捕捞强度进行调节，观察产量的变化，可以推测资源的开发现状。减轻一下捕捞率，可以得到一个新的产量，如果产量上升，说明过去是过度捕捞（图15.6 B）；如果下降，说明是开发利用不足（图15.6A）。从图15.4中也可以看出这一点。

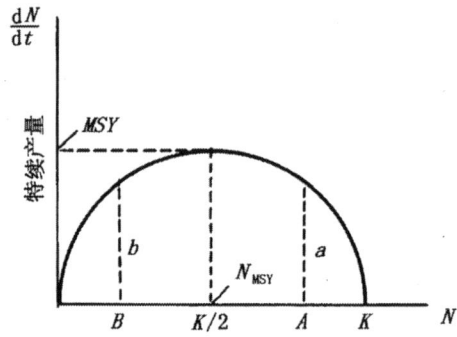

图15.6 调整捕捞强度对渔业利用现状进行的评估
a、b 为相等的产量；A、B 为分别与之对应的现存量

第三节 淡水生态系统的生物多样性问题

一、生物多样性的概念

全球变化、生物多样性及生态系统的持续发展是当今国际生态学研究的三大热点。全球生物多样性正以超过自然灭绝率1000倍的速度丧失，使得生物多样性的研究显得

尤为迫切。

1. 生物多样性的定义

生物多样性是指各种生命形式的资源，是生物及其与环境形成的生态复合体以及与此相关的各种生态过程的总和。它包括数以百万计的动物、植物、微生物和它们所拥有的基因以及它们生存环境形成的复杂的生态系统，以及它们的生态过程。

生物多样性的定义首先指出生物多样性是一种资源，然后说明它包含有遗传、物种、生态系统三个层次。生物多样性不仅有静态的现状，而且有动态的过程。

2. 生物多样性的层次

如定义中所述，生物多样性可以分作了3个层次，遗传多样性、物种多样性和生态系统多样性。

(1) 遗传多样性　　广义的遗传多样性指地球上所有生物携带的遗传信息的总和，也就是各种生物所拥有的多种多样的遗传信息。狭义的遗传多样性指种内个体之间或同一群体内不同个体的遗传变异的总和。

遗传多样性是物种以上各水平多样性的重要来源。决定或影响着一个物种与其他物种及其环境相互作用的方式，是物种对人为干扰进行成功反应的决定因素。

所有的遗传多样性都发生在分子水平。新的变异是突变的结果。自然界中存在的变异来源于突变的积累。

(2) 物种多样性　　这里所指的物种多样性与群落生态学中所指的物种多样性不同。群落生态学中的物种多样性是从群落这一层次对其中物种的丰度程度进行比较、衡量，而生物多样性中所指的物种多样性是指某一地区分化的物种的总和。

据估计，地球上的物种有200万至1亿，比较可能的估计是1000万，其中140万已被定名。

(3) 生态系统多样性　　生态系统多样性指的是生物圈内生境、生物群落和生态过程的多样化，以及生态系统的生境变异、生态过程变化的惊人的多样性。

此处的生境主要是指无机环境，如地貌、气候、土壤、水文等。生境的多样性是生物群落多样性甚至是整个生物多样性形成的基本条件。生物群落的多样性主要指群落组成、结构和动态方面的多样化。生态过程主要是指生态系统的组成、结构与功能在时间上的变化，以及生态系统的生物组分之间及其与环境之间的相互作用或相互关系。当我们动态地考虑这些组分的变化时，它们的变化方式也是多样的。

二、我国淡水生态系统中的生物多样性问题

1. 我国淡水生态系统中生物多样性的现状

(1) 遗传多样性　　我国幅员辽阔，水环境特征差异显著，因而水生生物遗传多样性丰富。以鱼类为例，在报道的215种淡水鱼类中，染色体数目从24到264变化，有27种不同的染色体数目。许多种类还表现有染色体的多态现象。

对长江、珠江、黑龙江鲢、鳙、草鱼8个种群16个酶位点的遗传变异研究发现同

种鱼的不同水系种群之间存在明显的生化遗传差异。

对许多鱼类 DNA 序列的测定也发现了不同种和种群之间的序列差异。有关鱼类遗传多样性的研究正方兴未艾。

(2) 物种多样性　在物种这一层次，我国水生生物也表现了丰富的多样性。我国有淡水鱼类近 1000 种，许多鱼类具有重要的经济价值，为人们提供了丰富的蛋白源。例如四大家鱼、鲤、鲫鱼等。许多鱼类有重要的研究价值，是活的化石，例如白鲟。有的鱼类有很大的观赏价值，还有的鱼类是理想的实验动物，例如稀有鮈鲫。

(3) 生态系统多样性　我国水生生物多样性的丰富还表现在生态系统这一层次上，由于地区的差异和形成的地质历史不同，所形成的生态系统结构和功能也不一样。依据形成的历史和地理位置的差异，可以将我国内陆水体生态系统分作五类。

东北、新疆的冷水湖泊生态系统：这一类湖泊普遍较深，温度较低，以冷水鲑鳟鱼类为主。

内蒙古、甘肃的盐碱泡子：这一类湖泊多与内流河相通，由于气候干燥，水面减少，盐碱现象严重。鱼类区系简单，以雅罗鱼和耐盐碱的鲤、鲫鱼为主。

青藏高原湖泊：是第三纪后期，由于高原隆升而形成的湖泊，鱼类区系极为简单，以裂腹鱼和高原鳅类为主。

云贵高原湖泊：位于云贵高原。湖较深，区系简单，但保留有较多的古老类群。

长江中下游湖泊：位于长江中下游，构造、冲积或共同作用形成的湖泊。湖泊较浅，鱼类种类丰富，许多鱼类具有江湖洄游习性。

长江中下游湖泊由于水浅，水生植物繁茂，常由于水生植物过分生长而呈现沼泽化的趋势。这时，如果遇到大的洪水，将可能在同一地区或其他的地区冲出一新湖泊。因此，长江中下游湖泊的历史一般都不长。但这种江湖复合生态系统历史悠久。

2. 我国淡水生态系统生物多样性遭到破坏的情况

长期以来，人们没有认识到生物多样性的作用和保护生物多样性的重要性，许多经济活动对水生态系统中的生物多样性造成了严重的破坏。

在遗传多样性的水平上，由于不当的杂交，我国鲤鱼的野生种群已经难以找到，许多地方品种也已不纯。多代的近亲繁殖，四大家鱼种质资源严重衰退，自然种群的鲢鱼雌鱼性成熟年龄 3~4 龄，平均体重 4.85kg。雄鱼 3 龄，体重 3.18kg。经过 4 代近交后，第 5 代的雌鱼 2 龄即普遍性成熟，平均体重仅 1.25 kg，平均体重 0.69 kg 的 1 龄雄鱼几乎普遍成熟，同时，鱼苗的畸形率上升 12.1 倍，鱼病发病率增加 15%，成活率下降 55.1%。

在物种多样性的水平上，由于栖息环境的变化，许多种类濒于灭绝。而异龙中鲤（Cyprinus yilongensis）是确认已经灭绝了。异龙湖位于云南石屏县境内，面积约 92km^2，草茂鱼肥，历史上盛产鲤鱼、白鱼。异龙中鲤为该湖的特有种。该湖于 1952 年开始挖河发电，又于 1971 年打洞放水造田，水位下降 4.3m。1981 年 4 月出现过全湖持续干枯 20 天的罕见状态。此后恢复蓄水，但异龙中鲤再未曾发现过。

在生态系统多样性的水平上，由于江湖阻隔，围湖造田，加速了湖泊的沼泽化。不恰当的放养草鱼和环境污染造成湖泊富养化，改变了原有的生态系统特征。不恰当的引种使得土著种类消失，生态系统结构功能变得面目全非。生活在欧洲和我国额尔齐斯河水系的河鲈（*Perca fluvitatilis*）是一种有一定经济价值的肉食性鱼类，当它被引入新疆南部的博斯腾湖后，避开了其他凶猛性鱼类对其种群的控制，大量繁殖并掠食其他经济鱼类，导致该湖特有的名贵鱼类新疆大头鱼（*Aspiorhynchus laticeps*）和原来生活在湖中的鲤鱼等其他鱼类绝迹，其本身也由于群体数量过大，食物不足，个体变小，失去原有的经济价值。昆明的滇池，其鱼类区系几经演替，土著的名贵鱼类银白鱼（*Anabarilius alburnops*）和多鳞白鱼（*Anabarilius polylepis*）早已绝迹。

第四节 水生生物资源与保护

一、保护生物学的基本原理

保护生物学是一门综合性的交叉学科，是将基础科学和应用科学结合，为保护生物多样性提供原理和工具，并为科学研究和管理实践架起一座桥梁。其主要内容包括物种的灭绝规律，物种的进化潜能，物种多样性与群落和生态系统的关系，保护区的设计，生境的恢复，物种的再引入和迁地保护，生物技术在保护生物学中的应用等等。

保护生物学最基础的理论是岛屿生物地理学。许多生物赖以生存的环境都可以看作是大小、形状、隔离程度不同的岛屿。例如湖泊可以看作是陆地海洋中的岛屿。岛屿生物地理学是研究岛屿中物种数目与面积的关系，物种的进入，迁出规律和达到平衡的过程，为解释生物的地理分布和保护区的设计提供理论基础。

岛屿生物地理学理论认为物种数随面积的增加而增加，并且有如下关系：

$$S = CA^Z$$

式中：S 为物种数，A 为岛屿面积，C、Z 为常数。

对于这一现象的原因有多种解释：①栖息地异质性假说。这一假说认为，面积增大就增加了更多类型的栖息地，因而可以容纳更多的物种；②随机样本假说。这一假说认为物种在不同大小的岛屿上的分布是随机的，大的岛屿为大的样本，因而包含较多的物种。

岛屿上的物种数目虽然是一定的，但物种本身不是固定不变的，而是有迁入和迁出的变化，是一个动态的过程，这就是岛屿生物地理学的平衡理论。它认为在一开始，岛屿上的物种数很少，进入岛的迁入率很高，而迁出岛屿的灭绝率很低，随着岛屿上物种数的增加，迁入率逐渐降低，灭绝率逐渐升高。最后迁入和灭绝相等，岛屿上的物种数达到一个动态平衡。

岛屿上物种的平衡受 2 个因子的影响。

（1）面积效应　即面积大的岛屿，物种数多。对于某一大陆边缘距离相等的一系列岛屿，物种从陆地迁到这些岛屿的速率是一样的，但物种的消失率不一样，小岛屿上的物种消失率高些，因为空间小，种间竞争激烈，允许容纳的物种数目相对较少。

（2）距离效应　岛屿与陆地和其他岛屿的距离越远，其上的物种数目就越少。因为在岛屿的面积相等时，岛屿与其他岛屿及陆地的距离越远，其上物种的迁入就越慢。因此，岛屿的片断化和隔离，将造成物种数的减少。

依据岛屿生物地理学的理论，Diamond（1975）总结了设计自然保护区的几点原则。

  a. 保护区面积越大越好。
  b. 单个保护区要比面积相同、但分隔成若干个小保护区好。
  c. 若干个分隔的小保护区越靠近越好。
  d. 若干个分隔的小保护区排列紧凑较好，线性排列最差。
  e. 有走廊连接的若干小保护区比无走廊连接的好。
  f. 圆形保护区比条形保护区好。

但是有人认为，物种数随栖息地异质性增加而增加，因此不赞成设一个大的保护区，而建议在一个较大的地理尺度上选择多个小型保护区。

由于岛屿生物地理学在物种数变动的具体机制上不清楚，特别是对具体哪些物种有影响不清楚，因而其应用有一定的局限性。尽管如此，岛屿生物地理学将人们的注意力吸引到岛屿化这一现象上来，研究物种迁入、迁出的动态变化和相关的因子，对于生物多样性的保护仍有一定的启发作用。

二、水生生物资源保护

根据水生生物资源的特点和保护生物学的一般原理，我们认为水生生物资源保护应当针对不同的情况区别对待，采取切实有效的措施，处理好保护和利用的关系。

1. 天然渔业对象的数量保护

随着经济的发展，应当逐渐将天然渔业转向为养殖渔业，保护天然渔业资源和水环境。对于现在天然渔业仍占相当比重的地区应当严格执行渔业法，规定禁渔期，保护产卵场。同时进行科学的管理，控制捕捞强度。

2. 养殖种类种质资源保护

对于养殖种类应当采用高新技术培养新品种，而对于它们的野生种则应予以保护，避免近亲繁殖与不适当的杂交。

3. 慎重引种驯化

引入种一定要考虑它对本地种的影响，控制引入种的范围。

4. 保护栖息地，建立保护区

对于一些重要的类群，如中华鲟、白鱀豚等，要重点保护它们的栖息环境。

由于经济建设的需要，对水体的干扰是不可避免的，特别是河流的梯级开发，对水生生物资源影响极大。因此要选择适当的地区，主要是多样性高的地区建立保护区。例如长江上游，随着葛洲坝、三峡大坝、乌江大坝的建成，建立保护区很有必要。

思 考 题

1. 如何理解水生生物资源的含义？

2. 渔业资源管理的模型有哪几类？
3. 我国淡水鱼类生物多样性的现状如何？
4. 水生生物资源保护应该注意哪些问题？

主要参考文献

[1] Owen O S. Natural resource conservation (4th edition). New York: Macmillan Publishing Company. 1985
[2] Owen O S. Natural resource conservation (3rd edition). New York: Macmillan Publishing Company. 1980
[3] Ramade F. Ecology of natural resources. John Wiley and Sons, 1984
[4] 费鸿年，张诗全. 水产资源学. 北京：中国科学技术出版社，1990
[5] 孙儒泳. 动物生态学原理. 北京：北京师范大学出版社，1987
[6] Pitcher T and Hart P J B. Fisheries Ecology. London: Croom Helm Ltd, 1982
[7] 邓景耀，赵传絪. 海洋渔业生物学. 北京：农业出版社，1991
[8] 余先觉，周暾，李渝成，李康，周密. 中国淡水鱼类染色体. 北京：科学出版社，1989，1~179
[9] 李思发，吴力钊，王强，仇潜如，陈永乐. 长江，珠江，黑龙江鲢，鳙，草鱼种质资源研究. 上海：上海科学技术出版社. 1990, 1~228
[10] 陈宜瑜. 淡水生态系统中的若干生物多样性问题. 生物科学信息，1990，2 (5): 197~200

第十六章 数学在水生生物学中的应用

第一节 前言
第二节 数理统计学的应用
　一、相关与回归分析
　　（一）一元线性回归分析
　　（二）多元线性回归
　　　1. 多元线性回归分析的步骤
　　　2. 分析
　二、聚类分析
　三、判别分析
　四、主成分分析
　五、典型相关分析
第三节 数学模型的应用

　一、模型结构
　　1. 浮游植物子系统
　　2. 浮游动物子系统
　　3. 鱼类子系统
　　4. 湖水无机磷子系统
　　5. 有机碎屑子系统
　　6. 沉积物子系统
　二、模型实施与预测
第四节 非线性科学的应用
　一、分形
　二、地统计学
　三、混沌理论

第一节 前　言

50年代以来，生态学研究发生了根本性变化，逐渐从描述性、实验性学科向解析性和综合性学科过渡。在生态学研究的这场变革中，最引人注目的是数理科学和系统科学对生态学的渗透。Pielou曾指出："生态学本质上是一门数学"，尽管有失偏颇，却也不无道理。

实际上，生态学作为研究生物与环境相互关系的一门科学，更确切地说，从它诞生之日起就是一门系统科学，因为无论是研究个体、种群、群落生态，还是生态系统或人与生物圈生态，所要研究的对象首先都必须看作是一个系统，都必须研究其不同组织层次的结构和功能。

有关数理科学和系统科学（从某种意义上可将其统称为数学）在生态学中应用的学科一般叫做系统生态学或数学生态学，从历史渊源上看，它起源于生物统计学，与生物统计学（或生物数学）的主要区别在于系统生态学以生态系统及其子系统为主要研究对象，而生物数学则无此限制。可以认为系统生态学是生物数学的一个重要分支。

系统生态学的发展和兴盛给生态学研究带来了一段辉煌时光：它解决了许多用经典生态学方法所无法解决的生态学问题。70年代以来，系统生态学所依赖的两大基础——生态学和数学理论已有一些重大的进展，但这些进展尚未全面地引入系统生态学研究中，使得应用工作有些滞后于理论。数学在生态学中的应用可分为如下层次：

层次1　单变量或单因子的统计分析，简单的关系型数据库或电子表格的建立及应用等；

层次 2　多元统计分析，系统分析（包括灰色系统理论、模糊数学、层次分析等），系统动力学模型的建立与应用等；

层次 3　非线性科学，生态信息的可视化与网络化，专家系统的建立与应用等。

如本书前言所指出的，水生生物学的主体应是淡水生态学，因此，本章有关数学在水生生物学中的应用，主要以上述三个层次的数学理论为主线，论述其一般原理和方法及其在淡水生态学中的应用。所引用的例子除署名者外，多为中国科学院水生生物研究所的成果。

第二节　数理统计学的应用

由于篇幅，并考虑到已有许多统计学专著，此处仅就一些常用方法作简单描述。

一、相关与回归分析

自然界中变量之间的关系，可分成两种类型：确定的函数关系如欧姆定律 $I=V/R$，即当一个或一些变量取定值后，另一个或一些变量有确定值与之对应；不确定的相关关系（又称概率关系），即当自变量取定值后，因变量便有确定的概率分布与之对应。函数与相关虽然是两种不同类型的变量关系，但它们之间并无严格的界限。

相关分析研究的是随机变量与随机变量之间的相关关系，回归分析研究的是随机变量与非随机变量之间的相关关系，二者间的相同之处在于：都是研究变量之间相关关系的，许多主要方面的结果在形式上完全一致，不同之处在于：二者所用的概念、理论、方法等均有不同，所得结果的含义也不相同。但在一般情况下，二者的许多结果的形式是一样的，从应用与计算的角度看，没有必要加以严格的区分。由于回归分析比相关分析在数学处理上要简便，因此可以不管自变量的性质如何，都将其视为非随机的普通变量，用回归分析方法研究变量之间的相关关系。

回归分析的主要用途有：① 确定几个特定的变量之间是否存在相关关系，如存在，找出合适的数学表达式；② 根据一个或几个变量的值，预测或控制另一个变量的取值，并且要知道这种预测或控制可达到什么样的精确度；③ 进行因素分析，如在对共同影响一个变量的许多变量（因素）之间，找出哪些是重要因素，哪些是次要因素，这些因素之间又有什么关系等。

（一）一元线性回归分析

一元线性回归（univariate linear regression）即回归直线，是在所有直线中最接近全部实验的直线，即以这条直线来代表 x 与 y 的关系，其与实验数据间的误差比任何其他直线都要小。确定回归直线的关键是由 y 及 x 的多次（设为 n 次）独立观测样本数据 $(x_t, y_t)(t=1, 2, \cdots, n)$ 来得出回归系数 a 和 b 的估计量。显然，回归直线通过点 $(\bar{x}, \bar{y})$，即由观测值的平均值所组成的点。从力学的角度看，点 $(\bar{x}, \bar{y})$ 即是 n 个散点 (x_t, y_t) 的重心位置，而回归直线必须通过这些散点的重心是很自然的。记住这个结论对作回归直线非常有帮助。

一元线性回归方程的显著性检验（significance test）用于衡量回归方程效果的好坏，它包括了两个方面的内容：一是方程线性的显著性检验，二是变量的显著性检验，一般有方差分析检验法及相关系数检验法两种方法。

当从两批观测数据中得到两条回归直线：

$$Y_1 = a_1 + b_1 X$$
$$Y_2 = a_2 + b_2 X$$

时，须对其进行比较。定义

$$t = \frac{|b_1 - b_2|}{\sqrt{\dfrac{Q_1 + Q_2}{n_1 + n_2 - 4}\left[\dfrac{1}{l_{X_1 X_1}} + \dfrac{1}{l_{X_2 X_2}}\right]}}$$

式中，Q_i 为残差平方和。若 $t < t(n_1 + n_2 - 4)$，说明两条回归直线的斜率 b_1 和 b_2 间的差异不显著，即这两条回归直线是平行的，可用一个公共回归系数 $\bar{b}$ 代之，它等于 b_1、b_2 按离均差平方和 $l_{x_1 x_1}$、$l_{x_2 x_2}$ 的加权平均值，此时，回归直线分别为：

$$y_1 = \overline{y_1} + \bar{b}(x - \overline{x_1})$$
$$y_2 = \overline{y_2} + \bar{b}(x - \overline{x_2})$$

若 $t \geq t(n_1 + n_2 - 4)$，即 b_1 和 b_2 差异显著，说明二回归直线中 X 对 Y 之影响规律有差别，这一差别是由于实验条件或其他方面的改变而引起的。

可化为直线的曲线回归有幂函数、指数函数、对数函数、双曲线函数等几个基本类型，值得注意的是，变换为线性回归后相关系数较大（或较小），即变换后的线性模型拟合较好（或不好），并不能说明原曲线回归模型也拟合较好（或不好）的。

（二）多元线性回归

1. 多元线性回归分析的步骤

(1) 列表（将 Y 定义为 X_{m+1}），计算基本统计值
(2) 计算相关系数 r_{ik}（$i = 1, 2, \cdots, n$，$k = 1, 2, \cdots, m+1$）
(3) 建立标准回归系数的正规方程，求解标准回归系数

$$\begin{cases} \sum_{k=1}^{m} r_{1k} b_k = r_{1(m+1)} \\ \sum_{k=2}^{m} r_{1k} b_k = r_{2(m+1)} \\ \quad\quad\vdots \\ \sum_{k=n}^{m} r_{1k} b_k = r_{n(m+1)} \end{cases}$$

(4) 求一般回归系数及常数项，建立回归方程

$$\tilde{b}_i = b_i \sqrt{\frac{l_{(m+1)(m+1)}}{1_{ii}}}, \ i = 1, 2, \cdots, m, （其中 l_{(m+1)(m+1)} = l_{yy}）$$

$$a = \overline{X}_{m+1} - \sum_{i=1}^{m} \tilde{b}_i \overline{X}_i$$

$$y = a + \sum_{i=1}^{m} \tilde{b}_i \overline{X}_i$$

(5) 方差分析

方差来源	平方和	自由度	均方	F
回归	$U = \sum b_i l_{iy}$	m	U/m	$(U/m)/s^2$
残差（剩余）	$Q = l_{yy} - U$	$n-m-1$	$s^2 = Q/(n-m-1)$	
总计	l_{yy}	$n-1$		

(6) 复相关系数 $R = \sqrt{U/l_{yy}}$ 之检验

2. 分析

(1) 回归系数　　只有通过标准回归系数来判定因变量影响的大小，不能用一般回归系数，因为后者有单位上的差别。

(2) 偏相关系数与简单相关系数之异同　　两个变量间的偏相关系数是在除去其他变量影响的情况下所计算出来的相关系数，它是真正地反映两个变量间本质联系的，而简单相关系数则可能由于其他因素的影响而反映的仅是二者表面上的非本质的联系。

多元线性回归可用于：① 多项式回归，如抛物线回归等；② 趋势面分析，以经、纬度等地理坐标为自变量的回归分析。

二、聚类分析

聚类分析（cluster analysis），是一种对样本进行分类的方法。其基本思想是：对 n 个样本进行分类，每个样本由一个 p 维向量表征，即由 $\{x_1, x_2, \cdots, x_n\}$ 构成一个 p 维向量的向量集，把每个样本分到 m 个类即 $w_1, w_2, \cdots, w_m$ 中的某一个（m 可能知道也可能不知道），从而使同类中样本较为相似，不同类间样本差异较大。与其他多元分析方法相比较，聚类分析的数学原理目前仍不够完善，方法仍相当粗糙，但由于它能解释很多实际问题，很受人们的重视，并广泛应用于生物学、农学、医学、地质学等学科的研究。

聚类分析可分为等级聚类法（hierarchical clustering method）和逐步聚类法（successive clustering method）两种。

等级聚类法，也称为系统聚类法，是目前应用较广的一种聚类分析法。其基本思想是：先将 n 个样本各自看成一类，然后规定如何测度样本之间的距离和类与类之间的距离。开始由于 n 个样本自成一类，类与类的距离与样本之间的距离相等，故选择距离最小的一对并成一个新类，计算新类与其他类的距离，再将距离最近小的两类合并，这样每次减少一类，直到所有的样本并成一类为止。这一过程，最终形成一聚类树形图。

样本之间的距离，也称为聚类统计量，有各种类型的定义。类与类之间的距离也有多种确定方法，如定义类与类之间的距离为两类之间最为靠近的两个样本的距离，或者为两类重心之间的距离等，于是不同的定义就产生了等级聚类的不同方法，主要有最近邻体法（nearest neighbour）、最远邻体法（furthest neigbour）、中线法（medium）、形心法（centroid）、类平均法（group average）、离差平方和法（error sum of square）、可变法（flexible method）等，其中离差平方和法（也称 Ward 聚类法）应用最为广泛，其数学基础是，如果类群划分得正确，那么同类样本的离差平方和最小，而不同类之间的离差平方和最大。

上述方法并类的原则与步骤完全一致，其区别仅在于类与类间距离的定义不同，Wishart 将其公式统一为：

$$D_{kr}^2 = \alpha_p D_{kp}^2 + \alpha_q D_{kp}^2 + \beta D_{pq}^2 + \gamma \mid D_{kp}^2 - D_{kq}^2 \mid$$

下表为各种聚类方法的 α_p、α_q、β、γ 参数值。

方法	α_p	α_q	β	γ
最近邻体法	1/2	1/2	0	-1/2
最远邻体法	1/2	1/2	0	-1/2
中线法	1/2	-1/2	-1/4	0
形心法	n_p/n_r	$n_q n_r$	$-n_p n_q$	0
类平均法	n_p/n_r	$n_q n_r$	$-n_p n_q$	0
离差平方和法	$\dfrac{n_k + n_p}{n_k + n_r}$	$\dfrac{n_k + n_q}{n_k + n_r}$	$-\dfrac{n_k}{n_k + n_r}$	0
可变法	$(1-\beta)/2$	$(1-\beta)/2$	<1	0

逐步聚类法，也称动态聚类法，是非等级聚类的方法，其特点是计算量小，方法简便，同时可以根据经验先作主观分类，即给出一较粗糙的初步分类，然后根据某一原则进行修改，直至分类比较合理为止。由于计算机的广泛应用，该方法已较少使用，但在大样本的分类情况下计算工作量过大，或分类并不要求很精确的情况下，仍有其应用价值。

上述方法是基于经典集合或普通集合的"非此即彼"的概念之上的。由于生命系统和人类认知体系的复杂性，如对湖泊诸样点营养状态的分类评价中，"亦此亦彼"的模糊现象处处存在。1965 年，Zadeh 提出了模糊集合（fuzzy set）的概念，从而诞生了"模糊数学"这一新的学科。作为普通集合的拓广，模糊集合论中相应的特征函数取值除 0 与 1 外，还可取其间的任何值，即将特征函数推广为隶属函数（membership function）。

在模糊集合论上，定义一个具有自反性、对称性和传递性的模糊关系 R 为 U 上的模糊等价关系，即模糊等价关系具有三个含义：

① 自反性：若 $\mu_R(u, u) = 1$，即 $r_{ii} = 1$，则称 R 为自反关系。其直观意义是在给定条件下，一个样本不能同时属于不同类。

② 对称性：若 $\mu_R(u, v) = \mu_R(v, u)$，即 $r_{ij} = r_{ji}$，则称 R 为对称关系。直观意义是，如果样本 A 与 B 同类，则 B 与 A 也同类。

③ 传递性：设 R 与 S 分别为 $U \times V$ 和 $V \times W$ 的模糊关系，则 U 与 W 的合成是 $U \times W$ 上的一个模糊关系，记为 $T = R \cdot S$，其隶属度为

$$\mu_T(u,w) = \mu_{R \cdot S}(u,w) = \mathrm{MAX}\{\mathrm{MIN}[\mu_R(u,v), \mu_S(v,w)]\}$$
$$= \vee [\mu_R(u,v) \wedge \mu_S(v,w)]$$

"$\vee$""$\wedge$"分别表示"取大"和"取小"运算。

如果存在 $R \supset R \cdot R$，则称 R 是传递关系。即，若 $(u,v), (v,w), (u,w) \in U \times U$，有 $\mu_R(u,w) = \vee [\mu_R(u,v) \wedge (\mu_R(v,w)]$

记 $R \cdot R$ 为 R^2。模糊关系传递性的直观意义是，若 A 与 B 同类，B 与 C 同类，则 A 与 C 也同类。

具有自反性和对称性的模糊关系，称为模糊相似关系，而具有自反性、对称性和传递性的模糊关系叫模糊等价关系。将模糊相似关系改造为模糊等价关系的过程是，先求出 $R^2 = R \cdot R$，然后求出 $R^4 = R^2 \cdot R^2$，…，直到求出 $R^{2k} = R^k$ 时为止，这时的 R^k 就是所求的模糊等价关系。可以证明，这一迭代运算的次数不会超过 $[\log_2^n] + 1$，其中 $[X]$ 表示 X 所包含的最大整数。

与经典的聚类法相同，模糊聚类也可分为等级聚类和非等级聚类两种。模糊等级聚类法基本上是基于以样本间相似系数为元素组成的模糊相似矩阵 $\boldsymbol{R}$，常用的方法是模糊等价矩阵聚类法。而非等级聚类以模糊 ISODATA（迭代自组织数据分析技术，Iterative Self-Organizing Data Analaysis Technique A）聚类法为主。

设共有 n 个样本 $(u_1, u_2, \ldots, u_n)$，每一样本为一 p 维向量，即有 $U = (u_{ij})_{p \times n}$，可将 U 视为变换（一般采用中心化）后的数据，然后确定出用于计算样本间相似（异）程度的统计量，如欧氏距离、相关系数等，记样本 u_i 与 u_j 的相似（异）程度为 r_{ij}。一般地，r_{ij} 应满足 $0 \leqslant r_{ij} \leqslant 1$ 的条件，同时样本间越相似，r_{ij} 值越大。如不满足这些条件，则可采用适当的变换方式。例如，若用相关系数 r_{ij} 来反映样本间的相似程度，由于其值范围在 -1 至 1 之间，因此可以令 $r_{ij} = (1 + r_{ij})/2$，从而有 $0 \leqslant r_{ij} \leqslant 1$，并以此建立模糊相似矩阵 $\boldsymbol{R} = (r_{ij})_{n \times n}$。

所谓模糊等价矩阵聚类法，也就是采用传递闭包方法将模糊相似矩阵 $\boldsymbol{R}$ 改造为模糊等价矩阵 $\boldsymbol{R}^{n-1}$。然后由大到小依次取给定的 $\lambda \in [0, 1]$，得到不同 λ 时的 λ-截矩阵 $\boldsymbol{R}_\lambda^{n-1}$，即可得到逐次聚类结果，即每次将 $\boldsymbol{R}_\lambda^{n-1}$ 中出现为 1 的样本归类。

三、判 别 分 析

判别分析（discriminant analysis）是判定个体所属类别的多元分析方法，即根据某一对象各指标的测定结果将其归入某一类别中去。其前提是分类系统已知且明确，并且每一类均有若干观测样本。

判别分析与聚类分析的区别在于：判别分析是根据已有的分类经验，总结分类的判别公式或判别函数，用以判别新样本的类别或属性，而聚类分析则用于对某事物的类别尚不清楚，甚至可能事先连共有几类都不能确定的情况下进行分类。

依判别的准则不同，判别分析可分为 Fisher 和 Bayes 方法。Fisher 法：要求各类之间的变异尽可能地大，而各类内部的变异尽可能地小。变异性由离均差平方和表示。Bayes 法：以个体归属某类的概率（或某类的判别函数值）最大，或错分总平均损失最小为原则。与回归分析相似，按对象多少可将判别分析分为二类判别（判别类型只有两个）和多类判别（判别类型有多个），按计算方法则可分为一般判别和逐步判别[10]。

下面运用逐步判别方法，对我国南极中山站和长城站附近若干湖泊的基本生态学特征进行数学解析。选择中山站附近 Mirror 半岛的 6 个湖泊、Stornes 半岛的 5 个湖泊，长城站附近 Fildes 半岛的 7 个湖泊，每湖取 9 项参数，其中非生物因素 6 项：电导率（Cond，μS/cm）、pH 值、碳酸氢盐（HCO_3，mg/L）、总磷（TP，mg/L）、硅酸盐（SiO_2，mg/L）和溶解氧（DO，mg/L），生物因素 3 项：叶绿素 a（Chla，μg/L）、毛初级生产量（PG，mg C·L^{-1}·d^{-1}）和群落代谢率（CMR）。中山站附近的湖泊依其周边环境可分为 2 个湖群即 Mirror 湖群和 Stornes 湖群，长城站附近的湖泊可视为一个湖群即 Fildes 湖群，这 3 个湖群因所处环境的差异应在其生态学特征上有所不同。但在影响其特征的诸多环境因素包括理化因子和生物因子中，存在复杂的相关关系。采用逐步判别方法分析影响这 3 个湖群基本生态学特征的主要因素[11]。

表16.1 南极中山站及长城站附近若干湖泊各监测因子的平均值

	Stornes 湖群	Mirror 湖群	Fildes 湖群	总平均
Cond	186.000	896.300	77.428	380.500
pH	6.323	6.486	6.571	6.474
HCO_3	15.255	26.084	13.500	18.182
TP	0.032	0.052	0.030	0.038
SiO_2	0.958	2.412	1.542	1.670
DO	12.494	11.678	12.571	12.252
Chla	0.166	0.370	1.185	0.631
PG	0.0371	0.1854	0.0078	0.0752
CMR	0.164	1.161	0.971	0.811

表16.2 三湖群生态学特征的逐步判别方程

自变量	Stornes 湖群	Mirror 湖群	Fildes 湖群
常数	-1.3788	-11.4260	-6.2775
Cond	0.0021	0.0071	0.0020
pH			
HCO_3			
TP			
SiO_2	2.4673	6.9140	2.5126
DO			
Chla	0.0017	-0.5928	7.1885
PG			
CMR			

表 16.1 列出了南极中山站及长城站附近 3 个湖群共 18 个湖泊各监测因子的平均值。表 16.2 则是 3 湖群生态学特征的逐步判别方程的系数。由此可见，这三个湖群的生态学特征主要由湖中电导率、硅酸盐浓度和叶绿素 a 含量决定。其方程分别为：

Stornes 湖群 $Y(S) = -1.3788 + 0.0021\ \text{Cond} + 2.4673\ \text{S}_i\text{O}_2 + 0.0017\ \text{Chla}$

Mirror 湖群 $Y(M) = -11.4260 + 0.0071\ \text{Cond} + 6.9140\ \text{S}_i\text{O}_2 - 0.5928\ \text{Chla}$

Fildes 湖群 $Y(F) = -6.2775 + 0.0020\ \text{Cond} + 2.5126\ \text{S}_i\text{O}_2 + 7.1885\ \text{Chla}$

根据 Bayes 定律，对某一湖泊 X，如果

$$Y(X) = \text{MAX}[Y(S), Y(M), Y(F)] = Y(I),\ I = S, M, F$$

则湖泊 X 可归为湖群 I。由此将上述 18 个湖泊分别代入上述 3 个方程，计算其后验概率，结果见表16.3。结果说明，这 3 个判别函数对上述 3 个湖群的判别有较高的正确率（平均为88.88%），基本上可以满足对其生态学特征进行鉴别的需要。对其判别结果进行统计学检验，取 F 的临界值为 $F(r, n-g-r+1)$，其中 r 为最终选入的自变量数，n 为样本数，g 为分类的组数，显然本文中 $r=3$，$n=18$，$g=3$，故 F 的临界值 $F(r, n-g-r+1) = F(3, 13)$，在显著水平为0.01时，其值为5.74，上述 3 个判别函数对 3 湖群的判别均在0.01的水平上显著（见表16.4），即 Stornes 湖群和 Mirror 湖群间、Stornes 湖群和 Fildes 湖群间以及 Mirror 湖群和 Fildes 湖群间的差异均显著。

综上所述，南极中山站及长城站附近的 18 个湖泊可依其所处环境分为 3 个湖群即 Stornes 湖群、Mirror 湖群和 Fildes 湖群，其基本生态学特征主要由湖中电导率、硅酸盐浓度和叶绿素 a 含量决定。文中所示的判别函数在统计学上极为显著且具有较高的判别正确率，可用于南极中山站和长城站附近湖泊的生态特征的解析和分类。

表16.3　逐步判别分析的结果

实际湖群	Stornes 湖群	Mirror 湖群	Fildes 湖群	合计	正确率
Stornes 湖群	5(100.00%)	0(0.00%)	0(0.00%)	5	100.00%
Mirror 湖群	1(16.67%)	5(83.33%)	0(0.00%)	6	83.33%
Fildes 湖群	1(14.28%)	0(0.00%)	6(85.72%)	7	85.72%
合计	7	5	6	18	88.88%

注：括号内为后验概率。

表16.4　逐步判别分析的检验（上三角为湖群间 Mahalanbis 距离，下三角为其 F 值）

	Stornes 湖群	Mirror 湖群	Fildes 湖群
Stornes 湖群		9.9076	7.3674
Mirror 湖群	7.8060		14.3742
Fildes 湖群	6.2077	13.4159	

四、主成分分析

主成分分析（principal component analysis）是在不损失或较少损失原有信息（即方差）的前提下，将原来多个彼此相关的指标转换为新的少数几个（最多等于原指标个数）彼此独立的综合指标的一种多元统计分析方法。

对若干个水体，或一个水体中的若干个样点，测得浮游植物的生物量（PB）和叶绿素 a（Chla），显然 PB 与 Chla 有相当密切的关系。作其回归直线图，不妨假定其穿过

原点。若以此回归直线作为新坐标之横轴 Z_1，以与之垂直的线作新坐标之纵轴 Z_2，则在 Z_1-Z_2 平面上，Z_2 之点不随 Z_1 之点的变化而变化，即 Z_1 与 Z_2 不相关。鉴于上述 n 个点的变异主要反映在 Z_1 方向上，与 Z_2 方向关系不大，因此，研究上述 n 个对象的变异，可以只考虑 Z_1 值的大小，而忽略 Z_2 值的差异，也就是说，可以用 Z_1 这一新指标代替原来的两个指标（PB 和 Chla）而分析 n 个对象的变异。这就是所谓主成分分析。以数学语言表述，即为求系数 b_{11}，b_{12}，b_{21}，b_{22}，使得

$$Z_1 = b_{11}X_1 + b_{12}X_2$$
$$Z_2 = b_{21}X_1 + b_{22}X_2$$

且 Z_1 与 Z_2 不相关，此时，Z_1 叫 X_1 和 X_2 之第 1 主成分（first principal component），Z_2 叫第 2 主成分（second principal component）。

主成分分析与聚类分析的相同之处在于二者均可减少原有指标（或样本）之个数，不同之处在于：主成分分析从原有指标出发，寻找几个综合指标，以减少指标个数，而聚类分析则先把原有指标聚成几类，再在每一类中选出典型指标来减少个数。主成分分析的关键，在于对综合指标所隐含的信息给予恰当的解释。

下面用主成分分析技术研究保安湖水化学的基本特征。鉴于保安湖水质的动态在很大程度上可由水中的营养物动态表现出来，因此，仅对几种常见的营养盐类作主成分分析，结果见表 16.5 和表 16.6。

表 16.5 保安湖营养盐类的主成分分析

7 种营养盐			5 种营养盐		
主成分	方差百分数	累计	主成分	方差百分数	累计
1	41.58	41.58	1	39.76	39.76
2	23.51	65.09	2	32.61	72.37
3	12.99	78.07	3	14.07	86.44
4	9.78	87.85	4	8.25	94.69
5	5.94	93.79	5	5.31	100.0
6	4.16	97.95			
7	2.05	100.0			

表 16.6 保安湖营养盐类若干主成分的系数

	7 种营养盐				5 种营养盐		
	PCA1	PCA2	PCA3	PCA4	PCA1	PCA2	PCA3
TP	0.54	-0.08	-0.12	0.11	0.65	-0.05	0.13
PO_4P	0.42	0.17	-0.52	0.23	0.61	0.22	0.07
TN	0.17	0.62	-0.20	0.26	0.22	0.64	0.18
NO_3N	-0.07	0.59	-0.07	-0.73	-0.13	0.59	-0.71
NH_4N	-0.23	0.46	0.50	0.54	-0.38	0.44	0.67
NO_2N	0.46	0.09	0.50	-0.15			
SiO_2	0.47	-0.05	0.42	-0.14			

表 16.5 是分别对保安湖 7 种营养物（总磷、磷酸盐、总氮、硝酸盐氮、铵氮、亚

硝酸盐氮、硅酸盐）和5种营养物（上述7种中除去亚硝酸盐氮和硅酸盐）的主成分分析的结果。显然，前3个和2个主成分的累计方差已超过70%，可满足一般生态学分析的需要。表16.6为上述两次分析过程中的主成分系数，为说明的简便，表中还是多列出了一个主成分。从表中不难看出，以对5种营养物的主成分分析为例，第一主成分占原有方差的39.76%，主要反映的是水体中磷的特征，第二主成分占原有方差的32.61%，主要反映的是水中氮的动态特别是总氮和硝酸盐氮，第三主成分占原有方差的14.07%，反映的是保安湖水中无机氮的特征。由于各主成分之间是相互正交的，第三主成分可作为第二主成分的一种补充，但不包含在第二主成分中。前两个主成分占原有方差的72.37%，前三个主成分包含原方差的86.44%，工作中可根据不同的需要选择两个或三个主成分进行分析，前三个主成分分别为：

$$PCA_1 = 0.65\ TP + 0.61\ PO_4P + 0.22\ TN + 0.13\ NO_3N - 0.38\ NH_4N$$

$$PCA_2 = -0.05\ TP + 0.22\ PO_4P + 0.64\ TN + 0.59\ NO_3N + 0.44\ NH_4N$$

$$PCA_3 = 0.13\ TP + 0.07\ PO_4P + 0.18\ TN + 0.71\ NO_3N + 0.67\ NH_4N$$

五、典型相关分析

典型相关分析（cannonical correlation analysis）是研究两组变量间相关关系的多元分析方法。其基本原理是在两组随机变量中选出若干对有代表性的综合指标，通过研究这两组综合指标间的关系来反映两组变量间的关系。具体地说，假定第一组有 u 个变量，第二组有 v 个变量，每组各有 n 次观测（样本数）。不妨记第一组随机变量为 X_i，相应的观测值为 x_{ik}，第二组随机变量记为 Y_j，相应观测值为 y_{jk}（其中 $i=1\sim u$，$j=1\sim v$，$k=1\sim n$）。典型相关分析的基本任务就是根据这两组指标的 n 例观测值，研究二组变量间的相关，按其提取相关成分大小，从大到小分别求出两组变量的每对线性组合，即求系数 a_{ik}，b_{ik}（$i=1\sim u$，$j=1\sim v$，$k=1\sim m$），其中 $m=\min(u,v)$，使得

$$U_j = \Sigma a_{ij}X_i \qquad V_j = \Sigma b_{ij}Y_i \qquad (j=1\sim m)$$

具有最大的相关系数，而 U_i 和 U_j；V_i 和 V_j；U_i 和 V_j 线性不相关（$i \neq j$）。

如前所述，相关系数是两个随机变量之间线性依赖程度的度量，复相关系数是一个随机变量与一组随机变量之间线性依赖程度的度量，而要研究两组随机变量之间线性依赖程度，则需要使用典型相关分析。

表16.7列出了武汉东湖浮游动物两项指标（ZD，ZB）与浮游植物4个指标（PD，PB，PG，$Chla$）之间的典型相关系数及显著水平。在95%的显著水平上，典型变量为：

$$U = 0.55\ PD - 0.61\ PB + 0.63\ Chla + 1.49\ PG$$

$$V = 0.99\ ZD + 0.05\ ZB$$

$$r = 0.5149,\ p = 0.0225$$

典型变量的意义主要由负荷较高的变量所决定，因此，上述典型变量表明，反映浮游动物的指标主要是其密度（ZD），而反映浮游植物的指标是其初级生产力（PG），二

者之间有很强的线性依赖关系。由于特征值反映着方差贡献的大小，故这一对典型变量的方差最大，吸收原来所有指标的总信息最多（占73.23%），另一对典型变量（不显著）次之（占26.77%），因此，浮游动物与浮游植物的关系主要由浮游动物的密度和浮游植物的初级生产力决定。

表16.7 浮游动物与浮游植物的典型相关分析

数目	特征值	典型相关系数	χ^2	自由度	显著水平
1	0.2651	0.5149	17.836	8	0.0225
2	0.0969	0.3113	4.435	3	0.2182
	第一组典型变量系数		第二组典型变量系数		
PD	−0.55	−3.17	ZD	0.99	0.15
PB	−0.61	0.43	ZB	0.05	−1.00
Chla	0.63	−0.11			
PG	1.49	2.44			

这一结果是综合考虑浮游植物和浮游动物的全部因子而得到的概括性结果。如前所述，此结果较之简单相关分析和复相关分析更具有客观性和全面性。实际上，统计分析表明，浮游动物 2 因子中只有密度（ZD）与浮游植物诸因子显著相关，由于后者彼此间亦存在着极为显著的关系，逐步相关分析表明，浮游动物的密度只决定于藻类的初级生产力。此外，浮游生物间的偏相关系数也与以上的分析一致，而且偏相关系数与两个典型变量中的因子负荷的大小趋势也是一致的。

第三节 数学模型的应用

模型是模拟客观事物某种现象的公式，是客观事物的抽象的不完全的描述。模型的种类很多，如文字的、图表的、物理的和数学的等等，尤以数学模型最为普遍和常见。在生态学研究中大量应用数学模型，则是 60~70 年代之后的事。那时，随着人们对环境问题的深刻认识，迫切需要认真考虑污染对生态系统的影响。而在 70 年代后，计算机技术得到了飞速的发展和普及。由于生态系统的复杂性，各种治理方案以数学模型的方法来研究和模拟是现实和可行的。

在湖泊生态系统方面，Lindemann 于 1942 年开创性地建立了湖泊营养动态模型，60~70 年代更有一些学者着手于水生态系统及其营养状态的模拟，其开拓性研究为淡水生态数学模型的发展奠定了基础。Park 等于 1974 年建立了一个模拟湖泊生态系统的综合模型 CLEAN (Comprehensive Lake Ecosystem Analyzer)，该模型几乎包括了湖中所有的生物与非生物因子，如鱼类（植食性的和肉食性的）、浮游生物、底栖生物、细菌、大型植物、悬浮物、沉积物以及营养盐等，其后，许多学者对该模型进行了不断修改和完善。与此同时，不同的学者根据各自湖泊的不同生态环境和条件，建立了形形色色的许多模型，如 Patten 等对 Texoma 湖、Di Toro 等对 Erie 湖、Jorgensen 等对 Glumsoe 湖、Scavia 对 Ontario 湖、松岗让等对霞浦湖等。在这些模型中，以描述水体中的营养物质循环和提供水质预报为目的的湖泊富营养化模型，占有相当重要的地位。70 年代中期，伴随着水体富营养化研究工作的广泛开展，世界范围内建立了大量的复杂程度不同的富营养化数学模型，其中不少模型在水质管理中得到了验证和应用。近10年来，水生态系统数学模型的建立，不论在理论或实际应用方面都有了较大的进展，只要模型作者利用自己过去积累的经验和系统的数学分析，就可以借助于所建立的模型提出具有实用意义的预报。因此，在淡水生态学研究，特别是水质管理和渔业生产中，这一类生态模型（或数学模型）已成为一种十分重要的工具。

我国水生态系统数学模型的研究历来开展得较少，迄今仅见到数篇报道，一般都集中在对其生态系统研究得较为系统的几个湖泊中，如阮景荣等建立的有关磷与浮游植物的动态模型，Higashi等在中日合作有关东湖水质管理与合理的渔业生产的生态学研究中提出的数学模型，刘玉生等建立的滇池富营养化生态动力学模型，宋永昌等建立的淀山湖富营养化生态模型，蔡庆华建立的武汉东湖系统生态学模型等。这些湖泊基本上位于城市郊区，是重要的饮用水源，因此建立模型的目的是对湖泊富营养化进行预测并提出治理方案，所采取的设计思路大都是以食物链的"上行"（bottom-up）效应为主。最近，一些学者以"下行"（top-down）效应为主要思路，以鱼类和水草、水草和藻类、滤食性鱼类和藻类间的相互关系为主线，尝试建立草型湖泊的兼顾渔业发展和环境保护的数学模型。

数学模型的建立，应包括模型结构、系统参数与初值、模型检验，以及模型的预测和应用等几大部分，下面以武汉东湖生态系统的数学模型为例，介绍模型建立的诸过程。

该模型对东湖生态系统的描述，主要限于牧食食物链（网）中。模型的主要目的在于模拟武汉东湖主要养殖对象鲢和鳙在一年中从放养到捕捞期间的生长情况，预测在不同放养水平和放养比例的情况下鲢鳙的生长以及它们对浮游植物和浮游动物的影响。模型由8个分室或状态变量组成，即浮游植物磷（PP）、浮游植物生物量（PB）、浮游动物生物量（ZB）、鲢及鳙生物量（FH，FA）、湖水无机磷（IP）、有机碎屑（DT）和沉积物（底泥，SE）。模型的驱动变量或约束函数为太阳辐射（II）、水温（TT）和磷的外源输入（包括无机磷输入LP和有机碎屑的输入LD）。模型由一组按照物质和能量守恒原理建立的确定性微分方程所构成，其中每个方程描述一个状态变量。这一组微分方程是：

$$dFH/dt = GFH$$
$$dFA/dt = GFA$$
$$dPP/dt = UPTP - (GZP + GFHP + GFAP) * PP/PB - PP * Q/V$$
$$dPB/dt = GP - (GZP + GFHP + GHAP) - PB * Q/V$$
$$dZB/dt = GZ - (GFHZ + GFAZ) - ZB * Q/V$$
$$dIP/dt = LP + MINPD + EXCHP - UPTP - IP * Q/V$$
$$dDT/dt = LD + (EGZ + EGFH + EGFA) - (GZD + GFHD + GFAD) - MINPD - SETPD - DT * Q/V$$
$$dSE/dt = SETPD - EXCHP$$

其中Q和V分别为湖泊的出水量和容积，LP和LD分别为无机磷和有机碎屑的容积负荷，其余各项将在下文各子系统中分别解释。

一、模型结构

1. 浮游植物子系统

浮游植物生物量的变化率＝生长－被滤食－流失

即：$dPB/dt = GP - (GZP + GFHP + GFAP) - PB * Q/V$

(1) 生长　　藻类生长的营养限制一般常用 Michaelis-Menten 方程描述，即假定藻类细胞的营养物稳定不变，把藻类的生长率作为环境营养物浓度的函数。然而实验观测表明，藻类细胞的营养物（尤其是磷）含量往往变动很大，并且藻类的生长可以延续到环境中的营养物耗尽之后。根据这一个观察结果，有些模型作者将藻类的生长和营养物摄取分开来考虑，同时把藻类的生长率作为其细胞营养物水平的函数来描述，结果使模型在某些情况下能给出更准确的预报。因此，东湖浮游植物的生长亦按两步过程来描述，所采用的速率方程如下：

1) 磷的摄取 $UPTP = UPMAX * FPI * FPP * PB$

而 $FPI = IP/(IP + KP)$, $FPP = (FMAX - FF)/(FMAX - FMIN)$, $FF = PP/PB$。式中 UPMAX 为藻类的最大磷摄取率，FPI 和 FPP 分别为湖水磷浓度和藻类细胞含磷量对其最大磷摄取率起限制作用的函数，KP 为藻类对磷的摄取的 Michaelis 常数，FMAX 和 FMIN 分别为藻类细胞的最高和最低含磷量。

2) 生物量的增长 (GP) 决定于每日最大生产率与营养、水温和光照的限制，即
$GP = GPMAX * FP * FT * FI * PB$，式中的 GPMAX 为藻类的最大生长率，FP、FT 和 FI 分别为营养物磷（即藻类细胞的含磷量）、水温和光照对藻类最大生长率起限制作用的函数，其表达式是 $FP = 1 - FMIN/FF$，而

$$FT = (TM - TT)/(TM - TO)\exp(1 - (TM - TT)/(TM - TO)) \quad \text{当} \ TT < TM$$

或

$$FT = 0 \quad \text{当} \ TT \geqslant TM$$

式中 TT 为水温，TM 和 TO 分别为藻类生长的临界温度和最适温度。而东湖藻类生长的最适温度和临界温度，分别按 5～10 月和 11～4 月两个区间确定：

$FI = e/(\varepsilon D)\{\exp[-II/IIP(\exp(-\varepsilon D))] - \exp(-II/IIP)]\}$, $\varepsilon = 1.03 + 0.75 PB$, $IIP = 47.2 + 4.87 TT$，式中 D 为水深，1.03 和 0.75 分别为湖水和藻类的消光系数，ε 为总消光系数，II 为水面的光强度，IIP 为藻类生长的最佳光强度，47.2 和 4.87 分别为最佳光强度的基点值和温度校正系数。由于模型描述一个被假定为完全混合的系统，方程中只考虑了光照强度随深度增加而递减的平均影响，此方程由描述水域中某一点光限制的 Steele 方程推导而来。

(2) 被浮游动物和鲢鳙的滤食　　记 GZP 和 GFHP, GFAP 分别为浮游植物被浮游动物和鲢鳙的滤食，计算公式分别见浮游动物子系统和鱼类子系统。

2. 浮游动物子系统

浮游动物生物量的变化率＝生长－被滤食－流失，即：

$$dZB/dt = GZ - (GFHZ + GFAZ) - ZB \times Q/V$$

浮游动物的生长取决于其最大生长率以及食物浓度和水温的影响,且假定温度对浮游动物的影响与对浮游植物的影响是一致的,则

$GZ = GZMAX \times FZ \times ZB$,而食物浓度的影响仍以 Michaelis 方程表示之,注意到浮游动物主要以藻类和有机碎屑为食,而浮游动物对食物没有主动选择能力,仅与食物的颗粒大小有关,在所有食物中浮游动物对浮游植物和有机碎屑的滤食分别为 FZP 和 FZD,且

$FZP = (PB - 0.1)/2$,当 $PB > 0.1$ 时,或 $FZP = 0$,当 $PB \leq 0.1$ 时
$FZD = (DE - 0.1)/2$,当 $DE > 0.1$ 时,或 $FZD = 0$,当 $DE \leq 0.1$ 时

半饱和常数为 KSZ (=2),则食物浓度对浮游动物的影响 FZ 为:

$$FZ = (FZP + FZD)/(KSZ + FZP + FZD)$$

而浮游动物对浮游植物和有机碎屑的滤食分别为 GZP 和 GZD:

$$GZP = FZP/(KSZ + FZP + FZD) \times FT \times ZB,$$
$$GZD = FZD/(KSZ + FZP + FZD) \times FT \times ZB$$

假定浮游动物对浮游植物和有机碎屑的消化率(DRZ)相同,则排粪量 EGZ 为:

$$EGZ = FZ \times FT \times ZB \times (1 - DRZ) = (GZP + GZD) \times (1 - DRZ)$$

3. 鱼类子系统

陈少莲等测得了鲢鳙鱼的日粮(占体重的%)与水温的关系,由此可知日摄食量为:

鲢　$DFH = 0.2683 e^{0.1505 TT} FH/100$　　鳙　$DFA = 0.3034 e^{0.1420 TT} FA/100$

其中,对浮游植物的滤食为:

鲢　$GFHP = FFP/(ZB + FA + FFP + FFZ + FFD) \times DFH$
鳙　$GFAP = FFP/(ZB + FH + FFP + FFZ + FFD) \times DFA$

对浮游动物的滤食为:

鲢　$GFHZ = FFZ/(FA + FFP + FFZ + FFD) \times DFH$
鳙　$GFAZ = FFZ/(FH + FFP + FFZ + FFD) \times DFA$

对有机碎屑的滤食为:

鲢　$GFHD = FFD/(ZB + FA + FFP + FFZ + FFD) \times DFH$
鳙　$GFAD = FFD/(ZB + FH + FFP + FFZ + FFD) \times DFA$

故,鲢鳙的生长为:

鲢　$GFH = GFHMAX (GFHP + GFHD + GFHZ)$
鳙　$GFA = GFAMAX (GFAP + GFAD + GFAZ)$

假定鲢鳙对浮游植物、有机碎屑和浮游动物的消化率分别为 DRFP,DRFD 和 DRFZ(鲢鳙之间无差别),则鲢鳙的排粪量为:

鲢　$EGFH = (1 - DRFP) \times GFHP + (1 - DRFD) \times GFHD + (1 - DRFZ)$
　　　$\times GFHZ$
鳙　$EGFA = (1 - DRFP) \times GFAP + (1 - DRFD) \times GFAD + (1 - DRFZ)$
　　　$\times GFAZ$

4. 湖水无机磷子系统

湖水无机磷的增加量＝负荷＋有机碎屑矿化＋泥水交换－浮游植物的摄取－引水流失，即：

$$dIP/dt = LP + MINPD + EXCHP - UPTP - IP \times Q/V$$

有机碎屑矿化（MINPD）见有机碎屑子系统。泥水交换（EXCHP）见沉积物子系统。浮游植物对湖水中无机磷的摄取（UPTP）见浮游植物子系统。

5. 有机碎屑子系统

单位时间有机碎屑的增加量＝负荷＋浮游动物和鱼类的排粪－浮游动物和鱼类的滤食－有机碎屑的矿化和沉降－引水流失，即

$$dDT/dt = LD + EGZ + EGFH + EGFA - GZD - GFHD - GFAD - MINPD - SETPD - DT \times Q/V$$

（1）碎屑的矿化（MINPD） 碎屑的矿化过程受温度制约，按简单的 Van't Hoff 方程描述，标准温度为 20℃，即

$$MINPD = KMD \times QMD^{T-20} \times DT$$

式中的 KMD 为 20℃时碎屑磷的矿化率，QMD 为其温度系数。

（2）碎屑的沉降（SETPD） 碎屑的沉降系按照稳定的沉降速度来描述。所采用的速率方程如下：

$$SETPD = (KSD/D) \times (1 - RD) \times DT$$

式中的 KSD 为碎屑的沉降速度，RD 为碎屑中溶解有机磷所占的分数。

此外，浮游动物和鱼类的排粪（EGZ 和 EGFH，EGFA）以及浮游动物和鱼类对有机碎屑的滤食（GZD 和 GFHD，GFAD）分别见浮游动物和鱼类子系统。

6. 沉积物子系统

沉积物的增加＝有机碎屑的沉降－泥水交换量，即

$$dSE/dt = SETPD - EXCHP$$

（1）沉积物的矿化（MINPS） 沉积物矿化过程受温度制约，按简单的 Van't Hoff 方程描述，标准温度为 20℃，即

$$MINPS = KMS \times QMS^{T-20}(1 - RS) \times SE$$

式中的 KMS 为 20℃时沉积物的矿化率，QMS 为其温度系数，RS 为沉积物中不可交换的部分所占的分数。

（2）水柱-沉积物界面的磷交换（EXCHP） 通过水-泥界面所进行的物质交换是一个复杂的过程。模型对于这一过程的描述，是以沉积物间隙水磷或上覆水磷沿着它们之间的浓度梯度通过扩散所进行的转移过程为依据的，采用稳定的交换系数。同时，按照系统中各种成分均匀分布的假定，沉积物间隙水和上覆水的磷浓度，分别由沉积物和水柱中的溶解无机磷浓度来表示。速率方程是

$$EXCHP = KEX(MINPS - IP) = KEX(KMS \times QMS^{T-20}(1 - RS) \times SE - IP)$$

式中 KEX 为沉积物与水柱之间的磷交换系数。

此外，有机碎屑的沉降（SETPD）见有机碎屑子系统。

二、模型实施与预测

上述模型采用四阶定步长 Runge-Kutta 方法求解。为最大限度地排除年度差异，模型中的各项数据都以东湖 1979~1985 年的逐月平均值为依据，其中状态变量 PB，ZB 和 IP，DT 的初值系选用 12 月份的平均值，浮游植物的磷含量（PP）假定为 PB 的 1%，鲢鳙鱼类的初值则按 1981~1986 年的平均放养量（鲢 1861447 尾，鳙 1204310 尾）×尾均重（鲢 40g，鳙 50g）×存活率（22.94%）计算，此外，假定东湖沉积物中只有上层 10cm 参与磷交换，其比重为 1.1，干湿比为 20.59%，沉积物中磷的含量为 0.87 mg/g dw，初值为 9.57 mg/L（见表 16.8）。

表16.8　模型状态变量的初值（mg/L）

PP	PB	ZB	FH	FA	IP	DT	SE
0.035	3.50	2.62	0.456	0.368	0.048	18.245	9.57

模型的参数值，一部分是根据东湖的观测数据估算的，包括浮游植物的最大生长率、水温与光照的限制参数等，另一部分系借用有关文献。所借用参数值与估算参数值一样，在模型校准过程中都作了适当的修改和调整（见表16.9）。

表16.9 列出了东湖鲢鳙鱼月生长速度的实测值与预测值，其中实测值系采用刘伙泉等的资料，结果不难看出，本模型较好地拟合了鲢鳙鱼类在东湖的生长。根据这一模型可推算出东湖鲢鳙鱼的产量分别为 398 和 458t，总鱼产量为 856t，其中鲢鳙之比为 46.5:53.5，而东湖渔场提供的资料表明，1981~1986 年东湖渔获量为 685~1125t，平均为 895t，其中鲢鳙之比为 40:60，且绝大多数的鲢鳙为 1^+ 龄，因此可假定渔获量即为鱼产量，模型预测结果与实测结果相当吻合。

表 16.10 列出了不同放养比例对鱼产量及浮游生物的影响，其中鲢鳙放养比例系按重量（生物量）计算的，且放养的鱼类生物量（0.824 mg/L）及死亡率（22.94%）不变，表中还列出了放养数量（万尾）和产出投入比。结果表明，随着鲢鳙放养比的下降，鲢鱼产量及产出投入比不断下降，鳙鱼和总鱼产量以及产出投入比不断上升，浮游植物生物量不断增加，而浮游动物生物量则呈先增加后减少的抛物线型的变化。不难看出，等重地投放鲢鳙鱼种（放养量分别为 168 万尾和 135 万尾），可使鱼产量提高 22.9% 而浮游植物和浮游动物在生物量上无甚变化，看来这说明等重地投放鲢鳙鱼种可使此两种鱼类较充分地利用其不同的生态位资源。而浮游生物的生物量未随鱼产量提高而减少的原因，估计是周转率提高、生长率上升的缘故，这与王建的结果是一致的。

模拟不同放养水平下各状态变量的变化表明，鱼类放养量提高，造成浮游动物下降，从而使浮游植物上升，但由于放养量的提高，鲢对浮游植物的滤食抑制了浮游植物的过度生长，因而浮游植物生物量的增加不大。此外，研究进一步表明，5~10 月间的浮游生物对鱼类放养量比较敏感，说明 5~10 月是鲢鳙鱼的主要摄食期即生长期，这与刘伙泉等的结论一致。

表16.9 模型参数

符 号	定 义	单位	参数值
UPMAX	Maximum uptake rate	1/d	0.01
KP	Michaelis constant	gP/m^3	0.015
FMAX	Maximum phosphorus content	gP/gB	0.015
FMIN	Minimum phosphorus content	gP/gB	0.001
GPMAXP	Maximum growth rate of phytoplankton	1/d	3.38
Tm	Upper limit of temperature		32 (May to Oct.)
			28.8 (Nov. to Apr.)
To	Optimal temperature		25.8 (May to Oct.)
			21.5 (Nov. to Apr.)
GZMAX	Maximum growth rate of zooplankton	1/d	0.63
DRZ	Digest rate of zooplankton		0.32
GFMAX	Maximum growth rate of fish	1/d	0.18(Silver carp)
			0.22(Bighead carp)
DRFP	Digest rate of fish on phytoplankton		0.27
DRFZ	Digest rate of fish on zooplankton		0.37
DRFD	Digest rate of fish on detritus		0.43
KMD	Mineralization rate of detritus	1/d	0.022
QMD	Temperature coefficient of detritus		1.15
KEX	Sediment-water phosphorus exchange coefficient	1/d	0.03
RS	Non-exchangeable ratio		0.18
KMS	Sediment mineralization rate	1/d	0.0013
QMS	Temperature coeficient of mineralized sediments		1.13
KSD	Sedimentation rate of detritus	m/d	0.15
RD	Active phosphorus ratio		0.38

表16.10 东湖鲢鳙月生长速度的实测值与预测值（g）

放养鱼类		Mar	Apr	May	Jun	Jul	Aug	Sep	Oct	Nov	Dec	来 源
鲢	Ⅱ类鱼种	31	94	145	185	271	600	650	700	740	750	刘伙泉等 1982
	Ⅲ类鱼种	100	155	250	290	365	800	1050	1050	1100	1150	刘伙泉等 1982
	模型预测	41	42	45	51	75	129	295	592	848	946	本文
鳙	Ⅲ类鱼种	50	153	250	265	300	750	1080	1300	1350		刘伙泉等 1982
	模型预测	51	53	56	66	95	185	451	964	1453	1657	本文

表16.11 不同放养比例对鱼产量及浮游生物的影响（理论值）

鲢鳙放养比	3:1	2:1	3:2	55:45	1:1	2:3	1:2	1:3
总放养量(万尾)	320	314	310	306	303	297	292	286
总鱼产(t)	989	863	828	856	1052	1380	1925	3017
产出/投入	3.09	2.75	2.67	2.80	3.47	4.65	6.59	10.55
鲢放养量(万尾)	253	224	202	186	168	135	112	84
占总放养量(%)	79.1	71.3	65.2	60.8	55.4	45.5	38.4	29.4
鲢产量(t)	872	646	487	398	313	196	141	89
占总鱼产(%)	88.2	74.9	58.8	46.5	29.8	14.2	7.3	2.9
产出/投入	3.45	2.88	2.41	2.14	1.86	1.45	1.26	1.06
鳙放养量(万尾)	67	90	108	120	135	162	180	202
占总放养量(%)	20.9	28.7	34.8	39.2	44.6	54.5	61.6	70.6
鳙产量(t)	117	217	341	458	639	1184	1784	2928
占总鱼产(%)	11.8	25.1	41.2	53.5	70.2	85.8	92.7	97.1
产出/投入	1.75	2.41	3.16	3.82	4.73	7.31	9.91	14.50
PB(mg/L)	3.904	4.186	4.348	4.440	4.554	4.780	4.910	5.043
(%)	87.9	94.3	97.9	100	102.6	108.6	110.6	113.6
ZB(mg/L)	0.820	0.785	0.840	0.865	0.867	0.818	0.779	0.734
(%)	94.8	90.8	97.1	100	100.2	94.6	90.1	84.9

第四节 非线性科学的应用

在数学理论中，对于线性问题已有较为完备的描述和有效的处理工具。对非线性问题的研究则尚不充分。在解决一些实际问题时，人们常常利用线性方法来逼近非线性问题，但这并非总是有效的。因为非线性问题具有许多与线性问题截然不同的属性。如分叉性，即解的不唯一性导致分叉的产生；奇异性，即许多非线性系统本身具有光滑的系数，但它的解却出现奇异性；敏感依赖性，即某些含参数的非线性系统的解的结构及性质随参数或初始条件的微小变化而剧烈变化。如此等等，这些属性是非线性系统产生分叉、突变及混沌的根源。

60～70年代以来，数理科学发生了重大的革命，耗散结构（dissipative structure）理论、超循环理论（hypercycle theory）、协同学（synergetics）、突变论（catastrophe theory）、等级（hierarchy）系统理论、分形几何（fractal geometry）、混沌（chaos）理论、地统计学（geostatistics）等理论和方法相继诞生和发展，这些跨学科的、非线性的理论分别从不同的角度探索大自然中的复杂性、揭示复杂现象中的规律性。短短的20年间，以混沌和分形为代表的这些非线性理论取得了令人瞩目的成就，被誉为是本世纪继量子力学和相对论两项重大科学发现后的第三次科学革命。

地球及其生物圈是一个复杂的巨系统，非平衡性、非线性、多尺度性、突变性、自组织性、自相似性、有序性以及随机性等正是这一系统的最本质的属性，也恰恰是非线性科学所关注的焦点。非线性理论为认识复杂现象提供了新的思维方式和解决问题的方法。国家中长期科学技术发展纲领中指出,要加强非线性数学等的理论与方法的研究(中国科学报,1992.04.10);May 指出:"必须向一般学生讲授混沌";也有人说"可以相信,明天谁不熟悉分形,谁就将不能被认为是科学上的文化人。"[16]

本节以分形和混沌为主,介绍非线性科学的一般原理及其在淡水生态学中的应用。

一、分　形

对规则的几何图形如线段、圆、立方体等,可用人们熟悉的欧氏几何进行研究。几何学中的基本问题之一是确定研究对象的维数。维数是为了确定几何对象中一个点的位置所需要的独立坐标的数目。对于像海岸线、云彩、雪花、肺支气管树、毛细血管网等这样一些复杂的不规则几何对象的描述,欧氏几何显然是无能为力的。Mandelbrot 曾提出过这样一个问题:英国海岸线到底有多长?这个问题的答案其实并不明确,它依赖于测量所使用的尺度。如用公里作测量单位,从几米到几十米甚至更多的一些弯曲会被忽略。当改用米作单位时,测量的精度会有所提高,其总长度有所增加,但一些厘米级甚至更小的曲折还是不能反映出来。如此继续下去可知,海岸线的总长度随测量尺度的减小而增加。测量尺度的减小意味着被测对象的扩大,如同增加显微镜的放大倍数去观察同一个标本一样。海岸线在不同测量尺度下表现的弯曲反映了这一类不规则几何对象的共有特性,即在不同尺度层次上表现出某种自相似性(self-similarity):局部放大与整体相似,形成一种无穷嵌套的自相似结构。

具有这样特性的几何图形称为分形。分形(fractal)几何的维数一般不再是整数,而是分数,称为分维。

Mandelbrot 将拉丁文单词 fractus 结合英文同源词 fracture 和 fraction 创造出了 fractal(分形)。简单地说,分形是指其局部结构的放大以某种方式与整体相似的形体,或更数学化的说法是指其 Hausdorff 维大于拓扑维的集合。从定性上看,分形具有以下典型性质:①具有精细的结构,有任意小比例的细节;②不规则,以致它的整体和局部不能用传统的几何学表达;③具有严格的自相似性,或近似的、统计上的自相似性;④一般情况下,分形维数(由某种定义得到)大于它的拓扑维数;⑤可以非常简单的方式定义,可以由迭代产生。计算分形维数的方法主要有:

计盒维数　用边长为 ε 的盒子覆盖分形体,$N(\varepsilon)$ 为对应于划分尺度 ε 的非空盒子数,则计盒维数 D_b 为:

$$D_b = -\lim_{\varepsilon \to 0} \frac{\ln N(\varepsilon)}{\ln \varepsilon}$$

信息维数　在计盒维数中只考虑了格子的数目而没有考虑每个盒子所覆盖的点的多少,信息维考虑了这一点:

$$D_I = -\lim_{\varepsilon \to 0} \frac{\ln I(\varepsilon)}{\ln \varepsilon}$$

其中 D_I 为信息维数,$I(\varepsilon) = -\sum P_i \ln P_i$ 是尺度为 ε 时的 Shannon 信息量,其中 P_i 为一个点落在第 i 个盒子中的概率,ε 为划分尺度(盒子的边长)。

1996年8月潘文斌等对保安湖一湖汊中的自然莲群丛进行调查，样方为32m×16m的长方形。群丛的伴生种有菱和槐叶萍，水深为1.2~1.8 m。研究个体分布时，考虑到莲群丛处于盛花期，且叶是光合作用的主要器官。故以莲的叶片和花果数为单位进行统计。而对于菱则采取计其个体数的方法，这是考虑它的一个个体与一片莲叶占据近似大小的水平空间。统计的最小尺度为25 cm×25 cm，统计每个单位中的"个体数"。并用计盒维数和信息维数分布计算其分维。

结果表面群丛的莲处于生长的旺季。莲种群对群丛的水平空间的占有程度高，计盒维数1.92，信息维数1.88。而且从相关系数 $r=0.9992$ 来看，在各尺度下莲的叶、花和果的分布格局是具有自相似性的，且显著性水平较高。而菱的计盒维数只有1.04，信息维数稍高，为1.11，对群丛水平空间的占有程度低。这主要是由于菱的盖度和生物量在6月份达到高峰，到8月份已经处于衰退期。这说明莲和菱在时间上有一定的生态位分化。但从菱的一个个体的叶的分布来看，它仍具有占据较大空间的趋势。莲的分维值较高，几乎为2，说明了其群集的程度高于菱。从非空盒子数来看，在尺度等于1 m，2 m时，有的样方出现了该尺度下的所有盒子均有莲出现；而在尺度为4 m，8 m时，所有的样方的盒子里都有莲出现。这和莲的根状茎系统的分枝、生叶式样的特征有关。可以估计在自然条件下，一个完整的莲占据的水平空间在4~16 m^2 之间，而1~2 m^2 之间则是单个根状茎占据的空间。而菱的非空盒子数则只在尺度为8 m时才达到饱和，与我们在采样时观察到菱的个体以一种镶嵌的形式散布于莲种群的现象相一致，这极可能与它的繁殖方式有关。上述数据说明了一个物种的分布格局与它的繁殖方式和生长型有关。从信息维值（I）随尺度的增加而减小来看，该群丛内的莲和菱具有小尺度下的异质性。

二、地统计学

与经典的方法不同，地统计学考虑样点的方向、位置和彼此间的距离，直接测定和分析空间依赖性，用于研究有一定随机性和有一定结构性的各种变量的空间分布规律。该方法由南非矿山地质工程师 Krige 于1951年提出，法国地质学家 Matheron 于1962年在应用随机函数理论的基础上发展了空间现象的区域化变量理论（the theory of regionalized variable），并逐步完善了地统计学的理论体系和方法，区域化变量理论遂成为地统计学的理论基础。地统计学最早应用于地质和矿业学中，可对一定异质空间区域内矿产储量进行空间数据插值和估计，后来该方法很快被应用于土壤学、水文学以及生态学和环境治理等诸领域，为研究空间迁移扩散和分布关系等提供了强有力的工具。

区域化变量理论的含义是：如果一个变量在空间上和其位置有关，该变量就是区域化的（regionalized）。一简单的例子可说明这一概念：两次沿一条直线等距离地测量一个变量，测得的两组值如下：

A：1，2，3，4，5，6，5，4，3，2，1
B：1，4，3，6，1，5，3，4，5，2，1

从这两组值可以看出，A组有明显的规律性，是对称的；而B组则无规律不易解释。但是A，B两组的11个测量值具有相同的均值和方差，可见仅用均值和方差这两个统计参数是不能区分其差异的。区域化变量具有两个似乎矛盾的性质：一是随机性，即变量在空间上具有随机的不规则的特征，是难以预测的；二是结构性，即变量在空间上具有某种程度的自相关性，这种自相关性取决于分隔两点间的距离和方向。生态学中的许多参数均可视为区域化变量，可以用区域化变量理论对其进行研究。

地统计学或地质统计学中关键概念是半方差，它可用于研究区域化随机变量（regionalized variable）的差异和内在联系；通过测定区域化变量分隔等距离的样点间的差异来研究(区域化)变量的空间相关性和空间结构。在分隔距离为h的两点x和$x+h$处的区域化变量$z(x)$和$z(x+h)$之间的变异，可用其增量$[z(x)-z(x+h)]$平方的数学期望（即区域化变量增量的方差）来表示：

$$2r(h) = E\{[z(x) - z(x+h)]^2\} = \mathrm{var}[z(x) - z(x+h)]$$

式中$2r(h)$为方差函数，而$r(h)$称为半方差函数。半方差函数曲线图（semivariogram）是半方差函数值对距离h的坐标图象。对于观测的数据系列$Z(i)$, $i=1, 2, 3, \cdots, n$，样本半方差函数值的计算如下：

$$r(h) = \frac{1}{2N(h)} \sum_{i=1}^{N(h)} [Z(i) - Z(i+h)]^2$$

式中$r(h)$为半方差，$Z(i+h)$为距i点h处的区域化随机变量值，$N(h)$为距离为h的点对数。

当存在空间自相关时，随着距离h的增大，半方差函数值$r(h)$也增大并逐渐达到一个稳定值，这时的$r(h)$值称为基台值（sill），达到基台值后$r(h)$即稳定在基台值的附近，称这时的h为半方差函数的空间依赖范围（range of spatial dependence，简称变程或相关程），半方差函数曲线在y轴上的截距称为块金系数（nugget）。两样点之间的距离大于变程，则它们之间就不存在空间相关。

半方差函数的形状反映了空间分布的结构或空间相关类型，同时还能给出这种空间相关的范围。实验半方差函数的形状有很大变化，如果不存在相关性，半方差函数会立即达到最大值，表明该现象是完全随机的；半方差函数如果是水平直线，则表现为"纯块金"效应，这是由于微型结构所致，并且常常附加有其他结构的变异。几种常用的理论模型如球形、指数、高斯（Gausian）和线性函数都可以拟合实验半方差函数，非水平状的线性模型，可以认为是球形或指数模型的简化形式。这些常见的理论模型如下，其中$C0$是块金效应，$C0+C1$是基台值，a是变程：

(1)线性模型　$r(h) = C0 + Bh$ 　　　　　　　　　　　$0 \leq h \leq a$，其中B是斜率
　　　　　　　$r(h) = C0 + C1$ 　　　　　　　　　　　$h \geq a$

(2)球面模型　$r(h) = C0 + C1[1.5h/a - 0.5(h/a)^3]$　$0 \leq h \leq a$
　　　　　　　$r(h) = C0 + C1$ 　　　　　　　　　　　$h \geq a$

(3)指数模型　$r(h) = C0 + C1[1 - exp(-3h/a)]$ 　　　$0 \leq h \leq a$

(4)高斯模型　$r(h) = C0 + C1[1 - exp(-3h^2/a^2)]$ 　$h > 0$
　　　　　　　$r(h) = 0$ 　　　　　　　　　　　　　　$h = 0$

如果将群落的一个特征随尺度（h值）的变化量代入公式，就可求出对于不同尺度（h值）下的半方差值。然后画出$r(h)$和h的双对数图，根据图上的直线斜率就可求出空间关系的表征，即分形维数。公式如下：

$$D = (4 - m)/2$$

式中，D 为分形维数，m 为双对数半方差图的斜率。

张朝生等应用地统计学研究了长江水系沉积物重金属含量的空间分布特征（见表 16.12）。结果表明，所有元素均具有很好的可迁性特点，反映出沉积物重金属含量在长江水系具有良好的空间结构性。在原点处性状均为有块金效应型，块金效应在基台值（$C0 + C1$）中占有显著比重（个别元素的块金效应甚至高于拱高）。这反映了小尺度的变化较大，而这种变化不在很大程度上增加采样密度是很难反映出来的。多数元素拟合出来的变程均在1000km左右，表明它们的相关性可达1000km。

表16.12　长江水系沉积物重金属含量

	Cu	Pb	Zn	Cd	Hg	Co	Ni	As	r	Mn	Fe
块金效应 $C0$	0.101	0.080	0.089	0.125	0.245	0.092	0.085	0.184	0.094	0.073	0.063
拱高 $C1$	0.172	0.055	0.046	0.380	0.865	0.178	0.186	0.233	0.291	0.082	0.079
变程 km	1.058	375	788	1011	3244	900	1036	864	1013	845	1256

三、混沌理论

混沌（chaos）一词的含义在中英文中均解释为无序（disorder），用于描述天地创生之状态或某种复杂的随机现象，是混乱和无秩序的表征。然而，研究非线性动力学的学者们赋予"混沌"以新的含义。人们发现，确定性非线性方程的解在一定条件下表现出不可预测性，即由方程所代表的动态系统的行为呈现"随机性"。由于这种随机性是由确定性非线性方程产生的，故称为确定随机性（deterministic randomness）或混沌现象。对混沌现象的研究可采用相空间（phase space）法。相空间的点反映系统在某时刻的状态，点随时间的运动代表了系统演化的历程。运动的轨迹称为相轨迹。对耗散系统而言，当时间趋于无穷大时，相轨迹收敛于相空间的某个区域，称为吸引子（attractor）。吸引子又分为零维不动点，对应于稳定平衡；一维极限环，对应于周期运动；多维环面，对应于准周期运动；奇怪吸引子，对应于确定性随机运动或混沌。奇怪吸引子具有分形结构。由奇怪吸引子的分维数可估计描述系统动态过程所需的最少独立变量的个数。奇怪吸引子所代表的混沌时间过程无特征时间尺度，在不同的时间尺度上表现出某种自相似性，即分形特性。根据实验数据估计奇怪吸引子的分维数已有比较成熟的数值计算方法。

一般将1963年Lorenz的论文视为混沌研究的开始。麻省理工学院的气象学家Lorenz借助于每秒17次运算能力的计算机，发现"确定的非周期流"的存在是长期天气预报失败的主要原因，使Poincare的哲学论断"可能会有这种情况：初始条件的微小差异导致最终出现根本不同的现象"在确定性混沌理论中开始获得科学层次上的证明。自此之后特别是70年代后期以来，确定性混沌（deterministic chaos）的概念和混沌学（chaology）的许多成果深刻地影响着科学界的思维方式，并逐渐变成一个"时髦"的术语。实际上，混沌只是代表自然界客观存在的运动形式的一种，是非线性动力学系统的一种内部属性。尽管学术界目前尚未对"混沌"的定义形成共识，但通常将由确定性的非线性动力系统中表现出来的内秉随机性（inherent randomness）或概率性称作确定性混沌。

混沌是在确定的系统中出现的貌似不规则的运动。确定的系统是指动力系统，它们通常是用常微分方程、偏微分方程、迭代方程等来描述。混沌的特征表现为对初值的敏感性和对未来的不可预测性。对于确定的初始值，从数学上来说，动力系统给出一个确定的解或过程，但在一大类系统中这解可能由于对初值的极微小的扰动而有很大的改变，即系统对初值的依赖性十分敏感。因而，从物理上来看，得到的解似乎是随机过程。这种"假"随机过程和由于方程中加上随机项或随机系数而得到的随机过程不同，它是由这个确定系统固有的或内在的随机性引起的，它只是在非线性系统中才能出现（线性方程的解也依赖于初值，但没有上述的敏感性）。因此可以说混沌是非线性动力系统具有内在随机性的一种表现。

May在对生态学中最简单的数学模型-种群的Logistic增长模型作简单的变换和运算时发现，最简单的离散动力系统具有极其复杂的动态。将Logistic模型改写为差分方程形式：

$$x_{n+1} = rx_n(1 - x_n)$$

计算可得，当$0<r\leqslant 1$时，$x_n\to 0$（稳定的不动点）；当$1<r<3$时，$x_n\to x^*$（稳定的不动点）；当$r=r_1=3$时，出现周期2的解；当r增加时出现周期解分叉现象（见表16.13）。这一结果表明，随着种群增长率r增大到某些数值，种群增长出现倍周期现象，而当增长率大到一定值（如$r_\infty=3.569945672$）时，种群增长变得毫无规律即出现混沌现象。这些倍周期出现时的临界r值的相邻两项差值之比是一个常数，不仅Logistic方程如此，许多别的非线性方程也具有这一性质，因此这一常数被称为Feigenbaum常数。

表16.13　Logistic映射中的周期倍分叉点序列及其收敛速率

n	周期2n解	分叉点 rn	$\delta_n = (r_n - r_{n-1})/(r_{n+1} - r_n)$
0	1	1	
1	2	3	4.449509539
2	4	3.449457743	4.751324667
3	8	3.544090359	4.656349315
4	16	3.564407266	4.668241749
5	32	3.568759420	4.668741351
6	64	3.569691610	4.669144348
7	128	3.569891259	4.669059869
...	...	...	...
∞	2^∞	3.569945672	4.669201609

奇怪吸引子是混沌动力系统的几何描述，目前尚无公认的定义，其基本特征为：① 一个吸引子称作奇怪吸引子，是指流或系统对初始值是敏感依赖的。这样的吸引子是有

限维的,某种意义上对应于有限数目自由度的激励,同时,它们具有无穷数目的基本频率;②一个奇怪吸引子是指没有以下属性的吸引子:有限点集、闭曲线、光滑或分片光滑的曲面、由光滑或分片光滑的曲面所限定的体积。总之,若一个系统的吸引子上相邻轨线之间以指数形式发散,而且轨线永不相交于自身,则它就是一个奇怪吸引子。这种奇怪吸引子反映了不断产生或消失信息的时间演化过程,相应的动力系统就是一个"信息源",因为它永远不会重复相同的状态,其基本的几何机制是拉伸和折叠,即局部的拉伸(不稳定性)和整体上在有限相空间中的反复折叠(稳定性)的对立统一。识别奇怪吸引子的定性和定量标准是:至少有一个正的 Lyapunov 指数、有限的分维和有限的正测度熵。

当考虑许多在生态学上有效的非线性时,可能存在这样的疑问,为什么在实际上甚至在模型中很少观察到混沌?一个明显的答案是,通常我们企图避免混沌。生态系统中有许多可能性、层次组成、规则机制来避免混沌状态,这并不是指在生态系统中观察不到混沌或"近乎混沌"的状态,只是它们比想象的要少。可以说,自然种群在很大程度上能避免混沌状态。

但 Scheffer 通过对一系列浮游生物野外数据资料的分析指出,浮游生物系统一般存在奇怪吸引子,而远非静止的或循环平衡的。Scheffer 和 Kot 认为,对当前生态学的全部研究项目及其主要结论需要重新考虑。这在一般意义上可能是正确的,但是虽然确定性混沌这一概念看起来比较新颖,它是否表示对浮游生物生态学本质上的更新却还有疑问。对浮游生物季节动态的原因所进行的观察已得到详细的结果,如捕食和竞争效应的阐明,对回答为什么系统在所观察的方面沿着奇怪吸引子而进展这一问题作了解答。实际上,浮游生物生态学家意识到他们的群落不存在点吸引已有很长时间了,而且对理解为什么是这样的也非常成功。Hovenkamp 通过对一个小湖中 Daphnia 的 4 天动态的详细研究之后下结论说,夏季模式差异较大,且依赖于冬天种群的微小差别。这说明,虽然确定性混沌的概念和术语还未被较多采用,但其基本原则已扎根于现代浮游生物生态学研究中,不过这离对混沌性质全部内涵的接受还差得很远。从对这种夏天种群动态的研究可知,其初始条件极为灵敏并特别相关。这表明尽管能写出系统的完全控制方程,其实际行为也许永远不能在提前数周的时间里预测出来,因为初始状态的细小差异将随时间呈指数增长,同样,环境的随机效应随混沌系统很快地扩大,在长时间的系统运行中产生大的影响。因此,对浮游生物群落功能的详细分析能使我们更加理解所见到的东西,但却不能预测它,我们能够指出事件可能的发生范围,却不能预测它们何时发生,这便需要淡水生态学和数学在更深层次的融合。

思 考 题

1. 什么是系统生态学?它与生物数学有什么关系?
2. 试析系统聚类分析和逐步聚类分析之异同。
3. 结合自己的研究方向谈谈对数学模型在水生生物学中应用的认识。
4. 什么是分形?计盒维数与信息维数有什么区别与联系?
5. 地统计学与经典统计学的区别是什么?如何应用地统计学方法于自己的研究之中?

主要参考文献

[1] Pielou E C.(卢泽愚译).数学生态学引论.北京:科学出版社,1978

[2] 刘建康. 东湖生态学研究（二）. 北京：科学出版社, 1995
[3] 马世骏. 现代生态学透视. 北京：科学出版社, 1990
[4] 冯士雍. 回归分析方法. 北京：科学出版社, 1974
[5] 姜炳麟、贾玉心. 数理统计疑问解析. 武汉：华中理工大学出版社, 1993.
[6] Pielou E C. （石绍业等译）. 生态数据的解释. 哈尔滨：东北林业大学出版社, 1986
[7] Zedeh L A. Fuzzy sets. Information and Control, 1965, 8: 338~353
[8] 汪培庄. 模糊集合论及其应用. 上海：上海科学技术出版社, 1983
[9] 蔡庆华. 东湖生态系统污染状况的 Fuzzy 聚类分析. 水生生物学报, 1988, 12 (3): 193~198
[10] 蔡庆华. 白鲫与鲫鱼的形态鉴别函数. 湖泊科学, 1990, 2 (2): 45~48
[11] 蔡庆华、王洪铸、梁彦龄. 南极中山站、长城站附近 18 个湖泊生态学特征的逐步判别分析. 水生生物学报, 1996, 20 (1): 83~85
[12] 阮景荣、蔡庆华、刘建康. 武汉东湖的磷-浮游植物动态模型. 水生生物学报, 1988, 12 (4): 289~307
[13] 刘建康. 东湖生态学研究（一）. 北京：科学出版社, 1990
[14] Jorgensen S E. Fundamentals of ecological modellling, 2 nd ed. Amsterdam: Elsevier Sci. B. V., 1994
[15] 刘伙泉等. 略论武昌东湖鲢鳙鱼种的年轮形成及湖泊放养的规格问题. 水产学报, 1982, 6 (2): 129~138
[16] Gleick J. （张淑誉译）. 混沌：开创新科学. 上海：上海译文出版社, 1990
[17] Mandelbrot B. How long is the coast of Britain? Statistical self-similarity and fractional dimension. Science, 1967, 156: 636-638.
[18] Falconer K. （曾文曲等译）. 分形几何：数学基础及其应用. 沈阳：东北大学出版社, 1991
[19] 张朝生、章申、何建邦. 长江水系沉积物重金属含量空间分布特征研究——地统计学方法. 地理学报, 1997, 52 (2): 184~192.
[20] 郝柏林. 从抛物线谈起-混沌动力学引论. 上海：上海科技教育出版社, 1993
[21] May R M. Biological population with nonoverlapping generations: stable points, stable cycles, and chaos. Science, 1974, 186: 645~647
[22] May R M. Simple mathematical models with very complicated dynamics. Nature, 1976, 261: 459~467
[23] Scheffer M. Should we expect strange attractors behind plankton dynamics -and if so, should we bother? J. Plankton Research, 1991, 13 (6): 1291~1305
[24] Schaffer W M. Order and chaos in ecological systems. Ecology, 1985, 66: 93~106
[25] Schaffer W M and Kot M. Do strange attractors govern ecological systems? Bioscience, 1985, 35 (6): 342~350

《高级水生生物学》教材总复习题

1. 试述湖泊中氮的存在形态及其循环过程。
2. 如何理解水生生物资源的含义？水生生物资源保护可采取哪些措施？
3. 大型水生植物主要由哪些分类类群组成？其生态类群是如何划分的？各生态类群有何趋同性？
4. 简述池塘水体中溶氧的主要来源和消耗？
5. 举例说明微生物在水生态系统物质循环中的重要地位？
6. 种群间相互关系包括哪些内容。
7. 在水环境调查中，常常在湖水表面空气中能检测出氨，在排除大气氨污染的前提下，请解释这种现象，并说明其过程。
8. 试述高斯原理。
9. 简述碎屑食物链中的物质循环以及原初生产者、碎屑、细菌三者的关系。
10. 简述"四大家鱼"的生物学性质。

后　　记

　　"十年磨一剑"。为了编写好《高级水生生物学》这部研究生教材，中国科学院水生生物研究所成立了以刘建康院士为主编的 15 位专家学者参加的编写小组。编写成员明确分工，兢兢业业，一丝不苟，加班加点地工作，《高级水生生物学》饱含着主编和编者们的心血。本书以"严谨、求真、创新"为编写方针，其内容不仅包括了国际上这一领域的最新基本理论和实践，还融入了中国科学院水生生物研究所 60 余年的研究积累。涵盖广泛，系统性和沿袭性强，是广博与专深的结合，水生生物学与生态、资源、环境、渔业等理论与实践的结合。

　　这部研究生教材得以正式出版，应感谢中国科学院研究生教材出版基金的资助，感谢中国科学院水生生物研究所的大力支持，感谢中国科学院教育局研究生处的同志，感谢所有为这部教材编写、出版工作给予关心、指导、支持、帮助的专家和同仁！

编写小组

1998 年 7 月